Das Doctrinale Des Alexander De Villa-Dei - Primary Source Edition

Alexander, Dietrich Reichling

Monumenta Germaniae Paedagogica

Schulordnungen
Schulbücher und pädagogische Miscellaneen
aus den Landen deutscher Zunge

Im Auftrage der Gesellschaft für
deutsche Erziehungs- und Schulgeschichte
herausgegeben

von

KARL KEHRBACH

BAND XII

Das Doctrinale des Alexander de Villa-Dei

BERLIN
A. Hofmann & Comp.
1893

DAS DOCTRINALE

DES

ALEXANDER DE VILLA-DEI

KRITISCH-EXEGETISCHE AUSGABE

MIT EINLEITUNG
VERZEICHNISS DER HANDSCHRIFTEN UND DRUCKE
NEBST REGISTERN

BEARBEITET

VON

PROFESSOR DR. DIETRICH REICHLING
OBERLEHRER AM KOENIGL. GYMNASIUM ZU HEILIGENSTADT

BERLIN
A. HOFMANN & COMP.
1893

Vorwort.

In der Geschichte des Unterrichts- und Erziehungswesens des Mittelalters, zu der die 'Monumenta Germaniae Paedagogica' die Bausteine liefern wollen, darf das sogenannte Doctrinale des Alexander de Villa-Dei (von Villedieu) schon wegen seiner weiten Verbreitung und seines langen Gebrauchs eine besondere Beachtung beanspruchen. Um die Wende des 12. Jahrhunderts entstanden, hat es nämlich bald in den ·Schulen des ganzen civilisirten Europas Eingang gefunden und eine mehr als dreihundertjährige, bis zum Auftreten des Humanismus kaum bestrittene, in einzelnen Ländern sogar die ganze Zeit der humanistischen Bewegung überdauernde Herrschaft behauptet.

Ist diese so lange und so allgemeine Werthschätzung ein beredtes Zeugniss dafür, dass das Buch den Bedürfnissen seiner Zeit in hervorragendem Maße entsprach, so wird eine eingehendere Betrachtung desselben uns mit dem Betriebe des grammatischen Unterrichts in jener Zeit, seiner Methode und seinen Zielen, näher bekannt machen und damit zu einer gerechtern Würdigung der als so unsäglich barbarisch verschrieenen mittelalterlichen Latinität führen.

Die Erkenntniss von der Wichtigkeit des Doctrinale nach der angedeuteten Richtung hin veranlasste den unlängst verstorbenen französischen Gelehrten Thurot, diesem durch die fortgesetzten, mit Spott, Hohn und Wuth geführten Angriffe der Humanisten in Verachtung und schliesslich in völlige Vergessenheit gerathenen Lehrbuche seine Studien insbesondere zuzuwenden. Die Resultate seiner Untersuchungen, bei denen er sich, abgesehen von zwei kurzen Aufsätzen in der 'Histoire littéraire de la France'[1], auf Vorarbeiten nicht stützen konnte, hat er in der Inaugural-Dissertation: 'De Alexandri de Villa Dei Doctrinali eiusque fatis' (Parisiis 1850), sowie in den achtzehn Jahre später erschienenen 'Notices et extraits de divers manuscrits latins pour servir à l'histoire des doctrines grammati-

---

[1] Tome XVI. p. 188, Tome XVIII. p. 202—209.

cales au moyen âge'[1]) niedergelegt. Nachdem mittlerweile der Breslauer Professor Fr. Haase in dem verdienstvollen Schriftchen: 'De medii aevi studiis philologicis'[2]), auf die grammatischen Leistungen des Mittelalters überhaupt und auf die Bedeutung des Doctrinale insbesondere näher hingewiesen hatte, ist durch die in den letzten Jahren veröffentlichte, im Wesentlichen auf den Untersuchungen Thurot's beruhende Abhandlung von Neudecker: 'Das Doctrinale des Alexander de Villa Dei und der lateinische Unterricht während des spätern Mittelalters in Deutschland'[3]), jenes Normallehrbuch der Grammatik auch in unsern Landen etwas bekannter geworden. Gleichwohl findet dasselbe auch in den neuesten Geschichtswerken der Pädagogik eine schon in Ansehung seiner Jahrhunderte langen Geltung viel zu geringe Berücksichtigung, oder aber eine schiefe und geradezu falsche Beurtheilung. In hohem Grade befremden muss es uns namentlich, wenn noch in den jüngsten Tagen ein Gelehrter wie Herm. Masius nach dem Vorgange der Humanisten und der Verfasser der 'Dunkelmänner-Briefe' von dem 'berüchtigten' Doctrinale redet und dieses sowie die übrigen Lehrbücher der 'Bettelmönche' als 'klägliche Machwerke', ja, mit Luther als 'Eselsmist' zu bezeichnen keinen Anstand nimmt[4]).

Eine kritische Ausgabe des Doctrinale mit Heranziehung des gesammten zugänglichen Quellenmaterials wird, dem bereits vor 10 Jahren veröffentlichten Plane der 'Monumenta Germaniae Paedagogica'[5]) entsprechend, in vorliegender Schrift zum ersten Male versucht. Ueber die für die Feststellung des Textes benutzten Handschriften und ersten Drucke an sich und in ihrem Verhältniss zu einander wird in dem bezüglichen Abschnitte der Einleitung das Nöthige gesagt werden. Die abweichenden Lesarten sind, abgesehen von offenbaren Schreib- oder Druckfehlern, sämmtlich unter dem Texte angegeben, und

---

[1]) Notices et extraits des manuscrits de la Bibl. Impér. et autres bibl. Tome XXII, part. 2. Paris. 1868.

[2]) Index lectionum Univ. Vratislav. 1856.

[3]) Progr. d. städt. Realschule zu Pirna 1885.

[4]) In seiner während des Druckes des vorliegenden Werkes erschienenen grössern Abhandlung: Die Erziehung im Mittelalter, in Schmid's Gesch. d. Erziehung Bd. II, Abth. 1 (Stuttgart, Cotta, 1892) S. 298.

[5]) K. Kehrbach, kurzgefasster Plan der MGP (Berlin, A. Hofmann & Comp. [1883]) S. 27 f.

zwar aus praktischen Gründen — insbesondere um unnütze Wiederholungen desselben Wortes in verschiedener Schreibweise zu vermeiden —, mit Auflösung der zahlreichen Compendien der Originale, in soweit über deren Bedeutung kein Zweifel bestand. Ein alphabetisches Verzeichniss des zum Belege und zur Erläuterung des Textes in den Noten herangezogenen Hülfsmaterials ist der Ausgabe selbst vorangestellt. Durch die der fachwissenschaftlichen Einleitung, der Bibliographie der Handschriften und Drucke, sowie der Bearbeitung des Doctrinale selbst beigegebenen Indices wird hoffentlich für schnelle Orientirung und leichte Auffindung hinreichend gesorgt sein. Über die bei der Bearbeitung des ganzen Werkes vornehmlich benutzten Schriften und Abhandlungen gibt das auf das Inhaltsverzeichniss folgende allgemeine Bücherverzeichniss nähere Auskunft. Hier nur noch einige Worte hinsichtlich der in vorliegender Ausgabe des Doctrinale befolgten Orthographie.

Da es mir wesentlich darauf ankam, einen lesbaren und möglichst leicht verständlichen Text zu bieten, so glaubte ich auf die Beibehaltung der derzeitigen (übrigens keineswegs consequenten) Schreibweise, die durch ihre Fremdartigkeit das Auge des daran nicht gewöhnten Lesers beleidigt und vielfach das Wortverständniss erheblich erschwert haben würde, verzichten zu müssen. Ich habe darum durchweg, soweit nicht die damalige Etymologie oder Metrik eine Aenderung verbot[1]), die Schreibweise der Codices in die jetzt übliche umgewandelt. Dass dieses Verfahren allgemeine Billigung finden werde, kann ich freilich angesichts der in solchen Dingen herrschenden grossen Meinungsverschiedenheit nicht hoffen. Hat es doch schon schwer genug gehalten, zwischen dem Leiter der M. G. P. und dem Herausgeber hierin eine Einigung zu erzielen, und ist diese erst auf Grund eingeholter Gutachten des Gymnasialdirektors Prof. Dr. Ernst Voigt in Berlin und des Geheimen Regierungsraths Prof. Dr. Heinrich Keil in

---

[1]) So habe ich u. a. die Schreibung ‘scisma’ statt ‘schisma’ beibehalten zu sollen geglaubt, da die Grammatiker und Lexicographen des Mittelalters bis auf den Verfasser des Breviloquus (Joh. Reuchlin) herab das Wort von ‘scindere’ ableiteten; desgleichen ‘anormala’, weil von ‘norma’ hergeleitet. Mehrfach gebot auch die Rücksicht auf das Versmass und die von dem Verfasser aufgestellte Metrik die Beibehaltung der ursprünglichen Schreibweise, z. B. ‘hēresis’.

Halle a. d. S., sowie einer Conferenz mit dem letztgenannten Herrn zu Stande gekommen. — Uebrigens ist die abweichende Orthographie der Handschriften und ältesten Drucke, wenn man von der nur gelegentlichen Berücksichtigung der ausschliesslichen Anwendung von e für ae und oe absieht, in den textkritischen Anmerkungen überall verzeichnet worden.

Dass die Sammlung, Sichtung und Verarbeitung des weit verzettelten Materials viele Mühe und Zeit gekostet hat, bedarf kaum der Erwähnung. Nicht verschweigen aber darf ich, dass die Herbeischaffung desselben in der hier gebotenen relativen*) Vollständigkeit ohne längere Entbindung von meinen amtlichen Obliegenheiten und ohne materielle Beihülfe überhaupt nicht möglich gewesen wäre. Es ist mir darum eine angenehme Pflicht, Seiner Excellenz dem frühern Unterrichts-Minister, jetzigen Oberpräsidenten der Provinz Westpreussen Herrn Dr. von Goßler für den seiner Zeit mir bewilligten halbjährigen Urlaub zu Studienreisen im Auslande, sowie der derzeitigen Verwaltung der für die 'Monumenta Germaniae Paedagogica' von den Regierungen Braunschweigs und Anhalts ausgeworfenen jährlichen Subvention für die zweimalige Zuwendung derselben zu dem gedachten Zwecke und endlich dem Verleger der 'Monumenta', Herrn Rud. Hofmann in Berlin, für die zur Durchforschung der Bibliotheken Deutschlands gebotenen Reisegelder meinen herzlichsten Dank auszusprechen. Nicht minder grossen Dank schulde ich den Vorständen und Beamten der zahlreichen Bibliotheken des In- und Auslandes, mit denen ich in persönlichen oder schriftlichen Verkehr getreten bin, sowie einer grossen Anzahl von Freunden und Gönnern für mannigfache bereitwillige Unterstützung bei meinen Nachforschungen.

So übergebe ich denn die mühsame Arbeit der Oeffentlichkeit mit der Bitte um wohlwollende Aufnahme und nachsichtige Beurtheilung.

Heiligenstadt, im October 1893.

Dietrich Reichling.

---

*) Etwaige Verbesserungen und Ergänzungen des Werkes, die in den 'Mitteilungen der Gesellschaft für deutsche Erziehungs- und Schulgeschichte' veröffentlicht werden sollen, wolle man gefälligst an Dr. Karl Kehrbach in Berlin richten.

INHALTSVERZEICHNISS.

Einleitung.

Doctrinalis codices manu scripti et libri typis impressi.

Alexandri de Villa-Dei Doctrinale recensitum et explanatum.

VERZEICHNISS

der benutzten Schriften und Abhandlungen[1]).

Acro et Porphyrio, Commentarii in Q. Horatium Flaccum. Edidit Ferd.
Hauthal. 2 voll. Berolini 1864—1866.

Alexander de Villa-Dei, Alphabetum maius. Codex membr. Bibl. Nat.
Parisinae 7682 A, fol. 88—160.

—— Algorismus. Codex membr. Bibl. Nat. Parisinae 7440 B. Codex
membr. Musei Britannici Harl. 3902.

—— Doctrinale. Die für die Textkritik und Exegese benutzten Handschriften und ersten Drucke sind in dem Subsidiorum conspectus vor
der Ausgabe des Doctrinale verzeichnet.

—— Ecclesiale. Codex membr. Bibl. Nat. Parisinae 14927, fol. 164—174.

—— Massa computi. Codex membr. Bibl. Nat. Parisinae 7420 A, fol.
2—21. Codex membr. Bibl. Bodleianae Oxoniensis K. D. 22, fol. 25—41.
Codex membr. Bibl. Vaticanae 3110. Codex chart. Bibl. Nat. Parisinae
18505, fol. 1—15.

—— Summarium biblicum. Codices Bibl. Reg. Monacensis 14094, 17279,
7662.

Ames-Herbert, Typographical Antiquities etc. London 1785.

Anthologia veterum latinorum epigrammatum et poematum. Editionem
Burmannianam digessit et auxit H. Meyerus Turicensis. Tomus I.
Lipsiae 1835.

Antonius, Aelius, Nebrissensis, Grammatica. Granatae 1582. — Grammaticae
institutiones. Barcinonae, Sebast. à Cormellas, 1606.

Anzeiger, neuer, für Bibliographie und Bibliothekwissenschaft, begründet
von Jul. Petzholdt, hrsg. v. Jos. Kürschner. 46. Jahrg. Stuttgart 1885.

---

[1]) Um das Verzeichniss der bei der Bearbeitung des vorliegenden Werkes benutzten
Literatur nicht allzu umfangreich zu gestalten, wurden in dasselbe nicht aufgenommen:
1. die für die Einleitung, sowie für die Textkritik und Erklärung des Doctrinale herangezogenen, in einem besondern Verzeichnisse näher beschriebenen Handschriften und Drucke
des Doctrinale; 2. die überaus grosse Anzahl derjenigen gedruckten Kataloge von öffentlichen, Stifts-, Gymnasial- und anderen Bibliotheken, welche eine Ausbeute für die Bibliographie des Doctrinale entweder überhaupt nicht gewährten, oder deren Benutzung durch
Autopsie der dort verzeichneten Handschriften und Drucke, bezw. durch nähere Mittheilungen seitens der Bibliothekvorstände überflüssig geworden war; 3. die in den Anmerkungen zu der Ausgabe des Doctrinale citirten Werke von Klassikern und Kirchenschriftstellern.

Aschbach, J., Die Wiener Universität und ihre Humanisten im Zeitalter Maximilians I. Wien 1877. (Zweiter Band der Geschichte der Wiener Universität.)

Aventinus, Joan., Grammatica. Norimbergae, Joan. Stüchs, 1515.

Baebler, J. J., Beiträge zu einer Geschichte der lateinischen Grammatik im Mittelalter. Halle 1885.

Bebelius, Henr., Justingensis, Commentaria de abusione linguae Latinae, in den Commentaria epistolarum conficiendarum Henrici Bebelii. Argentinae 1516.

—— Apologia pro suis commentariis etc., in den Commentaria l. c.

—— Ars versificandi et carminum condendorum cum quantitatibus syllabarum, in Jacobi Henrichmanni Sindelfingensis grammaticae institutiones. Phorcae, Thomas Anshelmus Badensis, 1509.

Bech, F., Verzeichniss der alten Handschriften und Drucke in der Domherren-Bibliothek zu Zeitz. Berlin 1881.

Beyschlag, D. E., Versuch einer Schulgeschichte der Reichsstadt Nördlingen. Nördlingen 1793.

Biblia sacra. S. l. et typ. n., a. 1486.

Bigne, de la, Marg., Maxima Bibliotheca veterum Patrum. Tom. XXIV. Lugduni 1677.

Böcking, E., siehe *Epistolae obscurorum virorum.*

Breviloquus Benthemianus, siehe *Haman, K.*

Breviloquus (Reuchlini), siehe *Vocabularius breviloquus.*

Brunet, Jac. Ch., Manuel du libraire et de l'amateur de livres. 5 éd. Vol. I. Paris 1860.

(Buisson, F.,) Répertoire des ouvrages pédagogiques du XVI° siècle. (Bibliothèques de Paris et des départements.) Paris 1886. [Mémoires et documents scolaires publiés par le Musée Pédagogique, fasc. no. 3.]

Bursian, Conr., Geschichte der classischen Philologie in Deutschland von den Anfängen bis zur Gegenwart. München und Leipzig 1883.

Buschius, Herm., Vallum humanitatis. Coloniae, Nic. Caesar, 1518.

Butzbach, Joh., siehe *Krafft, C., u. Crecelius W.,* Beiträge u. s. w.

Campbell, M. F. A. G., Annales de la typographie Néerlandaise auXV° siècle. La Haye 1874. Avec Suppléments I—IV. La Haye 1878—1890.

Cassiodorus, M. Aur., Opera ed. Garetius. 2 voll. Venetiis 1729.

Catalogue général des manuscrits des bibliothèques des départements. Tome II. Paris 1855.

Catalogue général des manuscrits des bibliothèques publiques de France. Départements. Tom. I.—XV., XVII.—XIX. Paris 1886—1892.

Catalog der Bibliothek des ehemaligen Carthäuser-Klosters Buxheim. Auction in München am 20. Sept. 1883 (XXX. Carl Förster'sche Kunstauction. 2. Abth.)

Catalogus bibliothecae della Failli. Anvers 1878.

Catalogus codicum manu scriptorum Bibliothecae Universitatis Iagellonicae Cracoviensis. Cracoviae 1877—81.

Catalogus codicum Bibliothecae Universitatis scientiarum Budapestinensis. Budapestini 1881.

Catalogue of the manuscripts preserved in the library of the University of Cambridge. Vol. I.—IV. Cambridge 1856—61.

Centralblatt, literarisches, für Deutschland, hrsg. von Prof. Dr. Fr. Zarncke. Jahrgang 1887. Leipzig.

Cloetta, W., Beiträge zur Literaturgeschichte des Mittelalters und der Renaissance. I. Komödie und Tragödie im Mittelalter. Halle 1890.

Codices manuscripti Bibliothecae Regiae Taurinensis Athenaei. Pars II. Taurini 1749.

Coxe, H. O., Catalogus codicum manu scriptorum qui in collegiis aulisque Oxoniensibus hodie adservantur. Vol. II. Oxonii 1852.

Crecelius, W., siehe *Krafft, K., u. Crecelius, W.*

Czerny, Albin, Die Klosterschule von St. Florian. Entstehung, Verlauf, Ende. 1071—1783. Linz 1873.

Delisle, Leop., Les écoles d'Orléans au XII° et au XIII° siècle, in Annuaire-Bulletin de la Société de l'histoire de France, tome VIII., année 1869, p. 139—147.

—— Mélanges de paléographie et de bibliographie. Paris 1880.

—— Manuscrits latins et français ajoutés aux fonds des nouvelles acquisitions etc. Inventaire alphabétique. Partie I. Paris 1891.

—— Essai sur l'imprimerie et la librairie à Caen de 1480 à 1550. Caen 1891. (Extrait du Bulletin de la Société des Antiquaires de Normandie, tome XV.)

Denifle, H., Chartularium Universitatis Parisiensis sub auspiciis consilii generalis Facultatum Parisiensium ex diversis bibliothecis tabulariisque collegit et cum authenticis chartis contulit H. D. auxiliante Aem. Chatelain. Tom. I. ab a. 1200 ad a. 1286. Parisiis 1889.

Denk, O., Geschichte des gallo-fränkischen Unterrichts- und Bildungswesens von den ältesten Zeiten bis auf Karl den Grossen. Mit Berücksichtigung der litterarischen Verhältnisse. Mainz 1892.

Despauterius, Jo., Ninivita, Commentarii grammatici. Parisiis, Rob. Stephanus, 1537. — Lugduni, Sebast. Honoratus, 1563.

Dictionaire de géographie ancienne et moderne à l'usage du libraire et de l'amateur de livres. Par un bibliophile (P. Dechamps). Paris 1870.

Dictionary of National Biography Vol. XII. p. 436—439.

Diefenbach, L., Glossarium Latino-Germanicum mediae et infimae aetatis. Francofurti ad M. 1857.

Dorange, A., Catalogue descriptif et raisonné des manuscrits de la bibliothèque de Tours. Tours 1875.

Du Cange, Carol., Glossarium mediae et infimae latinitatis, digessit G. A. L. Henschel. Editio nova aucta a L. Favre. 10 tomi. Niorti 1883—1887.

Eberhardus Bethuniensis, Graecismus. Ad fidem librorum manu scriptorum recensuit, lectionum varietatem adiecit, indices locupletissimos et imaginem codicis Melicensis photolithographicam addidit Prof. Dr. Joh. Wrobel. Vratislaviae 1887. (Corpus grammaticorum medii aevi. Vol. I.) Siehe auch *Torraca, F.*

Ecbasis Captivi, das älteste Thierepos des Mittelalters, hrsg. v. E. Voigt. Strassburg 1875. (Quellen und Forschungen zur Sprach- u. Cultur-geschichte der germannischen Völker, hrsg. v. B. ten Brink, W. Scherer, E. Steinmeyer, 8. Heft.)

Egbert von Lüttich, Fecunda Ratis. Zum ersten Mal hrsg., auf ihre Quellen zurückgeführt und erklärt v. E. Voigt. Halle 1889.

Epistolae obscurorum virorum cum notis illustrantibus adversariisque scriptis. Collegit, recensuit, adnotavit E. Böcking. (Ulr. Hutteni Opp. Supplementum.) 2 tomi. Lipsiae 1864. 1869.

Erasmus, Desid., Roterodamus, Opera omnia emendatiora et auctiora. Vol. I. Lugduni Batav. 1702.

Erhard, Notizen über Timann Kemner, in der Zeitschrift für vater-ländische Geschichte und Alterthumskunde, hrsg. v. dem Verein für Geschichte und Alterthumskunde Westfalens I. Bd., 1. Heft, S. 63 f. Münster 1838.

Faber, Basil., Soranus, Thesaurus eruditionis scholasticae etc., iam olim post aliorum operas per Aug. Buchnerum recensitus etc. Novam editionem correxit Christ. Cellarius. Lipsiae 1696.

Fabricius, J. A., Bibliotheca Latina mediae et infimae aetatis. 6 voll. Hamburgi 1734—1746.

—— Bibliotheca ecclesiastica, vol. VII. Vergl. *Henricus Gandaviensis.*

Fierville, Ch., Une grammaire latine inédite du XIIIᵉ siècle. Paris 1886.

Foppens, Joan. Franc., Bibliotheca Belgica. 2 voll. Bruxellis 1739.

Frey, Jos., Beiträge zur Geschichte des deutschen Schulwesens im Mittel-alter, im Programm des Gymnasiums zu Rössel 1878.

Förstemann, E. G., Nachrichten von den Schulen zu Nordhausen vor der Reformation. Nordhausen 1829.

Gallia christiana in provincias ecclesiasticas distributa, in qua series et historia archiepiscoporum, episcoporum et abbatum regionum omnium, quas vetus Gallia complectebatur, ab origine ecclesiarum ad nostra tempora deducitur. Tom. XIV. Condidit Barth. Hauréau. Parisiis 1856.

Garlandia, Joh. von, siehe *Kurz* und *Hauréau.*

Gottwald, P. Bened., Catalogus codicum manu scriptorum qui asservantur in Bibliotheca Monasterii O. S. B. Engelbergensis in Helvetia. Friburgi Brisg. 1891.

Grammatici Latini ex recensione Henrici Keilii. Vol. I.—VII. Lipsiae 1857—1880. Supplementum: Anecdota Helvetica. Lipsiae 1870.

Gratien-Arnoult, A. F., Jean de Garlande, docteur-régent de grammaire à l'université de Toulouse de 1229 à 1232, in Revue de Toulouse 1866, févr. 1. Toulouse 1866.

Grotefend, G. Fr., Erinnerungsblatt an das 500jährige Jubelfest des Lyceums zu Hannover. Hannover 1848.

Haase, H. Fr., De medii aevi studiis philologicis, im Index lectionum Univ. Vratislaviensis 1856.

Hagen, H., Catalogus codicum Bernensium. [Bibliotheca Bongarsiana.] Bernae 1875.

Hain, L., Repertorium bibliographicum, in quo libri omnes ab arte typographica inventa usque ad an. M D typis expressi ordine alphabetico vel simpliciter enumerantur vel accuratius recensentur. 2 voll. in 4 part. Stuttgardiae et Lutetiae Parisiorum 1826—1838.

Hain-Burger, Ludwig Hain's Repertorium Bibliographicum. Register. Die Drucker des XV. Jahrh. mit chronologischer Aufführung ihrer Werke zusammengestellt von K. Burger. Leipzig 1891. (Centralblatt für Bibliothekwesen, hrsg. v. O. Hartwig, Beiheft VIII.)

Halliwell, J. Orch., Rara Mathematica. London 1839.

Halm, Car., Rhetores latini minores, siehe *Rhetores latini minores*.

Haman, K., Mittheilungen aus dem Breviloquus Benthemianus, einem handschriftlichen lateinischen Glossar des XV. Jahrhunderts, in den Programmen der Realschule des Johanneums zu Hamburg 1879 u. 1880.

Hartmann, Subconr., Beiträge zur Geschichte des Schulwesens in der Stadt Osnabrück, im Programm des dortigen Raths-Gymnasiums 1861.

Haupt, M., Über das Registrum multorum auctorum von Hugo von Trimberg (v. J. 1280), im Bericht der Berliner Akademie der Wissenschaften aus d. J. 1854, S. 142—164.

Hauréau, M., Notices sur les œuvres authentiques ou supposées de Jean de Garlande, in den Notices et extraits des manuscrits de la Bibliothèque Nationale et autres bibliothèques, tome XXVII., part. 2., p. 1—86. Paris 1869.

Hautz, J. F., Geschichte der Universität Heidelberg. 2 Bde. Mannheim 1862.

Heerwagen, H. W., Zur Geschichte der Nürnberger Gelehrtenschulen, im Programm der Studienanstalt in Nürnberg 1860.

Hegius, Alex., Dialogi. Daventriae, Rich. Pafraet, 1503.

Heinemann, Otto v., Die Handschriften der Herzoglichen Bibliothek zu Wolfenbüttel. 1. Abth.: Die Helmstedter Handschriften. 3 Bde. Wolfenbüttel 1884—1888.

Henrichmann, Jac., Sindelfingensis, Grammaticae institutiones. Augustae Vindel. 1536.

Henricus Gandaviensis, De scriptoribus ecclesiasticis, in Fabricii Bibliotheca ecclesiastica, vol. VII.

Heppe, H., Das Schulwesen des Mittelalters und dessen Reform im 16. Jahrhundert. Marburg 1860.

Histoire littéraire de la France. Tom. XVI. XVII. XVIII. XXI. XXII. Paris 1832—1852.

Holtrop, J. G., Catalogus librorum saec. XV° impressorum, quotquot in Bibliotheca Regia Hagana asservantur. 2 voll. Hagae-Comitum 1856.

Huemer, Joh., Das Registrum multorum auctorum (des Hugo von Trimberg), in den Sitzungsberichten der philol. hist. Klasse der Wiener Academie der Wissenschaften v. J. 1888. 116. Bd., 1. Heft, S. 145—190.

Hugutio Pisanus (episcopus Ferrariensis), Liber derivationum. Codex chart. s. XV. Bibl. Gottingensis. 2 voll.

Hutten, Ulr., Operum Supplementum, ed. E. Böcking, siehe *Epistolae obscurorum virorum.*

Janotzki, J. D. A., Nachricht von denen in der gräfl. Zaluskischen Bibliothek sich befindenden raren polnischen Büchern. 4. Theil. Breslau 1753.

Ioannes de Ianua, Summa quae vocatur Catholicon. S. l. et a. (c. a. 1480).

Isidorus Hispalensis episc., Etymologiarum libri XX. S. l., Guntherus Zainer ex Reutlingen, 1472.

Just, K. S., Zur Pädagogik des Mittelalters, in den Pädagogischen Studien, hrsg. von W. Rein, 6. Heft. Eisenach 1876.

Kämmel, H., Rückblick auf die Geschichte des Gymnasiums zu Zittau, im Programm des dortigen Gymnasiums 1876.

Kämmel, O., Die Universitäten im Mittelalter, in Schmid's Geschichte der Erziehung 2. Bd., 1. Abth. Stuttgart 1892.

Kaulen, Fr., Geschichte der Vulgata. Mainz 1868.

—— Handbuch der Vulgata. Mainz 1870.

Kehrbach, K., Kurzgefasster Plan der Monumenta Germaniae Paedagogica. Berlin (1883).

Keil, H., siehe *Grammatici Latini.*

Kemner (Kemenerus, Camenerus), Timann, De arte grammatica quatuor partium Alexandri medulla aurea. (Cf. Doctrinalis libri typis descr. no. 167.)

—— Compendium aureum etymologiae et syntacticae grammatices. Daventriae, Jac. de Breda, 1502.

—— Opusculum de quatuor indeclinabilibus orationis partibus. Coloniae, Quentell, 1506.

—— Compendium naturalis philosophiae. Coloniae, Quentell, 1521.

Kink, R., Geschichte der kaiserlichen Universität zu Wien. 2 Bd.: Statutenbuch der Universität. Wien 1854.

Knauth, Chr., Von denen Schulbüchern, welche in denen oberlausitzischen Schulen vor der Reformation Lutheri gebraucht worden. 1759.

Knocke, Über zwei vermeintliche biblische Historienbücher des Mittelalters, in Kehr's pädagogischen Blättern für Lehrerbildung und Lehrerbildungsanstalten 4. Bd., 2. Heft. Gotha 1875.

Knod, G., Jacob Spiegel aus Schlettstadt, im Programm des Real-Gymnasiums zu Schlettstadt 1884.

Kraffert, Ad. H., Geschichte des Gymnasiums zu Liegnitz, im Programm des dortigen Gymnasiums 1869.

Krafft, C., und Crecelius, W., Beiträge zur Geschichte des Humanismus am Niederrhein und in Westfalen. 1. Heft. Elberfeld 1870. (Special-Abdruck aus der Zeitschrift des Bergischen Geschichts-Vereins Bd. VII.)

2. Heft. Elberfeld 1875. (Special-Abdruck aus derselben Zeitschrift Bd. XI.)

Kurz, Matth., Die Synonyma des Johannes von Garlandia, im Jahresbericht des k. k. Staatsgymnasiums im IX. Bezirk in Wien 1884/85.

Lachmann, Car., In T. Lucretii Cari de rerum natura libros commentarius, iterum editus. Berolini 1855.

Laisne, A. M., Notice biographique sur Alexandre de Villedieu, in den Mémoires de la Société d'archéologie, de littérature, sciences et arts d'Avranches, tome II. Avranches 1856.

Ledeboer, A. M., Notices bibliographiques des livres imprimés avant 1525 conservés dans la bibliothèque publique de Deventer. Deventer 1867.

Leyser, Polyc., Historia poetarum et poematum medii aevi. Halae-Magdeburgi 1721.

Liessem H. J., Hermann van dem Busche. Sein Leben und seine Schriften. In den Programmen des Kaiser Wilhelm-Gymnasiums zu Köln 1884—89.

Loewe, Gust., Prodromus corporis glossariorum Latinorum: Quaestiones de glossariorum Latinorum fontibus et usu. Lipsiae 1876.

Maius, Angel., Classici auctores. Tom. V. Romae 1833. Tom. VIII. Romae 1836. Vgl. *Thesaurus novus latinitatis.*

Mancinellus, Ant., Veliternus, Opera cum explanatione Ascensii. Basileae 1508.

Mancini, G., I manoscritti della libreria del comune et dell' accademia Etrusca di Cortona. Cortona 1884.

Manitius, M., Über den Dichter Maximian, im Rheinischen Museum für Philologie, hrsg. v. O. Ribbeck u. Fr. Buecheler. Neue Folge. 44. Bd., 4. Hft. Frankfurt 1889.

Manutius, Aldus Pius, Romanus, Rudimenta grammatices Latinae linguae. Venetiis 1501. — Grammaticarum institutionum libri IV. Venetiis, Paulus Manutius, 1558.

Masius, H., Die Erziehung im Mittelalter, in Schmid's Geschichte der Erziehung 2. Bd., 1. Abth. Stuttgart 1892.

Maximianus, Elegiae. Ad fidem codicis Etonensis recensuit et emendavit M. Petschenig. Berlin 1890. (Berliner Studien für classische Philologie und Archäologie. 11. Bd., 2. Heft.)

Mederer, J. N., Annales Academiae Ingolstadiensis. Pars IV. Ingolstadii 1782.

Meyer, H., siehe *Anthologia.*

Morand, Fr., Questions d'historie littéraire au sujet du Doctrinale metricum d'Alexandre de Villedieu. (Extrait de la Revue des Sociétes savantes des départements. XIII° série, tome II. p. 50—59. Paris 1863.)

Mucciolo, Jos. Mar., Catalogus codicum manu scriptorum Maletestianae Caesenatis bibliothecae fratrum minorum conventualium etc. Tom. I. Caesenae 1780.

Müller, Joh., Quellenschriften und Geschichte des deutschsprachlichen Unterrichts bis zur Mitte des 16. Jahrhunderts. Gotha 1882.

Müller, Joh., Die Anfänge des sächsischen Schulwesens, im Neuen Archiv für Sächsische Geschichte und Alterthumskunde, hrsg. von Ermisch. 8. Bd., S. 1—40, 243—271. Dresden 1887.

—— Über die Modisten, im Anzeiger für Kunde der deutschen Vorzeit. Neue Folge. Organ des Germanischen-Museums. 25. Bd., Jahrg. 1878, S. 233 ff., 352 ff.

Münter, Fr., Kirchengeschichte von Dänemark und Norwegen. 2. Theil. Leipzig 1831.

Murmellius, Joh., In epistolam divi Hieronymi ad Niciam commentarioli duo. Daventriae, Theodoricus de Borne, 1515.

—— Scoparius in barbariei propugnatores et osores humanitatis. Coloniae, Quentell, 1518.

Neudecker, Dr., Das Doctrinale des Alexanders de Villa Dei und der lateinische Unterricht während des späteren Mittelalters in Deutschland, im Programm der städtischen Realschule zu Pirna 1885.

Neue, Fr., Formenlehre der lateinischen Sprache. 2 Theile. 2. gänzlich umgearb. u. erw. Aufl. Berlin 1875 u. 1877.

Nordhoff, J. B., Denkwürdigkeiten aus dem Münsterischen Humanismus. Münster 1874.

Nyerup, Erasm., Librorum qui ante reformationem in scholis Daniae praelegebantur notitia. Hafniae 1784.

Panzer G. W., Annales typographici ab artis inventae origine ad annum 1536. 11 voll. Norimbergae 1793—1808.

Papias (Lombardus), Vocabulista. Venetiis, Philippus de Pincis, 1496.

Paulsen, Fr., Geschichte des gelehrten Unterrichts auf den deutschen Schulen und Universitäten vom Ausgang des Mittelalters bis zur Gegenwart. Mit besonderer Rücksicht auf den klassischen Unterricht. Leipzig 1885.

Perottus, Nic., Optima grammatices rudimenta auctore Nicolao Perotto archiepiscopo Sipontino. Florentiae, Georg. Maresotus, 1582.

Petzholdt, Jul., siehe *Anzeiger, neuer*, für Bibliographie.

Pfaff, B., Versuch einer Geschichte des gelehrten Unterrichtswesens in Württemberg in ältern Zeiten. Ulm 1842.

Pfeiffer, Aug. Friedr., Beyträge zur Kenntniss alter Bücher und Handschriften. 3 Stücke. Hof 1783—1786.

Poetae latini minores, cur. Io. Chr. Wernsdorf. Tom. IV. VI. Altenburgi 1785. Helmstadii 1794—99.

Prantl, C., Geschichte der Ludwig-Maximilians-Universität in Ingolstadt, Landshut, München. 2 Bd. München 1872.

Pylades Brixianus, Carmen scholasticum. Liptzck, Wolfgangus Monacensis, 1509.

—— In Alexandrum de Villa Dei annotationes. Brixiae, Iac. Britannicus, 1500.

Reichenhart, E., Die lateinische Schule zu Memmingen im Reformationszeitalter, in den Neuen Jahrbüchern für Philologie und Pädagogik, hrsg. v. A. Fleckeisen u. H. Masius. 122 Bd., S. 225—235; 273—280; 331—345; 401—412. Leipzig 1880.

Reichling, Dietr., Beiträge zur Charakteristik der Humanisten Alexander Hegius, Joseph Horlenius, Jacob Montanus u. Johannes Murmellius, in Pick's Monatsschrift für rheinisch-westfälische Geschichtsforschung und Alterthumskunde. 3. Jahrgang, S. 286- 303. Trier 1877.

—— Johannes Murmellius. Sein Leben und seine Werke. Nebst einem ausführlichen bibliographischen Verzeichniss sämmtlicher Schriften und einer Auswahl von Gedichten. Freiburg im Br. 1880.

—— Ortwin Gratius. Sein Leben und Wirken. Eine Ehrenrettung. Heiligenstadt 1884.

Reuchlin, Joh., siehe Vocabularius breviloquus.

Rhetores latini minores. Ex codicibus maximam partem primum adhibitis emendabat Carolus Halm. Fasc. I. II. Lipsiae 1863. 1864.

Riga, Petrus, Aurora. Codex membr. saec. XIII. Bibliothecae Gottingensis, Theol. 107.

Röhrig, T., Die Schule zu Schlettstadt, in Illgen's Zeitschrift für die historische Theologie. 4. Bd., 2. Stück. Leipzig 1834.

Rönsch, H., Itala und Vulgata. Das Sprachidiom der urchristlichen Itala und der katholischen Vulgata unter Berücksichtigung der römischen Volkssprache durch Beispiele erläutert. 2. Ausgabe. Marburg 1875.

Scheler, A., Trois traités de lexicographie latine, im Jahrbuch für romanische und englische Literatur, hrsg. v. Ludw. Lemcke. 6. Bd., S. 43—59; 7. Bd., S. 58—74; 8. Bd., S. 75—93; Leipzig 1865—1867.

Schulordnung von Bayreuth a. d. J. 1464, im Archiv für Geschichte und Alterthumskunde des Obermainkreises. I. Bd., 1. Abth. S. 86 f.

Schulordnung von Crailsheim von 1480, in Birlinger's Allemannia. 3. Bd., S. 247—262.

Schum, W., Beschreibendes Verzeichniss der Amplonianischen Handschriften-Sammlung zu Erfurt. Mit einem Vorworte über Amplonius und die Geschichte seiner Sammlung. Berlin 1887.

Servius Maurus Honoratus, Commentarii in Virgilium. Ed. H. A. Lion. 2 vol. Gottingae 1826.

Smith, Rev. J. J., A catalogue of the manuscripts in the library of Gonville and Caius College. Cambridge 1849.

Specht, Frz. Ant., Geschichte des Unterrichtswesens in Deutschland von den ältesten Zeiten bis zur Mitte des 13. Jahrhunderts. Stuttgart 1885.

Schreiber, H., Geschichte der Albert-Ludwigs-Universität zu Freiburg im Breisgau. 1. Theil: Von der Stiftung der Universität bis zur Reformation. Freiburg 1857.

Steiff, K., Der erste Buchdruck in Tübingen (1498—1534). Ein Beitrag zur Geschichte der Universität. Tübingen 1881.

Sulpicius, Ant., Verulanus, Sulpitianum opusculum. Romae, Euchar. Silber, 1490. — Grammatica cum suo vocabulario in fine annexo. Liptzig, Baccalarius Wolfgangus Monacensis, 1503.

Teuffel, W. S., Geschichte der römischen Literatur. Neu bearbeitet von L. Schwabe. 5. Aufl. 2. Bd. Leipzig 1890.

Thesaurus novus latinitatis sive lexicon vetus e membranis nunc primum erutum curante Angelo Maio. (Classici auctores, ed. Ang. Maius, tom. VIII. Romae 1836.)

Thorbecke, Aug., Geschichte der Universität Heidelberg. 1. Abtheilung: Die älteste Zeit. 1386—1449. Heidelberg 1886.

Thurot, M. Ch., De Alexandri de Villa Dei Doctrinali eiusque fatis. Parisiis 1850.

—— Notices et extraits de divers manuscrits latins pour servir à l'histoire des doctrines grammaticales au moyen âge. (Notices et extraits des manuscrits de la Bibl. Impér. et autres bibl. Tome XXII., part. 2. Paris 1868.)

—— Comptes rendus des séances de l'année 1870, in Académie des Inscriptions et Belles-Lettres. Nouvelle série. Tome VI. Paris 1870.

—— De l'organisation de l'enseignement dans l'université de Paris. Paris et Besançon 1850.

Tommaseo e Bellini, Dizionario della lingua italiana. 4 voll. Torino e Napoli 1865—79.

Tomaschek, J. A., Die Rechte und Freiheiten der Stadt Wien. Wien 1879. (Geschichtsquellen der Stadt Wien, hrsg. v. K. Weiss. I. Abth., 2. Bd.)

Torraca F., Al proposito del Graecismus di Eberhardo di Bethune, in Rivista critica della letteratura italiana. Anno V. p. 93 sq. Roma—Firenze 1888.

Trimberg, Hugo v., siehe *Haupt* und *Huemer.*

Trithemius, Io., De scriptoribus ecclesiasticis, in I. A. Fabricii Bibl. ecclesiastica, tom. V.

Universal-Lexicon, grosses, aller Künste und Wissenschaften. 64 Bde. Leipzig, Zedler, 1731—1754.

Urkunden zur Geschichte der Universität Tübingen aus den Jahren 1476—1550. Tübingen 1877.

Vahlen, J., Lorenzo Valla. Ein Vortrag. 2. Abdr. (aus dem Almanach der kais. Akademie der Wiss. zu Wien v. J. 1864). Berlin 1870.

Valla, Laurentius, De linguae latinae elegantia libri VI. Parisiis, Ioannes Granion, s. a. (c. a. 1505).

Veesenmeyer, G., De schola Latina Ulmana ante et sub reformationis sacrorum tempus brevis narratio. Ulmae 1818.

Vocabularius breviloquus (Io. Reuchlini). Basileae, s. typ. n., 1480.

Voigt E., Das erste Lesebuch des Triviums in den Kloster- und Stiftsschulen des Mittelalters (11.—15. Jahrh.), in den Mitteilungen der Gesellschaft für deutsche Erziehungs- und Schulgeschichte, hrsg. v. K. Kehrbach. Jahrg. I, Heft 1, S. 42—53. Berlin 1891.

—— Siehe *Ecbasis captivi; Egbert v. Lüttich; Ysengrimus.*

Voigt a St. Germano, Adauct., Versuch einer Geschichte der Prager Universität. 1. Abschn. Prag 1776.

Wadding Luc., Annales Minorum seu historia trium ordinum a. S. Francisco institutorum. Vol. I. Lugduni 1625.

—— Scriptores ordinis Minorum. Romae 1650.

Weissenborn, J. C., Acten der Erfurter Universität. 2. Theil. Halle 1882. (Geschichtsquellen der Provinz Sachsen und angrenzender Gebiete, hrsg. v. der histor. Commission der Provinz Sachsen. 8. Bd., 2. Theil.)

Wernsdorf, J. Chr., siehe *Poetae latini minores.*

Windhaus, Dir. Dr., Die Schule zu Schneeberg unter dem Rektor Paul Obermeier 1555—1575, in den Mitteilungen der Gesellschaft für deutsche Erziehungs- und Schulgeschichte, hrsg. von K. Kehrbach. Jahrg. I, Heft 3, S. 197—215.

—— Schulgesetze der Lateinschule zu Mansfeld um 1580, a. a. O., S. 221—237.

Wiszniewski, Mich., Historya literatury polskiej. Tom. III. Krakow 1841.

Wood, Ant., Historia et antiquitates Universitatis Oxoniensis. Tom. II. Oxoniae 1674.

Wrobel, Joh., siehe *Eberhardus Bethuniensis.*

Ysengrimus, hrsg. u. erklärt v. E. Voigt. Halle 1884.

Zarncke, Fr., Sebastian Brant's Narrenschiff. Leipzig 1854.

—— Statutenbücher der Univ. Leipzig, siehe *Statutenbücher.*

Einleitung.

'Si auctoribus timiditas obstitisset, ut nullis
novis uterentur dictionibus ipsa natura et significatione rerum exigente, perpetuis Latinitas
angustiis damnata mansisset'.

Prisc. instit. gramm. VIII 92.

I. Über Umfang, Ziel und Methode des grammatischen Unterrichts im Mittelalter.

Unter den aus den heidnischen Schulen des absterbenden römischen Alterthums in die christlichen Schulen des Mittelalters herübergenommenen Lehrgegenständen, den sogen. 'sieben freien Künsten', nahm die Grammatik von jeher den ersten und bis zur Herrschaft der Scholastik auch den vornehmsten Rang ein[1]). Wie schon im Alterthum[2]), bestand ihre Aufgabe nicht allein darin, die Regeln der Sprache zu fixiren, sondern auch die gesammte Lectüre und Interpretation der zur Erlangung der Fertigkeit im sprachlichen Ausdruck für geeignet befundenen Schriftsteller fiel in ihren Bereich. Sie beherrschte in der That bis zu der angedeuteten Zeit, wo die Dialectik ihr das Scepter entwand, als Königin die gesammten profanen Wissenschaften. Mit ihr beschäftigte sich daher der Knabe und Jüngling die längste Zeit während seines Schulunterrichtes[3]).

---

[1]) Sie wird in der Glosa notabilis zum Doctrinale, angeblich nach Isidor, folgendermassen definirt: 'Grammatica est ostiaria omnium aliarum scientiarum, linguae balbutientis expurgatrix aptissima, logicae ministra, rhetoricae magistra, theologiae interpres, medicinae refrigerium et totius quadrivii laudabile fundamentum'.

[2]) 'Ars grammatica, quae a nobis literatura dicitur, scientia est eorum, quae a poetis, historicis oratoribusque dicuntur ex parte maiore'. Varro, nach Marius Victorinus bei Keil, Gramm. Lat. VI 44—6 Vgl. Diomedes, Keil I 13; Audax, Keil VII 6; Max. Victorinus, Keil VII 188; Dositheus, Keil VII 376₃; Asper, Keil V 547₇; Sergius in Donat., Keil IV 486₁₅.

[3]) Vgl. Specht, Gesch. d. Unterrichtswesens in Deutschland von den ältesten Zeiten bis zur Mitte des 13. Jahrh. (Stuttgart 1885) S. 86 f.

Die Sprache, um deren Erlernung es sich handelte, konnte unter den derzeitigen Verhältnissen nur die lateinische sein. War doch das Latein die Sprache der Kirche, und da die Kirche zugleich die Trägerin der Bildung war, das ausschliessliche Verkehrsmittel aller gelehrten Kreise, das die gesammte gebildete Welt umfassende und einigende Band, eine Cultursprache von denkbar weitestem Umfange, der gegenüber die einzelnen Volks- oder Landessprachen als linguae laicae oder Sprachen der Nichtgebildeten galten[1]). Lateinisch waren alle wissenschaftlichen Werke wie der ganze schriftliche und mündliche Verkehr der Gelehrten; lateinisch wurden mit verschwindenden Ausnahmen die staatlichen Acten und Urkunden und seit dem Aufblühen des Städtewesens zumeist auch die Correspondenzen des Rathes, die Handelsbücher, Rechnungen und dergleichen abgefasst; des Lateinischen konnte auch der Kaufmann, welcher im Interesse des Handels die verschiedenen Länder Europas durchzog, vielfach nicht entrathen. Kurz, das Latein hatte zu jener Zeit eine eminent praktische Bedeutung. Nicht bloss der angehende Diener der Kirche, sondern wer immer auf Bildung Anspruch machen, wer im Leben des Staates und der Gesellschaft irgend eine höhere Stellung einnehmen wollte, musste diese Sprache sich anzueignen suchen. Daher stand sie denn auch in den Trivialschulen wie an den Universitäten im Mittelpunkt des Unterrichts[2]).

Dass die so in alle Lebensverhältnisse eingreifende und dieselben bis in die untersten Wurzeln und äussersten Spitzen begleitende lateinische Sprache nicht mehr die des klassischen Alterthums sein konnte, dass sie vielmehr mit dem Wandel der Zeiten und der durch das Christenthum gänzlich veränderten

---

[1]) Siehe Doctr. v. 9: 'laica lingua reserabit'. Im Catholicon des Johannes de Janua heisst es: 'Laicus, i. e. popularis, et dicitur a laos, quod est populus, vel potius a laos, quod est lapis; inde laicus est lapideus, quia durus et extraneus est a scientia literarum'. Ebenso im Vocabularius breviloquus (Reuchlini) und ganz ähnlich in der Glosa notabilis, welche den Vers anführt: ‚Dum mare siccatur, et daemon ad astra levatur, tunc primo laicus clero fit fidus amicus'.

[2]) Vgl. Joh. Müller, Quellenschriften u. Gesch. d. deutschsprachl. Unterrichts bis zur Mitte des 16. Jahrh. (Gotha 1882) S. 198 ff.; H. Liessem, Herm. van dem Busche (Progr. d. Kaiser Wilhelm-Gymn. zu Köln, 1885) Seite 44.

Welt- und Lebensanschauung selbst bedeutende Wandlungen durchmachen musste, ist selbstverständlich, so wenig man dies auch seit den Zeiten des Humanismus bis auf den heutigen Tag hat einsehen .wollen. Das Latein war eben im ganzen Mittelalter noch eine lebende Sprache und musste als solche sich den jeweiligen Bedürfnissen der Gesellschaft, deren Denken und Empfinden nothwendigerweise anpassen. Das mittelalterliche Latein ist seinem Hauptcharakter nach lediglich das Product der allmählichen Entwicklung und organischen Fortbildung der neben der künstlich gepflegten conventionellen Schriftsprache der Römer von jeher hergehenden, mit dem Eindringen des Christenthums in die breiten Schichten der Gesellschaft schliesslich zur Herrschaft gelangten römischen Volkssprache[1]). Nur in der eigentlichen Sprache des Volkes, in dem Idiom des täglichen Umgangs und Verkehrs, konnte das Christenthum, wenn es seine universale Mission erfüllen solle, seines Stifters erhabene Lehren verkünden. Wesentlich in dieser Form mussten den Gläubigen auch die der Erklärung und Vertheidigung des Glaubens dienenden Schriften der Kirchenväter, musste ihnen vor allem jenes Buch der Bücher geboten werden, in welchem die göttliche Weisheit und Liebe vorzugsweise zu den Menschen redet, die heilige Schrift. Die unter der Bezeichnung Vulgata von der Kirche als 'authentisch' anerkannte und theilweise in ihr Missale und Brevier aufgenommene Bibelübersetzung des hl. Hieronymus ist neben den Werken der Kirchenväter für die christlichen Schriftsteller der nachfolgenden Jahrhunderte von unberechenbarem Einfluss geblieben[2]). Auf der Vulgata beruht ausser zahlreichen Erzeugnissen der frühern Zeit auch die von Petrus Riga, einem ältern Zeitgenossen Alexanders von Villedieu, unter dem Titel Aurora gegen Ende des 12. Jahrhunderts verfasste umfangreiche Paraphrase des Alten und Neuen Testaments, auf welches Werk wir im Laufe unserer Darstellung noch öfters zurückkommen werden.

Eine weitere Ausgestaltung erfuhr die mittelalterliche Latinität durch die seit dem 11. Jahrhundert von Frankreich ausgehende und allmählich über das ganze Abendland sich ver-

---

[1]) Vgl. E. Voigt, Ysengrimus (Halle 1884) S. LIII.
[2]) Vgl. Fr. Kaulen, Gesch. d. Vulgata (Mainz 1868) S. 130 f., 181; Rönsch, Itala und Vulgata. 2. Ausg. (Marburg 1875) S. 1.

breitende scholastische Philosophie. Hatte sich das klassische
Latein für die Uebertragung der heiligen Schrift, für die ge-
heimnissvollen Lehren und Betrachtungen der Kirchenväter als
unzulänglich und ungeeignet erwiesen, so reichte für die scharf-
sinnigen Untersuchungen und feinen begrifflichen Unterschei-
dungen der Scholastiker, für die Darstellung der grossartigen
Systeme eines Petrus Lombardus, Duns Scotus und Thomas
von Aquin, geschweige die Sprache eines Cicero und Cäsar,
nicht einmal die eines Hieronymus und Augustinus mehr
aus. Jene Geistesheroen des Mittelalters, welche sich die Aufgabe gestellt hatten, die christliche Wahrheit durch philosophische
Erkenntniss zu beleuchten und zu erhärten, mussten daher zu
mannigfachen Neubildungen greifen, wenn anders sie nicht
darauf verzichten wollten, ihren gelehrten Auseinandersetzungen
in Wort und Schrift Präcision und Klarheit zu verleihen. Ist
man aber darum berechtigt, das scholastische Latein als barbarisch zu verschreien? 'Wenn barbarisch reden bedeutet, anders
reden als die Römer zu Cicero's Zeiten redeten', sagt treffend
Fr. Paulsen[1], 'dann ist das mittelalterliche Latein ohne allen
Zweifel barbarisch, nicht viel weniger als Französisch und
Deutsch. Wenn man dagegen unter barbarisch reden nicht
diese zufällige Abweichung verstünde, sondern allgemein: un-
angemessen zum Inhalt reden, ohne Sprachgefühl reden, mit
überallher zusammengerafften, an diesem Orte unpassenden und
sinnlosen Phrasen reden, dann dürfte der Vorwurf der barbarischen
Rede den Humanisten häufiger zu machen sein, als den mittelalterlichen Philosophen und Theologen. Für die wissenschaftlichen Untersuchungen der Letzteren ist ihre Sprache vielleicht
nicht weniger passend und nothwendig als der Aristotelische
Stil für seine Philosophie'. Das Mittelalter hatte eben wenig
Sinn für die äussere Form, ihm kam es wesentlich, wenn nicht
ausschliesslich, auf den begrifflichen Inhalt an, während im
geraden Gegensatz zu ihm das Zeitalter der Renaissance eine
absolute Hochschätzung der Form zur Schau trug, die nicht
selten mit einer absoluten Gleichgültigkeit gegen den Inhalt
verbunden war[2].

---

[1] Geschichte des gelehrten Unterrichts (Leipzig 1885) S. 27.
[2] Vgl. Paulsen a. a. O., der für das Gesagte zahlreiche Belege gibt.

Indem der Humanismus die allerdings greisenhaft gewordene, aber immerhin noch lebens- und bewegungsfähige lateinische Sprache durch unmittelbare Infusion jugendlichen Blutes zu regeneriren unternahm, konnte der Ausgang nicht zweifelhaft sein. Die Operation war zwar geschickt durchgeführt und anscheinend wohl gelungen; aber die Patientin konnte die Folgen derselben nicht überstehen, und zu der nämlichen Zeit, wo man sie neubelebt und verjüngt zu haben wähnte, wurde sie in Wirklichkeit für alle Zeiten eine todte Sprache.

Wir gestehen, dass wir ihr einen minder tragischen Ausgang gewünscht hätten, als unter dem Secirmesser der Humanisten zu verenden. Mag sich indessen auch ihr Geschick durch operativen Eingriff vorzeitig vollzogen haben, ihre Tage waren immerhin gezählt, und mit ihrer Alleinherrschaft war es schon seit geraumer Zeit vorbei. Ihre Töchter, die romanischen Sprachen, waren mittlerweile herangereift und hatten ihren Antheil an der Herrschaft beansprucht, der ihnen denn auch, wenngleich allmählich und unter Zögern, zugestanden wurde. Endlich durch den Tod der Mutter selbständig geworden, theilten sie sich in das Erbe, und nicht gar lange währte es, da errangen sie sich, je in ihrem Bereiche, das gesammte Gebiet der Literatur.

In den vorstehenden kurzen Betrachtungen ist der Umfang und das Ziel des mittelalterlichen grammatischen Unterrichts im Allgemeinen schon gekennzeichnet. Zunächst und vor allem ist festzuhalten, dass die Grammatiker des Mittelalters, wenngleich sie ihre Vorgänger auf diesem Gebiete hochschätzten und benutzten und auch mit der Literatur des goldenen Zeitalters mehr oder weniger bekannt waren, doch nicht so sehr das Latein des klassischen Alterthums, als vielmehr das Latein ihrer Zeit lehren wollten und mussten. Darum wurden Wörter, Formen und Constructionen, die derzeit unter den Gebildeten üblich waren, in Grammatik und Lexicon aufgenommen. Man war sich dabei sehr wohl bewusst, dass das Alterthum derartige Wörter und Bildungen nicht kannte, oder aber in der Blüthezeit der Literatur nicht mehr gebrauchte; man stellte geflissentlich den modernen Gebrauch dem alten entgegen, was übrigens bereits Priscian und andere ältere Grammatiker, wenn auch nicht in so ausgeprägter Weise, in Bezug auf ihre Vorgänger gethan hatten. So sagt z. B. Papias, einer der ältesten

Lexicographen, hinsichtlich des Verbums auguror: 'Auguror commune antiquitus, pro quo modo dicitur auguro, as, avi, atum neutrum'[1]). Alexander von Villedieu behandelt in seinem Doctrinale zuerst die Accentlehre der Neueren, die der Alten aber leitet er mit den Worten ein:

'Accentus normas legitur posuisse vetustas;
Non tamen has credo servandas tempore nostro'[2]).

Bezüglich der bei den alten Dichtern so häufig angewandten Elision und Ecthlipsis sagt ebenderselbe:

'Viles sunt istae prae cunctis et renuendae'[3]).

Ebenso hebt Johannes Januensis an vielen Stellen seines Catholicon den Unterschied zwischen dem modernen und antiken Sprachgebrauch hervor[4]); desgleichen die Glossatoren des Doctrinale[5]). Dieser Unterschied tritt ja auch naturgemäss in dem Vocabularium, dem Wortschatz, am augenfälligsten zu Tage. Hierbei kann man nun die interessante Beobachtung machen, dass manche Wörter, die sich bei Plautus und Terenz finden, seitdem aber ganz aus der Literatur verschwanden, während sie sich ohne Zweifel in der Volkssprache erhielten, von den mittelalterlichen Schriftstellern wieder in Aufnahme gebracht wurden. Daneben musste selbstverständlich eine Menge von Neubildungen zur Bezeichnung von Dingen und Begriffen, die den Alten unbekannt waren, entstehen und in Grammatik und Lexicon übergehen. So bewahrheitete sich auch hier der Ausspruch des Horaz:

'Multa renascentur, quae iam cecidere, cadentque
Quae nunc sunt in honore vocabula: sic volet usus'[6]).

Eine ganz besondere Berücksichtigung seitens des Grammatikers und Lexicographen erheischte der Sprachgebrauch der Vulgata. War doch das Verständniss der heiligen Schrift das

---

[1]) Papias Vocabulista s. v.; vgl. Catholicon Jo. Januensis u. Vocabularius breviloquus (Reuchlini) s. v.
[2]) Doctr. v. 2330 sq.
[3]) Doctr. v. 2434.
[4]) Siehe z. B. die Note zu Doctr. v. 2088
[5]) Vgl. die Note zu Doctr. v. 368
[6]) Horat. ars poet. v. 70

Endziel alles geistigen Strebens im Mittelalter und galt bei
Geistlichen wie Laien als die höchste Frucht wissenschaftlicher
Bildung. Bei der centralen Stellung der Vulgata ist es kein
Wunder, dass sie auch für die Grammatik die höchste Autorität wurde. Hatte die Grammatik bei den Alten die Aufgabe,
das Verständniss der Dichter und Redner zu vermitteln, so
galt sie dem Mittelalter wesentlich als die unentbehrliche Vorschule für das Studium der Bibel und bis zur Herrschaft der
Scholastik auch als der Hauptschlüssel für das Verständniss derselben[1]). In der That wurde die Sprache der Vulgata während
des ganzen Mittelalters als erhaben über die Regeln der alten
Grammatiker angesehen, und es genügte nach den Anschauungen
jener Zeit der blosse Hinweis, dass diese oder jene Form, diese
oder jene syntaktische Verbindung in der heiligen Schrift vor-
komme, um alle Kritik verstummen zu machen. Johannes
von Garlandia, ein Zeitgenosse Alexanders von Villadieu,
sagt geradezu:

'Pagina divina non vult se subdere legi
Grammatices, nec vult illius arte regi'[2]).

In ganz ähnlicher Weise äussert sich der Lexicograph
Hugutio[3]) bei Besprechung des Verbums esurio, dessen Praeteritum entgegen der Lehre Priscians[4]) über die meditativen
Verben in der Vulgata[5]) gebraucht ist, über die Stellung der
letztern zur Grammatik. 'Mag auch die Grammatik es so ver-
langen', sagt er, 'so können doch Ausnahmen in der heiligen
Schrift vorkommen, die sich durch die Regeln der Grammatiker
nicht einengen lässt'. 'Vielleicht hatte indessen Priscian', fügt er
hinzu, — und das ist nicht minder bezeichnend — 'jene Stelle
noch nicht gelesen, obschon wir hören, dass er Priester gewesen,

---

[1]) Vgl. Bursian, Gesch. d. class. Philol. in Deutschland von den
Anfängen bis zur Gegenwart (München und Leipzig 1883) S. 24; Specht,
Gesch. d. Unterrichtswesens in Deutschland von den ältesten Zeiten bis
zur Mitte des 13. Jahrh. S. 58.

[2]) Siehe Thurot, Notices et extraits etc. p. 526. — Vgl. über Joh.
von Garlandia unsere weiter unten folgenden Angaben.

[3]) In dem nur handschriftlich vorhandenen Liber derivationum,
sowie bei Joh. Januensis, Cath. praef. part. III. s. v. 'verba meditativa'.

[4]) Siehe Keil, Gramm. Lat. II 1, 421b.

[5]) Vulg. Matth. XVI. Vgl. Doctr. v. 1050 adnot.

aber Julian zu Liebe abgefallen sei'. — Der Nachfolger Hugutio's, Johannes Januensis, welcher diese Äusserungen wiederholt, will allerdings eine solche absolute Souveränität der Theologie nicht gelten lassen. Ihm ist die Grammatik immerhin
noch die 'Magd', deren Dienste die Theologie als 'Herrin' in
Anspruch zu nehmen habe, eingedenk des Salomonischen
Spruches: 'Die Weisheit baute sich ihr Haus und schnitt sieben
Säulen aus', welche eben die sieben freien Künste seien. — Hören
wir schliesslich noch, wie der Humanist Laurentius Valla,
welcher gegen Alexander von Villedieu[1]) behauptet hatte, dass
heu sich niemals mit dem Dativ, sondern nur mit dem Accu-
sativ verbände, in der Glosa notabilis abgefertigt wird. Der
Verfasser der Glosse stellt den zahlreichen von Valla angezogenen Beweisstellen aus den alten Klassikern eine einzige Stelle
aus den Psalmen[2]) entgegen und ruft dann triumphirend aus:
'Daher ist die Autorität des Laurentius nicht anzuerkennen,
indem er nicht aus Erfahrung und innerer Überzeugung redet,
sondern vielmehr aus angeborener Lust, dem Alexander zu
widersprechen, wie er es nach Art der Grossprahler so Vielen
gegenüber thut'.[3])

Durch die Vulgata und die Werke der Kirchenschriftsteller
überhaupt war namentlich eine Menge griechischer und
hebräischer Wörter und Wortverbindungen in Aufnahme gekommen, welche die Grammatik mehr oder weniger berücksichtigen musste.

Im Zeitalter der Scholastik gingen, wie auf allen Gebieten
des Wissens, so auch auf dem der Grammatik grosse und tief-
greifende Veränderungen vor sich. War die Grammatik bislang die vornehmste unter den sieben freien Künsten, so wurde
ihr nunmehr dieser Rang durch die Dialectik streitig gemacht.
Während man in den voraufgegangenen Zeiten hauptsächlich
mit Hülfe der Grammatik und an der Hand der Kirchenväter
in das Verständniss der heiligen Schrift nach ihrem dreifachen
Sinne, dem historischen, moralischen und mystischen, einzu-
dringen suchte, begann man von nun an die Prinzipien der

---

[1]) Doctr. v. 1231.
[2]) 'Heu mihi, quia incolatus meus prolongatus est'. Vulg. ps. CXIX.
[3]) Siehe Doctr. l. c. adnot.

wieder bekannt gewordenen Aristotelischen Philosophie auch auf die Worte der heiligen Schrift und die Lehren der Kirchenväter anzuwenden. Nachdem so mit der Zeit die Dialectik auf dem Gebiete der höchsten Wissenschaft, der Theologie, zu einem fast unbeschränkten Ansehen gelangt war, konnte es nicht ausbleiben, dass sie ihre Herrschaft allmählich auch auf die verschiedenen Zweige der profanen Wissenschaft auszudehnen versuchte und zuletzt auch die Grammatik in ihren Bereich zog[1]).

Mit der veränderten Stellung erfuhr die Grammatik eine vollständige Umgestaltung hinsichtlich ihrer Lehrmethode. Wie die Theologie die Gestalt eines philosophischen Lehrgebäudes angenommen hatte, so war auch die Grammatik eine rein speculative Wissenschaft geworden. Stellt sich die scholastische Theologie als ein Versuch, und zwar als ein in grossartigem Massstabe durchgeführter Versuch dar, die bis dahin lediglich auf Grund des Glaubens angenommenen Lehren der heiligen Schrift mit der Vernunft zu durchdringen und zu beweisen, so begnügte sich die Grammatik seitdem nicht mehr damit, die Regeln und Gesetze der Sprache, wie sie bei den Autoren zum Ausdruck gekommen sind, einfach als Thatsachen hinzustellen, sondern sie betrachtete es als ihre Hauptaufgabe, deren Ursachen nach den Grundprinzipien des Denkens zu erforschen, beziehungsweise dieselben zu verbessern und umzugestalten. Man ging hierbei von der Voraussetzung aus, dass die Sprachen durch Reflexion entstanden und ausgebildet seien[2]), eine Ansicht, die ja noch in unsern Tagen von den Sprachphilosophen getheilt

---

[1]) Vgl. Specht, Gesch. d. Unterrichtswesens. S. 125 f.

[2]) So wird in der Glosa notabilis zum 2. Theil des Doctrinale (Colon. 1488) die Frage: 'Quis fuit grammaticae primus inventor?' folgendermassen beantwortet: 'Primus inventor grammaticae positivae fuit metaphysicus et naturalis philosophus, quod ille considerans diversas proprietates, naturam et modos essendi rerum, rebus imposuit diversa nomina'. Und in der Einleitung zum 1. Theil heisst es daselbst: 'Primus inventor grammaticae scientiae habebat imperfectam grammaticam a natura, quam per studium et laborem via sensus, memoriae et experimenti perfecit'. Der Einwand: 'Naturalia sunt eadem apud omnes homines; sed non est eadem grammatica apud Graecos et Latinos, quia utuntur aliis et aliis vocibus', wird in folgender Weise beseitigt: 'Licet non sit eadem grammatica, quantum ad materialia principia, est tamen eadem grammatica, quantum ad principia formalia, quae variari non possunt'.

wird. Welch hohe Bedeutung man der Logik für den Sprach-
unterricht beilegte, zeigt u. a. der dem Albertus Magnus
zugeschriebene Ausspruch: 'Sicut se habet stultus ad sapientem,
sic se habet grammaticus ignorans logicam ad peritum in logica' [1]).

    'Es gewährt ein grosses Interesse', sagt Liessem [2]), 'zu
sehen, wie geniale Männer die Sprache, die abzusterben beginnt,
zur Formulirung ihrer Gedanken als Gelehrtensprache neu zu
beleben suchen und selbständige, schöpferische Bildner des
Ausdrucks werden; aber es liegt etwas Tragisches in dem
Unternehmen, dasselbe Princip auch auf die Grammatik anzuwenden, den gesammten Sprachinhalt als Produkt der Reflexion
hinzustellen und von diesem Gesichtspunkte aus das historisch
Gewordene und im Sprachgebrauche Fixirte nicht nur nicht
sprachgeschichtlich zu erklären und abzuleiten, sondern häufig
sogar als eine Abirrung von den Denkgesetzen zu verurtheilen
und in bewusstem Gegensatz zu der charakteristischen Eigen-
thümlichkeit der Sprache zu ändern oder neu zu gestalten'.
Mag man indessen immerhin zugeben, dass eine derartige, von
der unserigen durchaus verschiedene Behandlung der Wissenschaften vielfach in Spitzfindigkeiten und Haarspaltereien aus-
artete, dass sie insbesondere auf dem Gebiete der Grammatik
zu einer Unmasse nach unseren Begriffen ganz überflüssiger
Erörterungen und nicht selten auch zu Irrthümern und Ver-
kehrtheiten führen musste, so darf doch anderseits nicht übersehen werden, dass durch diese Methode, ausser der allgemeinen
Schulung des Geistes in folgerichtigem Denken und schnellem
Auffassen von Argumentationen, eine mehr systematische Gestaltung der behandelten Wissenszweige und ein weiterer Aus-
bau derselben bewirkt wurde. In der Grammatik geschah dies,
wie weiter unten des Nähern dargelegt werden soll, vor allem
durch Einfügung des bis dahin fehlenden Systems der Syntax.

    Nach dem Gesagten kann man sich eine ungefähre Vor-
stellung von dem Aussehen eines mittelalterlichen Lehrbuches
der Grammatik im Unterschiede von dem der Alten machen.

    Unter den zugleich mit den Unterrichtsgegenständen aus
den römischen Schulen herübergenommenen Lehrbüchern nahm

---

[1]) Siehe Glosa notabilis am Schluss des 2. Theiles.
[2]) Hermann van dem Busche (Progr. d. Kaiser Wilhelm-Gymn. zu
Köln 1885) S. 46.

für den Elementarunterricht die A r s m i n o r des A e l i u s D o -
n a t u s, Lehrers des hl. Hieronymus, von jeher die erste Stelle
ein. Dieses Büchlein, welches in der praktischen Form von
Frage und Antwort das Wichtigste über die acht Redetheile
bietet, wurde schon früh allen andern derartigen Schriften vor-
gezogen[1]) und blieb auch das ganze Mittelalter hindurch und
weit darüber hinaus im Gebrauch. Da es jedoch, weil für die
r ö m i s c h e Jugend geschrieben, weder die Genus- und andere
Regeln, noch die Declinations- und Conjugationsformen in einer
Weise verzeichnete, wie es die Unterweisung von Knaben for-
derte, deren Muttersprache nicht das Latein war, so konnte es
in der ursprünglichen Form nicht verwendet werden, sondern
musste den jedesmaligen Zeit- und Ortsverhältnissen entsprechend
durch Umänderungen, Hinzufügungen und nähere Erklärungen
für ·den praktischen Gebrauch erst zurecht gerichtet werden.
Dies geschah denn auch in einem Masse, dass aus manchen
derartigen Compendien der ursprüngliche Donat kaum wiederzuerkennen ist[2]).

Während aus Donat die Elemente der Sprache erlernt
wurden, schöpfte man die höhern grammatischen Kenntnisse
hauptsächlich aus P r i s c i a n, einen Zeitgenossen Cassiodor's.
Was Aristoteles in der scholastischen Philosophie, das war
Priscian in der Grammatik: 'der allgemeine Lehrmeister der
Menschen, das Licht und die Zierde lateinischer Beredsamkeit'[3]).
Keiner der alten Grammatiker wird daher neben Donat in den
Schriftwerken des Mittelalters so häufig citirt, von keinem,
ausser vielleicht von Donat, sind so zahlreiche Abschriften auf
uns gekommen als von Priscian. H e r t z, der neueste Herausgeber desselben, berechnet die Gesammtzahl der in den Bibliotheken Europas annoch vorhandenen Manuscripte auf über
t a u s e n d. Von diesen enthalten jedoch verhältnissmässig nur

[1]) C a s s i o d o r, welcher selbst zwei Commentare zum Donat geschrieben
hat, sagt von demselben: 'Quamvis auctores temporum superiorum de
arte grammatica ordine diverso tractaverint suisque saeculis honoris decus
habuerint, nobis tamen placet in medium Donatum deducere, qui et pueris
specialiter aptus et tironibus probatur accomodatus'. Cassiod. excerpta ap.
Keil, Gramm. Lat. VII 214₂₃—₂₇.

[2]) Vgl. S p e c h t, Gesch. d. Unterrichtswesens in Deutschland S. 88;
L i e s s e m, Herm. van dem Busche a. a. O. S. 47.

[3]) So A l c u i n; siehe H e r t z, Prisc. inst. gramm. praef. p. XII.

sehr wenige das Werk vollständig. Die Institutiones grammaticae Priscian's wurden schon frühzeitig, mindestens seit
dem 10. Jahrhundert[1]), in zwei Theile getheilt, das maius und
minus volumen Prisciani, oder kurz Priscianus maior
und minor. Unter der erstern Benennung verstand man die
sechzehn Bücher, welche die Formenlehre behandeln, während
man die beiden letzten Bücher de constructione als minus
volumen bezeichnete. Das maius volumen ist es nun,
welches die weitaus grösste Zahl der Handschriften bietet, ein
hinlänglicher Beweis dafür, dass hierauf das Studium hauptsächlich gerichtet war. Die geringe Berücksichtigung des
zweiten Theiles ist übrigens leicht erklärlich: mit jenem wirren
Conglomerat von überallher zusammengeholten syntaktischen
Regeln und Beispielen war eben für den Schulunterricht nichts
anzufangen.

   Aber auch das maius volumen musste mit der Zeit,
um praktisch verwerthet werden zu können, mancherlei Veränderungen erfahren. Als Schulbuch war es einerseits zu umfangreich, anderseits hinwiederum in manchen Punkten nicht
ausreichend. Wie wollte man, zumal bei der in der Zeit der
Scholastik herrschend gewordenen deductiven Methode, jene
sechzehn Bücher mit ihren weitschweifigen Regeln und der
Überfülle von aus allen Gebieten der alten Literatur entnom-
menen Belegstellen im Unterrichte bewältigen?[2]) Darum wurden
denn schon sehr früh Auszüge daraus veranstaltet, indem man Text
und Belegstellen kürzte und änderte oder letztere ganz strich.
Als solche Excerpte stellen sich z. B. im Wesentlichen die
beiden Bücher über die Grammatik von dem berühmten Fuldaer
Abt Rhabanus Maurus heraus[3]). Wie aber auf der einen Seite
zu Kürzungen, so sah man sich auf der andern Seite angesichts
der stetigen Weiterbildung der Sprache, insbesondere in Berücksichtigung der zahlreichen durch die Vulgata und die christlichen

---

[1]) Vgl. Hertz l. c. p. XVII.

[2]) Ein zwar hartes, aber unsers Erachtens durchaus zutreffendes
Urtheil über Priscian's Werk wird in einem Abriss der Grammatik aus
dem 13. Jahrh. gefällt: 'Illa Prisciani spatiosa volumina grammaticam artem ita diffuse et confuse pertractant, ut non nisi omni cura et omni
negotio expeditis illa sit replicare consilium.' Bei Thurot, Notices et
extraits p. 102 note.

[3]) Vgl. Hertz, praef. in Prisc. p. X; Keil, praef. in Diom. p. XXXII.

Schriftsteller in Gebrauch gekommenen Gräcismen und Hebraismen zu mannigfachen Einschiebungen und Zusätzen veranlasst.

Während die Formlehre ausser von Donat und Priscian noch von einer ganzen Reihe anderer ältern Grammatiker behandelt worden ist, welche denn auch von den mittelalterlichen Grammatikern mehr oder weniger zu Rathe gezogen wurden, hatte man bezüglich der Syntax ausser den durchaus unzulänglichen und unübersichtlichen beiden Büchern Priscians de constructione keine Vorarbeiten, auf die man sich stützen konnte. Die Aufstellung eines Systems der Syntax musste sich aber bei der Verbreitung der lateinischen Sprache unter fremden Nationen mit der Zeit als ein immer dringenderes Bedürfniss erweisen. Blieben die etymologischen Formen, wie sie das Alterthum überlieferte, durch den Gebrauch im Allgemeinen hinlänglich geschützt, so wurde es doch immer schwieriger, in der Verbindung dieser Formen unter einander, in dem Zusammentreten derselben zum Satze durch den Gebrauch allein die nöthige Uebereinstimmung zu bewahren. Wenn hierin nicht schliesslich der Willkür Thor und Thür geöffnet werden sollte, so war es nothwendig, dass die Theorie der Praxis die Wege vorzeichnete, die sie einzuschlagen und inne zu halten hatte. Und diese von den Alten kaum versuchte Aufgabe haben die Sprachphilosophen des 12. und 13. Jahrhunderts in so glücklicher Weise gelöst, dass die von ihnen in allgemeinen Umrissen vorgezeichnete, von Alexander von Villedieu in seinem Doctrinale systematisch durchgeführte Methode der Satzlehre, nachdem sie nach mehr als dreihundertjährigem Bestehen von den Humanisten beseitigt worden war, ohne dass man etwas Besseres an deren Stelle zu setzen vermochte, im 18. Jahrhundert, freilich mit Verschweigung ihrer als 'Barbaren' gebrandmarkten Urheber, wieder hervorgeholt worden ist und noch in den heutigen Schulgrammatiken allen versuchten Neuerungen gegenüber als durchaus natur- und sachgemäss beibehalten wird.[1])

Zu der Formenlehre und Syntax kam als dritter Hauptabschnitt der Grammatik die Lehre von der Prosodie und

---

[1]) Vgl. hierzu die näheren Ausführungen bei F. Haase, de medii aevi studiis philologicis (Vratislaviae 1856) p. 37 sqq.

Metrik hinzu. Welch hohe Bedeutung man der Kenntniss der Metrik für den 'Kleriker', d. h. den Gebildeten überhaupt, beimass, zeigen die von Lexicographen und Glossatoren mit Vorliebe citirten Verse:

> 'Ambulat in tenebris errando clericus omnis,
> Qui sine metrorum lege legenda legit'[1]).

Aber auch in dieser Beziehung erwiesen sich die Schriften der alten Grammatiker als theils zu weitläufig, theils zu dürftig: zu weitläufig, indem die meisten der hier vielfach in grosser Ausführlichkeit behandelten künstlichen Vers- und Strophenbildungen, wie sie im goldenen Zeitalter aus der griechischen in die römische Literatur eingeführt worden waren, von den christlichen Dichtern nach und nach mit gutem Bedacht aufgegeben wurden, so dass im spätern Mittelalter von allen antiken Versarten fast nur mehr der Hexameter und Pentameter zur Verwendung kamen; zu dürftig, weil sie die Quantität der Wörter entweder gar nicht, oder doch nur gelegentlich und in unzureichender Weise behandeln. Das Bedürfniss nach einer systematischen Darstellung der Quantität, in welcher insbesondere auch die in der christlichen Poesie eingebürgerten zahlreichen griechischen und hebräischen Wörter mit ihrer von der ursprünglichen oft abweichenden Silbenmessung zu berücksichtigen waren, musste sich aber um so fühlbarer machen, als die Metrik — wie schon oben angedeutet — immer noch, wie im Alterthum, einen wesentlichen Theil des Unterrichts bildete, und als nach den Anschauungen jener Zeit die Fähigkeit, als Dichter aufzutreten, zu den Hauptkriterien eines Gelehrten gehörte[2]). Ein solches System hat nun, soweit uns bekannt ist, zuerst Alexander von Villedieu in seinem Doctrinale aufgestellt. Die von ihm befolgte Anordnung ist bis tief in die Zeit des Humanismus hinein massgebend geblieben.

Für den Abschnitt über den Accent und die Interpunction stützte man sich im Allgemeinen auf die Lehrbücher der alten Grammatiker, für die Accentlehre insbesondere auf den fälschlich Priscian zugeschriebenen Tractat de accentibus.

---

[1]) Siehe Jo. Januensis Catholicon; Breviloquus (Reuchlini) s. v. 'metrum'; Glosa notabilis, part. III. init.

[2]) Vgl. u. A. Specht, Gesch. d. Unterrichtswesens, S. 113.

Ueber einzelne Eigenthümlichkeiten, wie sie uns in dem Doctrinale entgegentreten, werden wir am geeigneten Orte sprechen.

Den letzten Abschnitt der Grammatik bildete die Lehre von
den Figuren, die in figurae dictionis et locutiones[1]) oder
in Wort- und Sinnfiguren eingetheilt wurden. In dieser Beziehung fehlte es an Vorarbeiten keineswegs. Zahlreiche Grammatiker, Rhetoren und Commentatoren des ausgehenden Alterthums und frühern Mittelalters haben die Lehre von den
Figuren in eingehender Weise behandelt. Besonders wurde
das dritte Buch der grössern Grammatik des Donat, welches
man nach dem ersten Kapitel kurzweg barbarismus benannte,
vielfach benutzt und ausgenutzt. Wie es in der frühern Zeit
der Grammatik Priscian's gewöhnlich als Anhang beigegeben
wurde[2]), so war es auch für die Grammatiker der spätern
Jahrhunderte die Hauptquelle.

Um das nächste Ziel des grammatischen Unterrichts, eine
möglichst grosse Fertigkeit und Gewandtheit im Gebrauche der
Sprache, wie sie sich bis dahin entwickelt hatte, zu erreichen,
bedurfte es neben der Erlernung der Regeln einer ausgedehnten
Lectüre. Wenn von derselben auch zu keiner Zeit die Klassiker
ganz ausgeschlossen waren, wenn namentlich Vergil und Ovid
während des ganzen Mittelalters in hohem Ansehen standen,
wozu die alten grammatischen Autoritäten mit ihren zahlreichen
Citaten aus diesen Dichtern nicht wenig beitrugen, so waren
es doch vornehmlich jenen Zeiten näher stehende Schriftsteller,
welche dem Unterrichte zu Grunde gelegt wurden. Es ist dies
schon aus sprachlichen Gründen sehr erklärlich. Wählten doch
auch die Römer, als gegen Ende der Republik die hellenische
Cultur sich über Italien ausbreitete, nicht sowohl die alte
unverfälschte Literatur der Griechen, als vielmehr die mit
orientalischen Elementen vermischte leichtwiegende Literatur
der Gegenwart und letzten Vergangenheit sich zum Vorbilde.
Wir dürfen uns darum nicht wundern, dass in den Schulen des
Mittelalters neben Ovid und Vergil oder auch an deren Stelle der
sogenannte Homerus Latinus, die Eclogen des Theodulus,
die Fabeln des Avianus, die den Namen Cato's tragende, in

---

[1]) So in der Glosa notabilis zum Doctrinale.
[2]) Vgl. Thurot, de Alexandri de Villa Dei doctrinali p. 5

zahlreichen Bearbeitungen überlieferte Sammlung von Sitten-
und Weisheitssprüchen, die Fabeln des Aesopus (d. h. die im
Anonymus Neveleti vorliegende Versification der ersten drei
Bücher des sogen. Romulus) und andere Erzeugnisse des späten
Alterthums und frühern Mittelalters gelesen wurden. Ueber
das aus der Autoren-Trias Cato, Aesopus und Avian be-
stehende erste Lesebuch auf den Trivialstufen der Kloster-
und Stiftsschulen hat jüngst Ernst Voigt eine höchst be-
achtenswerthe Abhandlung veröffentlicht.[1]) Es wird hier in
eingehender und überzeugender Weise dargelegt, wie sehr jene
kleinen, in sich abgerundeten und darum leicht überseh- und
lernbaren Spruch- und Fabeldichtungen zur Einübung von
Grammatik und Sprachschatz, von Prosodie und Metrik sich
eigneten; wie sie anderseits, in ihrer Gesammtheit aufgefasst,
einen reichen Schatz von Regeln der Sittenlehre und vor allem
von Lebensklugheit und Weltweisheit enthielten und nach Form
wie Inhalt eine erstaunliche Fülle immer neuer, den Fortschritten
des Geschmacks und der Wissenschaft in den verschiedenen
Jahrhunderten entsprechender Gestaltungen zeigten, die eben
wegen ihrer Einfachheit und Natürlichkeit die Zöglinge auch
zu selbständigen Schaffensversuchen anregen und befähigen
mussten.

   Während das eben charakterisirte Lesebuch für die untern
Stufen der Trivialschulen so ziemlich allgemein, und zwar nachweislich schon vom 5. Jahrhundert bis zum Durchbruch des
Humanismus[2]), im Gebrauch gewesen ist, herrschte bezüglich
der Auswahl der Lectüre für die höhern Stufen kein einheit-
liches Verfahren; vielmehr finden wir in den verschiedenen
Schulen, Ländern und Zeiten die verschiedensten alten und
neuern Schriftsteller neben einander vertreten. Vorzugsweise
waren es jedoch, dem Hauptcharakter des Mittelalters entsprechend, christliche und Christliches behandelnde Dichter und
Prosaiker, welche in den Schulen gelesen wurden, namentlich
Prudentius (um 400), Prosper (um 460) und die Bearbeiter

---

[1]) In den Mitteil. der Gesellschaft für deutsche Erziehungs- u. Schulgesch., hrsgb. v. Karl Kehrbach. Jahrg. I Heft 1 (Berlin 1891) S. 42—53.
   [2]) Vgl. V. M. Otto Denk, Gesch. d. gallo-fränk. Unterr.- und Bildungswesens von den ält. Zeiten bis auf Karl den Grossen (Mainz, Kirchheim,
1892) S. 231 f.

der alt- und neutestamentalischen Geschichte, Juvencus (um 330), Sedulius (um 430), Arator († um 556)[1]). Zu den Letztern gesellte sich gegen Ende des 12. Jahrhunderts· Petrus Riga[2]), regulärer Chorherr der Augustiner-Abtei St. Denis zu Reims († 1209), mit seiner mehr als 15000 Verse umfassenden 'Aurora', welches Werk in der Folgezeit ein so hohes Ansehen erlangte[3]), dass Grammatiker, wie Alexander von Villedieu, und Lexicographen, wie Johannes Januensis und der Verfasser oder vielmehr Compilator des 'Vocabularius breviloquus', der nachmals so berühmt gewordene Johannes Reuchlin, dasselbe in ihren Schriften zu berücksichtigen für geboten erachteten[4]).

So sehr wir nun auch die Bevorzugung solcher und ähnlicher Schriftsteller vom Standpunkte des Mittelalters begreifen und billigen, so sehr muss es uns befremden, wenn wir neben diesen nicht nur Ovid's 'Ars amandi' und 'Remedium amoris'[5]), sondern sogar die 'Elegiae' eines Maximian[6]) als Schullectüre

---

[1]) Vgl. O. Denk a. a. O. S. 232 f.

[2]) So, und nicht Petrus de Riga, wie meistens geschrieben wird, nennt er sich in der Vorrede zur Aurora: 'Petrus nomine, Riga cognomine'; ferner: 'Petrus Riga vocor, cui Christus petra rigat cor'. Ebenso wird er von Alexander von Villedieu genannt; siehe Doctr. v. 1860, Ecclesiale, prolog.; vgl. Thurot, de Alex. Doctr. p. 7, Notices et extraits Tom. XXII 2 p. 115. — Näheres über ihn und sein Werk in der Hist. litt. de la France. Tom. XVII p. 26 sq.

[3]) Es mag wenige grosse Bibliotheken geben, die nicht wenigstens die eine oder andere Handschrift der Aurora aufzuweisen haben; gedruckt ist das Gedicht indessen mit Ausnahme des Buches Esther, welches Barthius veröffentlicht hat, niemals.

[4]) Siehe Doctr. vv. 1860, 2115. — In dem Catholicon des Joh. Januensis werden allein unter den mit den beiden ersten Buchstaben des Alphabets beginnenden Wörtern folgende mit Versen aus der Aurora belegt, die soweit wir sie mit einem Sternchen bezeichnet haben, in dem Breviloquus (Reuchlini) wiederholt werden: acetum, Agabus*, Agrippa*, albugo*, Alchimus*, allophilus*, alo, amens, Antigonus, Antipater*, apocalipsis*, Apollonius*, arätrum*, architriclinus, aroma*, assecla*, Assur*, atrox, auguro, azïmus, Benjamin, bidens, bitumen*, butyrum.

[5]) Vgl. Specht, Gesch. d. Unterrichtswesens S. 99; L. Delisle, les écoles d'Orléans au XII° et au XIII° siècle, in Annuaire-Bulletin de la soc. de l'hist. de France. Tome VII (Année 1869) p. 144.

[6]) Dieselben sind jüngst wieder herausgegeben von M. Petschenig in den Berliner Studien f. klass. Philol. u. Archäol. Bd. XI,

verwendet finden. Denn Maximian als Schulautor will uns selbst
bei der damals üblichen allegorischen Interpretation, vermöge
deren man die anstössigen und schmutzigen Stellen in das
Gegentheil zu verkehren verstand, geradezu als eine Ungeheuer-
lichkeit erscheinen. Und doch ist der Gebrauch desselben in
deutschen, französischen und englischen Schulen durch
die verschiedensten Zeugnisse beglaubigt[1]); ja, dass er nicht
etwa ein sporadischer, sondern im 12. Jahrhundert wenigstens in
Frankreich ein ziemlich weitverbreiteter gewesen ist, dürfen wir
aus dem Umstande schliessen, dass Alexander von Villedieu
— wie wir seiner Zeit nachweisen werden — zur Verdrängung
eben dieses Poeten sein Doctrinale schrieb.

II. Leben und Schriften Alexanders von Villedieu.

In allen ältern Handschriften des Doctrinale wird der
Verfasser übereinstimmend Magister Alexander de Villa
Dei genannt[2]), und sein Geburtsort mehrfach durch den Zusatz

---

Heft 2 (1890). — Ueber den Dichter vgl. Rheinisches Museum für
Philol. Neue Folge Bd. 44 (1889) S. 540 ff.; Teuffel-Schwabe, Gesch.
d. röm. Lit. 5. Aufl. (1890) S. 490.

[1]) Siehe Specht, Gesch. d. Unterrichtsw. S. 101 und 103; Bursian,
Gesch. d. class. Phil. S. 82 und 83; Wood, hist. et. antiq. univ. Oxo-
niensis Tom. II p. 4; Hugo von Trimberg, bei Haupt in dem Bericht
der Berliner Acad. d. Wiss. 1854, S. 153 und bei Huemer in den Sitzungs-
berichten der Wiener Acad. d Wiss. 1888, S. 166 ff.; Eberhard (von
Bethune?) in dem Labyrinthus, bei Wernsdorf, peotac Lat. min. Tom.
VI p. 230, u. Leyser, hist. poem. med. aevi p. 796 sqq. — Der Bamberger
Schulmeister Hugo von Trimberg empfiehlt geradezu die Lectüre
Maximian's in den Schulen, wenn er in seinem im J. 1280 verfassten
'Registrum multorum auctorum' von ihm sagt:

'Avianum sequitur hic Maximianus,
Qui licet in themate fuerit profanus,
Tamen in dictamine versu non effluxit
Multosque notabiles versus introduxit:
"Aemula quid cessas finem properare senectus."'

(Eingangsvers der Elegien.)

[2]) Vgl. Bibl. d. Hdsch. no. 8. 13. 16. 34. 37. 38. 51. 55. 57. 62.
67. 77 etc., wo diese Bezeichnung sich im Titel oder in der Schlussschrift
findet; in den übrigen Handschriften, soweit sie nicht lediglich den Text
enthalten, kommt sie in den bezüglichen Vorreden oder in den Glossen vor.

in Neustria (Eustria) näher bestimmt.[1]) Wenn Heinrich von
Gent (1219—1295) ihm den Beinamen Dolensis gibt[2]), so wird
ihn dazu der gleich zu erwähnende Umstand veranlasst haben,
dass er in der Bischofsstadt Dol in der obern Bretagne
längere Zeit als Lehrer gewirkt hat. Zwei Handschriften aus
verhältnissmässig sehr später Zeit, eine Breslauer vom J. 1473[3])
und eine Venetianer vom J. 1478[4]), bezeichnen ihn als Alexander Parisiensis, wohl wegen seines Studienaufenthaltes zu
Paris. Von den Drucken hat ebenfalls eine Reihe die eingangs
erwähnte Ortsangabe[5]), die auch in der gräcisirten Form Theo-
pagita enthalten ist, wie der Verfasser in einer von dem
Humanisten Despauterius besorgten Ausgabe des Doctrinale[6]),
sowie in dessen eigener Grammatik[7]) genannt wird. Andere
Ausgaben deuten durch den Zusatz Gallicus[8]) oder Nor-
mannus[9]) die Heimath des Verfassers wenigstens allgemein an,
während er in der weitaus grössten Zahl der Drucke einfach
magister Alexander, Alexander grammaticus oder
schlechthin Alexander genannt wird.

Es darf hiernach als feststehend angenommen werden, dass
Alexander aus dem 19 Kilometer nördlich von der Diöcesanstadt
Avranche gelegenen, zum heutigen Departement Manche gehörigen Flecken Villedieu in der Normandie stammte. Die
Zeit seiner Geburt lässt sich nicht genau bestimmen; indessen
werden wir wohl der Wahrheit sehr nahe kommen, wenn wir
mit Rücksicht auf die in das Jahr 1199 fallende Veröffentlichung des Doctrinale[10]) seine Geburt in das Ende der sechziger

---

[1]) So in no. 11. 45. 65 d. Bibl. d. Hdschr. und in einer Glosse aus dem
13. Jahrh., mitgetheilt von Morand, Questions d'histoire litt. au sujet du
Doctrinale (Extraits de la Revue des Sociétés savantes) p. 3.

[2]) Henr. Gandaviensis de script. eccles. cap. 59.

[3]) Bibl. d. Hdschr. no. 128.

[4]) Bibl. d. Hdschr. no. 132.

[5]) Bibl. d. Drucke no. 28. 66. 80. 81. 105. 153. 200. 201. 204. 210.
241. 249.

[6]) Bibl. d. Drucke no. 255*.

[7]) Despauterii Ninivitae comment. gramm. Lugduni, 1563, p. 208,
393 all. ll.

[8]) Bibl. d. Drucke no. 158. 184. 223. 245. 247.

[9]) Bibl. d. Drucke no. 206. 218.

[10]) Siehe darüber weiter unten S. XXXVI f.

oder den Anfang der siebenziger Jahre des zwölften Jahrhunderts setzen.

Ueber seine Studien sowie über die nähere Veranlassung zur Bearbeitung seiner versificirten Grammatik werden uns in mehreren ältern Glossen zum Doctrinale recht interessante, wenngleich nicht in allen Punkten übereinstimmende Mittheilungen gemacht. Bei der Wiedergabe halten wir uns im Allgemeinen an den ausführlichern Bericht einer Handschrift der Bibliothek des Arsenals in Paris[1]), wobei wir jedoch die Abweichungen der übrigen Handschriften mit Ausnahme einer Helmstädter aus dem 15. Jahrhundert[2]) gleichfalls berücksichtigen. Hiernach hat sich Alexander mit zwei Genossen, von denen der eine Ivo[3]) oder Imo [Ymo][4]), der andere Adolphus[5]) oder Ydolphus[6]) hiess, zum Zweck gemeinsamer Studien in Paris verbunden. Adolphus war ein Engländer, Ivo ein Landsmann Alexanders, und zwar den Nachrichten zweier Codices zufolge ebenfalls aus Villedieu gebürtig[7]), während er in einer andern Glosse als Bretone bezeichnet wird.[8]) Alle drei waren arm und blieben lange zu Paris, wo sie sehr eifrig studirten und sich umfangreiche Kenntnisse erwarben[9]). Insbesondere hörten sie dort Vorlesungen über Priscian, und fingen schon damals an, aus diesem Grammatiker und vielen andern Autoren Auszüge zu veranstalten und dieselben in metrischer Form zu

---

[1]) Bibl. e. Hdschr. no. 45.

[2]) Die betreffenden, bereits von Polycarp Leyser, hist. poet. et poem. medii aevi p. 768 abgedruckten und in der Hist. litt. de la France XVI p. 188 u. XVIII p 202 sqq. benutzten Notizen weichen von allen ältern in wesentlichen Punkten ab.

[3]) So in einer in der Bibl. zu Troyes vorhandenen Glosse zum Doctrinale aus dem 13. Jahrh., mitgetheilt von Thurot, Notices et extraits p. 511.

[4]) Codex Paris. bibl. Arsenal. (Bibl. d. Hdschr. no. 45) und Codex Barberinus (Bibl. d. Hdschr. no. 65).

[5]) Cod. Paris. Arsenal. l. c. (Adulphus).

[6]) Cod. Barberinus l. c.; Cod. Marcianus (Bibl. d. Hdschr. no. 89); Glosse bei Thurot l. c.

[7]) Cod. Paris. Arsenal. l. c.; Glosse bei Thurot l. c.

[8]) Die Glosse ist aus einem Codex der Bibl. zu Troyes mitgetheilt von Morand, Questions d'histoire litt. au sujet du Doctrinale p. 11.

[9]) 'Et fuerunt tres pauperes et diu Parisius manserunt et peroptime studuerunt et fuerunt perfecti et scientes'. Cod. Paris. Arsenal. l. c.

bearbeiten[1]). Im Laufe der Zeit wurde der Engländer Adolphus
von einem Bischofe zu einer sehr hohen Würde[2]), nach anderer
Version zur Erziehung von dessen Enkeln[3]) berufen, und Ivo
starb. So blieb Alexander als alleiniger Besitzer der im Verein
mit seinen Mitarbeitern gesammelten Materialien noch eine Zeit
lang in Paris[4]), bis ihn der Bischof von Dol zu sich rief, um
ihm die Unterweisung seiner beiden Enkel in der Grammatik
zu übertragen[5]). Dieser Aufgabe entledigte er sich in der
Weise, dass er jede durchgenommene Regel in zwei Verse
zusammenfasste, und die beiden Knaben sagen diese Verse alsdann jedesmal dem Bischof her. Der Prälat, welcher hierin
einen grossen Nutzen erblickt, bittet Alexander, er möge in
solcher Weise eine 'summa', d. h. einen Abriss der Grammatik,
für den Unterricht seiner Enkel zusammenstellen. Dieser will-
fährt der Bitte, und so kommt das Doctrinale zu Stande[6]). Dasselbe wurde bereits im 13. Jahrhundert in den Schulen von
Paris eingeführt und erklärt[7]). Uebrigens wird die Berufung
Alexanders durch den Bischof von Dol sowie des Letztern An-
regung zur Abfassung des Doctrinale auch in manchen andern

[1]) 'Studuerunt Parisius et tum audierunt regulas Prisciani; compo-
nebant per versus'. Glosse bei Morand l. c. 'Paupertate gravati ...
multa libris extracta metrice compilaverunt'. Cod. Barberinus l. c.

[2]) 'Modo quidam episcopus vocavit Adulphum ad maximas dignitates' Cod. Paris. Arsenal. l. e. Ganz ähnlich in der Glosse bei Morand l. c.

[3]) 'Processu temporis ille, qui Anglicus erat, a quodam episcopo
vocatus est in introductionem quorundam nepotum'. Cod. Barberinus l. c.

[4]) 'Alius sive Imo fuit mortuus, et ita Alexander adhuc fuit Parisius
et habuit scripta eorum'. Cod. Paris. Arsenal. Fast mit denselben
Worten in der Glosse bei Morand. 'Tandem vero Ymone viam carnis
ingresso solus magister Alexander superfuit, cui soli tam scripta Ymonis
quam Ydolphi remanserant'. Cod. Barberinus l. c.

[5]) 'Postmodo vocatus fuit Alexander ab ipso Dolensi episcopo, ut in-
stitueret duos nepotulos suos in grammatica'. Cod. Paris. Arsenal. l. c.
Aehnlich, nur mit Auslassung von 'duos', in der Glosse bei Morand.
'Vocatus (est) a Dolensi episcopo, utpote valde famosus erat'. Cod.
Barberinus l. c.

[6]) Die letzten Notizen sind der Glosse bei Morand sowie dem
Cod. Paris. Arsenal. entnommen.

[7]) 'Opus fuit receptum et explicatum Parisius'. Glosse des 13. Jahrh.
bei Morand.

ältern Handschriften, welche den Bericht über seinen Aufent-
halt zu Paris und seine beiden Mitarbeiter daselbst nicht enthalten, ausdrücklich hervorgehoben.[1])

Hat nun Alexander das Doctrinale auf Veranlassung des
Bischofs von Dol verfasst, wie in zahlreichen handschriftlichen
Glossen zu diesem Lehrbuch übereinstimmend berichtet wird,
und geschah die Veröffentlichung, wie wir seiner Zeit nachweisen werden, um das Jahr 1199, so war der Bischof Johann IV.,
zubenannt de la Mouche, jener Prälat, unter welchem der
zwischen den Bischöfen von Dol, die sich als Metropoliten be-
trachteten, und den Erzbischöfen von Tours Jahrhunderte
hindurch geführte Streit mittels Edicts des Papstes Innocenz III.
vom 1. Juni 1199 zu Gunsten der Letzteren entschieden wurde.
'Nicht lange darauf', heisst es in der betreffenden Chronik,
'starb Johann'. Sein Nachfolger war Johann V. mit dem Zu-
namen de Lisanet, den wir im Jahre 1205 auf der Synode
zu Tours finden.[2])

Ob Alexander nach dem Tode des Bischofs noch in Dol
verblieben ist, oder an welchem Orte er sonst etwa seine Lehrthätigkeit fortgesetzt hat, vermögen wir mit Sicherheit nicht
nachzuweisen. Die Angabe einer Venetianer Handschrift
vom Jahre 1478[3]), dass er in Paris gelehrt habe — worauf
augenscheinlich auch die Bezeichnung Alexander Parisiensis
in diesem und einem ungefähr gleichzeitigen Breslauer Codex[4])
hindeuten will —, klingt sehr unwahrscheinlich; es liegt derselben unsers Erachtens eine Verwechselung seines dortigen
Studienaufenthaltes mit seiner spätern Lehrthätigkeit zu Grunde.
Auf keinen Fall ist er Lehrer an der Sorbonne gewesen, wie
der Minorit Lucas Wadding (1588—1657) angibt[4]), da dieses
nachmals so berühmt gewordene Collegium erst im Jahre 1257

---

[1]) So heisst es bereits in der ältesten uns bekannten Handschrift
des Doctrinale, dem Codex Laurentianus vom J. 1259 (Bibl. d. Hdschr.
no. 1): 'Causa efficiens remota fuit Dolensis episcopus, cuius honestae et
utili petitioni obtemperans actor (sic) iste ad institutionem nepotum dicti
episcopi opus istud peragendum principaliter est aggressus'.

[2]) Siehe Gallia christiana in provincias ecclesiasticas distributa
Tom. XIV p. 1052.

[3]) Bibl. d. Hdschr. no. 132.

[4]) Bibl. d. Hdschr. no. 128.

[5]) Annales Minorum Tom. I p. 10.

gegründet wurde [1]). Ob die fernere Mittheilung des Venetianer
Codex, wonach Alexander, als er wegen hohen Alters keine
Vorlesungen mehr habe halten können, in den Minoriten-
orden eingetreten und in demselben gestorben sei [2]), der Wirklichkeit entspricht, müssen wir bis auf Weiteres dahingestellt
sein lassen, da wir vor der Hand nicht feststellen können, ob
zu Avranches, wo er thatsächlich gestorben ist, ein solcher
Orden überhaupt bestand. Als Minoriten bezeichnen ihn zwar
auch der Abt Trithemius (1452—1516)[3]), sowie der eben erwähnte Wadding, und auf dem Titelblatte zweier Drucke aus
dem 16. Jahrhundert[4]) wird seine Zugehörigkeit zu diesem
Orden als allgemein bekannt hingestellt. Eine Münchener
Handschrift vom Jahre 1462[5]) nimmt ihn dagegen für den
Benedictinerorden in Anspruch. Das Einzige, was man unlängst urkundlich nachgewiesen hat[6]), ist, dass er als Chorherr an der dem h. Andreas geweihten Hauptkirche zu
Avranches in der Nieder-Normandie, also unweit des Ortes,
in welchem er das Licht der Welt erblickt hatte, gestorben ist.
Rechnen wir zu dieser Thatsache den Umstand hinzu, dass
Alexander in seinem um das Jahr 1202 verfassten Ecclesiale[7])
speciell von der Beobachtung der Treuga Dei bei den Normannen handelt, die Schrift also offenbar für den normannischen Clerus bestimmt hat, so will es uns am wahrschein-
lichsten dünken, dass er vor oder unmittelbar nach dem Tode
des vorhin erwähnten Bischofs von Dol sich in die benachbarte
Diöcese, der er durch Geburt angehörte, zurückbegeben und in
Avranches als Priester und Schulmann bis zu seinem Tode
gewirkt hat. Auf seine nähern Beziehungen zu dieser Stadt
dürfte auch die Erwähnung derselben in einem Verse des

---

[1]) Vgl. Denifle-Chatelain, Chartularium Univ. Paris. no. 302.

[2]) 'Et cum esset senex et non potuisset amplius legere, intravit
ordinem minorum et ibi mortuus est'.

[3]) De scriptoribus eccles. no. 403.

[4]) Bibl. d. Drucke no. 158. 184.

[5]) Bibl. d. Hdschr. no. 118. *Fol. 1ª:* 'Alexander de Villa dei,
auctor doctrinalis et monachus ordinis sancti Benedicti' etc.

[6]) Laisné, Notice biograph. sur Alex. de Villedieu, in Mémoires
de la société archéologique d'Avranches Tom. II (1856) p. 89.

[7]) Siehe darüber S. XXXVIII f.

zweiten Theils des Doctrinale hindeuten, welcher nach der ältesten uns bekannten Handschrift vom Jahre 1259 also lautet:

'Qui modo rure canit, Vernone canet vel Abrincis'[1]).

Es haben zwar alle übrigen Codices, soweit wir sehen, statt 'Abrincis' die Variante 'Athenis'; indessen glauben wir uns nicht in der Annahme zu irren, dass die von der ältesten Handschrift gebotene Lesart die ursprüngliche gewesen, nachmals aber mit Rücksicht auf weitere Kreise, in denen jedenfalls die Kenntniss dieses immerhin unbedeutenden Ortes nicht vorauszusetzen war, in 'Athenis' geändert worden ist. — Um welche Zeit Alexander aus dem Leben geschieden, ist wiederum nicht überliefert. Dürfen wir hierüber unsere Vermuthung aussprechen, so deutet diese bei der nicht ungerechtfertigten Annahme, dass er ein ziemlich hohes Alter erreicht hat[2]), auf die Mitte des 13. Jahrhunderts hin.

Alexander tritt uns in seinen Schriften als ein entschiedener Anhänger der Pariser Schule, der Begründerin der neuen Philosophie und Theologie[3]), und als ein heftiger Gegner der Schule von Orléans, der Hauptrepräsentantin der antiken Studien[4]), entgegen. 'In Orléans', sagt er[5]), 'lehrt uns eine schändliche Secte den Göttern opfern, indem sie Vorlesungen über die Feste des Faunus, des Juppiter und des Baccchus ankündigt[6]). Hier ist der Lehrstuhl der Pestilenz, wovon der Sänger David, spricht[7]). Es geziemt sich nicht, zu lehren, was der (christlichen) Lehre zuwider ist. Um diesen Schmutz des Herzens und Mundes zu beseitigen, benetzte Petrus Riga[8]) mit belebendem Thau den Clerus und speiste uns mit süssem

---

[1]) So nämlich, und nicht anders, glauben wir die Abbreviatur ab'cis auflösen zu müssen. Siehe Doctr. v. 1346.

[2]) Vgl. S. XXV Anm. 2.

[3]) Vgl. darüber u. A. H. Masius, die Erziehung im Mittelalter, in Schmid's Gesch. d. Erz. Bd. II. Abth. 1 (Stuttgart, Cotta, 1892) S. 285 f.

[4]) Siehe L. Delisle, les écoles d'Orléans au XIIe et au XIIIe siècle (Annuaire-Bulletin de la soc. de l'hist. de France. Tome VII p. 139—146).

[5]) Im Prolog zu seinem Ecclesiale, worüber w. u. S. XXXVIII f.

[6]) Anspielung auf die Interpretation von Ovid's Fasti.

[7]) Vulg. psalt. I, 1: 'Beatus vir, qui in cathedra pestilentiae non sedit'.

[8]) Ueber ihn und seine Aurora, worauf im Folgenden angespielt wird, vgl. vorher S. XIX.

Honig, indem er aus der einfachen biblischen Erzählung den bezeichnenden Sinn hervorholte und moralische Lebensregeln hinzufügte. Er ladet uns ein zu den Flüssen, die dem Paradies entströmen. Dem Orléanisten bleibt der Zugang zum Paradiese verschlossen, es sei denn, dass er zuvor seine Sprache ändert'[1]).

Unter dem 'Orléanisten', welchem Alexander die Strafen der Hölle androht, und auf den auch die voraufgehenden Auslassungen in erster Linie gemünzt sind, ist Arnold von Orléans zu verstehen. Derselbe las nachweislich zu jener Zeit u. a. über Ovid's 'Ars amandi', 'Remedium amoris', sowie dessen 'Fasti'[2]). Ihn hat auch Alexander ohne Zweifel im Auge gehabt, wenn er, sein 'Ecclesiale' der letztgenannten Schrift Ovid's gegenüberstellend, schreibt: 'Mag ein Schwätzer Falsches über die Fasti vortragen, unser Streben soll es sein, die Kenntniss des wahren Kalenders, des kirchlichen, uns anzueignen'[3]).

In directem Gegensatze zu diesem Urtheile Alexanders über Orléans und dessen Lehrer steht das zweier Zeitgenossen, des Alexander Neckam und des Johannes von Garlandia, welche sich in Lobpreisungen der 'Dichter' dieser Stadt über-

---

[1]) Die bezüglichen Stellen, welche zuerst von Thurot, theils in seiner Dissertation: De Alexandri de Villa Dei doctrinali p. 7, theils in den Notices et extraits, Tome XXII 2 p. 115, und daraus von Delisle, les écoles d'Orléans l. c. p. 145 mitgetheilt worden sind, lauten:
'Sacrificare deis nos edocet (*sc.* foeda secta) Aurelianis,
Indicens festum Fauni, Iovis atque Lyaei.
Haec est pestifera David testante cathedra.
Non decet illa legi, quae sunt contraria legi.
Has abolere volens sordes et cordis et oris
Vivifico clerum Riga Petrus rore rigavit,
Qui nos de petra mellis dulcedine pavit
Significativum promens de simplici sensum
Historia vitaeque modum moraliter addens.
Hic nos invitat ad flumina, quae Paradisus
Emittit dicens: "Oris mutatio Phison" *etc.*
Aurelianistae via non patet ad Paradisum,
Ni prius os mutet'.
[2]) Siehe Delisle, les écoles d'Orléans l. c. p. 144.
[3]) 'Falsum de fastis fastuus legat: ecclesialis
Vera calendaris sit cura scientia nobis'.
(Eccles. prolog.)

bieten. 'Mit dir, o Orléans', sagt der Erstere, 'kann sich der
Parnass nicht vergleichen, der zweigipfelige Parnass muss dir
den Vorrang einräumen: in keiner Stadt, glaub' ich, werden
die Gesänge der Musen mit grösserer Sorgfalt bearbeitet und
zuverlässiger erklärt'[1]). Und Johannes von Garlandia ruft
mit unverkennbarer Bezugnahme auf das Verdammungsurtheil
Alexanders von Villedieu voller Begeisterung aus: 'Ihr grossen
Dichter, deren Ruhm, strahlend wie Gold, von Orléans aus über
den ganzen Erdkreis sich verbreitet, schenket mir euere Gunst.
Euch hat Gott auserwählt, um das Gebäude der Beredsamkeit
zu stützen, das in seinen Grundfesten erschüttert ist; denn die
lateinische Sprache stirbt ab, der grünende Dichtergarten ist
ausgedorrt, ein rauher Nordwind ist über die blumigen Gefilde
dahingebraust'[2]) u. s. w.

Gleichwohl dürfen wir uns Alexander nicht als einen
finstern und mürrischen Gelehrten vorstellen. Selbst bei der
Behandlung einer so trockenen Materie, wie die Grammatik
nun einmal ist und auch wohl stets bleiben wird, wusste er hin
und wieder einen Scherz anzubringen. In dieser Beziehung

---

[1]) 'Non se Parnassus tibi conferat Aurelianis,
   Parnassi vertex cedat uterque tibi:
   Carmina Pieridum, multo vigilata labore,
   Exponi nulla certius urbe reor'.

Aus Alexandri Neckam de naturis rerum libri duo, ed. a Th.
Wright p. 454, abgedruckt bei Delisle l. c. p. 145. — Alex. Neckam,
aus Hartford in England gebürtig, lehrte unter grossem Beifall zu
Paris, ging 1186 nach England zurück, wurde regulärer Chorherr und
1215 Abt des Augustiner-Ordens zu Exeter und starb 1227 zu Wor-
chester auf einer Reise. Seine Werke liegen noch meist in den englischen Bibliotheken, namentlich in Oxford, begraben. Vgl. Zedler,
Univ.-Lexicon Bd. XXIII S. 1587 f.

[2]) Der Anruf ist aus der im Jahre 1234 zu Paris verfassten Ars
lectoria des Joh. von Garlandia mitgetheilt von Scheler im Jahrbuch
f. rom. u. engl. Lit. v. Lemcke Bd. VI (1865) S. 51 und daraus von
Delisle l. c. p. 145. Wir setzen nur die Eingangsverse hierher, auf die
wir der Form wegen später zurückkommen müssen:

   'Vos, vates magni, quos aurea comparat auro
   Fama, favete mihi, quos Aurelianis ab urbe
   Orbe trahit toto Pegasei gloria fontis.
   Vos Deus elegit, per quos fundamina firma
   Astent eloquii' etc.

sagt er selbst in der Vorrede zu seinem nur bruchstückweise erhaltenen metrischen Glossar[1]):

'Digrediens metas excedam saepe statutas;
Hic sunt inserta quaedam plerumque iocosa,
Ponere quae poterit vel non apponere scriptor,
Ut gratum fuerit, vel non prodesse videbit'.

Auch in dem Doctrinale finden sich mehrfach solche scherzhafte Wendungen, z. B.:

'Ante d fit brevis o, velut exodus; hinc procul esto Herodes, et ei custodes sint sociandi'[2]).

Hierher gehört auch wohl die hinsichtlich der Weitschweifigkeit im Reden (macrologia) gemachte Bemerkung: 'prologis hoc saepe videmus'[3]), sowie das für die fehlerhafte Wortverbindung (casosyntheton) gewählte Beispiel:

'Discipulos caedit cum virgis terga magister'[4])

Indem wir zur nähern Besprechung der Schriften Alexanders übergehen, glauben wir uns der Mühe nicht überheben zu dürfen, zuvörderst die schon in der Mitte des 13. Jahrhunderts aufgeworfene, in unserer Zeit von Thurot[5]) eingehender behandelte Frage, was in den Versen am Schluss der Einleitung zum Doctrinale:

'Post alphabetum minus haec doctrina legetur,
Inde leget maius, mea qui documenta sequetur;
Iste fere totus liber est extractus ab illo'[6])

unter den beiden Alphabeten, zwischen welchen das Doctrinale im Gebrauch eine Mittelstellung einnehmen soll, zu verstehen sei, an der Hand des bereits von Thurot benutzten Materials in Verbindung mit einigen von uns aufgefundenen

---

[1]) Vgl. darüber weiter unten S. XXXIX f. Die angezogenen Verse finden sich auch bei Thurot, de Alex. Doctr. p. 14.

[2]) Doctr. v. 2138 sq.

[3]) Doctr. v. 2398.

[4]) Doctr. v. 2393.

[5]) In der Dissertation: De Alex. de Villa Dei doctr. p. 10 sqq. und in den Notices et extraits p. 29 sqq.

[6]) Doctr. v. 26 sqq.

Notizen einer erneuerten Prüfung und allseitigen Erörterung zu unterziehen. Die Frage lautet bestimmter also: Sind die als 'maius' und 'minus alphabetum' bezeichneten Schriften von Alexander selbst verfasst, oder ist mit der erstern die 'ars minor Donati', mit der zweiten das 'maius volumen Prisciani' gemeint? Die Ansichten hierüber waren nachweislich schon sechzig Jahre nach der Veröffentlichung des Doctrinale, also zu einer Zeit, wo der Verfasser vielleicht noch lebte oder doch noch nicht lange todt war, durchaus getheilt. Der Glossator des Codex Laurentianus vom J. 1259 führt nämlich beide Meinungen an, hält es jedoch seinerseits für wahrscheinlicher, dass unter dem 'alphabetum maius' nicht das Werk Priscian's, sondern eine also betitelte Schrift Alexanders zu verstehen sei[1]). Ein gleiches Schwanken mit vorwiegender Hinneigung zu der Annahme von zwei eigenen Schriften Alexanders findet sich in fast allen Glossen aus dem 13. und 14. Jahrhundert. Seit dem Beginn des 15. Jahrhunderts hingegen kommt die früher nur vereinzelt vertretene Meinung[2]), dass mit dem 'alphabetum minus' und 'maius' auf die Schriften Donat's und Priscian's hingewiesen werde, immer mehr zur Geltung, und seit etwa der Mitte des genannten Jahrhunderts[3]) ist sie bis auf Thurot die allein herrschende geblieben.

Die letztere Ansicht lautet an sich nicht unwahrscheinlich. Abgesehen davon, dass Donat und Priscian derzeit die Hauptlehrbücher waren, jener für den elementaren, dieser für den höhern grammatischen Unterricht[4]), verweist Alexander selbst hinsichtlich der Declination von 'quis' und der regelmässigen Conjugation ausdrücklich auf Donat[5]); Priscian aber ist

---

[1]) 'Probabilius videtur hoc intellexisse·actorem *(sic)* de quodam suo libro maiori alphabeto, quam de maiori volumine Prisciani, et hoc est, quod agit de eis, quae faciunt ad quantitatem artis grammaticae'.

[2]) So heisst es in dem Cod. Paris. 8153 aus dem Anfang des 14. Jahrh. (Bibl. d. Hdschr. no. 38): 'Post alphabetum minus, i. e. post Donatum minorem; inde leget maius, i. e. Priscianum maiorem, quod iste liber est fere totus extractus ab illo, i. e. a maiori alphabeto, i. e. Prisciano'.

[3]) Vgl. die zahlreichen gedruckten Commentare zum Doctrinale, insbesondere die viel aufgelegte Glosa notabilis.

[4]) Siehe vorher S. XII—XV. Vgl. darüber auch die soeben erschienene Abhandlung von O. Kaemmel, die Universitäten im Mittelalter, in Schmid's Gesch. d. Erz. Bd. II. Abth. 1 (Stuttgart, Cotta, 1892) S. 438 f.

[5]) Doctr. vv. 360 sq. 950.

nach den von uns angestellten Untersuchungen thatsächlich für einen grossen Theil des Doctrinale die Quelle gewesen, so dass die Bezeichnung des letztern als 'Auszug aus Priscian' im Grossen und Ganzen berechtigt sein würde.

Dennoch kann es keinem Zweifel unterliegen, dass Alexander unter dem 'alphabetum minus' und 'maius' zwei von ihm verfasste Schriften verstanden wissen wollte. In dieser Beziehung macht schon ein Glosse vom J. 1276[1]) auf die zusätzliche Bemerkung des Verfassers aufmerksam: 'mea qui documenta sequetur', welche Worte im Zusammenhang mit den vorhergehenden unsers Erachtens doch nur heissen können: 'Wer sich an meine Lehren oder Lehrschriften halten, sie beim Unterricht zu Grunde legen will, der soll das in der angegebenen Reihenfolge thun'. Was aber speciell das 'alphabetum maius' betrifft, so passt die hierauf bezügliche Angabe Alexanders:

'Iste fere totus liber est extractus ab illo',

in dieser Allgemeinheit keineswegs auf Priscian's Werk. Denn wenn das letztere auch für einen grossen Theil des Doctrinale, namentlich den etymologischen, als eigentliche Quelle sich erweist, so ist doch, wie schon mehrere der ältesten Glossatoren mit vollem Recht bemerken[2]), etwa die Hälfte thatsächlich nicht aus Priscian entnommen. Insbesondere hat der zweite oder syntaktische Theil mit diesem Grammatiker nur wenig[3]), das umfangreiche Kapitel über die Quantität im dritten Theile gar nichts gemein[4]); der letzte Abschnitt über die Figuren aber beruht wesentlich auf der ars maior des Donat. Mithin kann Alexander, wenn er das Doctrinale als einen 'fast vollständigen' Auszug aus dem 'alphabetum maius' bezeichnet, das 'maius volumen Prisciani' nicht gemeint haben.

---

[1]) Cod. Paris. 8422 (Bibl. d. Hdschr. no. 2).

[2]) 'Sed tamen non extraxit (sc. auctor) libri medietatem' Codd. Amplon. 42 et 44 (Bibl. d. Hdschr. no. 8 u. 9), Cod. Aurel. 252 (Bibl. d. Hdschr. no. 3); vgl. Thurot, de Alex. doctr. p. 18.

[3]) 'De regimine alterius (sc. partis) omnia sunt extracta ab aliis potius libris quam a maiore volumine Prisciani. Codd. Ampl. ll. cc. 'Dicunt quidam, quod iste liber non est tractus a Prisciano ab illa parte: "Hic iubet ordo libri"'. Cod. Stuttgart. Q. 58 saec. XII. (Bibl. d. Hdschr. no. 10).

[4]) Vgl. die vorhin angeführte Glosse des Cod. Laurent. Näheres wird bei Besprechung der Quellen des Doctrinale mitgetheilt werden.

Lassen schon die angeführten Gründe die Annahme eines
dem Doctrinale zu Grunde gelegten eigenen Werkes von Alexander gerechtfertigt erscheinen, so wird diese Annahme durch
ein anderweitiges Zeugniss desselben Verfassers, worauf zuerst
hingewiesen zu haben das Verdienst Thurot's ist, vollends zur
Gewissheit.   In der versificirten Vorrede zu einem in dem
Codex Parisinus 7682 A enthaltenen Glossar aus dem Anfang des 13. Jahrhunderts, worüber unten nähere Mittheilungen
folgen werden, sagt Alexander bezüglich der bis dahin von ihm
verfassten Werke:

'Quae Doctrinali sunt scripta vel Ecclesiali,
Libro cuncta fere fuerant contenta[1]) priore.
Quae de grammatica sunt visa mihi magis apta.
In Doctrinali pro magna parte locavi;
Compotus et quidquid circa ius officiumque
Ecclesiae dixi, ponuntur in Ecclesiali'.

Hiermit bestätigt der Verfasser auf's deutlichste, was er
in der Einleitung zum Doctrinale gesagt hat: nämlich, dass
der Stoff des letztern 'fast ganz' aus einer 'frühern Schrift', die
er dort Alphabetum maius nennt, entnommen sei, sowie,
dass auf eben demselben Werke auch eine zweite Schrift von
ihm beruhe, die er Ecclesiale betitelt. Auch für das nach-
folgende Glossar, heisst es gleich zu Anfang des Prologs, sei
jenes Werk die Vorlage gewesen. Zugleich gibt der Autor über
die Beschaffenheit des 'ersten Werkes' weitern Aufschluss,
indem er bemerkt, dass es sich von dem nachfolgenden (nur
Bruchstückweise erhaltenen) fast lediglich durch die Form
unterscheide:

'Istius est operis eadem sententia primo;
Sed tamen in verbis multum variatur ab illo,
Prosaque quod dat ibi, volo versibus hic reserari
Ex magna parte, prout esse videbo necesse,
Auxilioque metri levius poterit retineri'.

Auf Grund vorstehender Erörterungen dürfen wir hinsichtlich der Schriften Alexanders Folgendes feststellen. Die
erste Schrift desselben und zugleich die Vorlage für die spätern

---

[1]) ɔtɘpta *cod.*

war ein grösseres Prosawerk, welches das für den Clerus Wissenswerthe aus den Gebieten der Grammatik, der kirchlichen Zeitrechnung und des canonischen Rechts enthielt, mithin eine Art christlicher Encyclopädie darstellte. Sollten wir wohl irren, wenn wir hierin die im Verein mit seinen Studiengenossen **Ivo** und **Adolphus** zu Paris veranstalteten und in Folge des Abganges, beziehungsweise Todes der Letztern in Alexanders Besitz gekommenen Collectaneen wiederzuerkennen glauben?[1] — Dass jenes encyclopädische Werk, welches in den zuerst angezogenen Stellen aus dem Prolog Alexanders als 'liber prior' bezeichnet wird, das in der Einleitung zum Doctrinale erwähnte 'Alphabetum maius' enthalten hat, kann, wie schon gesagt, gar keinem Zweifel unterliegen. Ob aber das letztere dem Umfange nach mit dem erstern Werke sich deckte, der Titel 'Alphabetum maius' also dem Gesammtwerke zukommt, wie **Thurot** behauptet[2]), erscheint uns mehr als zweifelhaft. Wir sind vielmehr der Ansicht, dass unter dieser offenbar wegen einer gewissen alphabetischen Anordnung des Stoffes gewählten Bezeichnung nur der die Grammatik betreffende, in den Einleitungsversen des Prologs als 'primum opus' bezeichnete Theil des Sammelwerkes zu verstehen ist. Zu dieser Annahme führt uns schon die Erwägung, dass der Verfasser des Doctrinale mit dem Hinweis auf weitere Hülfsmittel, welche vor und nach jenem Lehrbuch der Grammatik zu gebrauchen seien, füglich doch nur solche Schriften gemeint haben kann, die ebenfalls lediglich grammatische Dinge behandeln. Sodann aber — und das ist der Hauptgrund — wird in dem Codex Parisinus 7682 A das auf den mehrfach erwähnten Prolog folgende, jedoch nur fragmentarisch gebotene metrische Glossar also überschrieben: 'Incipit maius alphabetum magistri Alexandri de Villa Dei de expositionibus dictionum'. Diese Ueberschrift mit **Thurot** für falsch zu erklären[3]), sehen wir nicht den mindesten Grund ein. Denn der Umstand, dass das metrische Glossar laut Prolog aus dem 'primum opus', d. h. dem 'Alphabetum maius', bearbeitet worden ist, hinderte doch wahrlich den Verfasser nicht, der Neubearbeitung denselben Titel zu geben; im Gegentheil, nichts

---

[1] Vgl. S. XXII f.
[2] De Alexandri Doctr. p. 14; cf. Notices et extraits p. 29 et 98.
[3] De Alex. Doctr. p. 17.

scheint uns natürlicher als die Beibehaltung desselben Titels
für ein Werk, welches sich von dem Original nach der eigenen
Angabe des Autors in der Vorrede[1]) wesentlich nur durch die
metrische Form unterschied. (Hierbei wollen wir jedoch nicht
unerwähnt lassen, dass in zwei Handschriften, einem Codex
Trecensis[2]) aus dem 13. Jahrh., und einem Codex Marcianus vom J. 1435[3]), welche einige Verse aus dem Prolog zu
dem metrischen Glossar citiren, das letztere Werk 'Correptio
Prisciani' betitelt wird, 'quia correxit Priscianum in multis locis
in illo libro'.) Auch entspricht der den Inhalt betreffende Zusatz:
'de expositionibus dictionum' in der mitgetheilten Ueberschrift
vollkommen dem ersten Verse des Prologs:

'Vocum pro posse paro figurata docere'.

Uebrigens bezieht sich der Titel in der oben bezeichneten
Pariser Handschrift nicht bloss auf die geringen Fragmente des
versificirten Glossars, sondern diese bilden gleichsam nur
die Einleitung zu einem unmittelbar darauf folgenden, 144 Seiten starken, alphabetisch geordneten Glossar in Prosa, dessen
Thurot keine Erwähnung thut. Am Schluss des Ganzen be-
findet sich eine in mehrfacher Beziehung bemerkenswerthe
Unterschrift, die wir darum mit Auflösung der zahlreichen
Compendien vollständig hierher setzen: 'Ego Alexander Dei
misericordia[4]) magni catholici[5]) opus inceptum peregi.
Si autem aliquibus catholicis ad illud legendum operam
adhibere placuit, eos misericorditer exoro, quaerens
dominum nostrum Jesum Christum, ut mei misereantur
et orantes et bonorum, quae egerint, me participem pro
amore Dei recipientes mecum gratias agant summae
Trinitati simplici Deo, Patri et Filio et Spiritui sancto,
quem adoro, qui vivit et regnat Deus per omnia saecula
saeculorum. Amen'. Wir sind keinen Augenblick zweifelhaft, dass in diesem grammatisch-lexicalischen Werke
thatsächlich das in der Einleitung zum Doctrinale gemeinte

---

[1]) Siehe vorher S. XXXII.
[2]) Bibl. d. Hdschr. no. 19*; vgl. Thurot, Notices et extraits p. 511.
[3]) Bibl. d. Hdschr. no. 89.
[4]) d'i mīa *Cod.*
[5]) ( )agni cath. *Cod.*

Alphabetum maius, und zwar zu einem geringen Bruchtheil
bereits in versificirter Bearbeitung, vorliegt. Wenn dasselbe
in der Schlussschrift als 'magni catholici opus' betitelt wird, so
vergleiche damit die Bezeichnung der Vorlage für das metrische
Glossar als 'primum opus', sowie die Ankündigung der versificirten Bearbeitung selbst als eines 'grande volumen')[1]. Den
Titel 'Catholicon' wählte bekanntlich auch Johannes Januensis für sein etwa 90 Jahre später veröffentlichtes Lexicon,
welches, wenngleich viel umfangreicher, mit dem in Rede stehen-
den in der Anlage und Ausführung grosse Aehnlichkeit zeigt. Das
ursprüngliche Alphabetum maius soll übrigens nach Angabe
des Glossators des Codex Amplonianus Q 42[2]) — und dieser
ist unter den zahlreichen Glossatoren der einzige, welcher dasselbe vor Augen gehabt zu haben scheint — mit den Widmungs-
worten begonnen haben: 'Venerabili in Christo patri ac
domino'. Vielleicht möchte es an der Hand dieser allerdings
dürftigen Notiz in Verbindung mit unsern vorstehenden Erörterungen einmal einem Forscher gelingen, das Original wieder
aufzufinden.

Wenn uns somit das Alphabetum maius als das aus-
führlichere, das Doctrinale ergänzende und erläuternde Lehrbuch Alexanders erscheint, so werden wir unter dem laut
den eingangs angezogenen Versen vor dem Doctrinale zu
lesenden Alphabetum minus ein von demselben Autor ver-
fasstes Elementarbuch zu verstehen haben, welches in alphabetischer Ordnung die für das Verständniss des letztern unent-
behrlichen Vorbegriffe und Worterklärungen enthielt. Von der
Existenz desselben scheint wiederum allein der eben erwähnte
Glossator Kenntniss gehabt zu haben, indem er die Eingangs-
worte citirt: 'Laicorum idioma habetur'[3]).

Aus seinem grössern encyclopädischen Sammelwerke, oder
genauer aus demjenigen Theile desselben, welcher nach unserer
Ansicht Alphabetum maius betitelt gewesen ist, entnahm
Alexander zunächst den Stoff zu seinem in Leoninischen Hexa-

---

[1]) 'De quovis genere rerum fit mentio; sicque
  Nullus miretur si grande volumen habetur'.
[2]) Bibl. d. Hdschr. no. 9.
[3]) Vgl. hierzu Doctr. v. 9 u. vorher S. IV Anm. 1.

metern geschriebenen Doctrinale, zu dessen Abfassung ihn,
wie früher erwähnt[1]), der Bischof von Dol veranlasst haben soll.

Hinsichtlich der Zeit der Veröffentlichung des Doctrinale
gehen die Angaben der Codices um ungefähr ein Dutzend Jahre
auseinander. In einer Florentiner und einer Pariser Handschrift aus dem 13. Jahrhundert[2]) heisst es:

'Anno milleno ducenteno minus uno
Doctor Alexander venerabilis atque magister
Doctrinale suum dedit in commune legendum'.

Hiervon weicht nur wenig die Notiz ab, welche sich in einem
andern Pariser Codex aus dem Jahre 1375[3]) findet:

'Anno millesimo ducentesimo compositus fuit iste liber'.

Um das Jahr 1200 lässt auch der Humanist Despauterius[4]) das
Doctrinale verfasst sein. Ein Jahr später setzt die Veröffentlichung ein grammatische Miscellaneen enthaltender Codex
Amplonianus aus der Mitte des 15. Jahrhunderts an[5]), indem
hier der erste der eben angeführten Verse folgende Fassung hat:

'Anno milleno ducenteno quoque primo'.

In einer von Polycarp Leyser[6]) benutzten Helmstädter
Handschrift jüngern Datums lautet der Vers also:

'Anno milleno ducentenoque noveno'.

Eine Baseler Handschrift des 15. Jahrhunderts[7]), sowie ein
Nürnberger Druck vom J. 1521[8]) haben folgende Variante:

'Anno milleno ducenteno quoque deno'.

In Uebereinstimmung hiermit liest man in einem Münchener
Codex vom J. 1462[9])

'Alexander de Villa dei . . . anno domini
M°CC° decimo suum doctrinale composuit'.

---

[1]) S. XXIII f.
[2]) Bibl. d. Hdschr. no. 14 u. 15.
[3]) Bibl. d. Hdschr. no. 45. Die Notiz steht auf Fol. 13b.
[4]) Despauterii Ninivitae comment. gramm., Lugduni 1563, p. 411.
[5]) Siehe Schum, beschr. Verz. d. Amplon. Handschr. Samml. zu
Erfurt. (Berlin 1887) S. 324.
[6]) Hist. poet. et poem. med. aevi p. 768.
[7]) Bibl. d. Hdschr. no. 159.
[8]) Bibl. d. Drucke no. 255.
[9]) Bibl. d. Hdschr. no. 118.

Eine Pariser Handschrift des 14. Jahrhunderts[1]) endlich variirt den obigen Vers also:

'Anno milleno ducenteno duodeno'.

Hiernach dürfen wir wohl unter Berufung auf das Zeugniss der ältesten Handschriften das Jahr 1199 als das Erscheinungsjahr des Doctrinale annehmen.

Alexander wollte mit seinem versificirten Doctrinale zugleich den für die Einübung der Regeln erforderlichen Lesestoff bieten und dadurch die Lectüre eines gewissen Maximian verdrängen, dessen als 'nugae' bezeichneten Erzeugnissen er sein Lehrbuch mehrfach ausdrücklich gegenüberstellt. So heisst es in der Einleitung v. 3 sq.:

'Iamque legent pueri pro nugis Maximiani
Quae veteres sociis nolebant pandere caris'.

Und ebendaselbst v. 24 sq.:

Quamvis haec non sit doctrina satis generalis,
Proderit ipsa tamen plus nugis Maximiani'.

Dass hiermit nicht das Werk eines Grammatikers Maximian, wie man wohl geglaubt hat[2]), sondern die schmutzigen Producte des Dichters Maximian aus Etrurien gemeint sind, dürfen wir nach den über die Verwendung der letztern als Schullectüre früher gemachten Angaben[3]) von vorn herein annehmen. Uebrigens geht dies auch aus gelegentlichen Aeusserungen gleichzeitiger Schriftsteller, sowie aus den bezüglichen Bemerkungen in den Commentaren zum Doctrinale bis herab zur ,Glosa notabilis' auf's deutlichste hervor. So finden wir in dem Eberhard von Bethune zugeschriebenen Labyrinthus bei Erwähnung der Elegien Maximian's die Notiz: 'Doctrinale habuit Maximianum in odio'[4]). Und in dem Codex Barberinus aus dem 14. Jahrhundert[5]) heisst es geradezu:

---

[1]) Bibl. d. Hdschr. no. 61.
[2]) Siehe Angel. Mai, Class. auct. tom. V. p. XIX, und Meyer, Anthol. Lat. vol. I. p. XXXVI.
[3]) Siehe S. XIX f.
[4]) Vgl. Thurot, Académie des Inscript. et Belles-Lettres. Comptes rendus des Séances de l'année 1870. Nouv. série Tom. VI. p. 263.
[5]) Bibl. d. Hdschr. no. 65.

'Maximanus fuit quidam magister poeta, qui librum composuit, qui sic incipit: "Aemula quid cessas?"' etc. Die 'Glosa nota-bilis' beantwortet die Frage: 'Quare auctor plus reprehendit Maximanum quam ceteros poetas?' also: 'Quod Maximianus in senectute tractavit de actu venereo, et hoc maxime detestatur in sene'. Schliesslich sei noch bemerkt, dass die um das Jahr 1500 in Paris bei Stephan. Hannot und Petrus le Dru gedruckte Ausgabe der Elegien des Maximian auf dem Titelblatt folgende Empfehlung trägt: 'Periucundus, iuvenum quoque mirum in modum demulcens animos libellus, quem Nugarum Maximiani immitis Alexander intitulat'[1]).

Die beifällige Aufnahme, welche das Doctrinale ohne Zweifel gleich nach seinem ersten Erscheinen fand, veranlasste Alexander, auch die übrigen, die Berechnung der kirchlichen Feste, das Rituale, das canonische Recht und Aehnliches betreffenden Theile seines encyclopädischen Sammelwerkes in einem metrischen Aus-zuge zu bearbeiten. Es geschah dies in dem 'Ecclesiale'. Das-selbe ist, soweit unsere Nachforschungen reichen, nur noch in dem bereits von Thurot benutzten Codex Parisinus 14927, olim Victorinus 585, aus dem 13. Jahrhundert[2]) erhalten und enthält hier auf 20 Quartblättern mit Einrechnung der 67 Verse des Prologs[3]) 1824 Verse. Die einzelnen Abschnitte haben folgende Ueberschriften:

De aedificatione ecclesiae (10 V.); de treuga (28 V.); de festis per circulum currentibus (77 V.); de personis ecclesiae et de decimis (129 V.); de Ianuario et eius accidentibus (160 V.); de Februario et eius accidentibus (201 V.); de Martio et eius accidentibus (106 V.); de ceteris mensibus et eorum accidentibus (382 V.); de historiis totius anni (81 V.); de septem horis diei (45 V.); in quibus festis 'gloria in excelsis' decet cantari (9 V.); de modo finiendi collectas (17 V.); de 'credo' in quibus festis decet cantari (22 V.); de praefationibus

---

[1]) Vgl. Goldast, praef. ad Catalecta Ovidii, und Wernsdorf, poetae Lat. min. Tom. VI. 1, p. 229.

[2]) Codex membr. fol. 240. — *Fol. 164ᵇ l. 6:* Incipit ecclesiale māgri alexandri de villa dei *(rubro colore)*. Hec ‚pphecia eſt in ezechiele *etc.* — *Fol. 174ᶜ* Explicit ecclesiale māgri alexandri de villa dei ... Incipit q̄dā bona ofeſſio *(rubro colore)*.

[3]) Vgl. darüber S. XXVI f.

(20 V.); de ordinationibus angelorum (5 V.); de aetatibus mundi (19 V.); de octo beatitudinibus (9 V.); de decalogo (23 V.); de septem vitiis principalibus (38 V.); de sphaera (132 V.); de quatuor partibus mundi (22 V.); de tabula (53 V.).

Der Verfasser stellt selbst das Ecclesiale als den 'wahren Kalender' den Fasti des Ovid gegenüber[1]).

Was die Zeit der Abfassung betrifft, so wird man a priori annehmen dürfen, dass dem Ecclesiale, als dem Lehrbuche für den angehenden Cleriker, das Doctrinale, als die Grundlage für den höhern Unterricht, vorausging, dass mithin ersteres nach 1199 geschrieben wurde. So erwähnt denn auch der Verfasser an den Stellen, wo er von diesen beiden Werken spricht, zuerst das Doctrinale[2]). Für eine genauere Zeitbestimmung gibt der Abschnitt 'de treuga' einigen Anhalt. Alexander spricht hier von der Beobachtung des Gottesfriedens bei den Normannen, und deutet auf den in dieser Beziehung von dem Herzoge geleisteten Eid mit den Worten hin:

'Tempore si treugae teneat quis monomachiam
Praesumens contra iuramentum ducis, illo
Ex feodo debet amittere iura duelli'.

Nun aber gab es seit 1202, in welchem Jahre der König Philipp August II. (1180—1223) das bisher im Besitze Englands gewesene Herzogthum Normandie direct der Krone von Frankreich einverleibte, keinen 'Herzog' der Normandie mehr. Das Ecclesiale ist mithin innerhalb der Jahre 1199—1202 verfasst.

Nach Veröffentlichung des Ecclesiale brachte Alexander die in dem Doctrinale übergangenen oder nur oberflächlich berührten Partieen seines grammatisch-lexicalischen Prosawerkes, des sogen. Alphabetum maius, ebenfalls in Verse. Von dieser Bearbeitung sind, wie schon bemerkt[3]), ausser dem öfter angezogenen Prolog[4]) nur wenige Fragmente in dem Codex Parisinus 7682 A auf uns gekommen. Ueber Anlage und Inhalt des Ganzen gibt jedoch der Prolog hinreichenden Aufschluss.

[1]) Siehe vorher S. XXVII.
[2]) Siehe S. XXXII.
[3]) S. XXXII f.
[4]) Siehe S. XXIX u. S. XXXII f. ff. — Derselbe ist zu zwei Dritttheilen abgedruckt bei Thurot, de Alex. Doctr. p. 18 sq.

Danach handelte das als 'grande volumen' bezeichnete Werk in theils alphabetischer, theils grammatisch-etymologischer Ordnung über die Bedeutung der Wörter und deren grammatisches Verhältniss, über Synonyma, über Schreibweise und Erklärung der bei den Kirchenschriftstellern vorkommenden hebräischen Personen- und Ortsnamen, sowie über gewisse Fragen aus dem Gebiete der Logik. Bei der Behandlung dieser Stoffe, sagt der Verfasser, sei er öfter über das gesteckte Ziel hinausgegangen und habe Einschiebungen, meist scherzhafter Art, gemacht, die der Abschreiber nach Belieben hinsetzen oder auslassen könne. [1]

Eine so grosse Berühmtheit das Doctrinale im Laufe der Jahrhunderte erlangt hat, ein so tiefes Dunkel herrschte hinsichtlich der übrigen bislang besprochenen Schriften Alexanders, und zwar schon um die Mitte des 13. Jahrhunderts[2]). So ist es denn nicht zu verwundern, dass die Schriftsteller der spätern Zeit, welche des Alexander Erwähnung thun, wie der Abt Trithemius [1462—1516][3]), der Minorit Lucas Wadding [1588—1657][4]),' der Polyhistor Polycarp Leyser [1656—1728][5]), und der Literarhistoriker F. A. Fabricius[6]), das Alphabetum maius und minus, das Ecclesiale und das zuletzt erwähnte, von einigen Glossatoren 'Correptio Prisciani'[7]) betitelte metrische Glossar gar nicht citiren. Dagegen schreibt Trithemius dem Alexander folgende weitern Schriften zu: 'De computo ecclesiastico. De arte numerandi. De sphaera. Sermones et epistolae aliquot'. Leyser und Fabricius nennen eine 'Summa capitum omnium bibliorum utriusque testamenti' oder 'Summarium biblicum', Ersterer mit Wadding ausserdem 'Acta apostolorum leoninis versibus scripta'. Man hat sich nach Thurot's[8]) Vorgange daran gewöhnt, diese Angaben als irrthümlich zu bezeichnen[9]), jedoch, wie wir sehen werden, grossentheils mit Unrecht.

[1]) Siehe vorher S. XXIX.
[2]) Siehe vorher S. XXX.
[3]) De script. eccles.
[4]) Annales Minorum.
[5]) Hist. poet. et poem. medii aevi p. 769.
[6]) Bibl. Lat. med. et inf. aet. I. 68.
[7]) Siehe vorher S. XXXIV.
[8]) De Alex. Doctr. p. 19 sq.; Notices et extraits XXII, 2 p. 29 sq.
[9]) So Neudecker, das Doctrinale des Alex. de Villa-Dei, a. a. O. S. 6.

Der 'Computus ecclesiasticus', in einer Glosse des Codex Trecensis 1142 aus dem 13. Jahrh.[1]), sowie des Codex Marcianus XIII, 1 vom J. 1435[2]) als 'Computus metricus' erwähnt, begegnet uns unter dem Titel: 'Compotus magistri Alexandri de Villa Dei' in dem Codex Bodleianus K. D. 22; unter der Ueberschrift: 'Alexandri de Villa Dei massa compoti'[3]) in dem Codex Vaticanus 3110 und dem Codex Parisinus 7420 A; mit der Unterschrift: 'Massa compoti vel ecclesiasticus compotus sive volgaris, quem magister Alexander de Villa Dei metrice composuit' in dem Codex Parisinus 18505; ohne Angabe des Verfassers in den Codices Parisini 7420 B und 7477, sowie in dem Codex Engelbergensis 319[4]). Die in Prosa geschriebene Vorrede beginnt in sämmtlichen Handschriften also: 'Licet modo in fine temporum plures constet haberi codices, qui de arte calculatoria videantur posse sufficere, delicatis tamen lectoribus' etc. Der versificirte Tractat zerfällt in folgende Abschnitte: De calendario. De cunctis terminis. De solari cyclo. De lunari cyclo et epactis.

Die von Trithemius 'de arte numerandi' betitelte Schrift wird in den oben erwähnten Glossen unter der Bezeichnung 'Algorismus' dem Alexander beigelegt. Wir finden sie in dem Codex Parisinus 7420 A mit der Schlussschrift: 'Explicit algorismus editus a magistro Alexandro de Villa Dei'; in dem Codex Harleianus 3902, dem Codex Erlangensis 168, sowie in den Codices Parisini 7420 B und 7477 ohne Bezeichnung des Autors. Einen Druck von diesem mathematischen Lehrgedichte führt Panzer[5]) an; in unserm Jahrhundert ist dasselbe nach dem erwähnten Codex Harleianus neu herausgegeben von dem Engländer J. Orchard Halliwell[6]). Die Eingangsverse lauten:

'Haec algorismus ars praesens dicitur, in qua
Talibus Indorum fruimur bis quinque figuris.'

---

[1]) Bibl. d. Hdschr. no. 19*; vgl. Thurot, Notices et extraits p. 512.

[2]) Bibl. d. Hdschr. no. 89.

[3]) Diesen Titel hat der Verfasser selbst seinem Gedichte gegeben, indem er in der Vorrede schreibt: 'Cum de pluribus operibus vel libris aliorum liber iste colligatur, sicut de multis laminis aeris in conflatorio una massa efficitur, ideo librum istum volui vocari massam compoti'.

[4]) Siehe Gottwald, catal. manu script., qui asservantur in Bibl. Monast. O. S. B. Engelbergensis in Helvetia (Frib., Herder, 1891).

[5]) Annal. typogr. IV. 81.

[6]) Rara Mathematica (London 1839) p. 73—88.

Die Abhandlung: 'de sphaera', welche Trithemius dem Alexander beilegt, ist als besondere Schrift — ein also betitelter Abschnitt kommt bereits in dem Ecclesiale vor[1]) — enthalten in dem Codex Erlangensis 267[2]). Dieselbe beginnt mit den Worten: 'Tractatum de sphaera X capitulis distinguimus, agentes primo quid sit sphaera, quid centrum, quid axis sphaerae, quid sit polus, quid sint sphaerae et quae sit forma mundi' etc.

Was die von Trithemius erwähnten 'Sermones' anlangt, so wird bei Panzer[3]) ein 'Sermo doctissimi viri Alexandri de Villa Dei' ohne Druckort und Jahr citirt. Friedrich Haase hat ein im Jahre 1496 gedrucktes, nur vier Blätter umfassendes Exemplar in Besitz gehabt[4]), und ich selbst habe irgendwo — die betreffende Notiz ist mir leider abhanden gekommen — einen undatirten Druck eingesehen. Das sonderbare Schriftchen hat mit Alexander nur in so weit etwas zu schaffen, als es eine Anzahl Verse aus dem Doctrinale bringt, die alsdann allegorisch erklärt und zu einer Art Moralpredigt in deutscher Sprache verarbeitet werden.

Ganz ähnlich verhält es sich mit dem 'Tractatulus de accentibus quarundam dictionum in psalterio secundum Alexandrum in tertia parte, sacerdotibus multum necessarius', von welchem uns ein Druck ohne Ortsangabe (Köln, Quentell) aus dem Jahre 1492 vorliegt. Wie schon aus dem Titel ersichtlich, werden hier die Regeln Alexanders über den Accent, wie sie im dritten Theile des Doctrinale gegeben werden, auf eine Reihe von Psalmen nach der Uebersetzung der Vulgata zu Nutz und Frommen der Geistlichkeit angewendet.

Das von Leyser und Fabricius erwähnte 'Summarium biblicum' ist in dem Codex Engelbergensis 119 [13. Jahrh.][5]), den Codices Monacenses 14094, 17279 [14. Jahrh.], 7662 [15. Jahrh.], den Codices Amploniani F. 7, Q. 28ᵃ, Q. 79, Q. 151

---

[1]) Siehe S. XXXIX.

[2]) Siehe Fr. Pfeiffer, Beiträge z. Kenntniss alter Bücher u. Hdschr. (Hof, 1783) S. 228 f.

[3]) Annal. typogr. IV. 81.

[4]) Siehe Haase, de med. aevi stud. phil. p. 24.

[5]) Siehe Gottwald a. a. O.

[14. Jahrh.][1]), einem Codex Rotomagensis[2]) und anderswo mehrfach erhalten. Es besteht aus 212 Versen, welche also beginnen:

'Sex. prohibet. peccant. Abel. Enoch. archa fit. intrant[3]).
'Flebunt. ad cenam. surgunt. sponsam. venio iam'.

Wir sehen durchaus nicht ein, weshalb man die biblischen
Memorialverse, als deren Verfasser die meisten der eben genannten Handschriften ausdrücklich Alexander de Villa Dei
bezeichnen, demselben absprechen will. Die von Knoke[4]) und
Grotefend[5]) gegen dessen Autorschaft vorgebrachten Gründe
sind nicht stichhaltig.

Das bei Wadding und Leyser erwähnte Gedicht: 'de
actis apostolorum' ist uns nicht zu Gesicht gekommen
Fabricius[6]) schreibt dasselbe dem Petrus Riga zu, wie uns
scheint, mit vollem Recht: wenigstens trägt der letzte Abschnitt
von dessen Aurora diese Ueberschrift[7]).

Von den 'Epistolae', deren Trithemius Erwähnung thut,
ist nichts bekannt.

Wenn wir zum Schluss einen Rückblick auf die literarische
Thätigkeit Alexanders werfen, so sehen wir dieselbe sich auf
alle Wissensgebiete erstrecken, deren Kenntniss nach den damaligen Begriffen von dem Cleriker oder — was angesichts
der engen Verbindung, in welcher das geistliche und geistige
Leben jener Zeit standen, dasselbe ist — von dem Gebildeten überhaupt gefordert wurde. Wenden wir uns nunmehr im Besondern dem Werke zu, welches unter den literarischen Erzeugnissen nicht nur Alexanders, sondern, wie man kühn behaupten
darf, des ganzen spätern Mittelalters, die grösste Berühmtheit
und weiteste Verbreitung erlangt hat.

---

[1]) Vgl. Schum, beschr. Verz. der Amplon. Hdschr.-Samml. zu Erfurt
(Berlin 1887) S. 7, 309, 415.

[2]) Siehe Catal. gén. des Manuscr. des bibl. de France. Tom. I. p. 3.

[3]) Die Verse werden durch Interlinear-Glossen erklärt; der erste
also: Sex *dies.* prohibet *Deus lignum vitae.* peccant *primi parentes.* Abel
occiditur. Enoch *transfertur.* archa fit *a Noe.* intrant *archam.*

[4]) In Kehr's pädag. Blätt. IV, II 196.

[5]) Erinnerungsblätter an das 500jähr. Jubelfest des Lyceums zu
Hannover S. 36.

[6]) Bibl. Lat. med. et inf. aet. I 286.

[7]) Siehe Codex Gottingensis saec. XIII. Theol. 107, fol. 157—167.

III. Das Doctrinale.

1. Verbreitung desselben. Handschriften und Drucke, Text und Glossen.

Ueber die Verbreitung des Doctrinale dürften die noch vorhandenen Manuscripte und Drucke desselben wohl den besten Aufschluss geben. Das Verzeichniss der von uns aufgefundenen Handschriften des Doctrinale, beziehungsweise einzelner Theile desselben, sowie der Commentare oder Glossen, soweit sie separat und nicht in Verbindung mit dem Text auftreten, umfasst mit Einschluss von vier während des Druckes eingeschalteten Codices 228 Nummern. Von diesen gehören nach ausdrücklicher Datirung oder nach unserer Schätzung 28 dem 13. Jahrh., 53 dem 14. Jahrh., 144 dem 15. Jahrh. und 3 dem 16. Jahrh. an. Trotz der grossen Zahl kann selbstverständlich das Verzeichniss auf Vollständigkeit keinen Anspruch machen. Wir sind im Gegentheil fest überzeugt, dass, wenn es möglich wäre, alle öffentlichen und insbesondere die zahlreichen Kloster-, Stifts- und Privat-Bibliotheken Europas daraufhin zu durchsuchen, die Zahl der noch erhaltenen Manuscripte sich ganz bedeutend, vielleicht um das Doppelte, wenn nicht Dreifache, erhöhen würde.

Was die Herkunft der verzeichneten Codices betrifft, so lässt sich dieselbe in vielen Fällen nicht näher bestimmen. Indessen dürfen wir unter Berücksichtigung der ursprünglichen oder jetzigen Aufbewahrungsorte derselben, vielfach auch mit Berufung auf diesbezügliche Notizen in den Handschriften selbst mit einiger Sicherheit annehmen, dass etwa zwei Drittel der Gesammtzahl in Deutschland entstanden oder doch von deutscher Hand geschrieben sind. Um hier nur die reichhaltigsten Bibliotheken zu nennen, sei bemerkt, dass das Benedictiner-Stift Melk über 20, die Amplonianische Sammlung zu Erfurt ungefähr die gleiche Anzahl, die Hofbibliothek zu Wien 13 und die Staatsbibliothek zu München einige 40 Codices besitzt, die nachweislich zum weitaus grössten Theile aus alten deutschen Klöstern stammen.

Während das Handschriften-Verzeichniss naturgemäss lückenhaft ausfallen musste, glauben wir für unser Verzeichniss der Drucke eine annähernde Vollständigkeit in Anspruch nehmen zu dürfen, wenigstens hinsichtlich der in deutschen Ländern erschienenen Ausgaben. Das Verzeichniss enthält mit Hinzurechnung von 12 nachträglich eingefügten Drucken 279 Nummern, von denen 163 der Zeit der Wiegendrucke (bis 1500) angehören. Die Gesammtzahl würde eine bedeutend höhere geworden sein, wenn wir nach der bei den Bibliographen unserer Zeit üblich gewordenen Weise die vielen datirten und auch undatirten Theildrucke einzeln aufgeführt und nummerirt hätten, anstatt dieselben, soweit sie sich als zu einer Gesammtausgabe gehörig herausstellten, unter einer Nummer zusammenzufassen, ein Verfahren, welches wir für unsere Zwecke vorziehen zu sollen geglaubt haben.

An der Herstellung dieser Drucke haben sich weit über 100 Pressen, unter ihnen gar manche der ältesten und berühmtesten, während eines Zeitraums von nahezu 120 Jahren betheiligt.

Die bis gegen das Jahr 1480 erschienenen Ausgaben sind sämmtlich aus oberitalienischen Officinen hervorgegangen. Von den beiden ersten Drucken wurde der eine nach unserer Annahme in Venedig von Videlin von Speyer, dem Bruder des Venetianer Prototypographen Johannes von Speyer, um das Jahr 1470, der andere in dem nahe gelegenen Treviso im Jahre 1472 zweifellos von Gerhard (van de Lys) von Flandern, dem Begründer der Buchdruckerkunst in der genannten Stadt, veranstaltet[1]. Weitere Drucke entstanden in den folgenden Jahren bis gegen Ausgang des 15. Jahrhunderts in Venedig, Mailand, Mondovi (Mons Regalis), Parma, Vicenza, Bologna, Toscolano am Guarda-See, sowie in der an der Grenze gelegenen Bischofsstadt Trient[2]. Vor allen Druckerstätten nimmt Venedig nicht bloss in dem genannten Zeitraum, sondern bis gegen Ende der zwanziger Jahre des 16. Jahrhunderts den ersten Rang ein: von den hier veranstalteten Ausgaben zählen wir 23 auf. — Wie die ältesten, so sollten auch die jüngsten Drucke in Oberitalien erscheinen. In Brescia ging das Doctrinale noch in den Jahren 1550, 1568,

---

[1] Bibl. d. Drucke no. 1 u. 2.

[2] Bezüglich dieser, sowie der folgenden allgemeinern Angaben verweisen wir auf unsern Index bibliogr.

1572 und 1588 aus den Pressen des Ludwig Britannicus, Jacob Britannicus und Polycretus Turlinus hervor.

Seit 1480 wurde das bereits in Italien vielfach von deutschen Typographen hergestellte Lehrbuch Alexander's auch in Deutschland und in den damals dazu gehörigen Niederlanden gedruckt. Spätestens in das genannte Jahr fällt nämlich eine undatirte Ausgabe, welche wir der Presse des Lucas Brandis in Lübeck zuschreiben zu sollen glauben[1]). Einige Jahre später ging das Doctrinale aus der berühmten Officin von Richard Paffraet in Deventer zum ersten Male hervor[2]); es wurde daselbst bis zum Jahre 1511 wenigstens achtundzwanzigmal aufgelegt. Von 1489—1511 veranstaltete Jacob von Breda, der zweite Drucker jener Stadt, 15 Auflagen. In Zwoll erschien der erste Druck im Jahre 1485 bei Peter Os van Breda[3]); diesem folgten daselbst 1504 Arnold und Wilhelm van Kempen mit weitern Ausgaben. Im J. 1486 kam das Doctrinale nachweislich zum ersten Mal, und zwar in zwei Drucken, zu Basel bei Nicolaus Kesler und einem ungenannten Typographen heraus[4]). Im Jahre 1487 erschien es zu Strassburg und Ulm ohne Angabe des Druckers, zu Nürnberg bei Friedrich Creusner und zu Antwerpen bei Gerhard Leeu.[5]) In dasselbe Jahr fällt auch höchst wahrscheinlich der erste Kölner Druck mit der in der Folge so berühmt, beziehungsweise so berüchtigt gewordenen 'Glosa notabilis', ohne Zweifel hervorgegangen aus der Presse des dortigen Prototypographen Ulrich Zell aus Hanau[6]). Aus dem Jahre 1488 haben wir bereits sieben in deutschen Officinen hergestellte Ausgaben zu verzeichnen: drei Strassburger, zwei Deventerer und je eine Kölner und Antwerpener[7]). Von da an mehren sich dieselben von Jahr zu Jahr. Aus den verschiedenen Pressen Köln's gingen bis 1515 mindestens 33 Drucke hervor: 4 derselben veranstaltete der eben genannte Ulrich

---

[1]) Bibl. d. Drucke no. 11.
[2]) Bibl. d. Drucke no. 25 u. 26.
[3]) Bibl. d. Drucke no. 28.
[4]) Bibl. d. Drucke no. 30 u. 32.
[5]) Bibl. d. Drucke no. 34. 36. 37. 38.
[6]) Bibl. d. Drucke no. 41.
[7]) Bibl. d. Drucke Nr. 42. 46. 47. 45. 52. 44. 51.

Zell bis 1494; 17 Heinrich Quentell von 1489—1504: 4 Johannes Koelhoff von 1495—1502; 5 die Söhne Quentell's von 1506—1508; 3 Martin von Werden von 1508—1515. Die Zahl der in Deventer bei Richard Paffraet, Jacob van Breda, Dietrich van Borne und Albert Paffraet in den Jahren 1487—1521 erschienenen Ausgaben beläuft sich auf wenigstens 48. Die Baseler Officinen von Nicolaus Kesler, Michael Furter, Jacob von Pforzheim und Adam Petri von Langendorf lieferten bis zum Jahre 1519 etwa 20, die Strassburger Druckereien von Martin Flach, Johannes Pryss, Mathias Hupfuff und Renatus Beck bis 1516 mindestens 16 Ausgaben. Ebensoviele gingen in etwa demselben Zeitraum aus den Nürnberger Pressen von Friedrich Creusner, Georg Stöchs von Sulzbach, Anton Koberger, Caspar Hochfeder, Hieronymus Hoelzel, Wolfgang Huber und Jodocus Gutknecht hervor. Die Leipziger Drucker Jacob Tanner, Conrad Kacheloven, Melchior Lotter, Baccalarius und Wolfgang aus München, sowie ein Ungenannter veranstalteten bis 1525, soweit uns bekannt geworden, 15 Ausgaben. In Antwerpen erschienen bei Gerhard Leeu, Heinrich Eckert von Homberg, Dietrich Martens, Michael Hillen van Hochstraten und Wilhelm Vorsterman bis 1512 10 Drucke. In Reutlingen lieferten Michael Greyff und Johannes Omar oder Otmar von 1489—1492 5 Ausgaben. In Pforzheim und Tübingen gingen aus den Officinen des bekannten Thomas Anselmi aus Baden in den Jahren 1508—1514 immerhin 6 Drucke hervor. In Hagenau erschien das Doctrinale 1492, 1495 und 1498 bei Heinrich Gran; in Ulm 1487, wie schon vorhin angegeben, bei einem ungenannten Drucker und 1498 bei Johann Schaeffler; in Metz 1500, 1504 und 1508 bei Caspar Hochfeder; in Erfurt 1504 bei Wolfgang Schenk; in Augsburg 1511, 1514 und 1521 bei Johann Schoensperger und bei Sylvius Otmar; in Wien 1518 bei Johann Singrenius.

Was Frankreich betrifft, so wurde das Doctrinale bereits im Jahre 1479 zu Lyon von Johann Fabri gedruckt[1]). Vier Jahre später erschien die erste Pariser Ausgabe bei Ulrich

---

[1]) Bibl. d. Drucke no. 10.

Gering aus Constanz[1]), dem Begründer der Typographie in
der Hauptstadt Frankreichs. Aus den Jahren 1488 und 1489
sind zwei Lyoner Drucke und ein Pariser zu verzeichnen;
die erstern veranstaltete Johann du Pré (de Prato), den
letztern Petrus Levet[2]). Von da an blieb Paris die Haupt-
druckerstätte. Aus den verschiedenen Officinen dieser Stadt gingen, soweit unsere Nachforschungen reichen, bis 1514 16 Drucke
hervor, davon zwei aus der berühmten Presse des Humanisten
Jodocus Badius Ascensius, der selbst Erläuterungen zum
Doctrinale geschrieben hat[3]). Vereinzelte Drucke erschienen
zu Rouen und zu Troyes[4]).

Aus England sind nur wenige Ausgaben, und zwar nur
solche aus dem Anfange des 16. Jahrhunderts bekannt. Gegen
1503 erschien das Doctrinale in London bei Wynkyn de
Worde[5]) und in den Jahren 1505, 1513 und 1516 bei Richard
Pynson daselbst[6]).

Bezüglich Polens sind vier Ausgaben zu unserer Kenntniss
gekommen, die augenscheinlich für die Krakauer Schulen bestimmt waren: die erste wurde im Jahre 1500 zu Leipzig, die
zweite 1504 muthmasslich zu Metz, die beiden letzten wurden
1510 und 1517 zu Krakau selbst gedruckt[7]).

Aus Spanien, sowie aus Dänemark, Schweden und
Norwegen sind uns keine Drucke bekannt geworden. Dass
jedoch auch in diesen Ländern das Doctrinale im Gebrauch
gewesen ist, darf man von vorn herein als sicher annehmen.
Uebrigens lässt sich dies hinsichtlich Spaniens auch aus der
Bezugnahme des Grammatikers Aelius Antonius Nebrissensis[8]) auf Alexander schliessen, und wird für die nordischen

---

[1]) Bibl. d. Drucke no. 21.
[2]) Bibl. d. Drucke no. 48. 56. 57.
[3]) Bibl. d. Drucke no. 204 u. 260. Ueber Jod. Bade u. seinen
Commentar zum Doctrinale siehe w. u. S. LXVI.
[4]) Bibl. d. Drucke no. 80. 81. 198.
[5]) Bibl. d. Drucke no. 180.
[6]) Bibl. d. Drucke no. 189. 236. 246.
[7]) Bibl. d. Drucke no. 158. 184. 223. 247.
[8]) In dessen Grammatica (Granatae 1582) heisst es z. B.:
    'Hebraeae voces plerumque in fine acuuntur,
    Non tamen et semper, quia saepe in fine gravantur,
    Id quod Alexander, deceptus forte, putavit.'

Staaten durch die Anführungen bei Nyerup[1]) und Münter[2]) ausdrücklich bestätigt.

Fügen wir zu den vorstehenden bibliographischen Nachweisungen über die Verbreitung des Doctrinale eine Reihe den Gebrauch desselben an bestimmten Lehranstalten betreffende Notizen hinzu, indem wir, abgesehen von den Universitäten, hauptsächlich die Schulen Deutschlands berücksichtigen.

Dass das Lehrbuch Alexanders bereits im 13. Jahrhundert an den Pariser Schulen gebraucht worden ist, wird durch eine von Morand mitgetheilte Glosse bestätigt.[3]) Im Jahre 1328 wurde dasselbe neben dem später noch zu erwähnenden Graecismus des Eberhard von Bethune an der Universität Toulouse[4]), 1366 an der Pariser[5]), 1386 an der Heidelberger[6]), 1389 an der Wiener[7]) Hochschule statutengemäss vorgeschrieben. Desgleichen gehörten laut den Acten der betreffenden Artistenfacultäten Lectionen über das Doctrinale, beziehungsweise über einzelne Theile desselben, zu den obligatorischen Vorlesungen an den Universitäten Erfurt[8]), Leipzig[9]), Freiburg[10]), Ingolstadt[11]) und Tübingen[12]). Dass auch an denjenigen Hochschulen, welche das Doctrinale nicht ausdrücklich verlangten, gleichwohl über dasselbe gelesen wurde, dafür haben wir zum Theil positive Zeugnisse, theils dürfen wir solches mit gutem Grunde voraussetzen. So stellte an der ältesten Universität des deutschen Reiches, der zu Prag, kaum

---

[1]) Librorum, qui ante reformationem in scholis Daniae praelegebantur, notitia (Hafniae, 1784) p. 1—24.

[2]) Kirchengesch. von Dänemark und Norwegen. 2. Theil (Leipzig, 1831). S. 974.

[3]) Siehe vorher S. XXIII, Anm. 7.

[4]) Thurot, de Alex. Doctr. p. 49; Notices et extraits p. 102.

[5]) Thurot, de Alex. Doctr. p. 48; Notices et extr. l. c.

[6]) Thorbecke, die älteste Zeit der Univ. Heidelberg: 1386—1449 (Heidelb., 1886) S. 74, Anm. 209; Hautz, Gesch. d. Univ. Heidelb. II 346, Urk. v. J. 1386.

[7]) Kink, Gesch. d. k. Univ. zu Wien (1854) II 188 f.

[8]) Weissenborn, Akten d. Erfurter Univ. II 143.

[9]) Statutenbücher d. Univ. Leipzig S. 326, 346 u. a. a. O.

[10]) Schreiber, Gesch. d. Univ. zu Freiburg I 46.

[11]) Prantl, Gesch. d. Ludwig-Max. Univ. zu Ingolstadt, Landshut, München I 85.

[12]) Roth, Urk. z. Gesch. d. Univ. Tübingen S. 377 u. 416.

40 Jahre nach ihrer Errichtung ein Professor Helmhold 'Quaestiones de arte grammatica Donati, Prisciani, Alexandri de Villa
Dei' an, welche uns in einer Handschrift vom Jahre 1390 erhalten sind.[1]) Hinsichtlich der Kölner Hochschule genügt wohl
der Hinweis auf die den 'Dunkelmänner-Briefen' zufolge von
dem dortigen Professor Gerhard von Zutphen verfasste
'Glosa notabilis'[2]) zum Doctrinale.

Von deutschen Klosterschulen, an denen der Gebrauch
dieses Lehrbuches entweder ausdrücklich bezeugt, oder auf
Grund der in den betreffenden Bibliotheken vorhanden ge-
wesenen oder noch vorhandenen Manuscripte und Drucke
angenommen werden darf, nennen wir die Benedictiner-Stifte
Melk[3]), St. Gallen[4]), Einsiedeln[5]), Tegernsee[6]), St. Peter
in Salzburg[7]), Lambach[8]), Kremsmünster[9]), Admont[10]),
Schotten in Wien[11]), St. Emmeran in Regensburg[12]),
Weiblingen bei Ulm[13]), St. Eucharius bei Trier[14]), St.
Michael in Lüneburg[15]); die Augustiner-Chorherren-Stifte
St. Florian[16]), Klosterneuburg[17]) und Bordesholm un-
weit Kiel[18]), sowie die Cölestiner-Abtei zu Metz[19]).

---

[1]) Bibl. d. Hdschr. no. 51.

[2]) Siehe darüber w. u. S. LXIV f.

[3]) Ueber die dortige an Handschriften und Drucken des Doctrinale
überaus reiche Bibliothek siehe unsere Indices bibliogr.

[4]) Bibl. d. Hdschr. no. 26. 64. 98. 100. 204; Bibl. d. Drucke
no. 27. 30. 142. 177. 224.

[5]) Bibl. d. Drucke no. 194. 195. 265.

[6]) Bibl. d. Drucke no. 12. 66. 70.

[7]) Bibl. d. Hdschr. no. 129; Bibl. d. Drucke no. 55. 77. 118.
186. 210. 219.

[8]) Bibl. d. Hdschr. no. 101. 202; Bibl. d. Drucke no. 76. 84. 134.

[9]) Bibl. d. Hdschr. no. 207; Bibl. d. Drucke no. 237.

[10]) Bibl. d. Drucke no. 115.

[11]) Bibl. d. Drucke no. 164. 167. 172.

[12]) Bibl. d. Hdschr. no. 125.

[13]) Bibl. d. Hdschr. no. 95.

[14]) Bibl. d. Hdschr. no. 201.

[15]) Bibl. d. Hdschr. no. 203.

[16]) Bibl. d. Hdschr. no. 139; Bibl. d. Drucke no. 75. 200; vgl.
Czerny, die Klosterschule von St. Florian (Linz, 1873) S. 34.

[17]) Bibl. d. Hdschr. no. 130.

[18]) Bibl. d. Drucke no. 11.

[19]) Bibl. d. Hdschr. no. 74.

Unter den nicht klösterlichen Schulen, an denen das Doctrinale nachweislich dem Unterrichte zu Grunde gelegt worden ist, sind vor allen die beiden Anstalten zu nennen, welche am Ausgang des 15. und zu Anfang des 16. Jahrhunderts als die eigentlichen Pflanzstätten des Humanismus in Norddeutschland weitaus im höchsten Ansehen standen: die Schule des Alexander Hegius in Deventer und die mit den Namen Rudolf von Langen und Johannes Murmellius für immer verknüpfte Domschule zu Münster. Wie wenig Hegius, der Altvater des Humanismus am Niederrhein, der Lehrer und Führer der meisten damaligen Gelehrten des nördlichen Deutschlands auf der neuen Bahn, an eine Abschaffung des Doctrinale dachte, geht aus dem Zeugnisse eines seiner letzten Schüler, des Mönches Butzbach, hervor, dem zufolge der unter dem Namen des Johannes Synthen, eines Mitarbeiters des Hegius, in zahlreichen Ausgaben erschienene Commentar[1]) zum Doctrinale von dem Letztern mitverfasst worden ist.[2]) Was Münster betrifft, so veranstaltete der erste Rector der von Rudolf von Langen reorganisirten Domschule, Timann Kemner, unmittelbar nach Antritt seines Amtes im Jahre 1500 eine neue Ausgabe des Doctrinale mit weitläufigem Commentar[3]), und Murmellius, unstreitig der hervorragendste unter den Münster'schen Humanisten und später einer der entschiedensten Gegner Alexanders, trug damals kein Bedenken, zu dem Kemner'schen Werke, sowie noch gegen 1508 zu dem Commentar des Torrentinus[4]) in Zwoll ein Empfehlungsgedicht zu schreiben.[5])

Wenn sonach die beiden berühmtesten Anstalten an der Wende des 15. Jahrhunderts mit dem Doctrinale noch nicht gebrochen hatten, so dürfen wir daraus mit vollem Recht schliessen,

---

[1]) Siehe darüber w. u. S. LXV f.

[2]) Butzbach, bei Krafft u. Crecelius, Beiträge z. Gesch. d. Humanismus, Heft I (Elberfeld, 1870) S. 34. Derselbe fügt hinzu, es sei unter den beiden Männern die Vereinbarung getroffen, dass das Werk den Namen dessen tragen sollte, der zuerst aus dem Leben scheiden würde.

[3]) Siehe darüber w. u. S. LXVII f.

[4]) Siehe darüber w. u. S. LXIX f.

[5]) Das Gedicht zu Kemner's Ausgabe findet sich theilweise abgedruckt in meiner Biographie des Murmellius (Freiburg, 1880) S. 37, Anm.; das zu dem Commentar des Torrentinus siehe bei Krafft und Crecelius, Beiträge z. Gesch. des Hum., Heft II (Elberfeld, 1875) S. 89.

dass die Verwendung dieses Lehrbuches in den übrigen Schulen Deutschlands wenigstens bis zum Beginn des 16. Jahrhunderts eine allgemeine war. Ausdrücklich bezeugt wird der Gebrauch, zum Theil weit über die angegebene Zeit hinaus, vòn den Domschulen zu Osnabrück[1]) und Würzburg[2]), von den städtischen Schulen zu Schlettstadt[3]), Crailsheim[4]), Stuttgart[5]), Ulm[6]), Memmingen[7]), Nördlingen[8]), Nürnberg[9]), Bayreuth[10]), Wien [St. Stephanschule][11]), Breslau [Schule zu St. Maria Magdalena][12]), Dresden [Kreuzschule][13]), Bautzen[14]), Görlitz[15]), Liegnitz[16]), Annaberg[17]), Marienburg[18]), Nordhausen[19]) u. a.

---

[1]) Hartmann, Beiträge z. Gesch. d. Schulw. in Osnabrück, im Progr. d. dort. Gymn. 1881.

[2]) Schepss, Mag. Petri Poponis colloquia de scholis Herbipolens. p. 12 sqq.; vgl. Neudecker, das Doctrinale d. Alex. a. a. O. S. 7, Anm. 78.

[3]) Röhrig, d. Schule z. Schlettstadt, in Illgen's Zeitschr. f. hist. Theol. Bd. IV, 2, S. 213 ff; Paulsen, Gesch. d. gelehrten Unterr. S. 111.

[4]) Schulordn. v. 1480, in Birlinger's Alemannia III 247; vgl. Neudecker a. a. O. S. 2 u. 8.

[5]) K. Pfaff, Versuch einer Gesch. d. gel. Unterr. in Württemberg, S. 25; Frey, Beiträge z. Gesch d. deutsch. Schulw. im Mittelalt., im Progr. d. Gymn. zu Rössel 1878, S. 10.

[6]) Veesenmeyer, de schola Lat. Ulmana (1818); Paulsen a. a. O. S. 110; vgl. Bibl. d. Hdschr. no. 95.

[7]) Reichenhart, die lat. Schule zu Memmingen, i. d. Neuen Jahrb. f. Phil. u. Pädag. Bd. CXXXII (1880) S. 228 ff; Paulsen a. a. O. S. 169 f.

[8]) Beyschlag, Versuch einer Schulgesch. Nördlingens (1773) Bd. II S. 30 ff.; Paulsen a. a. O. S. 108.

[9]) Heerwagen, zur Gesch. d. Nürnberger Gelehrtenschulen von 1485—1622, im Progr. der dort. Studienanstalt 1860, S. 6; Paulsen S. 107.

[10]) Schulordnung v. J. 1464, im Archiv. f. Gesch. u. Alterthumsk. des Obermainkreises Bd. I, Abth. 1 S. 86.

[11]) Schulordnung v. J. 1446, bei Tomaschek, Geschichtsq. der Stadt Wien II 53 ff., u. bei Paulsen S. 791.

[12]) Bibl. d. Hdschr. no. 99; vgl. Heppe, d. Schulw. i. Mittelalter S. 25.

[13]) Mitth. d. Dir. Dr. Meltzer daselbst. Vgl. Joh. Müller, d. Anfänge d. sächs. Schulw., im Archiv f. sächs. Gesch. v. Ermisch Bd. VIII (1887) S. 249.

[14]) Knauthe, von d. Schulbüchern, welche a. d. oberlaus. Schulen vor d. Reform. gelesen wurden, S. 6.

[15]) Kämmel, Rückbl. auf d. Gesch. d. Gymn. zu Zittau, im Progr. des dort. Gymn. 1876, S. 4; Neudecker a. a. O. S. 8 Anm. 91.

[16]) Kraffert, Gesch. d. Gymn. zu Liegnitz, im Progr. des dortigen Gymn. 1869, S. 5.

[17]) Vgl. Progr. d. Gymn. zu Meissen 1843, S. 46.

[18]) Frey, Beiträge a. a. O. S. 11.

[19]) Förstemann, Nachrichten v. d. Schulen zu Nordhausen, S. 15.

Es ist selbstverständlich, dass ein Schulbuch wie das Doctrinale während eines mehr als dreihundertjährigen Gebrauches mannigfache Veränderungen erfahren musste. Der Verfasser selbst scheint bereits übele Erfahrungen in der Behandlung des Textes seitens der Glossatoren gemacht zu haben. Denn in der Vorrede zu seiner metrischen Bearbeitung des Alphabetum maius sieht er sich veranlasst, die Benutzer seines Buches zu bitten, ihre etwaigen Zusätze oder Erläuterungen 'nicht in die Textzeilen zu setzen, sondern mündlich vorzutragen, oder doch ausserhalb des Textes auf dem Rande anzubringen'; denn:

'Si, quodcumque velit, addat lector seriei,
Non poterit libri certus sic textus haberi'[1]).

Die hiernach von Alexander befürchtete Interpolation seiner Unterrichtsbücher erfuhr das Doctrinale kaum 50 Jahre nach seinem Entstehen in ausgedehntem Masse. Eine solche Ueberarbeitung ist uns in drei Handschriften aus dem 13. Jahrhundert, dem Codex Laurentianus Plut. XXV, Sin. Cod. 5, dem Codex Parisinus 14745 und dem Codex Arundelianus 394, bekannt geworden[2]). Die Einleitungsverse lauten:

'Informans pueros et doctrinale reformans,
Quae prosunt, formo sub metri paupere forma.
Oblatrat livor stolidus, ridet puerilis,
Obstat simplicitas, inscitia nuda reclamat,
Ne quaedam intereant, studio correcta fideli.
Sed licet aegrotent, qui non fundantur in istis:
Scribere clericulis paro doctrinale novellis' etc.

Am Schluss findet sich nach dem letzten Verse des Doctrinale:

'Quos tres personas in idem credo deitatis',

folgender Zusatz:

'Qua sator aeternus serit et gerit omnia, per quem
Fecit Alexander opus hoc, quo lima Johannis
Implet defectus operis. Dent huic operosi

---

[1]) Die betreffenden Verse sind abgedruckt bei Thurot, de Alex. Doctr. p. 21.
[2]) Bibl. d. Hdschr. no. 20. 21. 22.

Lectores operam, libri plantaria servent,
Ne, quod corrigitur, detractio subtrahat ulla.
Exiguas plantas manus indiscreta revellit'.

Der Interpolator Johannes ist der betreffenden Glosse des Codex Laurentianus zufolge Johannes von Garlandia.[1] Dieser Johannes, von Geburt ein Engländer, hatte zuerst in Oxford unter dem Philosophen Johannes von London, darauf in Paris unter Alanus von Lille (de Insulis, † 1202) studirt und hier nach der hauptsächlich von Studenten bewohnten Strasse den Beinamen de Garlandia angenommen. Von 1229—1232 war er Lehrer der Grammatik an der neu gegründeten Universität Toulouse; alsdann begab er sich wieder nach Paris. Er starb im Jahre 1252 oder kurz nachher[2]. Die Angabe der eben bezeichneten, vielleicht gleichzeitigen, jedenfalls noch dem 13. Jahrhundert angehörigen Handschrift, dass er der Corrector oder vielmehr Interpolator des Doctrinale sei, gewinnt durch verschiedene Erwägungen an Glaubwürdigkeit. Mag auch unter den Werken dieses fruchtbaren Schriftstellers, soweit sie uns durch Hauréau und Scheler bekannt geworden sind, eine Bearbeitung des Lehrbuchs von Alexander nirgends ausdrücklich erwähnt sein, so finden wir in denselben doch mehr als einen Beweis dafür, dass er sich mit dem Doctrinale beschäftigt hat, und zwar hauptsächlich, um es zu kritisiren. So wirft er in einer seiner ersten Schriften Alexander vor, dass er das Kapitel über die Praeterita und Supina anderweitig entlehnt habe — was dieser übrigens in der Vorrede[3] offen bekennt —, und sagt in satirischer Anspielung hierauf von sich selbst: 'Non aliena carmina transplanto'[4]. Wie eine Glosse zu seiner 'Ars lec-

---

[1] Siehe Bibl. d. Hdschr. no. 20.

[2] Vgl. Dictionary of National Biography Vol. XII p. 436—439; A. F. Gratien-Arnoult, Jean de Garlande, docteur-régent de grammaire a l'université de Toulouse (Revue de Toulouse 1866, févr. 1); Hist. litt. de la France, Tom. XXI p. 369, XXII p. 11—95; Scheler, trois traités de lexicogr. lat. (Jahrb. f. roman. u. engl. Lit. von L. Lemcke, Bd. VI p. 141—162); Hauréau, Notices sur les oeuvres authentiques ou supposées de Jean de Garlande (Notices et extraits, Tom. XXVII, 2 p. 1—86).

[3] Doctr. v. 16.

[4] Bei Hauréau, Notices sur les oeuvres de Jean de Garlande p. 53.

toria' besagt, schrieb er diesen Tractat, sowie sein 'Compendium' und die 'Clavis compendii' hauptsächlich zur Ergänzung ('ad suppletionem') des Doctrinale und des Graecismus, welche beide unzureichend seien [1]. Die enthusiastische Lobpreisung der Hochschule von Orléans und deren Lehrer zu Anfang der erstgenannten, im Jahre 1234 verfassten Abhandlung stellt sich nach Form und Inhalt als eine beabsichtigte Entgegnung auf das von Alexander in dieser Beziehung gefällte Verdammungsurtheil [2] dar. Wie in der Einleitung zu dem interpolirten Doctrinale, so nennt sich der Verfasser auch hier bloss Johannes [3]; auch hier spricht er von dem 'livor puerilis', welcher seine Schriften zu verdunkeln suche [4]; auch hier findet man ähnliche Wortspiele [5] wie in den vorhin mitgetheilten Einleitungsversen.

Trotz der hohen Meinung, die Johannes von Garlandia von sich und seinen Werken hegte, und die er in den Worten ausspricht:

'Me vivente meis applaudit gratia dictis,
Parisiusque meam gaudet celebrare camenam' [6]

wollte es ihm offenbar nicht gelingen, das Doctrinale zu verdrängen, und so entschloss er sich, dasselbe wenigstens zu 'reformiren'. Und das hat er denn auch ganz gründlich besorgt. Die an dem Doctrinale vorgenommenen Aenderungen sind grösser, als es nach den Einleitungsworten scheinen sollte. Gleich nach dem Prooemium Alexanders folgt eine Einschiebung von 16 Versen, die eine Definition der 'vox' (nach Priscian) enthalten [7]. Auch sonst begegnen uns häufige

---

[1] Vgl. Scheler, trois traités etc. l. c. p. 50.
[2] Siehe S. XXVII f.
[3] 'Mille ducentenis ter denis quatuor annos
    Coniungas annis, sunt edita scripta Johannis'.
[4] 'Quamvis saepe stilum livor puerilis obumbret'.
[5] Vgl. die S. XXVII, Anm. 1 angezogenen Verse, sowie die weiteren von Scheler a. a. O. S. 51 u. von L. Delisle, les écoles d'Orléans (Annuaire-Bulletin d. l. soc. de l'hist. de France, Tom. VIII p. 145) mitgetheilten Stellen.
[6] Bei Scheler und Delisle a. a. O.
[7] 'Vox definitur aer tenuissimus ictus,
    Aut vox sensibile proprium describitur auris' etc.

Zusätze[1]), Textänderungen[2]) und Streichungen. Insbesondere
sind die zahlreichen unvollständigen Verse des Doctrinale
entweder vervollständigt, beziehungsweise umgestaltet, oder
aber kurzer Hand gestrichen[3]). Bei dieser Gelegenheit bemerken wir bezüglich der von Thurot[4]) bestrittenen Echt-
heit solcher Halbverse, dass sich dieselben, allerdings mehr
oder weniger, in sämmtlichen Handschriften, die uns zu
Gesicht gekommen sind, von dem Codex Laurentianus
aus dem Jahre 1259 angefangen bis auf die jüngsten Codices
des 15. Jahrhunderts herab, vorfinden und auch zum grossen
Theile in die Drucke übergegangen sind. Wenn derartige Verse
hin und wieder bereits in den ältesten Manuscripten vervollständigt erscheinen, so ist dies eben nach dem Vorgange und
unter dem Einflusse unsers Interpolators geschehen, wie wir in
dem textkritischen Theile unserer Ausgabe in zahlreichen Fällen
genau nachzuweisen in der Lage waren.

   Im Uebrigen hat Johannes von Garlandia mit seinem 'reformirten Doctrinale' kein besonderes Glück gehabt. Das beweist
schon hinlänglich die verhältnissmässig äusserst geringe Zahl

---

[1]) Wir führen nach dem Codex Arundel. folgende Zusätze zu
den ersten 300 Versen an:
   'Tunc longatur in e, sed a debeo breviare' (*nach v.* 35)
   'Sextus in a vel in e primae longatur uterque' (*nach v.* 36)
   'Haec animatorum sunt discernentia sexum' (*nach v.* 42)
   'Onis habet Dido, sed inis habet ipsa cupido' (*nach v.* 102)
   'Lar proprium dat ris; si mas sit, dic sotularis' (*nach v.* 131)
   'Dedecor adicias, cupias sociare tricorpor' (*nach v.* 141)
   'Adde basim, lexim, rensim (?), nec non et orexim' (*nach v.* 225)
   'Et basis illorum numero vult associari' (*nach v.* 229)
   'Consors, consortis dat ium, si mobile flat,
   Virgilio teste teneant consortia tecta' (*nach v.* 270)
      [2]) Beispielsweise sind vv. 240—242 hier folgendermassen umgestaltet:
         'Quod fit in al vel in ar, normam servabit eandem;
         Cum lare sal demas, sed far, par i vel e ponat;
         Sed formare iubar per c dicas, addito nectar.'
      [3]) Was die Completirung unvollständiger Verse betrifft, so ver-
weisen wir auf den textkritischen Theil unserer Ausgabe, worin die betreffenden Zusätze hinreichend berücksichtigt sind. Von den 'exiguae
plantae, quas manus indiscreta revellit', führen wir nach dem Cod.
Arundel. folgende Halbverse an, ohne jedoch damit die Sache erschöpfen
zu wollen: vv. 165. 192. 399. 867. 1046. 1749. 1878. 1881. 1951. 1959.
      [4]) De Alex. Doctr. p. 22 sq., p. 24 adnot. 1.

der davon auf uns gekommenen Handschriften. Von einzelnen Stellen abgesehen, ist man ihm weder in den zahlreichen Einschiebungen, noch in den Streichungen gefolgt. Ueberhaupt sind die an dem Doctrinale in der Folgezeit vorgenommenen Aenderungen, wenn sie auch an sich keineswegs unbedeutend erscheinen, niemals, selbst nicht in der Zeit der Herrschaft des Humanismus, so tiefgreifend und umfassend gewesen als die des Johannes von Garlandia. Dazu war offenbar das Ansehen Alexanders zu gross, oder, um mit dem Interpolator zu reden, der 'livor stolidus' und die 'nuda inscitia' zu tief in den Geistern eingewurzelt.

Wenn wir von den eingangs bezeichneten Codices des 'reformirten' Doctrinale absehen, so zeigen die übrigen Handschriften aus dem 13. Jahrhundert, soweit wir sie haben vergleichen können, eine bemerkenswerthe Uebereinstimmung des Textes. Grössere Abweichungen, namentlich Ergänzungen unvollständiger Verse, begegnen uns, und zwar im Allgemeinen gleichmässig, in den Codices des 14. Jahrhunderts. Im 15. Jahrhundert mehren sich die Interpolationen und gehen so in die Drucke über, die dann im Laufe der Zeit immer mehr Zusätze erfahren. Eine solche relative Gleichförmigkeit der Texte in den verschiedenen Zeiträumen setzt voraus — was übrigens bei einem Schulbuche auch ganz natürlich ist —, dass eine Handschrift der andern, ein Druck dem andern als Original gedient hat, welches dann sammt den jeweiligen Zusätzen und Aenderungen einfach copirt worden ist. Und in der That stellt sich die Abschrift oder der Abdruck in nicht seltenen Fällen als mit solcher Treue oder vielmehr Gedankenlosigkeit ausgeführt dar, dass wir darin sogar die Schreib- oder Druckfehler und sonstige offenbare Versehen der Vorlage wiederfinden[1]).

Aus einem derartigen Abhängigkeitsverhältniss der Handschriften und Drucke aber folgt zugleich, dass für eine kritische Ausgabe des Doctrinale, wie wir sie zu liefern unternommen haben, im Wesentlichen nur die ältesten Manuscripte massgebend sein konnten, und dass die spätern Handschriften und vollends die Drucke als für die Feststellung des Textes wenig belangreich ausser Betracht bleiben durften. Wenn wir gleichwohl die ersten Druckausgaben zur Vergleichung mit herangezogen

---

[1]) Vgl. die S. LIX, Anm. 5 angeführten Beispiele.

haben, so glauben wir hiermit mehr der Sitte der Herausgeber als einem wirklichen Bedürfniss entsprochen zu haben. Im Folgenden seien einige nähere Notizen über das von uns für die Textkritik benutzte Material gegeben.

Unserer Ausgabe ist in erster Linie der Codex Laurentianus Plut. XXXIV, 47 vom J. 1259[1]) zu Grunde gelegt. Derselbe ist, wie u. a. die Erklärung von 'cerussa' (cerusa) durch 'blanchet' zeigt[2]), französischen Ursprungs. Aus der nur hier vorkommenden Erwähnung der normannischen Stadt Avranches[3]) dürfen wir wohl des Nähern schliessen, dass die Handschrift in der Normandie, vielleicht in der genannten Stadt selbst, in der ja der Verfasser des Doctrinale, wenn nicht den grössten Theil seines Lebens, so doch nachweislich seine letzten Tage verbracht hat[4]), entstanden ist. Wenn wir von der Vervollständigung einer allerdings ziemlich beträchtlichen Anzahl von Halbversen absehen, wobei sich der Einfluss des Johannes von Garlandia geltend gemacht hat[5]), so haben wir in diesem Codex jedenfalls einen von dem ursprünglichen nur wenig verschiedenen Text vor uns.

Als der genannten Handschrift am nächsten stehend, sind die drei Codices Amploniani Q. 34, 42, 44[6]), sämmtlich aus dem 13. Jahrhundert[7]) und, wie anzunehmen ist, deutscher Herkunft, zur Collation benutzt worden. Sie stimmen, wie unter einander, so mit dem Codex Laurentianus ausser in den unvollständigen Versen, die sich in ihnen zum grössten Theile erhalten haben, im Grossen und Ganzen überein.

Weiterhin ist der aus dem Kloster Zwiefalten stammende und jedenfalls noch im 13. Jahrhundert geschriebene Codex Stuttgardiensis Poet. et Phil. Q. 58[8]) herangezogen worden. Dieser bietet schon grössere Abweichungen im Text, sowie hin und wieder fremdartige Zusätze.

---

[1]) Bibl. d. Hdschr. no. 1.

[2]) Siehe Doctr. v. 2189 adnot.

[3]) Siehe Doctr. v. 1846 und vorher S. XXVI.

[4]) Siehe S. XXV f.

[5]) Vgl. z. B. die Varia lectio ad vv. 141. 206. 249. 270. 272. 290. 368. 547. 576. 586. 619. 650. 658. 677. 888. 1024. 1927. 1933. 1935. 1964 all. ll.

[6]) Bibl. d. Hdschr. no. 7. 8. 9.

[7]) Schum, beschr. Verz. d. Amplon. Hdschr.-Sammlung zu Erfurt S. 820, datirt den Cod. Q. 44 aus der ersten Hälfte des 14. Jahrh.

[8]) Bibl. d. Hdschr. no. 10.

Ihm steht der anscheinend gegen Ende des 13. Jahrhunderts angefertigte Codex Palatinus Vaticanus 1764[1]) ziemlich nahe. Der Schreiber stammte der Schlussbemerkung zufolge aus der zur Diöcese Lüttich gehörigen flämischen Stadt St.-Truiden, franz. St.-Trond; er begann die Abschrift als Rector der dortigen Schule — vorher war er in gleicher Eigenschaft zu Nivelles, einem südlich von Brüssel gelegenen Städtchen, thätig gewesen — und vollendete sie als ·Leiter der Schule St.-Anianus in Orléans. Der Codex hat mehrfach deutsche Interlinearversionen, z. B. cotex = rind, medicus = artz, sedulus = emsig; in einer Randglosse von derselben oder doch von gleichzeitiger Hand werden die verschiedenen 'genera farciminum' aufgezählt, als 'leberwurst, blutwurst, bratwurst'.

Der an letzter Stelle benutzte Codex Marcianus Venetus Class. XII, cod. CIX[2]), ebenfalls im 13. Jahrhundert, und zwar in Oberitalien, vielleicht in Venedig selbst geschrieben[3]), ist den zuletzt besprochenen Handschriften zwar nahe verwandt, hat aber auch mehrfach charakteristische Lesarten und Zusätze.

Auf dieser Handschrift oder — was uns wahrscheinlicher dünkt — auf einer hier und da mit spätern Zuthaten versehenen Copie derselben beruhen augenscheinlich die beiden ebenfalls zur Vergleichung herangezogenen Frühdrucke, von denen der erstere, wie bereits angedeutet wurde[4]), muthmasslich in Venedig von Vindelin von Speyer um das Jahr 1470, der andere zu Treviso im Jahr 1472 von Gerhard von Flandern veranstaltet worden ist[5]).

---

[1]) Bibl. d. Hdschr. no. 11.

[2]) Bibl. d. Hdschr. no. 12.

[3]) Ausser Venedig und andern grössern Städten Oberitaliens werden in dem Commentare die kleinen, im Gebiete von Cremona gelegenen Ortschaften Platina (heute Piadena) und Sontinum (Sontino) erwähnt. Auch finden wir hier ziemlich häufig lat. Wörter durch ital. interpretirt, z. B. phaselus durch burghiello = burchiello, colus durch roccha = rocca, parcere durch perdonare, strigilis durch le stregie = stregghie, omasum durch tripa = trippa, acinum durch vinazolo = vinacciuolo etc.

[4]) Siehe S. XLV.

[5]) Bibl. d. Drucke no. 1 u. 2. — Um die Abhängigkeit der editiones principes von dem Codex Marcianus, bezw. einer Copie desselben, etwas näher zu veranschaulichen, sei bemerkt, dass die Aus-

Zu diesen vollständig verglichenen Handschriften und
Drucken kommen als theilweise, namentlich für die Fest-
stellung von Halbversen benutzt noch sechs Codices
Parisini[1]) und der Codex Arundelianus 394[2]) mit den
Interpolationen des Johannes von Garlandia hinzu.

Das Doctrinale setzt nach seiner ganzen Anlage, sowie
nach der ausdrücklichen Vorschrift des Verfassers für den
Schulgebrauch nähere Erläuterungen des Textes durch den
Lehrer voraus. Dass beim elementar-grammatischen Unterrichte
die nöthigen Wort- und Sacherklärungen zunächst in der
Muttersprache gegeben wurden, ist trotz der so oft aus-
gesprochenen gegentheiligen Ansicht, wonach letztere aus den
Lateinschulen des Mittelalters gänzlich verbannt worden sei[3]),
durchaus selbstverständlich. 'Wer dem Mittelalter auch nur
eine Spur von gesundem Menschenverstand zutraut', bemerkt
mit Recht Paulsen[4]), 'wird a priori annehmen, dass der Unterricht sich nicht darauf beschränkte, die lateinisch geschriebenen
Lehrbücher memoriren zu lassen'. In der Einleitung zum Doctrinale wird die Zuhülfenahme der Muttersprache zur Gewinnung

---

gaben mit dem Codex u. a. in den sonst nicht vorkommenden Zusätzen
zu vv. 772. 776. 860. 1769. 1814, in der Auslassung von v. 1270, in der Umgestaltung von v. 864, in der Stellung von v. 1595, sowie in den auffallenden
Fehlern pluraque statt pleraque in v. 2325, negocia statt negatio
in v. 2576, Trenarus statt Taenarus in v. 385 übereinstimmen; dass
ferner aus dem nicht verstandenen Worte bever in v. 1827 im Codex
wie in den Ausgaben brevis gemacht worden ist, obgleich letzteres
Wort unmittelbar vorhergeht; dass endlich aus careatque in v. 770
in dem Codex caret atque und daraus in den Ausgaben caret absque (!) geworden ist. — Das Verhältniss der beiden Ausgaben zu einander wird ausserdem durch eine ganze Reihe gemeinsamer Fehler
illustrirt, von denen wir hier nur folgende vermerken: hyems statt
iens (v. 202), linqui statt liqui (v. 884), posita statt positam
(v. 1095), subita statt fulget (v. 1320), quarta statt quartam
(v. 1624), accedo statt ac edo (v. 1668), stabulis statt stabilis
(v. 1704), electum statt electrum (v. 1788), sibulus statt si bilis
(v. 1976), a senes statt Asenec (v. 2031), in le statt ile (v. 2078).
    [1]) Bibl. d. Hdschr. no. 2. 16. 36. 38. 54. 61.
    [2]) Bibl. d. Hdschr. no. 22.
    [3]) Vgl. z. B. K. Just, zur Pädag. d. Mittelalt., in Rein's pädag.
Studien Heft VI (1876) S. 27.
    [4]) Gesch. d. gelehr. Unterrichts S. 25.

eines Wortverständnisses des lateinischen Textes geradezu gefordert, indem es heisst:

'Si pueri primo nequeant attendere plene,
Hic tamen attendet, qui doctoris vice fungens,
Atque legens pueris laica lingua reserabit,
Et pueris etiam pars maxima plana patebit'[1]).

Dass man dieser Weisung auch thatsächlich nachgekommen ist, dafür geben die aus den verschiedenen Ländern und Zeiten erhaltenen Glossen und Commentare zum Doctrinale hinreichende Belege. Obschon solche Hülfsmittel unverkennbar mehr den Zwecken des höhern grammatischen Unterrichts zu dienen bestimmt waren, so finden wir doch fast in allen, wenigstens hin und wieder, seltener vorkommende lateinische oder latinisirte Wörter in die betreffende Volkssprache übertragen. Indem wir für die Worterklärung durch die französische und italienische Sprache uns mit der Verweisung auf die gelegentlich beigebrachten Beispiele begnügen[2]), fügen wir zu den hinsichtlich des Gebrauchs des Deutschen beim Grammatik-Unterricht ebenfalls beiläufig gegebenen Notizen[3]) noch einige speciellere Nachweisungen hinzu.

Wie unberechtigt die Annahme einer gänzlichen Ausschliessung des Deutschen aus den Schulen des Mittelalters ist, zeigt wohl auf's treffendste die Thatsache, dass sogar die rigorosesten Scholastiker, welche das Lateinsprechen für die Schüler der höhern Stufen selbst im Umgange unter einander obligatorisch machten und einen Verstoss gegen dieses Gesetz strenge ahndeten[4]), beim elementar-grammatischen Unterricht die deutsche Sprache nicht bloss duldeten, sondern deren Gebrauch ausdrücklich vorschrieben. So macht der Verfasser der gleich zu besprechenden 'Glosa notabilis', als welcher in den 'Epistolae obscurorum virorum' der Kölner Theologe Gerhard

---

[1]) Doctr. v. 7—10. Vgl. hierzu unsere Anm. auf S. IV der Einl.

[2]) Siehe S. LVIII u. LIX Anm. 3. Weitere Belege für Frankreich u. für England findet man bei Thurot, Notices et extraits p. 527 sqq.

[3]) Siehe S LIX.

[4]) Das geschah übrigens nicht minder in den Schulen der Reformationszeit. Siehe z. B. die Schulordn. von Schneeberg v. J. 1564 u. von Mansfeld um 1580 in den Mittheil. d. Gesellsch. für deutsche Erz.- u. Schulgesch.', hsg. v. K. Kehrbach, Jahrg. I Heft 3 S. 201 f. u. S. 224.

von Zutphen bezeichnet wird, zu den vorhin angezogenen
Einleitungsversen des Doctrinale die Bemerkung: 'Boni magistri scholarium vocabulorum significationes teutonice exponant
iuxta magistri Alexandri intentionem'. In der Glosse selbst
wird denn auch eine Menge lateinischer, griechischer und auch
hebräischer Wörter zunächst durch Verdeutschung verständlich
gemacht. Doch nicht bloss. solche gelegentliche Glossen begegnen uns, sondern es sind auch vollständige lateinisch-
deutsche Vocabularien zum Doctrinale, wenigstens zu dem
etymologischen Theile, sowohl handschriftlich als gedruckt auf
uns gekommen. Ein Codex Amplonianus aus dem Anfang des
15. Jahrhunderts[1]) enthält eine 'Expositio Germanica omnium
vocabulorum primae partis Alexandri'. Desgleichen findet
sich in einem im J. 1504 von dem Humanisten Hermann Torrentinus in Zwoll besorgten Drucke[2]) eine 'Vulgaris interpretatio vocabulorum primae partis'. Auf dem Titelblatte
einer Ausgabe des Doctrinale vom Jahre 1525[3]) wird ein — in dem
benutzten Exemplare allerdings fehlender — 'Index omnium vocabulorum teutonice et polonice expositorum' angekündigt.

Unter den zahlreichen, mehr oder minder ausführlichen
Glossen und Commentaren[4]) zum Doctrinale, die meistens
in Verbindung mit dem Texte, handschriftlich jedoch auch vielfach getrennt von demselben vorkommen, haben manche eine
gewisse Berühmtheit erlangt. Im 13. und zu Anfang des 14.
Jahrhunderts hat namentlich die Glosse mit den Anfangsworten:
'Admirantes quondam philosophi, cum viderent rerum mirabiles bonitates' etc. weite Verbreitung gefunden, wie wir aus
den noch vorhandenen Abschriften schliessen dürfen[5]). Daneben
ist seit dem Beginn des 14. Jahrhunderts die mit dem Satze:
'Testante philosopho in primo metaphysices omnis homo

---

[1]) Bibl. d. Hdschr. no. 106.
[2]) Bibl. d. Drucke no. 182.
[3]) Bibl. d. Drucke no. 259.
[4]) Der Unterschied zwischen glosa, wie im ganzen Mittelalter geschrieben wurde, und commentum ist nach den damaligen Lexicographen folgender: 'Commentum expositio est verborum iuncturam non
considerans, sed tantum sensum. Glosa est expositio literae et ipsius
sententiae, quae non solum sententiam, sed etiam verba attendit'. Io. Ian.
Cathol., Breviloquus (Reuchlini), Brev. Benthemianus.
[5]) Bibl. d. Hdschr. no. 3. 6. 8. 9. 15. 55. 60. 75.

desiderio naturali habitum scientiae concupiscit' beginnende, dem
Codex Arundelianus 232 zufolge von einem gewissen Gippus[1])
verfasste Glosse anscheinend viel gebraucht worden[2]). Vereinzelt
begegnen uns im 14. Jahrhundert Commentare von Bonifacius
de Museis[3]), Berthold von Zürich[4]), Jonas von Soissons[5]),
Johannes von Munzingen[6]) und von den Prager Magistern
Tibinus[7]) und Helmhold[8]). Aus dem 15. Jahrhundert haben
wir solche von Henguinus[9]), von den Wiener Professoren
Hieronymus von Werden[10]), Bero, Schreck, Pruck[11]) und
Stephanus Heuner[12]), sowie von Ulrich Aezinger von Eger[13])
u. A. Ausser diesen ist noch eine grosse Anzahl von Commentaren aus dem 13. bis 15. Jahrhundert erhalten, deren Herkunft
und Verfasser sich nicht nachweisen lassen[14]).

In der Zeit des beginnenden Buchdrucks fand vor allen
der Commentar des Ludwig von Guaschis, den wir auch in
einer Handschrift vorfinden[15]), insbesondere in Italien, aber
auch in Süddeutschland und Frankreich weite und nach-
haltige Verbreitung. Mit diesem Commentar wurde das Doctrinale,
soviel wir wissen, zuerst im Jahre 1481 zu Vicenza und Mailand gedruckt[16]) und am letztern Orte in den folgenden Jahren
wiederholt aufgelegt[17]). Im Jahre 1482 kam es in dieser Gestalt in
Venedig heraus und erlebte hier in der Folgezeit eine ganze Reihe
von Auflagen[18]). Im Jahre 1487 erschien es zu Mondovi [Monte-

---

[1]) Siehe Bibl. d. Hdschr. no. 34.
[2]) Bibl. d. Hdschr. no. 30. 34. 35.
[3]) Bibl. d. Hdschr. no. 41.
[4]) Bibl. d. Hdschr. no. 64.
[5]) Bibl. d. Hdschr. no. 28. 29.
[6]) Bibl. d. Hdschr. no. 53.
[7]) Bibl. d. Hdschr. no. 50.
[8]) Bibl. d. Hdschr. no. 51.
[9]) Bibl. d. Hdschr. no. 80.
[10]) Bibl. d. Hdschr. no. 94. 97.
[11]) Bibl. d. Hdschr. no. 96.
[12]) Bibl. d. Hdschr. no. 123.
[13]) Bibl. d. Hdschr. no. 130.
[14]) Siehe d. Index bibliogr.
[15]) Bibl. d. Hdschr. no. 108.
[16]) Bibl. d. Drucke no. 16 u. 17.
[17]) Bibl. d. Drucke no. 29 u. 49.
[18]) Bibl. d. Drucke no. 18. 19. 20. 27. 30*. 33. 43. 50. 83. 85. 95. 106.
129. 164. 230. 235. 235. 261. 261.

regali]¹), 1486 zu Basel²), 1487 zu Nürnberg³) und Ulm⁴),
1488 zu Strassburg⁵), 1492 zu Paris⁶). Als der knappste
und praktischeste von allen hat sich der Commentar von
Guaschis (dessen Name in den ersten Ausgaben vielfach, in
den spätern regelmässig verschwiegen wird) auch am längsten
erhalten, zumal in Italien. Im Jahre 1500 wurde das also
commentirte Doctrinale in Brescia⁷), 1517, 1519 und 1521 in
Parma⁸), um das letztgenannte Jahr in Toscolano⁹) am Garda-
See, in den Jahren 1538, 1547, 1550, 1568, 1572 und 1588
wiederum in Brescia¹⁰) gedruckt.

Neben dem Commentar des Guaschis wurde in Italien
und Frankreich, freilich in weit beschränkterem Masse, das
'Commentum poetae laureati ac theologiae domini Mo-
nachi Lombardi'¹¹), in Frankreich speciell die 'Interpretatio
Facini Tibergae'¹²) und die 'Glosa Focaudi Monieri'¹³) beim
Unterricht verwendet.

In Deutschland ist die um das Jahr 1488 'per veneran-
dum virum magistrum ac sacrae theologiae baccalarium forma-
tum'¹⁴), den 'Epistolae obscurorum virorum'¹⁵) zufolge von
dem Professor an der Hochschule zu Köln Gerhard von
Zutphen verfasste 'Glosa notabilis' am weitesten verbreitet
gewesen. Sie bezieht sich auf die beiden ersten Theile des
Doctrinale, wenn auch vielfach nur der syntaktische Theil diese
Bezeichnung trägt. Mit derselben ist gewöhnlich das 'Commentum valde utile' für den dritten und vierten Theil verbunden.
Das letztere, nicht aber die Glosa notabilis, wurde auch mehr-

---

¹) Bibl. d. Drucke no. 23.
²) Bibl. d. Drucke no. 30. 32.
³) Bibl. d. Drucke no. 37.
⁴) Bibl. d. Drucke no. 38.
⁵) Bibl. d. Drucke no. 42. 46.
⁶) Bibl. d. Drucke no. 99.
⁷) Bibl. d. Drucke no. 152.
⁸) Bibl. d. Drucke no. 249. 252. 256.
⁹) Bibl. d. Drucke no. 258.
¹⁰) Bibl. d. Drucke no. 262—267.
¹¹) Bibl. d. Drucke no. 22. 48. 56. 62.
¹²) Bibl. d. Drucke no. 10. 21. 155.
¹³) Bibl. d. Drucke no. 66. 80. 81. 198. 241.
¹⁴) Siehe Bibl. d. Drucke no. 51.
¹⁵) Bei Böcking, Hutteni opp. Suppl. II 473.

fach in Deventer gedruckt[1]), und scheint dort zur Ergänzung
des gleich zu besprechenden Synthen'schen Commentars benutzt worden zu sein. In der Glosa notabilis, welche mit
dem Text 400 bis 500 Seiten füllt, spielen die Quästionen,
Argumente und Solutionen der scholastischen Philosophie mehr
als in irgend einem andern Commentar eine hervorragende Rolle.
Gleichwohl, oder vielmehr gerade wegen dieser Eigenschaft,
sind die Sacherklärungen, insbesondere in der Syntax, fast
durchweg so präcise und scharf, dass wir sie für unsere Ausgabe des Doctrinale vielfach in erster Linie heranziehen zu
sollen geglaubt haben. Die uns bekannt gewordenen Drucke
mit dieser Glosse belaufen sich auf mehr als 60. Abgesehen
von einer Pariser Ausgabe[2]), sind sie sämmtlich aus deutschen Pressen hervorgegangen, namentlich aus den Officinen
von Köln[3]), Strassburg[4]), Hagenau[5]), Metz[6]), Basel[7]), Nürnberg[8]), Reutlingen[9]) und Leipzig[10]). Am letztgenannten
Orte erschien im Jahre 1525 die letzte derartige Ausgabe mit
dem vorhin erwähnten 'Verzeichniss aller im ersten Theile vorkommenden Wörter mit deutscher und polnischer Uebersetzung'[11]).

In den Niederlanden, aber auch in den übrigen Theilen
von Deutschland, sowie in Frankreich fanden die von dem
Fraterherrn Johannes Synthen im Verein mit dem bekannten Pädagogen Alexander Hegius[12]) zu Deventer verfassten
und daselbst um das Jahr 1484 erstmals gedruckten[13]) 'Dicta'
oder 'Glosae' zu den beiden ersten Theilen des Doctrinale grossen
Anklang. Hier tritt das logische Element mehr in den Hinter-
grund, indem die grammatischen Regeln nicht philosophisch

[1]) Bibl. d. Drucke no. 120. 130. 178. 188.
[2]) Bibl. d. Drucke no. 121.
[3]) Bibl. d. Drucke no. 41. 51. 53. 64. 65. 71. 72. 73. 84. 90. 94. 109.
110. 112. 116. 140. 147. 151. 171. 198. 214.
[4]) Bibl. d. Drucke no. 47. 59. 60. 82. 101. 165. 199.
[5]) Bibl. d. Drucke no. 97. 115. 136.
[6]) Bibl. d. Drucke no. 150. 213.
[7]) Bibl. d. Drucke no. 127. 139. 146. 170. 175. 179. 194. 207. 221.
[8]) Bibl. d. Drucke no. 93. 96. 108. 118. 122. 184. 156. 157. 169, 219.
[9]) Bibl. d. Drucke no. 61. 76. 98. 100.
[10]) Bibl. d. Drucke no. 87. 126. 138. 137. 159. 174. 196. 212. 259.
[11]) Siehe S. LXII.
[12]) Siehe S. LI.
[13]) Bibl. d. Drucke no. 25.

begründet, sondern aus dem Sprachgebrauche der Autoren erläutert und festgestellt werden[1]). Im Uebrigen stehen die Dicta
der Glosa notabilis an Wortreichthum nicht im Mindesten
nach. Von den bis zum Ausgang des 15. Jahrhunderts allein
in Deventer erschienenen Ausgaben der Synthen'schen Glosse
zählen wir 15 auf[2]). In den Jahren 1487 und 1499 wurden die
Dicta in Strassburg[3]), im Jahre 1489 in Reutlingen[4]) gedruckt. Bezüglich Frankreichs ist besonders der Umstand
bemerkenswerth, dass der durch seine zahlreichen Editionen
klassischer Autoren später so berühmt gewordene Typograph
Jodocus Badius Ascensius — er stammte aus dem belgischen
Flecken Assche unweit Alost — es nicht verschmähte, die
Erläuterungen Synthen's mit eigenen Zusätzen zu versehen.
In solcher Gestalt erschien der Commentar zu Paris in den
Jahren 1500 und 1508[5]).

Ueber die von dem Benedictiner-Abt Johannes Butzbach[6]), einem Schüler des Hegius, als Erklärer Alexanders
genannten Deventer'schen Fraterherren und Nachfolger Synthen's
in der Leitung des Brüderhauses Jacob von Gouda und
Heinrich von Amersfoort, sowie über den Benedictiner in
Weissenburg Rutger von Neuss ist uns Näheres nicht bekannt
geworden.

Gegen Ende des 15. Jahrhunderts gab Wilhelm Zenders
von Weert unter der Bezeichnung 'Opus minus' einen ins-
gesammt weit über 500 Seiten starken Commentar zum ersten
und zum zweiten Theile des Doctrinale heraus, welcher
namentlich in den niederländischen Schulen Verwendung
fand. Dem ersten Theile geht eine längere 'Exhortatio ad

---

[1]) Dafür wird Synthen in der Glosa notabilis pars II., Coloniae,
1488 fol. 7 zwar als 'ille magnus grammaticus' bezeichnet, dabei aber
wegen Unkenntniss der Logik getadelt. Vgl. K. Kehrbach, kurzgef. Plan
der Mon. Germ. Paedag. (Berlin, A. Hofmann & Comp. [1883]) S. 28, woselbst
auch ein kurzer Ueberblick über die Bearbeitungen und Commentare des
Doctrinale gegeben wird.

[2]) Bibl. d. Drucke no. 25. 35. 39. 45. 52. 58. 79. 86. 88. 89. 117. 124.
125. 131. 166.

[3]) Bibl. d. Drucke no. 36. 144.

[4]) Bibl. d. Drucke no. 55.

[5]) Bibl. d. Drucke no. 153 u. 210.

[6]) Bei Krafft u. Crecelius, Beiträge z. Gesch. d. Human. Heft I
(Elberfeld, 1870) S. 35 f.

omnes scholarum rectores' voraus. Das Opus minus ist uns
in 13 Ausgaben bekannt geworden, welche von 1493 bis 1506
zu Antwerpen, Deventer und Köln gedruckt worden sind[1]).
Ueber dieses Werk fällt ein Zeitgenosse des Verfassers ein zwar
hartes, aber um so bemerkenswertheres Urtheil, als derjenige
dem es zugeschrieben wird, bis zur Verwerfung des Doctrinale selbst noch nicht vorgedrungen war. Im zweiten Theile
der Schriften des Alexander Hegius finden wir nämlich das
'Opus minus utrarumque partium' neben der gleich zu
besprechenden 'Medulla utrarumque partium' unter den
Büchern genannt, welche 'nicht werth sind, gekauft und
gelesen zu werden'[2]).

Im Jahre 1500 veröffentlichte der neu ernannte Rector
der reorganisirten Domschule zu Münster Timann Kemner
aus Werne, ein Schüler des Alexander Hegius, einen in
den Werken des Letztern scharf kritisirten, von dem Conrector Murmellius dagegen mit einem besondern Empfehlungs-
gedichte[3]) versehenen Commentar, welchen er 'wegen seiner
Kostbarkeit' (ob pretiositatem suam), wie der Prior des
Benedictiner-Klosters zu Laach Johannes Butzbach, ebenfalls ein Schüler des Hegius, sich ausdrückt[4]), 'Medulla
aurea' betitelte. Den beiden ersten zu Köln und Deventer
ohne nähere Datirung, aber jedenfalls im Jahre 1500 erschie-

[1]) Bibl. d. Drucke no. 102. 111. 128. 135. 142. 143. 145. 154. 163.
176. 183. 191. 192.

[2]) 'Praeterco medullam utrarumque partium, opus minus
utrarumque et alia opuscula innummera indignissima, quae et
emantur et legantur'. Alex. Hegii dialogi, Daventriae, Rich. Pafraet,
1503, fol. 82b. — Ob übrigens die Bemerkung über das Zender'sche
Werk von Hegius selbst, oder aber von dem Herausgeber seiner Schriften
Jacob Fabri, einem Schüler des Hegius, herrührt, müssen wir angesichts des Umstandes, dass die an erster Stelle verurtheilte 'Medulla',
wie wir gleich sehen werden, bei Lebzeiten des Hegius († 1498) noch
nicht erschienen war, auf sich beruhen lassen.

[3]) Dasselbe findet sich auf der Rückseite des Titelblattes der unter
no. 162. 167. 187* unserer Bibliogr. d. Drucke beschriebenen Ausgaben; die
Schlussverse lauten:
  'Fac igitur gaudens haec commentaria discas.
  Aurea quis nomen rite medulla dedit,
  Extollasque piis auctorem gymnasiarcham
  Laudibus et studeas artibus usque bonis'.

[4]) Bei Krafft u. Crecelius, Beiträge u. s. w. Heft I S. 57.

nenen Drucken[1]) folgte bereits 1501 eine von Joh. Koelhoff in
Köln veranstaltete Ausgabe, die sich als 'denuo castigata' ein-
führt[2]). Einzelne Theile des Doctrinale mit diesen Erläuterungen
kamen in demselben und den drei folgenden Jahren daselbst bei
Koelhoff und Quentell heraus. Der Letztere lieferte im Jahre
1505 eine Gesammtausgabe, von der uns jedoch nur der erste
Theil bekannt geworden ist[3]). Sollen wir über den Kemner'-
schen Commentar ein Urtheil abgeben, so kann dieses nur dahin
lauten, dass derselbe sich von den übrigen in Deutschland erschienenen oder benutzten Werken dieser Art weder durch knap-
pere Gestalt — der erste Theil allein füllt gegen 300 Seiten —,
noch durch originellere Behandlung des Stoffes unterscheidet.

In demselben Jahre 1500 kam zu Leipzig im Verlage
von Johannes Haller in Krakau unter dem Titel 'Exercitium secundae partis Alexandri' von dem Krakauer Uni-
versitäts-Professor und nachmaligen Canonicus zu St. Florian
Johannes von Glogau ein weiterer Commentar heraus[4]), der
augenscheinlich zum Gebrauch in polnischen Schulen bestimmt
war. Im Jahre 1504 liess der Verleger Haller eine neue
Ausgabe, muthmasslich in Metz, veranstalten[5]); in den Jahren
1510 und 1517 erschien der Commentar auf seine Kosten und
wahrscheinlich in eigener Druckerei in Krakau[6]); im Jahre
1518 wurde er in Wien aufgelegt[7]).

Im Jahre 1504 kam in Zwoll, und zwar der Bemerkung
auf dem Titelblatt zufolge bereits in dritter Auflage ('tertio

---

[1]) Bibl. d. Drucke no. 161 u. 162. Früher als 1500 können sie
nicht fallen; denn erst in diesem Jahre trat der sich selbst in der
Vorrede als 'ludi Monasteriensium Westphaliae magister' bezeichnende,
in dem angezogenen Gedichte des Murmellius 'gymnasiarcha' genannte
Verfasser sein Amt an, wie er in seinem Compendium natur. philos.,
Colon., Quentell, 1521 mit den Worten bezeugt: 'Anno millesimo quin-
gentesimo, Monasterii Westphaliae apud divi Pauli claram illam iuven-
tam ut bonis artibus atque moribus instruerem, a clarissimo viro doctore
Wenemaro Horsteo, Metropol. Scholastico dignissimo, sum acceptus'.

[2]) Bibl. d. Drucke no. 167.

[3]) Bibl. d. Drucke no. 168. 172. 177. 182*. 187*.

[4]) Bibl. d. Drucke no. 158. — Ueber Joh. Glogoviensis
(† 11. Febr. 1507) vgl. Zedler, Univ.-Lex. Bd. X S. 1692.

[5]) Bibl. d. Drucke no. 184.

[6]) Bibl. d. Drucke no. 223 u. 247.

[7]) Bibl. d. Drucke no. 250.

castigata'), eine commentirte Ausgabe des ersten Theils des Doctrinale von dem bekannten Humanisten und ältern Freunde des Murmellius Hermann Torrentinus, Rector der dortigen Schule, heraus[1]), welche Ausgabe von Bartholomäus aus Köln[2]) und einige Jahre später auch von Murmellius[3]) durch besondere Gedichte der Schulwelt empfohlen wurde. Diese Bearbeitung ist namentlich um deswillen bemerkenswerth, weil hier der Text des Doctrinale mehr als in irgend einem der bisher besprochenen Ausgaben verändert worden ist, indem 'gewisse fehlerhafte, überflüssige und dunkle Verse entweder verworfen' — so ist u. a. der ganze Prolog gestrichen —, 'oder in richtigere und leichter verständliche umgewandelt' wurden. Mit dem Commentar des Torrentinus finden wir seit 1507 gewöhnlich den seines Landsmannes Kempo Thessaliensis (aus Texel) zum zweiten Theile, und etwas später 'Auszüge aus dem dritten Theile' von Andreas Gutterius Cerasianus (aus Cerisy, einem Flecken in der Normandie) verbunden. In solcher Gestalt erlebte das Doctrinale in den deutschen Landen bis um 1521 zahlreiche Auflagen. Vollständig oder in Theildrucken erschien es zu Deventer, Antwerpen, Köln, Nürnberg, Pforzheim, Tübingen und Basel[4]); auch eine Pariser

---

[1]) Bibl. d. Drucke no. 181. Eine hiernach besorgte Textausgabe des 1. Theils des Doctrinale siehe Bibl. der Drucke no. 182. u. 254.** — Hermann Torrentinus war schon im Jahre 1492 mit einem Commentar zu Vergil's Bucolica an die Oeffentlichkeit getreten. (Siehe Campbell, Annales de la typogr. Néerland. no. 1437.) Ueber seine Beziehungen zu Murmellius vgl. meine Biographie dieses Humanisten, (Freiburg, Herder, 1880) S. 65 f. u. S. 90. Aus einem Briefe des Torrentinus an Murmellius vom Jahre 1508 (abgedruckt in des Letztern Comment. in epist. divi Hieronymi ad Niciam, Daventr., 1515) geht hervor, dass Torrentinus in Folge zu angestrengter Studien damals das Augenlicht verloren hatte, bei welchem Unglück ihm Murmellius in seinem Antwortschreiben (abgedr. a. a. O.) Trost einzusprechen sucht.

[2]) Dieser war nach dem Berichte seines Schülers Butzbach, der ihm hohes Lob ertheilt, um 1498 Lehrer an der Schule des Hegius in Deventer. (Siehe Krafft und Crecelius, Beiträge u. s. w. Heft I S. 10 ff.

[3]) Dessen Empfehlungsgedicht findet sich u. a. in der unter no. 255* verzeichneten Ausgabe.

[4]) Bibl. d. Drucke Nro. 190. 205. 206. 209. 211. 215.* 218. 220. 224. 228. 231. 232. 234. 237. 238. 239. 242. 243. 244. 245. 253. 254.* 255.*

Ausgabe ist uns bekannt geworden [1]). Unter den Separatdrucken des Commentars von Torrentinus verdient eine von dem Grammatiker Johannes Despauterius aus Ninove in Flandern (Ninivita) besorgte und mit eigenen Zusätzen versehene Ausgabe, von der wir einen spätern Abdruck verzeichnen [2]), eine besondere Erwähnung.

In der von Torrentinus und den übrigen zuletzt genannten Grammatikern eingeschlagenen Richtung bewegt sich auch die von Jodocus Badius, dessen Zusätze zu der Synthen'schen Glosse wir bereits erwähnten [3]), in den Jahren 1506 und 1507 in eigener Officin veranstaltete commentirte Ausgabe [4]); nur hat hier der Text des Doctrinale, namentlich durch Einschiebungen, noch bedeutendere Veränderungen erfahren. Ausser dieser Gesammtausgabe sind uns Specialdrucke des dritten Theils in der Bearbeitung des Badius bekannt geworden, von denen der erste schon im Jahre 1500 in Deventer erschienen ist [5]).

Zu den Grammatikern, die den Text des Doctrinale 'durch Emendirung falscher und Streichung überflüssiger Verse' geändert haben, rechnet Despauterius [6]) neben Hermann Torrentinus auch seinen eigenen Lehrer Johannes Custos [7]) aus Brecht bei Antwerpen. Uns ist von einer diesbezüglichen Thätigkeit des Letztern nichts Näheres bekannt geworden.

Die Ausgaben von Hermann Torrentinus und Jodocus Badius bilden die Uebergangsstufe von der unbeschränkten Herrschaft zur endgültigen Beseitigung des Lehrbuches von

---

[1]) Bibl. d. Drucke no. 208.

[2]) Bibl. d. Drucke no. 255*. — Dass in diesem Drucke vom Jahre 1521 nicht das Original der von Despauterius revidirten Ausgabe vorliegt, dasselbe vielmehr mindestens ein Jahrzehnt früher anzusetzen ist, darf man aus der Thatsache schliessen, dass Despauterius bereits 1512 und 1513 eine eigene Grammatik in Versen zum Ersatz des Doctrinale herausgab, die in der Folgezeit ein grosses Ansehen erlangte.

[3]) Siehe S. LXVI.

[4]) Bibl. d. Drucke no. 204.

[5]) Bibl. d. Drucke no. 149. 153. 216. 217. 260.

[6]) Commentarii gramm., Paris, Rob. Stephanus, 1535, fol. 23ᵇ; Lugduni, Sebast. Hororatus, 1563, p. 25.

[7]) Er docirte zu Antwerpen, Groningen und Löwen und starb 1525. Seine lat. Grammatik wurde von Martin Lipsius († 1555) in Antwerpen neu herausgegeben. Vgl. Zedler, Univ.-Lexicon Bd. VI S. 1900.

Alexander. Wir werden darum bei der Darstellung des Kampfes
um das Doctrinale auf dieselben zurückkommen müssen.

2. Eintheilung, Inhalt, Stil, Form und Quellen des Doctrinale. Das Doctrinale und der Graecismus bezüglich ihrer Priorität.

Alexander theilt in der Einleitung zum Doctrinale selbst
sein Werk in zwölf Abschnitte ein, welche die Glossatoren
'capitula' genannt haben: 1. Declination (vv. 29—363);
2. Heteroclita (vv. 364—457); 3. Comparation (vv. 458—498);
4. Genus der Nomina (vv. 499—693); 5. Perfecta und
Supina (vv. 694—949); 6. Defectiva und Anomala
(vv. 950—1047); 7. Formen der Verba (vv. 1048—1073);
8. Rection (vv. 1074—1368); 9. Construction (vv. 1369—1549);
10. Quantität (vv. 1550—2281); 11. Accent (vv. 2282—2360);
12. Figuren (vv. 2361—2645).

In allen ältern Handschriften werden die einzelnen
Abschnitte lediglich durch einen (meistens verzierten oder colo-
rirten) grossen Anfangsbuchstaben von einander getrennt; im
Uebrigen läuft der Text ohne Unterbrechung durch Ueberschriften bis zu Ende fort. Auch die erste Druckausgabe
ist in gleicher Weise eingerichtet: den jeweiligen Abschnitten
ist behufs Ausmalung durch den Rubricator eine Minuskel vor-
gedruckt.

Seit dem Anfange des 14. Jahrhunderts wurde die Schei-
dung des ganzen Werkes in drei Haupttheile üblich, von denen
der erste die sieben ersten Kapitel oder die Etymologie, der
zweite das achte und neunte Kapitel oder die Syntax, der
dritte die drei letzten, Quantität, Accent und Figuren be-
handelnden Abschnitte umfasste. So findet sich auf dem Einband-
deckel eines Münchener Codex vom Jahre 1305[1]) der von
gleichzeitiger Hand geschriebene Titel: 'Tres partes Alexandri
grammatici'. Der Text entbehrt aber auch hier, wie in den
meisten übrigen Handschriften aus dem 14. Jahrhundert, jeg-
licher Ueberschrift. Unter den Commentaren begegnen uns ein
'Tractatus correspondens secundae parti Doctrinalis' vom Jahre

---

[1]) Bibl. d. Hdschr. no. 30.

1349[1]), 'Quaestiones secundae partis' vom Jahre 1376[2]), 'Notabilia primae partis' aus ungefähr derselben Zeit[3]), eine 'Glosa secundae partis' vom Jahre 1379[4]) und ein 'Commentum tertiae partis' vom Jahre 1387[5]). Nach den Statuten der Universität Wien. vom Jahre 1389 musste der zum Baccalaureat-Examen Zuzulassende 'primam et secundam partem Doctrinalis' gehört haben[6]). Desgleichen werden in den Lectionsverzeichnissen vieler anderer Universitäten die einzelnen Theile des Doctrinale namentlich aufgeführt[7]).

Neben dieser fast drei Jahrhunderte hindurch befolgten Dreitheilung[8]) ist seit dem Erscheinen des zweitältesten Druckes[9]) zunächst vereinzelt[10]), seit der Verbreitung der 'Glosa notabilis' überwiegend von einem vierten Theile die Rede, der durch Abzweigung des 11. und 12. Kapitels gewonnen, aber niemals, wie die übrigen Theile, gesondert, vielmehr stets in Verbindung mit dem dritten Theile gedruckt worden ist.

Eine vollständige Grammatik in unserm Sinne ist das Doctrinale ebensowenig als die Werke der alten Grammatiker, aber auch — was schon hier betont werden soll — kaum weniger als die zahlreichen grammatischen Lehrbücher, welche das Zeitalter der Renaissance erzeugt hat. Wie schon aus der vorstehenden kurzen Inhaltsangabe ersichtlich ist, werden in dem etymologischen Theile die Zahlwörter, die regelmässigen Conjugationen, die Adverbien, Conjunctionen und Präpositionen ganz übergangen, und die Pronomina finden eine verhältniss-

---

[1]) Bibl. d. Hdschr. no. 42.

[2]) Bibl. d. Hdschr. no. 46.

[3]) Bibl. d. Hdschr. no. 76.

[4]) Bibl. d. Hdschr. no. 47.

[5]) Bibl. d. Hdschr. no. 50.

[6]) Siehe Kollar, Analecta monument. Vindobon. I p. 227.

[7]) Vgl. z. B. Thorbecke, die ält. Zeit d. Univ. Heidelberg S. 74; Weissenborn, Akten der Erfurter Univ. II S. 143; Mederer, Annal. Ingolstad. IV S. 93; Voigt, Versuch einer Gesch. d. Univ. Prag, S. 99; Schreiber, Gesch. d. Univ. Freiburg I S. 50; Statutenbücher d. Univ. Leipzig S. 326, 346, 480; Urk. z. Gesch. d. Univ. Tübingen S. 377, 416.

[8]) Vgl. Bibl. d. Hdschr. no. 80. 84. 118; Bibl. d. Drucke no. 14. 30. 32. 34. 37. 88. 42. 43. 46. 50. 74. 75. 78. 85. 92. 95. 101. 129. 153. 204. 210. 216. 217. 230. 235. 242. 244. 251. 253. 258. 260. 261—267.

[9]) Bibl. d. Drucke no. 2.

[10]) Bibl. d. Drucke no. 26 u. 28.

mässig nur sehr kurze Berücksichtigung. In der Syntax vermissen
wir vor allem die ganze Tempus- und Moduslehre. Anderseits geht das Doctrinale, ebenso wie die meisten Lehrbücher der
Humanisten, in der ausführlichen Behandlung der Quantität,
des Accents, sowie der grammatischen und rhetorischen
Figuren über das unserer Schulgrammatik gesteckte Ziel hinaus. In ersterer Hinsicht darf jedoch nicht übersehen werden,
dass das Doctrinale keineswegs für den Anfangsunterricht
bestimmt war, dass es vielmehr die Kenntniss des 'Donatus
minor', auf welchen der Verfasser hinsichtlich der Declination
der Pronomina und der Conjugation der regelmässigen Verba
ausdrücklich verweist[1]), sowie die Lectüre des als Vorschule
von Alexander verfassten, offenbar die nöthigen Wort- und
Sacherklärungen enthaltenden 'Alphabetum minus'[2]) zur Voraussetzung hat. Das Doctrinale sollte eben das die höhern grammatischen Kenntnisse vermittelnde, aber einerseits zu umfangreiche, anderseits für die Bedürfnisse jener Zeit in mehrfacher
Beziehung nicht mehr ausreichende Lehrbuch von Priscian[3])
ersetzen. Daher bewegt es sich hauptsächlich in den Ausnahmen von den allgemeinen Regeln und in den dem Gedächt-
nisse sich schwieriger einprägenden Vorschriften; daher erklärt
sich ferner die für den angehenden Cleriker jedenfalls sehr
nützliche Berücksichtigung der zahlreichen in der Vulgata und
den Werken der christlichen Schriftsteller vorkommenden griechischen und hebräischen Wörter, sowie manches Andere, 'was
die Alten ihren lieben Genossen nicht enthüllt haben'[4]).
Bezüglich der Eigenthümlichkeiten im Einzelnen verweisen wir
auf den exegetischen Theil unserer Ausgabe. Nach den dort
angestellten Untersuchungen bietet das Doctrinale nur sehr We-
niges, was wir nicht aus frühern, gleichzeitigen und auch spätern
Schriftwerken zu belegen vermochten. Dabei sind wir der festen
Ueberzeugung, dass auch dieses Wenige bei einer genauern
Nachforschung, als wir sie anstellen konnten, als mit dem derzeitigen Sprachgebrauch im Einklang stehend sich erweisen
wird. Auf die vielfachen Berührungspunkte zwischen den als

---

[1]) Doctr. vv. 860 sq., 950.
[2]) Vgl. darüber S. XXIX u. S. XXXV.
[3]) Siehe darüber S. XIII f.
[4]) Doctr. v. 4.

Regeneratoren des lateinischen Unterrichts hochgepriesenen
Grammatikern der Humanistenzeit und dem von ihnen tief ver-
achteten 'Barbaren' Alexander werden wir im Laufe der Darstellung noch zu sprechen kommen.

Zu der weiten Verbreitung des Doctrinale hat neben den
vorhin erwähnten Eigenschaften die metrische Form desselben
sicherlich nicht wenig beigetragen. Der hier angewandte Vers
ist der sogenannte leoninische Hexameter[1]), dessen erste
Reimsilbe gewöhnlich die Arsis des dritten Fusses, zuweilen
auch die des zweiten oder vierten Fusses bildet. Manche Verse
haben, anstatt sich in der Mitte und am Ende zu reimen, bloss
den Endreim. Eine grosse Anzahl entbehrt indessen des Reimes
ganz; namentlich ist dies im letzten Abschnitte, der über die
Figuren handelt, ganz gewöhnlich. Die Cäsur fällt, der eigenen
Vorschrift des Verfassers entsprechend[2]), zumeist nach der
Arsis des dritten Fusses, wobei kurze Silben eine Dehnung
erfahren. Die bei den alten Dichtern so häufig vorkommende
Elision und Ecthlipsis wird von dem Autor verurtheilt[3]) und
daher sorgfältig vermieden.

Um über die Form und den Stil des Doctrinale kein un-
gerechtes Urtheil zu fällen, darf man nicht übersehen — wie
Thurot[4]) mit Recht bemerkt —, dass ein technisches Gedicht
gänzlich verschieden ist von einem didaktischen. Ein didak-
tisches Gedicht soll belehren und ergötzen; ein technisches
Gedicht ist aber nicht nur nicht zur Ergötzung, sondern nicht
einmal zur Belehrung bestimmt, es hat vielmehr lediglich den
Zweck, das vorher Gelernte dem Gedächtniss tiefer einzuprägen.
Und hierzu sind Sprachkünsteleien, wenn sie auch an sich miss-
tönend, ungeschlacht und völlig barbarisch erscheinen, nicht
selten am zweckmässigsten. Es kommt bei solchen Gedächtniss-
versen hauptsächlich darauf an, dass sie möglichst kurz und
doch erschöpfend, einfach und dabei — wenigstens nach vor-

---

[1]) Von einem Poeten Leonius († 1187) soll der Vers zuerst in grösserm
Umfange gebraucht worden sein. Vgl. den Eberhard von Bethune zugeschriebenen Labyrinthus, lib. III, Fabricius, bibl. med. aevi (1735) IV
p. 775 sq., Leyser, poet. med. aevi p. 497, u. A.

[2]) Doctr. v. 2443.

[3]) Doctr. vv. 1603 sq. 2432 sqq.

[4]) De Alex. doctr. p. 43.

hergegangener Erklärung, die allerdings in den meisten Fällen
nicht entbehrt werden kann, — verständlich und leicht zu be-
halten sind. Wem würde es auch nur einfallen, an die ge-
reimten Genusregeln, wie sie sich bis auf den heutigen Tag in
unsern Lehrbüchern vorfinden, den dichterischen und rhetorischen Massstab anzulegen? Die Thatsache aber, dass man
selbst in unserer Zeit die Schüler solche Verse lernen lässt,
beweist zur Genüge, dass man deren Werth für das Gedächtniss noch immer zu schätzen weiss. Im Mittelalter war dies
nun in weit höherm Masse der Fall. Nachdem Alexander
neben dem gleich zu erwähnenden Petrus Riga mit der Verwendung technischer Verse in grösserm Umfange vorange-
gangen war, trat bald darauf — wie wir weiterhin eigens nachweisen werden — Eberhard von Bethune mit seinem versificirten 'Graecismus' auf. Diesen folgte u. A. der als Interpolator des Doctrinale uns bereits bekannte Johannes von
Garlandia mit zahlreichen grammatischen und sonstigen Trac-
taten in Versen[1]), und seit der Mitte des 13. Jahrhunderts
findet man kaum eine dem Unterricht dienende Schrift, in der
nicht wenigstens die Hauptregeln in Verse gebracht sind. Wenn
man es als 'eine monströse Idee' bezeichnet hat, 'eine ganze
Grammatik in Verse zu zwängen'[2]), so verlohnt es sich wohl
der Mühe, darauf hinzuweisen, dass dieser Idee sogar gefeierte
Humanisten gehuldigt haben. Der Italiener Antonius Mancinellus gab um das Jahr 1491 unter dem Titel 'Spica' eine
versificirte Formenlehre heraus; ebenderselbe hatte ein Jahr
früher einen Leitfaden der Metrik in Hexametern verfasst, den
er 'Versilogus' betitelte. Ferner behandelte er in den 'Flores
vocabulorum' die Synonyma in Versen und schrieb ein 'Carmen de figuris'[3]). Das macht summa summarum doch auch
eine ganze Grammatik aus. Ihm folgte in den letzten Jahren
des 15. Jahrhunderts Pylades von Brescia mit einem 'Carmen
scholasticum'[4]) welches die Formen-, Vers- und Quantitäts-

---

[1]) Siehe das Verzeichniss bei Hauréau, Notices sur les œuvres
de Jean de Garlande (Notices et extraits, Tom. XXVII 2 p. 1—86).

[2]) So Neudecker, das Doctrinale des Alex. de Villa-Dei S. 30.

[3]) Siehe Opera Ant. Mancinelli Veliterni. Basileae, 1508.

[4]) Dasselbe ist uns nur in einer lediglich den etymologischen Theil
enthaltenden Leipziger Ausgabe vom Jahre 1509 bekannt geworden.
Siehe w. u. S. LXXXVII.

lehre umfasste. Der Flamländer Johannes Despauterius, den wir vorhin als Herausgeber des von Torrentinus recensirten und commentirten ersten Theiles des Doctrinale erwähnt haben[1]), brachte in den Jahren 1510—1514 die Formenlehre und Syntax und grossentheils auch die Quantitätslehre, sowie die Lehre von den Figuren in Verse[2]). Auch die noch im 17. Jahrhundert aufgelegte Grammatik des gelehrten Spaniers Antonius Nebrissensis [aus Lebrija][3]) ist wenigstens in ihrem etymologischen Theile metrisch abgefasst. Dass die Werke dieser und anderer humanistischen Grössen auf dem Gebiete der Grammatik ausserdem nicht nur in der Anordnung des Stoffes, sondern vielfach auch in der Ausführung im Einzelnen und nicht selten sogar im Wortlaut mit dem 'barbarischen' Doctrinale übereinstimmen, sei hier nur nebenbei erwähnt; wir werden diese jedenfalls höchst bemerkenswerthe Thatsache bei der Darstellung des Kampfes gegen Alexander etwas näher beleuchten.

Was die Quellen betrifft, auf denen das Doctrinale beruht, so macht der Verfasser in der Einleitung zunächst die allgemeine Angabe, dass er 'mehrere Schriften seiner Lehrer vereinigen wolle'[4]). Speciell für den fünften Abschnitt, über die Praeterita und Supina, nennt er als seinen Gewährsmann einen gewissen Petrus[5]). Am Schluss der Einleitung bemerkt er dann, dass sein Werk 'fast ganz aus dem Alphabetum maius ausgezogen' sei[6]). Da drängt sich uns die Frage auf, wie diese Angaben zu verstehen und mit einander in Einklang zu bringen sind.

Wir glauben bei der Erörterung über die Schriften Alexanders hinlänglich nachgewiesen zu haben, dass mit dem 'Alphabetum maius' nur ein von Alexander selbst veranstaltetes Sammelwerk in Prosa gemeint sein kann[7]). Wenn derselbe

---

[1]) Siehe S. LXX.

[2]) Io. Despauterii Ninivitae comment. gramm., Paris., Rob. Stephanus, 1537.

[3]) Aelii Antonii Nebrissensis gramm. introductiones, Barcinonae, 1606.

[4]) Doctr. v. 2.

[5]) Doctr. v. 16.

[6]) Doctr. vv. 27 sq.

[7]) Siehe S. XXIX—XXXV.

nun den aus diesem Prosawerke bearbeiteten metrischen Auszug, das Doctrinale, zugleich als eine Zusammenfassung mehrerer Schriften seiner Lehrer bezeichnet, so bestätigt er hierdurch lediglich, was wir hinsichtlich des 'Alphabetum maius' schon aus andern Gründen angenommen haben[1]), dass nämlich seine grammatischen Schriften wesentlich auf denen seiner Lehrer beruhen oder, genauer gesagt, als Collectaneen aus den Vorlesungen derselben anzusehen sind. Wer diese Lehrer waren, wissen wir freilich nicht; ebenso wenig sind uns grammatische Tractate aus jener Zeit bekannt geworden, die wir als directe Vorlagen für das Doctrinale bezeichnen könnten. Nur das Eine steht ausser Zweifel, dass unter dem vorhin erwähnten Petrus, welchem Alexander in dem Kapitel über die Praeterita und Supina gefolgt ist, der als Augustiner-Chorherr der Abtei St. Denis zu Reims im Jahre 1209 gestorbene Magister Petrus Riga[2]) zu verstehen ist. Eine Vergleichung des handschriftlich hier und da noch erhaltenen[3]) und neuerdings von Hermann Hagen[4]) etwa zum dritten Theil veröffentlichten versificirten Tractats zeigt, dass Alexander denselben mit einigen Erweiterungen wörtlich in sein Doctrinale aufgenommen hat[5]). Ebenderselbe Petrus wird auch in dem Abschnitt über die Quantität wiederholt, und zwar einmal mit seinem vollen Namen, aufgeführt als Autorität für die abweichende Messung polymīta, lāgana und tīnea, welche Wörter sich thatsächlich in dessen Aurora so gebraucht finden[6]).

Haben sonach heute grösstentheils nicht mehr nachweisbare Schriften zeitgenössischer Grammatiker dem Verfasser des Doctrinale zur unmittelbaren Vorlage gedient, so lässt doch eine nähere Untersuchung nicht den mindesten Zweifel mehr

---

[1]) Siehe S. XXXIII.

[2]) Vgl. über ihn S. XIX.

[3]) Der von uns eingesehene Miscellanband des British Museum 23892 aus dem 13. Jahrh. beginnt auf fol. 20[b]: 'As in preterito vi suscipit s removendo (siehe Doctr. v. 698). Die Abhandlung schliesst fol. 23[b]: Explicit *(sic)* formationes preteritorum et supinorum'.

[4]) Gramm. Lat. ed. Keil, Suppl.: Anecdota Helvet. p. LXVI—LXIX.

[5]) Hierauf in satirischer Weise anspielend sagt Johannes von Garlandia von sich: 'Non aliena carmina transplanto'. Vgl. vorher S. LIV.

[6]) Siehe adnot. ad Doctr. vv. 2115. 1721. 1860.

darüber bestehen, dass die eigentlichen Quellen für dieses
Lehrbuch in ihren Hauptadern auf die alten Grammatiker
zurückgehen. Im Besondern zeigt der etymologische Theil
in der ganzen Anordnung und vielfach auch in der Ausführung
des Einzelnen eine so auffallende Verwandtschaft mit dem Werke
Priscian's, dass es uns unerfindlich ist, wie man eine — wenn
auch indirecte — Benutzung desselben durch Alexander hat in
Abrede stellen, und wie man sich vollends zu der Ansicht hat
versteigen können, dass Letzterer diesen im Mittelalter doch so
ungemein verbreiteten und insbesondere an der Pariser Universität, wenigstens seit 1215[1]), officiell tradirten Grammatiker
gar nicht gekannt habe[2]). Die eingehenden Nachweisungen in
unserer Ausgabe des Doctrinale werden es gerechtfertigt erscheinen lassen, wenn wir diesen Theil geradezu als einen
den Bedürfnissen der Zeit entsprechend modificirten Auszug
aus den ersten sechzehn Büchern Priscian's bezeichnen.
Auch in dem syntaktischen Theile ist eine gewisse An-
lehnung an die beiden letzten Bücher jenes Grammatikers
unverkennbar. Im Allgemeinen gehört jedoch dieser Theil zu
den selbständigen Zusammenstellungen Alexanders oder vielmehr seiner unbekannten Vorgänger[3]). In noch höherem Grade
gilt dies von dem Abschnitte über die Quantität, die in solcher
Weise und Ausführlichkeit von keinem der alten Grammatiker
behandelt worden ist. Das von Alexander eingeschlagene Verfahren, die Quantität der ersten, der mittleren und der letzten
Silben je nach dem Zusammentreffen der fünf Vocale mit den
einzelnen Consonanten des Alphabets zu bestimmen, ist noch
von den Grammatikern der Humanistenzeit und zwar, soweit
wir sehen, allgemein befolgt worden[4]). Das Kapitel über den

---

[1]) Siehe Thurot, de l'organisation de l'enseignement dans l'université de Paris au moyen âge (Paris et Besançon, 1850) p. 3; Notices et
extraits, Tom. XXII, 2 p. 95.

[2]) So Thurot, de Alex. Doctr. p. 32.

[3]) Vgl. vorher S. XV.

[4]) Siehe Grammatica Sulpitii, Liptzig, Baccalarius Wolfgangus
Monacensis, 1503; Aelii Antonii Nebrissensis grammatica, Granatae
1582; Aldi Manutii Pii Romani gramm. institut. libri IV, Venetiis,
Paul. Manutius, 1568; Ant. Mancinelli versilogus ed. a Ioanne Mur-
mellio, Daventriae, Rich. Pafrat, 1507; auch in den Opera Mancinelli,
Basileae, 1508; Henr. Bebelii ars versificandi, als Anhang zu Iac.

Accent beruht zu einem wesentlichen Theile auf der fälschlich dem Priscian zugeschriebenen bezüglichen Abhandlung. Allerdings finden wir auch hier mehrere Eigenthümlichkeiten der Zeit. Als solche erwähnen wir namentlich, dass die Stelle des ausser Gebrauch gekommenen Circumflexes in einsilbigen Wörtern der Acut, in zweisilbigen der zuerst von Alexander eingeführte 'accentus moderatus'[1]) einnimmt, und dass letzterer auch statt des Acuts der Alten in zwei und mehrsilbigen Wörtern eintritt[2]). Griechische Wörter werden mit lateinischem Accent gesprochen[3]), hebräische haben im Nominativ den Ton auf der Endung[4]). — Für den Abschnitt über die Figuren stellt sich, gleichwie für alle derartigen Tractate, die von Grammatikern und Rhetoren des frühen und spätern Mittelalters auf uns gekommen sind, Donat als die Hauptquelle heraus, wenn auch Alexander in der Auffassung der Hauptbegriffe und in der Erklärung einzelner Figuren von ihm abweicht. Neben diesem Autor hat er freilich noch andere benutzt; auch hat er mehrere Figuren aufgestellt, die ihm eigenthümlich sind, oder deren Quelle wir nicht mehr nachzuweisen vermögen.

Da neben dem Doctrinale das von dem Flamländer Eberhard von Bethune unter dem Titel 'Graecismus' herausgegebene, ebenfalls in Versen abgefasste Lehrbuch in den Schulen fast aller europäischen Länder verbreitet gewesen ist, so glauben wir schon aus diesem Grunde die Frage nicht unbeantwortet lassen zu dürfen, welchem von beiden Werken das Vorrecht der Priorität eingeräumt werden muss. Was aber dieser Frage noch ein besonderes Interesse verleiht, ist der Umstand, dass beide Lehrbücher — von den vielfachen sonstigen

---

Henrichmanni gramm. institut. vielfach gedruckt, u. a. Phorcae, in aed. Thomae Anselmi Badensis, 1509; Ioannis Despauterii Ninivitae commentarii gramm., Parisiis, Rob. Stephanus, 1537; Lugduni, Sebast. Hororatus, 1563.

[1]) Auch der Humanist Despauterius bezeichnet Alexander als den Erfinder, indem er sagt (Comment. gramm., Lugduni 1563 p. 666): 'Accentum moderatum, quem Alexander, barbariei assertor, intulit, doctissimi execrantur; ideo hunc ad Gothos relegamus'.

[2]) Doctr. vv. 2290 sqq.

[3]) Doctr. v. 2329.

[4]) Doctr. v. 2307. 2326.

Beziehungen zu einander hier ganz abgesehen — in einer ganzen Reihe von Versen vollständig übereinstimmen[1]). Hat Eberhard dieselben dem Doctrinale entnommen, oder hat umgekehrt Alexander sie dem Graecismus entlehnt?

Hinsichtlich der Abfassungszeit des Graecismus führen mehrere spätere Schriftsteller, u. A. Arnold von Rotterdam [15. Jahrh.][2]), Anton Sander [1586—1664][3]) und Valerius Andreas [1588—c.1650][4]) folgende unzweifelhaft auf alten Manuscripten[5]) beruhenden Verse an:

'Anno milleno centeno bis duodeno
Condidit Ebrardus Graecismum Bethuniensis'.

Je nachdem man nun 'bis' zu 'duodeno' oder zu 'centeno' zieht, kommen die Jahre 1124 oder 1212 heraus. Polycarp Leyser[6]) und Erasmus Nyerup[7]) entscheiden sich für die letztere Verbindung, die auch Du Cange[8]) vorziehen möchte. Dagegen erklärt Friedrich Haase[9]) eine solche Rückbeziehung des Zahladverbs für unzulässig und gibt demnach 1124 als das Erscheinungsjahr an, und hierin sind ihm Böcking[10]), Keil[11]) u. A. gefolgt, während Wrobel in seiner unlängst erschienenen Ausgabe des Graecismus die Frage ganz offen lässt[12]).

Was zunächst die bestrittene Zulässigkeit der rückbezüglichen Multiplication betrifft, so sind derartige Compositionen zu jener Zeit durchaus nicht selten gewesen. Hier seien nur

---

[1]) Siehe z. B. adnot. ad Doctr. vv. 292. 446 sq. 706. 813. 852. 860. 1257 sqq. 2409. 2432. 2472. 2512.

[2]) Vgl. Histoire litt. de la France, Tom. XVII p. 129.

[3]) Vgl. Du Cange, Glossarium med. et inf. Lat., praef.

[4]) Bibl. Belgica; vgl. Du Cange.

[5]) Gleichwie die das Erscheinungsjahr des Doctrinale betreffenden Verse; siehe vorher S. XXXVI f.

[6]) Hist. poet. et poem. med. aevi p. 795.

[7]) Librorum, qui ante reformationem in scholis Daniae praelegebantur, notitia (Hafniae, 1784) p. 30.

[8]) Glossarium l. c.

[9]) De med. aevi stud. philol. (Breslauer Univ.-Progr. 1856) p. 45, adn. 73.

[10]) Opera Ulr. Hutteni, Suppl. II p. 360.

[11]) In der Recension des Graecismus von Wrobel, in Zarnke's Lit. Centralbl. 1887.

[12]) 'Quae controversia cum deficientibus argumentorum momentis decerni nequeat, rem in medio relinquo'. Graec. ed. Io. Wrobel, (Vratisl. 1887), praef.

ihren Schülern als reine Sprache und echte Weisheit böten. Nur mit Bedauern könne man die überaus grosse Zahl Derjenigen gewahren, die nicht etwa in vergessenen Winkeln, sondern in öffentlichen Schulen und in einflussreichen Aemtern und Lebenstellungen Zöglinge und Vertheidiger einer so verkehrten Geistesbildung seien. Nur Eins könne dem schreienden Uebelstande steuern: es müsse Einheit und Einigkeit unter den Poeten herrschen nach dem Vorbilde der Gegner. 'Warum sollten denn auch die Papageien sich nicht innig lieben können, wenn sie sehen, wie die Dohlen unter einander so zärtlich thun?'

So schaarten sich denn auch bald von allen Seiten her Berufene und Unberufene zusammen und traten gegen Alexander und dessen Vertheidiger in einer Weise auf, die selbst bei Gesinnungsgenossen Anstoss erregte. 'Wie?', ruft der Grammatiker Despauterius aus, 'fallen nicht Alle und unter diesen Einige, die Alexander bei weitem nachstehen, mit voller Erbitterung über denselben her? Er ist bisweilen ungeschliffen und falsch. Mag sein; dennoch sollte man ihn nicht mit blinder Wuth verfolgen'[1]). An einer andern Stelle sagt ebenderselbe[2]): 'Den Alexander, welchen die Gelehrten nicht einmal mehr des Tadels für würdig erachten, nehme ich (in meiner Grammatik) mitunter in ehrenvoller Weise in Schutz. Wenn er geirrt hat, so muss man dies nicht ihm, sondern den Zeiten, in denen die Sprachwissenschaft fast gänzlich untergegangen war, zur Last legen; denn er hat weder die Jugend täuschen' — ein so zu sagen stereotyper Vorwurf seiner Gegner —, 'noch die lateinische Sprache vertilgen wollen, vielmehr sich bestrebt, Allen zu nützen. Auch wenn er dieses Ziel nicht erreicht hat, sind wir ihm gleichwohl zu grossem Danke verpflichtet. Haben wir doch nach dem Ausspruch des Aristoteles nicht bloss denen

---

[1]) In dem seiner Syntax vorgedruckten Widmungschreiben an die Theologen Martin Dorpius, Nicolaus von Herzogenbusch und den Rechtsgelehrten Jodocus Laetus. (Io. Despaut. Comment. gramm. Lugduni, Seb. Hororatus, 1563, p. 207.)

[2]) In der Epist. apolog. am Schluss der Formenlehre. (Despaut. Comm. gramm. l. c. p. 208.) Der betr. Passus findet sich auch abgedruckt bei Baebler, Beiträge zu einer Gesch. der lat. Gramm. im Mittelalter (Halle, 1885) S. 142 f.

zu danken, die uns die Lehren der Wissenschaften auf die sorg-
fältigste Art überliefert haben, sondern auch denjenigen, welche
über dieselben nur leichthin und in nüchterner Weise gehandelt
haben; denn auch diese haben uns immerhin Nutzen gebracht, indem
sie unsere Naturanlagen durch Uebung weiter ausgebildet haben'.

Doch für derartige Erwägungen und Mahnungen waren
die 'Poeten' nicht mehr zugänglich; die Stimmen der Mässi-
gung wurden von dem wilden Kriegsgeschrei übertönt. Einer
der lautesten Rufer im Streit blieb Hermann van dem
Busche. Leidenschaftlich und masslos sind seine Ausfälle auf
Alexander in seinem 1518, ungefähr ein halbes Jahr nach dem
'Scoparius' des Murmellius, veröffentlichten 'Vallum humani-
tatis'[1]). — In Verdrehung und Verspottung des scholastischen
Unterrichtsbetriebs im Allgemeinen und des Lehrbuches von
Alexander im Besondern leisteten die Verfasser der in den
Jahren 1515 und 1517 erschienenen 'Epistolae obscurorum
virorum ad magistrum Ortuinum Gratium' das denkbar
Höchste. Dass auch bei der Abfassung dieses Pamphlets
Buschius die Hand im Spiele gehabt hat, ja, dass er daran
in hervorragender Weise betheiligt gewesen ist, glauben wir
an einem andern Orte wenigstens als höchst wahrscheinlich
nachgewiesen zu haben[2]). Jedenfalls rührt von ihm — worauf
schon Böcking aufmerksam gemacht hat[3]) — die schmach-
volle Parodie eines Grabgedichtes von Ortwin Gratius auf
den Verfasser der 'Glosa notabilis', den Kölner Theologen
Gerhard von Zutphen, her.

Genug, nach etwa zwanzigjährigem, zuerst mit den Waffen
der Kritik, dann der Erbitterung und Wuth und schliesslich
des Spottes und Hohnes geführten Kampfe war es dem Humanismus gelungen, das Lehrbuch Alexanders allerwärts aus den
Schulen Deutschlands zu entfernen und die Reform des
Unterrichtswesens in seinem Sinne durchzuführen. Der Humanismus hatte gesiegt; allein sein Triumph war nur von kurzer
Dauer. Hatte er mehr als zwei Decennien gebraucht, um zum

---

[1]) Siehe Originalausgabe: Colon., Nic. Caesar, 1518 pridie Idus
Apr., fol. D 4 b, E (1) a, F (1) b; Ausgabe von Burckhard p. 57 sqq., 78.

[2]) Ortwin Gratius, sein Leben und Wirken (Heiligenstadt, 1884)
S. 36—41.

[3]) Opp. Ulr. Hutteni, Suppl. II: Comment. ad Epp. O. V. I 19.

Durchbruch zu gelangen, so wurde er selbst innerhalb weniger Jahre von der nun beginnenden Kirchenrevolution verschlungen. Luther's Sendschreiben vom Jahre 1524: 'An die Rathsherren aller Städte deutschen Landes, dass sie christliche Schulen errichten und halten sollen', ist, wie Paulsen treffend sagt, ein Nothschrei, den die Thatsache auspresste, dass das gelehrte Unterrichtswesen unter dem Einflusse der Reformation überall zerfiel[1]).

Es ist uns unmöglich, den Zeitpunkt des Verschwindens des Doctrinale von den einzelnen Universitäten und insbesondere von den zahlreichen Particularschulen genau zu fixiren; dazu sind die Facultätsacten, Rathsprotocolle, Schulbücher und das sonstige Quellenmaterial noch zu wenig durchforscht worden. Indessen haben wir doch von einer Reihe hoher und niederer Schulen bezügliche Nachrichten, die wir im Folgenden zusammenstellen.

Unter den Anstalten, welche sich des Doctrinale am frühesten entäussert haben, stehen die Universität zu Wien und die Domschule zu Münster oben an. Erstere führt bei der Reform der Artisten-Facultät im Jahre 1499 für die ordentlichen öffentlichen Vorlesungen über Grammatik das Lehrbuch von Nicolaus Perottus ein, während für Privatcurse das des Alexander noch beibehalten wird[2]).

Noch genauer sind wir über die Vorgänge in Münster unterrichtet. Im Jahre 1502 gab der Rector der dortigen Domschule, Timann Kemner, nachdem er zwei Jahre vorher das Doctrinale commentirt hatte[3]), ein wesentlich auf der Grammatik des Aldus Manutius beruhendes 'Compendium aureum etymologiae et syntacticae grammatices' heraus, welches er, wie wir mit Bestimmtheit annehmen dürfen, seitdem an der von ihm geleiteten Anstalt an die Stelle das Doctrinale zu setzen verstand. Offenbar, um seinem Werke auch anderwärts leichter Eingang zu verschaffen, gibt er demselben auf dem Titelblatt die Empfehlung mit auf den Weg, dass sich in ihm alles fände, was bei Remigius, Donat und Alexander vorkäme[4]). Dieser Gesammtgrammatik

---

[1]) Paulsen, Gesch. d. gel. Unterrichts S. 145.

[2]) Aschbach, die Wiener Univ. II S. 58; Paulsen a. a. O. S. 88.

[3]) Siehe vorher S. LXVII.

[4]) Compendium aureum etymologiae etc., in quo ordine etiam facillime quidquid est apud Remigium, Donatum atque Alexandrum comperies.

liess er im Jahre 1506 ein 'Opusculum de quatuor indeclinabilibus orationis partibus' folgen[1]). Die Vorrede beginnt mit den hochtrabenden Worten: 'Euch, ihr Jünglinge,
habe ich die Denkmäler meiner Thätigkeit in der Medulla
der vier Theile des Alexander Gallus und in dem Compendium der Etymologie hinterlassen. Wenn darin manches
Allbekannte, für den ersten Unterricht Bestimmte vorkommt,
so trifft man doch auch Mehreres an, was die gelehrtesten
Männer sich nicht schämen dürfen zu hören'. Es liegt uns
fern, Kemner's Verdienste um die Hebung des Münster'schen
Schulwesens in Abrede stellen zu wollen. Wir haben alle
Achtung vor der sittlichen Integrität dieses Mannes, seiner
pädagogischen Erfahrung und seiner strengen Handhabung der
Schulzucht, welche Eigenschaften ihm auch ohne Zweifel bei
Rudolf von Langen und dem Domcapitel den Vorzug vor
den an Gelehrsamkeit ihn zum Theil weit überragenden Mit-
bewerbern um das Rectorat gegeben haben[2]). Wenn wir aber
sehen, wie er hier und an andern Stellen von seinen im besten
Falle doch nur sehr mittelmässigen Schriften in einer Weise
redet, als ob sie die einzigen wären, die der Jugend in die
Hände gegeben zu werden verdienten, wenn wir vollends in
der einige Jahre nach Rudolfs von Langen und Murmellius' Tode geschriebenen Einleitung zu seinem 'Compendium
naturalis philosophiae'[3]) lesen, wie er den Zustand der Domschule vor seiner Ankunft in den düstersten Farben schildert[4])

Daventr., Iac. de Breda, 1502. Dieselbe Bemerkung findet sich in der
Kölner Ausgabe von 1504 (Panzer, Annal. typogr. VI p. 353 n. 57),
in den folgenden (Colon., Quentell, 1507 u. 1509; Daventr., Iac. de Breda,
1509 u. a.) ist sie fortgelassen.

[1]) Colon., Quentell, 1506. Ausser diesem Original kennen wir noch
zwei zu Deventer bei Jac. von Breda ohne Bezeichnung des Jahres
veranstaltete Ausgaben.

[2]) Unter den von Hegius für die Leitung der Münster'schen Domschule vorgeschlagenen Männern befanden sich auch Hermann Torrentinus u. Johannes Caesarius. Vgl. meine Biogr. d. Murmellius S. 81.

[3]) Die Vorrede ist aus der Kölner Ausgabe von 1521 wieder abgedruckt von Erhard in der Zeitschr. f. westf. Gesch. u. Alterthumsk.
Bd. I. S. 63 Anm. 21.

[4]) Dass schon verhältnissmässig lange vor der im J. 1500 durch-
geführten Reform der Domschule der Humanismus sowohl an dieser Anstalt wie auch an den Collegiatstiften zu St. Ludgerus und

und dann die Umgestaltung und spätere Blüthe derselben lediglich als sein Werk hinstellt: so erfordert doch die Gerechtigkeit darauf hinzuweisen, dass der grösste Theil des Ruhmes, den er hier für sich allein in Anspruch nimmt, Rudolf von Langen und besonders Murmellius gebührt. Angesichts der wegwerfenden und hämischen Bemerkungen aber, die er über den frühern Gebrauch des Lehrbuches von Alexander macht, fragen wir uns erstaunt: 'Wie kann der Mann es wagen, über das Doctrinale zu spotten und sich so zu geriren, als ob dieses Lehrbuch unter seinem Regiment niemals gebraucht worden sei, der bei Antritt des Rectorats an der reorganisirten Domschule nichts Eiligeres zu thun hatte, als einen weitläufigen Commentar zu demselben zu schreiben, und der diesen Commentar, welcher selbst einem Anhänger Alexanders zu barbarisch erschien, wiederholt laut angepriesen und noch im Jahre 1505 unter seinem Namen von neuem hat erscheinen lassen'[1])? Doch eitle Ruhmredigkeit und Selbstbespiegelung, ungemessener Ehrgeiz und vornehme Geringschätzung der Bestrebungen seiner Mitarbeiter, das waren eben die Schattenseiten des Charakters dieses Mannes[2]), und hieraus erklärt sich sowohl die frühere Anpreisung als die nachmalige Verleugnung seiner Ausgabe des Doctrinale.

Der Münster'schen Domschule scheint in der Abschaffung des Lehrbuches von Alexander am frühesten gefolgt zu sein die im Jahre 1477 gegründete Universität Tübingen. Um 1505 begegnet man hier noch dem Doctrinale[3]). Dass es aber bald verschwunden sein wird, glauben wir aus dem Umstande schliessen zu dürfen, dass Heinrich Bebel, welcher sich, wie früher erwähnt wurde, in demselben Jahre bereits offen gegen die Benutzung dieses Lehrbuches ausgesprochen hatte[4]), an der genannten Hochschule eine Professur für Elo-

St. Mauritz nicht unbedeutende Ansätze gemacht hat, ist von Nordhoff, Denkwürdigkeiten aus d. Münst. Hum. (Münster, Theissing, 1874) S. 73 ff., und in meiner Biogr. des Murmellius S. 29 u. 76 f. näher nachgewiesen.

[1]) Siehe vorher S. LXVII f. u. Bibl. d. Drucke no. 187.*
[2]) Näheres in meiner Biogr. des Murmellius SS. 69—76, 81, 87 f.
[3]) Urk. z. Gesch. d. Univ. Tübingen a. d. J. 1476—1550 (Tüb., 1877) S. 416.
[4]) Siehe vorher S. XCVI.

quenz und Poesie bekleidete, und dass neben und nach ihm
dessen Schüler Heinrichmann und Brassicanus, die Verfasser neuer, in der Folge viel gebrauchter Lehrbücher, an den
dortigen Bursen docirten. In Nürnberg fand der im Jahre
1510 als Rector der Lorenzschule erwählte Humanist Johannes
Cochlaeus an Stelle des Doctrinale das 'Carmen scholasticum' des Pylades vor, wofür er im folgenden Jahre sein
eigenes 'Quadrivium grammatices' einführte[1]). Aus der
Schlettstädter Schule wurde das Doctrinale gegen 1514 durch
den Rector Joh. Sapidus entfernt[2]). In Memmingen war
um dieselbe Zeit die Grammatik von Heinrichmann, zunächst
allerdings neben Alexanders Lehrbuche im Gebrauch[3]). In
Emmerich lernte Heinrich Bullinger, der daselbst von 1516
bis 1519 unter dem Rector Peter Hompheus studirte, die
Grammatik aus Donat und Aldus Manutius[4]). An der Universität zu Ingolstadt wurde den neuen, wesentlich von Joh.
Eck, dem nachmaligen Gegner Luther's, entworfenen Statuten
der Artisten-Facultät vom Jahre 1519 zufolge an die Stelle
des Doctrinale die Grammatik des Aventinus gesetzt[5]). In
Nördlingen bestimmte 1522 eine neue Schulordnung, dass
Alexander durch den Donat ersetzt und als Uebungsbücher
u. a. des Philelphus Episteln und des Erasmus Colloquia
gebraucht werden sollten[6]). In demselben Jahre schloss der
Rath der Reichsstadt Nordhausen mit dem dortigen Stift
einen Vertrag ab, wonach beide Theile sich verpflichteten, in
ihrer Schule den Gebrauch der Grammatik von Heinrichmann
durchzuführen[7]). An der Domschule zu Osnabrück wurde
das Doctrinale gegen 1525 durch den Conrector Heinrich
Sibeus aus Olfen unter dem Rectorat Alexanders von

---

[1]) Joh. Müller, Quellenschr. u. Gesch. d. deutschsprachl. Unterr.
(Gotha, 1882) S. 252; Neudecker, das Doctrinale a. a. O. S. 15.

[2]) Röhrig, die Schule z. Schlettstadt, in Illgens Zeitschr. f. hist.
Theol. Bd. IV 2, S. 215; Paulsen a. a. O. S. 111; Neudecker a. a. O.

[3]) Paulsen S. 110.

[4]) Paulsen S. 118.

[5]) Prantl, Geschichte d. Univ. Ingolstadt-Landshut-München, Bd. II
S. 160; Paulsen S. 100.

[6]) Paulsen S. 108.

[7]) Förstemann, Nachrichten v. d. Schulen zu Nordhausen (1830);
Paulsen S. 120.

Meppen, eines Mitschülers und Freundes des Murmellius, gänzlich beseitigt[1]). — Aus dem Jahre 1525 stammt auch, soweit uns bekannt geworden ist, der letzte aus deutschen Officinen hervorgegangene Druck[2]). Der Umstand, dass diese in Leipzig veranstaltete Ausgabe auf dem Titelblatte einen — in dem von uns benutzten Exemplare allerdings fehlenden — 'Index aller Vocabeln des ersten Theils mit deutscher und polnischer Uebersetzung' ankündigt und zudem die in Deutschland längst abgethane 'Glosa notabilis' enthält, weiset darauf hin, dass sie insbesondere für die polnischen Landestheile bestimmt gewesen ist.

Fügen wir unsern speciellern Nachweisungen über das allmähliche Verschwinden des Doctrinale aus den Schulen Deutschlands einige Notizen mehr allgemeiner Natur über den gleichen Vorgang in Frankreich und andern Ländern hinzu.

Auch in Frankreich ging der völligen Abschaffung des Normalbuches von Alexander eine Umarbeitung des Textes vorher. Sie wurde besorgt von dem gelehrten Typographen Jodocus Badius Ascensius in einer in den Jahren 1506 und 1507 aus eigener Officin hervorgegangenen, 464 Seiten starken Ausgabe mit ausführlichem Commentar[3]). Abgesehen von der Aenderung oder Streichung einer Anzahl von Versen, weiset hier der Text ganz bedeutende Zusätze, namentlich im etymologischen Theile, auf. Sie betreffen u. a. die Diminutiva, Possessiva und sonstige Ableitungen, das Genus der Nomina, die Numeralia, die regelmässige Conjugation, sowie die Bildung der Participia und Verbalia. Der dritte Theil in der Bearbeitung des Badius ging zuletzt um 1526 aus seiner Presse hervor[4]). Im Jahre 1542 erschien zu Paris eine 'verbesserte und vermehrte' Separatausgabe des Kapitels über die Quantität von dem vielgewanderten Poeten Hubert Susannaeus [geb. 1512 zu Soissons][5]). In dem Vorwort bedauert er, dass

---

[1]) Hartmann, Beitr. z. Gesch. d. Schulwesens in d. Stadt Osnabrück (Progr. des dortigen Raths-Gymn. 1861) S. 8.

[2]) Bibl. d. Drucke no. 259.

[3]) Bibl. d. Drucke no. 204.

[4]) Bibl. d. Drucke no. 260.

[5]) Bibl. d. Drucke no. 262.*

Alexander 'durch die schändliche Bosheit gewisser Rabulisten'
aus allen Schulen verbannt worden sei und als Barbar auch
von Denen gemieden würde, welche niemals seine Schriften
gelesen hätten.

In England erschien das Doctrinale, soweit wir wissen,
zum letzten Male im Jahre 1516[1]). In Spanien scheint es
schon früher durch die Grammatik des Antonius Nebrissensis,
Professors zu Salamanca, verdrängt worden zu sein.

Ausser in Italien hat sich das Doctrinale am längsten in
den nordischen Staaten erhalten. Im Jahre 1515 schreibt
der öfter genannte Pariser Typograph Jodocus Badius Ascensius in der Dedication der 'Parabolae Petri Legistae' an
den Dänen Christiernus Petri: 'Ich bedauere es, dass die
fähigsten Köpfe deines Vaterlandes so sehr an dem
Alexandrinischen Doctrinale hängen, dass sie nicht
einmal einen Finger breit von demselben abzugehen
wagen'. In ähnlichen Klagen ergeht sich um 1517 der Kölner
Buchhändler Johannes Meyger. Zwar erliess der König
Christian II. von Dänemark um das Jahr 1521 eine Ver-
fügung, wonach die Bücher Alexanders nebst dem Graecismus, Labyrinthus, Brito, Joh. von Garlandia u. a. an
den Oberschulrath ausgeliefert und verbrannt werden
sollten. Indessen scheint dieser Befehl, wohl wegen der kurz
nachher erfolgten Verbannung des Königs, nicht zur Ausführung gekommen zu sein. Erst durch die Kirchenordnung
Christian's III. vom Jahre 1537 wird an Stelle des Doctrinale
Melanchthon's Grammatik officiell eingeführt. Gleichwohl griff
noch im Jahre 1552 Petrus Palladius, Superintendent von See-
land, auf das Doctrinale zurück, indem er den ersten Theil
desselben mit dem Commentar von Hermann Torrentinus
in seine 'Grammatica Latina in usum Daniae iuventutis unifor-
mitatis causa' aufnahm. Besonderes Glück scheint er jedoch
mit dieser Wiedereinführung nicht gehabt zu haben[2]). Jedenfalls
hat Alexander in ihm seinen letzten Vertreter gefunden.

---

[1]) Bibl. d. Drucke no. 246.

[2]) Die vorstehenden Notizen sind entnommen aus Erasm. Nyerup,
librorum, qui ante reformationem in scholis Daniae praelegebantur, notitia (Hafniae, 1784) p. 12—24.

Wodurch erklärt sich, fragen wir zum Schluss das so lange, vielfach die ganze Zeit der humanistischen Bewegung hindurch, in einzelnen Ländern sogar weit darüber hinaus andauernde zähe Festhalten an einem Lehrbuche, das naturgemäss mit den Grundsätzen des Humanismus, wie sie wenigstens in der Theorie sich darstellten, in mannigfachem Widerspruch stand und auch durch alle versuchten Emendationen für die Zwecke des letztern kaum brauchbar gemacht werden konnte? Hatte man doch sonst den Forderungen des Humanismus hinsichtlich der Umgestaltung des bisherigen Wissenschafts- und Unterrichtsbetriebs mittlerweile fast überall an hohen wie niedern Schulen, selbst an der herkömmlich als 'Hochburg des Obscurantismus' bezeichneten Universität Köln, in sehr erheblichem Masse nachgegeben. Wie kam es denn, dass man sich auf dem Gebiete der Grammatik gegen die von den Vertretern und Anhängern der neuen Richtung bald in Menge gebotenen Lehrbücher so vielfach und so lange ablehnend verhielt?

Wenn man die Humanisten hört, so lag die Schuld lediglich an der weit verbreiteten und tief eingewurzelten Barbarei, die das Gute von dem Schlechten, das Wahre von dem Falschen nicht unterscheiden konnte oder in der ihr eigenen Halsstarrigkeit an dem Gewohnten und Hergebrachten mit Verschmähung des Bessern festhielt, 'wie ja auch der Esel das Heu dem Golde vorzieht, und wie die Nachteule das Licht scheut'[1]). Und dass das Wahre und Gute, das Glänzende und Lichtvolle ausschliesslich auf ihrer Seite zu finden sei, das galt den Vertretern der neuen Richtung als unantastbarer oberster Glaubenssatz. Die Frage, ob denn die mit so grossem Geräusch angekündigten neuen Unterrichtsmittel es auch in der That werth waren, dass man um ihretwillen ein Jahrhunderte lang gebrauchtes Lehrbuch aufgab, diese Frage haben sich ihre Verfasser sowie alle jene Männer, welche gegen die Unwissenheit und Barbarei der Anhänger Alexanders losdonnerten, jedenfalls niemals gestellt. Im Gegentheil, sie waren von der Vortrefflichkeit ihrer Leistungen so felsenfest überzeugt und wurden in dieser Ueberzeugung durch die Lobhudeleien der Gesinnungsgenossen so sehr bestärkt, dass

---

[1]) Jac. Heinrichmann in der Vorrede zu seiner Grammatik; Joh. Despauterius in der Einleitung zu seiner Syntax.

sie selbst den leisesten Zweifel daran mit Entrüstung zurück-
gewiesen haben würden. Wir aber sind nicht minder fest überzeugt, dass gerade in der Beschaffenheit der neuen Lehrbücher
eine der Hauptursachen zu suchen ist, wodurch der Sieg des
Humanismus über das Doctrinale so sehr erschwert wurde.
Kann es schon von vorn herein nicht allzu sehr auffallen, wenn
die Anhänger der alten Richtung, unbekümmert um das Ge-
schrei der Gegner, an der Ansicht festhielten, dass dasjenige
Buch, woraus die Vorfahren seit dreihundert Jahren ihre grammatischen Kenntnisse geschöpft, und wonach sie selbst unterrichtet waren, auch zur Unterweisung ihrer Kinder hinreichte:
so wird man vollends bei einem nähern Einblick in die neuen
Sprachlehren und einer Vergleichung derselben mit dem bisherigen Normalbuche der Grammatik einen solchen conservativen
Standpunkt durchaus begreiflich, um nicht zu sagen berechtigt,
finden müssen. Sagen wir es gerade heraus: Die grammatischen Unterrichtsbücher der Humanistenzeit stehen
zu der Prahlerei ihrer Verfasser vielfach im umgekehr-
ten Verhältniss, dagegen trotz aller Ausfälle auf den
'Barbaren' Alexander zu diesem in eng verwandt-
schaftlichen Beziehungen. Um nicht in den Verdacht
zu kommen, eine paradoxe Behauptung aufgestellt zu haben,
wollen wir einige der am meisten und weitesten verbreitet
gewesenen Lehrbücher jener Zeit darauf hin etwas näher
untersuchen. Wir beginnen mit dem ältesten dieser Art, dem
des Sulpicius.

Die Grammatik des Sulpicius von Veroli, den wir vorhin
ob der weiten Verbreitung des Alexander in Thränen aus-
brechen sahen[1]), zeigt, abgesehen von dem Stil, nicht nur in
der ganzen äussern Anlage, sondern auch in der Ausführung der
Einzelheiten eine so auffällige Verwandtschaft mit dem Doctrinale, dass wir keinen Anstand nehmen, dieselbe im Grossen
und Ganzen als eine prosaische Reproduction des letztern
zu bezeichnen. Insbesondere finden sich fast alle vom Standpunkte des Humanismus aus befremdlich erscheinenden Wörter,
Wortformen und Silbenmessungen hier wiederholt. Wir setzen

---

[1]) Siehe S. LXXXVI.

eine Anzahl solcher Uebereinstimmungen, auf die wir bei flüchtigem Durchblättern der Leipziger Ausgabe vom Jahre 1503[1]) gestossen sind, hierher, indem wir behufs weiterer Information auf den exegetischen Theil unserer Ausgabe des Doctrinale verweisen: Diamas; aspar; glis, glitis et glissis; sardis, sardinis; maneries; citrullus; claustri; brachos; gomor; tamos; tignus; paradisus, fem. gen.; glomus, glomi; sinceris; manna, mammona, ir, pir, logos, neutr. gen.; mastix; supellectilia; zodoaria; cambio, campsi et cambivi; explicit, expliciunt; legito, verb. freq.; flasti; sālebra; plătea; ēpacta; mělus; Jěsus; tȳria; prōfugio; prōsa; tristēga; herěmus; muliēris; frenēsis; azĭmus; cedrīnus; clandestĭnus; elemosĭna; polymīta etc.

Die versificirten Tractate des Antonius Mancinellus über verschiedene Theile der Grammatik[2]) waren schon wegen ihrer Weitschweifigkeit zum Ersatze des Doctrinale wenig geeignet. Im Uebrigen stimmen auch sie in der Anordnung und Behandlung des Stoffes mit dem letztern vielfach überein. Auch in ihnen findet sich Manches, was mit den humanistischen Principien nicht im Einklang steht. So heisst es in der 'Spica declinationum' etc., die dem Zeitgenossen Antonius Illuminatus den früher mitgetheilten Freudenruf entlockt[3]), bezüglich des Vocativs der zweiten Declination in Uebereinstimmung mit dem Doctrinale[4]):

'Fert pelagus, vulgus, fluvius, chorus, agnus e vel *(sic)* us'

Ebenso lässt Mancinellus mit Alexander[5]) die Formen 'glis, glissis und glitis' zu:

'Glis gliris tenet hic, glis glissis lappa refert haec,
Glis dans haec glitis pro creta ponitur apte'.

---

[1] Grammatica Sulpicii cum suo vocabulario in fine annexo. Liptzigck, Baccalarius Wolfgangus Monacensis, 1503. (Das Vocabular beruht auf den Wörterbüchern von Papias, Hugutio und besonders von Joh. Januensis.)

[2]) In den Opera Ant. Mancinelli Veliterni cum explanatione Ascensii. Basileae, 1503.

[3]) Siehe S. LXXXVII.

[4]) Doctr. v. 76 sq.

[5]) Doctr. v. 446.

Bemerkenswerth ist es auch, dass dieser humanistische Grammatiker in den 'Flores vocabulorum' hinsichtlich der Etymologie und Quantität von 'temetum' Alexander[1]) sowie den mittelalterlichen Lexicographen[2]) folgt und hierbei der Autorität des Horaz die des Thomas von Aquin gegenüberstellt:

'Attenuat quoniam virum, temetum vocitamus,
Aut tentat mentem; temulenta hinc ebria fertur.
Temetum Flaccus, temetum sed dicit Aquinas'.

Was aber besonders niedriger gehängt zu werden verdient, ist die Thatsache, dass Mancinellus in dem 'Carmen de figuris' den betreffenden Abschnitt des 'barbarischen' Doctrinale in einer Weise ausgebeutet hat, die man geradezu als Plagiat bezeichnen muss. Angesichts der prahlerischen Schlussworte: 'Illud tamen praetereat neminem de figuris extare hodie nullum opusculum, quod quidem ita plene dilucideque praecipiat uti hoc nostrum', können wir es nicht unterlassen, eine Anzahl seiner Verse denen des Alexander gegenüberzustellen.

Alexander.	Mancinellus.
Vocum turbatus formabit hyperbaton ordo.	Vocum turbatus formabit hyperbaton ordo.
Dicitur antithesis, si litera ponitur una,	Dicitur antithesis, si litera ponitur una,
Ponere cum debes aliam: sic dicimus olli.	Ponere cum debes aliam: sic dicimus olli.
Confundit casus, numeros, genus alleoteta.	Confundit casum, numerum, genus alleotheta.
Per varios casus distincta polyptoton implet	Datque polyptoton varios casus retinendo
Clausula: litoribus contraria littora, fluctus	Clausula: littoribus contraria littora, fluctus
Fluctibus esse precor, populos populis inimicos.	Fluctibus esse precor, populis populos inimicos.
Longa tenens seriem constructio dicitur hirmos.	Longa quidem series constructus hyrmos habetur.
Onomatopeiam facies, si nomina sumes	Finge novas voces, onomatopeia fiet,
De sonitu tracta: sic sus scrofa dicitur esse.	De sonitu factas: sus scropha hinc dicitur esse.
Cum res est alii similis, pro nomine nomen	Cum res est alii similis, pro nomine nomen
Ponitur, ut sit homo simplex, cum dicitur agnus.	Ponitur, hinc iuvenis simplex sic dicitur agnus.
Cum sine iunctura variae voces iterantur,	Cum sine iunctura voces variae sociantur,
Dialyton facient: rex, miles, plebs negat illud.	Dialyton certe vel asyndeton efficiemus;
	Exemplum capies: rex, miles, plebs negat illud.
Fiet anadiplosis verbi geminatio, quando	Vox duplicatur enim, quotiens anadiplosis extat,
Principium clausae fit idem cum fine prioris.	Principium et versus fit idem cum fine prioris.
Improprie posita vox format acyrologiam,	Improprius sermo dicetur acyrologia;
Si dicas: requiem timeo vel spero laborem.	Sic dices: requiem timeo vel spero laborem.
Perissologia dicenda superflua vocum	Additio vocum est dicenda perissologia
Additio sine vi rerum, quae significentur:	Exsuperans sine vi rerum, quae significantur:
Qua poterant, ibant, sed non, qua non potuerunt.	Qua poterant, ibant, sed non, qua non potuerunt.

[1]) Doctr. v. 2050.
[2]) Vgl. Io. Ianuensis Cath.; Vocabularius breviloq.

Alexander.	Mancinellus.
Diversas voces coniunctio plurima iungit;	Diversas voces coniunctio plurima si fert, Nempe figura datur polysyndeton esse Pelasgum;
Sic polysyndeton est: materque paterque neposque.	Detur in exemplum: materque paterque neposque.
Obscurus sermo, quasi mirandus, fit enigma: Quam mater genuit, generavit filia matrem. Cum plus significas, dicis minus, haec tibi fiat Liptota *etc.*	Obscurus sermo cunctis aenigma vocatur: Mater me genuit, eadem mox gignitur ex me. Si dicas minus et plus signes, liptote habetur.
Absenti sermo directus apostropha fiet: Sic loquor absenti, scriptam dum mitto salutem [1]).	Absenti sermo directus apostrophe habetur: Sic loquor absenti, scriptam dum mitto salutem [1]).

Auch die im Jahre 1506 zuerst veröffentlichte und in der Folgezeit, namentlich in Deutschland viel gebrauchte Grammatik von Jacob Heinrichmann[2]) hat trotz der Ausfälle ihres Verfassers auf die 'barbarische Secte, welche den Alexander Gallus einzig anbetet', mit diesem in der Anlage und Ausführung gar vieles gemein. Von den zahlreichen Einzelheiten, worin Heinrichmann mit dem 'frater Gallus' übereinstimmt, seien hier nur folgende aufgeführt: aspar, bostar, gen. äris; sotularis; agnus, chorus, fluvius, vocat.; virgo, comm. gen.; ramex, fem. gen.; pernix, ĭcis; glis, gliris et glitis; strigil; maneries; claustri; enormus; incolumus; vesper, neutr. gen.; supellectilia; legito, verb. freq.[3]).

Die mit der Grammatik Heinrichmann's verbundene 'Ars versificandi' des gekrönten Dichters Heinrich Bebel, der in dem Kampfe gegen die 'gothische und vandalische' Barbarei nie ermüdete, bietet, abgesehen von der mit dem betreffenden Abschnitte des Doctrinale durchaus übereinstimmenden äussern Anordnung, manche vom humanistischen Standpunkte aus zu verurtheilende Silbenmessungen. So lesen wir in Ueberein-

---

[1]) Die angezogenen Verse Alexanders sind der Reihe nach: Doctr. vv. 2526. 2438 sq. 2404. 2486 sqq. 2489. 2519 sq. 2502 sq. 2495 sq. 2465 sq. 2378 sq. 2394 sqq. 2493 sq. 2550. 2552. 2575. 2583 sq.; die des Mancinellus mag man in dessen Opera (Basileae 1508), oder in den Separat-Ausgaben des Carmen de figuris nachlesen.

[2]) Grammaticae institutiones Jacobi Heinrichmanni Sindelfingensis.

[3]) In der Ausgabe: Phorcae, Thomas Anselmus Badensis, 1509, fol. cij[b], ciij[a], di[b], diiij[b], eiiij[b], fi[b], fiij[b], gi[b], giij[a], giij[b], g(e)[a].

stimmung mit Alexander: tĭnea; prŏsa; stŏla; cătholicus;
pŭpula; phrenēsis; tĕmētum; mastix, mastīcis; elemōsyna;
Jŏseph etc.   Von ihm eigenthümlichen Quantitätsbezeich-
nungen erwähnen wir: Cyclōpes; Dolŏpes; ficĕdŭla; prae-
pūtium; ubĭcunque; Curētes; abstēmius; pŭmilio; Lūceres;
thȳmum; sĭmius.

Verhältnissmässig reiner, das heisst, von mittelalterlichen
Einflüssen weniger berührt, erscheinen ausser dem in Prosa
abgefassten Lehrbuche von Nicolaus Perottus[1]) das 'Carmen
scholasticum' des Pylades von Brescia[2]) und besonders die
versificirte Grammatik des Despauterius[3]).   Dass aber diese
und andere, in der Disposition mit dem Doctrinale gleichfalls
übereinstimmenden Grammatiken der Humanistenzeit, mögen sie
immerhin etwas gefeilter sein, vor dem Lehrbuche Alexanders
auch den Vorzug grösserer Klarheit und leichterer Lernbarkeit
voraushaben, wird Niemand behaupten wollen.

---

[1]) Optima grammatices rudimenta auctore Nicolao Perotto archiepiscopo Sipontino. — Wir benutzten eine der jüngsten Ausgaben: Florentiae ap. Georg. Maresotum. MDLXXXII.
[2]) Vgl. darüber S. LXXXVII. — Aufgefallen ist uns: strigil; homo
et latro, comm. gen.; aptŏta; supellectilia.
[3]) Io. Despauterii Ninivitae commentarii grammatici. — Als
Abweichungen vom klass. Gebrauch verzeichnen wir nach der Lyoner
Ausgabe vom J. 1563: mammŏna, neutr. gen.; tignus; ramex, masc. et
fem. gen.; glomus, glomi; lacus, laci vel lacus; cambio, campsi et
cambivi; vārix.

REGISTER.

A.

Admont (Benedictiner-Stift) L.

Adolphus (Studiengenosse Alexanders von Villedieu) XXII f.

Aesopus XVIII.

Aezinger von Eger, Ulrich (Commentator des Doctrinale) LXIII.

Agricola, Rudolf CXIV.

Alanus von Lille (de Insulis) LIV, LXXXI, LXXXII.

Albertus Magnus XII.

Alcuin (Grammatiker) XIII.

Alexander von Villedieu V, VIII, IX, X, XV, XIX f.; Lebensdaten u. Charakter XX—XXIX; Schriften XXIX—XLIII; Alphabetum maius XXXIII—XXXV, XXXIX f., LIII, LXXVI; Alphabetum minus XXXV, XL, LXXIII; Doctrinale, siehe den besondern Artikel; Ecclesiale XXV, XXVI, XXVII, XXXII; Abfassungszeit, Inhalt u. Zweck XXXVIII f.; Glossarium metricum XXXII, XXXIII, XXXIV, Inhalt XXXIX f.; Massa computi (Computus ecclesiasticus) XLI; Algorismus XLI; Tractatus de sphaera XLII; Summarium biblicum XLII f.; [Sermones, De actis apostolorum, Epistolae XLII f.].

Alkmaar XCIV Note 5 u. 6.

Amersfoort, Heinrich v. (angeblich Commentator des Doctrinale) LXVI.

Amplonianische Handschriften XLIV, LVIII, LXII.

Annaberg LII.

Andreas, Valerius LXXX.

Anianus, St.(Schule in Orléans) LIX.

Anselmus Badensis, Thomas (Typograph in Tübingen u. Pforzheim) XLVII, LXXVIII Note 4, CIX Note 2.

Antwerpen XLVI, XLVII, LXVII, LXIX.

Aquin, Thomas v. VI, CVIII.

Arator XIX.

Aristoteles XIII, XCVII.

Aristotelische Philosophie X.

Arnold von Orléans (Gegner Alexanders von Villedieu) XXVII.

Asper (Grammatiker) III.

Augsburg XLVII.

Augustinus, St. VI.

Aventinus, Joh.(Grammatiker)CII.

Avianus XVII f.

Avranches XXI, XXV, XXVI, LVIII.

B.

Baccalarius Wolfgang aus München (Typograph in Leipzig) XLVII, LXXVIII Note 4, LXXXVI Note.

Badius Ascensius, Jodocus (Typograph in Paris, Commentator des Doctrinale) XLVIII, LXVI, LXX, CIII, CIV.

Basel XLVI, LXIV, LXV, LXIX.

Bautzen LII.

Bayreuth LII.

Bebel, Heinrich (späterer Gegner Alexander von Villedieu)LXXVIII Note 4, XCV f., CI, CIX.

Beck, Renatus (Typograph in Strassburg) XLVII.

Benedictinerorden XXV.

Bero, Schreck, Pruck (Professoren in Wien, Commentatoren des Doctrinale) LXIII.

Berichtigungen.

S. XXXII, Z. 27 lies: bruchstückweise; S. XLV, Z. 28: Garda-See.

S. XLIV, Z. 11, u. S. XLV, Z. 4 ff.: Die angegebene Zahl von 228 aufgefundenen Handschriften des Doctrinale hat sich während der Drucklegung auf 250 erhöht. Desgleichen ist die Zahl der Drucke inzwischen von 279 auf 296 gestiegen; unter diesen befinden sich 166, oder bei der üblich gewordenen Zählung der einzelnen Theildrucke der Gesammtausgaben gegen 230 Incunabeln.

S. XLVII, Z. 2 v. u.: Die angeführte Ausgabe ist nicht von dem Lyoner Drucker Johannes Fabri, sondern von Johannes Fabri (Jean Lefèvre) aus Langres, und zwar zweifelsohne zu Saluzzo in Ober-Italien veranstaltet worden. Siehe Bibl. d. Drucke no. 10, Note.

DOCTRINALIS

CODICES MANU SCRIPTI ET LIBRI TYPIS IMPRESSI

A. CODICES MANU SCRIPTI.

Adnotatio.

Ad Doctrinalis codices numero 224, quibus catalogum nostrum absolveramus, paulo antequam typis exscriberetur et in ipso exscribendo 26 codices accesserunt, et 5 quidem saec. XIII¹, 11 saec. XIV¹, 10 saec. XV¹. Quos, quantum fieri potuit, suo quemque loco huic catalogo asterisco signatos inseruimus, aut in fine eodem modo insignitos addidimus. Codices igitur a nobis recensiti sunt 250.

1.

Codex Bibl. Laurentianae Mediceae Plut. XXXIV, Cod. 47, membranaceus, foliorum formae oblongae (quam in folio minore dicere consuevimus) 133, anno 1259 scriptus, continet Doctrinalis cum glosis inter lineas et scholiis in margine positis.

Fol. 1 maximam partem praefationis continens desideratur. Textus incipit fol. 2ᵃ: (S)Crib'e cl'iculif paro doct'nale nouell' ǁ pl'aqȝ doctoᵣ fociabo fc'pta meoᵣ ǁ iamqȝ legent pu'i ᵱ nugif maximiani ǁ Q' uet'ef fociis nolebant pand' carif. ǁ etc. *Fol. 133ᵇ*: Doctrinale d'i u'tute iuuante ᵱegi ǁ grates reddo t' genitor deᵒ ꞉ t' xᵱe Nate t' deᵒ ǁ Nate dei deᵒ atqȝ t' deᵒ alituf alme ǁ Quos tref ᵱfonaf ɪ id' credo d'itatis ǁ ❡ Explicit ifte lib' fit fc'ptor c'mɪe lib' ǁ Alma parenfqȝ dei fit pia femp ei. ǁ ... ad' rector amoris. Actum. anno. domini. Mᵒcᵒc Lᵒ. nono. menfe februarii.

In tegumento corio inducto inscriptio est orichalco inclusa: Doctrinale.

2.

Codex Bibl. Nat. Parisinae 8422, membranaceus, foliorum formae quartanariae maioris 86, anno 1276 scriptus, exhibet Doctrinale cum commentario.

Fol. 1 vacat. Textus incipit fol. 2ᵇ: Scribere clericulif pa ǁ ro doctrinale noull'if ǁ pl'aqȝ doctorū sociabo ǁ fcripta meorum etc. *Fol. 28ᵃ*: Hic iubet ordo libⁱ vocᵒ regim ref'ari ǁ etc. *Fol. 54ᵇ*: Pandere propofui ᵱ v'fuf fillaba q̄qȝ ǁ etc. *Fol. 85ᵃ*: Doctrinale dei uirtute iuuante ᵱegi ǁ etc. **Explicit doctrinale** *(rubro colore repet.)* Actum Anno dñi. Mᵒcᵒcl XXᵒvɪᵒ. mēfe Iulii Scripfit gealterᵒ de frelefyo ...

3.

Codex Bibl. Aurelianensis 299 (252), membranaceus, foliorum formae oblongae (quam in folio minore dicere consuevimus) 185 bipartitorum et tripartitorum, anno 1284 scriptus, continet Doctrinale perampla illa glosa, quae incipit 'Admirantes', instructum.

Fol. 1: Admirantes condam philosophi. *Fol. 3*: Magistri Alexandri de Villa Dei Britonici in diocesi Dolensi grammatica. *In fine*: Iste liber est Iohannis Martini anno Domini milesimo CCLXXX quarto, mense septembri.

Cf. Cuissard, Inventaire des manuscrits de la Bibl. d'Orléans (Orléans 1885) p. 154; Catalogue gén. des manuscrits des bibl. publ. de France. Départements. Tome XII. (Paris 1889) p. 149.

4.

Codex Musei Britannici Harl. 3583, membranaceus, foliorum formae maximae 93, anno 1286 scriptus, continet Doctrinale amplissimo commentario instructum.

Textus incipit fol. 2ª: Scribere clericulis ‖ paro doctrinale ‖ nouellis ‖ etc. *Fol. 92ᵇ*: Doct'nale d'i virtute iuuante pegi: ‖ grates reddo t' genitor d's ꝫ t' xp̄e. ‖ Nate d'i d's atqꝫ t' deus alitus alme. ‖ Quaſ tres pſonas in id' credo deitatis ‖. *Iuxta legitur rubro colore exaratum*: Scriptus ē iſte liber in ‖ ſalem (?) Anno dn̄i MᵒCCᵒLXXXVI. a fratre H de ‖ vberlingen ad petitōē ven'abilis dn̄ C. Abbatis *etc.* orate pro ſcriptore. *Fol. 93 vacat.*

5.

Codex Bibl. Nat. Parisinae 14092, membranaceus, foliorum formae minoris 109, anno 1287 scriptus, complectitur foliis 1ª—107ᵇ Doctrinale (initio mutilum) cum raris glosis inter lineas positis.

Textus incipit v. 23: Tandē ḡmaticas ˏp posse docebo fig'raf ‖ Quāuiſ h' nō ſit doct'na ſat' gen'aliſ ‖ Pd'it nr̄a *(sic)* tm̄ plᵉ nugiſ maximiani ‖ etc. *Fol. 107ª*: Doct'nale d'i v'tute iuuāte pegi *etc. Infra rubro colore*: Non uideat xp̄m q́ſq́ſ furabit̄ iſtū. Qui ſcripſit ſcribat ſēp c̄m v'gr̄e uiuat. *Fol. 107ᵇ*: Anno dn̄i Mᵒccᵒ Lᵒxxx ſeptimo. ‖ *(rubro colore.)*

6.

Codex Bibl. Gratianopolitanae 830 (olim monasterii Cartusiani illius urbis), membranaceus, foliorum formae oblongae (quam vulgo in folio minore dicimus) 199, anno

1297 scriptus, amplectitur Doctrinale cum perampla illa glosa, quae incipit 'Admirantes'. (Cf. nr. 3. 8. 9. 15. 16*.)

Fol. 198: Doctrinale Dei virtute iuvante peregi *etc.* Istud opus complevit Giraldus de Avenchica clericus in vigilia apostolorum Petri et Pauli anno Domini M°CC° nonagesimo septimo.

Cf. Catalogue gén. des manuscrits des bibl. publ. de France. Départements. Tome VII. p. 249.

7.

Codex Bibl. Reg. Erfordiensis Ampl. Q. 34, membranaceus, foliorum formae quartanariae maioris 110, saec. XIII° scriptus, continet Doctrinale (in fine mutilum) textu amplissimis scholiis circumdato et glosis interlinearibus illustrato.

Initium praefationis decolor factum legi non potest. Textus finit (v. 2520): De fonitu (*deest* tracta) sic fus fcropha dicitur esse. (*Desiderantur 124 versus.*)

8.

Codex Bibl. Reg. Erfordiensis Ampl. Q. 42, membranaceus, foliorum formae quartanariae maioris 97, saec. XIII° scriptus, continet Doctrinale cum glosa, quae incipit 'Admirantes'. (Cf. nr. 3. 6. 9. 15. 16*. 55. 60. 75.)

Fol. 1ᵃ: ihefus maria / In honorificabilitudinacionibus manet / Da dextrā mifero tecū me tolle p vnda *(sic)* / Sedibus vt faltē placidis in morte qefoā /. *Fol. 1ᵇ*: Admirantes ... ph'i ... *Fol. 2ᵃ*: INCIPIT DOCTRINALE MAGRI. ALEXANDRI DE VILLA DEI. *Fol. 97ᵃ*: ❆ Explicit doctrinale maḡri alexā / dri de villa dei Amen. eſt uȝ uere. *In imo margine legitur manu multo recentiore scriptum*: Anno dūi MCCCLXXVII ipfa die bartholomei / do wart Henberg der fcript.

9.

Codex Bibl. Reg. Erfordiensis Ampl. Q. 44, membranaceus, foliorum formae quartanariae mai. 75, exeunte saec. XIII°, ut videtur, scriptus, continet Doctrinale cum perampla illa glosa 'Admirantes'.

Fol. 1ᵃ: Admirantes quondā phī *etc. Fol. 75ᵃ*: Explicit doctrinale hen- / rici dicti de Dufburg /. (*Ille scriptor vel possessor codicis erat. Fol. 75ᵇ: orbis ventorum variis coloribus pictus et pampinis foliisque ornatus.*)

10.

Codex Bibl. Reg. Stuttgardiensis Poet. et Philol. Q. 58, membranaceus, foliorum formae quartanariae 81, saec. XIII° scriptus, continet Doctrinale (in fine mutilum) cum commentario.

Fol. 1 praefationem continens conscissum est, litterae ceteroquin vix legi possunt. Textus incipit fol. 2^a: Scribere clericulis paro // doctrinale nouellis // *etc. Fol. 37*^{b}: Hic iubet ordo lib' uoc̄ regim̄ re // ſari. *etc. Fol. 57*^{b}: Pand'e ꝓpoſui ꝑ uerſuſ ſill'a q̄q; // *etc. Fol. 81*^{b}*, l. ult.*: Sic lingua cordi cōcordem dic meditari // *(v. 2638).*

11.

Codex Bibl. Vaticanae Palat. 1764, membranaceus, foliorum formae maximae 120, saec. XIII°, ut mihi visum est, scriptus, continet Doctrinale peramplis commentariis instructum.

Fol. 1^a: Om̄e remedium ordinat̄ ad defc̄m ❡ Cum igit̄ homo peccans declinauit in duplicem defc̄m ne^us^m *(necessarium)* fuit duplex inueniri remediū. *Fol. 1*^{b}: Efficiens cā eſt mḡr alexand' de villa dei ɪ neuſt'a. et ē neuſt'a ꝑſ romana. *Fol. 2*^{a}: Scribere clericulis *etc. Fol. 56*^{b}: Hic iubet ordo libri *etc. Fol. 87*^{b}: Pandere proposui per vers⁹ ſillaba queq; *etc. Fol. 120*^{a}: Cum igitur cogamur informari maiorum geſtis et exemplis ego x'an⁹ *(Christianus)* d' ſcō t^u^done *(de Sancto Trudone)* in epōpatu leodieñ q^o^nd'a rector Niulleñ rector ſcī t^u^donis bakelari⁹ ſce crucis aurelianiſ et poſtea ꝑmuſ rector ſcī aniani cōpilari m̄ *(?)* p̄ſentē incepi cū reg'em ɪ villa sancti trudoniſ et ꝑfeci cū reg'em dcāſ *(dictas)* ſcolas ſcī aniani aurelianis moneo g' vni'ſos *etc.*

Codex pulcherrimas litteras grandes auro distinctas exhibet.

12.

Codex Bibl. Marcianae Venetae Class. XII, Cod. CIX, membranaceus, foliorum formae maximae 45, quorum singulae paginae 30 lineas habent, saec. XIII° sine dubio scriptus, continet Doctrinale passim cum glosis inter lineas et in margine positis.

Fol. 1 vacat. Fol. 2^a: Liber iſte principaliter diuiditur in quatuor partes. primo eim̄ Inchoat. S'o Inuocat. Tertio ordinat. Quarto narat *(sic) etc. In inferiore huius paginae parte incipit textus, cuius prima littera variis coloribus picta auroque distincta est*: [S] Cribere clericulis paro // doctrinale nouellis Pluraq; doctoꝝ ſociabo // ſcripta meorum *etc. Fol. 44*^{b}: DOctrinale dei uirtute iuuante pegi // Grates reddo tibi genitor deus ɀ tibi xp̄e // Nate dei deus atq; tibi deus alitus alme // Quos tres ꝑſonas in idem credo deitatis. // ❡ Deo gratias amen. Io.

13.

Codex Bibl. Palat. Vindobonensis 2360, membranaceus foliorum formae maximae 45, saec. XIII° scriptus, continet Doctrinalis textum.

Fol. 1ᵃ: SCribere cleᴦculis paro doctᴊi ⫽ nale nouellis Pluraqჳ doc ⫽ toᴦ fotiabo *(sic)* ſopta meorum ⫽ etc. *Fol. 19ᵃ*: HIc iubet ordo lib' uocū regimē reſ'ari ⫽ etc. *Fol. 27ᵃ*: PAndero ‚ppoſui p u'ſus ſill'a queꝗ ⫽ *etc*. *Fol. 45ᵃ*: DOctrinale dei uirtute iuuante ꝑegi ⫽ Grates reddo tibi genitor deus ꝛ t' xꝥe ⫽ Nate dei deus atque tibi deus alitus alme ⫽ Quas tres donatus diſtinguit sufficienter *(sic)* ⫽ Deo gratias ⫽ Explicit doctrinale editum a magᴦō Allexandro *(sic)* de uilla dei ꝛc ⫽

14.

Codex Bibl. Nat. Florentinae I. 8, 47, membranaceus, foliorum formae oblongae (quam in folio minore dicere consuevimus) 47, saec. XIII° scriptus, continet Doctrinale cum glosis marginalibus et interlinearibus.

Fol. 1ᵃ: SCRIbere clericulis paro doctrinale nouellis ⫽ Pluraqჳ doctoᴦ ſociabo ſcripta meoruჳ. ⫽ *etc*. *Fol. 47ᵃ*: (D)Octᴵnale dei u'tuto iuuāto peregi ⫽ Grates reddo t' genitor d's et t' xꝥe ⫽ Nate dei d's atqჳ t' d's alitᵒ alme ⫽ Quaſ tres pᵘ̇ ꞇ idēჳ credo deitatis ⫽ Explicit Liber Doctrinalis. Deo Grās. ⫽ *In dextro margine*: Anno milleno duceno *(sic)* minus uno ⫽ Doctor Alexander uenerabiliſqჳ maḡr ⫽ Doct'nale ſuū dedit cōe legenduჳ ⫽. (*Qui versus in imo margine posteriore manu repetiti sunt; hic* ducēteno).

15.

Codex Bibl. Nat. Parisinae 18523, membranaceus, foliorum formae quartanariae mai. 260, saec. XIII° scriptus, continet foliis 1ᵃ—127ᵇ Doctrinale cum glosa, quae incipit 'Admirantes'.

Fol. 1 maximam partem legi non potest. Fol. 2ᵃ: Admirantes ɔdam ph'i ɔ vi ⫽ derēt reꝗ mirabl'es boni ⫽ tates *etc*. *Fol. 4ᵃ*: Scribere cleri ⫽ culiſ paro do ⫽ ctrinale no ⫽ uellis. plᵃaqჳ ⫽ doctorū ſociabo ⫽ ſc'pta meorum ⫽. *Fol. 127ᵃ*: Doctrinale d'i v'tute iuuāte ꝑegi *etc*. Explicit doctrinale ctᵃ *(contra)* illos qui ɔtempnunt libᵐ iſtum dixit ꝗdã ⫽ Ut roſa flos floᴦ venus ჳ vt mᴦ̄ amoıᵃ ⫽ Sic ჳ cunctoᴦ ſpeculum lib' iste liboᴦ. ⫽ *Fol. 127ᵇ*: Anno milleno ducēteno minus vno ⫽ doctor Alexander venerabilis atqჳ magister ⫽ doctrinale ſuū dedit ꞇ cōmune legen ...

16.

Codex Bibl. Nat. Parisinae Nouv. acq. lat. 1362, membranaceus, foliorum formae maximae 112, saec. XIII°

scriptus, continet Doctrinale (initio mutilum) cum peramplo commentario et glosis lineis interpositis.

Fol. 1ª: am. quartuſ ſeruat tũ an. aut. en. reperimᵍ ǀ *(v. 32)*. *Fol. 112ᵇ*: Doctrinale dei u'tute iuuante pegi ǀ *etc.* Explicit doctrinale magr'i alexandri uilla dei *(sic)* ǀ Hic lib' eſt ſcriptᵍ ʠ ſc'pſit ſit b'nedc's ǀ Laus tibi ſit xp'e qu' labor explicit iſte. ǀ Q' ſcripſit . . . ſemp c' d'no uiuat . . . Penula *(sic)* ſc'ptoriſ reʠeſcat feſſa laboriſ ǀ.

16*.

Codex Bibl. Camaracensis 250 (240), membranaceus, foliorum formae maximae 76, saec. XIII° exaratus, exhibet Doctrinale cum glosa, quae incipit 'Admirantes', marginibus adscripta.

Textus incipit: Scribere clericulis paro doctrinale novellis. *Glosa incipit*: Admirantes quondam philosophi cum viderent *etc.* *In fine*: Doctrinale Dei virtute iuvante peregi *etc.* Hic liber et scriptus, qui scripsit sit benedictus ǀ Casu laboravi, bonus est veniens labor avi ǀ Surge, laboravi, subito nisu laboravi.

Cf. Cat. gén. des manuscr. des bibl. publ. de France. Départements. Tome XVII. (1891) p. 84.

17.

Codex Bibl. Riccardianae Florentinae, membranaceus, foliorum formae oblongae (quam vulgo in folio minore dicimus) 30, saec. XIII° exeunte scriptus, continet Doctrinale (ab initio et in fine mutilatum) cum glosis lineis interpositis.

Praeligata sunt 6 folia vacua, in quorum primo manu recentiore litteris Latinis inscriptum est: Grammatica et Prosodia ǀ Versibus exametris. ǀ *Textus incipit*: Iſtius obliquis neutruӡ qñӡ notabis *(v. 645)*, *finit*: Eſt et . . . qñ res ſignificatur ǀ Ex alia . . . re . . . ǀ ſſis of . . . *(v. 2560 sq.)*.

18.

Codex Bibl. Casinensis Coenobii T. T. 517, membranaceus, foliorum formae quartanariae 81, saec. XIII°, ut mihi visum est, scriptus, continet Doctrinale (in fine mutilum) cum commentario.

V. ult.: Q'd *(sic)* cõponuntur diſcreta mente notato *(v. 2165)*.

19.

Codex Bibl. Vendocinensis 179, membranaceus, foliorum 105, saec. XIII⁰ scriptus, continet Doctrinale (in
fine mutilum) peramplo commentario illustratum.

Incipit:.·Scribere clericulis paro doctrinale novellis *etc. Finit*: Ut
quod dicatur sic certius esse probetur *(v. 2632). Fol. 89*: Ecce scripta
super constructione a Gauffrido Leprevost *etc.*
    *Cf. Cat. gén. des manuscr. des bibl. publ. de France. Départements.
Tome III. p. 453.*

19*.

Codex Bibl. Trecensis 1142, membranaceus, foliorum formae oblongae 182, saec. XIII⁰ scriptus, exhibet
Doctrinale cum perampla glosa a magistris Petro Croco
et Petro de Herunco composita et apud Divionem recitata.

    *Cf. Cat. gén. des manuscr. des bibl. des départements. Tome II.
(Paris 1855) p. 471; Thurot, Notices et extraits. Tome XXII. 2 p. 516.*

20.

Codex Bibl. Laurentianae Mediceae Plut. XXV,
Sin. Cod. 5, membranaceus, foliorum formae maximae
89, saec. XIII⁰ scriptus, continet foliis 28ᵃ—80ᵃ Doctrinale plurimis locis interpolatum [a Ioanne de Gar-
landia] cum glosis in margine et inter lineas positis.

    Fol. 28ᵃ: (I)Nformanſ pueroſ ꞓ doct'riale reformanſ ⫽ Quę ͵pſunt
formo ſb' met' paupe forma ⫽ Oblatrat liuor ſtolidus ridet puerilis ⫽ Obſtat
ſimplicitas inſcitia nuda reclamat ⫽ Ne quedā intereant ſtudio correcta
fideli ⫽ S₃ licet egrotent qui nō fundant in iſtiſ ⫽ Scribere clericulis po
doctrinale nouellis ⫽ Pl'raq₃ doctoꝶ ſociabo ſc'pta meoꝶ ⫽ *etc. Fol. 80ᵃ*:
Doct'nale d'i u'tute iuuante ꝓegi *etc.* Quoſ tres ꝓſonas in idō credo
d'tatis ⫽ Qua ſator et'nus ſerit ꞓ gerit oꞽa ꝓ quō ⫽ ſecit alexander opᵘ h'
quo lima ioh'is ⫽ (*in commentario*: ſc. de Garlandia) Implet deſꞓs opis
dent huic opoſi ⫽ Lectores opam libri plantaria s'uant *(sic)* ⫽ ne qd'
corrigiꞇ detᵃctō ſbꞇhat ulla ⫽ Exiguaſ plantas manus indiſcreta reuellit ⫽
Explicit. ⫽

21.

Codex Bibl. Nat. Parisinae 14745, membranaceus,
foliorum formae maximae 127, saec. XIII⁰ scriptus, con-

tinet foliis 47ᵃ—84ᵃ Doctrinale interpolatum [a Ioanne
de Garlandia] cum raris glosis maxime lineis interpositis.

Fol. 47ᵃ: INformans pu'os ꝛ doct'nale reformans ǁ etc. (cf. nr. 20
et 22). Fol. 84ᵃ: Doct'nale d'i u'tute iuuante pegi. etc., usque ad deitatis;
deinde: Qᵃ fator ct'nus serit ꝛ gerit oīa p quē ǁ Fecit alexand' opus
h' quo lima ioh'is ǁ Suplet (sic) defectus opis etc., ut in Cod. Laurent.
no. 20. Ult. l.: Finito libro sit laus ꝛ gl'a xp̄o. Fol. 84ᵇ sequuntur 25
versus scriptoris, quos hic repeti parum interest.

22.

Codex Musei Britannici Arundel. 494, membranaceus, foliorum formae oblongae 128, saec. XIII° scriptus,
continet foliis 44ᵃ—94ᵇ Doctrinale interpolatum [a Ioanne de Garlandia], glosis interlinearibus et marginalibus
instructum.

Fol. 44ᵃ: Informans pu'os et doct'nale reformās ǁ Que ͵pfunt formo
fb' met' paupe forma ǁ etc., ut supra in no. 20. Fol. 94ᵇ: Doctrinale dei
uirtute iuuāte pegi ǁ etc.; post deitatis: Lauf tibi fit xp̄e qm̄ liber explicit iſte am̄: ǁ Qua fator et'nuf f'it ꝛ g'it oīa p q̄ꝫ ǁ Fecit alex' opus h' quo
lima ioh'if ǁ Suplet (sic) defts etc., ut supra in no. 20.

23.

Codex Bibl. Lambaliensis 5, membranaceus, foliorum 156, saec. XIII° exeunte scriptus, continet Doctrinale (in fine mutilum) cum amplissimo commentario.

Comment. incipit: Com unumquemque in complexum duplici via etc.
Textus finit: Et sic ex censu censitum dicere debes (v. 2118).
*Cf. Cat. gén. des manusc. des bibl. publ. de France. Départements.
Tome IV. p. 111.*

24.

Codex Collegii Corp. Christi Oxoniensis CXXI, membranaceus, foliorum formae quartanariae 125, saec.
XIII° exeunte scriptus, continet foliis 1—45 Doctrinalis
textum.

*Cf. Coxe, Cat. codd. mss., qui in collegiis aulisque Oxoniensibus
hodie adservantur. Vol. II. p. 42.*

25.

Codex Bibl. Reg. Monacensis 19871, membranaceus
et chartac. saec. XIIIᶦ et XVᶦ, continet foliis formae

octonariae 1—37 et 44—58 Doctrinalis partes I. II., saec. XIII° scriptas.

26.

Codex Bibl. Conv. Sangallensis 1396, collectaneus, continet in membranis formae quartanariae fragmentum initii Doctrinalis, saec. XIII° scriptum.

27.

Codex Musei Britannici 23892, membranaceus, foliorum formae octonariae 90, saec. XIII° scriptus, exhibet inde a folio 80ª Doctrinalis III. partis fragmentum.

Fol. 80ª: A buiſ ɪ mediis daͭ ante b ſill'a teſtis *(v. 1975).*

28.

Codex Bibl. Reg. Erfordiensis Ampl. 14, chartaceus, foliorum formae octonariae 180, anno 1301 scriptus, continet Ionis *(?)* Suessionensis [Francogalli] scholas de Doctrinali habitas.

Incipit: Antequam ulterius procedam, queso, ut Dei filius *etc. Fol. 6*: Scribere clericulis *etc. Fol. 163*: Expliciunt reportamina sub magistro Ione Suessionensi summonitore reportata et correcta. *Fol. 165*: Accentus varias *etc. In fine*: Explicit accentus super doctrinali a mag. Ione summonitore Suessionensi comp. a. D. Mᶜᶜᶜᶜ° primo feria sexta post diem dominicam qua cantatur misericordia Domini.
Cf. Schum, beschreibendes Verz. der Amplonianischen Handschr.-Sammlung zu Erfurt (Berlin 1887) p. 681.

29.

Codex Bibl. Reg. Erfordiensis Ampl. 45, membranaceus, foliorum formae quartanariae 279, anno 1304 a Naudino de Ouche clerico [Francogallo] scriptus, continet Doctrinale cum commento [Ionis Suessionensis].

Commentarius incipit: Antequam ulterius in dictis procedam, queso, Dei filius, linguae mee *etc. Textus incipit*: Scribere clericulis *etc., finit*: Quos tres personas in idem credo deitatis. *In fine*: Explicit doctrinale mag. Alexandri de Villa Dei in Eustria Deo gr. am. Actum a. D. Mᶜᶜᶜ°ɪɪɪɪ° feria tertia post assumptionem beate Marie virginis a Naudino de Ouche clerico.
Cf. Schum, beschreibendes Verz. der Amplonianischen Handschr.-Sammlung zu Erfurt p. 321.

30.

Codex Bibl. Reg. Monacensis 14354, membranaceus, foliorum formae oblongae 101, anno 1305 scriptus, continet Doctrinale glosa [Gippi], quae incipit 'Testante philosopho', instructum. (Cf. no. 34. 35.)

Fol. 1a: TEſtante ph'o in ꝓmo metaphice *(sic)* oīs homo ‖ deſid'io nat'ali hītū ſcie ꝯupiſcit *etc.*: *col. 2*: Scribere clericulis paro ‖ doctrinale nouellis. ‖ *Fol. 38a*: Hic iubꝫ ordo libri uocū regim̄ referari. ‖ *Fol. 73b*: Pand' ꝓpoſui ꝑ u'ſus ſillaba queqꝫ ‖. *Fol. 101b*: Doct'nale dei u'tute iuuante ꝑegi *etc.*; *ult. l.*: gloſule ex diu'ſis collecte ac ꝯſumate anno dn̄i MoCCCVo.

Tegumento agglutinata est membranula hanc continens inscriptionem: Tres ꝑtes Alexand' gramacij *(sic)*.

31.

Codex Bibl. Reg. Bruxellensis 14868, membranaceus, foliorum formae quartanariae 186, anno 1315 scriptus, continet Doctrinale peramplis glosis instructum.

Fol. 3a: Scrib'e clicul' paro ‖ doctrinale nouellis ‖ Pluraqꝫ doctoꝝ ſocia ‖ bo ſcripta m'orum. ‖ *Fol. 186a*: Doctrinale dei u'tute iuuāte ꝑegi ‖ *etc.* Actum anno dn̄i milleſimo. CCCo.XVo die ‖ ven'iſ poſt feſtum bī m'tini hy'emal' fuit ſcr'ptꝰ lib' iſte.

32.

Codex Bibl. Nat. Parisinae 8424, membranaceus, foliorum formae oblongae 52, ineunte saec. XIVo scriptus, continet Doctrinalis capita IX.—XII. amplissimis scholiis illustrata.

Fol. 1a: Eſt pꝰ p'dcā *(sic)* ꝯctō iure. locanda ‖ *(v. 1369)*. *Fol. 11b*: Pand'e ꝓpoſui ꝑ v'ſus ſill'a q̄qꝫ. ‖ *Fol. 52b*: Doct'nale d'i u'tute iuuāte ꝑegi *etc.* Explicit iſte lib' ſit ſc'ptor o'mīe lib' ‖.

Thurotus (Notices et extraits, Tome XXII 2, p. 33) codicem saec. XIIIi esse censet.

33.

Codex Bibl. Laurentianae Mediceae Mss. Ashburnham 1138, membranaceus, foliorum formae quartan. 99, saec. XIVo ineunte scriptus, continet Doctrinale glosis instructum.

Fol. 1a (ima parte): (S)Cribere clericulis paro ‖ Doctrinale nouellis ‖ *Fol. 99a*: DOctrinale dei uirtute iuuante ꝑegi. ‖ Grates reddo tibi genitor d's ⁊ tibi xp̄e. ‖ Nate d'i d's. atqꝫ tibi d's alitus alme. ‖ Quas tres ꝑſonas in idem credo deitatis. ‖ *Sequuntur 6 lineae commentarii.*

34.

Codex Musei Britannici Arund. 232, membranaceus, foliorum formae quartanariae maioris 68, saec. XIV° ineunte scriptus, continet Doctrinale glosa Gippi, quae incipit 'Testante philosopho', instructum.

Fol. 1ᵃ: Glofa gippi fuper doctrinale. ǀ Teftante philofopho in p'mo methaphifice ǀ omnis homo defid'io naturali h'itū fcīe cōcu ǀ pifcit *etc.* *col. 2:* Incipit doct'nale mḡri alexādri de villa dei *etc.* SCribere clericulis paro ǀ doctrinale nouellis ǀ. *Fol. 68ᵃ:* Doctrinale dei uirtute iuuāte pegi ǀ *etc.* *Finem textus sequuntur 15 lineae commentarii.* *Fol. 68ᵇ vacat.*

35.

Codex Bibl. Marcianae Venetae Class. XIII. Cod. 3, membranaceus, foliorum formae oblongae 84, saec. XIV° ineunte scriptus, continet paginis bifariam divisis Doctrinale glosa [Gippi], quae incipit 'Testante philosopho', instructum. (Cf. no. 30. 34.)

Fol. 1ᵃ: Teftante ph'o ī p̄mo metha** oīf ǀ hō defid'io n'ali . . . fcie ɔcupi ǀ fcit *etc.* Scribere clericulis paro doctrina ǀ le nouellis *etc.* *Fol. 84ᵃ:* Doct'nale dei u'tute iuuāte pegi *etc.* *Finem textus sequuntur 20 lineae commentarii.*

36.

Codex Bibl. Nat. Parisinae 8152, membranaceus, foliorum formae quartanariae maioris 40, saec. XIV° ineunte scriptus, continet Doctrinale passim cum glosis lineis intersertis et margini appositis.

Fol. 1ᵃ, l. 9: SCribere clericulis paro ǀ doctrinale nouellis ǀ *etc.* *Fol. 40ᵇ:* Doctrinale dei uirtute iuuante pegi ǀ Grates reddo tibi genitor deus et pater alme ǀ Nate dei deusqȝ *(sic)* atqȝ tibi deus alitus alme ǀ Quos tres pfonas in idem credo deitatis ǀ. *Primae litterae saepius auro distinctae sunt.*

37.

Codex Bibl. Laurentianae Medicae Bibl. Strozz. 140, membranaceus, foliorum formae quartanariae minoris 60, saec. XIV° ineunte, ut videtur, scriptus, continet Doctrinale cum raris glosis marginalibus.

Fol. 1ᵃ: ( )Cribere clericulis paro doct'nale nouell' ǀ Pluraqȝ doctoȝ fociabo fcripta meoȝ ǀ. *Fol. 60ᵃ:* ( )Octrinale dei uirtute iuuante pegi *etc.* ǀ Explicit doctrinale Magiftri alexandrj d' uilla dei ǀ Deo matri marie Gratias Am̄. ǀ

38.

Codex Bibl. Nat. Parisinae 8153, membranaceus, foliorum formae maximae 52, saec. XIV° ineunte scriptus, continet foliis 3ª—50ᵇ bipartitis Doctrinale cum commentario.

Fol. 3ª: SCribere clericulis paro do | ctrinale nouellis | *Fol. 26ᵇ:* hic incipit octauū capᵐ de regimine dictionū | HIc iubet ordo libri uocū ro | gimen referari. | *Fol. 40ᵇ:* hic incipit decimū caᵐ de quantitate fillaba₃ | PAndere ‚ppofui p u’f° fill’a q̄q₃ |. *Fol. 90ᵇ:* Deo grās amen | Opere finito fit laus et gloria xp̄o | Facto fine pia laudetur uirgo maria. | Explicit liber qui dicit doctrinale. cuiuf | opo’itor fuit magr alexāder de uilla dei. | — *Initio et in fine libri nitidissime scripti 2 folia vacant.*

39.

Codex Bibl. Marcianae Venetae Class. XIII. Cod. 2, membranaceus, foliorum formae quartanariae minoris 87, saec. XIV° ineunte scriptus, continet Doctrinale glosis interlinearibus instructum.

Fol. 1ª (cod. fol. 5ª): Incipit doct’nale magrī alexandri: *(rubro colore).* (S)Cribē clericl’is paro doct’nale nouell’. | Pl’raq₃ doctoᵣ fociabo fcripta meoᵣ |. *(Prima littera imaginem repraesentat dimidiam fere partem paginae occupantem.)* — *Fol. 87ᵇ:* DOctrinale d’i u’tute iuuāte pegi *etc.,* deinde: Explic̄ doctrīale laus xp̄o Amē | Iftud doct’nale fc’pfit fr iacob° de fcā | fophia. ordīs frā₃ p̄dicatorum: | Amen.

Praefixa sunt codici 4 folia manu recentiore completa, affixa 2 folia fragmenta Doctrinalis continentia.

40.

Codex Bibl. Riccardianae Florentinae, membranaceus, foliorum formae maximae 95, ineunte saec. XIV°, ut mihi quidem videbatur, scriptus, continet Doctrinalis textum.

Fol. 1ª: (S)Cribere clericulis paro doct’nale nouell’ |. *Fol. 95ª:* (D)Octrinale d’i u’tute iuuante pegi *etc.* Explicit doctrinal magiftri *(ultimae 6 litterae manu recentiore suppletae sunt; deinde sequitur rasura).*

Hic codex nitidissime scriptus, in catalogo saec. XV° assignatus, mea quidem sententia saec. XIV° ineunte confectus est.

41.

Codex Bibl. Ambrosianae Mediolanensis D. 265 inf., membranaceus, foliorum formae maximae 66, initio saec.

XIV[1], ut mihi visum est, scriptus, continet Doctrinale cum commentariis mag. Bonifacii de Museis.

42.

Codex Bibl. Reg. Erfordiensis Ampl. 378, chartaceus, foliorum formae quartanariae 115, anno circ. 1349 scriptus, exhibet foliis 28—41 'tractatum correspondentem secundae parti Doctrinalis'.

Cf. Schum, Verz. d. Amplon. Handschr.-Sammlung zu Erfurt p. 633.

43.

Codex Bibl. Reg. Erfordiensis Ampl. 60, chartaceus, foliorum formae quartanariae 104, saec. XIV° medio scriptus, exhibet foliis 1—88 commentarium in I. partem Doctrinalis.

In fine: Quatuor in verbis *etc. (v. 1048)* Finis adest operis, mercedem posco laboris ǁ finis adest vere, pretium vult scriptor habere. *Manus recentior addidit*: A. D. M°CCC°LXXX quarto.

Cf. Schum, Verz. der Amplon. Handschr.-Sammlung zu Erfurt p. 334.

43*.

Codex Bibl. Trecensis 1239, membranaceus, foliorum formae quartanariae 162 bipartitorum, saec. XIV° medio scriptus, continet Doctrinale cum glosa amplissima incerti auctoris.

In fol. 1 legitur: Iste liber fuit Galteri de Condeto, quondam venerabilis supprioris Clarevallis, qui obiit anno Domini millesimo trecentesimo nonagesimo. ǁ

Cf. Cat. gén. des manuscr. des bibl. publ. des départements. Tome II (Paris 1855) p. 508.

44.

Codex Bibl. Reg. Monacensis 11785, chartaceus, foliorum formae quartanariae 130, anno 1360 in vigilia Pentecostes scriptus, continet commentarium in Doctrinale.

45.

Codex Bibl. Arsenalis, quam vacant, Parisinae 1038, olim S. Victoris, membranaceus, foliorum formae maximae bipartitorum 224, anno 1375 scriptus, continet Doctrinale cum amplissimis commentariis.

Fol. 1ᵃ: DOmine labia mea ꞁ aperies *etc. Fol. 12ᵇ*: SIcientes venite ad aquas ꞁ *etc. Fol. 14ᵇ*: Scrib'e cl'icul⁰ paro doc'ᵉ nouell⁰ ꞁ *etc. Fol. 223ᵇ*: Doct'nale dei u'tute iuuāte ꞁ pegi *etc.* Explicit ifte liber anno dñi milleſimo ꞁ CCC⁰ feptuageſimo q̄nto die martis p⁰ tñꞁflationem bti nicholai. amen. et c'. *Infra manu recentiore scriptum est*: Hunc librum acquiſiuit monasterio sancti victoris pariſienſis frater Johannes. lamaſſe († *1458*) dum eſſet prior eiuſd' eccleſie.

46.

Codex Bibl. Reg. Monacensis 18404, chartaceus, foliorum formae maximae 278, continet foliis 193—196 'quaestiones secundae partis', anno 1376 scriptas.

47.

Codex Bibl. Reg. Monacensis 7736, chartaceus, foliorum formae quartanariae 99, anno 1379 scriptus, continet glosam in Doctrinalis partem II.

Fol. 99: Explicit gloſa fecūde partis ꞁ Anno domini M⁰CCC⁰LXXVIIIj⁰ finita eſt illa gloſa.

48.

Codex Bibl. Reg. Monacensis 24870, chartaceus, foliorum formae quartanariae 157, anno 1382 scriptus, continet commentarium in Doctrinale.

49.

Codex Bibl. Reg. Erfordiensis Ampl. 14, chartaceus, foliorum formae quartanariae 137, anno 1385 scriptus, continet foliis 84—137 Doctrinalis partem III. cum glosis.

Cf. Schum, Verz. d. Amplon. Handschr.-Sammlung zu Erfurt p. 294 sq.

50.

Codex Bibl. Monast. Mellicensis C. 5, membran. et chartac., forma maxima, continet commentum magistri Tibini in partem III., 'per manus diversas scriptum et finitum anno 1387'.

De Tibino cf. Fabricius, bibl. lat. med. et inf. aet. p. 31.

51.

Codex Bibl. Reg. Erfordiensis Ampl. 62, chartaceus, foliorum formae quartanariae 68, anno 1390 scriptus, continet 'quaestiones de arte grammatica Donati, Prisciani, Alexandri de Villa Dei a *(sic)* Helmholdo magistro Pragensi'.

Cf. Schum, Verz. d. Amplon. Handschr.-Sammlung zu Erfurt p. 335.

52.

Codex Bibl. Reg. Erfordiensis Ampl. 63, chartaceus, foliorum formae quartanariae 129, c. anno 1395 scriptus, continet foliis 1—92 commentarium in I. partem Doctrinalis.

Cf. Schum, Verz. der Amplon. Handschr.-Sammlung zu Erfurt p. 335.

53.

Codex Bibl. Reg. Erfordiensis Ampl. 17, chartaceus, foliorum formae quartanariae 192, anno 1396 scriptus, exhibet commentarium in Doctrinale a magistro Ioanne de Munzingen compositum.

Cf. Schum, Verz. der Amplon. Handschr.-Sammlung zu Erfurt p.298 f.

54.

Codex Bibl. Nat. Parisinae 16670, membranaceus, foliorum formae oblongae 92, saec. XIV° scriptus, continet foliis 25^a—91^b Doctrinale passim cum glosis in margine positis.

Fol. 25^a: (S)Crib'e clericulis paro doct'na | le nouellis. ⸿ Pluraq; doc | toᷣ fociabo fcripta meoᷣ. | *Fol. 52^a:* (H)Ic iubet ordo libri vocũ regi | mē referari. | *Fol. 64^a:* Pand'e ̗ppofui p̄ uerfus fill'a queq;: | *Fol. 91^b:* DOctrinale dei v'tute iuuãte pegi | *etc.* Finito libro fit laus et gl'ia xp̄o. amē. | Ifte liber eft Iohaṅis dc̄i zeelinekers: | *Fol. 92 vacat.*
Codex lautissime scriptus est.

55.

Codex Bibl. Reg. Monacensis 8218, membranaceus, foliorum formae quartanariae maioris 121, saec. XIV°

scriptus, continet foliis 15ᵇ—121ᵇ Doctrinale glosa illa, quae incipit 'Admirantes', instructum.

Fol. 15ᵇ: Admirantes quondam ph'i cū vid'nt rerū mirabiles bonitates. cū vid'nt celū *etc.* *Fol. 16ᵃ*: SCribere clericulis paro doctrinale nouellis *ı etc.* *Fol. 121ᵇ*: Explicit m̄gri Alexandri liber: de villa dei. *Subscriptionem rubro colore repetitam sequitur eodem colore*: Det̄ ,p pēna ſcriptori pulchra puella Amen. Amen dico tibi nō eſt plus ibi ı Qui me ſcribebat chūrad' nomē habebat.

56.

Codex Bibl. Nat. Parisinae 8427, membran., foliorum formae oblongae 127, saec. XIVº scriptus, continet foliis 104ᵃ—127ᵇ partem I. et fragmentum partis II. cum glosis.

Fol. 104ᵃ: SCrib'e cl'icl'is paro doct'naˡᵉ nouellis. *ı Fol. 127ᵇ*: Int̄ pˢf nō fit ocepcio ternas ı S₃ p ꝛ aˡ p cuꝛ ɔiūctio fiet eaꝛ ı *(v. 1109 sq.)*.

57.

Codex Bibl. Bodleianae Oxoniensis Laud. Lat. 68, membranaceus, foliorum formae quartanariae 71, saec. XIV.º scriptus, continet foliis 9ᵃ—55ᵃ Doctrinalis textum, scriptum per Ioannem de Bunna.

Fol. 9ᵃ: SCrib'e clericulis ı paro doctrinale ı nouellis. *Fol. 55ᵃ*: Explicit textus doctri ı nalis magiſtri allexan ı dri. *(sic)* de. uilla dei ſcriptˢ ı per me iohannem de Bunna ſtudentem de ı quo deo laus et amē. ı *Liber nitide scriptus est.*

58.

Codex Bibl. Nat. Parisinae 13031, membranaceus, foliorum formae quartanariae mai. 120, saec. XIVº scriptus, continet inde a folio 3 Doctrinale (initio et in fine mutilum) cum commentario.

Fol. 3ᵃ: In diutatis neut' ‚pducīt aris *(v. 121)*. *Inde a folio 86 deficit textus, cui tamen spatium relictum est.* *Fol. 119ᵃ* ( ) oct'nalc dei *etc., ult. l. comment.*: ꝛ h' hactenus.

59.

Codex Bibl. Nat. Parisinae 8423, membranaceus, foliorum formae oblongae 75, saec. XIVº scriptus, continet Doctrinale (initio mutilum) passim cum glosis inter lineas et scholiis in margine positis.

Fol. 1ᵃ: Am ſʼuat ꝗrtˢ tn̄ aꝺ aut en reꝑimˢ ı *(v. 32)*. *Fol. 31ᵃ*: Hic iubꝫ ordo libri uocū regimē refʼari. ı *Fol. 49ᵃ*: Pandere prepoſui ꝑ uerſˢ ſill'a q̄qꝫ. ı *Fol. 75ᵇ legi non potest.*

60.

Codex Bibl. Reg. Monacensis 14499, membranaceus, foliorum formae quartanariae 164, saec. XIV° scriptus, continet Doctrinale cum glosa, quae incipit 'Admirantes'. (Cf. no. 3. 6. 8. 9. 15. 16*. 55.)

Fol. 1ª: Admirātes qᵉndā ph'i o uid'ent rr̄ mirab'lef boīta ‖ tes ɀ uid'ent celū *etc.* *Fol. 3ª:* Scribere cl'iculif paro ‖ *etc.* *Fol. 66ª:* De regimīe dcōnū VIII capitulū ‖ Hic iubet ordo lib' ‖ *etc.* *Fol. 122ª:* Pand'e .ppofui p u'fuf ‖ *etc.* *Fol. 164ᵇ:* Doctrinale dei uirtute iuuāte pegi ‖ *etc.*

61.

Codex Bibl. Nat. Parisinae 15134, olim S. Victoris, membranaceus, foliorum formae quartanariae mai. 197, saec. XIV°, ut mihi quidem visum est, scriptus, continet foliis 1—83 Doctrinalis textum.

Fol. 1ª: SCribere clericul' po doct'nale nouell'. ‖ *Fol. 33ᵇ:* Hic iubet ordo lib' vocū regimē ref'ari ‖. *Fol. 39ª:* PAndere ‖ .ppofui p v'fus fillaba qq₃ ‖. *Fol. 83ª:* Explicit doctrinale. *Initio voluminis legitur manu posteriore scriptum:* Anno milleno ducenteno duodeno ‖ Doctor alexander venerabilis atq₃ magister ‖ Doctrinale fuum fecit cōmune legendum.

Codex splendidissime exaratus (litteris grandibus plerumque auro distinctis marginibusque nitide exornatis), qui in catalogo saec. XV° assignatur, sine dubio saec. XIVⁱ est.

62.

Codex Bibl. Nat. Florentinae I. 8. 53, membranaceus, foliorum formae oblongae 56, saec. XIV°, ut mihi visum est, scriptus, continet Doctrinale raris glosis interlinearibus instructum et litteris Latinis exaratum.

Fol. 1ª: (S)CRIBERE CLERIC ‖ VLIS PARO DOCTR ‖ INALE NOVELLIS ‖. *(Prima littera auro disincta est.)* — *Fol. 56ª:* (D)OCTRINALE dei uirtute iuuante pegi *etc.* ‖ EXPLICIT DOCTRINALE MAG̃RI ALEXÂ ‖ DRI DE VILLA DEI. DEO GRATIAS AMEN:

Hic quoque liber, in catalogo saec. XV° assignatus, quin saec. XIV° scriptus sit, non dubito.

63.

Codex Musei Britannici 28279, membran., foliorum formae quartanariae mai. 57, saec. XIV°, ut mihi quidem videbatur, scriptus, continet Doctrinalis textum.

Fol. 2ª: Scribere clericulis paro doctrin ‖ ale nouelis *(sic)* ‖ *Fol. 57ᵇ:* DOctrinale dei uirtute iuuante pegi. ‖ *etc.* . . Deo Grās Amen.

Codex nitidissime exaratus in catalogo quidem saec. XV° attribuitur.

64.

Codex Bibl. Conv. Sangallensis 901, membranaceus, foliorum formae maximae 123, saec. XIV° ab Hermanno quodam scriptus, continet Doctrinale cum expositione mag. Bertholdi Turicensis.

In fine: Hermanni, Chrifte, fcriptoris tu miserere Amen. O Jefu Christe salvator Amen.

65.

Codex Bibl. Barberinae Romanae XI. 96, membranaceus, forma quartanaria, saec. XIV°, ut mihi quidem videbatur, scriptus, continet foliis 15^b—102^b Doctrinale cum glosis.

Fol. 15^b: Incipit doctrinale Magr̄i Alexandri de villa dei ꞇ Euſtria etc. *Fol. 17ᵃ*: SCRIbere clericulis ꞇ etc. *Fol. 102^b*: Doctrinale dei uirtute iuuāte pegi ꞇ etc. . . AMEN.

66.

Codex Bibl. Palat. Vindobonensis 2443, membranaceus, foliorum formae quartanariae 98, saec. XIV° scriptus, continet Doctrinale glosis instructum.

67.

Codex Musei Britannici 15584, membranaceus, foliorum formae maximae 81, sub finem saec. XIV^i, ut videtur, scriptus, continet Doctrinalis textum (commentario tamen spatio relicto).

Fol. 1 vacat. — *Fol. 2ᵃ*: SCRIB ꞇ ERE C ꞇ LERI ꞇ CVLIs ꞇ paro doctrinale no ꞇ uellis. ꞇ — *Fol. 80^b*: DOctrinale dei uirtute iuuāte pegi ꞇ etc. Explicit Doctrinale Maḡri Alexādri ꞇ De uilla dei. Deo Grās. Amē. ꞇ *Fol. 81 vacat.*

68.

Codex Bibl. Reg. Monacensis 9679, membranaceus, foliorum formae quartanariae 148, saec. XIV° scriptus, continet glosas in Doctrinale.

69.

Codex Bibl. Univ. Erlangensis 483, membranaceus, foliorum formae maximae 141, saec. XIV° scriptus, continet foliis 9ᵃ—26^b bipartitis Doctrinalis textum.

70.

Codex Bibl. urbis Metensis 384, membranaceus, forma oblonga, saec. XIV° scriptus, continet foliis bifariam divisis Doctrinale cum expositione.

Liber ecclesiae cathedralis Metensis erat et signatus est: To. Horbilloin.

71.

Codex Musei Meermanno-Westreeniani Hagani, membranaceus, forma quartanaria min., saec. XIV° scriptus, continet Doctrinale cum glosis.

72.

Codex Bibl. Nat. Parisinae 8156, membranaceus, foliorum formae maximae 110, saec. XIV° scriptus, continet commentarium (in fine mutilum) in Doctrinale.

73.

Codex Bibl. Rotomagensis 1027, chartaceus, foliorum 188, saec. XIV° scriptus, continet Doctrinale cum glosis.

Cf. Cat. gén. des manuscr. des bibl. publ. de France. Départements. Tome I p. 258.

74.

Codex Bibl. publ. Metensis 513, chartaceus, forma quartanaria min., saec. XIV° scriptus, continet Doctrinale cum glosis.

Liber parum accurate scriptus Celestinorum Metensium *signatus est.*

74*.

Codex Bibl. Monast. Engelbergensis 217, chartaceus, foliorum formae maximae 155, saec. XIV° exaratus et rubricatus, continet foliis 2—98 commentarium in III. et IV. partem Doctrinalis et foliis 103—155 Doctrinalis partem III. et IV. cum glosis interlinearibus.

Cf. Gottwald, Cat. codd. manu script., qui asservantur in bibl. monast. Engelbergensis in Helvetia (Frib., Herder, 1891).

75.

Codex Bibl. Vendocinensis 180, membranaceus, foliorum 180, saec. XIV° scriptus, exhibet Doctrinale cum glosa 'Admirantes'.

Cf. Cat. gén. des manuscr. des bibl. publ. de France. Départements. Tome III p. 454.

76.

Codex Bibl. Reg. Erfordiensis Ampl. 33, chartaceus, foliorum formae quartanariae 104, saec. XIV° medio et exeunte scriptus, continet foliis 47—103 'notabilia primae partis Doctrinalis'.

Cf. Schum, Verz. der Amplon. Handschr.-Sammlung zu Erfurt p. 312.

77.

Codex Bibl. Helmstadiensis 727 (791), chartaceus, foliorum formae quartanariae 257, continet foliis 1—144 'grammaticam Latinam secundum Alexandrum de Villa Dei', saec. XIV° scriptum.

Cf. O. v. Heinemann, die Handschr. der Herzogl. Bibl. zu Wolfen-büttel. I. Abth.: die Helmstädter Handschr. no. 791.

78.

Duo folia Bibl. Reg. Bruxellensis, saec. XIV° ab Hermanno Hamborch scripta, continent Doctrinalis partis III. fragmentum.

79.

Collectanea Bibl. Guelferbytanae 404 no. 12, 13, 14 exhibent Doctrinalis III. partis varia fragmenta, saec. XIV° scripta.

80.

Codex Bibl. Palat. Vindobonensis 4991, chartaceus, foliorum formae quartanariae 428, continet foliis 12ᵃ—423ᵇ Doctrinale cum mag. Henguini amplissimo commentario, anno 1401 finito.

Fronti codicis agglutinatum est programma: Magifter Briccius de Cilia (*seu Celeia*) breui legere incipiet primam partem Alexandri doctrinalis locum horamque intimaturus. (*Briccius ille intra annos 1476—1485 ter ordinis philosophorum in Univ. Vindobon. Decanus fuit.*) *In fine primae partis*: Explicit opus primae pariis doctrinalis per manus Iohannis Zebinger filius (!) ciuitatis. *In fine tertiae partis*: Finitum eft iftud commentum anno demini Mᵒ quadringentefimo primo fabbato die poft inuentionem fancte crucis. Explicit commentum fuper tercia parte dicta reuerendi magiftri henguini pronunciatum per reuerendum magiftrum johannem Künigftain et reportatum per Oswaldum de chufftain. (*Quorum primus sine dubio auctor commentarii, alter lector, tertius scriptor erat.*)

81.

Codex Bibl. Reg. Monacensis 6724, chartaceus, foliorum formae quartanariae 182, anno 1404 scriptus, continet foliis 5ᵃ—173ᵇ Doctrinalis partes I. II. glosis instructas.

Fol. 5ᵃ: SCribere cle'icul' po doct'nale nouellis ǁ. *Fol. 173ᵇ:* Verboꝛꝗꝫ data ſit declinaco̅ q̅rta. ǁ *Fol. 174ᵃ:* Explicit ſᵃ ꝑs alexʳⁱ *etc.* Anno dñi Mᵒ. quadrĩgēteſſo 4ᵉ ǁ finita *(sic)* ē iſte liber.

82.

Codex Bibl. Reg. Monacensis 7749, chartaceus, foliorum formae quartanariae 250, continet foliis 16ᵃ—23ᵇ commentum I. partis Doctrinalis, 'per manus Ioannis Kaufring conscriptum anno [140] 9'.

83.

Codex Bibl. Univ. Basileensis F. VI. 14, chartaceus, forma oblonga, anno 1411 scriptus, continet Doctrinalis partium I. II. textum.

84.

Codex Bibl. Monast. Mellicensis D. 7, chartaceus, forma quartanaria, continet foliis 269—347 Doctrinalis partis III. textum, per Ioannem Pfister de Noerdlinga anno 1420 scriptum.

Fol. 347: Explicit Doctrinale tertie partis Alexandri ſcriptum et finitum per me Iohannem Pfister de Nördlinga. In die Iuliane Virginis. Anno Domini 1420.

85.

Codex Bibl. Reg. Erfordiensis Ampl. 40, chartaceus, foliorum formae quartanariae 129, anno 1421 scriptus, exhibet foliis 49—105 'quaestiones de II. parte Doctrinalis institutas.'

Cf. Schum, Verz. d. Amplon. Handschr.-Sammlung zu Erfurt p. 318.

86.

Codex Bibl. Reg. Erfordiensis Ampl. 339, chartaceus, foliorum formae quartanariae 118, anno 1422 a Iacobo Borchardo scriptus, continet 'quaestiones de II.

parte Doctrinalis a baccalaureo quodam Borussico institutas'.

> *Cf. Schum, Verz. d. Amplon. Handschr.-Sammlung zu Erfurt p. 569.*

87.

Codex Bibl. Reg. Erfordiensis Ampl. 31, chartaceus, foliorum formae quartanariae 169, anno 1426 per Nicolaum Norrusz de Dyebach scriptus, continet foliis 130—168 Doctrinalis I. partem glosa interlineari illustratam.

> *Cf. Schum, Verz. d. Amplon. Handschr.-Sammlung zu Erfurt p. 312.*

88.

Codex Bibl. Ambrosianae Mediolanensis I. 161 inf., chartaceus, forma quartanaria, anno 1429 scriptus, continet Doctrinale cum glosis.

89.

Codex Bibl. Marcianae Venetae Class. XIII. Cod. 1, chartaceus, forma maxima, anno 1435 scriptus, continet Doctrinale amplissimo commentario instructum.

> *Fol. 1ᵃ*: ( ) icut dicit ſapiens ∥ timor dñi ſit nego ∥ ciacio tua *etc.* *Fol. 5ᵃ, col. 2*: ( ) Cribere cle ∥ riculis paro doctrinale no ∥ uellis *etc.* *Fol. ult.ᵇ*: Dco gratias Cõpletum ∥ fuit hoc opus Mᵒccccᵒxxxvᵒ ∥ die ſeptimo februarii hora xxııᵃ ɪ palacio coɪs vicēȝie ꝑ me michaheleȝ Hilprant theotonicuȝ domicellû dñi poteſtat' dñi pauli lauredario.

90.

Codex Bibl. Monast. Mellicensis L. 92, chartaceus, foliorum formae minimae 88, continet Doctrinalis partium I. II. textum, anno 1438 scriptum.

91.

Codex Bibl. Casanatensis Romanae C. II. 17, membranaceus, forma oblonga, anno 1439 scriptus, continet Doctrinale.

92.

Codex Bibl. Monast. Mellicensis D. 17, chartaceus, forma quartanaria, continet foliis 27—521 commentarium amplissimum in Doctrinalis partem II., anno 1441 scriptum.

Fol. 521: Expliciunt collecta ſuper ſecundam partem per me Ulricum Rorer tunc temporis ſcolarem Nordlingae et finita per reuerendum Magiſtrum Paulum Mair de Werdea baccalaureum uniuerſitatis ſtudii Heidelbergensis. Sub anno 1441 feria s. ante feſtum Pentecoſtes infra horam duodecimam et horam primam.

93.

Codex Bibl. Reg. Monacensis 20175, chartaceus, foliorum formae octonariae 463, continet foliis 1ᵃ—69ᵃ Doctrinalis partium I. II. textum, anno 1441 scriptum.

94.

Codex Bibl. Palat. Vindobonensis 5502, chartaceus, foliorum formae quartanariae 279, anno 1443 scriptus, continet foliis 1ᵃ—134ᵇ Doctrinalis partes II. III. cum commentario Hieronymi de Werdea.

95.

Codex Bibl. Reg. Stuttgardiensis Poet. et philol. Q. no. 39, chartaceus, foliorum formae quartanariae 281, anno 1445 scriptus, continet Doctrinale cum commentario.

Codex e monasterio Wiblingensi oriundus a Martino Schnider de Baubenhufen, *discipulo Ulmensi, scriptus et confectus est*: Anno Dom. 1445 feria ſexta poſt feſtum Sancte Margarete poſt prandium hora undecima.

96.

Codex Bibl. Reg. Monacensis 26823, chartaceus, foliorum formae quartanariae 185, continet foliis 43ᵃ—84ᵇ 'concepta I. partis Alexandri magistrorum Beronis, Schreck et Pruck in studio Viennensi, scripta per Martinum Tornator de Argentina anno 1446'.

Subscriptionem sequitur illorum trium magistrorum vita imago.

97.

Codices Bibl. Palat. Vindobonensis 5150 et 5150*, chartacei, foliorum formae quartanariae 319, annis 1447 et 1449 scripti, continent 'grammaticam metricam [Alexandri de Villa Dei] cum commentariis, quos in universitate Viennensi docuit Hieronymus de Werdea'.

98.

Codex Bibl. Sangallensis 881, chartaceus, forma quartanaria, anno 1448 scriptus, continet Doctrinalis partem III. cum commentario 'de Dybin'.

99.

Codex Bibl. Univ. Vratislaviensis IV Qu. 76, chartaceus, foliorum 300, continet foliis 1—242 'commentum in Doctrinale, scriptum in schola S. Mariae Magdalenae Vratislav. anno 1449 per Ioannem Fabrum'.

100.

Codices Bibl. Sangallensis 883 et 884, chartacei, forma quartanaria, anno 1449 scripti, continent Remigii commentarium in Doctrinale.

In ultima pagina cod. 883 (p. 468) legitur: Explicit commentum Remigii per me Matheum Zimmermann.

101.

Codex Bibl. Monast. Lambacensis 644, chartaceus, foliorum formae quartanariae 282, anno 1449 scriptus, continet Doctrinalis partem III. cum amplissimo commento.

102.

Codex Bibl. Musei Nat. Hungarici Budapestinensis Mss. Lat. med. aevi 111, chartaceus, foliorum formae quartanariae 161, continet Doctrinalis partem III. peramplo commentario instructam et anno 1450 'per Stephanum Waechlinger, artium waccalaureum *(sic)* universitatis wiennensis', scriptam.

103.

Codex Bibl. Univ. Budapestinensis 24, membranaceus, foliorum formae quartanariae 72, initio saec. XV[i], ut videtur, scriptus, continet Doctrinale cum commento Ludovici de Guastis *(sic)*.

Cf. Catalogus codd. bibl. Univ. Budapest. (1881) p. 12.

104.

Codex Bibl. Reg. Erfordiensis Ampl. 41, chartaceus, foliorum formae quartanariae 196, initio saeculi XV[1] scriptus, exhibet commentarium in I. partem Doctrinalis.

Cf. Schum, Verz. der Amplon. Handschr.-Sammlung zu Erfurt p. 319.

105.

Codex Bibl. Reg. Erfordiensis Ampl. 59, chartaceus, foliorum formae quartanariae 133, saec. XV° ineunte scriptus, exhibet mag. Vicentii Tribergensis commentarium in II. partem Doctrinalis.

Cf. Schum l. c. p. 333.

106.

Codex Bibl. Reg. Erfordiensis Ampl. 3, chartaceus, foliorum formae duodenariae 129, saec. XV° ineunte scriptus, exhibet foliis 1—76 'expositionem Germanicam omnium vocabulorum primae partis Alexandri'.

Cf. Schum l. c. p. 758.

107.

Codex Bibl. Reg. Erfordiensis Ampl. 70ᵃ, chartaceus, foliorum formae quartanariae 178, saec. XV° ineunte scriptus, continet foliis 1—92 'glosam super II. parte Doctrinalis' et foliis 95—173 'quaestiones super eadem II. parte modernas' [a mag. Symone institutas].

Cf. Schum l. c. p. 341.

108.

Codex Bibl. Reg. Erfordiensis Ampl. 43, chartaceus, foliorum formae quartanariae 166, saec. XV° ineunte scriptus, continet foliis 60—127 commentarium in II. partem Doctrinalis.

Cf. Schum l. c. p. 320.

109.

Codex Bibl. Palat. Vindobonensis 4966, chartaceus, foliorum formae quartanariae 280, continet foliis 1ᵃ—148ᵇ Doctrinalis partem III. cum commentario, anno circiter 1450 scriptam.

109*.

Codex Bibl. Massiliensis 1017, chartaceus, foliorum formae quartanariae 198, saec. XV° medio scriptus, exhibet Doctrinale cum commentario.

Cf. Cat. gén. des manuscr. des bibl. publ. de France. Départements. Tome XV p. 293.

110.

Codex Bibl. Laurentianae Mediceae Plut. XCI Sup. 49, chartaceus, foliorum formae quartanariae 60, saec. XV° medio scriptus, continet Doctrinalis textum.

Fol. 1ᵃ: ( ) CRIBERE CLE ∥ riculis paro doctrinale ∥ nouellis. Pluraq; docto꜀ ∥ fociabo fcripta meorum ∥. — *Fol. 60ᵇ*: Doctrinale dei uirtute iuuante pegi ∥ etc. Qui fc'pfit fc'bat femp cu꜀ dn'o uiuat ∥ Viuat in celis femper cu꜀ dño felix. ∥ DEO. GRATIAS. AMEN.

111.

Codex Bibl. Palat. Vindobonensis 2399, membranaceus, foliorum formae maximae 67, saec. XV° medio, ut videtur, scriptus, continet Doctrinalis textum.

111*.

Codex Bibl. publ. Bononiensis Franciae 185, membranaceus, foliorum formae quartanariae 234, saec. XV° medio circiter scriptus, continet Doctrinale soluta oratione redditum [per Nicolaum Francisci] cum glosa.

Incipit: Prohemium. Quia Alexander de Villa Dei docet multa iu Doctrinali metrico fore reservanda *(immo* reseranda), id est declaranda per doctores sive magistros *etc.* *Finit*: in unitate trinitatis benedictus vivit et regnat in secula seculorum Amen.

Cf. Cat. gén. des manuscr. des bibl. publ. des départements. Tome IV (Paris 1872) p. 685; Revue des sociétés savantes 1883, 3ᵉ série, II p. 53.

112.

Codex Bibl. Helmstadiensis 625 (674), chartaceus, foliorum formae quartanariae 55, continet foliis 2—48 Doctrinalis partes I. II. cum commento, per Andream Gandersemensem anno 1451 scriptas.

Cf. O. v. Heinemann, die Handschr. der Herzogl. Bibl. zu Wolfenbüttel. I. Abtheilung: die Helmstädter Handschr. no. 674.

112*.

Codex Bibl. Trecensis 1606, chartaceus, foliórum formae quartanariae 414 bipartitorum, annis 1453—1455 per Simonem Commorantem scriptus, continet Doctrinale cum commentario a mag. Dionysio Gauden Divione recitato.

Cf. Cat. gén. des manuscr. des bibl. publ. des départements. Tome II (Paris 1855) p. 680.

113.

Codex Bibl. Augustae Guelferbytanae 793 Nov., chartaceus, forma quartanaria, continet 27 prioribus foliis Doctrinalis partem I. (initio mutilam), anno 1455 scriptam, et 30 foliis partem II. cum raris glosis interlinearibus.

114.

Codex Bibl. Monast. Mellicensis P. 39, chartaceus, forma quartanaria, continet foliis 2—277 commentarium in I. et II. partem, anno 1455 per 'Heinzen Eiringer de Bamberga' scriptum.

115.

Codex Bibl. Univ. Vratislaviensis IV Qu. 75, chartaceus, foliorum 489, annis 1458 et 1459 scriptus, exhibet foliis 1—130 Doctrinale cum glosis interlinearibus et marginalibus, et foliis 180—489 amplissimum commentarium.

116.

Codex Helmstadiensis 654 (704), chartaceus, foliorum formae quartanariae 272, continet foliis 3—154 Doctrinale cum commento, cuius quidem pars I. anno 1461 scripta est.

Cf. O. v. Heinemann, die Handschr. der Herzogl. Bibl. zu Wolfenbüttel, I. Abth.: die Helmstädter Handschr. no. 704.

117.

Codex Bibl. Reg. Monacensis 14898, chartaceus, foliorum formae quartanariae 266, anno 1462 scriptus, continet foliis 1—211 glosam et foliis 235—264 textum II. partis Doctrinalis.

X*

118.

Codex Bibl. Reg. Monacensis 400, chartaceus, foliorum formae quartanariae 167, anno 1462 scriptus, continet Doctrinale cum scholiis et amplissimis commentariis in I. et II. partem.

Fol. 111ᵇ: Anno dñi 1462. in die ſcti arnolfi episcopi. — *Fol. 138:* Tertia pars doctrina ∥ lis alexandri *(solus textus, qui finit fol. 167ᵃ).*

119.

Codex Bibl. Reg. Monacensis 16165, chartaceus, foliorum formae maximae 346, continet foliis 280ᵃ—346ᵇ Doctrinalis textum, anno 1464 scriptum.

120.

Codex Helmstadiensis 604 (652), chartaceus, foliorum formae quartanariae 220, continet foliis 1ᵃ—134ᵇ Doctrinale cum commento, per Henigum Hagen anno 1466 in vigilia Magdalenae scriptum.

Cf. O. v. Heinemann, die Handschr. der Herzogl. Bibl. zu Wolfenbüttel. I. Abth.: die Helmstädter Handschr. no. 652.

121.

Codex Bibl. Nat. Parisinae 17882, membranaceus, foliorum formae maximae 155, anno 1468 scriptus, continet Doctrinalis partes II. III. cum amplissimis commentariis.

Fol. 155ᵃ: Anno milleno cũ c quater agmine deno ∥ Adiũcto tẽtus lib' hic fuit atqჳ pactus ∥ Scriptor tardauit ჳ ſi uos attediauit ∥ Ut parcatur ei clamat amore dei ∥ Multũ turbatus qჳ corpore reqჳ g̃uat⁹ ∥ Scrib'e non potu't vnde turbatus erat *etc.* Tempus quo iſte liber ſc'ptus ẽ ∥ Dum ſceptrũ ludouicus habet, paulus dyadema ∥ Quater c. mille. l. x. quibus adimus *(sic)* octo ∥ Marcelli tranſla. ſcriptor pfecerat iſta. ∥

121*.

Codex Bibl. Univ. Erlangensis 19, chartaceus, foliorum formae maximae 209, continet 'commentum aureum Ioannis de Nova Domo super II. parte Doctrinalis', per Marcum de Husen anno 1468 prima die post festum S. Bartholomaei scriptum.

Cf. A. F. Pfeiffer, Beyträge z. Kenntniss alter Bücher u. Handschriften. 3 Stücke (Hof 1783—86) p. 230 sqq.

122.

Codex Bibl. Augustae Guelferbytanae 795 Nov., chartaceus forma quartanaria, continet Doctrinale (in fine mutilum), cuius quidem pars I. anno 1470 scripta est, cum glosis et peramplo commento in III. partem.

123.

Codex Bibl. Palat. Vindobonensis 2289, membranaceus, foliorum formae maximae 72, continet Doctrinalis partes I. II., figuris coloratis ornatas et, ut videtur, in usum archiducis Austriae [Maximiliani] destinatas [a magistro Stephano Heuner] anno circiter 1470.

124.

Codex Bibl. Augustae Guelferbytanae 798 Nov., chartaceus forma quartanaria, continet Doctrinale cum glosis interlinearibus, cuius pars II. per 'betr. (?) de Ber' anno 1471 scripta est.

125.

Codex Bibl. Reg. Monacensis 14636, chartaceus, foliorum formae quartanariae 220, continet foliis 37[a]—218[b] Doctrinalis partem II. commentario amplissimo illustratam et anno 1471 per 'fratrem Iacobum Schlehen de Vilsecgk, monachum ordinis S. Benedicti professum in monasterio S. Emmerani' scriptam.

126.

Codex Bibl. Reg. Monacensis 19656[b], chartaceus, foliorum formae quartanariae 81, anno 1471 scriptus, continet Doctrinalis partem II. cum expositione.

127.

Codex Bibl. Reg. Monacensis 6725, chartaceus, foliorum formae quartanariae 150, continet foliis 1[a]—122[a] Doctrinalis partem I. commentario instructam et a. 1473 scriptam.

128.

Codex Bibl. Univ. Vratislaviensis Qu. 77, chartaceus, foliorum 348, continet foliis 71—125 'secundam partem Doctrinalis Alexandri Parisiensis explicatam', et foliis 125—218 'aliam expositionem secundae partis' anno 1473 scriptam.

129.

Codex Bibl. Monast. S. Petri Salisburgensis b IV 2, chartaceus, foliorum formae quartanariae 266, anno 1473 scriptus, continet commentarium in I. partem.

In fine: Explicit liber in primis bonus videlicet commentarius prime partis doctrinalis mḡri Alexandri pronunociatum *(sic)* falcȝeburge ad ſcūm petrum. Et scriptus per me petrū hörndl' tunc temporis scolipeta in ſupradicta ciuitate. Finit volumen die prima menſis Iulij anno dñi M.CCCC 73.

130.

Codex Bibl. Claustri Neoburgensis, chartaceus, anno 1474 per 'Casparum Wannpach, scolarem ad S. Petrum Monaci', scriptus, continet Doctrinale cum commentario mag. Udalrici Aezinger de Egra.

131.

Codex Bibl. Reg. Erfordiensis, Ampl. 32, chartaceus, foliorum formae quartanariae 128, anno 1476 scriptus, continet foliis 52—128 Doctrinalis III. partis fragmentum glosis interlinearibus illustratum.

Cf. Schum, Verz. der Amplon. Handschr.-Sammlung zu Erfurt p. 312.

132.

Codex Bibl. Marcianae Venetae Class. XIII 4, chartaceus, forma maxima, anno 1478 scriptus, continet Doctrinale cum commento.

Fol. 1ª: Commentum sup doctrinali ‖ SCribere clericulis paro doc ‖ trinale *etc. In fine*: MCCCCᵒLXXVIII.

133.

Codex Bibl. Palat. Vindobonensis 2369, membranaceus, foliorum formae maximae 46, continet Doctrinale perpulchris litteris grandibus ac figuris coloratis ornatum et in usum Blancae Mariae, ducissae Mediolanensis, anno circiter 1485 confectum.

134.

Codex Bibl. Reg. Monacensis 19870, chartaceus, foliorum formae octonariae 362, anno 1486 scriptus, continet perampla commentaria in Doctrinale.

135.

Codex Bibl. Reg. Monacensis 18797, chartaceus, foliorum formae quartanariae 176, continet foliis 66ᵃ—176ᵇ partem III. cum glosis, anno [14]89 per 'Hainricum Kuenzner de Chopsstain' conscriptam.

136.

Codex Bibl. Reg. Monacensis 19655, chartaceus, foliorum formae quartanariae 203, anno 1491 scriptus, continet Doctrinalis partem II. cum commentario.

137.

Codex Bibl. Reg. Monacensis 19654, chartaceus, foliorum formae quartanariae 92, anno 1491 scriptus, continet Doctrinalis partem I. cum commentario.

138.

Codex Bibl. Palat. Vindobonensis 4786, chartaceus, foliorum formae octonariae 105, continet foliis 1ᵃ—61ᵃ Doctrinalis partem III. cum glosis interlinearibus Latinis et Germanicis, anno 1493 scriptam.

139.

Codex Monast. S. Floriani Austr. XI 591, chartaceus, foliorum formae octonariae 101, continet Doctrinalis partem II. cum commentario, 'finitam anno 1497 per Stephanum de Emerstarff, scholarem in monasterio sancti Floriani'.

140.

Codex Musei Britannici Butl. 12026, membranaceus, foliorum formae quartanariae min. 66, saec. XVᵒ scriptus, continet Doctrinalis textum.

141.

Codex Musei Britannici Arund. 243, chartaceus, foliorum formae quartanariae 389, saec. XV° scriptus, continet foliis 1—153 Doctrinalis partem I. cum peramplo commentario.

142.

Codex Musei Britannici Harl. 2577, chartaceus, foliorum formae quartanariae 180, saec. XV° scriptus, continet foliis 132ª—180ᵇ Doctrinalis textum.

143.

Codex Musei Britannici Harl. 3404, membranaceus, foliorum formae quartanariae 82, saec. XV° scriptus, continet Doctrinalis partes I. II. cum commentario.

144.

Codex Musei Britannici Burn. 213, chartaceus, foliorum formae maximae 187, saec. XV° scriptus, continet foliis 145—171 commentarium in III. partem Doctrinalis.

145.

Codex Musei Britannici 19046, chartaceus, foliorum formae quartanariae 132, saec. XV° scriptus, continet varias particulas Doctrinalis.

146.

Codex Bibl. Reg. Stuttgardiensis Poet. et Philol. Q. 5, chartaceus, saec. XV° confectus, continet foliis 45ª—142ᵇ Doctrinalis partium I. II. textum, a Bartholomaeo de Schorndorff exscriptum.

147.

Codex Bibl. Reg. Stuttgardiensis Poet. et Philol. Q. 43, chartaceus, foliorum 149, saec. XV° scriptus, continet foliis 1—47 Doctrinalis partem III. cum glosis interlinearibus et marginalibus.

148.

Codex Bibl. Reg. Stuttgardiensis Poet. et Philol. Q. 53, chartaceus foliorum 234, saec. XV° scriptus, continet foliis 67ᵃ—125ᵇ. partis I. textum, foliis 126—166 commentarium in partem II., foliis 174ᵃ—217ᵇ partium II. III. textum.

149.

Codex Bibl. Nat. Parisinae 8425, chartaceus, foliorum formae quartanariae 131, saec. XVᵒ scriptus, continet Doctrinalis textum passim glosis marginalibus explicatum.

150.

Codex Bibl. Nat. Parisinae 8426, chartaceus, foliorum formae quartanariae 125, saec. XVᵒ scriptus, continet foliis 1ᵃ—33ᵇ Doctrinalis partis III. textum.

151.

Codex Bibl. Nat. Parisinae 8154, chartaceus, foliorum formae maximae 107, saec. XVᵒ scriptus, continet foliis 1—65 Doctrinalis textum (in fine mutilum).

152.

Codex Bibl. Nat. Parisinae 8155, chartaceus, foliorum formae maximae 66, saec. XVᵒ scriptus, continet Doctrinalis partium I. II. textum.

153.

Codex Bibl. Nat. Parisinae 16669, chartaceus, foliorum formae oblongae 209, continet foliis 1ᵃ—70ᵇ Doctrinalis textum (initio mutilum).

154.

Codex Bibl. Nat. Parisinae 14747, chartaceus, foliorum formae maximae 212, saec. XVᵒ scriptus, continet Doctrinale amplissimo commentario instructum. (Inde a folio 129 deficit textus spatio tamen ei relicto.)

155.

Codex Bibl. publ. Moguntinae 309, chartaceus forma quartanaria, saec. XVᵒ scriptus, continet Doctrinalis partem III. cum commentario.

156.

Codex Bibl. publ. Moguntinae 228, chartaceus, forma quartanaria, saec. XV° scriptus, continet Doctrinalis partes I. et III.

157.

Codex Bibl. publ. Moguntinae 232, chartaceus, forma quartanaria, saec. XV° scriptus, continet 'glosam super II. parte' Doctrinalis.

158.

Codex Bibl. publ. Moguntinae 403, chartaceus, forma quartanaria, saec. XV° scriptus, continet 'dicta super II. parte' Doctrinalis.

159.

Codex Bibl. Univ. Basileensis F IX 6, chartaceus, forma quartanaria, saec. XV° scriptus, continet Doctrinalis partem I. cum amplissimo commentario.

In ult. folii pag. aversa legitur: **Anno milleno ducēteno q̊ȝ deno ‖ Doctor alexander venerabilis atȝ māg. ‖ Doctrinale fuū dedit in cōmune legendū.**

160.

Codex Bibl. Univ. Basileensis F VII 16, chartaceus, saec. XV° scriptus, continet Doctrinalis partem II. cum commentario.

161.

Codex Bibl. Reg. Monacensis 5938, chartaceus, foliorum formae quartanariae 326, saec. XV° scriptus, continet Doctrinalis partes I. II. cum amplissimis commentariis.

162.

Codex Bibl. Reg. Monacensis 5973, chartaceus, foliorum formae quartanariae 291, saec. XV° scriptus, continet foliis 21ᵇ—232ᵇ Doctrinalis partem III. uberrimo commentario instructam.

163.

Codex Bibl. Reg. Monacensis 7649 I, chartaceus, foliorum formae quartanariae 255, saec. XV° scriptus, continet foliis 1ᵃ—36ᵇ Doctrinalis partium I. II. textum.

164.

Codex Bibl. Reg. Monacensis 7649 II, chartaceus, foliorum formae quartanariae 259, saec. XV° scriptus, continet foliis 1ª—81ª Doctrinalis partem II. (in fine mutilam) cum commentario.

165.

Codex Bibl. Reg. Monacensis 7740, chartaceus, foliorum formae quartanariae 261, saec. XV° scriptus, continet foliis 161ª—231ᵇ Doctrinalis partem III. (in fine mutilam) cum commentario.

166.

Codex Bibl. Reg. Monacensis 7753, chartaceus, foliorum formae quartanariae 279, saec. XV° scriptus, continet Doctrinalis partem I. (in fine mutilam) cum amplo commentario.

167.

Codex Bibl. Reg. Monacensis 7825, chartaceus, foliorum formae octonariae 182, saec. XV° scriptus, continet Doctrinalis partem II. (in fine mutilam) cum commentario.

168.

Codex Bibl. Reg. Monacensis 7829, chartaceus, saec. XV° scriptus, continet foliis 143—160 Doctrinalis partis I. capitulum de verbis deponentialibus.

169.

Codex Bibl. Reg. Monacensis 14659, chartaceus, foliorum formae quartanariae 345, saec. XV° scriptus, continet foliis 2ª—234ᵇ Doctrinalis partes I. II. cum commentario.

170.

Codex Bibl. Reg. Monacensis 14853, chartaceus, foliorum formae minimae 145, saec. XV° scriptus, continet foliis 1ª—112ª Doctrinalis textum.

171.

Codex Bibl. Reg. Monacensis 14686, chartaceus, foliorum formae quartanariae 155, saec. XV° scriptus, continet commentarium in Doctrinalis partem I.

172.

Codex Bibl. Reg. Monacensis 24542, chartaceus, foliorum formae quartanariae 57, saec. XV° scriptus, continet foliis 27ᵃ—55ᵇ Doctrinalis partis III. capitulum de figuris grammaticalibus cum glosis.

173.

Codex Bibl. Reg. Monacensis 19656, chartaceus, foliorum formae quartanariae 326, saec. XV° scriptus, continet foliis 1ᵃ—199ᵃ Doctrinalis partem III. cum commentario.

174.

Codex Bibl. Reg. Monacensis 19656ᵃ, chartaceus, foliorum formae quartanariae 194, saec. XV° scriptus, continet foliis 1ᵃ—147ᵇ Doctrinalis partes I. II. cum expositione.

175.

Codex Bibl. Reg. Monacensis 19664, chartaceus, foliorum formae quartanariae 258, saec. XV° scriptus, continet foliis 89ᵃ—258ᵇ Doctrinalis partem I. cum amplissimo commentario.

176.

Codex Bibl. Reg. Monacensis 24543, chartaceus, foliorum formae quartanariae 245, saec. XV° scriptus, continet foliis 2ᵃ—182ᵇ Doctrinalis partem III. cum commentario.

177.

Codex Bibl. Reg. Monacensis 24544, chartaceus, foliorum formae quartanariae 40, saec. XV° scriptus, continet Doctrinalis partis II. textum.

178.

Codex Bibl. Reg. Monacensis 24545, chartaceus, foliorum formae quartanariae 100, saec. XV⁰ scriptus, continet Doctrinalis partem II. cum commentario.

179.

Codex Bibl. Reg. Monacensis 26798, chartaceus, foliorum formae quartanariae 109, saec. XV⁰ scriptus, continet Doctrinalis partem II. cum commentario.

180.

Codex Bibl. Univ. Pragensis V. H. 32, chartaceus forma quartanaria, saec. XV⁰ scriptus, continet Doctrinalis partem I. cum amplissimo commentario.

181.

Codex Bibl. Univ. Pragensis V. F. 4, chartaceus, foliorum formae quartanariae 98, saec. XV⁰ scriptus, continet Doctrinalis partem I. cum commento.

182.

Codex Bibl. Univ. Pragensis V. F. 28, chartaceus, saec. XV⁰ scriptus, continet Doctrinalis partem I. cum amplissimo commentario.

183.

Codex Bibl. Univ. Pragensis V. G. 16, chartaceus, foliorum formae quartanariae 181, saec. XV⁰ scriptus, continet foliis 1—58 Doctrinalis textum.

184.

Codex Bibl. Palat. Vindobonensis 3291, chartaceus, saec. XV⁰ scriptus, foliorum formae octonariae 262, e quibus 54 priora continent Doctrinalis partium I. II. textum. (Pars I. ab initio mutila est.)

185.

Codex Bibl. Palat. Vindobonensis 5148, chartaceus, foliorum formae quartanariae 315, saec. XV° scriptus, continet foliis 305ª—311ᵇ particulas ex 'granimatica metrica' [Doctrinali] cum commentario.

186.

Codicis Bibl. Palat. Vindobonensis 5219 involucrum membranaceum continet Doctrinalis partis I. compluria fragmenta saec. XV° scripta.

187.

Codex Helmstadiensis 892 (994), chartaceus, foliorum formae quartanariae 152, saec. XV° scriptus, continet foliis 72—114 Doctrinalis partem II. cum commento.

Cf. O. v. Heinemann, die Handschr. der Herzogl. Bibl. zu Wolfen-büttel. I. Abth.: die Helmstädter Handschr. no. 994.

188.

Codex Helmstadiensis 700 (764), chartaceus, foliorum formae quartanariae 71, saec. XV° scriptus, continet Doctrinalis partes 1. II. (quarum altera in fine mutila est) cum commento.

Cf. O. v. Heinemann l. c. no. 764.

189.

Codex Bibl. Augustae Guelferbytanae 797 Nov., chartaceus forma quartanaria, saec. XV° scriptus, continet Doctrinalis partes I. II. cum glosis interlinearibus et commentario in partem II.

190.

Codex Bibl. Augustae Guelferbytanae 796 Nov., chartaceus forma quartanaria, saec. XV° scriptus, continet glosam in Doctrinalis partem II.

191.

Codex Bibl. Augustae Guelferbytanae 1137 Nov., chartaceus forma octonaria, saec. XV° scriptus, continet commentarium in Doctrinalis partes I. II.

192.

Codex Bibl. Augustae Guelferbytanae 792 Nov., chartaceus foliorum 101, saec. XV° scriptus, continet Doctrinalis partes I. II. cum glosis interlinearibus.

193.

Codex Bibl. Augustae Guelferbytanae 791 Nov., chartaceus, foliorum formae quartanariae 78, saec. XV° scriptus, continet Doctrinalis partes I. II. cum commento.

194.

Codex Bibl. Augustae Guelferbytanae 790 Nov., chartaceus forma quartanaria, saec. XV° scriptus, continet Doctrinalis partem I. cum glosis interlinearibus et marginalibus et partem II. (initio mutilam).

194*.

Codex Bibl. Trecensis 1296, chartaceus, foliorum formae quartanariae 120, saec. XV° scriptus, continet Doctrinale cum glosulis.

Cf. Cat. gén. des manuscr. des bibl. publ. des départements. Tome II. (Paris 1855) p. 534.

195.

Codex Bibl. Casini Montis T. T. 794, chartaceus, foliorum formae quartanariae 47, saec. XV° scriptus, continet Doctrinalis textum (inde a III. parte mutilum).

196.

Codex Bibl. Casini Moncis T. T. 222, chartaceus, foliorum formae quartanariae 70, sace. XV° scriptus, continet commentarium (in fine mutilum) in I. partem Doctrinalis.

197.

Codex Bibl. Univ. Cantabrigiensis Dd. x. 17, membranaceus, foliorum formae maioris 47, saec. XV° scriptus, continet Doctrinalis textum (initio mutilum).

Cf. Cat. of the manuscripts preserved in the library of the University of Cambridge. Vol. I (Cambridge 1856) p. 415.

197*.

Codex Bibl. Monast. Engelbergensis 464, chartaceus, foliorum formae duodenariae 117, saec. XV° scriptus, continet Doctrinale (in III. parte mutilum).

Cf. Gottwald, Cat. codd. manu script., qui asservantur in bibl. monast. O. S. B. Engelbergensis in Helvetia (Friburgi, Herder, 1891).

198.

Codex Bibl. Milichianae Gorlicensis 37, chartaceus forma maxima, saec. XV° scriptus, continet foliis 312—337 Doctrinalis partem III.

199.

Codex Bibl. Wernigerodensis Za. 2, chartaceus, foliorum formae quartanariae 54, saec. XV° scriptus, continet Doctrinalis partem I.

Libri lepidis litteris exarati in prima pagina possessorem se declarat Michel Behaim.

200.

Codex Bibl. Univ. Halensis Yg. 33, chartaceus, foliorum formae quartanariae 273, saec. XV° scriptus, continet Doctrinale cum commentario.

In fine: Ul. Staeubwrynck hert dit bock. *Annus inchoatus eadem manu deletus est.*

201.

Codex Bibl. Trevirensis 28, chartaceus forma quartanaria min., saec. XV° scriptus, continet quarto loco Doctrinalis partem III. cum glosa sive commento.

Fol. 37ª: Doctrinale dei virtute iuuante peregi *etc.* Et cum finis laudetur deus in ymis. — *In fol. 1 legitur:* Codex monasterii sancti Eucharii primi treuirorum archiepifcopi fanctique Mathie apoftoli extra muros treuirenfes.

202.

Codex Monast. Lambacensis 293, chartaceus forma quartanaria, saec. XV° scriptus, continet Doctrinale cum glosis.

In fine: Doctrinale ftudiofe correctum vitiisque emendatum Scriptū per fratr. Ioannem de Meyffaw.

203.

Codices Bibl. Univ. Gottingensis duo Luneb. 70. 11, chartacei forma quartanaria, saec. XV° scripti, continent Doctrinalis partes I. II. cum amplis commentariis.

Codices quondam coenobii St. Michaelis Luneburgensis erant.

204.

Codex Bibl. Conv. Sangallensis 874, chartaceus forma quartanaria, saec. XV° scriptus, continet Doctrinalis partem III.

205.

Codices Bibl. Bambergensis chartacei duo, saec. XV° scripti, continent Doctrinale cum commentario.

206.

Codex Bibl. Reg. Berolinensis Ms. theol. (!) lat. 4°. 26, chartaceus, continet Commentarium in Doctrinalis partem II., saec. XV° scriptum.

207.

Codex Bibl. Cremesiensis Monasterii 104, chartaceus forma quartanaria, continet foliis 2ᵃ—147ᵃ Doctrinalis partem II. cum commentario.

207*.

Codex Bibl. Canonicorum Citiensis 52, chartaceus, foliorum formae quartanariae 234, saec. XV° scriptus, continet foliis 1—104ᵃ Doctrinale cum commentario.

Cf. F. Bech, Verz. der alten Handschr. u. Drucke in der Domherren-Bibl. zu Zeitz (Berlin, Weidmann, 1881) no. LXXIX.

208.

Codex Bibl. Monast. Mellicensis D. 9, chartaceus forma octonaria mai., saec. XV° scriptus, continet: a) commentarium amplum in I. partem Doctrinalis [fol. 35—316]; b) commentarium amplum in II. partem Doctrinalis [fol. 325—528]; c) commentarium in III. partem Doctrinalis [fol. 607—830].

209.

Codex Bibl. Monast. Mellicensis D. 13, chartaceus, foliorum formae quartanariae 399, saec. XV° scriptus, continet Doctrinale cum commentario.

210.

Codex Bibl. Monast. Mellicensis B. 88, chartaceus forma octonaria, saec. XV° scriptus, exhibet foliis 37—150 'Doctrinale artis grammaticae'.

211.

Codex Bibl. Monast. Mellicensis D. 3, chartaceus forma quartanaria, saec. XV° scriptus, continet: a) M. Coberi correctorium I. partis Doctrinalis [pag. 1—41]; b) glosam amplam in I. partem Doctrinalis [pag. 49—363]; c) glosam amplam in II. partem Doctrinalis [pag. 365—501]; d) glosam amplam in III. partem Doctrinalis.

212.

Codex Bibl. Monast. Mellicensis D. 7, chartaceus forma quartanaria, saec. XV° scriptus, continet Andreae Scherding concepta super II. parte Doctrinalis [pag. 5—262].

213.

Codex Bibl. Monast. Mellicensis D. 17, chartaceus forma quartanaria, saec. XV° scriptus, continet foliis 533—642 Doctrinalis partem III. cum glosis.

214.

Codex Bibl. Monast. Mellicensis D. 21, chartaceus foliorum formae quartanariae 235, saec. XV° scriptus, continet Doctrinale cum commentario et glosis interlinearibus.

215.

Codex Bibl. Monast. Mellicensis D. 22, chartaceus forma quartanaria, saec. XV° scriptus; continet: a) com-

mentarium in III. partem Doctrinalis [pag. 202—212];
b) commentarium amplum in II. partem [pag. 351—561];
c) Doctrinalis partem III. cum glosa et commentariolo
[pag. 605—728].

216.

Codex Bibl. Monast. Mellicensis O. 41, chartaceus
foliorum formae quartanariae 205, saec. XV° scriptus,
continet Doctrinalis partem II. cum commentario.

217.

Codex Bibl. Monast. Mellicensis O. 36, chartaceus
forma quartanaria, saec. XV° scriptus, continet foliis
193—281 Doctrinale cum glosis.

218.

Codex Bibl. Monast. Mellicensis P. 39, chartaceus
forma quartanaria, saec. XV° scriptus, continet foliis
346—366 quaestiones in Doctrinalis partem II.

219.

Codex Bibl. Monast. Mellicensis K. 22, chartaceus
forma quartanaria, saec. XV° scriptus, continet: a) commentarium in II. partem Doctrinalis [fol. 103—192];
b) magistri Mazingeri quaestiones grammaticales in II.
partem [fol. 192—227]; c) commentarium in III. partem
[fol. 236—439]; d) Doctrinalis partis I. capitulum de formatione praeteritorum cum commentario [fol. 440—455].

220.

Codex Bibl. Monast. Mellicensis L. 86, chartaceus
forma duodenaria, saec. XV° scriptus, continet commen-
tulum in II. partem Doctrinalis [fol. 1—34].

221.

Codex Bibl. Monast. Mellicensis L. 92, chartaceus
forma duodenaria, saec. XV° scriptus, continet: a) Doc-

trinalis partis III. tractatum de figuris grammaticalibus
[fol. 173—183]; b) exempla pauca et utilia II. partis
Doctrinalis [fol. 201—212].

222.

Codex Bibl. Princ. Oettingen-Wallerstein Maihin-
gensis, chartaeus, foliorum formae quartanariae 56,
anno 1502 Lipsiae scriptus, continet Doctrinalis partem III. cum glosis interlinearibus et marginalibus.

223.

Codex Bibl. Reg. Monacensis 11981, foliorum formae
octonariae 250, continet commentarium amplissimum in
I. partem Doctrinalis, scriptum anno V° Vij (1507).

224.

Codex Bibl. Monast. Mellicensis E. 93, chartaceus,
foliorum formae octonariae 339, continet commentarium
in I. partem Doctrinalis, scriptum anno 1526 in die
Sylvestri Papae.

Addenda.

9*.

Codex Bibl. Turonensis 849, membranaceus formâ quartanaria mai., saec. XIII° a Christiano de Brugis scriptus, continet foliis bipartitis Doctrinale cum glosa 'Admirantes'.

Glosa incipit: Admirantes quondam philosophi cum viderent rerum mirabiles bonitates etc. *Textus incipit*: Scribere clericulis paro doctrinale nouellis *etc.; finit*: Doctrinale Dei virtute iuuante peregi *etc. Glosa desinit*: commodum reportari. *Subscriptio*: Iftud fcripfit Christianus de Brugis.

Cf. A. Dorange, catalogue descriptif et raisonné des manuscrits de la bibl. de Tours (Tours 1875) p. 385.

13*.

Codex Bibl. Turonensis 848, membranaceus forma quartanaria, saec. XIII° scriptus, continet Doctrinalis textum.

In fine: Doctrinale dei virtute iuuante peregi *etc.* Explicit Doctrinale magistri Alexandri de Villa Dei.

Cf. A. Dorange l. c.

17*.

Codex Bibl. Atrebatensis 344 (olim Monast. S. Vedasti Atrebatensis 1628 L 5), membranaceus, foliorum formae quartanariae 133 bipartitorum, saec. XIII° exeunte scriptus, continet Doctrinale cum commento [Ionis Suessionensis].

Incipit: Antequam ulterius in dictis procedam ∥ Queso Dei filius lingue mee *etc. (cf. no. 28 et 29). Finit fol. 133ª*: Doctrinale Dei virtute iuvante peregi *etc.* Explicit ifte liber fcriptor fit crimine liber.

Cf. Cat. gén. des manuscrits des bibl. publ. des départements. Tome IV. (Paris 1872) p. 140.

40*.

Codex Bibl. Bongarsianae Bernensis 386, membranaceus saec. XII^i, XIII^i, XIV^i, foliorum formae quartanariae 105, continet foliis 37^b—91^a glosam [Ionis Suessionensis] in Doctrinale, saec. XIV° ineunte, ut videtur, scriptam.

Glosa incipit: Antequam ulterius in dictis procedam queſo dei filius etc. *(cf. nr. 17*. 28. 29.)*

Cf. H. Hagen, ιat. codd. Bernensium [Bibl. Bongarsiana] (Bernae 1875) p. 359.

54*.

Codex Bibl. Parisinae Nouv. acq. lat. 234 (antea abbatiae, quae vocabatur Silos), membranaceus, foliorum formae maximae 64, saec. XIV° scriptus, continet Doctrinale (ab initio et in fine mutilum) · nonnullis glosis marginalibus et interlinearibus instructum.

Cf. L. Delisle, Mélanges de paléographie et de bibliographie (Paris 1880) p. 109; Manuscrits latins et français ajoutés aux fonds des nouvelles acquisitions etc. Inventaire alphabétique par L. Delisle. Partie I. (Paris 1891) p. 6.

57*.

Codex Bibl. Univ. Cantabrigiensis Oo VI. 110., membranaceus forma quartanaria, saec. XIV° scriptus, continet 54 prioribus foliis Doctrinalis textum, ab initio et in fine mutilum.

Cf. Cat. of the manuscripts preserved in the library of the University of Cambridge. Vol. IV. (Cambridge 1861) p. 522.

63*.

Codex Bibl. Collegii Caii Cantabrigiensis 338, membranaceus, foliorum formae oblongae maioris 151, saec. XIV°, ut videtur, conscriptus, continet foliis bipartitis Doctrinale cum amplo commentario.

In fine: Explicit iſte liber ſcriptor ſit crimine liber ǀ Explicit expliceat lud' ſcriptor eat.

Cf. Rev. I. I. Smith, a catalogue of the manuscripts in the library of Gonville and Caius College (Cambridge 1849) no. 338.

65*.

Codex Bibl. Collegii Caii Cantabrigiensis 438, membranaceus, foliorum formae quartanariae 72, saec. XIV°, ut videtur, scriptus, continet Doctrinale cum glosis in margine et inter lineas positis.

Cf. Rev. I. I. Smith l. c. no. 438.

67*.

Codex Bibl. Acad. Etruscae Cortonensis 263, membranaceus, foliorum formae maximae 86, saec. XIV° exeunte scriptus, continet foliis 31—84 Doctrinalis textum, quem 'scripsit et complevit frater Laurentius de Cortona ordinis Minorum'.

Cf. Mancini, i manoscritti della libreria del comune et dell' accademia Etrusca di Cortona (Cortona 1884) p. 88.

69*.

Codex Bibl. Univ. Taurinensis M. X. k. II. 1, membranaceus foliorum 80, saec. XIV° scriptus, continet Doctrinale fuso commentario illustratum.

Cf. Codices manuscripti bibl. reg. Taurinensis Athenaei. Pars II. (Taurini 1749) p. 299.

70*.

Codex Bibl. Univ. Taurinensis M. XI. k. II. 2, membranaceus foliorum 36, saec. XIV° scriptus, continet Doctrinalis textum additis dumtaxat in margine nonnullis adnotationibus.

Cf. Codices manuscripti bibl. reg. Taurinensis Athenaei l. c.

75*.

Codex Bibl. publ. Bononiensis Franciae 184, membranaceus, foliorum formae quartanariae 145, saec. XIV°, ut videtur, scriptus, continet Doctrinale cum glosa 'compilata a mag. Ioanne, vice doctoris Divionis, anno 1290'.

Comment. incipit: Domine labia mea aperies *(cf. nr. 45). Textus incipit:* Scribere clericulis paro doctrinale nouellis. *Comment. finit:* Salva eorum reverencia illa distinctio nulla est et m° dicunt p. p. h.

Cf. Cat. gén. des manuscr. des bibl. publ. des départements. Tome IV. (Paris 1872) p. 684; Revue des sociétés savantes 1883, 3e série, II p. 51.

83*.

Codex Bibl. Monast. Malatestiani Caesenatis Plut. XXII. III, membranaceus, continet Doctrinale commentario Francisci de Butis illustratum et anno 1417 'per dominum Iacobum de Alemania, rectorem Ecclesiarum Villariocensium in castro montis Fabrorum ad petitionem nobilis viri Antonii Nicolai de Montisferetrano completum'.

Cf. Cat. codicum manu scriptorum Malatestianae Caesenatis bibliothecae fratrum minorum conventualium etc. auctore Ios. Maria Mucciolo. Tom. I. (Caesenae 1780) p. 148 sq.

83**.

Codex Bibl. Canonicorum Citiensis 76, chartaceus, foliorum formae quartanariae 181, continet foliis 1—122ª Doctrinale commentario instructum, cuius pars I. anno 1418 scripta est.

Cf. F. Bech, Verz. der alten Handschr. u. Drucke in der Domherren-Bibl. zu Zeitz (Berlin, Weidmann, 1881) no. LXXII.

123*.

Codex Bibl. Univ. Iagellonicae Cracoviensis 1944 B B XXVI 12, chartaceus, foliorum formae quartanariae 693, annis 1466—73 variis manibus confectus, continet foliis 309—333 Doctrinale *(totum?)* cum commentario, anno [14]70 'in Hal'[is] scriptum.

Cf. Cat. codicum manu scriptorum bibl. Univ. Iagellonicae Cracoviensis (Cracoviae 1877—81) p. 468.

B. LIBRI TYPIS DESCRIPTI.

Adnotationes.

Paulo ante quam hanc partem catalogi prelo subieci, 28 ultra mihi nnotuerunt Doctrinalis editiones, quas, prolegomenis indicibusque bibliographicis iam confectis et absolutis, cum huic commentario continuis numeris inserere non liceret, singulis editionibus aetate proximis asterisco signatas subiunxi. Catalogus igitur pro 267, quas enumeravi, editionibus potius 295 editiones exhibet.

Iis libris, quos aut ipse inspexi aut descriptione a bibliothecariis data cognovi — et ea quidem longe maxima pars est —, nomina simul locorum, ubi exemplaria asservari certior factus sum, addidi.

Compendia.

s. num. = sine numeris, i. e. singulis foliis numeri ordine non notatis.

c. sign., s. sig. = cum signaturis, sine signaturis quae vocantur, i. e. singulis chartis in imo margine litterarum ordine distinctis aut non distinctis.

s. capit. divis. = sine capitum divisione.

s. inscript. = sine inscriptionibus.

s. cust. = sine custodibus quos vocant bibliographi.

l. (3. 4. etc.) inf. = linea (quinta, quarta etc.) inferior.

l. ult. = linea ultima.

B. Ambr.   = Bibliotheca Ambrosiana Mediolanensis.

B. Bodl.   = Bibliotheca Bodleiana (Bodleian Library) Oxoniensis.

B. Borb.   = Bibliotheca Borbonica Neapolitana.

B. Caes.   = Bibliotheca Caesarea-Regia-Palatina Vindobonensis.

B. Cas.   = Bibliotheca Casanatenis (Biblioteca Casanatense) Romana.

B. Cath.   = Bibliotheca Ecclesiae Cathedralis (Dom- sive Kirchen-bibliothek).

B. Coen.   = Bibliotheca Coenobii (Kloster- sive Stiftsbibliothek).

B. Cors.   = Bibliotheca Corsinia Romana.

B. Duc.   = Bibliotheca Ducalis.

B. M. Duc. = Bibliotheca Magni Ducis.

B. Gym.   = Bibliotheca Gymnasii.

B. Maz.   = Bibliotheca Mazarina (Bibliothèque Mazarine) Parisina.

B. Mus.   = Bibliotheca Musei.

B. Mus. Br. = Bibliotheca Musei Britannici Londiniensis.

B. Nat.   = Bibliothèque Nationale, Biblioteca Nazionale.

B. Princ.   = Bibliotheca Principalis.

B. Prov.   = Bibliotheca Provincialis (Landes- Kreis- sive Kantons-bibliothek).

B. Reg.   = Bibliotheca Regia (Königliche sive Staatsbibliothek).

B. Un.   = Bibliotheca Universitatis.

B. Ur.   = Bibliotheca Urbana (Stadt- sive Rathsbibliothek, Bibliothèque de la Ville, Biblioteca Comunale).

Operum bibliographicorum, quibus imprimis usi sumus, integri tituli:

Brunet, Manuel du libraire et de l'amateur de livres. 5e éd. (Paris 1860) vol. I.

Buisson, Répertoire des ouvrages pédagogiques du XVIe siècle. Bibliothèques de Paris et des départements. Paris 1886. (Mémoires et Documents scolaires publiés par le Musée pédagogique. Fasc. no. 8.)

Campbell, Annales de la typographie Néerlandaise au XVe siècle. La Haye, M. Nyhoff, 1874 (avec 4 Suppléments).

Dictionnaire de géogr. ⁃ Dictionnaire de géographie ancienne et moderne à l'usage du libraire et de l'amateur de livres. Par un bibliophile (P. Dechamps). Paris 1870.

Hain, Repertorium bibliographicum, in quo libri omnes ab arte typographica inventa usque ad annum MD typis expressi ordine alphabetico vel simpliciter enumerantur vel accuratius recensentur. Stuttgardiae & Lutetiae Parisiorum, 1826—1838. 2 voll. in 4 part.

Hain-Burger = Ludwig Hain's Repertorium Bibliographicum. Register. Die Drucker des XV. Jahrh. mit chronolog. Aufführung ihrer Werke zusammengestellt von K. Burger. Leipzig, Harrassowitz, 1891.

Holtrop, Catalogus librorum saeculo XVo impressorum, quotquot in bibliotheca regia Hagana asservantur. Hagae-Comitum, M. Nyhoff, MDCCCLVI. 2 voll.

Panzer, Annales typographici ab artis inventae origine ad annum 1536. Norimbergae, 1793—1803. 11 voll.

Reliquorum, quae interdum adhibuimus, operum titulos suo quoque loco indicavimus.

Adnotatione nostra saepissime iterata *Hainio ignot.* simul significatur eam, quam descripsimus, editionem *Panzero* quoque prioribusque omnino bibliographis ignotam fuisse. (Ubi forte ille vir librum ab hoc commemoratum omisit, id nominatim addidimus.) Item adnotatione *Campellio ignot.* intellegi volumus editionem, de qua agitur, non magis in *Panzeri, Hainii* ceterorumque multorum auctorum operibus, quae ille vir doctissimus perscrutatus est, reperiri.

Sine loco, typographi nomine et anno (Venetiis, Vindelinus de Spira, c. a. 1470). Doctrinalis textus. 46 foll. s. num., sign., cust. et capit. divis., typi Rom., in fol. min.

a) *Fol. 1ᵃ*: (ſ) CRIBERE CLERICVLIS Paro ⫽ Doctrinale nouellis. ⫽ Pluraq₃ doctoꝛ ſociabo ſcripta meoꝛ. ⫽ *Fol. 19ᵃ*: (h) Ic iubet ordo libri vooum regimen reſ'ari. ⫽ *Fol. 26ᵃ*: (p) Andere ͵ppoſui ꝑ verſus ſyllaba quęque ⫽ etc. *Fol. 46(45)ᵇ, l. 9 inf.*: (d) Octrinale dei uirtute iuuante perepi ⫽ etc., *l. 5 inf.*: Finis. ⫽ Ille ego ſum. doceo pueros qui & reote locutos ⫽ Arte viros. ſine me doctior eſſe nequit ⫽ Quē quãqã ɪdooti ſepe aſpernãtur. habendũ ⫽ Iure domi doctus me tamen eſſe putet. ⫽

Parisiis, B. Nat. Deest in media fere parte unum fol. Hainio ignot.

b) *Bl. 1ᵃ, l. 1 ut supra; l. 2:* Doctrinale Nouellis ⫽. *Cetera usque ad fol. 46ᵇ, l. 5* Finis *ut supra; sequitur:* Ille ego ſum: doceo pueros qui & reota locutos ⫽ Arte uiros: ſine me doctior eſſe nequit ⫽ Quem quãq̄ indocti ſępe aſpernãtur: habendũ ⫽ Iure domi doctus me tamen eſſe putat. ⫽

Vindobonae, B. Caes. Cf. Hain no. 662. — In extrema parte codicis Vindob. scripta sunt manu rec. haec: Alexandri Galli doctrinale per Ioannem de Spira c. 1469, typis, quibus Cornelius Tacitus impressus est.

Utraque editio, quam supra descripsimus, quae in prima tantum linea atque in extrema adnotatione nonnihil discrepat, eodem anno videtur nobis confecta. Cuius typographus si Ioannes Spirensis, novae artis in urbe Veneta conditor et auctor, fuisset, saltem anno 1469 esset attribuenda, cum prototypographus ille exeunte hoc anno aut ineunte proximo mortuus sit. (Vide Dictionnaire de géogr. p. 1320.) Sed putamus anno 1470 potius esse confectam atque typographum fratrem et successorem Ioannis Spirensis, Vindelinum Spirensem esse, praesertim cum prima editio Taciti, sine loco, typographi nomine et anno emissa, recentioribus bibliographis e prelo Vindelini, atque illa quidem anno fere 1470 vel, quoniam signaturis quas vocant et custodibus praedita est, potius insequentibus annis exiisse videatur. (Vide Dictionnaire de géogr. p. 1322.) De utriusque typographi operibus cf. Hain-Burger p. 311 sq.

2.

Tarvisii, sine typographi nomine (Gerardus de Flandria), a. 1472, d. IV. m. Apr. Doctrinalis textus. 46 foll. s. num., sign. et cust., typi Rom., in fol. min.

Fol. 1ª: PRIMA PARS DOCTRINALIS ǁ DE ETHIMOLOGIA FE-LICITER ǁ INCIPIT :: :: PROHEMIVM :: ( ) CRIBERE clericulis paro ǁ doctrinale nouellis. ǁ *Fol. 19ª*: DOCTRINALIS ǁ PRIMA PARS ǁ EXPLICIT ǁ SECVNDA PARS DOCTRINALIS ǁ DE DIASINTHETICA FELICITER ǁ :: INCIPIT :: ǁ *Fol. 27ᵇ*: TERTIA PARS DOCTRINALIS ǁ DE ORTHOGRAPHIA ǁ INCIPIT *(sic)* ǁ FOELICITER :: ǁ *Fol. 38ª*: QVARTA PARS DOCTRINALIS ǁ DE PROSODIA FOELICITER ǁ IN-CIPIT ǁ. *Fol. 46ª, l. 9 inf.* :: RECAPITVLATIO :: ǁ ( ) Octrinale dei uirtute iuuante peregi. ǁ Grates reddo tibi genitor deus: & tibi Chriſte ǁ Nate dei deus: atq₃ tibi deus alitus alme ǁ Quas tres perſonas in idem credo deitatis. ǁ :: FINIS :: ǁ M.CCCC.LXXII. DIE VERO. IIII. ǁ MENSIS APRILIS ǁ :: TARVISII :: ǁ

Vindobonae, B. Caes. Ab Hainio no. 666 not. ex Panzero III p. 32, qui quidem Morellium auctorem secutus est. — Editio pulcherrimis typis descripta, exemplar artis typographicae elegantiae, non dubium est, quin ex officina Gerardi Flandri exierit. Gerardus de Lisa (Geeraert van de Leye), ita appellatus a fluvio Legia (Leye, la Lys) in Flandria, certe discipulus officinarum Moguntinarum, primum Venetiis et inde ab anno 1471 medio Tarvisii consederat, ubi primus et usque ad a. 1476 solus typographus erat. Hoc anno Vicentiam, postea Utinum et in alia oppida Italiae superioris sedem suam transtulit, deinde Tarvisium rediit. Ab anno autem 1494 iterum hac urbe relicta complures annos alibi versatus est, ut libros suos venum daret; erat enim et bibliopola et typographus. Anno 1498 iterum Tarvisium rediit, ubi anno post videtur mortuus esse. (Cf. Dictionnaire de géogr. p. 1220, 1294, et Hain-Burger p. 181.) Gerardus Flandrus est unus ex illustrissimis typographis Italiae; libri eius in numero praestantissimorum saec. XVⁱ artificiorum sunt.

3.

Venetiis, sine typogr. nom., c. a. 1473. Doctrinale cum glosa Ladaviani. 335 foll., typi Goth., in fol. min.

Fol. 1ª: Doctrinale Alexādri. Cum gloſa Ladauiani. † ǁ Supaddē do-reſiduū *(?)*. Quod nūq₃ fuerat īpſſu₃. ǁ Videlicet et regimen. Uſq₃ doc-trinalis finem. ǁ *In fine*: ℂ Ladauiani vocabuloru₃ interpretis iuuenibus ac ꞏpue-ǁotis in arte gramatica *(sic)*. tum poſitiua. tum regulari vtiliſſ ǁ mū ſuper alexandro opus dudu₃ promiſſum Feliciter finit. ǁ

Abrincis, B. Ur. In primo folio (quod quidem in exemplari Abrincensi laceratum est) sub inscriptione: Catholicum abbreviatum *insigne typographicum positum est litteras* DR *continens, quae circum-datae sunt litteris* VENETĀ. *(Annus 1473 plumbo manu posteriore ad-ditus est.) Hainio ignot.*

4.

Sine loco, typogr. nom. et a. (Venetiis c. a. 1473). Doctrinalis textus. 50 foll. s. num., sign. et cust., typi Rom., in fol. min.

Fol. 1ᵃ: (S)Cribere clericulis paro doctrinale nouellis ǁ *etc.* *Fol. 21ᵃ*: (S)Ic iubet ordo libri uocum regimē referari ǁ *Fol. 30ᵃ*: (P)Andere propoſui per uerſus: ſillaba queqȝ ǁ *etc.* *Fol. 50ᵇ*: (D)Octrinale dei uirtute iuuante peregi ǁ Grates reddo tibi genitor deus & tibi criſte ǁ *etc.; ult. l.:* DEO GRACIAS ǁ.

Romae, B. Cas. Hainio ignot.

5.

Venetiis, sine typogr. nom., a. 1474, d. XXV. Maii. Doctrinalis textus. 41 foll. s. num., sign. et cust., typi Rom., in fol.

Fol. 1ᵃ: ALEXANDRI GRAMMATICI DOCTIS ǁ SIMI OPVS METRICE COMPOSITVM ǁ FELICITER ET CORRECTISSIMVM. ǁ . PROOEMIVM . ǁ (S)CRIBERE CLERICVLIS PARO ǁ DOCTRINALE NOVELLIS. ǁ Pluraqȝ doctoȝ ſociabo ſcripta meoȝ. ǁ *Fol. 17ᵇ*: DE ORDINATIONE PARTI ǁ VM ET CASVVM. Cap. Viij. ǁ ( )Ic iubet ordo libri uocū regimen referari. ǁ *Fol. 25ᵃ*: DE QVANTITATIBVS SYLLABARVM: ǁ CAPITVLVM. X. ǁ (P)ANDEREPROPOSVI *(sic)* PER VERSVs ǁ ſyllaba quaeqȝ ǁ. *Fol. 41ᵇ, l. 3 inf.:* LAVS DEO. ǁ M.CCCC.LXXiiij. DIE VERO. XXV. MAII. ǁ VENETII *(sic)* ǁ.

Parisiis, B. Nat. Hainio ignot. — Haec quoque editio in numero praestantissimorum primoris typographiae Italicae operum putanda est.

6.

Mediolani, Zarotus Parmensis, a. 1475, d. XI. m. Sept. Doctrinalis textus. 41 foll. s. num. et cust., c. sign. aij—ev, typi Goth., in fol. min.

Fol. 1ᵃ: (S)Cribere clericulis paro ǁ doctrinale nouellis: ǁ Pluraqȝ doctorum ſocia ǁ bo ſcripta meorum: ǁ *etc.* *Fol. 1ᵇ*: De prima declinatione nominum. ǁ (R)Ectis as es a dat declinatio prima. ǁ *etc.* *Fol. 17ᵃ, ult. l.:* De Regimine Partium Orationis. ǁ *Fol. 17ᵇ*: (H)Ic iubet ordo libri uocuȝ regimen referari. ǁ *Fol. 24ᵇ, l. 10:* De Quantitate Syllabarum. ǁ (P)Andere propoſui per uerſus ſillaba queqȝ ǁ *etc.* *Fol. 35ᵇ, l. 9:* De Accentibus. ǁ (A)Ccentus uarias decet hic diſtiguere *(sic)* normas ǁ *etc.* *Fol. 36ᵇ, l. ult.:* De Figuris: ǁ (P)Luribus eſt m̄ibris diſtincta figura loquele ǁ *etc.* *Fol. 41ᵃ, l. 16:* Finis. ǁ Grammaticus ſi uis fieri bonus et cito: totum ǁ Me lege: perlectum pectore conde tuo. ǁ Impreſſit Mediolani Antonius Zarotus Parm̄ſis ǁ MCCCCLXXV undecimo die ſeptembris. ǁ *Fol. 41ᵇ vacat.*

Mediolani, B. Ambr. Hainio ignot. — Antonius Zarotus (de Zarotis sive Zaroto) Parmensis, prototypographus Mediolanensis, a. 1472 Vergilium et a. 1474 primum Missale typis describendum curavit. Vide Dictionnaire de géogr. p. 824. De aliis multis officinae eius operibus cf. Hain-Burger p. 364 sqq.

.

7.

Sine loco, typogr. nom. et a. (c. a. 1475). Doctrinalis partium I. II. textus. 64 foll. s. num., sign. et cust., typi Goth., in 4⁰.

Fol. 1ᵃ: Textus Alexandri ╫. *Fol. 1ᵇ vacat. Fol. 2ᵃ*: Scribere cleri ╫ culis paro do ╫ ctrinale nouellis ╫. *Fol. 42ᵃ*: Verborumq̄ data fit declinatio quarta. ╫ Finit prima pars. ╫ *Fol. 42ᵇ*: Hic iubet ordo ╫ libri vocum re ╫ gimen referari. ╫ *Fol. 61ᵇ*: Plurali numero fimiles funt quos ego cerno ╫ Explicit fecūda pars. ╫ *Sequitur 3 foliis* Registrum. *Fol. 64ᵇ vacat.*

Purglitzii, B. Princ. Furstenberg. Cf. Petzholdt, neuer Anz. für Bibl. 1885, Heft 7. Hainio ignot.

8.

Parmae, sine typogr. nom. (Steph. Corallus), a. 1478, d. XVII. m. Nov. Doctrinalis textus. 50 foll. in 4⁰.

In fine: Impreſſū parmae MCCCCLXXVIII die XVII nouēbris.
Cf. Brunet, 5. édit. (Paris 1860) I. p. 167.

9.

Tusculani Lacus Benaci, Gabriel Petri Tarvisinus, a. 1479, d. V. m. Febr. in 4⁰.

In fine: Laus Deo. MCCCCLXXIX, die 5 febr. in Trofcolano *(sic)* lacus Benaci, impress. fuit per Gabr. Petri travisinum *(sic)* regnante Io. Mocenigo duce Venetis *(sic).*

Cf. Brunet. l. c. p. 168. — Gabriel Petri Tarvisinus Tusculani, oppidulo Lacus Benaci, eodem anno tria alia opuscula prelo subiecit, de quibus cf. Panzerus et Dictionnaire de géogr. p. 1274. Quadraginta annis post Tusculani alter typographus illustris occurrit, Alexander de Paganinis; vide nr. 258.

10.

Sine loco (Salutiis), Io. Fabri, a. 1479 d. ult. Iulii. Doctrinale cum Facini Tibergae interpretatione. 88 (86) foll. c. sign. a₂(a₃)—l₂, typi Rom. uniformes, 36—37, interdum 33—34 lineae in sing. pagg., in 4⁰.

Fol. 1ᵃ vacat. Fol. 1ᵇ: FACINI Tiberge ꞁ alexandruȝ interpretatio Ex prifciano ad illu ⁼ Ludo ╫ uicum Marchionem falutiarum. ╫ PROLOGVS. ╫ LVDOVICI Patris tui pace belloqȝ clariſſimi uerbum erat. ╫ etc. *Fol. 2 deest exemplari. Fol. 42ᵃ, l. 16*: hic iubet ordo libri uocum regimen referari Tranſitio ╫ vult intranſitio rectum fupponere uebo *(sic)*: Nominativis & vocativis ╫ etc. *Fol. 55ᵇ, l. 30*: PANDERE propofui per uerfus fyllaba quaeqȝ ╫ etc. *Fol. 87ᵇ,* sequuntur 6 disticha ad Ludovicum, *marchionem Salutiarum, cuius iussu typographus hoc opus edidit (vide nr. 21); deinde (l. 13)*: Impreſſum per Iohanneȝ fabri milleſimo ╫ quadringenteſſimo *(sic)* fetuageſimo. *(sic)* ╫ nono die ultima Iulii. ╫ *Fol. 88 deest exemplari.*

Aletis (St. Malo), B. Ur. Ab Hainio not. no. 6896. — Ioannes Fabri Lingonensis Gallicus (Jean Lefèvre de Langres) cum Ioannino de Petro populari a. 1474 Taurini primam officinam typogr. constituerat. Paulo post solus possessor factus alteram simul Casellis condiderat. Anno 1479 a Ludovico II., marchione Salutiarum, ut in illam urbem novam artem introduceret, vocatus est, ibique sine dubio Doctrinalis editionem, quam supra descripsimus, paravit. Sed cum quaestus exspectationi eius non responderet, anno fere interiecto Taurinum revertit, ubi usque ad a. 1485 solus artem typographicam exercebat. Anno c. 1491 officinam suam cessit, et non multo post hic vir assiduus et indefessus mortuus esse videtur. Cf. Dictionnaire de géogr. p. 126 sq., 128 sq., et Hain-Burger p. 96.

11.

Sine loco, typogr. nom. et anno (Lubecae, Lucas Brandis de Schass, a. 1480). Doctrinalis partes I. II. cum amplo commentario et compendium partis III. 136 foll. s. num., sign. et cust. typi Goth., in fol.

Fol. 1 (titulus) vacat. Fol. 2ᵃ: Incipit aurea gramatica *(sic)* puerorum dictis fulcita fere ∣ omnium maiorum et prefertim priſtiani *(sic)* et nicolai per ∣ otti ſipontini ſuper textu doctoris irrefragabilis alex ∣ andri Qua pueris gramatellis bene maſticata redi ∣ mentur tempora multa ∣ pueriqʒ manicabunt velotius *(sic)* ∥ ad altiora ∣. Prefatio ∣ CUm ſcd'm yſidorū li. I. caꝑ iiij. ethimologarium ∣ etc. *Fol. 10ᵇ*: (S)Cribere clericulis paro doctrinale nouellis. ∣ etc. *Fol. 105ᵃ, l. 11*: (H)Ic iubet ordo libri vocū regimē referari ∣ etc. *Fol. 118ᵇ, l. ult.*: Plurali numero ſimiles ſunt quos ego cerno ∥. *Fol. 124ᵃ, l. 11*: Compendiū tercie partis ꝑ pueris tantum. ∥ *Fol. 134ᵃ, l. 9*: De epistola et ꝑtibus eius ꝑ pueris tantū ∥. *Fol. 136ᵃ*: Tota epistola ∣ Alexander. n. ciuis lubicenſis Gherardo. n. nepoti ſuo ꝑdile ∥ etc., *subscripta fol. 136ᵇ, l. 6*: date lubic quarto idus ∥ octobris Anno ſalutis milleſimoquadrīgēteſimooctogesimo *(sic)* ∥ *l. 11*: De triplici ſecta ſcolariū Occultᵉ erfordēſis poeta ∣. *Sequuntur 6 + 9 + 7 vv. hexam., deinde*: Deo gracias ·:· ∥

Magdeburgi, B. G. Cath.; Kiloniae, B. Un. Hainio ignot. Liber Kiloniensis, qui erat antea in bibl. Coen. Bordesholmiani, habet in extrema parte haec manu possessoris et rubricatoris scripta: Anno incarnationis verbi 1487 illuminavi librum praesentem, quem anno 80 eiusdem verbi emi pro 12 ſʒ in Kyl. *(Haec verba tota refero, cum sint per compendia scripta.)*

Lucas Brandis de Schass, in oppido Delitio natus, a. c. 1473 Merseburgi officinam habuit et inde ab anno 1475 Lubecae consedit, in qua urbe a. c. 1485 secutus est eum Matthaeus Brandis, qui frater aut filius prototypographi fuisse videtur. Cf. Dictionnaire de géogr. p. 761, 808, et Hain-Burger p. 47.

12.

Sinc loco, typogr. nom. et anno (c. a. 1480). Doctrinale cum glosa Ladaviani. 154 + 126 + 162 = 422 foll. c. sign. aij—tv + A—Qiiij + Aij—Uiiij, typi Goth., in fol. min.

Fol. 1ᵃ: Doctrinale Alexandri ∥ cum gloſa Ladauiani. ∥ *Fol. 1ᵇ vacat. Fol. 2ᵃ*: Prohemium: ∥ (Q)Uoniam in o̅ī̅b̅ᵉ re- ∣ quiē queſiui. Utinam er ∣ etc.

Fol. 5ª: (S)Cribere clericulis ∥ paro doctrīale no ∥ uellis. ∥ *Fol. 155ª*: (H)Ic
iubet ordo li ⸗ ∥ bri vocuȝ regimē ∥ referari. ∥ *Fol. 280ᵇ*: ℂ Et ſic eſt
finis lecture oſtructio ∥ nis magiſtri Iohānis Ladauiani. ∥ *Fol. 281ª*: Pro-
heminum. ∥ (p)Andere ,ppoſui p ∥ vſuȝ ſyllaba qqȝ ∥ etc. *Fol. 441ᵇ*: ℂ Ladauiani vocabulorum interpretis iuueni ⸗ ∥ bus ac prouectis in arte grammatica. tum poſiti ∥ ua. tum regulari vtiliſſimū ſuper alexādro opᵉ ∥ dudum
,pmiſſum feliciter finit. ∥ *Fol. 442ª*: Dogma qui prime glicis (*sic*) calere
pa ∥ rentis etc. (5 disticha). *Fol. 442ᵇ vacat.*

    *Monachii, B. Reg.; Friburgi Brisg., B. Un. Cf. Hain no. 756. —
Tegumento prioris exemplaris agglutinatus est titulus:* Tres partes
Alexandri cū Cōmentu Ladauiani. *In primi folii pagina aversa scriptum
est:* Iste liber attinet monasterio St. Quirini in Tegernsee.

13.

    Sine loco, typogr. nom. et anno (c. a. 1480). Doctrinalis
partes I. II. cum amplo commentario (pars III. deficit; cf. num. 11).
120 foll. s. sign., cust. et foll. num., typi Goth., in fol.

    Fol. 1ª: Incipit aurea gramatica (*sic*) pueroᚱ dictis fulcita fere omniū
ma ∥ ioᚱ et pͤfertim priſtiani (*sic*) et nicolai perotti ſipōtini ſup textu
do ⸗ ∥ ctoris irrefragabilis alexādri Qua pueris ḡmatellis bū maſtica ∥ ta
rediment tpa multa. pueriqȝ manicabūt velociᵉ ad altiora. ∥ Prefatio. ∥
( )Vm ſed'm yſidoᚱ. li. j. ca. iiij. etimolologiaᚱ. Gra ∥ matica ſit ſciētia recte
loquendi. etc. *Fol. 8ª, l. 8 inf.*: De prohemio alexandri. ∥ ( )Cribere clericulis ᚱō. *Fol. 115ᵇ*: Plurali numero ſil'es ſūt quos ego cerno ∥. *Fol. 120ᵇ*,
l. 35: to prolatos ſine deliberatione. Et hoc ſufficit pro pueris. ∥

    Oxoniae, B. Bodl. Cf. Hain no. 7859.

14.

    Sine loco, typogr. nom. et anno (c. a. 1480). Doctrinale
cum expositione Ludovici de Guaschis. 114 foll. c. sign. aij[?]
(imus paginae margo glutine obductus est)—viij, typi Goth., in 4°.

    Fol. 1ª: liber triū pciū mgrī ∥ alexandri grāmati ∥ ci cū putili de-
cl'acõe ∥. *Fol. 1ᵇ vacat. Fol. 2ª*: (S) Cribere clericulis paro ∥ doctrinale nouellis.
Quia textᵉ eſt planus: nō indi ∥ get explanatõe. Sȝ tū pro forma ∥ etc. *Fol. 58ª*:
( ) Ic iubet ordo libri vocū regimē referari ∥. *Fol. 78ª*: (P)Ande' prepoſui p
verſus ſillaba queqȝ ∥ etc. *Fol. 114ª, l. 26*: Et ſic finit exſpotitio (*sic*)
doctrinal' opēdioſa. ⸗ ſuccincta (*deest* per) dūm mḡrm lu ⸗ ∥ douicū de
guaſchis artiū doctorem ∥ Ich. Du. Die. ∥ *Fol. 114ᵇ vacat.*

    *Francofurti ad Moen. Hainio ignot. — Compendia in fine libri quid
significent, nescio.*

15.

    Tridenti, sine typogr. nomine (Presbyter Zuan Leonardus
Longus Tarvisinus), a. 1481, d. XI. m. Aug. Doctrinalis textus.
38 foll. c. sign. A—E₃, typi Rom., in fol.

    Titulus deest. Fol. 1ª (c. sign. A): (s) Cribere clericulis paro doctri-
nale nouellis. ∥ etc. *Fol. 16ª*: (h) Ic iubet ordo libri uocum regimem (*sic*)

referari. // *etc.* *Fol. 22ᵇ:* (p) Andere ‚ppoſui ꝑ uerſus ſyllaba queqꝫ // *etc.*
Fol. 38ᵃ: (d) Octrinale dei uirtute iuuante peregi. // *etc.; l. 9 inf.:* FINIS: //
Ille ego ſum. docco pueros qui & recta locutos // Arte uiros: ſine me doctior eſſe nequit // Quem quanꝗ indocti ſepe aſpernantur: habendũ // Iure
domi doctus me tamen eſſe putat. // M : CCCC : LXXXI : die XI menſis
auguſti. In tridento. // DEO GRATIAS SEMPER // S :: M :: P :: Z :: L ::
L :: S : // POST : TENEBRAS : SPERO : LVCEM. // *Fol. 38ᵇ vacat.*

 *Londinii, Mus. Br. — Non est dubium, quin hic liber, qui bibliographis
prorsus ignotus est, ex officina typographi, quem supra nominavimus, pro-
dierit. In fine editionis a. 1482 Tridenti paratae:* Ioan. Matthiae Tiberini
Clarensis de passione et obitu Teati pueri Simonis libellus, *leguntur haec:*
Ecclesiam matris Christi qui rite gubernat // Presbiter impreſſit hoc leonardus opus // Gente triuiſanus nulli virtutibus impar // Quem genuit
longa ſemper honesta domus // POST TENEBRAS SPERO LVCEM : [
S :: M :: P :: Z :: L :: C :: L :: S : // Laus Deo Semper Amen: M : CCCC :
LXXXII : Die : V : SEPTEMBRIS. *Litterae grandes in fine huius libri et
illius, quem supra descripsimus, haec significant:* Segnò Messere Preto
Zuan Lunardo (Curato) Longo Stampator. *Vide Dictionnaire de géogr.
p. 1261. Cf. etiam de hoc typographo Hain-Burger.*

15*.

 Sine loco, typogr. nom. et anno (c. a. 1480). Doctrinalis
partium I. II. textus. 54 foll. s. num., c. sign. (?)—Jiiij, c. argumentis in frontibus et capitum subdivisionumque notatione in
marginibus, 15 tantum lineae textus in singulis pagg., typi
Rom., in 8⁰.

 *Unico, quod superesse videtur, exemplari desunt initio 12 foll. In-
cipit c. sign. c.:* de patronymicis // Que dant̄ maribus ſed in es rectũ
faciemus // *(v. 322). Fol. 44ᵃ (c. sign. G₂):* Explicit prima pars // Alexandri. //
Fol. 44ᵇ: ſecunda pars. // (h)ic iubet ordo libri vocum regimen referari // *etc.*
(Prima litera h *ligno incisa per 7 lineas extenditur.) Fol. 54ᵃ, l. ult.:*
Plurali numero ſimiles ſūt quos ego cerno // *Fol. 54ᵇ vacat.*

 Arangiae, B. Pror. Hainio ceterisque bibliographis ignot.

16.

 Vicentiae, Leonardus de Basilea, a. 1481, m. Sept. Doctrinale cum commento [Ludovici de Guaschis]. 86 foll. s. num.,
c. sign. a₂—l₈, typi. Goth., in fol. min.

 *Fol. 1 (titulus) deest in eo exemplari, quod nobis praesto erat.
Fol. 2ᵃ (c. sign.* a₂)*:* (S) Cribere clericulis paro doctrinale ‘nouelis. *(sic)* //
Quia teſtus *(sic)* eſt planus non indiget explanatione. Sed tamē // *etc. (cf.
num. 14. 17). Fol. 42ᵇ:* (h)Ic iubet ordo libri vocum regimen referari. //
Fol. 57ᵃ: (p) Andere prepoſui per uerſus ſillaba queqꝫ. // *Fol. 86ᵇ:* FINIS. //
Doctrinale iſtud cōpendioſe cōmentatũ ſtudioſeqꝫ emendatũ ꝑ prudc̄tc̄
opifice *(sic)* // Leonardum de baſſilea *(sic)* impreſſũ eſt Vicencie anno
domini. M.CCCC. // LXXXI. ſeptembris. //

Oeniponti, B. Un.; Berolini, B. Reg. Hainio ignot. — Leonardus Achates Basileensis cum Ioanne Rhenano c. a. 1474 Vicentiae primum prelum constituit. Cf. Dictionnaire de géogr. p. 1337 sq. et Hain-Burger p. 1.

17.

Mediolani, sine typogr. nom., a. 1481. Doctrinale cum expositione Ludovici de Guaschis. 96 foll. s. num., c. sign. a$_2$—m$_3$, typi Goth., in fol. min.

Fol. 1 (titulo destin.) vacat. Fol. 2^a (c. sign. a$_2$): (S) Cribere clericulis paro doctrina // le novellis / Quia teftus *(sic)* est planus non indiget explanatione. Sed ta // men *etc. Fol. 46^a, l. 2 inf.:* ( ) Ic iubet ordo libri uocum regimen referari //. *Fol. 62^b:* ( ) Andere preposui per uerfus fillaba queq; // *etc. Fol. 84^b:* ( ) Ccētus uariaf decet hīc diftinguere formas / *etc. Fol. 96^b, l. 4 inf.:* Et fic finitur expofitio doctrinalis compendiofa et fuccinta. *(sic)* / Per dominum Magiftrum Ludouicum de guafchis artium doctorem. / FINIS // Impreffum mediolani. anno dñi. MCCCCLXXXI. //
Veronae, B. Ur. Not. a Panzero II. p. 44 no. 203 et ab Hainio no. 743.

18.

Venetiis, sine typogr. nom., a. 1482, d. XV. m. Apr. Doctrinale cum commento Ludovici de Guaschis. 70 foll. s. num., c. sign. aii—liiij, typi Goth., in fol.

Fol. 1 (titulo destin.) vacat. Fol. 2^a (c. sign. aij): (S) Cribere clericulis paro doctrina // le nouellis. / Quia textus eft planus: non indiget explanatione. / *etc. Fol. 69^a:* Alexandri grāmatici opus interpretatum a Uiro eru // ditiffimo grāmatico Domino Ludouico de guafchis. // Impreffum Uenetiis Anno falutis milleſimoquadrī // genteſimooctogeſimofecundo *(sic)* die decimoquinto *(sic)* A // prilis. // Registrum /. *Sequuntur in 3 spatiis 34 lineae. Fol. 69^b et fol. 70 vacant.*
Venetiis, B. Nat.; Ferrariae, B. Un.; Senae Iul., B. Ur.; Londinii, Mus. Br.; Gryphiswaldae, B. Un.; Stuttgardiae, B. Reg. aul.; Hayae Comitum, B. Mus. Meermanno-Westreeniani. — Editio, quam Panzerus III. p. 185 no. 638 et eum secutus Hainius no. 744 afferunt, eadem esse videtur.

19.

Venetiis, Io. de Noerdlingen et Henr. de Harlem, a. 1483, d. XXV. m. Apr. Doctrinale cum commento Ludovici de Guaschis. 132 foll. s. num., sign. et cust., typi Rom., in 4°.

Fol. 1 (titulus) deest. Fol. 2^a: ( ) Cribere clericulis paro doctrinale / nouellis: // Quia textus eft planus: nō indiget ex // planatione. *etc. Fol. 66^a:* ( ) Ic iubet ordo libri uocum regimen // referari. / *Fol. 131^b:* Allexādri *(sic)* grāmatici opus īterp̄tatum a uiro eruditiffimo grā / matico Domino Lodouico de guafchis. Impreffum Vene- // tiis per Iohānem de noerdlingē & hēricum de harlem focios // Anno falutis Milleſimo quadringentefimo Octogeſimo ter // tio die uiceſimo quinto menſis uero Aprilis. // *Fol. 132^a sequitur index in 3 spatiis. Fol. 132^b vacat.*

Florentiae, B. Nat.; Bononiae, B. Un. (fol. 132 deest); Oxoniae,
B. Bodl. Ab Hainio no. 745 not. ex Panzero III. p. 201 no. 740. -
Ioannes Nordlingensis c. a. 1480 Bononiae officinam aperuerat, quam
Henrico Harlemensi socio assumpto c. a. 1483 Venetiam transtulit. Cf.
Hain-Burger p. 214.

20.

Venetiis, Andr. Catherensis et Io. de Leodio, a. 1483,
d. XXVII. m. Iul. Doctrinale cum commento Ludovici de Guaschis.
68 foll. s. num., c. sign. aij—liij, typi Goth. (litteris grandibus
saepius in lignum incisis variisque coloribus exornatis), in fol.

Fol. 1 (titulus) deest in eo exemplari, quo usi sumus. Fol. 2ª (c. sign.
aij): (S) Cribere clericulis paro doctrinale nouellis. ꞁ Quia textus ē planus: nō
indiget explanatiōe. Sed tū pro forma feruāda ꞁ etc. *Fol. 33ª:* (H) Ic iubet
ordo libri uocum regimen referari. ꞁ *Fol. 68ª:* Alexandri grammatici opus
interpretatū a Viro eruditiſſimo grāmatico domino Ludouico de gua꞊ ꞁ
ſchis Impreſſum venetiis: Per magiſtrum Andream catherensis *(sic)* ꞁ
Ioannem de leodio Anno falutis. ꞁ M.CCCCLXXXIIJ die XXVIJ menſis Iulij
Ioanne Moncenico *(sic)* Inclyto Venetiarum Principe. ꞁ Regiſtrum ꞁ. *Sequuntur*
in 3 spatiis 35 lineae. Fol. 68ᵇ vacat.

Florentiae, B. Nat.; Romae, B. Cas.; Senae Iul., B. Ur.; Oxoniae,
B. Bodl. Ab Hainio no. 745ª (addit.) not. ex Panzero III. p. 201 no. 741.

21.

Parisiis, Udalricus Gering, a. 1483. Doctrinale cum Facini
Tibergae interpretatione. 124 foll. s. num., c. sign. aij—qij,
typi Goth., in 4º.

Fol. 1ª: Facini Tiberge in alexandrum interpretatio Ex ꞁ priſciano
ad illu. ludouicū marchionē ſalutiarū. ꞁ Prologus. ꞁ *Fol. 59ª:* Tranſitio. ꞁ
(H) Ic iubet ordo libri vocū regimē referari ꞁ etc. *Fol. 79ᵇ:* (P) Andere
ꞁppoſui per uerſus ſyllaba quaecꝗ ꞁ Quanta ſit etc. *Fol. 123ᵇ:* Finit Facini
Tiberge in Alexandrum interpraetatio. *(sic)* ꞁ Exarata in vrbe Pariſiana per
magiſtrum Vdalricum ꞁ Gering. Invico *(sic)* fancti Iacobi ad interſignum
folis au- ꞁ rei. Anno domini Milleſimo quadringenteſimo octu ꞁ ageſimo
(sic) tertio. Nono kalendas Martii. *Sequuntur 6 disticha, quae incipiunt:*
Marchio me iuſſit generoſus ſalutiarum ꞁ Edere: quod quintus protulit
annus opus. ꞁ etc. *Fol. 124 vacat.*

Trecis, B. Ur. Hainio ignot. A Buissono not. p. 666.

Udalricus Gering Constantiensis cum Michaele Friburger Colmariensi
et Martino Krantz Moguntino, ut videtur, Academiae Parisinae rogatu
a. c. 1471 Parisiis primum prelum instituerat, et id quidem in ipsius
Sorbonae aedibus. Tribus annis post illi tres Germani, ut cum duobus
Academiae civibus, qui in eorum officina novae artis mysteriis initiati in
vico S. Iacobi privatam officinam instituerant, efficacius contendere possent,
Sorbona totaque supellectile typographica (quae sine dubio ipsius Acade-
miae erat) relicta in eodem vico et iuxta aemulam officinam suam condi-
derunt. Ex eo tempore pro typis Romanis, quos a Sorbona acceperant,

Gothicis usi sunt. A. c. 1478 Michael Friburger et Martinus Krantz, cum certamen illud diutius sustinere non possent, urbe decesserunt. Geringius autem primum cum librario quodam Parisino, deinde cum Bertholdo Rembolt Argentinensi artem typographicam usque ad mortem (a. 1510) persecutus est. Cf. Dictionnaire de géogr. p. 997 sqq. et Hain-Burger p. 117 sq.

22.

Mediolani, Leonardus Pachel et Uldericus Sinczenzeller, a. 1484, d. IX. Kal. Apr. Doctrinale cum commento Monachi Lombardi. 112 foll. s. num., c. sign. aij—oiij, typi Goth., in fol.

Fol. 1ª (titulus) vacat. Fol. 1ᵇ: Cōmentū utiliſſimū doctrinalis clariſſimi poete laureati ac theologie domini Monachi lombardi ∥ (F)Elix qui potuit rerum cognoſcere cauſas. ∥ *Fol. 2ª*: (S)Cribere clericulis paro doctrinale nouellis. ∥ *etc. Fol. 61ª*: (h)Ic iubet ordo libri uocum regimen referari ∥. *Fol. 78ᵇ*: (p)Andere prepoſui per uerſus ſyllaba queq₃ ∥ *etc. Fol. 111ᵇ*: (d) Octrinale dei uirtute iuuante peregi ∥ *etc.; l. 8 inf.*: Ml'i ∥ Impreſſum per Leonardum pachel et Uldericum ſinczenzeller theutonicos ∥ Anno dñi ∥ M.CCCC. ∥ LXXXiiij ∥ nono kalendas Aprilis ∥ Finis ∥. *Fol. 112 vacat.*

Londinii, Mus. Br. Hainio ignot. — Leonardus Pachel Ingolstadii natus erat (cf. Dictionnaire de géogr. p. 824); Udalricus Sinczenzeller ubi ortus sit, non constat. De horum typographorum operibus cf. Hain-Burger p. 221 sq.

23.

Monte Regali, Stephanus et Laurentius de Vivaldis, a. 1484, d. IV. m. Aug. Doctrinale cum commento [Ludovici de Guaschis]. 84 foll. s. num., c. sign. a₂—liij, typi Goth., in fol. min.

Fol. 1 (titulus) deest exemplari, quod solum superesse videtur. Fol. 2ª (c. sign. a₂): (S) Cribere clericulis paro doctrinale novelis. *(sic)* ∥ Quia teſtus *(sic)* eſt planus non indiget explanatione *etc. (cf. nr. 14. 16. 17. 20) In fine*: Doctrinale iſtud compendioſe commentatum ſtudioſeque emendatum per prudentes opifices Stephanum et Laurencium de vivaldis. diligenter impreſſum eſt in monteregali. anno dñi. M.CCCC.LXXXiiij Die iiij. Auguſti.

Carpentoracti, B. Ur. Ex hoc exemplari not. a Buissono p. 668, qui quidem librum a. 1483 editum esse falso annotavit. Hainio ignot. — Stephanus et Laurentius de Vivaldis, cives Montis Regalis, Liguriae oppidi, quod hodie Mondovi appellari solet, Matthiae Antverpiensi et Balthasaro Cordier Francogallo, qui a. 1472 artem typographicam in illam urbem introduxerant, successerunt. Cf. Dictionnaire de géogr. p. 885.

24.

Mediolani, Leonardus Pachel et Uldericus Sinczenzeller, a. 1484, d. XVII. m. Dec. Doctrinalis textus. 32 foll. s. num., c. sign. aij—diiij, typi Goth., in fol.

Fol. 1 (titulus) deest exemplari, quod nobis praesto erat. Fol. 2ª (c. sign. aij): ( )Cribere clericulis paro doctrinale no ∥ uellis. ∥ *Fol. 14ª, l. 2 inf.*: (H)Ic iubet ordo libri uocų regimen referari. ∥ *Fol. 20ª*: (P)Andere prepofui per uerfus fyllaba queq3 ‖. *Fol. 32ᵇ*: (D)OCTRINALE dei uirtute inuāte *(sic)* pegi ‖ *etc.; l. 3 inf.*: Impreſſu3 Mediolani per Leonardu3 pachel ꜱ Ul ‖ dericum fincenzeller theutonicos: MCCCCLXXXiiij. Die. XVII Decembris. ‖

Parisiis, B. Nat. Hainio ignot. — De typographis cf. adn. ad nr. 22.

25.

Daventriae, Richardus Paffroed, sine anno (c. a. 1484). Pars I. cum dictis Ioannis Synthen.   260 foll. s. num, c. sign. aij—kkiij, typi Goth. uniformes, in 4°.

Fol. 1ᵃ: Dicta þmae partis Alexādri domini ‖ Ioānis finthen ⁙ ⁙ ⁘ ‖. *Fol. 1ᵇ vacat. Fol. 2ᵃ*: Incipit glofa fup þma parte doctrinalis alexā ‖ dri p lohānem fynthen Dauātrie extremo labore ‖ collecta q̄ fi diligēter aufcultet nō modo iuuenib⁹ ‖ verꝫ etiā preceptorib⁹ erit neceſſaria. ‖ *Fol. 260ᵃ*: Finiūt fuper þma pte doctrinalis Alexādri ‖ Venerabilis domini Ioānis fynthen copulata ‖ dauantriae fumma diligentia impreſſa Per me ‖ Richardū paffroed In platea epifcopi ‖. *Fol. 260ᵇ vacat.*

Giessae, B. Un. Campbellio ignot. — Haec editio sine dubio omnium in officina Richardi Paffroed Daventriensis paratarum antiquissima, immo, quoniam in textu et in commentario iidem typi adhibiti sunt, fortasse unum e primis omnino operibus est, quae ex prelo eius exierunt. — Richardus Paffroed sive Paffraet vel Paffrat Coloniensis ab Alexandro Hegio, Daventriensis scholae magistro, humanistarum qui vocantur Rhenano-Westphalicorum principe, commotus aut saltem gloria, qua illius schola iam tum florebat, adductus a. c. 1476 Daventriae 'in platea Episcopi' (vide supra) officinam typographicam aperuit, quam nonnullis annis post altera secuta est, cuius possessor Iacobus de Breda erat (cf. nr. 58). In domo Richardi illustrissimum illum paedagogum victu quotidiano usum esse alio loco comprobasse mihi videor. (Cf. Reichling, Beiträge zur Charakteristik des Alex. Hegius etc., in Monatsschrift für rhein.-westfäl. Gesch. u. Altertumsforschung, hrsg. v. Rich. Pick, III. [1877] S. 290.) Richardus Paffraet Batavorum primus idemque XV° quidem saec. maximus typographus fuit. Eius opera maximam partem accuratissime descripsit Campbellius.

26.

Sine loco, typogr. nom. et anno (Daventriae, Rich. Paffraet, a. c. 1484).   Doctrinalis textus.   Partes III. IV.   22 foll. c. sign., typi Goth., in 4°.

Fol. 1ᵃ: Tertia et quarta ps doctrinalis ‖ *Fol. 1ᵇ vacat. Fol. 2ᵃ*: (p)Andere ppofui per verfus ‖ fyllaba quaeq3 *etc. Fol. 15ᵃ, l. 10*: Finit tercia ps doctrinal' foeliciter ‖. *Fol. 22ᵃ, l. 5*: Alexandri grammatici doctrinale ‖ finit foeliciter. ‖ *Fol. 22ᵇ vacat.*

Cf. Campbell no. 127. Hainio ignot.

26*.

Sine loco (Argentinae) et typogr. nomine, a. 1485. Pars I. cum expositione [Ioannis Synthen]. 196 foll. s. num., c. sign. aj—ziij et Aj—Biiij, typi Goth., in 4°.

Titulus deest. Fol. 1ª (c. s. aj): Circa expoſitionem vocabulorum ‖ prime partis Alexandri queri ‖ tur *etc. Fol. 1ᵇ*: (S)Cribe' cle'icul' paro doctrīale nouell' ‖ *Fol. 196ª*: Explicit felicit' expoſitio exemploꝝ text⁹ prīe ‖ ptis alexandri cū eq̄uocatōnib⁹ ſynonymis et ‖ verſib⁹ dr̄alib⁹ ex Ioanne de garlādia Grecis : ‖ mo Henrico de colonia Catholicō Brachilogo ‖ et ex q̄pluribꝰ aliis auctorib⁹ breuit' et plane col ‖ lectis cū difficiliū textuū ſentētijs et nōbilib⁹ sᵐ ‖ dicta p'ſtiani et Ioannis ſynthis oēm difficul ‖ tatē et cōtrou'ſiā reſecātib⁹ diligēter annexis. ‖ Anno dñi M.CCCCLXXXV. nono Kl'. feb'. *Fol. 196ᵇ vacat.*

Traiecti ad Rh. Hainio ignot. De loco, ubi typis exscriptus esse videtur liber, et de commentatore eius cf. nr. 36.

27.

Venetiis, Thomasius Alexandrinus, a. 1485, d. XXVIII. m. Jul. Doctrinale cum commento Ludovici de Guaschis. 56 foll. s. num., c. sign. aij—hiiij, typi Goth., in fol.

Fol. 1 (titulus) deest exemplari, quod prae manibus erat. Fol. 2ª (c. sign. aij): (S)Cribere clericulis paro doctrinale nouellis. ‖ *Fol. 56ᵇ, l. 15*: Alexandri grammatici opus interpretatum a Viro eruditiſſimo grammatico domino Ludouico de guaſchis Impreſ ‖ ſum venetiis: Per Thomaſium alexandrinum Anno ſalutis: M.CCCCLXXXV die XXVIIJ menſis Iulii Ioanne Moceni ‖ co Inclyto Venetiarum Principe: ‖ Regiſtrum ‖. *Sequuntur in 3 spatiis 3×10 lineae; deinde sequitur insigne typographi.*

Monachii, B. Reg.; Sangalli, B. Coen.; Romae, B. Cas.; Neapoli, B. Borb. Cf. Hain no. 746. — Thomasius (Thomas) de Blaris Alexandrinus Venetiis annis 1477—1491 artem typographicam exercebat. Cf. Hain-Burger p. 39.

28.

Zwollis, Petrus de Os, a. 1485, in profesto omn. Sanct. Doctrinalis textus (partes I. II. desunt unico exemplari, quod superesse videtur). ? foll. c. sign. —liiij, typi Goth., in 4°.

Fol. 1ª (c. sign. hj): (P)Andere ꝓpoſui per verſ⁹ ‖ ſill'a q̄qȝ Quāta ſit et pauca ‖ p̄ponā cōgrua metris Que ‖ *etc. Fol. 31ᵇ, l. 8*: Difertiſſimi viri magrī *(sic)* alexandri de villa ‖ dei doctrinale in quatuor partes grāmatice ‖ finit feliciter. Impreſſum zwollis per me ‖ petrum de os Anno dñi. M.CCCC.LXXXV°. ‖ in ꝓfeſto omniū ſanctorum. ‖ *Sequitur insigne typographi: duo clypei, in sinistro crux alba, inter hunc et dextrum stella nigra.*

Pragae, B. Un. Campbellio ignot. — Petrus de Os Bredanus (de Breda) ab a. 1480 ad a. 1510 Zwollis officinam habebat. Cf. de eo Holtrop p. 182; Campbell, préf.; Dictionnaire de géogr. p. 1394; Hain-Burger p. 218 sq.

29.

Sine loco, typogr. nom. et anno (a. c. 1485). Doctrinale cum expositione [Ludovici de Guaschis]. 80 foll. s. num. et cust., c. sign. a_2—k_4, 45—48 lineae in sing. pagg., typi Goth., in fol.

Fol. (titulo destin.) vacat. Fol. 2ᵃ (c. sign. a₂): ( ) Cribere clericulis paro doctrinale novellis ᶜ Quia textus est planus non indiget expofitione sed tñ ᶜ pro forma fervūda in fequentibus fic cōftrue. Ego ma ᶜ gifter Alexander *etc. (cf. nr. 14. 16. 17 sqq.) Fol. 37ᵇ:* ( ) Ic iubet ordo libri vocum regimen referari. ᶜ *Fol. 45ᵃ:* ( ) Andere propofui per verfus fillaba ᶜ queqȝ. ᶜ *Fol. 80ᵃ, l. 4 inf.:* Cui qui ᶜ dam *(sic)* foli deo tenemini *(sic)* gratiarum actiones reddere. quia nos deducit per gratū prin ᶜ cipium et aptū mediū et ad finē feliciffimū. Et sic finit expofitio doctrinalis cōpen- diofa ᶜ Doctrinale finit feliciter. ᶜ *Fol. 80ᵇ vacat.*

Parisiis, B. Un.; Araugiae, B. Prov. (olim coenobii Cisterc. Wettin- giani). Hainio ignot.

30.

Basileae, Nic. Kesler, a. 1486, d. XX. m. Aug. Doctrinale cum commento [Ludovici de Guaschis]. 70 foll. s. num., c. sign. aij—liiij, typi Goth., in fol.

Fol. 1ᵃ: Partes Alexandri cum cūmento ᶜ. *Fol. 1ᵇ vacat. Fol. 2ᵃ:* Prefatio ᶜ ❮ Ifte liber diuiditur in tres libros partiales. In quoȝ ƥmo Alexander tractat de ethymologia. id ē: de ᶜ veriloquio *etc.; l. 11:* (S)Cribere clericulis paro doctrinale nouellis: ᶜ Quia textus eft planus: non indiget explanatione. Sed tamen pro ᶜ forma feruanda in sequentibus sic con- ftrue. *etc. (cf. nr. 14. 16. 17. 18. 19. 20. 23. 29.) Fol. 69ᵇ:* ❮ Alexandri grammatici opus cum breui ac vtili ᶜ expofitōe Impreffum Bafilee per Nicolaum Kefler. Anno dñi Milleficmoquadringentefimooctuagefimofexto. *(sic)* Die. XX. menfis Augufti. ᶜ *Sequitur insigne typographi. Fol. 70 vacat.*

Vindobonae, B. Caes.; Pragae, B. Un.; Bonnae, B. Un.; Stuttgardiae, B. Reg.; Lipsiae, B. Un.; Guelferbyti, B. Duc.; Halberstadii, B. Cath.; Sangalli, B. Coen. Hainio ignot. — Nicolaus Kesler (Kessler) cum Bertholdo Rot Hanoviensi (qui in lite a Fustio a. 1455 Gutenbergio intenta testis fuerat) et cum Bernardo Richel inter primos chalcographos Ba- sileenses est. Vide Dictionnaire de géogr. p. 163 sq.; de Kessleri operibus typogr. cf. Hain-Burger p. 155 sq.

30*.

Venetiis, Petrus Cremonensis, dictus Veronensis, a. 1486, d. IV. m. Iul. Doctrinale cum commento Ludovici de Guaschis. 80 foll. s. num., c. sign. a_2—l_3, typi Goth., in 4º.

Fol. 1 vacat. Fol. 2ᵃ: (S)Cribere clericulis paro doctrīale nouellis. ᶜ Quia textus eft planus: non indiget explanatione. Sed ta- ᶜ men *etc.* *Fol. 41ᵃ:* (H)Ic iubet ordo libri vocū regimē řferari. ᶜ *Fol. 70ᵃ:* ( ) Ccentᵘ uarias decet hīc diftingueř formaſ ᶜ *Fol. 80ᵃ:* ( ) Octrinale dei virtute iuuante peregi. ᶜ *Fol. 80ᵇ:* ❮ Laus omnipotenti Deo. ᶜ ❮ Alexandri gram-

matici opus interpretatum a Viro eruditiſſimo grammatico Domino Ludo ǁ
uico de guaſchis. Impreſſum Venetijs Anno ſalutis M.CCCC.LXXXVI. Die. iiij.
menſis Iulij. Per ǁ Petrum Cremonenſem dictum veronenſem. Sub inclyto
Duce Marco Barbarico. Amen. ǁ ☾ Regiſtrum. ǁ *Sequuntur 2 lineae.*

Londinii, Mus. Br. Hainio ignot. — Petrus Cremonensis, primum
cum Thomasio Alexandrino (cf. nr. 27) Venetiis coniunctus, ab a. 1481
ad a. 1494 ibi propriam habebat officinam, ex qua multa opera prodierunt.
Cf. Hain-Burger p. 241 sq.

31.

Parmae, Angelus Ugoletus Parmensis, a. 1486, d. XXIX. m.
Nov. Doctrinalis textus. 58 foll. membranea, quorum singulae
paginae 24 lineas habent, s. num., c. sign. ai—gv, typi Rom., in 8⁰.

Fol. 1ᵃ: (S)CRIBERECLERICVLISPARO *(sic)* ǁ DOCTRINALE
NOVELLIS. ǁ Pluraq; doctoᵡ ſociabo ſcripta meorum ǁ *etc.* *Fol. 57ᵃ:*
(d)Octrinale dei uirtute iuuante peregi. ǁ *etc.; l. ult.:* FINIS. ǁ *Fol. 57ᵇ:*
ᴳ·ᴹ· Parm. ǁ *Fol. 58ᵇ:* Emendatiſſimum hoc opuſculum quod doctrina re ǁ
ſertiſſimum *(sic)* merito Doctrī‍ale nuncupatur opera & ǁ impenſis Angeli
Vgoleti Parmenſis impreſum *(sic)* eſt Parmae. M.CCCC.XXXVI. die XXIX
Nouembris. ǁ

Oxoniae, B. Bodl. Hainio ignot. — Angelus Ugoletus secundum An-
dream Portiliam et Stephanum Corallum Lugdunensem praestantissimus
typographus Parmensis fuit. Cf. Dictionnaire de géogr. p. 1003. Haec
Doctrinalis editio omnium officinae eius operum, quae quidem ab Hainio-
Burgero enumerata sunt, antiquissimum est.

32.

Basileae, sine typographi nomine, a. 1486. Doctrinale cum
expositione [Ludovici de Guaschis]. 74 foll. s. num., c. sign.
aij—miiiij, typi Goth., in fol.

Fol. 1ᵃ: Alexander cum cōmento ǁ. *Fol. 1ᵇ vacat. Fol. 2ᵃ (c. sign.*
aij): Prefatio ǁ Iſte liber diuidī‍t in tres libros partiales. In quoᵡ prīo
alexā‍der tractat de etymologia. id ē: de ǀ *etc.* (S)Cribere clericulis paro
doctrinale nouellis ǁ Quia textus eſt planus: non indiget explanatione.
Sed tū ‚p forma ǁ *etc.* *Fol. 73ᵇ:* Explicitus eſt alexander grammaticus ǀ
cum breui et vtili expoſitione. Impreſſus Baſilee Anno ǁ domini Milleſimo
quadringenteſimo octuageſimo ſexto. ǁ *Fol. 74 vacat.*

Monachii, B. Reg. (duo exempl.); Vindobonae, B. Caes.; Dusseldorpii,
B. Reg.; Gottingae, B. Un. (titulus deest); Bonnae, B. Un.; Stuttgardiae,
B. Reg.; Carolsruhae, B. M. Duc.; Argentinae, B. Un.; Selestadii, B. Ur.;
Araugiae, B. Prov.; Augustae Trevirorum, B. Ur.; Basileae, B. Un.;
Oxoniae, B. Bodl.; Weilburgi, B. Gym.; Hagae Comitum, B. Reg. Cf. Hain
no. 747; Panzer I. p. 158 no. 63; Holtrop II. no. 828.

33.

Venetiis, Bernardinus Benalius, a. 1487, d. VII. m. Maii (?).
Doctrinale cum commento Ludovici de Guaschis. 56 foll. s. num.,
c. sign. A—Hiiij, typi Goth., in fol.

Fol. 1ᵃ: Opus Alexandri grammatici pro eruditione puero ∥ rum utiliſſimum Incipit. ∥ (S)Cribere clericulis paro doctrinale nouellis. ∥ Quia textus eſt planus: non indiget explanatione. Sed tamen pro forma feruan ⸗ da *etc. Fol. 27ᵇ*: (H)Ic iubet ordo libri uocum regimen referari. ∥ *Fol. 37ᵃ*: (P)Andere prepoſui per uerſus ſyllaba quiqȝ. *(sic)* ∥. *Fol. 56ᵇ*: Alexandri grammatici opus interpretatum a viro ∥ eruditiſſimo grammatico domino Ludo ∥ uico de guaſchis. Impreſſũ Vene ∥ tijs. per Bernardinũ Benaliũ bergomenſem. An- ∥ no ſalutis. M.CCCC ∥ LXXXVIJ. die VIJ ∥ mẽſis ma- ∥ dij. *(sic)* ∥ Regiſtrum ∥. *Sequuntur in 3 spatiis 2 ✕ 13 et 11 lineae.*

Parisiis, B. Nat.; Romae, B. Cas. Ab Hainio no. 750 not. ex Panzero III. p. 255 no. 1097. — De Bernardini Benalii multis operibus typogr., quorum primum a. 1483 confectum est, cf. Hain-Burger p. 28 sq.

34.

Antverpiae, Gerardus Leeu, a. 1487, d. XXV. m. Iunii. Doctrinalis textus cum sententiis et constructionibus. 112 foll. s. num., c. sign. aij—f₃ + Ai—M₃, typi Goth., in 4º.

Fol. 1ᵃ: Textus alexandri cũ ſentencijs et conſtructionib⁹ ∥. *Sequitur icon xylogr.: magister in cathedra stans, ante pedes eius 5 discipuli. Fol. 1ᵇ vacat. Fol. 2ᵃ*: (S)Cribere ∥ clericulis ∥ paro doc- ∥ trinale no ∥ uellis. ∥ *Fol. 55ᵇ*: Sequitur hic modo ∥ ſecũda pars alexandri ∥ et capitulũ octauũ de ∥ regimine dictionũ ∥ *Fol. 56ᵃ*: (H)Ic iubȝ ordo libri ∥ *etc. Fol. 74ᵃ*: Explicit ſecũda pars alexandri ∥. *Fol. 74ᵇ vacat. Fol. 75ᵃ*: ❆ Tercia pars Alexandri ꝛ capitulũ ∥ decimũ de quantitatibus ſillabarũ ∥ *Fol. 112ᵃ*: ❆ Et ſic finitur expoſitio doctrinalis Alexã ∥ dri ,Impreſſa per me Gerardũ Leeu Ant- ∥ werpie mẽſis Iunij die viceſimaquinta An ∥ ni incarnationis dñi noſtri M.CCCC.LXXXVIJ. *Fol. 112ᵇ icon xylogr.: aedificium tribus turribus ornatum, in quarum media aquila, ab utraque parte exteriorum vexillum est.*

Gottingae, B. Un. Editio a Campbellio no. 112 ex exemplari mutilo (foll. 1 et 112 desunt) descripta est. Quam deinde no. 113 Panzerum I. p. 7 no. 23 et Hainium no. 760 secutus notarit, eadem est editio. Panzerus enim, qui exemplari Gottingensi usus est, locum incuria praeteriit. — Gerardus Leonis (Gheraert van Leeu) iam a. 1477 typographus Antverpiensis occurrit. A. 1478 prelum transportavit Goudam, ubi primus et usque ad a. 1484 solus novam artem exercuit. Hoc anno Antverpiam revertit, in qua urbe Theodoricus Martini et Matthias van der Goes iam consederant. Cf. Dictionnaire de géogr. p. 78, 578 sq., et Hain-Burger p. 172—174. Vide etiam adnot. nostr. ad nr. 103.

35.

Sine loco (Argentinae) et typographi nomine, a. 1487, d. III. Id. Aug. Pars II. cum dictis Ioannis Synthis. 152 foll. s. num., c. sign. aij—tv, typi Goth., in 4º.

Fol. 1ᵃ: Dicta Sinthis ſuper ſe ∥ cũda parte Alexandri. ∥ *Fol. 1ᵇ vacat. Fol. 2ᵃ*: Incipit gloſa ſuper ſecunda ∥ parte doctrinalis in hoc opuſ ∥ culũ diligenter collecta que vt ſcolaribus neceſſaria ſic etiam in ∥ forma-torib⁹ ac inſtructorib⁹ eoꝗ erit vtilſſima. *(sic)* Incipit plog⁹. ∥ *Fol. 152ᵇ*:

Finit hic glosa sup sed'a pte magistri alexandri p Iohannez | synthis collecta. iij ydus Augusti. Anno dñi. M.CCCC.LXXXVIJ. |

Vindobonae, B. Caes.; Basileae, B. Un.; Upsaliae, B. Un.; Darmstadii, B. M. Duc. [exemplar in fine mutilum]. Cf. Hain. no. 14761.

36.

Argentinae, sine typographi nomine, a. 1487, d. V. Kal. Dec. Pars I. cum dictis Ioannis Synthis. 186 foll. s. num., c. sign. aij—ziiij et A—Biij, typi Goth., in 4°.

Fol. 1a: Dicta Sinthis super pri | ma parte Alexandri. | *Fol. 1b vacat. Fol. 2a*: ( ) Irca expositionem | vocabulorum prime partis Alexandri queritur *etc. Fol. 2b, l. 17*: ( ) Cribere clericulis paro doctrīale nouell' | *Fol. 184b*: Explicit feliciter expositio *(sic)* exemplorum textus prime ptis | alexandri cū equiuocationib⁹ synonimis ⁊ versib⁹ dralib⁹ | ex Ioanne de garlandia Grecismo Henrico de colonia | Catholicon *(sic)* Brachilogo ⁊ ex q̄zpluribus⁹ alijs autorib⁹ bre | uiter ⁊ plane collectis cū difficiliū textuū sentētijs ⁊ nota | bilib⁹ s͂m dicta p̄stiani ⁊ Ioh̄is synthis oīm difficultatē | ⁊ ɔtrouersiā resecātib⁹ diligēter annexis. | Anno dñi M.CCCC.LXXXVIJ. q̄nto kl.' decēb'. Argentine. | *Foll. 185 et 186 vacant.*

Darmstadii, B. M. Duc. (Hofb.). Ab Hainio not. no. 14761.

37.

Norimbergae, Fred. Creusner, 1487. Doctrinale cum expositione [Ludovici de Guaschis]. 162 foll. s. num., c. sign. aij—vv, typi Goth., in 4°.

Fol. 1a: Incipit Allexander *(sic)* gramaticus *(sic)* | cum breui et vtili Exposicione. | *Fol. 1b vacat. Fol. 2a*: Iste liber diuidit in tres libros partiales In quorum prīo alex | ander tractat de etymologia *etc.; l. 18*: (S) Cribere clericulis paro doctrinale | nouellis. Intentio Alexandri | Quia text⁹ ē plan⁹: nō. īdiget explanatōe sz | *etc. (cf. nr. 14. 16. 17. 18. 19. 20. all.) Fol. 83a*: (H) Ic iubet ordo libri vocū regimē referari |. *Fol. 108b*: (P)Andere proposui per versus syllaba queqz |. *Fol. 162a*: Explicitus est alexander grammaticus cum bre | ui ⁊ vtili expositione. Impressus Nurmberge p Fredericum | creusner Anno domini Millesimoquadringentesimo octuagesimoseptimo. *(sic)* | *Fol. 162b vacat.*

Parisiis, B. Nat.; Vindobonae, B. Caes.; Salisburgi, B. Coen. Ab Hainio no. 748 not. ex Panzero II. p. 204 no. 174. — Fredericus Creusner cum Antonio Koberger (vide nr. 108. 118. 134. 157. 169) primis praestantissimisque typographis Norimbergensibus adnumerandus est. Cf. Dictionnaire de géogr. p. 938 et Hain-Burger p. 84—86.

38.

Ulmae, sine typographi nomine, a. 1487. Doctrinale cum commento [Ludovici de Guaschis]. 121 foll. s. num., c. sign. aij—siiij, typi Goth., in fol.

Fol. 1a: Liber trium partium magistri | Alexandri cū cōmento perutili |. *Fol. 2a*: Prefatio | Iste liber diuiditur in tres libros | partiales *etc.*

Fol. 121b: Explicitus eſt Alexander gramma- ‖ ticus cum breui et vtili expoſitione ‖ Impreſſus vlmae Anno dñi Milleſi ‖ moquadringenteſimooctuageſimo- ‖ ſeptimo. *(sic)* ‖

Monachii, B. Reg.; Londinii, Mus. Br.; Medelicae, B. Coen.; Gothae, B. Duc.; Friburgi Brisg., B. Un.; Vindobonae, B. Coen. Schotten. Cf. Hain. no. 749.

39.

Daventriae, Rich. Paffroed, sine anno (c. a. 1487). Partes I. II. cum dictis et glosa Ioannis Synthen. 190 et 172 foll. s. num., c. sign. aij—riiij et a_3—yiiij, typi Goth., in 4°.

I. *Fol. 1a*: Dicta primo partis Alexan ‖ dri Ioannis Synthen ∴ ∴ ‖ *Fol. 1b vacat. Fol. 2a*: (S)Cribere clericulis paro doctri ‖ nale nouellis ‖ *etc. Fol. 3a*: Incipit Gloſa ſup prima parte doctrina ‖ lis Alexādri. per Ioannem Synthen Dauā ‖ trie extremo labore collecta q̄ ſi diligēter au ‖ ſcultetur nō modo iuuenib⁹ verūetiā precep ‖ toribus erit neceſſaria. ‖ *Fol. 177b*: Finiūt ſup prima parte doctrinalis ‖ Alexādri Venerabilis Ioannis ſyn ‖ then copulata Dauūtrie ſumma di ‖ ligētia nouiter emēdata ⁊ impreſſa ‖ Per me Richardū Paffroed In pla ‖ tea epiſcopi. ‖ *Fol. 178a*: Tabula vocabulorum in hoc libro cōten ‖ torum *etc. Fol. 189b*: τελος. ‖ *Fol. 190 vacat.*

II. *Fol. 1 (titulus) vacat. Fol. 2a*: Incipit gloſa ſuper ſecūda parte doctrina ‖ lis ī hoc opuſculū diligēt' collecta que vt ſcho ‖ larib⁹ nēcaria ſic eē īformatorib⁹ ac īſtructorib⁹ ‖ eorum erit vtiliſſima Incipit ꝓlogus ‖. *Fol. 171b*: Finitur hic Gloſa ſuper Secunda parte ‖ Magiſtri Alexandri per Iohanneꝫ Syn ‖ this collecta ꝛc. ‖ *Fol. 172 vacat.*

Gottingae, B. Un. (I. II.); Traiecti ad Rh., B. Un. (II.). Haec editio illam, quam infra no. 45 describemus, quae quidem in subscriptione I. et II. partis additamentum exhibeat correctionem et emendationem indicans, praecessisse videtur. Cf. de parte I. Campbell no. 117. Pars II. Campbellio ignota est.

40.

Daventriae, in platea episcopi, sine typographi nomine (Rich. Paffraet) et anno (1487). Pars II. cum regulis et exemplis. 28 foll. s. num., c. sign. aij—diiij, typi Goth., in 4°.

Fol. 1a: Secūda pars grāma ‖ tices regulis ⁊ exem ‖ plis earūdē cōpēdioſe ‖ nouiter collecta. ‖ *Fol. 1b*: Ordo pn̄tis libri eſt iſte. ‖ *etc. Fol. 2a, l. 5*: ( )Ic iubet ordo libri vocū regimē referari. ‖ *Fol. 27a*: Explicit Secunda pars ‖ grammatices. ‖ *Fol. 27b*: ( )Otum facim⁹ vniuerſis ‖ pn̄s h⁰ noſtꝝ ſed'e ptis grāmatices opuſculū viſuris cur de re ‖ giminū virib⁹ ſcripſerim⁹ oīno nihil *etc.; subscr. l. 23*: Sub āno dn̄i. Milleſimo quadringēteſimo ‖ octogeſimo ſeptimo circa ſacram quadrageſimā. De quo ſit bn̄dictus ‖ qui viuit ⁊ regnat ꝑ infinita ſcl'oꝝ ſcl'a Amen ‖ Hec ad obtrectatoꝝ ꝯfu ‖ ſionē exarata ſufficiāt. ‖ ❨ Impreſſa eſt hec Secūda pars ‖ grammatices Dauentrie In pla ‖ tea episcopi. ‖ *Fol. 28a: sequitur alphabetum Graecum. Fol. 28b vacat.*

Darmstadii, B. M. Duc. (Hofb.) Cf. Campbell, Suppl. III. no. 122a. — Huius syntacticae partis libelli auctorem Alexandrum Hegium, scholae Daventriensis rectorem, fuisse ex epistola in fine annexa colligimus, qua,

sicut Hegii 'invectiva in modos significandi' (cf. Reichling, Joh. Mur-
mellius p. 12 sq.) controversia illa inter modistas qui vocantur et humanistas
mota est. Editionem imprimis in usum scholae Daventriensis destinatam
fuisse etiam quae ei addita sunt elementa linguae Graecae, cuius studium
ibi tum coli coeptum est (cf. Reichling, l. c. p. 10 sq.), satis demonstrant. —
De typographo cf. nr. 25 et 39.

<h3 style="text-align:center">41.</h3>

Coloniae, apud Lyskirch, sine typographi nomine (Ulricus
Zell) et anno (c. a. 1487). Pars I. cum glosa [Ioannis Synthen].
125 foll. s. num., c. sign. aiij—hiij + Ai—Hiij, typi Goth., in 8⁰.

Fol. 1ᵃ: Prima pars doctrinal' ‖ Alexandri cū fentētiis ⁊ cū notabilib⁹ et cū vo = ‖ cabuloⱬ lucida expōne ‖ *Fol. 2ᵃ*: ( ) Irca expofitionē vo-
cabuloⱬ pri ‖ me partis Alexandri Queriꞇ ⸿ *etc. Fol. 2ᵇ*: ( )Cribere clericulis
paro do ‖ ctrinale nouellis ‖ *etc. Fol. 125ᵇ*: Explicit feliciter expofitio ex-
emploⱬ textus prime ‖ partis alexandri cum equiuocationibus fynoni = ‖ mis ⁊
verfibus drñtialibus ex Ioanne de garlan ‖ dia. Grecifmo. Henrico de Colonia. Catholicon. *(sic)* ‖ Brachilogo ⁊ ex q̄ȝ pl'ibus alijs autoribus bre = ‖
uiter et plane collectis cum quorumcūq̄ȝ textuum ‖ fententijs et notabilibus fcd'm dicta Prifciani et ‖ Ioannis fynthis omnem difficultatem ⁊ contro ‖
uerfiam refecantibus diligenter annexis. ‖ *Sequitur spatium vacuum 3 linea-*
rum; deinde: Impreffum in fancta Colonia apud Lijfkirch ‖

Upsaliae, B. Un.; Moguntiae, B. Ur. (titulus deest). Hainio ignot. —
Typographus huius et quae infra no. 51 describetur editionis sine ulla dubi-
tatione Ulricus Zell est (cf. nr. 90 et 109). Qui, Hanoviae ortus, Gutenbergii
ipsius, ut videtur, discipulus et Moguntiae in officina Schoefferi excultus, iam
a. 1464 Coloniae consederat et omnium antiquae illius celeberrimaeque urbis
typographorum princeps nobilissimam artium pacis usque ad finem saec. XVi
exercebat (ipse in libro a. 1492 parato Coloniae Protocharagmaticus *se appel-*
lat). In antiquissimis officinae suae operibus ab a. 1466 ad a. 1473 sese cleri-
cum diocesis Moguntinensis, in posterioribus artis impressoriae magistrum
designat. Cf. de eo Ennen, Katalog der Incunabeln Köln's; Dictionnaire de
géogr. p. 339 sq.; Hain-Burger p. 367—369. — De commentatore vide nr. 36.

<h3 style="text-align:center">42.</h3>

Argentinae, Mart. Flach, a. 1488, d. VIII. m. Mart. Doctrinale
cum expositione [Ludovici de Guaschis]. 129 foll. s. num., c. sign.
a₂—q₅ (fol. praecedens sign. est q₆), typi Goth., in 4⁰.

Fol. 1ᵃ: Partes Alexãdri ‖ cum coiñento. ‖ *Fol. 1ᵇ vacat. Fol. 2ᵃ*:
Prefatio ‖ Ifte liber diuidiꞇ in tres libros ptiales. In q̄ⱬ primo Alexander
tra = ‖ ctat *etc. Fol. 129ᵇ*: Alexandri grãmatici opus cū breui ac vti- ‖ li
expofitõe Impreffuȝ Argētine per Mar ‖ tinum Flach Anno dñi. M.CCCC.LXXXVIIJ. ‖
die. VIIJ. mēfis marcij finit feliciter ‖.

Monachii, B. Reg.; Basileae, B. Un. Cf. Hain. no. 751. — Martinus
Flach, Basileae natus, secundum Mentelinum et Henr. Eggesteyn clarissimus
typographus Argentinensis est. De operibus eius cf. Hain-Burger p. 99 sqq.

43.

Venetiis, Guilelmus de Monte Ferrato, a. 1488, d. III. m. Febr. Doctrinale cum commento [Ludovici de Guaschis]. 98 foll. s. num., c. sign. a₁—n₂, typi Goth., in 4⁰.

Fol. 1ᵃ: Opus Alexādri grāmatici pro eruditiōe pueroꝗ. ‖ Iſte liber diuiditur ɪ tres libros ptiales: *(sic)* In quorū ꝑmo Aleāder *(sic)* tractat de ‖ etymologia *etc.; l. 15*: (S)Cribere clericulis paro ‖ doctrinale nouellis. ‖ *etc. Margines figuris xylogr. ornati sunt. Fol. 98ᵇ*: ❡ Opus Alexandri Grāmatici eruditiſſimi finit: Impreſſum Venetijs diligētia ‖ ꝫ induſtria. Guilelmi de monte ferrato tridinēſeꝫ. *(sic)* M.CCCC.LXXXVIII. die ‖ tertia Februarij. Regnāte optimo ꝑcipe Auguſtino. Barbadico ‖. *Sequitur brevis index; deinde:* Laus omnipotenti deo. ‖

Neapoli, B. Borb.; Romae, B. Cors.; Parisiis, B. Maz.; Vindobonae, B. Caes. (subscriptio huius exemplaris compluribus locis mutilata recent. manu parum accurate suppleta est). Hainio ignot. — Guilelmus de Monte Ferrato Tridinensis cognomine 'Anima mia' ab a. 1486 ad saec. XVI. Venetiis artem typographicam exercebat. Cf. Hain-Burger p. 331 sq.

44.

Antverpiae, Gerardus Leeu, a. 1488, m. Junii d. XVIII. Doctrinalis textus cum sententiis et constructionibus. S. foll. num., c. sign., typi Goth., in 4⁰.

In fine: ❡ Et ſic finitur expoſitio doctriualis Alexā- ‖ dri Impreſſa per me Gerarduꝫ Leeu Ant- ‖ werpie mēſis Junij die decimaoctaua *(sic)* An- ‖ ni incarnationis dñi noſtri M.CCCC.LXXXVIIJ. ‖ *Ult. fol.ᵇ*: icon xylogr. *(cf. nr. 34)*.

Cf. Campbell no. 115. Fol. 1. et complura alia foll. desunt exemplari, quo ille vir doctissimus usus est. Certe quidem falso opinatus est hac editione glosam Ioannis Synthenii contineri. Cf. editiones Antverpienses no. 34 et 103. — De typographo vide adnot. ad nr. 34.

45.

Daventriae, Rich. Paffroed, a. 1488, d. IX. m. Aug. Partes I. II. cum dictis et glosa Ioannis Synthen. 189 et 129 foll. s. num., c. sign. aij—ziiij et aij—qv, typi Goth., in 4⁰.

I. *Fol. 1ᵃ*: Dicta prime part . . . ‖ *(pars quaedam folii deest)* dri Ioannis Synthen ‖. *Fol. 1ᵇ vacat. Fol. 2ᵃ* (S)Cribe’ clericul’ paro doct’nale nouell’ ‖ *etc. Fol. 177ᵇ*: Finiūt ſup prima parte doctrinalis ‖ Alexādri Venerabilis Ioannis ſyn ‖ then copulata Dauātrie ſumma di ‖ ligētia nouiter emēdata et cōpleta ‖ imꝑſſa’ Per me Richardū Paffroed ‖ Anno dñi M.CCCC.LXXXVIIJ. Nona ‖ Auguſti. ‖ *Fol. 178ᵃ*: Tabula vocabulorum iu *(sic)* hoc libro conten ‖ torum *etc. Fol. 189ᵃ in fine:* τελος ‖ *Fol. 189ᵇ vacat.*

II. *Fol. 1ᵃ*: Incipit Gloſa ſup ſecūda pte doctrinalis ‖ *Fol. 129ᵃ*: Finit hic Gloſa ſuper ſecūda parte Ma ‖ giſtri Alexandri Per Ioannem Synthis col ‖ lecta et nunc in optimam formam redacta ‖ Imꝑſſa Dauātriae ꝑ me Richardū paffroed. ‖ *Fol. 129ᵇ vacat.*

Cf. Holtrop I. no. 276 et Campbell no. 116. — De typographo vide adnot. ad nr. 25.

46.

Argentinae, Mart. Flach, a. 1488, d. I. m. Dec. Doctrinale cum expositione [Ludovici de Guaschis]. 130 foll. s. num., c. sign. a₂—q₆, typi Goth., in 4°.

Fol. 1ᵃ: Partes Alexãdri · cum comento. ǁ *Fol. 1ᵇ vacat. Fol. 2ᵃ*: Prefatio ǀ Iſte liber diuidit in tres libros ptiales. In q̃p primo Alexander tra- : ctat *etc. Fol. 129ᵇ*: Alexãdri grãmatici opᵘ cũ breui ac vti- ǀ li ex-poſitõe Impreſſũ Argẽtine p Mar ꞇ tinũ Flach. Anno dñi M.CCCC.LXXXVIII : die prima mẽſis Decẽbris finit feliciter. ǀ *Fol. 130 vacat.*

Londinii, Mus. Br.; Vindobonae, B. Caes. Haec editio in sola subscriptione ab illa, quam no. 42 descripsimus, discrepat. Hainio ignot.

47.

Argentinae, Mart. Flach, a. 1488. Pars I. cum glosa [Ioannis Synthen]. 131 foll. s. num., c. sign. a₂—v₄, typi Goth., in 4°.

Fol. 1ᵃ: Prima parſ doctrinaliſ ꞇ Alexãdri. cum ſentẽtijs ꞇ cum notabilibus et cũ : vocabuloru̧ lucida ex ꞇ poſitõe · *Fol. 1ᵇ vacat. Fol. 2ᵃ*: (C)Irca expoſitiõem vo ꞇ cabuloꝗ *etc.* (*cf. nr. 36*). *Fol. 2ᵇ*: Prefatio ǀ *Fol. 131ᵇ*: Expoſitio exẽploꝗ textus primo partis Alexan- ꞇ dri *etc., ut no. 36; l. 2 inf.*: Impreſſa Argentine p Martinũ flach Anno do ꞇ mini. M.CCCC.LXXXVIII. Finit feliciter ꞇ.

Monachii, B. Reg.; Medelicae, B. Coen. Ab Hainio not. no. 679.

48.

Lugduni, Ioan. de Prato, 1488, d. ult. m. Ian. Doctrinale cum glosa Monachi [Lombardi]. 153 foll. s. num., c. sign. aiij—viij, typi Goth., in 4°.

Fol. 1ᵃ: Monachi gloſa vna ǀ cum textu Alexandri. ǁ *Fol. 1ᵇ*: Maturini de barda ſubterranenſis in ꞇ laudes Alexandri heroica verſificatio. ǀ *Fol. 2ᵃ*: Ad generoſum Guillermum fratrem vicecomitis Po ꞇ lignaci: *etc. Fol. 3ᵃ*: (S)Cribere clericulis paro doctrinale nouellis. ǀ *Fol. 85ᵇ*: (H)Ic iubet ordo libri vocum regimen referari ꞇ. *Fol. 109ᵇ*: (P)Andere propoſui per vecbis (*sic*) ſyllaba queq̃ ꞇ Quanta ſit *etc. Fol. 153ᵇ*: B. D. ǀ Explicit hoc opus impreſſum Lugduni ꞇ per Iohannem de prato. Anno domini . M.CCCC.LXXXVIIj. die vltima Ianuarij. ǀ

Trecis, B. Ur. Hainio ignot. A Buissono not. p. 669. Cf. editio eiusdem typographi a. 1489 parata no. 56. — Ioannes de Prato sive de Pratis (Iean Dupré, du Pré) annis 1481—1486 Parisiis idemque ab a. 1487 ad a. 1495 Lugduni simul artem typographicam factitavit. Cf. Hain-Burger p. 93.

49.

Mediolani, sine typographi nomine, a. 1488. Doctrinale cum expositione Ludovici de Guaschis. 48 foll. s. num., c. sign. aij—giii. typi Goth., in fol.

Titulus deest. Fol. 1ᵃ: Quia teſtus (*sic*) eſt planus nõ indiget explanatione. S̃j tamen pro forma ſeruanda in ſequentibus ꞇ *etc.; l. 8*: ( )Cri-

bere clericulis paro doctri ; nale nouellis ; etc. *Fol. 25ᵃ*: (H)Ic iubet
ordo libri uocū regimē referari ; *etc.* *Fol. 33ᵇ*: (P)Andere ppofui p uerfus
fillaba queq₃ ; *etc.* *Fol. 48ᵇ, l. 15*: Et fic finitur expofitio doctrinalis. ; cōpen-
diofa ꞓ fuccinta *(sic)* Per dominum Magiſtrunr *(sic)* Ludouicum de guafchis.
artium doctorem. ; FINIS ; Gramaticus *(sic)* fi uis fieri bonus ꞓ cito totum ;
Me lege perlectum pectore conde tuo ; Impreffum Mediolani. anno dñi
M.CCCC.LXXXVIIj. ;

Oxoniae, B. Bodl. Hainio ignot.

50.

Venetiis, Bernardinus Benalius, a. 1488. Doctrinale cum expositione [Ludovici de Guaschis]. 63 foll. s. num., c. sign. Aij—k₈,
typi Goth., in fol.

Fol. 1 (titulus) vacat. Fol. 2ᵃ: Opus alexandri grāmatici pro eruditione puerorum *(sic)* Incipit. ; Iſte liber diuiditur in tres libros partiales: In quorū primo Alexāder tractat de etymologia ; *etc.* (S)cribē
clericulis paio doctrīale nouellis ; Quia textus eſt planus nō indiget explanatione. Sed tamē ; *etc.* *Fol. 62ᵇ*: Explicitus eſt alexander grammaticus ;
cu₃ breui ꞓ vtili expofitione. Anno domi ; ni Milleſimo quadringente ; fimo
octuageſimo ; octauo. ; Laus omnipotenti deo. ; *Fol. 63ᵃ*: Venetiis per
Bernardinum benalium ; Registrum. ; *Sequitur brevis index. Fol. 63ᵇ vacat.*

*Neapoli, B. Borb.; Berolini, B. Reg. Hainio ignot. — De typographo
vide adnot. ad nr. 33.*

51.

Coloniae, apud Lyskirchen, sine typographi nomine (Ulricus
Zell), a. 1488. Partes I. II. cum glosa notabili. 2 foll. s. num.
+ Fol. II—CXXXIV et 107 foll. s. num., c. sign. aiij—fiij et
a₁—oiij, typi Goth., in 8º.

I. *Fol. 1ᵃ*: Glofa pᶦme part⁰ alexā ; dri cum nōbilibus et ar- ; gumentis quibufdam. ; Nota q, hec glofa puula denuo Impffa: melius eſt
diſtincta q̃₃ prius. ; Quia additus eſt numerus folioꝝ *etc.* *Fol. 1ᵇ*: ( )Anq₃
puulis vt lac potū dedi vobis: ; *Fol. 3ᵃ* (Fol. ii): ( )Cribere clericulis paro ; *etc.*
Fol. 135ᵃ (Fol. CXXXIIIj): Apud lijfkirchen. ; *Fol. 135ᵇ vacat.*

II. *Fol. 1ᵃ (c. sign. aj)*: ( )Mnis homo naturaliter fcire defide ꞓ rat.
etc. *Fol. 107ᵃ*: Explicit fed'a pars alexandri cu₃ expōne putili cu₃ queſtiūculis ꞓ argu ; mentis iāiam confuetis: pro intellectu textus tam ma-
ioribus q̃₃ minori ; bus nouellis clericulis fumme necūrijs *(sic)* Per venerādum
vi₹ artium ma ; giſtrum ac facre theologie baccalariu₃ formatu₃ laboriofe
ānexis. Anno ; dni M.CCCC.LXXXVIIj. die tertio menſis decembris ;. *Sequitur
spatium vacuum 2 fere linearum; deinde:* In Colonia ⁖ ; *Fol. 107ᵇ (titulus)*:
Secūda pars alexādri ; cum expōne notabili ;. *(In quibusdam exemplaribus
hic titulus suo loco positus est; in fine sequitur folium vacuum [fol. 108]).*

*Guelferbyti, B. Duc.; Oeniponti, B. Un.; Moguntiae, B. Ur.; Her-
bipoli, B. Un.; Halberstadii, B. Gym. Cath.; Monasterii, B. Paul. (I. II.);
Monachii, B. Reg.; Gottingae, B. Un.; Darmstadii, B. M. Duc. [Hofb.] (II.).
Cf. de parte I. Hain no. 677; pars II. Hainio ignota est. — Haec editio*

cuius quidem pars I. in eadem officina paulo ante exscripta (vide nr. 41) imprimis ex dictis Ioannis Synthen confecta est (cf. nr. 36), archetypa divulgatissimae illius et postea humanistarum quos vocant insectationibus diffamatissimae glosae notabilis est. Typographum Ulricum Zell fuisse (de quo vide adn. ad nr. 41) pro certo haberi potest. Cf. nr. 109.

52.

Sine loco, typogr. nom. et anno (Daventriae, Rich. Paffraet) c. a. 1488). Pars II. cum glosa Ioannis Synthis. 158 foll. s. num., c. sign. aij—viiij, typi Goth. In 4⁰.

Fol. 1ᵃ: Incipit Glofa fuper Secūda parte Magiftri ǁ Alexandri per Iohannē Synthis collecta. ǀ *Fol. 1ᵇ vacat.* *Fol. 2ᵃ*: Incipit Glofa fup fed'a parte doctrinalis in hoc ǁ opufculū diligent̄ collecta. q̄ vt fcholarib⁹ nēaria *(sic)* fic ǁ etiā infŏrtorib⁹ ac inftructorib⁹ eorū erit vtiliffima ǁ. *Fol. 158ᵇ*: Finitur hic Glofa fuper Secunda parte ǁ Magiftri Alexandri per Iohannē Syn ǁ this Collecta ǀ.

Giessae, B. Un.; Guelferbytyti, B. Duc. Hainio ignot. — Typi quidem, quantum nos iudicare possimus, Richardi Paffraet Daventriensis sunt.

53.

Coloniae, Henr. Quentell circa summum, a. 1489. Partes I.—IV. cum glosa notabili. 124 et 137 et 50 foll. s. num., c. sign. A—H et a—ee et Aij—giij, typi Goth., in 4⁰.

I. *Fol. 1ᵃ*: Prima Pars doctrinalis ǁ Alexandri cū feutētiis no ǁ tabilb⁹ ꝛ vocabuloꝝ luoi ǁ da expofitione nōnullis ǁ q₃ āexis argumētis ǁ *Fol. 1ᵇ vacat.* *Fol. 124ᵃ*: Expofitio exemploꝝ textus p̄me partis Alexandri. equi ǁ uocoꝝ *etc.* explicit feliciter Impreffum in felici Colonia circa fummū. Anno ǁ falutis M.CCCC.LXXXIX. XIX. Kalendas Februarij. ǀ *Fol. 124ᵇ vacat.*

II. *Fol. 1ᵃ*: Glofa notabilis fecunde ǁ partis alexādri cū inter ǁ linialib⁹ expofitionibus ǁ textus eiufdem in planiffimis fententijs fubiun ǁ ctis perpulcre ordinatis queftionibus atq₃ ar ǁ gumentis cum replicis contra eorundem folu ǁ tiōes. orb⁹ qui fcire defiderant fūme neceffaria. ǁ *Fol. 137ᵇ*: Explicit feliciter fecunda pars Alexandri. cum glofis ꝛ metroꝝ interlinialib' *etc.; l. 3 inf:* Impreffum in fancta ciuitate Colonienfi. per Henricū ǁ Quentell. circa fummū. Anno incarnationis dominice ǁ M.CCCC.LXXXIX. octauo Kalendas Martij. ǀ

III. IV. *Fol. 1ᵃ*: Tercia ꝛ quarta par ǀ tes doctrinalis Alexā ǁ dri cuꝫ notabili com ǁ mento. ǀ *Fol. 1ᵇ vacat.* *Fol. 2ᵃ*: (M)Eliora funt vbera tua vino fragrantia vngentis opti ǀ mis *etc.* *Fol. 50ᵃ*: Alexandri grāmatici opus cū breui ac vti ǁ li expōe Impreffum Colonie Anno grē ǀ M.CCCC.LXXXIX. VI. die marcij finit felicit ꝛ *Fol. 50ᵇ vacat.*

Augustae Vindelic. B. Prov. (I.—III.); Vinariae, B. Duc. (I. III.); Hannoverae, B. Reg.; Doneschingae, B. Princ. (I.); Oeniponti, B. Un. (II.); Gottingae, B. Un.; Halberstadii, B. Cath.; Monachii, B. Reg. (III.). Cf. Hain nv. 680, 699 (sola adnot.), 733.

Henricus Quentell, qui ab a. c. 1479 ad a. 1502 (vide nr. 171) Coloniae novam artem professus est, celeberrimis Germaniae typographis

adnumerari debet. Innumerabilia fere opera ex officina Quentelliana pro-
dierunt. Quid? quod iam sola enumeratio, atque ea quidem certe im-
perfectissima, quam apud Hainium Burgerum invenies, quatuor paginas
implet (p. 254—258). Quam supra descripsimus, Doctrinalis editio plu-
rimarum ab Henrico Quentell eiusque filiis paratarum prima est.

54.

Norimbergae, Georg. Stöchs de Sulzbach, a. 1489. Doctrinale cum expositione [Ludovici de Guaschis]. 130 foll. s. num.,
c. sign. a₂—q₅, typi Goth., in 4⁰.

Fol. 1ᵃ: Alexandri oēs partes cum textuali ∥ et plana expofitōc non
in fluida. vt ∥ plereq̃. fed folida firma : italica ba ∥ piro impſſe. Nuren-
berge ᵱ Ieori- ∥ um Stöchs de Sulczpach. ∥ *Fol. 1ᵇ vacat. Fol. 2ᵃ*: Prefatio ∥ Ifte liber diuidit in tres libros partiales. In quorū primo Alexan : ∥
der tractat de ethimologia *etc.; l. 15.*: (S)Cribere clericul' pa- ∥ ro doctrīale
nouell' ∥ Quia textus eft planus non in ∥ diget explanatiõe. Sed tñ pro ∥
forma feruāda in fequentibus ∥ Sic cōftrue. *etc. Fol. 65ᵃ*: (H)Ic iubet
ordo libri ∥ vocū regimē r̄ferari ∥ *etc. Fol. 85ᵃ*: (P)Andere ͵ppofui per
✶fus fyllaba queq̃. ∥ *Fol. 129ᵇ*: Alexandri grammatici opus cum breui ac
vtili ex- ∥ pofitōne Impſſum Nuremberge per Georgium ∥ Stöchs de Sulczpach Anno dñi M.CCCC.LXXXIX. ∥ VII. kal.' menſis Aprilis finit feliciter. ∥
Fol. 130 vacat.

Caſſellis ad Fuld., B. Gideonis Vogt; Erlangae, B. Un. Ab Huinio
not. ex Panzero II. p. 207 no. 189. — Georgius Stöchs sive Stuchs vel Stücks
civis Norimbergensis inde ab a. c. 1484 usque in saec. XVI. artem suam
professus est. Cf. Hain-Burger p. 318.

55.

Rutlingae, Mich. Gryff, a. 1489. Pars II. cum dictis Ioannis
Synthis. 104 foll. s. num., c. sign. Aij—Niij, typi Goth., in 4⁰.

Fol. 1ᵃ: Dicta finthis fuper fe ∥ cunda parte alexandri. ∥ *Fol. 1ᵇ*:
Incipit glofa fuper fcd'a par ∥ te doctrinal' in hoc opufculū diligeūt collecta q̃ ut fcolarib' nc̄c̄ia fic ∥ etiā informatorib' ac inſtructorib' eoᵲ erit
vtiliſſima. Incipit ͵plog⁰. ∥ *Fol. 104ᵃ*: ⊄ Finitur hic glofa fuᵱ fcd'a ᵱte
magiftri ∥ alexandri Impreſſa per Michahelē gry ∥ ſſen Ciuē Rütlingenſem
Sexta feria p⁹ ∥ palmarum. anno dñi M.CCCC.LXXXIX. De ∥ quo fit benedictus in fecula AMEN. ∥ *Fol. 104ᵇ vacat.*

Salisburgi, B. Coen.; Augustae Vindelic., B. Prov.; Cracoviae, B. Un.
Cf. Hain. no. 14764. — Michael Greyff sive Gryff a. 1486—1496 Rutlingae
artem typogr. exercebat. Eodem tempore alter ibi erat typographus, Ioannes
Otmar sive Omar (vide nr. 98). Cf. Hain-Burger p. 129 et 219 sq.

56.

Lugduni, Ioannes de Prato, a. 1489, d. XV. m. Aug. Doctrinale cum glosa Monachi [Lombardi]. 152 foll. s. num., c. sign.
aij—viij, typi Goth., in 4⁰.

Fol. 1ᵃ: Monachi glofa una ∥ cum textu Alexandri. ∥ *Fol. 1ᵇ*: Maturini de barda fubterranenfis in ∥ laudes Alexandri *etc. Fol. 2ᵃ*: Ad ge-

nerofum Guillermum fratrem vicecomitis Po ⫽ lignaci: *etc.* *Fol. 3ᵃ*: (S)Cribere clericulis paro doctrinale nouellis. ⫽ *Fol. 84ᵇ*: (H)Ic iubet ordo libri vocum regimen referari ⫽. *Fol. 108ᵃ*: (P)Andere propofui per verfus fyllaba queq₃ ⫽. *Fol. 151ᵇ*: D. B. ⫽ Explicit hoc opus impreffum Lugduni ⫽ per Iohannem de prato. Anno domini ⫽ M.CCCC.LXXXIX. die XV. Augufti. ⫽ *Fol. 152 vacat.*

Vesontione, B. Ur. Hainio ignot.; not. a Buissono p. 669. — De typographo cf. nr. 48.

57.

Parisiis, Petrus Levet, a. 1489, d. ult. m. Aug. Doctrinale cum glosa Monachi [Lombardi]. In fol.

Fol. 1ᵃ: Glofa Monachi una cum textu Alexandri. *Fol. 1ᵇ*: Maturini de Barda Subterranenfis in laudes Alexandri heroica verfificatio. *In fine*: Opus hoc haud inutile juvenibus exaratum parifius magna vigilantia per Petrum Levet finit feliciter. anno domini M.CCCC.LXXXIX. ultima Augufti.

Ab Hainio no. 763 not. ex Panzero II. p. 291 no. 158, qui quidem Maittairium p. 511 no. 1 secutus est. — Petrus Levet a. 1486 Parisiis prelum instituerat. De operibus eius cf. Hain-Burger p. 175 sq.

58.

Daventriae, Iacobus de Breda, a. 1489, in profesto omnium Sanctorum. Pars II. cum glosa Ioannis Synthen. 114 foll. s. num., c. sign. aij—riiij, typi Goth., in 4°.

Fol. 1ᵃ: Glofa Ioãnis Sinthē ⫽ fuper Secunda parte Ale ⫽ xandri bene emendata. ⫽ *Fol. 2ᵃ*: Incipit Glosa *etc.* *Fol. 3ᵇ, l. 17.*: Sequitur textus ⫽ Hic iubet ordo libri vocum regimen referari. ⫽ *Fol. 114ᵃ*: Finit hic Glofa fup fecunda parte Magiftri Alex ⫽ andri p Ioannem Synthis collecta ꝛ nūc in optimā for ⫽ mam redacta. Impreffa dauentrie iuxta fcholas p me ⫽ Iacobum de Breda. Anno dīni M.CCCC.LXXXIX. In profe ⫽ fto omnium fanctorum. ⫽ *Fol. 114ᵇ vacat.*

Upsaliae, B. Un. Cf. Campbell no. 123, qui quidem Hainium no. 14765 secutus librum 146 foliorum esse falso indicavit. — Haec editio est antiquissima omnium, quas Iacobus de Breda, alter typographus Daventriensis, paravit. Is prelum ibi constituerat a. 1485. Vide Campbellium no. 300 et Hainium-Burgerum p. 48 sq.

59.

Argentinae, Mart. Flach, a. 1490, m. Febr. et Mart. Partes I.—IV., quarum pars 1. ignota est, cum glosa notabili. 130 et 52 foll. s. num., c. sign. a₂—r₅ et a₂—g₄, typi Goth., in 4°.

II. *Fol. 1ᵃ*: Glofa notabilis fecun ⫽ de partis Alexãdri: cũ interlinearib° expofitōnibus ⫽ textus eiufdē iu planiffimis fentētijs fubiũctis ppul ꞊ ⫽ cre ordinatis queftionib° atq₃ argumentis : cum re ꞊ ⫽ plicis contra eorundē folutōnes. omnibus qui fcire ⫽ defiderant fumme neceffaria. ⫽ *Fol. 1ᵇ vacat.* *Fol. 2ᵃ*: Profatio. ⫽ ( )Utirũ et mel ɔmedet ⫽ puer *etc.* *Fol. 130ᵃ*: Finit feliciter opufculũ fcd'e partis Alexãdri. cum glofis me ⫽ troꝗ interlinearib°. planiffimifq₃ eorũdē fubiũctis fentētijs. ⫽ *etc., l. 2. inf.*: Impffum in famofa ciuitate Argentinēſi. p Martinū flach ‖ Anno incarnatōis dñice. M.CCCC.XC. iſpa die Agathe virgīs. ‖ *Fol. 130ᵇ vacat.*

III. IV. *Fol. 1ᵃ*: Tercia et q̄rta partes ‖ doctrinalis Alexandri ‖ cū notabili cōmento. ‖ *Fol. 1ᵇ vacat. Fol. 2ᵃ*: Prefatio ‖ (m)Eliora ſunt vbera tua ‖ etc. *Fol. 52ᵃ*: Alexandri grāmatici opus cū breui ac vtili expo ⁚ ‖ ſitōe Impreſſum Argentine per Martinū flach : ‖ Anno gratie Milleſimo quadringenteſimo nona ‖ geſimo prid.' kal.' Martij finit feliciter ‖. *Fol. 52ᵇ vacat.*

Monachii, B. Reg.; Medelicae, B. Coen.; Salisburgi, B. Coen. (II.); Carolsruhae, B. M. Duc.; Dresdae, B. Reg. (III.). Cf. Hain no. 701 et 734.

60.

Argentinae, Mart. Flach, a. 1490, d. XIV. Kal. Aug. Pars I. cum glosa notabili. 143 foll. s. num., c. sign. a_2—v_5, typi Goth., in 4⁰.

Fol. 1ᵃ: Gloſa notabilis prime ‖ partis Alexandri : cū interlinearibus expoſitōnibus ‖ textus eiuſdem in planiſſimis ſententijs : cum voca ⁚ ‖ buloȥ lucida expoſitōe : ſubiūctis perpulcre ordina ⁚ ‖ tis queſtionibus atqȝ argumētis. cū replicis contra ‖ eorūdem ſolutōnes. omib⁹ q̄ ſcire d'ſiderant ſumme ‖ neceſſaria. ‖ *Fol. 1ᵇ vacat. Fol. 2ᵃ*: Prologus in alexandrū ‖ (t)Anquā paruulis vt lac ‖ potū dedi vobis etc. *Fol. 143ᵃ*: Expoſitio exemplorum textus prime ‖ partis Alexandri etc.; *l. 2. inf.*: Impreſſum in Argentina per Martinum Flach ‖ Anno ſalutis. M.CCCC.XC: XIIIJ. kal.' Auguſti. ‖ *Fol. 143ᵇ vacat.*

Darmstadii, B. M. Duc.; Medelicae, B. Coen.; Salisburgi, B. Coen.; Carolsruhae, B. M. Duc.; Erlangae, B. Un.; Cracoviae, B. Un. Hainio ignot.

61.

Rutlingae, sine typographi nomine (Mich. Greyff), a. 1490. Partes I. II. cum glosa notabili. 124 et 118 foll. s. num., c. sign. Aij—Siiij et Aij*(sic)*—oiij (*pro* piij), typi Goth., in 4⁰.

I. *Fol. 1ᵃ*: Prima pars doctrinalis ‖ Alexādri cum ſentētiis no ‖ tabilib⁹ et vocabuloȥ luci ‖ da expoſitione nōnullisqȝ ‖ annexis argumentis ⸗. *Fol. 1ᵇ vacat. Fol. 2ᵃ*: ( ) Anq̄ȝ paruulis vt lac potum dedi vobis in ‖ quit Paulus etc. *Fol. 3ᵇ*: ( )Cribere clericulis ‖ lis *(sic)* paro doctrinale nouellis ‖ *Fol. 124ᵃ*: Expoſitio exemploȥ textus ꝓme ꝓtis alexandri. equiuo ⁚ ‖ coȥ etc., *l. ult.*: explicit feliciter. *Fol. 124ᵇ vacat.*

II. *Fol. 1ᵃ*: Gloſa notabilis ſecūde ‖ partis alexādri cū inter ‖ liniarib⁹ expoſitiōibus ‖ textus eiuſdem. planiſſimis ſentētijs ſubiū ‖ ctis perpulcre ordinatis q̄ſtionibus atqȝ ar ‖ gumētis cum replicis ōtra eorundē ſolutio ‖ nes. oȥbus q̄ ſcire deſiderāt ſūme neceſſaria ‖. *Fol. 1ᵇ*: ( ) Utirū et mel comedȝ ‖ puer etc. *Fol. 4ᵃ, l. 5.*: ( )Ic iubet ordo libri ‖ vocum regimen referari. ‖ *Fol. 118ᵃ*: Explicit felicit ſcd'a ꝑs Alexādri. cū gloſis metroȥ interli ⁚ ‖ nialib⁹ etc.; *l. ult.*: Impreſſum in Rutlingen Anno dñi. M.CCCC.LXXXX. ‖ *Fol. 118ᵇ vacat.*

Friburgi Brisg., B. Un.; Monachii, B. Reg.; Salisburgi, B. Coen. Cf. Hain no. 672 et 700. Partes I. et II. sine dubio una emissae sunt.

XIII*

62.

Parisiis, Petrus Levet, a. 1490. Doctrinale cum glosa Monachi [Lombardi]. 184 foll., c. sign. aij—ziiij, typi Goth., in 4⁰.

Fol. 1ᵃ: Glofa monachi fuper ∥ doctrinale Alexandri. ∥ *Sequitur infigne typographi.* *Fol. 1ᵇ*: Maturini de Barda fubterranenfis ∥ in laudes alexandri heroica verfificatio. ∥ *In fine*: D. B. ∥ Dogmata qui prime glifcis callere parentis: ∥ Me lege: perlectū pectore conde tuo. ∥ Codicibus properando tuis me iunge: iuvabit. ∥ Optima fi noris tu documenta mea. ∥ Clarus fi papias et catholicon tibi defint: ∥ Quo petis introrfum fignificata fcies. ∥ Non ego fum mactus: tamen aufim dicere: me qui ∥ Emerit: es fluidum non petet ipfe fuum. ∥ Nam me dictauit multis maturius auctor ∥ Squalida delimans tractus amore mei. ∥ *Inferius*: Opus hoc: haud inutile iuuenibus ∥ Exaratū Parifius magna vigilā ⁚ ∥ tia per Petrum Leuet finit feliciter. ∥ Anno dñi M.CCCC.XC. Vicefi ⁚ ∥ ma quarta die Menfis maii. ∥

Trecis, B. Ur. Hainio ignot.; not. a Buissono p. 669. De typographo cf. adnot. ad nr. 57.

63.

Daventriae, Iac. de Breda, a. 1490, d. XXII. m. Oct. Partes III. IV. cum commento. 34 foll. s. num., c. sign. aiij—eiij, typi Goth., in 4⁰.

Fol. 1ᵃ: Tercia et q̄rta pars alex ∥ andri cū optimo ɔmento ∥. *Fol. 1ᵇ vacat. Fol. 2ᵃ*: ❡ ∥ Tercia pars Alexandri. ⁚ Capitulū decimum de quantitatibus fyllabaᵣ ∥. *Fol. 34ᵃ*: ❡ Et fic finitur expofitio doctrinalis Alexandri. Im ∥ preffa dauantriẹ XXII. menfis Octobris Per me Ia- ∥ cobum de breda. Anno incarnationis dñicę Milleſi- ∥ mo quadringentefimo Nonagefimo ∥. *Fol. 34ᵇ vacat.*

Cf. Campbell no. 130.

64.

Coloniae, Henr. Quentell, a. 1490, pridie Id. Dec. Pars II. cum glosa notabili. 124 foll. s. num., c. sign. aij—siij, typi Goth., in 4⁰.

Fol. 1ᵃ: Glofa notabilis fecun ∥ de partis Alexandri cum ∥ interlinialib' expofitionibus textus eiufdem in planiffi ∥ mis fententijs. fubiunctis perpulchre ordinatis quefti ∥ onibus atqȝ argumentis cum replicis contra eorundeȝ ∥ folutiones. omnib' (qui fcire defiderant) fumme necef ∥ farijs. nouiffime diligenter correctis. cum additis in lo ∥ cis in quibus neceffarium pro iuuenib' effe videbatur ∥ Que jam de nouo impreffa eſt cum multis argumētis et replicis pri ∥ us non additis: vt prima facie videri poteſt circa illos textus [Uult ∥ intrāfitio] et [Sepe vocās verbum] cum reliquis ƒ.ˉ *Fol. 1ᵇ*: Glofa notabilis ∥ ( )am pulchra ta ⁚ ∥ bernacula tua iacob ⁚ tentoria tua ifrael: *etc. Fol. 124ᵃ*: Impreffa in fancta ciuitate Coloniēſ per ∥ Henricū Quentell circa fummū. Anno incarnationis dominice. M ∥ CCCC.XC. Pridie ydus Decembris ∥. *Fol. 124ᵇ vacat.*

Coloniae, B. Ur. (B. Gym. ad Marc.); Erlangae, B. Un.; Carolsruhae, B. M. Duc. Hainio ignot.

65.

Coloniae, Henr. Quentell, a. 1490, pridie Kal. Ian. Pars II.
cum glosa notabili. 136 foll. s. num., c. sign. aiij—siij, typi
Goth., in 4⁰.

Fol. 1ᵃ: Gloſa notabilis ſecunde *∥* partis Alexãdri cũ inter *∥* linialibˢ
expoſitionibus *∥* textus eiuſdem in planiſſimis ſententijs. ſubiunctis p *∥* pulchre
ordinatis queſtionibus atqȝ argumentis cuȝ *∥* replicis contra eorundem ſolutiones. omnibus qui *∥* ſcire deſiderant ſummo neceſſarijs. *∥* *Fol. 1ᵇ*:
(s) Atis debiti decoris *∥* *etc.* *Fol. 5ᵇ*: ( ) Ic iubet ordo *∥* *etc.* *Fol. 136ᵃ*:
Explicit feliciter ſecunda pars Alexandri. cum gloſis me *∥* troȝ inter-
linealib.' *etc.; l. 3. inf.*: Impreſſuȝ in ſancta ciuitate Colonienſi. per Henricum *∥*
Quentell. circa ſummũ. Anno ſalutis M.CCCC.XC. pridie *∥* Kalendas Iaṇuarij. *∥*
Fol. 136ᵇ vacat.

*Monachii, B. Reg.; Vinariae, B. Duc.; Doneschingae, B. Princ. Cf.
Hain no. 702.*

66.

Sine loco, typogr. nom. et anno (Parisiis c. a. 1490). Doctrinale cum glosa Focaudi Monieri. 122 foll. s. num., c. sign.
a₂—x₄, typi Goth., in 4⁰.

Fol. 1ᵃ: DOctrinale Alexandri de villa *∥* dei cum gloſa Focaudi
Mo ꞉ *∥* nieri et additiõibus magiſtri *∥* Ioannis Bernier recẽter adiectˢ una *∥* cum
quotationibus in margine appo *∥* ſitis: vt etiam legẽtibus primis intui ꞉ *∥*
tionibus contenta pateant. *∥* *Fol. 1ᵇ*: FOcaudi monieri Ɪ magiſtri Alexandri *∥*
de Villa dei laudes carmen eliacum. *(sic)* *∥* *Sequuntur 13 disticha.*
Fol. 2ᵃ: ❦ Focaudi monieri in Alexandri te *∥* nuiſſima pueriliſqȝ interpretatio. *∥* *Fol. 122ᵃ*: ❦ Finis *∥* ❦ Erratorium veniam ſequens poſtulat
oratio *∥*. *Sequuntur 12 lineae. Fol. 122ᵇ vacat.*

*Monachii, B. Reg. Cf. Hain no. 757. Involucro libri Monacensis
agglutinatus est titulus: Alexandri tres partes. Exemplar a. 1512, ut in
interiore parte tegumenti adnotatum est, monasterio Tegernseensi compara-
tum erat. De loco, ubi liber typis exscriptus esse videtur, cf. editio no. 241
descripta.*

67.

Sine loco, typogr. nom. et anno (c. a. 1490). Partes I.—IV.
cum glosa notabili. 112 foll. partim numeris sign. et 96 et
44 foll. s. num., c. sign. aij—qiiij et Aij—Piiij et Aaij—Ggiiij,
typi Goth., in 4⁰.

I. *Fol. 1ᵃ*: Alphabetarius ſuper *∥* prima parte doctrinalis magiſtri
Alexandri *∥*. *Fol. 1ᵇ*: Alphabetarius et primo de lr̄a *∥*. *Fol. 5ᵃ*: Gloſa
notabilis prime *∥* partis Alexandri cum interliniaribus expoſitioni *∥* bus eiuſdem in planiſſimis ſententijs. Cum voca *∥* buloruȝ lucida expoſitiõe. Et
alphabetarij foliatim *∥* remiſſione. Subiunctis perpulcre ordinatis q̃ſtio *∥*
nibus atqȝ argumẽtis: cum replicis eorundem *∥*. *Fol. 5ᵇ*: *icon xylogr.
Mariam cum Iesu infante repraesentans. Fol. 6ᵃ*: Prologus *∥* TAnq̄ȝ

paruulis vt lac potū ∥ dedi vobis *etc.*   *Fol. 111ᵃ*: Expoſitio exemplorum textus prime partis Ale ⁏ ∥ xandri. equiuocorum et ſynonimorum cum differentialibus verſi ∥ bus valde pulchris *etc., l. 2. inf.*: Ex ⁏ ∥ plicit feliciter. ∥ *Fol. 112 vacat.*

    II. *Fol. 1ᵃ*: Gloſa notabilis ſecunde ∥ partis alexandri. cum inter- linearibus expoſitionibus ∥ textus eiuſde₃ in planiſſimis ſententijs ſub- iunctis per ∥ pulcre ordinatis. queſtionibus atq₃ argumentis cu₃ re ∥ plicis contra eorunde₃ ſolutiones omnibus qui deſide ∥ rant ſumme neceſſaria. ∥ *Fol. 1ᵇ vacat. Fol. 2ᵃ*: Prefatio ∥ (b) Utirum et mel comedet ∥ puer *etc.* *Fol. 95ᵇ*: ❡ Explicit foeliciter ſecunda ps Alexandri cū gloſis metro₄ inter ∥ linialibus *etc.; l. ult.*: altiora aſpirant) ſumme neceſſarijs. ∥ *Fol. 96 vacat.*

    III. IV. *Fol. 1ᵃ*: Tertia et Quarta par ⁏ ∥ tes doctrinalis magiſtri Alexandri cum commento ∥ valde vtili textus dante intelligentiam ſum- mariam ∥ Quarum tertia docet de quantitate ſyllaba₄. Quar ∥ ta vero de accentuatione cum nouis quibuſdam ſen ∥ tentiarum additionibus ∥. *Fol. 1ᵇ*: Prohemium. ∥ M Eliora ſunt verba tua vino fragrantia vngentis ∥ optimis *etc.* *Fol. 44ᵃ*: Alexandri grāmatici quattuor partes. ſc₃ prima ſecunda ∥ tertia ⁊ q̄rta cum breui ac vtili expoſitione cum q̄buſdā ad ∥ ditionib' in locis vbi expedite videbatur finiunt feliciter. ∥ *Fol. 44ᵇ vacat.*

    Carolsruhae, B. M. Duc. (I. II. III.); Monachii, B. Reg. (I. II.); Darmstadii, B. M. Duc. (I. mutilat.); Hersfeldiae, B. Gym. (II., quae pars cum editione no. 112 descripta uno volumine comprehensa est); Oeniponti, B. Un. (III.). Hainio ignot.

68.

    Sine loco, typogr. nom. et anno (c. a. 1490). Partes I.—IV. cum glosa notabili. 98 et 90 et 37 foll. s. num., c. sign. aij—qiiij et Aij—Piij et aij—fiiij, typi Goth., in 4⁰.

    I. *Fol. 1ᵃ*: Prima pars doctrinalis Alexandri cum ∥ ſententijs: no- tabilibus: ⁊ vocabulorum lu ∥ cida expoſitione. nonnulliſq₃ annexis argu ∥ mentis cum eorundem replicis ad nouellorum in grammatica incipientium profectū: cū quibuſdam aliis additis pro in ſcienti- ∥ is aliqualiter pro- uectis: de nouo diligentiſ ∥ ſime reuiſa. ∥ *Sequitur icon xylogr. magistrum cum 3 discipulis repraesentans.* *Fol. 1ᵇ*: Prologus in Alexandrum ∥ ( )Anq₃ paruulis vt lac potū dedi vobis. Inq̄t pau ∥ lus *etc.* *Fol. 98*: ❡ Ex- poſitio exēplo₄ text⁹ p̄me ptˢ alexā. equoco₄ ⁊ ſinonomo₄ ∥ *etc., l. ult.*: Finit feliciter. ∥

    II. *Fol. 1ᵃ*: Gloſa notabilis ſecunde partis Alexan ∥ dri cum inter- linealibus expoſitionibus te- ∥ xtus eiuſdem et planiſſimis ſententijs ſub- ∥ iunctis perpulchre ordinatis queſtionibus ∥ atq₃ argumentis cum replicis contra eorū- ∥ dem ſolutiones omnibus qui ſcire deſide- ∥ rant ſumme ne- ceſſarijs nouiſſime diligēter ∥ correctis cum additis in locis in quibus ˌp ∥ iuuenibus neceſſariu₃ eſt *(sic)* videbatur.   Que iam de nouo impreſſa eſt cum multis argu- ∥ mentis et replicis prius non additis vt in p̄ ∥ ma facie videri poteſt circa illos textus Uult ∥ intranſitio: ⁊ Sepe vocās verbū: cū reliq̄s ∥. *Sequitur eadem icon, quae parti I. subiecta est.* *Fol. 1ᵇ*: Gloſa no- tabilis ∥ ( )Uam (U *non express.*) pulcra tabernacula tua Iacob ⁊ tētoria tua ifrael. Hec em̄ ‖ *etc.* *Fol. 90ᵃ*: Explicit feliciter Secunda pars Alexandri cū glo = ‖ fis metrorum interlinearibus *etc.* Finit feliciter. ‖ *Fol. 90ᵇ vacat.*

III. IV. Tercia et quarta partes doctrinalis ma ‖ giftri alexandri cum commento valde vtili ‖ textus dante intelligentiam fummariam. ‖ Quarum tercia docet de quantitate fillaba ‖ rum. Quarta vero de accentuatione cū no ‖ uis quibufdam fententiarum additiōibus ‖. *Sequitur eadem icon quae supra.* *Fol. 1ᵇ*: Prohemium ‖ ( )Eliora funt vbera tua vino fragrātia: vngent' optimis. Cāticorū p̄ᵒ ‖. *Fol. 37ᵃ*: Alexandri grammatici due partes Tercia vide = ‖ licet et Quarta finiunt feliciter. ‖ *Fol. 37ᵇ vacat.*

Monachii, B. Reg. (I. II. III. uno vol. compreh.). Cf. Hain no. 674. 697. 723.

69.

Sine loco, typogr. nom. et anno (c. a. 1490). Partes I. II. cum glosa notabili. 92 et 82 foll. s. num., c. sign. A_2—P_4 et Aa_2—O_3 *(sic)*, typi Goth., in 4⁰.

I. *Fol. 1ᵃ*: Prima pars doctrinalis Alexā ‖ dri cum fententijs: notabilibus ꝛ vocabulorum lucida expofitiōe ‖ nonnullifq; annexis argumentis cum eorundem replicis: ad no = ‖ uellorum in grammatica incipientium profectum: cum quibufdā ‖ alijs additis pro in fcientijs aliqualiter prouectis. ‖ *Sequitur icon xylogr. magistrum cum 4 discipulis repraesentans.* *Fol. 1ᵇ*: Glofa notabilis ‖ ( )Anquā paruulis vt lac po ‖ tum dedi vobis *etc.* *Fol. 92ᵃ*: Expofitio exēploꝝ text⁹ p̄me ꝑtis Alexādri. equiuocoꝝ et fynonomoꝝ cū drn̄tia ‖ lib⁹ verfib⁹ valde pulchris *etc.*, *l. ult.*: Finit feliciter. ‖ *Fol. 92ᵇ vacat.*

II. *Fol. 1ᵃ*: Glofa notabilis fecunde partis ‖ Alexandri cū interlinialibus expofitionibus textus eiufde; in pla ‖ niffimis fententijs: fubiunctis perpulchre ordinatis queftionibus: ‖ atq; argumentis cum replicis cōtra eorunde; folutiōes: oībus qui ‖ fcire defiderāt fumme neceffarijs nouiffime diligenter correctis: cū ‖ additis in locis in quib⁹ ꝓ iuuenibus neceffariū eē videbat̄. Que ‖ iā de nouo imp̄ffa eft *etc., ut in no. 68. Sequitur eadem icon quae supra.* *Fol. 1ᵇ*: ( )Uam pulchra tabernacula tua Iacob et tentoria tua ‖ ifrael. *etc.* *Fol. 82ᵃ*: Explicit fecunda pars Alexandri. ‖ *Fol. 82ᵇ vacat.*

Monachii, B. Reg.; Medelicae, B. Coen. (partis I. titulus glutine oblitus est). Cf. Hain no. 673 et 696.

70.

Sine loco, typogr. nom. et anno (c. a. 1490). Pars I. cum glosa notabili. 126 foll. s. num., c. sign. Aiij—Siiij, typi Goth., in 4⁰.

Fol. 1ᵃ: Prima pars doctrinalis ‖ Alexandri cum fententijs notabilibus et voca ‖ bulorum lucida expofitione nōnullifq; annex ‖ is argumentis ‖. *Fol. 1ᵇ vacat.* *Fol. 2ᵃ*: ( )Anq; paruulis vt lac potum dedi vobis ‖ *etc.* *Fol. 126ᵃ*: ❨ Expofitio exemploꝝ textus p̄me ꝑtis alexandri. equiuo = ‖ coꝝ ꝛ fynonomoꝝ cū differentialib⁹ verfibus valde pulcris ‖ *etc.* explicit feliciter ‖. *Fol. 126ᵇ vacat.*

Londinii, Mus. Br.; Argentinae, B. Un. Cf. Hain no. 676. In prima pagina exemplaris Londiniensis manu scripta sunt haec: empt⁹ ē lib' ān̄o xͤ 1491 et attīet mōftio Tegernfee.

71.

Coloniae, Henr. Quentell, sine anno (c. a. 1490). Partes III. IV. cum commento. 46 foll. s. num., c. sign. Aij—Giiij, typi Goth., in 4⁰.

Fol. 1ᵃ: Tercia et quarta partes do ⌐ ‖ ctrinalis magiſtri Alexandri cum omento valde vtili textus ‖ dante intelligentiam ſummariam. Quarum tercia docet de ‖ quantitate ſyllabarum. Quarta vero de accentuatione cum ‖ nouis quibuſdam ſententiarum additionibus ‖. *Sequitur icon xylogr. magistrum cum 2 discipulis repraesentans. Fol. 1ᵇ*: Prohemium ‖ ( ) Eliora ſunt vbera tua vino fragrātia vngentis optimis Can ‖ etc. *Fol. 46ᵃ*: ❰ Alexandri grammatici due partes: tercia videlicȝ ꝛ quarta finiūt ‖ feliciter Impſſe p Henricū Quentell in ſancta ciuitate Colonienſi ‖. *Fol. 46ᵇ racat.*

Monachii, B. Reg.; Marburgi, B. Un.; Vratislaviae, B. Un.; Ratisbonae, B. Prov.; Hagae Comitum, B. Reg. Cf. Hain no. 727.

72.

Coloniae, Henr. Quentell, sine anno (c. a. 1490). Partes III. IV. cum commento. 46 foll. s. num., c. sign. Aij—Giiij, typi Goth., in 4⁰.

Fol. 1ᵃ: Tercia et quarta partes do ⌐ ‖ ctrinalis magiſtri Alexādri cum cōmento valde vtili textus ‖ dante intelligentiū ſummariū. Quarū tercia docet de quanti ‖ tate ſyllabarū. Quarta vero de accentuatione cum nouis q̄- ‖ buſdam ſententiarum additionibus ‖. *Sequitur icon xylogr. magistrum cum 4 discipulis repraesentans. Fol. 1ᵇ*: Prohemium ‖ ( ) Eliora ſunt vbera tua *etc. Fol. 46ᵃ*: Alexandri grammatici due partes. tercia videlicet et ‖ quarta finiunt feliciter. Impreſſe p Henricum Quen- ‖ tell in ſancta ciuitate Colonienſi. ‖ *Fol. 46ᵇ vacat.*

Vratislaviae, B. Un.; Erlangae, B. Un. Hainio ignot.

73.

Coloniae, Henr. Quentell, sine anno (c. a. 1490). Partes III. IV. cum commento. 46 foll. s. num., c. sign. Aij—Giiij, typi Goth., in 4⁰.

Fol. 1ᵃ: Tercia et quarta partes do ⌐ ‖ ctrinalis magiſtri Alexandri cū omento valde vtili textus ‖ dante intelligentiam ſummariam. Quarum tercia docet de ‖ quantitate ſyllabarum. Quarta vero de accentuatione cū ‖ nouis quibuſdam ſententiarum additionibus ‖. *Fol. 1ᵇ*: ( ) Eliora ſunt vbera tua vino fragrātia vngentis optimis ‖ *etc. Fol. 46ᵃ*: Alexandri grāmatici due ptes tercia videlicet ꝛ q̄rta finiūt feliciter ‖ Impreſſe p Henricū Quentell in ſcā ciuitate Colonienſi ‖. *Fol. 46ᵇ vacat.*

Moguntiae, B. Ur.; Hersfeldiae, B. Gym. Hainio ignot.

74.

Sine loco, typogr. nom. et anno (c. a. 1490). Doctrinalis textus. 64 foll. s. num., c. sign. aij—hiiij, typi Goth., in 12⁰.

Fol. 1ᵃ: Tres partes Ale ⌐ ‖ xandri. Tractatus de cōpoſitione ver ⌐ ‖ ſuum. Donatus minor. Regule Remi ⌐ ‖ gii. Regule grammaticales. Conſtructi ‖ ones cū regiminib⁹ Et paruul⁹ logice ‖ Alias vade mecū. ‖ *Fol. 1ᵇ vacat. Fol. 2ᵃ*: ( ) Cribere clericulis paro ‖ doctrinale nouellis ‖ *etc. Fol. 24ᵇ*:

Finit prima pars Alexandri ∥. *Fol. 35ᵃ:* Finit fecunda pars alexandri. ∥ *Fol. 59ᵃ:* ❴ Finis tercie ptis Alexandri ∥. *Fol. 64ᵇ:* Finis tercie partis Alexandri vna cū ∥ vtili cōpofitiōe verfuuჳ correfpōdens ∥ textui eiufdem. ∥

Friburgi Brisg., B. Un. Hainio ignot.

75.

Sine loco, typogr. nom. et anno (c. a. 1490). Doctrinalis textus. 68 foll. s. num., c. sign. Aij—Jiiij, typi Goth., in 16ᵒ.

Fol. 1 (titulus) deest. Fol. 2ᵃ (c. sign. Aij): ( )Cribere clericulis paro do ∥ ctrinale nouellis ∥ *Fol. 26ᵃ:* Finit prima pars Alexandri. *Fol. 26ᵇ:* Hic iubet ordo libri vocum re ∥ gimen referari ∥ *Fol. 37ᵃ:* Finit fecunda pars Alexandri. *Fol. 37ᵇ:* Pandere propofui per verfus ∥ fillaba queque. *Fol. 68ᵇ:* Finis tercie partis Alexandri una cum ∥ utili compofitione verfuum correfpondens ∥ textui eiufdem.

In B. Canonicorum Sancti Floriani Austr. Hainio ignot.

76.

Sine loco, typogr. nom. et anno (Rutlingae, Mich. Greyff, c. a. 1490). Pars II. cum glosa notabili. 118 foll. s. num., c. sign. aij—oiiij, typi Goth., in 4ᵒ.

Fol. 1ᵃ: Glofa notabilis fecūde ∥ partis alexandri cum inter liniaribus *(sic)* expo ∥ fitionibꝰ textus eiufdem. planiffimis fenten ∥ tijs perpulcre ordinatis q̄ftionibus atqჳ ar ∥ gumētis cum replicit ɔtra eorūdē folutio ∥ nes. omnibus qui fcire defiderant fumme ∥ neceffaria. *Fol. 1ᵇ:* ( )Vtirum et mel come ∥ det puer *etc. Fol. 4ᵃ (c. sign. aiiij), l. 5.:* ( )Ic iubet ordo libri ∥ vocum regimen referari. ∥ *Fol. 118ᵃ:* ❴ Explicit felicīt fed'a ps Alexādri. cū glofis metroჳ īterlīalibꝰ. ∥ planiffimifqჳ eorūdē fb'iūctis fentētijs. ml'tis cū vtilibꝰ q̄ftionibꝰ ∥ argumentꝰ atჳ· ō eadē cū pulcris dū reɋrit mū replicis |tam nia꞉ ∥ ioribꝰ q̄ჳ etiā mīoribꝰ q́ fcire altiora afpirāt| fūme neceffarijs. ∥ *Fol. 118ᵇ vacat.*

Argentinae, B. Un.; Lambaci, B. Coen. Hainio ignot. De loco et typographo cf. editio no. 61 descripta.

77.

Sine loco, typogr. nom. et anno (c. a. 1490). Doctrinale cum brevi ac utili expositione (i. e. cum glosa notabili; cf. no. 53. 59. 82. sqq.). Partes III. IV. cum commento (partes I. II. desunt). 44 foll. s. num., c. sign. Aij—Fiiij, typi Goth., in 4ᵒ.

Fol. 1ᵃ: Tercia ꝛ quarta partes ∥ doctrinalis magrī Alexādri cū cōmēto valde vtili textꝰ ∥ dante intelligentiā fummariam Quaruჳ tercia docet de ∥ quantitate fillabaꝛ. Quarta vero de accentuatōne ꞊ *Fol. 1ᵇ:* ( )Eliora funt vbera tua vino fragrantia vngentis optimis ꞊ *etc. Fol. 44ᵃ:* Alexandri grāmatici opus cum breui ac vtili ∥ expofitōe finitur feliciter ∥. *Fol. 44ᵇ vacat.*

Pragae, B. Un. Hainio ignot.

78.

Lipsiae, Iac. Tanner, sine anno (c. a. 1490). Partis III. (et IV.) textus. 34 foll. s. num., c. sign. Aij—Fiij, typi Goth., in 4⁰.

Fol. 1ᵃ: TErtia Pars doc ∥ trinalis alex. hec tria ɔtinēs capita. ∥ De Verſificatoria et ſyllabarū quantitate. ∥ De Proſodia accentuumqȝ ratione. ∥ De Figuris et dicendi tropis ɩ. *Fol. 1ᵇ vacat. Fol. 2ᵃ*: Incipit Tercia pars Alexūdri ɩ. *Fol. 34ᵃ*: Liptzk impreſſuȝ p Iacobū Tanner. ∥ *Fol. 34ᵇ vacat.*

Monachii, B. Reg. Cf. Hain no. 671. — De Iacobi Tanner Herbipolensis, typographi Lipsiensis, operibus vide Hainium-Burgerum p. 322 sq.

79.

Daventriae, Rich. Paffroet, sine anno (c. a. 1490). Pars II. cum glosa Ioannis Synthen. 138 foll. s. num., typi Goth., in 4⁰.

Fol. 1ᵃ: Gloſa domini Ioannis Synthen ∥ ſuper ſecunda parte alexandri ɩ. *Fol. 1ᵇ vacat. Fol. 2ᵃ*: Incipit Gloſa ſup ſecūda pte doctrinal' in hoc opu ∥ ſculū diligentʳ collecta. que vt ſcholariba neceſſaria. ſic ∥ etiā informatoriba ac inſtructoriba eoᷓ erit vtiliſſima. ∥ *Fol. 138ᵃ*: ❡ Finit hic Gloſa ſup ſecūda pte Magiſtri Alexū ∥ dri p Ioūnē Synthis collecta et nūc ɪ optimā formā ∥ redacta Impſſa Dauūtria *(sic?)* p me Richardū paffroed. ∥ *Fol. 138ᵇ vacat.*

Cf. Campbell no. 124.

80.

Rotomagi, Rich. Goupil, sine anno (c. a. 1490). Doctrinale cum glosa Focaudi Monieri. 102 foll., typi Goth., in 4⁰.

Fol. 1ᵃ: Gloſa Focaudi monieri ſuper doctrinale Alexūdri de Villadei cū additionib' magiſtri Iohūnis bernier recentȝ adiectis cū quotationib' in margɪe appoſitȝ . . . Ipſſū Rothomagi ɪ officina Richardi Goupil. Impenſis honeſti viri Guillermi Benard. *In fine*: Impreſſum Rothomagi in officina Richardi Goupil. Impēſis honeſti viri Guillermi Benard in eadᵃ urbe iuxta eccleſɪā cathedralem comoran.

Cf. Brunet, 5. édit. p. 168.

81.

Rotomagi, Petrus Violette, impensis Petri Regnault, sine anno (c. a. 1490). Doctrinale cum glosa Focaudi Monieri. Sign. A—S, typi Goth., in 4⁰.

Fol. 1ᵃ: Doctrinale Alexandri de ∥ Villadei cum gloſa Focaudi Monieri et additionibus ∥ magiſtri Iohannis Bernieri recenter adiectis, una cum ∥ quotacionibus in margine appoſitis, ut etiam legentibus ∥ primis intuitibus contenta pateant. Impreſſum Rothomagi, ∥ in officina magiſtri Petri Violette, impenſis honeſti viri Petri Re ∥ gnault, bibliopole univerſitatis Cadomenſis. ∥ *Sequitur insigne Petri Regnault rubro colore expictum. In fine*: Impreſſum Rothomagi in officina magiſtri Petri Vio ∥ lette, impenſis Petri regnault, bibliopole univerſita ∥ tis Cadomenſis.

Descriptionem mecum communicavit Leopoldus Delisle. Quod Brunetus Frerium (Manuel du bibliographe normand tom. I. p. 11) secutus exemplar in bibliotheca Cadomensi asservari affirmavit, Delislius frustra se ibi quaesisse ad me scripsit. Praeterea ex libello ab eodem viro doctissimo composito et hisce diebus benigne ad me misso: 'Essai sur l'imprimerie et la librairie à Caen, de 1480 à 1550' (Caen 1891), cognovi Petro Regnault a. 1492 m. Sept. titulum bibliopolae universitatis Cadomensis additum esse. Quam ob rem, et quia ex eo demum tempore librariam Cadomi simul et Rotomagi aperuit (cf. Delisle l. c. p. 8 sq.), haec Doctrinalis editio non ante finem anni 1492 cadere potest. — Etiam quam no. 80 e Bruneto descripsimus editionem posterioris temporis esse nunc quidem suspicor.

82.

Argentinae, Mart. Flach, a. 1491. Doctrinale cum glosa notabili. Partes II. III. (pars I. deest). 130 et 52 foll. s. num., c. sign. a₂—r₅ et a₂—g₄, typi Goth., in 4⁰.

II. *Fol. 1ᵃ*: Glofa notabilis fecun ‖ de partis Alexãdri: cũ inter-linearibᵒ expofitõnibus ‖ textus eiufdẽ Ⰻꝰ planifſimis fentẽtijs: fubiũctis ppul- ‖ cre ordinatis queftionibꝰ atqʒ argumentis: cum re ꞏ ‖ plicis contra eorundẽ folutõnes. omnibus qui fcire ‖ defiderant fumme necefſaria ‖. *Fol. 1ᵇ vacat. Fol. 2ᵃ*: Prefatio ‖ ( ) Utirũ et mel omedet ‖ puer *etc. Fol. 130ᵃ*: Finit feliciter opufculũ fcd'e partis Alexãdri. cũ glofis metro ꞏ ‖ rum interlinearibꝰ *etc., l. 3. inf.*: Impſſum in fa ‖ mofa ciuitate Argẽtineſi p Martinũ Flach Anno incarnatõ ‖ nis dñice. M.CCCC.XCI duodecima die mẽfis Nouembris. ‖ *Fol. 130ᵇ vacat.*

III. IV. *Fol. 1ᵃ*: Tercia prs doctrina ‖ lis Alexandri cum no ‖ tabili commento. ‖ *Fol. 1ᵇ vacat. Fol. 2ᵃ*: Prefatio ‖ ( ) Eliora funt vbera tua ‖ *etc. Fol. 31ᵃ*: Finit tercia pars doctrinalis Alexãdri ‖ Incipit iam quarta pars. ‖ *Fol. 52ᵃ*: Alexandri grãmatici opus cũ breui ac vtili expo ꞏ ‖ fitõe Impreſſum Argentine per Martinũ flach: ‖ Anno gratie Milleſimo quadringẽ-teſimo nona ꞏ ‖ geſimo primo finit feliciter. ‖ *Fol. 52ᵇ vacat.*

Monachii, B. Reg.; Medelicae, B. Coen.; Erlangae, B. Un.; Carols-ruhae, B. M. Duc.; Basileae, B. Un. (III.). Cf. Hain no. 703 et 735.

83.

Venetiis, Liga Bovaria, a. 1491, d. V. m. Ian. Doctrinale cum commento [Ludovici de Guaschis]. 84 foll. s. num., c. sign. a[i]—l[iiij], typi Goth., in fol.

Fol. 1ᵃ: Doctrinale ‖ cum comento *(sic)* ‖ *Fol. 1ᵇ vacat. Fol. 2ᵃ*: Opus alexandri grammatici pro eruditione puerorum Incipit. ‖ Ifte liber diuiditur in tres libros partiales. In quorum primo Alexander tractat de ety- ‖ mologia *etc.; l. 15.*: (S) Cribere clericulis paro doctrĩale nouellif. ‖ *Fol. 43ᵃ (c. sign. fₛ)*: (h) Ic jubet ord'o libri vocum regimen referari. *Fol. 56ᵃ (c. sign. g[s])*: ( ) Andere prepofui per verfus fyllaba queqʒ. *Fol. 84ᵇ*: (d) Octrinale dei virtute iuuante peregi. ‖ *etc.; l. 17.*: Doctrinale Alexandri grãmatici pro eruditione pueroruʒ feliciter explicit. Impreſſuʒ ‖ Venetijs per famoſiſſimam liga bouariaʒ. *(sic)* Anno. dñi. 1491 die quinto Ianuarij. ‖ a b c d e f g h i k l ‖ Omnes funt quaterni preter l qui eft duernus ‖ FINIS. ‖

Parisiis, B. Nat. Apud Hainium ne nomen quidem illius feminae, natione Germanae vel uxoris Germani (Ochsenbinderin), quae omnium prima artem typographicam exercuisse videtur, reperies.

84.

Coloniae, Henr. Quentell, a. 1491.   Partes I.—IV. cum glosa notabili. 132 et 124 et 44 (vel 46) foll. s. num., c. sign. aij—viiij et aij—siiij et Aij—Fiiij (vel Aij—Giiij), typi Goth., in 4°.

I^a. *Fol. 1^a*: Prima pars doctrinalis ∥ Alexādri cuȝ fontētiis no ∥ tabilibus et vocabuloȝ lucida expofitione. nonnullifqȝ ∥ annexis argumentis cū eorūdem replicis: ad noueloȝ *(sic)* ∥ in grammatica incipientium profectum. cuȝ quibufdā ∥ alijs additis pro in fcientijs aliqualiter prouectis ɩ. *Spatium iconi xylogr. destinatum racuum est.*   *Fol. 1^b*: Glofa notabilis ∥ ( ) Anquam paruulis ∥ *etc.*   *Fol. 132^a*: Expofitio exemploȝ textus p̄mo p̄tis Alexādri. equiuocoȝ ɩ fyno ∥ nomorum *etc., l. 2. inf.*: Explicit feliciter. Impſſum in felici Colonia circa fummū p̄ Henricū ∥ Quentell. Anno a natiuitati *(sic)* xp̄i M.CCCC.XCI. ydjb' Ianuarij. ∥ *Fol. 132^b vacat.*

Coloniae, B. Ur. (B. Gym. ad Marc.); Carolsruhae, B. M. Duc.; Erlangae, B. Un.; Friburgi Brisg., B. Un.   Hainio ignot.

I^b. *Fol. 1^a*: Prima pars doctrnalis *(sic)* ∥ Alexandri cum fententijs. notabilib'. ɩ vocabuloȝ lu- ∥ cida expofitione. nōnullifqȝ annexis argumentis cū eo- ∥ rūdem replicis. ad nouellorum in grammatica incipien ∥ tium profectum. cū quibufdam alijs additis pro in fci ∥ entijs aliqualiter prouectis ∥. *Sequitur icon xylogr. magistrum cum 2 discipulis repraesentans. Fol. 1^b*: Glofa notabilis ∥ ( ) Anquam paruulis ∥ vt lac potuȝ dedi vobis *etc.* ∥ *Fol. 132^a*: Expofitio exēploȝ textus p̄me p̄tis Alexandri. equocoȝ ɩ fyno ∥ moȝ *(sic) etc.; l. 2. inf.*: Impſſum in felici Colonia circa fummū p̄ Hēri ɩ ∥ cū Quentell. Annno *(sic)* a natiuitate xp̄i M.CCCC.XCI. ydjb' Augufti. ∥

Monachii, B. Reg.; Pragae, B. Un.   Hainio ignot.

I^c. *Cum praecedenti editione prorsus congruens, nisi quod duae ultimae lineae (locum, typogr. et annum continentes) apud Hainium quidem no. 675 desunt.*

II^a. *Fol. 1^a*: Glofa notabilis fecunde ∥ p̄tis Alexādri cū interlinialib' expōnibus textus eiufdē ∥ in planiſſimis fentētijs: fubiūctis perpulchre ordinatis ∥ q̄ftionibus atqȝ argumentis cum replicis ōtra eorundē ∥ folutiones *etc. Sequitur eadem icon quae supra. Fol. 1^b*: Glofa notabilis ∥ ( ) Uam pulchra tabernacula tua Iacob ɩ tē ∥ toria tua ifrael *etc. Fol. 124^a*: Explicit feliciter fed'a ps Alexādri cum glofis metroȝ interlinea ∥ libus *etc., l. 3. inf.*: Impreſſa in fancta ∥ ciuitate Colonienſi per Henricū Quentell circa fummū. Anno incar ∥ nationis dominice M.CCCC.XCI. nono kalendas Iulij. ∥ *Fol. 124^b vacat.*

Monachii, B. Reg.; Pragae B. Un.; Lambaci, B. Coen. Cf. Hain no. 705.

II^b. *Fol. 1^a*: Glofa notabilis fecun ∥ de partis Alexandri cum interlinialibus expofitioni ɩ ∥ bus textus eiufdeȝ in planiſſimis fententijs. fubiunctis ∥ perpulchre ordinatis qneftionibus atqȝ argumentis ɩ *etc. Sequitur eadem icon quae supra. Fol. 1^b*: Glofa notabilis ∥ ( ) Uam pulchra ta ∥ bernacula tua Iacob *etc. Fol. 124^a*: Explicit feliciter fed'a ps Alexādri cum glofis metroȝ interlinea ∥ libus *etc., l. 3. inf.*: Impreſſa in fancta ∥ ciuitate Colonienſi per Henricū Quentell circa fummū. Anno incar ∥ nationis dominice M.CCCC.XCI. nono kalendas Iulij. ∥ *Fol. 124^b vacat.*

Monachii, B. Reg. Cf. Hain no. 706. — Haec editio a praecedenti in titulo tantum et parte quadam praefationis discrepat.

III. IV^a. *Fol. 1^a*: Tertia ꝛ quarta partes ∥ doctrinalis magiſtri Alexãdri cum cōmento valde vti- ∥ li. textus dante intelligentiã ſummariã Quaꝝ tercia do ∥ cet de quãtitate ſyllabaꝝ. Quarta vero de accentuatiōe. ∥ *Icon spatio relicto expressa non est. Fol. 1^b*: ( )Eliora ſunt verba tua vino fragrantia vngentis optimis ∥ *etc. Fol. 44^a*: Alexandri grãmatici ꝗttuor ptes ſcꝛ ꝑma ſed'a tercia ∥ et ꝗrta cũ breui ac vtili expoſitione finitur *(sic)* feliciter ∥. *Fol. 44^b vacat.*

Monachii, B. Reg. Cf. Hain no. 724. — Editiones I^b. II^a. III. IV^a uno volumine continentur in exemplari Monacensi.

III. IV^b. *Fol. 1^a*: Tercia et quarta partes ∥ doctrinalis magiſtri Alexandri cum ɔmento valde vtili ∥ textus dante intelligentiam ſummariã. Quaꝝ tercia do ∥ cet de quãtitate ſyllabaꝝ. Quarta vero de accentuatōe ∥. *Spatium iconi destinatum vacuum est. Fol. 1^b*: ( )Eliora ſunt verba tua vino fragrantia vngentis optimis ∥ *etc. Fol. 44^a*: Alexandri grãmatici quatuor partes. ſ. prima ſecunda ∥ tercia ꝛ ꝗrta cum breui ac vtili expo- ſitiōe finiunt feliciter ∥ Impreſſe ꝑ Henricũ Quentell in ſcã ciuitate Co- loniēſi ∥. *Fol. 44^b vacat.*

Coloniae, B. Ur. (B. Gym. ad Marc.). Pragae, B. Un. Ab Hainio not. no. 729. — Editiones I^b. II^b. III. IV^b in exemplari Pragensi, I^a. et III. IV^b in exemplari Coloniensi coniunctae sunt.

III. IV^c. *Fol. 1^a*: Tertia et quarta partes ∥ doctrinalis magiſtri Alexandri cum commento valde vti ∥ li textus dante intelligentiam ſum- mariam. Quarum ter- ∥ cia docet de quantitate ſillabarum. Quarta vero de accen ∥ tuatione cum nouis quibuſdã ſententiarum additionib' ∥. *Se- quitur eadem icon quae supra in I^b. Fol. 1^b*: (M)Eliora ſunt verba tua vino fragrantia vngentis optimis ∥ *etc. Fol. 46^a*: Alexandri grãmatici quatuor partes. ſcꝛ prima ſecunda ∥ tercia ꝛ quarta cum breui ac vtili expoſitione cum quibuſ ∥ daꝛ additionib' in locis vbi expedite videbaṫ finiũt feliciṫ. ∥ Impreſſe ꝑ Henricũ Quentell in ſcã ciuitate Coloniēſi. ∥ *Fol. 46^b vacat.*

Basileae, B. Un.; Monachii, B. Reg. Cf. Hain no. 728. — Haec pars in exemplari Monacensi coniuncta reperitur cum editione Coloniensi a. 1491 ab Ulrico Zell Hanoviensi parata (vide nr. 90).

85.

Venetiis, Bonetus Locatellus, a. 1491, d. XV. Kal. Mart. Doctrinale cum commento [Ludovici de Guaschis]. 92 foll. s. num., c. sign. a$_2$—m$_2$, typi Goth., in fol. min.

Fol. 1^a: Doctrinale cum ∥ commento ∥ *Fol. 1^b vacat. Fol. 2^a*: ❡ Opus alexandri grãmatici pro eruditione puerorũ Incipit. ∥ Iſto liber diuiditur in tres libros partiales. Iu quorum primo Alexander tractat de ∥ ethymologia *etc. Fol. 2^a, l. 15.*: (S)Cribere clericulis paro doctrīale no- uellis ∥. *Fol. 45^b, l. 17.*: (H)Ic iubet ordo libri vocũ regimen referari ∥. *Fol. 59^b, l. 30.*: (P)Andere ͺppoſui per verſus ſyllaba ꝗꝗꝝ ∥. *Fol. 92^a, l. 5. inf.*: Doctrinale Alexandri grammatici pro eruditione pueroruꝛ feliciter

explicit. Impreſ- ‖ ſum Uenetijs per Bonetuȝ locatellum bergomēſe *(sic)*
iuſſu ɪpenſiſqȝ Nobilis Octauiani ‖ ſcoti ciuis Modoetienſis. Anno domini.
1491. 15⁰. kalendas martias. ‖ Regiſtrum. ‖ ‖ *Sequitur 1 linea.* *Fol. 92ᵇ vacat.*
     Vindobonae, B. Caes. Ab Hainio no. 668 not. ex Panzero III.
p. 297 no. 1364. — Bonetus Locatellus (de Locatellis), presbyter Bergo-
mensis, a. c. 1487 Venetiis prelum instituerat, ex quo usque ad finem saec. XVⁱ
plurima opera prodierunt. Cf. Hain-Burger p. 182—184.

86.

Daventriae, Rich. Paffroet, a. 1491, d. XXVII. m. Martii.
Pars II. cum glosa Ioannis Synthen. 97 foll. s. num., c. sign.
aij—qiiij, typi Goth., in 4⁰.

     Fol. 1ᵃ: Gloſa Ioānis Sinthen ‖ ſuᵽ Scd'a ᵽte Alexandri bene emen-
data. ‖ *Fol. 1ᵇ vacat.*   *Fol. 2ᵃ*: ⸿ Incipit Gloſa ſuper Secunda parte
doctri ꞓ ‖ nalis in hoc opuſculum diligenter collecta. que vt ‖ ſcholaribus
neceſſaria. ſic etiam informatoribus ‖ ac inſtructoribus eorum erit vtiliſſima. ‖ *Fol. 3ᵇ*: ⸿ De regimiue *(sic)* dictionum ‖. ( )Ic iubet ordo libri
vocum regi ‖ men referari. ‖ *Fol. 97ᵇ*: ⸿ Finit hic Gloſa ſuᵽ Scd'a parte
Alexā ‖ dri per Ioānem Synthis collecta ꞉ nūc in optimā ‖ formam redacta.
Impreſſa Dauētriȩ in platea ‖ epiſcopi per me Richardū paffroet. Anno
dñi. M. ‖ CCCC.XCI. Viceſimaſeptima Martii ‖.
     Oxoniae, B. Bodl.; Giessae, B. Un. Cf. Campbell Suppl. III. no. 124ᵃ.

87.

Lipsiae, Conr. Kacheloven, a. 1491. Partes I.—IV. cum
glosa noṭabili. 120 foll. c. num. III—CXX et 114 et 44 foll.
s. num., c. sign. aiiij—ſiij et Aij—Riij et Aiij—Fiiij, typi̇
Goth., in 4⁰.

     I. *Fol. 1ᵃ*: Gloſa prime partis alexan ‖ dri cum notabilibus et ar ꞓ ‖
gumentis quibuſdam. ‖ Nota qꞌ hec gloſa ᵽuula denuo impreſſa: melius eſt
diſtincta q̄ꞌ prius. ‖ Quia additus eſt numerus folioᵱ ᵽ totū hunc libellū ꞉
ad ſingula voca ‖ bula *etc.* *Fol. 1ᵇ*: ( )Anꝗꞌ paruulis vt lac potuȝ dedi
vobis: inꝗt Paulᵒ ‖ *etc.* *Fol. CXXᵃ*: Expoſitio exemplorum textus prime
partis alexandri cum ſententijs ‖ ſynonimis equiuocationibus verſibus
differentialibus cum argumen ꞓ ‖ tis ꞉ queſtionibus Explicit foeliciter. ‖ Impreſſum Liptzk per Conradum kachelouen. *Fol. CXXᵇ vacat.*
     II. *Fol. 1ᵃ*: Gloſa notabilis ſecunde ‖ partis Alexandri cum in ‖ ter-
linialibus expoſitionibus textus eiuſdem in planiſſimis ‖ ſentētijs. ſubiunctis
perpulchre ordinatis queſtionibus at ‖ qȝ argumentis *etc. (ut in no. 76. 82.).*
Fol. 1ᵇ: ( )Uam pulchra tabernacula tua iacob et tentoria tua iſ ‖ rahel *etc.*
Fol. 114ᵇ: Explicit feliciter ſecunda pars Alexandri cum gloſis metroᵱ
interli ꞓ ‖ nialibus. planiſſimiſqȝ eorundē ſubiunctis ſententijs *etc., l. 3. inf.:*
Impreſſa Liptzk ‖ per me Conradum kachelouen. Anno incarnationis dominice Mᵒ.CCCCᵒ ‖ LXXXXIᵒ. in die ſancte *(sic)* viti ꞉ modeſti. ‖
     III. IV. *Fol. 1ᵃ*: Tertia et quarta partes ‖ doctrinalis magiſtri
Alexandri cum cōmento valde vtili. ‖ textus dante intelligentiam ſum-

mariaȝ. Quarum tertia ∥ docet de quātitate ſyllabaȝ. Quarta ꝟo de accentuatione. *Fol. 1ᵇ*: ( )Eliora ſunt verba tua vino fragrantia vngentis optimis Can ∥ ticorū primo. *etc. Fol. 44ᵃ*: Alexandri grammatici quattuor partes ſcȝ prima ſed'a ter ∥ cia et quarta cum breui ac vtili expoſitione finit *(sic)* foeliciter. ∥

Dresdae, B. Reg.; Pragae, B. Un. Hainio ignot. Partes III. IV. iisdem typis impressae sunt, quibus pars I. et II. — Conradus Kacheloven sive Kachelofen ab a. 1485 Lipsiae artem suam professus est. Nonnullis annis ante Marcus Brandis, qui frater Lucae Brandis, prototypographi Merseburgensis et Lubecensis (vide adn. ad nr. 11), fuisse videtur, in illa urbe primus typographus consederat. Cf. Dictionnaire de géogr. p. 743 et Hain-Burger p. 47 et 153 sq.

88.

Daventriae, Iac. de Breda, a. 1491. Partes I. II. cum glosa Ioannis Synthen. 133 et 102 foll. s. num., c. sign. aij—yiij et aij—vij, typi Goth., in 4⁰.

I. *Fol. 1ᵃ*: Gloſa ſuper prima parte ∥ doctrinanalis *(sic)* Alexandri. per Ioannē Synthen Da ∥ uentrię extremo labore collecta quę ſi diligenter au ∥ ſcultetur non modo iuuenibus. verum etiā precepto ∥ ribus erit neceſſaria. ∥ *Sequitur icon xylogr. Fol. 1ᵇ vacat. Fol. 2ᵃ*: Prologus in Alexandrum. ∥ (T)Anqȝ paruulis vt lac potum dedi vo ∥ bis *etc. Fol. 133ᵃ*: Finiunt ſuper prima parte doctrinalis Alexandri ∥ venerabilis Ioannis ſynthen copulata Dauentrię ∥ ſumma diligentia nouiter emendata ꝫ impreſſa. per me Iacobū de breda Iuxta ſcholas. ∥ *Fol. 133ᵇ vacat.*

II. *Fol. 1ᵃ*: Gloſa Ioannis Synthen Su ∥ per Secunda parte Alexandri. ∥ *Fol. 1ᵇ vacat. Fol. 2ᵃ*: ❡ Incipit Gloſa ſuper Secūda parte doctrinalis in hoc opuſcu ∥ lū diligenter collecta *etc. (In praefatione iam typi Graeci occurrunt.) Fol. 101ᵃ*: Finit hic Gloſa ſuper Secūda parte Magiſtri Alexandri per Ioannem Synthis collecta ꝫ nunc in optimā formā redacta: Impreſſa Dauētrie. Anno dñi M.CCCCXCI. Sexta ſeptem ∥ bris ∥. *Fol. 101ᵇ et 102 vacant.*

Guelferbyti, B. Duc. Ex hoc exemplari descripsit Campbell no. 119 et 125.

89.

Daventriae, sine typographi nomine (Rich. Paffraet), 1491, d. X. m. Sept. Pars I. cum glosa Ioannis Synthen. 122 foll. s. num., c. sign. aiij—rij, typi Goth., in 4⁰.

Fol. 1ᵃ: Gloſa prime partis Alexan ∥ dri Ioānis ſynthē ∥. *Fol. 1ᵇ vacat. Fol. 2ᵃ*: (S)Cribere clericulis paro doctrīale nouell' ∥ *Fol. 122ᵃ*: Finiunt ſuper Prima parte doctrinalis Alexādri ∥ venerabilis Ioannis Synthen copulata Dauentrię ∥ ſumma diligentia nouiter emendata ꝫ impreſſa. An ∥ no domini Milleſimo Quadringēteſimo Nonge. ∥ ſimo *(sic)* primo Decima die ſeptēbris ∥. *Fol. 122ᵇ vacat.*

Giessae, B. Un.; Guelferbyti, B. Duc.; Upsaliae, B. Un. Cf. Campbell no. 118. Ex typis elucet hanc editionem in officina Richardi Paffraet confectam esse.

90.

Coloniae, Ulricus [Zell] de Hannaw, a. 1491.　Partes I. II.
cum glosa notabili.　1 fol. s. num. + II—CXLI = 142 foll.　et
126 foll. s. num., c. sign. aij—viij et aiij—siiij, typi Goth., in 4⁰.

I. *Fol. 1ᵃ*: Prima pars doctrinalis Alexandri cuȝ ‖ fentētijs ꞩ vocabuloȝ lucida expofitione ‖ nonnullifqȝ nouis notabilibᵒ annexis. ‖ *Sequitur
icon xylogr. Mariam cum Iesu infante repraesentans, in cuius calce legitur:*
Impreffum Colonie apud lijfkirchen ‖. *Fol. 1ᵇ*: Glofa notabilis ‖ ( )Anquam
parunlis *(sic)* vt lac potū ‖ dedi vobis *etc*. *Fol. 3ᵇ*: Glofa notabilis ‖
( )Cribere clericulis paro doc ꞩ ‖ trinale nouellis ‖ *etc*. *Fol. CXLIᵇ*: Expofitio
exemplorum textus prime partis Alexandri. equiuocorū *etc*., *l. 2. inf.*:
Impreffum in felici Colonia circa Lijfkyrchen ꝑ Ulricū de Hannaw ‖ Anno a
xp̄i natiuitate. M.CCCC.XCI. tercio nonas nouēbras. *(sic)* ‖

II. *Fol. 1ᵃ*: Glofa nōbilis fecūde ptis ‖ alexandri cū inter linialibus
(sic) ‖ expofitionibᵒ textus ciufdeȝ ‖ in planiffimis fentētijs fub ꞩ ‖ iūctis
ꝑpulcre ordīatis que- ‖ ftionibᵒ atȝ *(sic)* argumētis cū re ‖ plicis cōtra eorūdeȝ
folutiōi ꞩ bus. oībus qui fcire defide ꞩ ‖ rant fūme neceffaria ‖ Inpreffa apud
Lijfkyrchen ‖. *Fol. 1ᵇ vacat*. *Fol. 2ᵃ*: (B)Utirum et mel comedet puer ‖ *etc.*
Fol. 126ᵃ: Explicit feliciter fed'a ꝑs Alexādri cū glofis metroïū intʼliniali-
bus ‖ *etc.*, *l. 2. inf.*: Impreffa in fcā ciuitate Colonienfi ꝓpe Lijfkirchē.
Anno in- ‖ carnatiōis dominice. Mᵒ.CCCCᵒ.XCI. Pridie ydus Maij. *Fol. 126ᵇ vacat*.

*Monachii, B. Reg. (I. II.); Oxoniae, B. Bodl. (II.).　Cf. Hain no.
681 et 704.　Pars I. et pars II. ad diversas editiones eiusdem anni pertinere videntur. — De typographo vide adnot. ad num 41.*

91.

Daventriae, Iac. de Breda, a.[14]91 in profesto Thomae apostoli.
Partium III. IV. textus.　36 foll. s. num., c. sign., typi Goth., in 4⁰.

Fol. 1ᵃ (c. sign. aj): Tercia pars Alexandri et Capitulum ‖ decimū
de quantitatibus fyllabarum ‖ ( )Andere ꝓpofui ꝑ vʼfus fyllaba queqȝ ‖
Quanta fit ꞩ pauca proponam con ‖ grua metris. ‖ *Fol. 26ᵇ*: Quarta paꝛs
Alexādri Cap. XIJ. de figuris. grā. ‖ *Fol. 36ᵃ*: Et fic finitur expofitio
doctrinalis Alexandri ‖ Impreffa Dauētriȩ per me Iocobum *(sic)* de breda ‖
Anno. XCI. Improfefto *(sic)* Thome apoftoli. ‖ *Fol. 36ᵇ vacat*.

Oxoniae, B. Bodl.　Campbellio ignot.

92.

Argentinae, sine typographi nomine, a. 1491.　Partes I.—III.
cum argumentis atque notabilibus Iohannes Versoris.　In 4⁰.

Not. ab Hainio no. 764.

93.

Norimbergae, sine typographi nomine (Ant. Koberger),
a. 1491/92.　Partes I. II. cum glosa notabili.　1 + CXXIII = 124
foll. et 106 foll. c. sign. aij—qiiij et aij—piij, typi Goth., in 4⁰.

I. *Fol. 1ᵃ*: Prima pars doctrinalis ‖ alexandri cum fententiis ‖ notabilibᵒ ꞩ vocaboloruȝ ‖ lucida expofitione nōnul ‖ lifqȝ annexis argumentis ‖

Fol. 1ᵇ icon xylogr.: magister virgam manu tenens, ante eum 4 discipuli.
Fol. 2ᵃ (Fo. I): Prologus in alexandrum ∥ (T)Anquā paruulis vt lac ∥ *etc.*
Fol. 124ᵃ (Fo. CXXiij): Expoſitio exemploჴ text⁹ prime partis Alexandri.
equiuocoჴ ꝛ ∥ ſynonomorū *etc.; l. 2. inf.:* Impreſſum in famoſa ciuitate
Nurenbergenſi ∥ Anno ſalutis M.CCCCXCI. tercia die Decembris. ∥ *Fol.*
124ᵇ vacat.

II. *Fol. 1ᵃ:* Gloſa notabilis ſecunde par ∥ tis Alexandri cum interlinia ∥ libus expoſitionibus textus ∥ eiuſdem in planiſſimis ſententijs: ſubiunctis ppuchre ordi ∥ natis queſtionibus atq꜒ argumentis cū replicis contra
eorū ∥ dem ſolutiões. oꝛbus qui ſcire deſiderant ſumme neceſſarijs ∥ *Fol. 1ᵇ:*
Prefatio ∥ (s)Atis debiti decoris pi- ∥ cturā exiſtimo *etc. Fol. 2ᵃ:* (B)Utirū
et mel comedet puer vt ſciat reprobare malū ∥ *etc. Fol. 106ᵃ:* Explicit
feliciter ſcd'a pars Alexandri. cum gloſis metroჴ ∥ interlinealibus *etc.; l. 2.*
inf.: Impreſſum in famoſa ciuitate. Nurenbergenſi. An ● ∥ no ſalutis.
M.CCCC.XCij. Tredecima die menſis Ianuarij. ∥ *Fol. 106ᵇ vacat.*

Monachii, B. Reg.; Medelicae, B. Coen.; Doneschingae, B. Princ. (I.).
Cf. Hain no. 682 et 707. Quod ad typographum attinet, cf. nr. 108. 118.
134. 157. 169. — Antonius Koberger sive Koburger, alter typographus
Norimbergensis (vide adn. ad nr. 37), inde ab a. 1473 permultos libros
prelo subiecit, quorum sola enumeratio apud Hainium-Burgerum, quamvis
illa sine dubio plena non sit, quinque fere paginas complet (p. 158—162).

94.

Coloniae, Henr. Quentell, a. 1492. Partes I. II. cum glosa
notabili. 124 et 114 foll. s. num., c. sign. aij—viiij et aij—siiij,
typi Goth., in 4⁰.

I. *Fol. 1ᵃ:* Prima pars doctrinalis ∥ Alexandri cum ſententija. notabilibus. ꝛ vocabuloruჳ lu ∥ cida expoſitione. nōnulliſq꜒ annexis argumentis
cum eo- ∥ rundem replicis ad nouellorum in grāmatica incipientiuჳ ∥ profectum. cum quibuſdam alijs additis pro in ſcientijs ∥ aliqualiter prouectis. ∥
Sequitur icon xylogr.: magister capite radiato avem in dextro humero
gerens, ante eum 2 discipuli. Fol. 1ᵇ: Gloſa notabilis. ∥ ( )Anquam paruulis ∥ vt lac potuჳ dedi vobis *etc. Fol. 124ᵃ:* Expoſitio textus ꝛ exemploჴ
prime ptis Alexandri. equiuocoჴ et ſy ∥ nonomoჴ *etc., l. 2. inf.:* Impreſſa
in felici Colonia circa ſummū per Henricum Quentell. ∥ Anno a natiuitate
xp̄i M.CCCC.XCij. ſexto Kalendas menſis Maij ∥. *Fol. 124ᵇ vacat.*

II. *Fol. 1ᵃ:* Gloſa notabilis ſecunde ∥ partis Alexandri cum interlinearibus expoſitionib' textus ∥ eiuſdē in planiſſimis ſententiis. ſubiūctis
ppulchre ordina ∥ tis queſtionib' *etc. Deinde sequitur eadem icon quae*
supra. Fol. 1ᵇ: ( )Uam pulchra tabernacula tua Iacob ꝛ tento ∥ ria tua
iſrael. *etc. Fol. 114ᵃ:* Explicit feliciter ſcd'a ps Alexādri cum gloſis metroჴ
interlinealib' ∥ *etc.; l. 2 inf.:* Impreſſa in ſancra (*sic*) Colonia p Henricū
Quentell circa ſummū. Anno ∥ incarnationis dominice M.CCCC.XCij. quarto
nonas Iunij. ∥ *Fol. 114ᵇ vacat.*

Augustae Trevir., B. Ur. (I. II.); Vratislaviae, B. Un. (I.). Hainius
Panzerum I. p. 305 no. 209 secutus adnotat no. 765: Partes IV. Co-
loniae 1492. 4⁰.

95.

Venetiis, Simon Papiensis, alias Bevilaqua, a. 1492, d. IX. m. Maii. Doctrinale cum commento [Ludovici de Guaschis]. 86 foll. s. num., c. sign. Aij—L_3, typi Goth., in 4°.

Fol. 1 (titulus) deest in eo exemplari, quod inspicere licuit. Fol. 2a: Opus Alexandri grāmatici pro eruditione pueroruꝫ Incipit. ‖ ❨ Iſte liber diuiditur in tres libros partiales. In quoꝝ primo Alexander tractat de ‖ etymologia *etc.; l. 15.*: (S) Cribere clericulif paro doctrīale nouellif ‖. *Fol. 86b*: (d) Octrinale dei virtute iuuante peregi. ‖ *etc.; l. 2. inf.*: Doctrinale alexandri grāmatici pro eruditione pueroꝝ feliciter explicit. Impreſſum ‖ Venetiis per Sẏmoneꝫ papiēſem. alias Beuilaqua. anno dn̄i. 1492. die. 9. Maii. ‖ REGISTRVM. ‖ *Sequuntur 3 lineae; deinde:* FINIS. ‖

Parisiis, B. Nat. Hainio ignot. — Simon de Gabis, Bevilaqua, Ticinensis vel Papiensis, a. 1485 Venetiis, deinde a. 1487—1491 Vicentiae et ab a. 1492 iterum Venetiis arti typographicae operam dedit. Cf. Hain-Burger p. 35—37.

96.

Norimbergae, sine typogr. nomine (Ant. Koberger), a. 1492. Partes I. II. cum glosa notabili. 130 et 124 foll. s. num., c. sign. aij—riiij et Aij—Qiiij, typi Goth., in 4°.

I. *Fol. 1a*: Prima pars doctrinalis ale ‖ xandri cum ſententijs nota ‖ bilibus et vocabulorum lu- ‖ cida expoſitione nonnullif- ‖ qꝫ annexis argumentis. ‖ *Fol. 1b vacat. Fol. 2a*: Prologus in alexandrum ‖ ( ) Anquā paruulis vt lac ‖ potū dedi vobis *etc. Fol. 4a*: Textus Prohemialis ‖ ( ) Cribere clericulis ‖ *etc. Fol. 130a*: Expoſitio exemplorū textus prime partis Alexandri. equiuo ‖ corū ꝛ ſynonomorū *etc.; l. 2. inf.*: Imp̄ſſum in famoſa ciuitate Nurenbergenſi. Anno ‖ ſalutis. M.CCCCXCIJ. tercia die Iunii. ‖ *Fol. 130b vacat.*

IIa. *Fol. 1a*: Gloſa notabilis ſecūde par ‖ tis Alexandri cum interlini ‖ aribus expoſitiōibus textus eiuſdem in planiſſimis ſenten ‖ tijs ſubiunctis per pulchre *(sic)* ordinatis queſtionibus atqꝫ ar- ‖ gumentis cum replicis contra eorundem ſolutiones omni ‖ bus (qui ſcire deſiderant) *etc. Fol. 1b vacat. Fol. 2a*: Gloſa notabilis ‖ ( ) Uam pulcra taberna ‖ cula tua *etc. Fol. 124a*: Explicit feliciter Scd'a pars Alexandri *etc., l. 2. inf.*: Impreſſa in famoſa ciuitate Nurenbergenſi. cir ‖ ca ſummū. Anno incarnationis dn̄ice. M.CCCCXCIJ. Pridie ydus Auguſti. ‖ *Fol. 124b vacat.*

IIb. *Fol. 1a*: Gloſa notabilis ſecunde partis ‖ Alexādri cū interliniaribus expo- ‖ ſitōibus textus eiuſdē in planiſſimis ſententijs ſub ‖ iunctis perpulchre ordinatis queſtiōibus atqꝫ argu ‖ mentis *etc. Fol. 1b vacat. Fol. 2a*: Gloſa notabilis ‖ (q) Uam pulchra tabernacula ‖ tua *etc. Fol. 124a*: Explicit feliciter Scd'a pars Alexandri *etc., l. 2. inf.*: Impreſſa in famoſa ciuitate Nurenbergenſi. cir ‖ ca ſummū. Anno incarnationis dn̄ice. M.CCCCXCIJ. Predie *(sic)* ydus Auguſti. *Fol. 124b vacat.*

Monachii, B. Reg. (I. IIa. IIb.); Medelicae, B. Coen. (I. IIa.); Salisburgi, B. Coen. (I.). Editiones IIa et IIb, ut iam Hainius adnotavit, in quavis fere pagina inter se differunt. Cf. Hain no. 683. 708. 709.

97.

Hagenoae, sine typogr. nomine (Henr. Gran), a. 1492. Partes I. II. cum glosa notabili. 156 et 136 foll. s. num., c. sign. a₂—v₅ et A₂—R₄, typi Goth., in 4º.

I. *Fol. 1ª:* Prima pars doctrinalis ∥ Alexandri cum ſententiis ∥ notabilibˀ et vocabuloꝗ luoida expoſitiōe nōnulliſꝗ₃ ∥ annexis argumentis cū eorundem ∥ replicis. ad nouel ∶ ∥ lorum in grāmatica incipientium profectū. cum ꝙbuſ ∥ dam aliis additis pro in ſcientiis aliꝗliter prouectis. ∥ *Sequitur icon xylogr. magistrum cum 2 discipulis repraesentans; super caput eius emblema legitur:* Accipies tanti doctoris dogmata ſancti. *Fol. 1ᵇ:* Gloſa notabilis ∥ (t) Anquam paruulis ∥ vt lac potū dedi vob' *etc. Fol. 156ª:* Expoſitio exēploꝗ textus ꝑe ꝑtis Alexandri. equocoꝗ ⁖ ſyno ∥ nomoꝗ *etc.; l. 2. inf.:* Impſſuꝫ in impiali oppido Hagenaw ∥ Anno incarnatiōis chriſti. M.CCCC.XCij. idib' Iulij. ∥ *Fol. 156ᵇ vacat.*

II. *Fol. 1ª:* Gloſa notabilis ſecunde ∥ partis alexandri cū īnterlinialibˀ expoſitiōibˀ textˀ eiuſ ⁖ ∥ dem in planiſſimis ſentētijs. ſubiūctis perpulchre ordi ∶ ∥ natis queſtiōibˀ atꝗ₃ argumētis cū replicis cōtra eorun ∶ ∥ dem ſolutiōes. oꝝbus ꝙ ſcire deſiderant ſumme neceſſa ∶ ∥ rijs nouiſſime diligenter correctis. *etc. Sequitur eadem icon ac supra. Fol. 1ᵇ:* Gloſa notabilis ∥ ( ) Uam pulchra tabernacula tua Iacob ⁚ tē- ∥ toria tua iſrahel *etc. Fol. 136ª, l. ult.:* Explicit ſcd'a ꝑs Alexan. ∥ *Fol. 136ᵇ vacat.*

Monachii, B. Reg. (I. II.); Salisburgi, B. Coen. (I.); Medelicae, B. Coen. (II.). Cf. Hain no. 684 et 698. Partem II. in eadem officina paratam esse ac partem I. perspicuum est. Quod ad typographum attinet, vide editiones no. 115 et 136 descriptas. — Henricus Gran, primus Hagenoensis typographus, prelum ibi a. 1489 instituerat. Cf. Dictionnaire de géogr. p. 599 et Hain-Burger p. 123 sq.

98.

Rutlingae, Ioan. Omar, a. 1492. Pars I. cum glosa notabili. 143 foll. s. num., c. sign. aij—viiij, typi Goth., in 4º min.

Fol. 1 (titulus) deest ei, quo uti nobis licuit, exemplari. Fol. 2ª (c. sign. aij): Prologus in alexandrum ∥ ( ) Anquā paruulis vt lac ∥ *etc. Fol. 4ª:* ( ) Cribere clericulis ∥ *etc. Fol. 143ª:* Expoſitio exemplorum textus prime partis ∥ Alexandri. *etc.* explicit ∥ feliciter. ☛ Impreſſura Magiſtri Iohannis ∥ Omar in Reūttlingn Anno. M.CCCC.XCij. Tempe quo ∥ ꝺfederatoꝗ populus fueuie cū rege romanoꝗ Maximi ∥ liano et margrauio de Prandenburg occupauerūt ꝑtes ∥ Bauarie contra ducem Albertū de munaco qui ratiſpa ∥ nam ciuitatem imperialē contra ceſaris volūtatem ſibi ∥ vſurpauerat ∥. *Fol. 143ᵇ vacat.*

Moguntiae, B. Ur. Hainio ignot. — Ioannes Omar sive Otmar a. 1482 Rutlingae primus typographus domicilium collocavit et usque ad a. 1495 commoratus est. Inde ab a. 1486 Michael Greyff alter chalcographus ibi consedit (vide nr. 55 et 100). A. 1498 Ioannes Omar novam artem Tubingam introduxit. Cf. Dictionnaire de géogr. p. 1114 et 1265, Hain-Burger p. 219 sq., C. Steif, der erste Buchdruck in Tübingen (1498—1534). Tübingen 1881.

XIV*

99.

Parisiis, Michael Niger, a. 1492.   Doctrinale cum expositione [Ludovici de Guaschis].   120 foll. s. num., c. sign. aij—riij, typi Goth., in 4⁰.

Fol. 1 (titulus) deest unico, quod inspicere licuit, exemplari. Fol. 2ᵃ (c. sign. aij): Prefatio · ‖ (S) Cribere clericulis paro doctrinale ⁊ nouellis. ‖ ⟨ Quia textus eſt planus non indiget explanatio⁚ ‖ ne: *etc.   Fol. 60ᵃ:* ( ) ic iubet ordo libri vocū regimē referari ‖ *etc.   Fol. 80ᵃ:* ( ) Andere ‚ppoſui p verſus ſyllaba queq⁊ ‖ *etc.   Fol. 120ᵇ:* ⟨ Alexandri grāmatici vna cū breui⁚ ſuccincta ex ‖ poſitione opⁱ perlucidū ao Pariſiuꝰ impreſſum p ‖ me michaelem nigrum librarium morantē ſuꝑ pon ‖ tem ſancti michaelis anno domini milleſimo qua⁚ ‖ dringenteſimo nonageſimo ſecundo. ‖

Lugduni Batav., B. Un. Ab Hainio no. 753 not. ex Panzero II. p. 298 no. 237. — Michael Niger (Le Noir) ex eo ipso tempore arti typographicae Parisiis operam navasse videtur. Cf. Hain-Burger p. 214.

100.

Rutlingae, Mich. Greyff, a. 1493.   Partes I. II. cum glosa notabili.   106 et 95 foll. s. num., c. sign. aij—oiij et Aij—Miiij, typi Goth., in 4⁰.

I. *Fol. 1ᵃ:* Gloſa notabilis prime ‖ partis Alexandri cum interliniaribⁱ expoſitionibⁱ ‖ textus eiuſdē in planiſſimis ſententijs. cum vocabu ‖ lorum lucida expoſitõe. ſubiunctis perpulcre ordi⁚ ‖ natis q̄ſtionibⁱ atq⁊ argumētis. cū replicis contra ‖ eorundem ſolutiones. omnibⁱ qui ſcire deſiderant ‖ ſumme neceſſaria ‖. *Sequitur icon xylogr. magistrum cum 5 discipulis repraesentans. Fol. 1ᵇ vacat. Fol. 2ᵃ:* Prologus in alexandrum. *(sic)* ‖ (T) Anq⁊ puulis vt lac potum de ‖ di vobis *etc. Fol. 3ᵃ med.:* (S) Cribere clericulis paro docrinale *(sic)* nouellis ‖. *Fol. 106ᵇ:* Expoſitio exemplorum textus prime partis ‖ *etc.; l. 2. inf.:* ☞ Impreſſum in Reuttlingū *(sic)* per ‖ Michaelem Greyff ‖.

II. *Fol. 1ᵃ:* Gloſa notabilis ſecun ‖ de partis Alexandri. cum interlinearibus expoſ⁚ ‖ tionibus textus eiuſdem in planiſſimis ſententijs ‖ ſubiunctis perpulcre ordinatis queſtionibus atq⁊ argumentis. cum replicis contra eorūdem ſolu⁚ ‖ tiones. omnibus qui ſcire deſiderant ſumme ne⁚ ‖ ceſſaria. ‖ *Sequitur eadem icon ac supra. Fol. 1ᵇ:* icon xylogr.: *Christus in cruce pendens suis lugentibus circumdatus. Fol. 2ᵃ:* ⟨ Prefatio ‖ Butirum et mel comedet puer ‖ *etc.   Fol. 95ᵇ:* Explicit feliciter ſcd'a pꝰ Alexādri. cū gloſis metroꝗ interlinia ‖ libⁱ *etc.; l. 2. inf.:* ☞ Impreſſum in Reutlingū per Michaelē ‖ Greyff. Anno dñi. M.CCCC.LXXXXiij. ‖

Monachii, B. Reg.; Friburgi Brisg., B. Un. Cf. Hain no. 678 et 710. De typographo vide adnot. ad nr. 55.

101.

Argentinae, Mart. Flach, a. 1493.   Partes I.—III. (IV.) cum glosa notabili.   144 et ? et 52 foll. s. num., c. sign. a₂—v₅ et ? et a₂—g₄, typi Goth., in 4⁰.

I. *Fol. 1ª:* Glofa notabilis prime ∤ partis Alexandri: cū interlinearibus expofitionibus ∤ textus eiufdem in planiffimis fententijs: cum vocabu ∤ lorum lucida expofitione: fubiunctis ppulcre ordina- ∤ tis queftionibus atq3 argumentis: cum replicis ɔtra ∤ eorundem folutiones: omnibus qui fcire defiderant ∤ fumme neceffaria. ∤ *Fol. 1ᵇ vacat. Fol. 2ª:* Prologus in alexandrū ∤ (t)Anqua3 paruulis vt lac ∤ *etc. Fol. 143ª:* Expofitio exemplorum textus prime ∤ partis Alexandri *etc.* explicit feliciter ∤ Impreffum in Argentina p Martinum Flach ∤ Anno falutis. ᴍ.ᴄᴄᴄᴄ. xᴄiij. ∤ *Foll. 143ᵇ et 144 vacant.*

II. *Fol. 1ª:* Glofa notabilis fecunde partis Alexandri: cum interlinearibus expofitionibus eiufdem. *In fine:* Impreffum Argentine por Martinum Flach Anno ᴍ.ᴄᴄᴄᴄ.xᴄiij.

III. *Fol. 1ª:* Tertia pars doctrina ∤ lis Alexandri cum no ∤ tabili commento. ∤ *Fol. 1ᵇ vacat. Fol. 2ª:* Prefatio ∤ (m)Eliora funt vbera tua ∤ *etc. Fol. 52ª:* Alexandri grāmatici opus cu3 breui ac vtili exɛ ∤ pofitione Impffum Argentine per Martinum ∤ Flach. Anno ᴍ.ᴄᴄᴄᴄ.xᴄiij. finit feliciter. ∤ *Fol. 52ᵇ vacat.*

Basileae, B. Un. (I. III.); Doneschingae, B. Princ. (III.). Pars I. not. ab Hainio no. 685, pars II. no. 711, pars III. Hainio ignot.

102.

Antverpiae, ‹ Henricus Eckert de Homberch, anno 1493. Wilhelmi Zenders de Werdt opus minus II. partis. In 4º.

Not. a Panzero I. p. 12 no. 73. Hainio et Campbellio ignot.

103.

Antverpiae, Theodoricus Martini, a. 1493 d. XVIII. m. Dec. Textus doctrinalis cum sententiis et constructionibus. In 4º.

Fol. 1ª: Textus Alexandri cum fententiis et conftructionibus. *In fine:* Sic finitur expofitio doctrinalis Alexandri impreffa per me Theodoricum Martini Antwerpie menfis Decembris die decima octaua anni incarnationis Domini noftri ᴍᴄᴄᴄᴄxᴄiij.

Cf. Panzer I. p. 12 no. 72, Hain no. 766, Campbell no. 114. — Theodoricus Martini (Martens sive Mertens) Alostensis, in officinis Venetis, ut ipse tradidit, instructus, a. 1473 artem typographicam Alostum in urbem natalem et tribus annis post Antverpiam introduxit. (Vide Dictionnaire de géogr. p. 47 sq. et 77 sq.) Secuti sunt eum in hanc urbem a. 1482 Matthias van der Goes et a. 1484 Gerardus van Leeu, quorum iam mentionem fecimus (vide adnot. ad nr. 34). Procedente tempore Henricus Eckert van Homberch (vide nr. 102. 183. 191. 254.), Michael Hillen van Hochstraten (vide nr. 222 et 226), et Guilelmus Vorstermann (vide nr. 232) ibi consederunt. Theodoricus Martini etiam Lovanii per aliquot annos officinam habebat. Cf. Hain-Burger p. 196.

104.

Sine loco, typogr. nomine et anno (Zwollis, Petr. Os de Breda, c. a. 1493). Partes I. II. cum notis in margine. 54 foll. s. num., c. sign. aiij—iiiij, typi Goth., in 4º.

Fol. 1ᵃ: Prima et Secūda. Pars Alexandri ∥ cum notis in margine. ∥ *Sequitur icon xylogr.: Christus in templo legum interpretibus circum-datus; in marginibus symbola et nomina evangelistarum. Fol. 1ᵇ: icon xylogr.; supra verba leguntur lemnisco inscripta:* Saluator mundi salua nos. ∥ *Fol. 2ᵃ:* (S) Cribē clericul' paro doct'nale nouell' ∥ *etc. Fol. 38ᵃ, l. 5.:* Verborūq₃ data ſit declinatio quarta. ∥ Finit Prima pſ Doctrinalis Allex *(sic)* ∥ andri Sequitur pſ Secunda. ∥ ( ) Ic iubet ordo libri vocū regimen ∥ re-secari *(sic?)* ∥ *etc. Fol. 54ᵃ, l. 6.:* Plurali numero. ſil'es ſunt q̄s ego cerno. ∥ *Fol. 54ᵇ eadem icon quae fol. 1ᵇ addita est.*

Cf. Campbell, Supplém. II. no. 115ᵃ.

105.

Sine loco et typogr. nomine [Aquis Statiellorum (hodie Acqui)], a. 1493. Doctrinalis textus, ut videtur. 30 foll.

Incipit: Opus Alexandri grammatici pro eruditione puerorum. *In fine*: Doctrinale Alexandri Galli, vulgo de Villa Dei, grammatici, feliciter explicit . . . Anno Domini 1493.

Cf. Panzer I. p. 1 no. 1.

105*.

Sine loco, typogr. nomine et anno (Aquis Statiellorum, c. a. 1493). Doctrinalis textus, ut videtur. 30 foll., typi Rom.

In fine: Alexandri de villa Dei Doctrinale (Deo laudes) feliciter explicit. Impreſſum ſat incommode. Cum aliquarum rerum, quae ad hanc artem pertinent, impreſſori copia fieri non potuerit in huius artis initio: peſte Genuae, Aſt *(sic?)* alibique militante. Emendavit autem hoc ipſum opus Venturinuͤs prior, grammaticus eximius, ita diligenter, ut cum antea doctrinale parum emendatum in plerisque locis librariorum vitio esse vi-deretur, nunc illius cura et diligentia adhibita in manus hominum quam emendatiſſimum veniat. Imprimentur autem poſthac libri alterius generis litteris, et eleganter arbitror, nam et fabri et aliarum rerum, quarum hactenus promptor indignus fuit, illi nunc Dei munere copia est, qui cuncta diſponit pro ſuae voluntatis arbitrio. Amen.

Cf. Hain no. 665, Dictionnaire de géogr. p. 85 sq. *Illa, quam ex Panzero supra descripsimus, et haec fortasse eadem est editio. Subscriptio utique maximopere notabilis est.*

106.

Venetiis, Manfredus de Bonellis, a. 1494, d. XXVIII. m. Jan. Doctrinale cum commento [Ludovici de Guaschis]. 84 foll. s. num., c. sign. a₂—l₄, typi Goth., in 4⁰.

Fol. 1 (titulus) deest. Fol. 2ᵃ (c. sign. a₂): Proemium ∥ ❊ Opus Alexandri grammatici pro eruditione. pueroₚ incipit ∥. *Fol. 2ᵃ, l. 10.:* (S) Cribere cericulis ⁎ pa ∥ ro doctrinale nouellis ∥. *Fol. 41ᵃ, l. 22.:* (h) Ic iubet ordo libri ⁵ vocū regimē refari. ∥ *Fol. 54ᵃ, l. 15.:* (p) Andere pro-poſui p ᵇ verſus ſyllaba q̄q₃. ∥ *Fol. 84ᵃ:* ❊ Impreſſum Venetijs per me Manfredum de Bo- ∥ nellis de Monteferato. *(sic)* Anno vero ab incarna ∥ cione Eiuſdem omnipotentis. Mileſimo qua ∥ drīgenteſimo. Nonageſimo quarto.

die ‖ vero vigeſimo octauo menſis ‖ Januarij. ‖ a b c d e f g h i k l. Omnes hi ſunt quaterni exceptus l qui eſt duernus ‖. *Fol. 84ᵇ vacat.*

Dresdae, B. Reg. Ab Hainio no. 754 not. ex Panzero III. p. 364 no. 1860. — Manfredus de Bonellis sive Bonello de Monte Ferrato typographus a. c. 1481 prelum Venetiis instituerat. De libris, quos usque ad saec. XVI. emisit, cf. Hain-Burger p. 41 sq.

107.

Basileae, Nic. Kesler, a. 1494, d. III. m. Mart. Partium I. II. textus cum notis in margine. 44 foll. s. num., c. sign. a_8—f, typi Goth., in 4⁰.

Fol. 1ᵃ: Textus Alexandri ‖ cum vtili ꝛ ſuccincta alteratione. notatiſqꝫ ‖ in margine adiunctis. ‖ *Sequitur icon xylogr.: magister virgam manu tenens, ante eum 3 discipuli. Fol. 1ᵇ vacat. Fol. 2ᵃ*: (S) Cribere clericulis paro doctri ‖ nale nouellis. *etc. Fol. 44ᵇ*: Finit prima et ſecunda ꝑtes *(sic)* Alexandri Im ꝫ ‖ preſſa. Baſilee. per Nicolaum Keſler. Anno ‖ domini. Milleſimo q̄dringēteſimononage ꝫ ‖ ſimo *(sic)* quarto. Die tertia menſis Martij. ‖

Vindobonae, B. Caes. Ab Hainio not. no. 767.

108.

Norimbergae, Ant. Koberger, a. 1494. Partes I.—IV. cum glosa notabili. 130 et 124 et 48 foll. s. num., c. sign. aij—riiij et Aij—Qiiij et Aaij—Ffiiij, typi Goth., in 4⁰.

Iᵃ. *Fol. 1ᵃ*: Prima pars doctrinalis ale ‖ xandri cum ſententijs nota ‖ bilibus et vocabulorum lu- ‖ cida expoſitione nonnulliſ- ‖ qꝫ annexis argumentis. ‖ *Fol. 1ᵇ vacat. Fol. 2ᵃ*: Prologus in alexandrum ‖ ( ) Anquā paruulis vt lac ‖ *etc. Fol. 130ᵃ*: Expoſitio exemploꝝ textus prime partis Alexādri equiuo ‖ coꝝ *etc.; l. 3. inf.*: Impreſſum ꝑ Anthoniū kober- ‖ ger in famoſa ciuitate Nurenbergēſi. Anno ſalutis. MCCCC. ‖ XCIIIJ. quinta die Marcij. ‖ *Fol. 130ᵇ vacat.*

Iᵇ. *Fol. 1ᵃ*: Prima pars doctrinalis Alexādri ‖ cum ſententijs notabilibus ꝛ voca ‖ bulorum lucida expoſitione nōnul ‖ liſqꝫ annexis argumentis ‖. *Fol. 1ᵇ vacat. Fol. 2ᵃ*: Prologus in Alexandꝝ ‖ ( ) Anquā paruulis vt lac potū ‖ *etc. Fol. 130ᵃ et 130ᵇ ut in* Iᵃ.

II. *Fol. 1ᵃ*: Gloſa notabilis ſecunde partis ‖ Alexādri cū interliniaribus expo- ‖ ſitiōibus textus eiuſdē in planiſſimis ſententijs ſub ‖ iunctis perpulchre ordinatis queſtiōibus atqꝫ argu ‖ mentis cum replicis cōtra eorūdem ſolutiōes *etc. Fol. 1ᵇ vacat. Fol. 2ᵃ*: Gloſa notabilis ‖ (q) Uam pulchra tabernacula ‖ *etc. Fol. 124ᵃ*: Explicit feliciter Scd'a pars Alexādri cū gloſis metroꝝ interlinialibꝰ ‖ *etc., l. 2. inf.*: Impreſſa in famoſa ciuitate Nurenbergenſi. ‖ Anno incarnationis dn̄ice. M.CCCC.XCIIIJ. XX. die menſis marcij. ‖ *Fol. 124ᵇ vacat.*

III. IV. *Fol. 1ᵃ*: Tercia ꝛ Quarta Partes do- ‖ ctrinalis magiſtri Alexandri cum cōmēto val ‖ de vtili textꝰ dante intelligentiam ſummariā. ‖ Quarum tercia docet de quātitate ſillabarū. ‖ Quarta ꝟo de accentuatione cum nouis qui- ‖ buſdā ſententiarum additionibus ‖ *Fol. 1ᵇ*: ( ) Eliora

funt vbera tua vino fragrantia vngentis optimis Can *ǁ* ticoꝗ primo *etc.*
Fol. 48ᵃ, l. 2. inf.: Alexādri grāmatici due partes: tertia videlȝ ꝛ ꝗrta
finiūt feliciter *ǁ* Impſſe ꝑ Anthoniū Koberger in ciuitate Nurēbergenſi. *ǁ*
Fol. 48ᵇ vacat.

*Monachii, B. Reg. (Iᵃ. II. III. IV. uno vol. compreh.); Medelicae,
B. Coen.; Vindobonae, B. Caes. (II. et III. IV). Cf. Hain no. 686.
712. 731. Editiones Iᵃ et Iᵇ titulo et praefatione et prima parte textus
commentariique (usque ad sign.* d*) inter se differunt.*

109.

Coloniae, Ulricus Zell, a. 1494, d. VI. m. Apr.   Pars I. cum
sententiis et vocabulorum expositione, (i. e. cum glosa notabili).
1 fol. s. num. + Fo. CXLI, c. sign. aij—viij, typi Goth., in 4⁰.

Fol. 1ᵃ: Prima pars doctrinalis Alexādri cum *ǁ* ſentētijs ꝛ vocabuloꝗ
lucida expoſitione *ǁ* nonnulliſqȝ nouis notalib⁹ *(sic)* annexis *ǀ. Sequitur
icon xylogr. Mariam cum Iesu infante repraesentans; infra ligno incisa
sunt haec:* Impreſſum Colonie apud lijſkirchen *ǀ. Fol. 1ᵇ:* ( )Anquam
paruulis vt lac potū *ǁ* dedi vobis *etc.*   Fo. CXLIᵇ: Expoſitio exemplorum
textus prime partis Alexandri. cꝗuo- *ǀ* corum *(sic)* ꝛ ſynonomorū *etc., l. 3.
inf.:* Explicit feliciter Impreſſum in felici Colonia circa Lijſkir = *ǁ* chen per
Ulricum tzell de Hannaw. Anno a xp̄i natiuitate M.CCCC. *ǀ* nonageſimo-
quarto. *(sic)* Sexto Mēſis Aprilis *ǁ.*

Moguntiae, B. Ur. Hainio ignot. De typographo vide adnot. ad nr. 41.

110.

Coloniae, Henr. Quentell, a. 1494, VII. Idus Maii.   Pars II.
cum glosa notabili.   112 foll. s. num., c. sign. Aij—Siiij, typi
Goth., in 4⁰.

Fol. 1ᵃ: Gloſa notabilis ſecūde par *ǁ* tis Alexandri cum interlinialib'
expoſitionib⁹ textus eiuſdē in planiſſimis ſententijs ſubiunctis ppulchre ordinatis que *ǀ* ſtionib' atqȝ argumentis cū replicis ɔtra eorundem ſolutio *ǀ*
nes. *etc. Sequitur icon xylogr.: magister cum 2 discipulis; supra in lemnisco
legitur emblema:* Accipies tanti doctoris dogmata ſancta.   *Fol. 1ᵇ:* Gloſa
notabilis *ǀ* ( )Uam pulchra tabernacula tua Iacob ꝛ tentoria *ǀ etc.   Fol. 112ᵃ:*
◖ Explicit feliciter ſcd'a ꝑs Alexandri cū gloſis metroꝗ interlinialib' *ǀ etc.,
l. 3. inf.:* Impſſa in *ǀ* ſancta Colonia ꝑ Henricū Quentell circa ſummū. Anno
incarnationis *ǀ* dominice. M.CCCC.XCIIIȷ. Septimo ydus Maij. *ǀ   Fol. 112ᵇ vacat.*

*Monachii, B. Reg.; Darmstadii, B. M. Duc. (Hofb.) [exemplar mu-
tilatum]. Cf. Hain no. 713.*

111.

Daventriae, Rich. Paffraet, a. 1494, d. IX. m. Aug. Wilhelmi
Zenders de Werdt opus minus II. partis.   132 foll. s. num.,
c. sign. aij—ziiij, typi Goth., in 4⁰.

Fol. 1ᵃ: Opus min⁹ ſecūde partis *ǁ* Alexandri Ītroductoriū ad *ǀ* op⁹
maius eiuſdē perutile *ǀ. Fol. 1ᵇ:* ( )Irca principium partis ſecūde Alexādri
querīt primo ꝗd *ǁ* eſt grāmatica ſed'm Priſcianū *etc.   Fol. 3ᵃ:* ( )Ic iubȝ

ordo libri vocū regimē referari ſ. *Fol. 132ᵃ:* ❡ Finitur dei gratia opˀ minus fecūde partis alexā ⁑ ſ dri ‚p pueris clare breuiterqꝫ inſtituēdis: per wilbel⁑ ſ mū zenders de werdt collectū. Et que illic breuitatˀ ſ gͬa : ne pueris faſtidiū ex ‚plixitate generetur : omiſſa ſ funt : in opere maiori cū plurimis elegātijs ⁊ queſtio ſ nibˀ fcitu dignis in ſcholis diſputādis : argumētis et ſ replicis annexis: vt in logica petri hifpani fecimˀ : col ſ liguntur ⁊ abfoluūtur. Impreſſum Dauentrie ꝑ me ſ Richardum paffraet. Anno dni. M.CCCC.XCiiij. ſ Nona Auguſti. ſ *Fol. 132ᵇ vacat.*

Pragae, B. Un.; Upsaliae, B. Un. Campbellio ignot.

112.

Coloniae, Henr. Quentell, a. 1494, d. IV. Non. Nov. Pars I. cum glosa notabili. 124 foll. s. num., c. sign. aij—viiij, typi Goth., in 4⁰.

Fol. 1ᵃ: Prima pars doctrinalis Ale ſ xandri cum ſententijs. notabi ⁑ ſ libus : et vocabulorum lucida expoſitione. nonnulliſqꝫ anne- ſ xis argumentis cum eorundem replicis. ad nouellorum in ſ grāmatica incipientium profectum. cum quibuſdā alijs ad- ſ ditis pro in fcientijs aliqualiter proueotis ſ. *Sequitur icon xylogr.: magister cum 2 discipulis; supra lemnisco inscriptum est emblema:* Accipies tanti doctoris dog ⁑ mata fanca *(sic).* *Fol. 1ᵇ:* Gloſa ṅotabilis ſ ( )Anꝗꝫ paruulis ut lac ſ potū dedi vobis *etc.* *Fol. 124ᵃ:* Expoſitio textus ⁊ exemploꝝ ꝑme partis Alexandri equocorū ⁊ fyno ſ nomorū *etc., l. 2. inf.:* Impreſſa in felici Colonia circa fummum ꝑ Henricum Quentell ſ Anno a natiuitate xͬpi. M.CCCC.XCiiij. quarto Nonas Nouēbris ſ. *Fol. 124ᵇ vacat.*

Herſfeldiae, B. Gym.; Darmſtadii, B. M. Duc. (Hofb.) [titulus deest]. Hainio ignot.

113.

Sine loco et typogr. nomine (Basileae, Nic. Kesler), a. 1494. Partium III. IV. textus. 44 foll. s. num., c. sign. Aij—Giiij, typi Goth., in 4⁰.

Fol. 1ᵃ: Textˀ tercie et quarte ſ parciū Alexādri cū cō ſ tinuatis breuiſſimis ‚p ſ iuuenum inſtructione ſ non paruꝫ vtilis ac ne ⁑ ſ ceſſarius ∶ ſ. *Fol. 1ᵇ vacat. Fol. 2ᵃ:* Decimum Capitulum ſ Pandere propoſui per verſus ſ fyllaba queqꝫ. Quanta fit. et ſ *etc. Fol. 30ᵃ:* Accētˀ varias decꝫ hͥc diſtͥguere normas ſ. *In margine dextro:* Quarta ꝑs de accentu ſ Incipit et vndecimū ſ capitulum ſ. *Fol. 44ᵃ:* Anno M.CCCC.XCiiij. ſ .∶. Finis .∶. ſ. *Fol. 44ᵇ vacat.*

Lipsiae, B. Un. Hainio ignot.

114.

Bononiae, Bacielerius de Bacieleriis, a. 1495, d. XII. Kal. Febr. Partes I.—IV., in 4⁰.

Incipit opus perutile Alexandri quod doctrinale dicitur. *In fine:* Impreſſum fuit totum hoc opus Bon. per Bacielerium de Bacieleriis Bononienſem vir *(sic?)* folertiſſimum. Anno falutis M.CCCC.LXXXXV. duodecimo

Kalendas Februarii, Ioanne Bentivolo Secundo : Sfortia : Vicecomitae *(sic?)* de Aragonia Et caetera : Felſinei ſenatus benemerito principe.

Cf. Hain no. 670, qui Panzerum IX. p. 215 no. 207c secutus est.

115.

Hagenoae, Henr. Gran, a. 1495, m. Jul. et Sept. Partes I.—IV. cum glosa notabili. 122 et 110 et 46 foll. s. num., c. sign. a_2—p_5 et A_2—O_4 et A_2—F_3, typi Goth., in 4⁰.

I. *Fol. 1ᵃ*: Prima pars doctrinalis ⫽ Alexandri cū ſententiis no ⫽ tabilibus: et vocabulorum lucida expoſitione. nonnulliſqӡ annexis argu⹀ ⫽ mentis cum eorundem replicis. ad nouellorum in grāmatica incipientiuӡ ⫽ profectum. cum quibuſdā alijs additis ‚p in ſcientijs aliqualiter ‚pueotis ⫽. *Sequitur icon xylogr̄.: magister cum 2 discipulis; supra lemnisco inscripta sunt haec:* Accipies tanti doctoris dogmata sancta. *Fol. 1ᵇ*: Gloſa notabilis ⫽ ( )Anquā paruulis vt ⫽ lac *etc.* *Fol. 122ᵇ*: Expoſitio textus et exemploӷ ꝑme partis Alexandri ᷒equocoӷ ᷒ ſyno⹀ ⫽ nomoӷ. *etc., l. 2. inf.*: Impreſſa in Hagenaw per Heinricum *(sic)* Gran. Anno a natiuitate chriſti ⫽ M.CCCC.XCV. trodecimo kalendas Auguſti. ⫽

II. *Fol. 1ᵃ*: Gloſā notabilis ſecūde par ⫽ tis Magiſtri Allexandri. *(sic)* cum interliníalib' expoſitionib' textus eiuſdē in planiſſimis ſententijs. ſubiūctis perpulcre ⫽ ordinatis queſtionib' atqӡ argumētis *etc. Sequitur eadem icon ac supra. Fol. 1ᵇ*: Gloſa notabilis ⫽ ( )Uaӡ pulora tabernacnla tua Iacob et tētoria tua ⫽ *etc. Fol. 110ᵃ*: Explicit feliciī ſcd'a ꝑs Alexandri cū gloſſ metroӷ Īterliníalib' pla⹀ ⫽ niſſimiſqӡ eorundē ſubiūctis ſententijs *etc., l. 3. inf.*: Impſſa ⫽ in impiali oppido Hagenaw ꝑ Henricū Gran. Anno natiuitatᵃ dn̄i⹀ ⫽ ce. M.CCCC.XCV. Septimo Idus Septembris. ⫽ *Fol. 110ᵇ vacat.*

III. IV. *Fol. 1ᵃ*: Tercia et quarta partes do ⫽ ctrinalis magiſtri Alexādri cum cōmento valde vtili textᵃ ⫽ dante intelligentiaӡ ſummariam. Quarum tercia docet de ⫽ quantitate ſyllabarum. Quarta vero de accentuatione cuӡ ⫽ nouis quibuſdam ſententiarum additionibus ⫽. *Sequitur eadem icon ac supra. Fol. 1ᵇ*: Prohemium ⫽ (M)Eliora ſunt vbera tua vino fragrātia vngentis optimis. Cā ⫽ ticoӷ ꝑmo *etc. Fol. 46ᵃ, l. 2. inf.*: Alexandri grammatici due partes. tercia videlicet ᷒ quarta finiūt feli⹀ ⫽ ciī Impreſſe ꝑ Heinricum *(sic)* Gran in oppido Hagenaw. ⫽ *Fol. 46ᵇ vacat.*

Monachii, B. Reg.; Oeniponte, B. Un.; Argentinae, B. Un.; Admonte (Austr.), B. Coen. Cf. Hain no. 688. 714. 732. — De typographo vide adnot. ad nr. 97.

116.

Coloniae, Io. Koelhoff, anno 1495, m. Sept. Partes I. II. cum glosa notabili. 118 et 114 foll. s. num., c. sign. aij—vv et Aij—Siiij, typi Goth., in 4⁰.

I. *Fol. 1ᵃ*: Prima pars Do ⫽ ctrinalis Alexandri cum ſententijs notabilibus. ᷒ vocabulorum ⫽ lucida expoſitione. nonnulliſqӡ annexis argumentis cum eorun- ⫽ dcem *(sic)* replicis. ad nouellorum iu grammatica incipientium profe ⫽ ctum. cū quibuſdaӡ alijs additis ‚p in ſciētijs aliqualiter ‚puectᵃ ⫽

Sequitur icon xylogr. magistrum cum 6 discipulis repraesentans. Fol. 1ᵇ:
Glofa Notabilis ∥ ( ) Anquaȝ paruulis ∥ vt lac potū dedi vobis *etc. Fol. 118ᵃ:*
Expoſitio textus et exemplorū prime partis Alexandri. *etc., l. 3. inf.:* Impreſſa in feli ∥ ci Colonia Per Ioãnem koelhoff Anno gratie ᴍ°.ᴄᴄᴄᴄ°.xcv.
altera ∥ die poſt tranſlationis feſtum trium fanctorum magorum. ∥ *Fol.*
118ᵇ vacat.

    II. *Fol. 1ᵃ:* Glofa Notabilis fecunde partis ∥ Alexandri cum inter-
linealibus expoſitionibus ∥ textus eiufdẽ ꝛ planiſſimis fententijȝ. fubiũctis
queſtionib' atqȝ argumentis cum replicis contra eorũdem folutiones ∥ *etc.*
Sequitur eadem icon ac supra. Fol. 1ᵇ: Glofa Notabilis ∥ ( ) Irca inicium
fecunde partis ∥ Alexandri que eſt de diafynthetica ∥ *etc. Fol. 114ᵃ:*
❧ Explicit feliciter fecunda pars Alexandri ∥ *etc., l. 2. inf.:* Confummata
autem in ˌpſeſto fancti Michaelis Archangeli Anno ∥ falutis. ᴍ°.ᴄᴄᴄᴄ°.xcv. ∥
Fol. 114ᵇ vacat.

    Marburgi Hess., B. Un. Hainio ignot. — Ioannes Koelhoff Lubi-
censis secundum Ulricum Zell Hanoviensem (vide de eo adnot. ad nr. 41)
inter primores typographos Colonienses est. Idem a. 1499 praeclara illa
chronica Coloniensia prelo subiecit. De operibus, quae usque ad a. 1500
ex eius officina exierunt, cf. Hain-Burger p. 162—164.

117.

Daventriae, sine typographi nomine (Rich. Paffroet), a. 1495,
d. XXX. m. Oct. Pars I. cum glosa Ioannis Synthen. 150 foll.
s. num., c. sign. aij—oiiij, typi Goth., in 4°.

    Fol. 1ᵃ: Glofa prime partis Alexan ∥ dri Ioannis Synthen. ∥ *Fol. 1ᵇ*
vacat. Fol. 2ᵃ: ( ) Cribere clericulis paro doctrinale ∥ nouellis ∥ *etc.*
Fol. 3ᵃ: ❧ De nominum inflectione fcd'm ordinem. et primū ∥ de prima. ∥
( ) Ectis as es a dat declinatio prima ∥. *Fol. 150ᵇ:* ❧ Finiunt fuper
Prima parte doctri ⸗ ∥ nalis Alexandri venerabilis Ioannis ∥ Synthen co-
pulata Dauentriȩ fumma ∥ diligentia nouiter emendata et Im ⸗ ∥ preſſa
Anno domini. ᴍ.ᴄᴄᴄᴄ.xcv. Tri ∥ ceſima Octobris ∥.

    Oxoniae, B. Bodl. Cf. Campbell no. 120.

118.

Norimbergae, Ant. Koberger, a. 1495. Partes I.—IV. cum
glosa notabili. 1 fol. s. num. + Fo. II—CXXX et 124 et 48 foll.
c. sign. a₂—v₄ et A₂—Q₄ et Aaij—Ff₄, typi Goth., in 4°.

    I. *Fol. 1ᵃ:* Prima ꝑs doctrinalis Alexandri ∥ cuȝ fententijs notabi-
libus ꝛ voca ∥ buloruȝ lucida expofitõne nõnul ∥ lifqȝ annexis argumentis. ∥
Fol. 1ᵇ vacat. Fo. IIᵃ: Prologus ∥ ( ) Anquã paruulis vt lac potuȝ ∥ dedi
vobis *etc.* Fo. CXXXᵃ: Expoſitio exemploꝝ textus prime ꝑtis Alexandri
equiuo ∥ coꝛ *etc.; l. 3. inf.:* Impreſſum ꝑ Anthoniũ kober ∥ ger in famofa
ciuitate Nurēbergẽſi. Anno falutˢ.⁚ ᴍᴄᴄᴄᴄ. ∥ xcv. ∥ Fo. CXXXᵇ *vacat.*

    II. *Fol. 1ᵃ:* Glofa notabilis fecunde partis ∥ Alexãdri cũ interliniaribus
bus expo- ∥ fitõnibus textus eiufdẽ in planiſſimis fentẽtijs fub ∥ innctis *(sic)*
perpulchre ordinatis queſtionib⁹ atqȝ argumẽtis *etc. Fol. 1ᵇ vacat. Fol. 2ᵃ:*
Glofa notabilis ∥ (q) Uaȝ pulchra tabernacula ∥ *etc. Fol. 124ᵃ:* Explicit

feliciter Scd'a ps Alexãdri cũ glofis metroꝗ interlinealib° ǀ *etc., l. 2. inf.*: Impꝗffa in famofa ciuitate Nurbergẽfi. *(sic)* An-ǀ no incarnationis dñice. M.CCCC.XCV. die XI. menfis nouẽbris. ǀ *Fol. 124ᵇ vacat.*

    III. IV. *Fol. 1ᵃ*: Tercia et Quarta partes do ǀ ctrinalis magiftri Alexandri cum commento val ǀ de vtili textus dante intelligentiam fum-mariam. ǀ Quarum tercia docet de quantitate fyllabarum. ǀ Quarta ꝟo de accentuatione cũ nouis quibufdã ǀ fententiarum additionibus. ǀ *Fol. 1ᵇ*: Prohemium ǀ ( )Eliora funt vbera tua vino fragrãtia vngentis optimis. Cau ǀ ticoꝗ primo. *etc. Fol. 48ᵃ*: Alexandri grãmatici due ptes: tercia vide-licet ꙅ ꝗrta ǀ finiunt feliciter. Impreffe ꝑ Anthoniũ koberger. ǀ *Fol. 48ᵇ vacat.*

    Salisburgi, B. Coen. (I. II. III. IV. uno vol. compreh.); Monachii, B. Reg. (I. II. III. IV.); Gryphiswaldae, B. Un. (III. IV. cum nr. 134 I. II. compreh.). Cf. Hain no. 687. 715. (sola adnot.) 730.

119.

Daventriae, Iac. de Breda, a. 1495, ult. d. m. Dec. Partium I. II. textus cum alteratione. 58 foll. s. num., c. sign. Bi—Gv, typi Goth., in 8.

    Fol. 1ᵃ: Textus alexandri ǀ cum alteratione. ǀ *Sequitur icon xylogr.*: *Christus in cruce pendens; infra legitur*: Iacob° de Breda ǀ. *Fol. 1ᵇ vacat.* *Fol. 2ᵃ*: Prohemiũ libri ǀ. *Fol. 40ᵇ*: ☾ Finit prima pars doctrinal' Alexandri ǀ Sequitur pars fecunda ǀ. *Fol. 58ᵃ*: ☾ Finit prima ꙅ fcd'a pars alexãdri Impref ǀ fa Dauentrie cũ fumma diligentia emẽdata ǀ per me Iacobũ de Breda. Anno dñi. M. ǀ ꝗdringẽtefimo. XCV. vltima die De-cẽbris. ǀ *Fol. 58ᵇ vacat.*

    Luneburgi, B. Ur. Campbellio ignot.

120.

Daventriae, Rich. Pafraet, a. 1495. Partes III. IV. cum commento. 48 foll. s. num., c. sign. aij—hiij, typi Goth., in 4°.

    Fol. 1ᵃ: Tercia et quarta partes ǀ doctrinalis magiftri Alex ǀ andri cum cõmento valde vtili textus dante in ꙅ ǀ telligentiam fummariam. Quarum tercia do ǀ cet de quantitate fyllabaꝗ. Quarta vero de ac ꙅ ǀ centuatiõe cum nouis quibufdaꝫ fententiarum ǀ additionibus. *Fol. 1ᵇ*: Pro-hemium ǀ ( )Eliora funt vbera tua vino fragrãtia. vngẽtis optimis. Cã ꙅ ǀ ticoꝗ ꝑmo *etc. Fol. 48ᵃ*: ☾ Alexandri grãmatici due partes: ter ǀ cia vi-delicet et quarta finiunt feliciter ǀ Impreffe Dauẽtrie per Richardũ paf ǀ raet anno dñi. M.CCCC.XCV. *Fol. 48ᵇ vacat.*

    Dusseldorpii, B. Prov.; Berolini, B. Reg. A Campbellio no. 131 not. ex Panzero XI. p. 319 no. 87ᵈ et Hainio no. 14759.

121.

Parisiis, sumptibus Ioannis Alexandri Andegavensis et Ioannis Petit Parisiensis, a. 1495. Partes I.—IV. cum glosa notabili. 197 foll. s. num., c. sign., typi Goth., in 4°.

    Fol. 1ᵃ: Glofa notabilis alexandri in quat ǀ tuor partes diuifa cum interlinea ꙅ ǀ ribus expofitõibus textus eiufdem in planiffimis fentẽtiis ſub = ‖ iunctis perpulchreq; ordinatis queſtiōibus atq; argumentis ‖ cum replicis cōtra eorūdem ſolutiones oībus qui ſcire deſide = ‖ rant ſumme neceſſariis: nouiſſime diligenter correctis: cu; ad = ‖ ditis in locis in quibus neceſſariu; pro iuuenibus eſſe videba = ‖ tur. Que iam de nouo impreſſa eſt cū multis argumentis & re = ‖ plicis prius non additis accuratiſſimeq; emendata vt qui illa; ‖ diligenti cum ſtudio perlegerint: Ipſis in artis grammatices ‖ notitiam facilis erit acceſſus. ‖ *Sequitur insigne typogr. cum inscriptione:* Diev gart le Roy et la noble cité d'angiers et l'vniversité *et librarii nomine in medio posito:* Debovgne. *Fol. 1b*: P. E. molinienſis Ordinis ſancti Be = ‖ nedicti. Epigramma ad iuuenes. ‖ *(5 disticha.) Fol. 93b*: ☾ Explicit prima pars huius libri. ‖ *Fol. 95a*: Gloſa notabilis. ‖ (Q)uam pulchra tabernacula tua iacob: et tētoria tua iſrael *etc. Fol. 167b*: ☾ Sequit̄ prohemiū in tertiā ⁊ quartā Alexandri partes ‖ ( )Eliora ſunt vbera tua vino fragrātia *etc. Fol. 197b*: Gloſa notabilis ac luce clarior ſuper textu alexan ‖ dri grammatici optimis caracterib⁹ pariſius impreſ = ‖ ſa: ſumptibus vero Iohannis alixandre andegauis ‖ cōmorantis: ac Iohannis petit pariſienſis ad finem ‖ vſq; perducta: feliciter finit. Ex die decima februarii M.CCCCLXXXXV. ‖

Trecis, B. Ur. Hainio ignot.; not. a Buissono p. 668. — Ioannes Petit (Parvus), alter librariorum, duobus annis postquam hunc librum Parisiis (Petri Levet, ut videtur, typis) describendum curavit, propriam ibi instituit officinam. Cf. Hain-Burger p. 236. Nihilo minus etiam ex eo tempore alias officinas, imprimis Andreae Bocardi (vide nr. 153), ad libros exscribendos adhibuit.

122.

Norimbergae, Caspar Hochfeder, a. 1495. Partes I. II. cum glosa notabili. 124 et 114 foll. s. num., c. sign. Aiij—Qiij et aij—piiij, typi Goth., in 4°.

I. *Fol. 1a*: Prima pars doctrinalis ‖ Alexandri cum ſententijs. notabilibus. et vocabuloru; ‖ lucida expoſitiōe. nōnulliſq; annexis argumentis cū eo ‖ rundem replicis. ad nouellaru; *(sic)* in grāmatica incipienti ‖ um profectum. cum quibuſdam alijs additis pro in ſci- ‖ entijs aliqualiter prouectis ‖. *Fol. 1b*: Gloſa notabilis ‖ ( )Anquam paruulis ‖ *etc. Fol. 124a*: Explicit feliciter ‖ Impreſſa in ciuitate Nurmbergēſi per Caſpar *(sic)* Hochfeder. Anno a nati ‖ uitate xp̄i. M.CCCC.XCV. ‖ *Fol. 124b vacat.*

II. *Fol. 1a*: Gloſa notabilis ſecunde ‖ partis Alexandri cū interlinialibus expoſitionibus tex ‖ tus eiuſdē in planiſſimis ſentētijs: ſubiūctis perpulcre ‖ ordinatis queſtionibus atq; argumētis cū replicis ɔtra ‖ eorūdē ſolutōes *etc. Fol. 1b*: Gloſa notabilis ‖ QUam pulchra tabernacula tua Iacob et tentoria ‖ *etc. Fol. 114a*: Explicit felicit⁹ ſcda ps Alexādri cū gloſis metroꝝ interlinealib⁹ pla = ‖ niſſimiſq; eorūdē ſubiūctis ſentētijs ſ'm rectū ſentēciādi modū: ml'tis cū ‖ vtilib' q̄ſtiōib' ac argumētis. atq; ɔ eadē cū pulcris (dū materia req̄rit) ‖ replicis, tā maiorib q̄; etiā mīorib (q̄ ſcire altiora aſpirāt) necārijs. *(sic)* cū no ‖ uis q̄buſdā additōib' vt clare patebit intuētib'. Imp̄ſſa ī ciuitate Nurm ‖ bergenſi p Caſpar *(sic)* Hochfeder Anno incarnatiōis dn̄ice. M.CCCC.XCV. ‖ *Fol. 114b vacat.*

Carolsruhae, B. M. Duc. Hainio ignot. — Casparus Hochfeder ab a. 1491 ad a. 1499 Norimbergae, deinde Metis officinam habebat. Vide Hainium-Burgerum p. 142 et catal. nost. nr. 150. 184. 213.

123.

Daventriae, Iac. de Breda, a. 1496, d. VIII. m. Oct. Doctrinalis textus (partes I. II. desiderantur). 22 foll. s. num., c. sign. aij—diij, typi Goth., in 4⁰.

 Fol. 1ᵃ: Tercia et quarta *∥* pars Alexandri. *∥ Sequitur icon xylogr. quatuor evangelistas repraesentans. Fol. 1ᵇ vacat. Fol. 2ᵃ*: (P) Andere ‚ppofui p ⱬfus fyll'a q̃q₃ *∥*. *Fol. 21ᵇ*: ❰ Alexandri grammatici doctrinale finit *∥* feliciter Impreffum Dauentrie. Per me *∥* Iacobum de Breda. Anno domini Mille *∥* fimo quadringentefimo nonagefimo fe- *∥* xto. VIII. mẽfis Octobris. *∥ Fol. 22 vacat.*

 Cf. Campbell no. 128.

124.

Daventriae, Iac. de Breda, a. 1496, d. XX. m. Nov. Pars I. cum glosa Ioannis Synthen. 132 foll. s. num., c. sign. aij—yiij, typi Goth., in 4⁰.

 Fol. 1ᵃ: Glofa prime partis Ale *∥* xãdri Ioãnis Synthen. *∥ Sequitur icon quatuor evangelistarum. Fol. 1ᵇ vacat. Fol. 2ᵃ*: (S) Cribere clericulis paro doctrinale *∥* nouellis *∥*. *Fol. 132ᵃ*: ❰ Finiunt fuper Prima parte doctri ؛ *∥* nalis Alexandri honorabilis Ioãnis *∥* fynthen copulata Dauentrię fum ؛ *∥* ma diligẽtia nouiter emẽdata ؛ Im *∥* preffa p̃ me Iacobũ de Breda. Anno dñi. M.CCCC.XCVI. XX mẽfis Nouẽbris *∥*. *Fol. 132ᵇ vacat.*

 Marburgi Hess., B. Un.; Bruxellae, B. Reg. Cf. Campbell no. 121.

125.

Daventriae, Rich. Paffraet, a. 1496. Pars II. cum glosa Ioannis Synthen. 128 foll. s. num., c. sign. aij—xiiij, typi Goth., in 4⁰.

 Fol. 1ᵃ: Glofa Ioannis Sinthẽ *∥* fupra *(sic)* fcd'a pte Alexãdri bene emendata. *∥ Fol. 1ᵇ vacat. Fol. 2ᵃ*: ❰ Incipit Glofa fuper Secunda parte doctrinalis *∥* in hoc opufculum diligenter collecta. que vt fcholari *∥* bus neceffaria. fic etiam informatorib⁹ ac inftructo *∥* ribus eorum erit vtiliffima. *∥* ❰ Incipit Prologus *∥*. *Fol. 127ᵇ*: Finit hic Glofa fuper Secũda parte magi *∥* ftri Alexandri. per Ioãnem Synthis colle *∥* cta et nũc in optimam formam redacta. *∥* Impreffa Dauẽtrię per me Richardũ paff *∥* raet. Anno dñi. M.CCCC.XCVI. *∥ Fol. 128 vacat.*

 Bruxellae, B. Reg.; Londinii, Mus. Br. (fol. 128 deest). Cf. Campbell no. 126.

126.

Lipsiae, sine typographi nomine (Melchior Lotter), a. 1496. Partes I.—IV. (pars I. deest) cum glosa notabili. ? et ? foll. s. num., c. sign. Aij—Siiij et aij—giiij, typi Goth., in 4⁰.

II. *Fol. 1ᵃ*: Gloſa notabilis ſecunde par · ꟷ tis Alexandri cum interlinialibus expoſitionibᵒ te ꞉ ꟷ xtus eiuſdeʒ in planiſſimis ſententijs. ſubiunctis
per ꟷ pulchre ordinatis queſtionibᵒ atqʒ argumentis cū re ꞉ ꟷ plicijs *etc.*
Deinde sequitur icon xylogr. magistrum cum 2 discipulis repraesentans;
supra legitur emblema: Accipies tāti doctoris dogmata ſancti ∴ *Fol. ult.ᵇ*:
Explicit feliciter ſcd'a ps Alexandri cū gloſis metroʠ interlinealibᵒ ꟷ *etc.,*
l. 2. inf.: Impreſſa Lipczk. Anno incarnationis dominice ꟷ Milleſimo qua-
dringenteſſmononogeſimo *(sic)* ſexto. ꟷ

III. IV. *Fol. 1ᵃ*: Tertia et quarta ꟷ ptes doctrinalis mḡri Alexādri ꟷ
cū ōmēto valde vtili. textᵒ dante ꟷ intelligentiā ſūmariaʒ Quaruʒ ꟷ tertia
docʒ de quātitate ſyllabaʠ ꟷ Quarta vero de accentuatione ꟷ. *Sequitur*
eadem icon quae supra. Fol. 1ᵇ: Prohemium : ꟷ (M)Eliora ſūt verba tua
vino fragrātia vngētis optimis Can ꞉ ꟷ ticoʠ p̄mo. *etc. Fol. ult.ᵃ*: Alexandri
grāmatici quattuor partes ſcʒ p̄ma ſcd'a ter ꞉ ꟷ cia et quarta cū breui ac
vtili expoſitiōe finitur *(sic)* foeliciter. *Fol. ult.ᵇ vacat.*

Guelferbyti, B. Duc. (II. III.); Lipsiae, B. Un. (III.). Hainio
ignot. Typi iidem sunt atque in Regulis grammatical., impr. Liptzk per
Melchiorem Lotter, 1496. *Cf. etiam edit.:* Lipsiae, Melch. Lotter, 1498, *sub*
no. 137. Melchior Lotter Lipsiae artem typogr. professus est usque ad
a. 1536. Cf. Dictionnaire de géogr. p. 743.

127.

Basileae, Mich. Furter, a. 1496—97. Partes I.—IV. cum
glosa notabili. 121 et 109 et 46 foll. s. num., c. sign. a₂—v₄
et A₂—R₄ et Aa₂—Gg₄, typi Goth., in 4⁰.

1. *Fol. 1ᵃ*: Prima pars doctrinalis ꟷ Alexandri cū ſententijs : notabilibus : ꞉ vocabulorum ꟷ lucida expoſitione : nōnullis annexis argumentis
cum ꟷ eorundē replicis : ad nouellorū in grammatica incipiē ꟷ tiū profectum :
cum quibuſdam alijs additis pro in ſci ꟷ entijs aliqualiter prouectis. ꟷ *Se-*
quitur icon xylogr. magistrum cum 2 discipulis repraesentans; supra
lemnisco inscriptum legitur emblema: Accipies tanti doctoris dogmata
ſancta. *Fol. 1ᵇ*: Gloſa notabilis ꟷ (t)Anquaʒ paruulis ꟷ ut lac potū *etc.*
Fol. 121ᵇ: ❰ Expoſitio textus ꞉ exemploʠ p̄me partis Alexandri : equi-
uocoʠ ꞉ ſynono ꟷ moʠ *etc., l. 2. inf.*: Impreſſa Baſilee per Mi- ꟷ chaelem
Furter : Anno a natiuitate xp̄i. M.CCCC.XCVI. ꟷ *Sequitur insigne typographi.*

II. *Fol. 1ᵃ*: Gloſa notabilis ſecunde ꟷ partis Alexandri cū interlinealibus expoſitiōibus te ꞉ ꟷ xtus eiuſdē in planiſſimis ſententijs ſubiūctis
perpul ꟷ chre ordinatis queſtionibus atqʒ argumentis cū repli ꟷ cis *etc. Se-*
quitur eadem icon ac supra. Fol. 1ᵇ: Gloſa notabilis ꟷ (Q)Uam pulchra
taber ꟷ uacula tua *etc. Fol. 109ᵇ*: Explicit feliciter Secunda pars Alexandri
cum ꟷ gloſis *etc., l. 3. inf.*: Impreſſa Baſilee per ꟷ Michaelem Furter Anno
natiuitatis dominice ꟷ Milleſimoquadringēteſimonononageſimoſexto *(sic)* ꟷ.
Sequitur insigne typographi.

III. IV. *Fol. 1ᵃ*: Tertia et quarta partes ꟷ doctrinalis magiſtri
Alexandri cum commēto valde ꟷ vtili textus dante intelligentiam ſummariam. Quarū ꟷ tertia docet de quautitate ſyllabarum. Quarta vero ꟷ de
accentuatione cum nouis quibuſdam ſententiarum ꟷ additionibus. ꟷ *Se-*

quitur icon eadem ac supra. Fol. 1ᵇ: Prohemium ‖ (M)Eliora ſunt verbera *(sic)* tua vino fragrãtia vngẽtis optimis Can ꞉ ‖ ticoꝝ ꝑmo *etc. Fol. 46ᵃ*: Alexãdri grammatici due partes: ter ꞉ ‖ tia videlicet ⁊ quarta finiunt feliciter. ‖ Impreſſe Baſilee ꝑ Michaelẽ furter ‖ Anno dñi. M.CCCC.XCVIJ. *Fol. 46ᵇ vacat.*

Monachii, B. Reg. Cf. Hain no. 689. 716. 737. — Ex Furteri officina Basileensi primum opus a. 1490 exiisse videtur. Cf. Hain-Burger p. 111.

128.

Daventriae, Iac. de Breda, a. 1497, d. II. m. Ian. Wilhelmi Zenders de Werdt opus minus II. partis. 106 foll. s. num., c. sign. Aij—Riiij, typi Goth., in 4°.

Fol. 1ᵃ: Opus min⁹ ſecũde partis ‖ alexãdri introductoriũ ad ‖ op⁹ maius eiuſdẽ perutile. ‖ *Sequitur icon quatuor evangelistarum. Fol. 1ᵇ vacat. Fol. 2ᵃ*: Secunde par. ‖ ( )Irca principiũ ꝑtis ſecũde Alexãdri querit̄ ‖ primo q̇d eſt grãmatica *etc. Fol. 105ᵇ*: ❨ Finitur dei gratia opus minus ſecũdę partis ‖ Alexãdri ꝓ pueris clare breuiterq̧ inſtituẽdis. ꝑ ‖ wilhelmũ zenders de werdt collectũ. Et quę illic ‖ breuitatis gratia. ne pueris faſtidiũ ex ꝓlixitate ‖ generetur. omiſſa ſunt. in opere maiori cũ pluri ‖ mis elegãtijs ⁊ queſtionibus ſcitu dignis in ſcho ‖ lis diſputandis. argumẽtis ⁊ replicis annexis. ‖ vt in logica petri hiſpani fecimus. colligũtur et ‖ abſoluũtur. Impreſſum Dauentrie ꝑ me Iaco ꞉ ‖ bum de Breda. Anno domini. M.CCCC.XCVIJ ‖ Secunda menſis Ianuarij. ‖ *Fol. 106 vacat.*

Marburgi Hess., B. Un.; Halberstadii, B. Cath. Campbellio ignot.

129.

Venetiis, Io. Rubeus Vercellensis, a. 1497, d. XXI. m. Maii. Doctrinale cum commento [Ludovici de Guaschis]. 88 foll. s. num., c. sign. aij—liiij, typi Goth., in 4°.

a) *Fol. 1ᵃ*: Doctrinale cum comento *(sic)* ‖. *Fol. 1ᵇ vacat. Fol. 2ᵃ*: ❨ Opus alexandri grammatici pro eruditione puerorum. Incipit. ‖ Iſte liber diuiditur in tres libros partiales. In quorum primo Alexander tractat de ‖ etymologia *etc.; l. 15.*: (S)Cribere clericulis paro doctrinale nouellis. ‖ Quia textus eſt planus non ĩdiget explanatione. Sed ‖ *etc. (cf. nr. 14. 16. 17. 18. 19. 20. 33. 37.). Fol. 88ᵇ*: Doctrinale Alexandri grammatici pro eruditione puerorum feliciter ex ꞉ ‖ plicit. Impreſſum Venetijs per Ioannem Rubeuꝫ Vercellenſem Anno ‖ domini. M.CCCCLXXXXVIJ. Die. XXI. Maij. ‖ Regiſtrum. ‖ *Sequuntur 2 × 22 lineae.*

b) *Fol. 1ᵃ ut supra. Fol. 1ᵇ*: ❨ Opus Alexandri grammatici pro eruditione puerorum. Incipit. ‖ Iſte liber diuidit̄ in tres libros partiales. In quoꝝ primo Alexander tractat de ety- ‖ mologia *etc. Fol. 88ᵇ*: Doctrinale Alexandri grammatici pro eruditione puerorum feliciter ‖ explicit. Impreſſum Venetijs per Ioannem Rubeum Vercellenſem ‖ Anno domini. M.CCCCLXXXXVIJ. Die. XXI. Maii. ‖ *Cetera ut in* a).

Florentiae, B. Nat. (a); Ferrariae, B. Ur. (b); Vindobonae, B. Caes. (b) [in exemplari Vindobon. dimidia fere pars deest]. Ab Hainio no. 755 not.

ex Panzero III. p. 411 no. 2198. — Ioannes Rubeus Vercellensis annis 1482—1485 Tarvisii, ab a. 1486 Venetiis arti typographicae operam dedit. Cf. Hain-Burger p. 280 sq.

130.

Daventriae, Rich. Paffraet, a. 1497, d. XIX. m. Aug. Partes III. IV. cum commento. 48 foll. s. num., c. sign. aij—hiij, typi Goth., in 4⁰.

Fol. 1ᵃ: Tercia et quarta partes ∥ doctrinalis magiſtri Alex ∥ andri cum cōmento valde vtili textus dante in ⸗ ∥ telligentiam ſummariam. Quarum tercia do ⸗ ∥ cet de quantitate ſyllabaꝛ Quarta vero de ac- ∥ centuatione cum nouis quibuſdam ſententia- ∥ rum additionibus. *Fol. 1ᵇ*: Prohemium ∥. *Fol. 48ᵃ*: ❦ Alexandri grāmatici due partes : ter ∥ cia vi-delicet ⁊ quarta finiunt feliciter. ∥ Impreſſe Dauentrie per me Richar⸗ ∥ dum pafraet. Anno dñi. M.CCCC.XCVIJ. ∥ Decima nona Auguſti. ∥ *Fol. 48ᵇ vacat.*

Cf. Campbell no. 132.

131.

Daventrie, Rich. Pafraet, a. 1497, d. XVIII. m. Oct. Pars I. cum glosa Ioannis Synthen. 144 foll. s. num., c. sign. aij—z₃, typi Goth., in 4⁰.

Fol. 1ᵃ: Gloſa prime partis Alexan ∥ dri Ioannis Syntehen. *(sic)* ∥ *Fol. 1ᵇ vacat.* *Fol. 2ᵃ*: (S) Cribere clericulis paro doctrinale ∥ nouellis ∥. *Fol. 3ᵃ*: ❦ De nominum inflectione ſcd'm ordinem. et pri⸗ ∥ mum de prima. ∥ *Fol. 143ᵇ*: ❦ Finiūt ſuper Prima pte doctrinalis Ale⸗ ∥ xandri venerabilis Ioānis Synthen copu⸗ ∥ lata Dauētriȩ ſumma diligētia nouiter emē ∥ data et Impreſſa per me Richardū pafraet ∥ Anno domī. M.CCCC.XCVIJ. Decima octaua ∥ Octobris ∥. *Fol. 144 vacat.*

Londinii, Mus. Br. Cf. Campbell no. 122.

132.

Daventriae, Rich. Paffraet, a. 1497. Partium I. II. textus cum notis in margine. 54 foll. s. num., c. sign. aij—iiiij, typi Goth., in 4⁰.

Fol. 1ᵃ: Prima ⁊ Secunda pars ∥ Alexandri cum notis in ∥ margine. ∥ *Fol. 1ᵇ vacat.* *Fol. 2ᵃ*: ( ) Cribē clericul' paro doct'nale nouell' ∥ etc. *Fol. 38ᵃ*: ❦ Finit Prima pars doctrinalis Alexandri. ∥ Sequitur pars ſecunda. ∥ *Fol. 54ᵃ*: ❦ Finit Prima et Secūda pars Alexā ∥ dri. Impreſſa Dauētrie. ꝑ me Richar ∥ dum pafraet. Anno dñi. M.CCCC.XCVIJ. ∥ *Fol. 54ᵇ vacat.*

Darmstadii, B. M. Duc. (Hofb.). Cf. Campbell, Suppl. III. no. 115b.

133.

Sine loco, typogr. nomine et anno (Lipsiae, Melchior Lotter), a. 1497. Pars I. cum glosa notabili. ? foll. s. num., c. sign. Aij—Vij, typi Goth., in 4⁰.

Fol. 1ᵃ: Prima pars doctri ∥ nalis Alexandri cum ſententijs. nota-bilibus. et vocabulorū lucida expoſitione. nōnulliſꝗ annexis argumē ∥ tis

cum eorundem replicis ad nouellorum in grāma ꞁ tica incipienciū profectū. cum quibuſdam alijs additis ꞁ pro in ſciencijs aliqualiter profectis *(sic)* ꞁ. *Sequitur icon magistri cum 2 discipulis; supra lemnisco
inscripta sunt verba*: Accipies tāti doctoris dogmata ſancti. *Fol. 1ᵇ*:
Prohemium ꞁ. (T) Anquam paruulis ꞁ *etc. In fine*: Expoſitio textus et
exemploꝝ prime partis Alexandri. equiuocorū et ꞁ ſynonomorū cū differen-
cialibus verſib⁰ valdo pulchris *etc.* Explicit feliciter Impreſſa Anno a natiuitate chriſti. M.CCCC.XCVIJ. ꞁ

     *Guelferbyti, B. Duc. Hainio ignot. Typi sunt iidem atque in
editione Lipsiensi a. 1496, no. 126 descripta.*

134.

Norimbergae, Ant. Koberger, a. 1497—98. Partes I.—IV.
cum glosa notabili. 118 et 104 et 42 foll. s. num., c. sign.
a₁—p₄ et A₂—N₄ et Aa₄—Ee₆, typi Goth., in 4⁰.

     I. *Fol. 1ᵃ*: Prima ps doctrinalis Alexandri ꞁ cum ſententijs nota-
bilibus ꞁ voca ꞁ bulorū lucida expoſitione nonnul ꞁ liſq₃ annexis argumen-
tis. ꞁ *Fol. 1ᵇ vacat. Fol. 2ᵃ*: Prologus ꞁ ( )Anquā paruulis vt lac potu₃ ꞁ *etc.*
Fol. 3ᵇ, l. 10.: ( )Cribere clericulis paro do ꞁ ctrinale nouellis ꞁ. *Fol. 118ᵇ*:
Expoſitio exemploꝝ textus prime ptis Alexandri equiuo ꞁ coꝝ *etc.; l. 3. inf.*:
Impreſſum per Antho- ꞁ niū koberger in famoſa ciuitate Nurēbergenſi.
Anno ſa- ꞁ lutis M.CCCC.XCVIJ. ꞁ

     II. *Fol. 1ᵃ*: Gloſa notabilis ſecunde ptis ale ꞁ xandri cū interliniari-
bus expoſitōnibus textus eiuſdē ꞁ in planiſſimis ſentōtijs ſubiūctis perpulcre
ordinatis ꞁ queſtionibus atq₃ argumentis *etc. Fol. 1ᵇ*: Prohemiū ꞁ ( )Uam
pulcra tabernacula tua ꞁ *etc. Fol. 104ᵇ*: Explicit feliciter Scd'a pars
alexādri cū gloſis metroꝝ interlinealibus ꞁ *etc., l. 2. inf.*: p̄ Anthoniū koberger. imp̄ſſa ī famoſa ciuitate Nur ꞁ bergē. Anno incarnationis dn̄ice.
M.CCCC.XCVIIJ. die. XXI. mēſis Ianuarij. ꞁ

     III. IV. *Fol. 1ᵃ*: Tercia ꞁ quarta partes ꞁ doctrinalis magiſtri Alexan-
dri cū ꞁ commento valde vtili textus dante ꞁ intelligentiā ſummariā. Quaꝝ
ter- ꞁ cia docet de quantitate ſyllabarum ꞁ quarta ꝟo de accentuatōne
cum no ꞁ uis q̄buſdā ſentētiaꝝ additōnibus. ꞁ *Fol. 1ᵇ*: ( )Eliora ſunt vbera
tua vino fragrantia vngētis optimis. Canticorū ꞁ primo *etc. Fol. 42ᵃ*:
Alexādri grāmatici due ptes: tercia videlicet et q̄r ꞁ ta finiūt feliciter.
Imp̄ſſe p̄ anthoniū koberger ꞁ. *Fol. 42ᵇ vacat.*

     *Oxoniae, B. Bodl. (I.—III.); Lambaci, B. Coen. (I.—III.; partis I.
titulus deest); Gryphiswaldae, B. Un. (I. II.); Erlangae, B. Un. (I. II.).
Partes I. et II. not. ab Hainio no. 690 et 720; partes III. IV. Hainio ignot.*

135.

Locus, nomen typographi et annus desunt exemplari in
fine mutilo (Daventriae, Iac. de Breda, c. a. 1497). Wilhelmi
Zenders de Werdt opus minus II. partis. Foliorum sign. (quoad
superest) Aij—Qiij, typi Goth., in 4⁰.

     Fol. 1ᵃ: Opus min⁰ ſecūde partis ꞁ Alexādri introductoriū ad ꞁ opus
maius eiuſdem perutile. ꞁ *Fol. 1ᵇ vacat. Fol. 2ᵃ*: Prologus ꞁ ( )Irca

principiũ ptis fecũde Allexãdri *(sic)* queriꞇ ꞁ *etc.   Fol. ult.ᵇ, l. ult.*: magnę
copię concurrebant.

*Monachii, B. Reg.   Cf. editio Iacobi de Breda Daventriensis no. 128
descripta.*

136.

Hagenoae, Henr. Gran, a. 1498.   Partes III. IV. cum commento. 46 foll. s. num., c. sign. A₂—F₄, typi Goth., in 4⁰.

Fol. 1ᵃ: Tercia et quarta partes do ꞁ ctrinalis magiſtri Alexandri cũ
cõmento valde vtili: textˢ ꞁ dante intelligentiã fummariam. Quarum tercia
docet de ꞁ quantitate fyllabarum.   Quarta vero de accentuatõe cuꝫ ꞁ nouis
quibuſdã fententiarũ additionib'. ꞁ *Sequitur icon magistri cum 2 discipulis;
supra legitur emblema:* Accipies tanti doctoris dogmata fancta.   *Fol. 1ᵇ*:
Prohemium ꞁ (m)Eliora funt vbera tua vino fragrãtia vngentˢ optimis ꞁ *etc.*
Fol. 46ᵃ: Alexandri grãmatici due ptes. tercia videlicet ꝛ quarta finiũt foli ꞉ ꞁ ter. *(sic)* Impreſſe per Heinricum *(sic)* Gran in impiali oppido Hagenaw. ꞁ Anno falutis. M.CCCC.XCVIIj. altera die Benedicti. ꞁ   *Fol. 46ᵇ vacat.*

*Monachii, B. Reg.; Oeniponte, B. Un.; Argentinae, B. Un.   Cf. Hain
no. 738. — De typographo vide adnot. ad nr. 97.*

137.

Lipsiae, Melchior Lotter, a. 1498.   Partes I.—IV. cum
brevi ac utili expositione (i. e. cum glosa notabili). Partes III. IV.
solae innotuerunt.   44 foll. s. num., c. sign. Aij—Giiij, typi
Goth., in 4⁰.

Fol. 1ᵃ: Tertia et quarta ꞁ ptes doctrinalis mg̅ri Alexãdri ꞁ cũ
ɔm̅eto valde vtili textˢ dante ꞁ intelligentiã fummariã Quarũ ꞁ tertia docet
de quãtitate fyllabaꝗ ꞁ Quarta vero de accentuatione. ꞁ *Sequitur icon
xylogr., eadem quae no. 136. subiecta est.   Fol. 1ᵇ*: Prohemium. ꞁ ( )Eliora
funt verba tua vino fragrãtia vngentis optimis Can ꞁ ticorũ I. *etc.   Fol. 44ᵃ*:
Alexandri grãmatici quattuor partes foꝫ p̅ma fecũda ter ꞁ tia et quarta cũ
breui ac vtili expofitione finiũt foeliciter. ꞁ Impreſſe Liptzk p̅ Melchiorē
Lotter Anno xp̅ianiſſimi ꞁ partus. M.CCCCXCViIj. Quarto deniꝗ decembris idus. ꞁ

Monachii, B. Reg.   Cf. Hain no. 739.

138.

Ulmae, Io. Schäffler, a. 1498.   Partium I. II. textus cum
continuationibus etc. 51 foll. s. num., c. sign. aij—giiij, typi
Goth., in 4⁰.

Fol. 1ᵃ: Prima ꝛ Secunda partes Alex ꞁ andri cũ fuis cõtinuationi-
bus ꞁ exemploꝗꝗꝫ fignis in margine ꞁ pofitis. ꞁ *Sequitur icon magistri
cum 2 discipulis; supra legitur emblema:* Accipies *etc., ut no. 136.   Fol. 1ᵇ
vacat.   Fol. 2ᵃ*: Prohemium Alexandri ꞁ SCribere clericulis ꞁ paro doctrinale
no ꞉ ꞁ uellis. ꞁ *Fol. 36ᵃ, l. 9.*: Explicit prima pars Alexandri. ꞁ *Fol. 36ᵇ*:
Capitulũ primum ꞁ HIc iubet ordo libri : vocum regimen ꞁ referari. ꞁ
Fol. 51ᵃ, l. 16.: ❦ Finit fecunda pars Alexandri. Per ꞁ Iohãnem fchäffler
Vlme morantem ꞁꞁ Anno. M.CCCC.XCVIIj ꞁ. *Fol. 51ᵇ vacat.*

Dresdae, B. Reg. Hainio ignot. — Ioannes Schäffler Ulmensis in urbe patria ab anno 1492 typographus erat; aliquamdiu Frisingae commoratus est. Cf. Dictionnaire de géogr. p. 1283 et Hain-Burger p. 287.

139.

Basileae, Iac. de Pfortzen, a. 1498. Partes I. II. cum glosa notabili. 122 et 108 foll. s. num., c. sign. aij—viiij et Aij—Riij, typi Goth., in 4⁰.

I. *Fol. 1ᵃ*: Prima pars doctrinalis ∥ Alexandri cū ſententijs : notabilibus ꝛ voca ∥ bulorū lucida expoſitŏe : nonnullis annexis ∥ argumentis cum corundē replicis : ad nouel ∥ lorum in grāmatica incipientiū ‚pfectum : cū ∥ quibuſdam alijs additis pro in ſcientijs ali ꜱ ∥ qualiter prouectis. ∥ *Sequitur icon magistri cum 2 discipulis; supra inscriptum est emblema:* Accipies tanti doctoris dog ꜱ ∥ mata ſancti. *Fol. 1ᵇ*: Gloſa notabilis ∥ (t) An quā paruulis ∥ *etc. Fol. 121ᵇ*: ◖ Expoſitio textus ꝛ exemploꝝ p̄me ꝑtis Alexādri : equiuocoꝝ ꝛ ſynonomoꝝ ∥ *etc., l. 2. inf.*: Imp̄ſſa Baſilie *(sic)* p̄ Iacobū de Pfortzen ∥ Anno a natiuitate xp̄i. M.CCCC.XCVIIIj. ∥ *Fol. 122 vacat.*

II. *Fol. 1ᵃ*: Gloſa notabilis ſecunde ∥ partis Alexaudri *(sic)* cū interlinealibus expoſitionibus textus ∥ eiuſdē in planiſſimis ſententijs ſubiunctis perpulchre ordi ∥ natis queſtionibus *etc. Sequitur eadem icon quae supra. Fol. 1ᵇ*: Gloſa notabilis ∥ (Q)Uam pulcra taberna ꜱ ∥ cula tua *etc. Fol. 108ᵇ*: Explicit feliciter Secunda pars Alexandri cuꝝ glo ∥ ſis metrorum *etc., l. 3. inf.*: Impreſſa ∥ Basilee per Iacobum de Pfortzen Anno natiuitatis ∥ dominice Milleſimo quadringenteſimononageſimo ꜱ ∥ octauo. *(sic)* ∥

Basileae, B. Un.; Monachii, B. Reg. (parti I. priora 6 folia desunt). Cf. Hain no. 691 et 718. — Iacobus de Pfortzen sive Pforzheim a. 1488 Basileae typographus consedit. Cf. Dictionnaire de géogr. p. 1021 et de operibus eius usque ad a. 1500 Hain-Burger p. 240.

140.

Coloniae, Henr. Quentell, a. 1498. Pars I. cum glosa notabili. 124 foll. s. num., c. sign. aij—viiij, typi Goth., in 4⁰.

Fol. 1ᵃ: Prima pars doctrinalis Ale ꜱ ∥ xandri cum ſentētijs. notabili ∥ bus. et vocabulorum lucida expoſitione. nōnulliſꝗ annexis ∥ argumentis cum eorundem replicis. ad nouellorū in gram ∥ matica incipientiū profectuꝝ. cum quibuſdam alijs additis ∥ ‚p in ſciētijs aliqualiter ‚puectis. de nouo diligētiſſime reuiſa ∥ COLONIA ∥. *Sequitur icon xylogr.: magister in cathedra stans, ante eum 4 discipuli, supra inscriptio est:* Alexander cum ∥ diſcipulis ſuis ∥. *Fol. 1ᵇ*: Gloſa notabilis ∥ ( )Anꝗ paruulis lac po ∥ tum dedi vobis *etc. Fol. 124ᵃ*: ◖ Expoſitio textus et exemploꝝ prime partis Alexandri ∥ *etc., l. 2. inf.*: Impreſſa in felici Coloñ. circa ſummū p̄ Henricū Quen ∥ tell. Anno a natiuitate xp̄i. M.CCCC.XCVIIIj. Nona nouēbris ∥. *Fol. 124ᵇ vacat.*

Vratislaviae, B. Un.; Basileae, B. Un.; Hannoverae, B. Ur. Editio, quam Hainius no. 717 adnotavit: Pars secunda cum sententijs notabilibus et vocabulorum lucida expositione. Colonie per Henricum Quentell a. 1498. 4. eadem esse videtur, cum pars II. eam, quam Hainius posuit, inscriptionem alibi non habeat.

141.

Locus, typographi nomen et annus desunt exemplari in fine mutilo (Coloniae, Quentell c. a. 1498). Pars II. cum glosa notabili. 116 foll. c. sign. Aij—Siiij, typi Goth., in 4⁰.

Fol. 1ᵃ: Glofa notabilis fecūde partis ∥ Alexādri cū interliniarib' expofitōib' textus eiufdē in planiffimis ∥ fentētijs. fubiūctis ppulcre ordinat' queftionib' atqჳ argumētis cū ∥ replicis *etc. Sequitur icon magistri virgam manu tenentis et 3 discipulorum. Fol. 1ᵇ*: Glofa notabilis. ∥ QUam pulcra tabernacula tua Iacob ჳ tētoria tua ∥ ifrael. *etc. Fol. 116 deest exemplari.*

Marburgi Hess., B. Un. Haec editio a typotheta iam descripta erat, cum a Roedigero bibliothecario Marburgensi edoctus sum eam cum editione partis I. Coloniae in officina Quentelliana a. 1506 confecta, quam no. 193 describemus, uno volumine comprehendi. Quare editio haec illi potius anno attribuenda et hoc loco delenda est, quod quidem nos ipsos facere continua numerorum series iam prohibet.

142.

Daventriae, Rich. Paffraet, a. 1499, d. III. m. Ian. Wilhelmi Zenders de Werdt opus minus II. partis. 122 foll. s. num., c. sign. aij—viij, typi Goth., in 4⁰.

Fol. 1ᵃ: Opus min⁹ fecūde partis ∥ Alexandri introductoriū ad ∥ op⁹ maius eiufdē perutile ∥. *Fol. 1ᵇ*: (C)Irca principium partis fecunde Alexādri queritur primo quid ∥ eft grāmatica *etc. Fol. 122ᵃ*: ❡ Finitur dei gratia op⁹ minus Secūde ptis Alexan ∥ dri pro pueris clare breuiterqჳ inftituēdis: per Wilhel ∥ mū zenders de Werdt collectū. Et que illic breuitatis ∥ gratia : ne pueris faftidiū ex ,plixitate generetur : omif ∥ fa funt : in ope maiori cū plurimis elegātijs ჳ queftio ∥ nib⁹ fcitu dignis in fcholis difpu- tādis : argumentis et re ∥ plicis annexis : vt in logica Petri hifpani fecimus : ∥ colligūtur et abfoluūtur. Impreffum Dauentrie per ∥ me Richardum paffraet Anno dñi M.CCCC.XCIX. Tercia Ianuarij. ∥ *Fol. 122ᵇ vacat.*

Sangalli, B. Coen.; Augustae Trevir., B. Ur. Cf. Campbell no. 136.

143.

Daventriae, Rich. Pafraet, a. 1499, d. XXVI. m. Ian. Wil- helmi Zenders de Werdt opus minus I. partis. 134 foll. s. num., c. sign. aij—ziiij, typi Goth., in 4⁰.

Fol. 1ᵃ: Op⁹ min⁹ Prime partis ∥ Alexandri cum queftiūcu ∥ lis de optimis morib⁹ et virtutib⁹ interpofitis ∥ cū queftionib⁹ fentētias text⁹ de- clarātib⁹ fcitu ∥ dignis : cū argumētis et eorundē folutionib⁹ in ∥ fcholis difputandis pro pueris inftituendis di ∥ ligenter collectis. ∥ *Fol. 1ᵇ vacat. Fol. 2ᵃ*: Ad omnes fcholarum rectores: ut iuuenes a ∥ puericia virtutib⁹ et optimis moribus inftituā ∥ tur exhortatio *etc. Fol. 6ᵃ*: Prohemium Alexandri ∥ Alexādri Prima ps. nō eft minima ars ∥ *etc. Fol. 134ᵇ*: Finit Prime partis Alexādri nouū cō ∥ mentum perutile. cū queftiūculis de ∥ morib⁹ ✳tutib⁹ atqჳ vitiis Per wilhel ∥ mū Senderum pro pueris inftituēdis ∥ collectū. Et Davētrie per Richardum pafraet. diligēter impreffum Año do ∥ mini. M.CCCCXCIX Vicefima fexta Ianuarij. ∥

*Maihingae, B. Princ.   A Campbellio no. 135 not. ex Panzero I. p. 365
no. 129, quem etiam Hainius no. 768 secutus est.*

144.

Argentinae, Io. Pryss, a. 1499.   Partes I. II. cum dictis
Ioannis Synthen.   168 et 135 foll. s. num., c. sign. Aiij—Xiiij
et aiij—riiij, typi Goth., in 8⁰.

I. *Fol. 1ᵃ:* Dicta iohānis ſynthen ǁ ſuper prima parte alex. ǁ *Sequitur icon xylogr. annuntiationem Mariae repraesentans.   Fol. 1ᵇ:* Regiſtrum prime partis magiſtri Alexandri oſtendens ǁ numeꝛ capituloꝗ. *etc.*
Fol. 168ᵃ: Finiūt ſup Prima pte doctrinalis Alexandri ve- ǁ nerabilis Iohānis Synthen copulata Argentine ǁ ſūma diligentia nouiter emendata. ꝛ
impreſſa p In ǁ duſtriū Iohānē Priiſ ciuē argentiñ. Anno dūi M ǁ CCCC.XCIX.
XIIIJ die menſis Martii. ǁ *Fol. 168ᵇ vacat.*

II. *Fol. 1ᵃ:* Dicta iohānis ſynthen ǁ ſuper Scd'a parte alex. ǁ *Se-
quitur eadem icon ac supra.   Fol. 1ᵇ:* Regiſtꝛ Scd'e partis Alexan ǁ dri *etc.*
Fol. 135ᵇ: ❰ Finit hic Gloſa ſuper Secunda parte magiſtri ǁ Alexandri. p
Ioannem Synthis collecta. Et nūc ǁ in optimā formā redacta. Impreſſa
Argentine p ǁ induſtriū viꝛ Ioannem priiſ.   Anno. MCCCC.XCIX. ǁ

*Vindobonae, B. Caes.; Gottingae, B. Un.; Coburgi, B. Duc.; Oxoniae,
B. Bodl. Cf. Hain no. 14763. — Ioannes Prys sive Prüss ab a. 1483
Argentinensis typographus erat.   Cf. Hain-Burger p. 251 sq.*

145.

Daventriae, Rich. Pafraet, a. 1499, paenult. m. Sept. Wilhelmi
Zenders de Werdt opus minus II. partis.   122 foll. s. num.,
c. sign. aij—viij, typi Goth., in 4⁰.

Fol. 1ᵃ: Opus min⁹ Secūde partis ǁ Alexandri introductoriū ad ǁ
op⁹ maius eiuſdē perutile. ǁ   *Fol. 1ᵇ:* ( )Irca principium partis ſecunde
Alexandri queritur primo quid ǁ eſt grāmatica *etc.*   *Fol. 3ᵃ, l. 12.:* ( )Ic
iubet ordo libri vocū regimē reserari ǁ.   *Fol. 122ᵃ:* ❰ Finitur dei gratia
op⁹ minus Secūde ptis Alexan ǁ dri pro pueris clare breuiterqꝫ inſtruēdis.
per Wilhel ǁ mū zenders de Werdt collectū Et que illic breuitatis ǁ gratia :
ne pueris faſtidiū ex ₌plixitate generet : omiſſa ǁ ſunt : in ope maiori cū
plurimis elegātijs ꝛ queſtioni ꝛ bus ſcitu dignis in ſcholis diſputādis : argumētis ꝛ re ǁ plicis annexis : ut in logica Petri hiſpani fecim⁹ : colli ǁ gātur
et abſoluūtur. Impreſſum Dauentrie per me ǁ Richardum pafraet.   Anno
dūi. M.CCCC.XCIX. Penul ǁ tima Septembris. ǁ *Fol. 122ᵇ vacat.*

Giessae, B. Un.   A Campbellio no. 137 descr. e Serapeo 1852 p. 141.

146.

Basileae, Iac. de Pfortzen, a. 1499.   Partes I. II. cum glosa
notabili.   112 et 100 foll. s. num., c. sign. aij—yiiij et Aij—Uiij,
typi Goth., in 4⁰.

I. *Fol. 1ᵃ:* Prima pars doctrinalis Alexan ǁ dri cum ſententijs : notabilibus ꝛ vocabuloꝛ ǁ lucida expoſitione : nōnullis annexis argumē ǁ tis
cū eorundem replicis : ad nouellorū in grā ǁ matica incipientiū profectum :

cum quibuſdaʒ ǁ alijs additis ‚p in ſciētijs aliqualiter ‚puectis. ǁ *Sequitur icon angeli utraque manu clypeum tenentis.*   *Fol. 1ᵇ*: Gloſa notabilis ǁ (t) Anquā paruulis lac ǁ potū dedi vobis *etc.*   *Fol. 112ᵇ*: ❲ ǁ Expoſitio textus ⁊ exemploᵲ p̄me partis Alexādri : equocoᵲ ⁊ ſynonomoᵲ cū ǁ *etc.*, *l. 2. inf.*: Impſſa Ba ⁊ ǁ ſilee p̄ Iacobū de Pfortzen. Anno a natiuitate xp̄i. M.CCCC.XCIX. ǁ

II. *Fol. 1ᵃ*: Gloſa notabilis ſecunde partis ǁ Alexandri cum inter-linealib' expoſitionib' textus eiuſdem ⁊ planiſſimis ſententijs ſubiūctis p̄pulchre ordinatis : queſtionib' atqʒ argumētis cum ǁ replicis *etc. Sequitur eadem icon quae supra.*   *Fol. 1ᵇ*: Gloſa notabilis ǁ (Q) Uam pulcra taber-nacula tua ǁ *etc.*   *Fol. 100ᵃ*: Explicit feliciter Secunda pars Alexandri cum gloſis metrorum ǁ *etc.*, *l. 2. inf.*: Impreſſa Baſilee per Iacobum de Pfortzen Anno natiuitatis domi ǁ nice Milleſimoquadringenteſimo nona-geſimono *(sic)* ǁ. *Fol. 100ᵇ vacat.*

Monachii, B. Reg.; Oeniponte, B. Un.   Cf. Hain no. 692 et 719. De typographo vide adnot. ad nr. 139.

147.

Coloniae, Henr. Quentell, a. 1499, d. VII. m. Iulii.   Pars II. cum glosa notabili.   114 foll. s. num., c. sign. Aij—Siiij, typi Goth., in 4⁰.

Fol. 1ᵃ: Gloſa notabilis ſecūde par ⁊ ǁ tis Alexādri cū interlincalib' expoſitōib' textᵍ eiuſdē in pla ǁ niſſimis ſentētijs. ſubiūctis p̄pulcre or-dinatis q̄ſtionib' atqʒ ǁ argumētis *etc. Deinde sequitur icon xylogr.: magister cum 4 discipulis; supra inscriptio legitur:* Alexander cum ǁ diſcipulis ſuis ǁ *(cf. nr. 140).*   *Fol. 1ᵇ*: Gloſa notabilis ǁ (q) Uam pulcra tabernacula tua Iacob ⁊ tentoria tua ǁ *etc.*   *Fol. 114ᵃ*: ❲ Explicit finaliter ſcd'a p̄s Alexandri cū gloſis metroᵲ interlinialibus ǁ *etc.*, *l. 3. inf.*: Impſſa ǁ in ſancta Colonia p̄ Henricū Quentell circa ſummū. Anno incarnatio ǁ nis dominice. M.CCCC.XCIX. menſis iulij die ſeptimo. ǁ *Fol. 114ᵇ vacat.*

Vratislaviae, B. Un.   Hainio ignot.

148.

Daventriae, Rich. Paffraet, a. 1499.   Partes III. IV.

Not. a Panzero IV. p. 288 no. 129ᵇ, Hainio no. 740, Campbellio no. 129.

149.

Sine loco et typogr. nomine (Daventriae, Rich. Paffraet), a. 1500 in prof. praesent. Mariae.   Doctrinalis a Iod. Badio Ascensio explanati partes III. IV.   84 foll. s. num., c. sign. Aij—Oiij, typi Goth., in 4⁰.

Fol. 1ᵃ: Tercia pars Alexandri ǁ ſimul cum quarta part eeiuſdem *(sic)* ǁ Cum explanatione Aſcenſiana in multis caſtigata ǁ *etc.*   *Fol. 1ᵇ*: De grecaᵲ dictionū ortographia. ǁ   *Fol. 83ᵇ*: ❲ Finis doctrinalis Alexandri diligen-tiſſime ex- ǁ planati : ⁊ aucti : vt in frontibus premiſſum eſt ǁ Impreſſa autem eſt hec pars opera ⁊ accuratione ǁ Anno dn̄i. M.CCCCC. in profeſto preſen-tati ǁ onis Marie ǁ.   *Fol. 84 vacat.*

Daventriae B. Ur. Cf. Campbell no. 133; Ledeboer, Notices biblio-graphiques des livres imprimés avant 1525 conservés dans la bibl. publ. de Deventer (Dev. 1867) p. 56.

150.

Metis, Casp. Hochfeder, a. 1500.   Partes I.—IV. cum glosa notabili. 130 et 124 et 52 foll. s. num., c. sign. a₂—riij et A₃—Q₃ et aij—g, typi Goth., in 4⁰.

I. Fol. 1ᵃ: Prima pars doctrinalis Alexan ∥ dri cum fententijs nota-bilibus ꞁ ∥ vocabulorum lucida expofitione ∥ nonnullifq₃ annexis argumẽtis. ꞁ Impreffum Metis. ∥ *(Titulus exscriptus est litteris grandissimis, qui missales vocari solent.) Fol. 1ᵇ vacat. Fol. 2ᵃ*: Prologus in Alexandrum ∥ ( )Anquã paruulis vt lac po ∥ tũ dedi vobis *etc. Fol. 130ᵃ*: Expofitio exemploꝗ textus prime partis Alexandri equiuocorũ et ∥ finonomoꝗ *etc.; l. 2. inf.*: Impreffum ꝑ Cafparũ Hochfeder ∥ in Nobili ciuitate Meten. Anno dñi. M.CCCCC. ꝗntadecima menfis Fe- ∥ bruarij. ∥ *Fol. 130ᵇ vacat.*

II. Fol. 1ᵃ: Glofa notabilis fecũde partis ∥ Alexãdri cũ interliniaribus expo ∥ fitionibus textus eiufdõ in planif꞉ ∥ fimis fentẽtijs fubiũctis ꝑpulcre ∥ ordinatis queftionib° atq₃ argu꞉ ∥ mẽtis *etc. (Titulus eosdem typos gran-dissimos exhibet, quos partis I. titulus.) Fol. 1ᵇ vacat. Fol. 2ᵃ*: Glofa notabilis ∥ ( )Uam pulcra tabernacu꞉ ∥ la tua *etc. Fol. 124ᵃ*: Explicit feliciter Secunda pars Alexandri cũ glofis metroꝗ interli- ∥ nealib' *etc., l. 2. inf.*: Impreffa in nobili ciuitate Meten. Anno ∥ incarnationis dñice. MCCCCC. XXVIIJ. die menfis Martij. ∥ *Fol. 124ᵇ vacat.*

III. IVᵃ. Fol. 1ᵃ: Tercia et quarta partes do꞉ ∥ ctrinalis magiftri alexandri cũ ∥ commento valde vtili textus dante intelli- ∥ gentiam fum-mariam. Quarum tercia do- ∥ cet de quantitate fillabarum Quarta vero ∥ de accentuatione cum nouis quibufdã fen- ∥ tentiarum additionibus. ∥ *(Ti-tulus grandissimis litteris exscriptus est.) Sequitur icon xylogr. exemplari agglutinata Iesum infantem repraesentans; supra legitur:* Ich Jhus klar Ich wũnsch euch Allen ein guts felige neus Jar. ∥ *Fol. 1ᵇ*: Prohemium ∥ ( )Eliora funt vbera tua vino fragrãtia꞉ vngẽtis optimis. ∥ *etc. Fol. 52ᵃ*: Alexãdri grammatici due partes ∥ Tercia videlicet et quarta finiunt ∥ fe-liciter. ∥ *Fol. 52ᵇ vacat.*

III. IVᵇ. Fol. 1ᵃ: Tertia et Quarta partes doctri ∥ nalis magiftri Alexandri cũ com ∥ mento valde vtili textus dante in꞉ ∥ telligentiam fummariam. Qua ∥ rum tercia docet de quantitate fyl ∥ labarum. Quarta v'o de accentu ∥ atione cum nouis quibufdam fen ∥ tentiarum additionibus. ∥ *(Typi iidem sunt ac supra.) Fol. 1ᵇ*: ( )Eliora funt vbera tua vino fra-grãcia vngẽtis optimis. Cã ∥ *etc. Fol. ult.ᵃ*: ❦ Alexandri grammatici due par꞉ ∥ tes. Tercia videlicet et Quarta fini꞉ ∥ unt feliciter. ❦ Deo gracias. ∥ *Fol. ult.ᵇ vacat.*

Monachii, B. Reg. (I. II. III. IVᵃ. et I. II. III. IVᵇ. singg. voll. compreh. [III. IVᵇ. mutil.]); Londinii, Mus. Br. (I. II. III. IVᵇ. uno vol. compreh.); Heidelbergae, B. Un. (I. mutil.). Cf. Hain no. 695. 721. 725. III. IVᵇ. Hainio ignot. De typographo ride adnot. ad nr. 122.

151.

Coloniae, Henr. Quentell, a. 1500, d. XIV. m. Aug. Partes I. II. cum glosa notabili. ? foll. s. num., c. sign., typi Goth., in 4º.

I. Pars prima cum fententiis notabilibus et vocabulorum lucida expofitione *etc.* Coloniae per Henricum Quentell, 1500.

II. *Fol. 1ᵃ:* Glofa notabilis fecunde par ǁ tis Alexandri cum inter-linialibus expofitionibus textus eiufdem in ǁ planiffimis fententijs *etc. Sequitur icon xylogr.: magistrum cum discipulis repraesentans. Fol. ult.ᵃ:* Impreffum in fancta Colonia per Henricum Quentell circa fummum. Anno in ǁ carnacionis dominice M.CCCCC. Menfis Augufti die XIIII. ǁ *Fol. ult.ᵇ vacat.*

De parte I. cf. Hain no. 694. Pars II., cuius exemplar Detmoldae in B. Prov. asservatur, Hainio ignota est.

152.

Brixiae, Iac. Britannicus, a. 1500, d. XXVI. m. Aug. Doctrinale cum commento [Ludovici de Guaschis]. 82 foll. s. num., c. sign. aii—lii, typi Rom. (in textu) et Goth. (in comment.), in 4º.

Fol. 1ᵃ: Doctrinale cum ǁ commento. ǁ Opus alexandri grammatici pro eruditione pue ǁ rorum Incipit. ǁ Ifte liber diuiditur in tres libros *etc. Fol. 2ᵃ:* Scribere clericulis paro doctrinale ǁ nouellis ǁ Quia textus eft planus non indiget explanatione. Sed tamen pro forma ǁ *etc. Fol. 39ᵃ:* Hic iubet ordo libri uocū regimē referari. ǁ *Fol. 52ᵃ:* Pandere „ppofui p uerfus fyllaba queqȝ. ǁ *Fol. 82:* Impreffit hoc utile opus Alexādri grāmatici fū ǁ mo ftudio et diligētia Iacobᵒ Britanicᵒ civis In ǁ alma civitate Brixie die XXVI. Augufti. M.CCCCC. ǁ Regiftrum ǁ a b c d e f g h i k l omnes funt quaterni preter h qui eft duernus.

Tridenti, B. Ur. Hainio ignot. — Iacobus Britannicus ab a. 1484 Brixiae artem typogr. professus est. Cf. Hain-Burger p. 50 sq. Cuius viri liberi aut nepotes in illa urbe recentissimas Doctrinalis editiones paraverunt. Vide nr. 262—266.

153.

Parisiis, Andreas Bocardus, a. 1500—1501. Partes I.—III. cum explanationibus Ioannis Synthen et annotationibus Iodoci Badii Ascensii. 4 foll. s. num., + Fol. II—CXXXVIII = 142 foll. et Fol. II—CII et 88 foll. s. num., c. sign. a—fiiij et Aij—Niiij et aaij—mmiij, typi Goth., in 4º.

I. *Fol. 1ᵃ:* Doctrinalis magi ǁ ftri Alexādri de villa dei pars prīa ǁ ab Iohāne Sinthenio cum ānota ǁ tionibus Afcenfianis diligēter ex ǁ pla-nata. ǁ *Sequitur insigne typogr. cum monogrammate et subscriptione librarii:* IEHAN. PETIT. *Fol. 1ᵇ:* ❡ Iodocus Badius Afcenßus Religiofis admodū et cum ǁ primis eruditis patribus Egidio ghijs et Andree terrebur ǁ go fcholafticorum domus fratrū diui Hieronymi Gandaui ǁ rectoribus et pre-ceptoribus optimis : ceterifqȝ eiufdem do ꞊ ǁ mus venerandis columinibus Salutem *etc.; subscript.:* Ex officina noftra litteraria Parrhifiis ǁ ad. XV. ca-lendas feptembris. Anno M.CCCCC. *Fol. 2ᵃ:* Proemiū doctrinalis magiftri alexādri. ǁ (S)Cribere clericulis paro doctrinale nouellis. ǁ Fol. CXXXViijᵃ:

☾ Finis glofematum Ioannis Synthenii mille locis // antea deprauatorum aut errore authoris a vero ab // horrentium: nunc vero fumma accuratione caftigatoꝝ cum annotationibus afcenfianis: impreffoꝝ q̄ȝ diligen // tiffime ab optimo calcographo magiftro Andrea Bo = // cardo in illuftriffimo parrhifiorum gymnasio Anno // M.CCCCC. Ad VI. calendas nouembris. // Fol. CXXXViij[b] *vacat.*

II. *Fol. 1[a]*: Secūda pars Do // ctrinalis cū declarationibus Io = // annis Sinthen Et additionibus // Iodoci Badii Afcenfii. // *Sequitur idem insigne ac supra. Fol. 1[b] vacat.* Fol. II: ☾ Iohānis Sinthenii grammatici in fecundam Alexandri // partem vtiliffima lucubratio cum afcenfianis additionibus // caftigatius impreffa. // ☾ Incipit prologus //. Fol. Cij[b]: ☾ Finiunt glofemata Iohannis Sinthenii // in Alexandri fecundā partem diligētius ca = // ftigata et annotata. Impreffa folerti opera // et gnauitate Magiftri Andree Bocardi : in // Inclyto parrhifioꝝ gymnafio : hoc iubileo. XXX. // Ad fextum Calendas Decembris //.

III[a]. *Fol. 1[a]*: Tertia pars doctri // nalis Alexādri hec tria ↄtinēs capita // De verfificatoria ꝛ fyllabaꝝ quātitate. // De profodia accentuūqȝ ratione. // De figuris et dicendi tropis. // Ab Iodoco Badio Afcēfio diligēter explanata ꝛ mł'tis ānotamētis aucta //. *Sequitur idem insigne ac supra. Fol. 60[b]*: Et hec in alexandrum //. *Sequuntur quaedam commentariola Iodoci Badii. Finis deest.*

III[b]. *Fol. 1[a]*: Tertia pars doctrina // lis Alexandri hec tria cōtinēs capita. // De verfificatoria et fyllabarū quātitate. // De profodia accentuūqȝ ratione. // De figuris et dicendi tropis. // Ab Iodoco Badio Afcenfio diligēter explana = // ta et multis annotamentis aucta. // *Sequitur idem insigne ac supra. Fol. 1[b]*: Iodocus Badius Afcēfius Ioanni de Thalaru // et Antonio dars canonico diui Ioānis lugdunē *etc.; subscript.*: Ex officina no // ftra litteraria *etc.* mille = // fimo quingentefimo primo. *Fol. 88[b]*: ☾ Habes igitur pubes ftudiofa Doctri // nale explanatum ad fūmum vfqȝ quan // ta maxima datum eft accuratione. Si // qua oberrata offendes caftigato. Im = // preffioni autem extremam manū impo = // fuit diligentiffimus calcographus Ma = // gifter Andreas bocardus ad id[9] Iunias. // M.CCCCC. // ☾ Deo fint gratie. //

Quedlinburgi, B. Gym., (I. II. III.[b]); Parisiis, B. Maz. (I. [titulus deest] II. III.[a]). Hainio ignot. — Andreas Bocardus a. c. 1494 Parisiis officinam instituerat. Cf. Hain-Burger p. 40.

154.

Sine loco et typographi nomine (Daventriae, Rich. Paffraet), a. 1500. Wilhelmi Zenders de Werdt opus minus II. partis. 122 foll. s. num., c. sign. Aij—Uiiij, typi Goth., in 4°.

Fol. 1[a]: Opus minus fe = // cūde partis Alexandri in = // troductoriū ad opus // maius eiufdem perutile. // *Fol. 1[b]*: Prohemium // ( )Irca principium partis fecūde Alexandri Querit̄ primo // *etc. Fol. 3[a]*: HIc iubet ordo libri vocum regimen referari //. *Fol. 122[a]*: ☾ Finit̄ dei gratia opus minus. Secunde ptis Alexādri *(sic)* pro // pueris clare breuiterqȝ inftruēdis. per Guilhelmum zenders de // werdt collectū *(sic)* Et q̄ illic breuitatis gratia. ne pueris faftidium ꝛ ex ‚plixitate genereꞇ omiffa funt. in opere maiori cū plurimis ꝛ elegātijs ꞉ queftionib⁹ fcitu dignis in fcholis difputādis. ar- ꝛ gumētis ꞉ replicis annxeis *(sic)* vt in logica Petri hyfpani fecim⁹ ꝛ colligūtur ꞉ abfoluuntur feliciter. Anno dñi. M.CCCCC. ꝛ *Fol. 122ᵇ vacat.*

  Monachii, B. Reg.; Londinii, Mus. Br.; Maihingae, B. Princ. Cf. Hain no. 769. — Typi Richardi Paffraet Daventriensis esse videntur.

155.

Parisiis, Bertholdus Renbolt, a. 1500. Doctrinale cum Facini Tibergae interpretatione. 126 foll. s. num., c. sign., typi Goth., in 4⁰.

  Fol. 1ᵃ: Facini Tibergae In ꝛ Alexādrū Interꝑtatio. ꝛ *Sequitur icon xylogr.: duo leones insigne typographi cum monogrammate portantes; infra:* M. RENBOLT. ꝛ. *Fol. 1ᵇ:* Facini Tibergae in alexandrū interpretatio. Ex pri ꞉ ꝛ fciano ad illu. ludouicū marchionē falutiarum. ꝛ *Fol. 2ᵃ, l. 9.:* (f)Cribere clericulis paro doctrīale nouellis ꝛ. *Fol. 59ᵇ:* (H)Ic iub₃ ordo libriuocū *(sic)* regimē refari ꝛ. *Fol. 80ᵇ:* (P)Andere ‚ppofui p verf⁰ fyllaba quꝗq₃ ꝛ. *Fol. 126ᵃ:* Facini. Tibergae in Alexandrum expofitio a Paulo. Mal ꝛ leolo denuo exacte recognita ꞉ p induftriofum. Chalcographū ꝛ Bertoldū Renbolt. Parifiis in vico Sorbone impreffa ꞉ fInem ꝛ fortita eft foelicem Tertio kalēdas Iunias. Anno chrifti Mil ꝛ lefimo Quingentefimo. ꝛ *Fol. 126ᵇ vacat.*

  Friburgi Brisg., B. Un.; Parisiis, B. Nat. Hainio ignot. — De Bertholdo Rembolt Argentinensi, Ulrici Geringii socio, cf. adnot. ad nr. 21 et Hain-Burger p. 117 sq.

156.

Norimbergae, Hieron. Holzel de Traunstein, anno 1500. Partes I.—IV. cum glosa notabili. 104 et 94 et 36 foll. s. num., c. sign. aij—niij, et aij *(sic)*—Miiij et aaij—eeiiij, typi Goth., in 4⁰.

  I. *Fol. 1ᵃ:* Prima pars doctrinalis Alexandri cū fentē ꝛ tijs notabilibus et vocabulorū lucida ex ꞉ ꝛ pofitiōe nōnullifq₃ annexis argumentis. ꝛ *Sequitur icon xylogr.: magister virgam manu tenens, ante eum 9 discipuli. Fol. 1ᵇ: icon: Christus in cruce; ante eum vir quidam sanctus, ad cuius pedes iacet leo. Fol. 2ᵃ:* Prologus ꝛ ( )Anꝗ₃ paruulis lac vobis potum ꝛ dedi *etc. Fol. 104ᵃ (a rubricatore sign. 108):* Expofitio exemplorū textus prime partis Alexādri equiuocorū ꞉ fy ꝛ nonomorū *etc., l. 2. inf.:* Impreffa per Hiero- ꝛ nimū Holzel de Traunftain. In famofa ciuitate Nurembergēfi. An ꝛ no falutis Milleſimo quingentefimo. ꝛ *Fol. 104ᵇ vacat.*

  II. *Fol. 1ᵃ:* Glofa notabilis fecunde partis Alexan ꝛ dri cum interliniaribus expofitionibus textus eiufdem in planiffi ꞉ ꝛ mis fententijs fubiunctis ppulchre ordinatis queftionibus atq₃ ꝛ argumentis *etc. Fol. 1ᵇ:* Prohemium in fecundam ꝛ *fol. 2ᵃ:* partem Alexandri ꝛ. *Fol. 94ᵃ:* Explicit feliciter Secūda pars Alexādri cū glofis metrorū interlinealib⁹ pla ꝛ niffimifq₃ *etc., l. 2. inf.:* per Hieronimū Holzel impreffa in famofa ciuitate Nurenbergēfi. Anno incar ꝛ nationis dominice. M.CCCCC. ꝛ *Fol. 94ᵇ vacat.*

  III. IV. *Fol. 1ᵃ:* Tercia et quarta partes doctrinalis magiftri ꝛ Alexandri cum· commento valde vtili textus dante intelligentiam fum-

ma : ◸ riam. Quarum tercia docet de quantitate ſyllabarum. quarta ◸o de
accen : ◸ tuatione cum nouis quibuſdam ſententiarum additionibus. ◸ *Se-*
quitur eadem icon atque in I. Fol. 1ᵇ: Prohemium ◸ ( )Eliora ſunt vbera
tua vino fragrantia vnguētis optimis Canti. j. ◸ *Fol. 36ᵃ*: Alexādri grāmatici
due partes. tercia vic₃ ː quarta finiunt feliciter *(sic)* ◸ Impſſe Nurmberge p
hieronimū holczel de Traunſtain Anno. 1500 ◸. *Fol. 36ᵇ vacat.*

    Monachii, B. Reg. Cf. Hain no. 673. 722. 742. — De Hieronymi
Holzel sive Hoelzel de Traunstein typographi Norimbergensis operibus us-
que ad a. 1500 editis vide Hainium-Burgerum p. 142.

157.

    Norimbergae, Ant. Koberger, a. 1500.   Partes I.—IV. cum
glosa notabili. 103 et 94 et 38 foll. s. num., c. sign. A₂—N₄
et a₂—m₂ et aa₂—ee₂, typi Goth., in 4⁰.

    I. *Fol. 1ᵃ*: Prima pars doctrinalis Alexan- ◸ dri cum ſentētija nota-
bilibus ː vo ◸ cabulorū lucida expoſitōne nōnul ◸ liſq₃ annexis argumentis. ◸
Fol. 2ᵃ: Prologus ◸ (t)Anquā paruulis vt lac potū de ◸ di vobis *etc.*
Fol. 103ᵇ: Expoſitio exemplorū textus prime partis Alexandri equiuoco₊ ː
ſy- ◸ nonomorū *etc., l. 3. inf.*: Impreſſa per An ◸ thoniū Koberger in famoſa
ciuitate Nurembergenſi. Anno ſalutis ◸ Milleſimo quingenteſimo ◸.

    II. *Fol. 1ᵃ*: Gloſa notabilis ſecūde partis ◸ alexandri cum inter-
liniaribus expoſitionibus textus eiuſ ː ◸ dem in planiſſimis ſentētijs ſubiūctis. perpulcre ordinatis ◸ queſtionibus atq₃ argumentis cum replicis
contra eorūdē ◸ ſolutiones. *etc. Fol. 1ᵇ*: Prohemiū in ſecūdam ◸ *fol. 2ᵃ*:
partem Alexandri. *Fol. 94ᵃ*: Explicit feliciter Secūda pſ Alexandri cum
gloſis metro₊ interlinealibus ◸ *etc., l. 2. inf.*: per Anthoniū koberger impſſa.
in famoſa ciuitate Nurembergen. ◸ Anno incarnatioⁱs dominice. M.CCCCC. ◸
Fol. 94ᵇ vacat.

    III. IV. *Fol. 1ᵃ*: Tercia ː quarta partes ◸ doctrinalis magiſtri Alexandri
cum comē ◸ to valde vtili textus dante intelligentiam ◸ ſummariam. Quarū
tercia docet de quan ◸ titate ſyllaba₊. quarta vero de accentua ː ◸ tione
cum nouis quibuſdā ſententiarū ad ◸ ditionibus. ◸ *Fol. 1ᵇ*: Prohemium ◸
( )Eliora ſunt vbera tua vino fragrātia vngentis optimis *etc.   Fol. 38ᵃ*:
Alexādri grāmatici due ptes ː tercia vic₃ et quarta finiūt ◸ feliciter. Impreſſe per Anthoniū koberger. Anno. 1500. ◸ *Fol. 38ᵇ vacat.*

    Medelicae, B. Coen. Partes I. et II. Hainio ignot.; partes III. IV.
not. no. 741.

158.

    Lipsiae, Baccalarius Wolfgangus de Monaco, impensis Io-
annis Haller Cracoviensis, a. 1500. Pars II. cum commentario
Ioannis Glogoviensis. Sign. a—q, typi Goth., in 4⁰.

    Fol. 1ᵃ: Alexandri Gallici, quem plurimi ordinis minorum et ſacre
pagine profeſſorem excellentiſſimum kathalogoque ſanctorum inſcriptum
affirmant, ſecunda pars doctrinalis ſui de artificioſa dictionum conſtructione
ordine et regimine. Lyptzk 1500. *Fol. 1ᵇ*: Artis grammatice precepta
Alexander ille Gallicus, quem plurimi et deſpectum et abijciendum ſomp-

niant *etc.* Ego Magifter Ioh. Glogoviensis almo florentissimeque Universitatis studii Cracoviensis Maioris Collegii artistarum Collegiatus, pro laude
Dei, gloria famaque Universitatis nostre et pro iuniorum studentium in-
stitutione questiones *etc.* recolligere inftitui. Impreffum autem eft hoc opus
ad impenfas optimi humaniffimique viri domini Iohannis Haller Civis Cra-
covienfis, virorum doctorum fautoris excellentiffimi. An. 1500.

Cf. Wiszniewski Mich., Historya literatury polskiej. Tom. III.
Krakow, 1841, p. 302. Hainio ignot. — Wolfgangus Stoeckel sive Steckel,
baccalaureus Erfordiensis et civis Lipsiensis, ab a. 1495 in hac urbe arti
typographicae operam dedit. Cf. Hain-Burger p. 316. De Ioanne Haller
librario vide adnot. ad nr. 184 et 223.

159.

Lipsiae, Melchior Lotter, a. 1500.   Partes I.—IV. (pars II.
desideratur) cum glosa notabili.   126 et ?   et 44 foll. c. sign.
A—X et ? et Aij—Giiij, typi Goth., in 4⁰.

I. *Fol. 1ᵃ:* Prima pars doctri ∥ nalis Alexãdri cũ ∥ fentencijs. notabilibus. ꝛ vocabulorũ lucida expofi ꞏ tione. nõnullifq₃ annexis argumẽtis
cum eorũdem ∥ replicis. termïationũ quoq₃ finaliũ. declinationũ fc₃ ∥ ac
ɔiugationũ. in foliorũ marginib° nouiter ad no ∥ uellorũ in grãmatica incipientiũ ‚pfectũ adiũctis. cũ ∥ ꝗbufdã alijs additis ‚p in fciẽcijs aliꝗliter
‚pfectis. ∥ *Sequitur icon xylogr.: magister cum 2 discipulis; supra lemnisco*
inscripta sunt haec: Accipies tãti doctoris dogmata fancti ∴ *Fol. 1ᵇ:*
( )Anquam paruulis vt ∥ lac *etc.* *Fol. 2ᵃ:* Doctrinalis alexandri. ∥ ❅ Queritur. qualis fuit grãmatice fciẽtie inuentor. *etc.* *Fol. 126ᵇ:* Expofitio textus
et exemplorũ prime partis Alexandri *etc., l. 2. inf.:* Explicit feliciter Impreffa per Melchiar *(sic)* lotter Anno a natiui ∥ tate chrifti Milleſimo quingenteſimo. ∥

III. IV. *Fol. 1ᵃ:* Tertia et quarta ∥ ꝑtes doctrinalis mgři Alexãdri ∥
cũ ɔmẽto valde vtili : text° dãte ∥ intelligentiã fummariã. Quaꝗ ∥ tertia
docet de quãtitate fyllaba ∥ rũ Quarta vero de accẽtuatiõe. ∥ *Sequitur*
eadem icon ac supra. *Fol. 1ᵇ:* ( )Eliora funt vbera tua vino fragrãtia
vngentis optimis Canti ꞏ ∥ corũ. j. *etc.* *Fol. 44ᵃ:* Alexandri grãmatici
quattuor partes fc₃ ꝓma fecũda ter ∥ tia et quarta cũ breui ac vtili expofitione finiũt foeliciter. ∥ Impreffe Liptzk ꝑ Melchiorẽ Lotter.   Anno
xꝓianiffimi ∥ partus. Milleſimoquingenteſimo. *(sic)* ∥ *Fol. 44ᵇ vacat.*

Ienae, B. Un. (I.); Gottingae, B. Un. (III. IV.).   Hainio ignot.

160.

Lipsiae, Melch. Lotter, a. 1500.   Partium I. II. textus cum
glosa interlineali etc.   46 foll. s. num., c. sign., typi Goth., in 4⁰.

Fol. 1ᵃ: Alexãdri prime ∥ et fecunde ꝑtis textus cũ glo ꞏ ∥ fa inter-
liniali. atq₃ ꝑpulcris ∥ annotatis. optime emẽdat°. ∥ *Fol. 1ᵇ vacat.* *Fol. 2ᵃ:*
Prohemiũ ꝓme ꝑtis alexãdri ∥.   *Fol. 46ᵇ:* Cõmentarios hofce in duas ∥
Alexan ꞏ ∥ dri grãmatici partes. Melchior Lot ꞏ ∥ ter diligenter Liptzk impreffit Anno ∥ falutis Quingenteſimo. ∥

Bibliothecae, in qua exemplar inspexi, nomen me praeteriit. Hain. ignot.

161.

Coloniae, Henr. Quentell, sine anno (c. a. 1500). [Timanni Kemeneri] de arte grammatica quatuor partium Alexandri medulla aurea. 246 foll. s. num., c. sign., typi Goth., in 4⁰.

Cf. Panzer I. p. 340 n. 470; Hain no. 727; Holtrop II. 276, qui quidem falso opinatus est librum a. 1487—1490 editum esse. Cf. adnot. ad nr. 162.

162.

Sine loco, typogr. nomine et anno (Daventriae, Rich. Paffract, c. a. 1500). [Timanni Kemeneri] de arte grammatica quatuor partium Alexandri medulla aurea. Partes I. II. 156 et 56 foll. s. num., c. sign. aij—ᴢ iiij et aij—kiij, typi Goth., in 4⁰.

I. *Fol. 1ᵃ:* De arte grammatica q̄ttuor *∥* partimu *(sic)* Alexandri medulla *∥* aurea jam emendata ᴣ veriſſimorum vocabulorum *∥* interpretatione adaucta *etc. Fol. 1ᵇ:* Ad iuuentutē litterarum ſtudioſam Ioannis Mur- *∥* mellij ruremundēſis in aureā medulla₃ epigramma. *∥ Scquuntur 6 disticha. Fol. 2ᵃ:* ❰ Timānus Kemenerus wernenſis l̄rarij ludi mōa- *∥* ſteriēſiu weſtualie mḡr: bona₊ l̄ra₊ ſtudioſis. S. D. *∥ Fol. 4ᵃ:* (S)Cribere clericul' paro doctrinale nouell' *∥ etc. Fol. 154ᵇ, l. 14.:* Finis iſtius Prime partis *∥* ſiue Medulle Auree. *∥ Foll. 155 et 156 vacant.*

II. *Fol. 1ᵃ:* Medulla aurea in diaſin *∥* tecticam Alexandri jam emendata ᴣ et faciliori *∥* diſpoſita ordine ᴣ cum multis alijs notabilibus *∥* in priori medulla omiſſa. *(sic?) ∥ Fol. 1ᵇ vacat. Fol. 2ᵃ:* ❰ Epiſtola in regiminum vires *∥* modoſq₃ ſignificandi *∥. Fol. 56ᵃ:* ❰ Finis ſecunde partis *∥. Fol. 56ᵇ vacat.*

Cf. Campbell no. 1071 et 1072. Editio quam Campbellius a. c. 1498 confectam esse vult, ante a. 1500 cadere non potest, quoniam Timannus Kemenerus hoc ipso anno 'gymnasiarcha', ut in Murmellii epigrammate appellatur, factus est (cf. Reichling, Ioh. Murmellius p. 32); neque posteriori anno adscribenda est, quia a. 1501 'Medulla denuo castigata' in lucem edita est (cf. nr. 167).

163.

Daventriae, Iac. de Breda, a. 1501. Wilhelmi Zenders de Werdt opus minus II. partis. 10²⁄₆ foll. s. num., c. sign. Aij—Riiij, typi Goth., in 4⁰.

Fol. 1ᵃ: Opus minus ſeᴣ *∥* cūde partis Alexandri inᴣ *∥* troductoriū ad opus *∥* maius eiuſdem *∥* perutile. *∥ Fol. 1ᵇ:* Prohemium *∥* (C)Irca principium partis ſecūde Alexandri Querit primo *∥. Fol. 2ᵇ:* ❰ Explicit Prologus *∥. Fol. 3ᵃ:* (H)Ic iubet ordo libri vocūₘ regimēₙ referari *∥. Fol. 10²⁄₆ᵇ:* ❰ Finitur dei gratia opus minus ſcd'ę partis *∥* Alexandri ˏp pueris clare breuiterq₃ inſtituēdis. *∥* per Wilhelmū zenders de werdt collectū Et quę *∥* illic breuitatis grā. ne pueris faſtidiū ex ˏplixitaᴣ *∥* te generet. omiſſa ſunt. in opere maiori cū pluri *∥* mis elegātijs ᴣ queſtionibus ſcitu dignis in ſcho / lis diſputandis. argumētis : replicis annexis. / vt in logica Petri hiſpani fecimus. colligūtur et / abſoluūtur. Impreſſum dauentrię per me. Iaco / bum de Breda. Anno domini. M.CCGCCĮ. / vndecima menſis Februarij. / *Fol. 102 vacat.*

Luneburgi, B. Ur.

164.

Venetiis, Lazarus de Soardis, a. 1501. Doctrinale cum commento [Ludovici de Guaschis]. 66 foll. s. num., c. sign. A₂—H₅, typi Goth. (exceptis 2 ult. lineis subscriptionis), in 4⁰.

Fol. 1ᵃ: Doctrinale cum comento. *(sic)* / *Fol. 1ᵇ vacat.* *Fol. 2ᵃ*: ❡ Opus alexandri grammatici pro eruditione puerorum Incipit. / ❡ Iſte liber diuiditur in tres libros partiales. In quoruꝫ primo Alexander tractat d' ethymo / logia *etc. Fol. 65ᵇ, l. 6. inf.*: ❡ Doctrinale Alexandri grāmatici pro eruditione puerorum feliciter explicit. / Venetijs per Lazarum de Soardis. / MOGGGI. die. XV. Iulij. / Cum priuilegio. / Laus ſummo regi dicatur uocibus oris : / Quod iam non ceſſet merces condigna laboris. / *Fol. 66ᵃ*: Ad Lectorem /. *Sequuntur 3 disticha; deinde* FINIS. *et insigne typographi. Fol. 66ᵇ vacat.*

Romae, B. Angelica; Senae Iuliae, B. Ur.; Vindobonae, B. Coen. Schotten; Veronae, B. Ur. — *Lazarus de Soardis sive de Isoardis, ortus Saviliani, in urbe Langobardiae, qui ab a. c. 1490 Venetiis prelum constituit, praestantioribus Italorum typographis adnumerandus est. De operibus, quae usque ad finem illius saeculi ex officina eius exierunt, cf. Hain-Burger p. 153.*

165.

Argentinae, sine typogr. nomine, a. 1501. Partes I.—IV. cum glosa notabili. 135 et 124 et 47 foll. s. num., c. sign. a₂—z₄ et A₂—U₅ et aa₂—hh₄, typi Goth., in 4⁰.

I. *Fol. 1ᵃ*: PRima pars doctrinalis / magiſtri Alexandri cum ſententijs. notabili: / bus. ꝫ vocabulorum lucida expoſitiõe. non: / nulliſqꝫ annexis argumentis cum eorundem / replicis *etc. Sequitur icon magistri cum 4 discipulis. Fol. 1ᵇ*: Gloſa notabilis /. *Fol. 135ᵃ*: Expoſitio textus et exemploꝝ prime partis magiſtri Alexander *(sic)* / *etc., l. 2. inf.*: Explicit feliciter. Impreſſa Argentine anno domini / M. d. ɉ. Finita circa feſtum ſancti Gregorij pape. / *Fol. 135ᵇ vacat.*

II. *Fol. 1ᵃ*: GLoſa notabilis ſecunde / partis Alexādri cū interlinealib' expoſitio / nib' textⁱ eiuſdē in planiſſimis ſententijs. / ſubiūctis ppulcre ordinatis qͤſtionib' atqꝫ / argumētis *etc. Sequitur eadem icon ac supra. Fol. 1ᵇ*: Gloſa notabilis /. *Fol. 124ᵃ*: ☛ Explicit finaliter ſed'a pⁱ Alexandri cū gloſa *(sic)* metroꝝ interli- / nialib' *etc., l. 2. inf.*: Impſſa Argentine / Anno ⅠꝢ M. d. ɉ. Finita circa feſtū Gregorij pape. / *Fol. 124ᵇ vacat.*

III. IV. *Fol. 1ᵃ*: TErtia : quarta partes do : / ctrinalis magiſtri Alexandⁱ cū cōmento val : / de vtili textus dante intelligentiaꝫ ſummari: / am. Quarum tertia docet de quantitate ſylla : / barum. Quarta vero de accentuatione cū no / uis quibuſdam ſententiarum additionibus. /

Sequitur eadem icon ac supra.   Fol. 1ᵇ: Prohemium *∥.   Fol. 47ᵃ, l. ult.*: Vel magis ignota. dic alchitrop effe cauillam *∥.   Fol. 47ᵇ vacat.*

Giessae, B. Un. (I. II. III. IV. uno vol. comphreh.); Araugiae, B. Prov. (I. II.).

166.

Daventriae, Iac. de Breda, a. 1501, in prof. Matthaei apost. Pars I. cum glosa Ioannis Synthen.   131 foll. s. num., c. sign. aij—yiij, typi Goth., in 4⁰.

Fol. 1ᵃ: Glofa primo partis Alexā *∥* dri Ioannis Synthen *∥.   Fol. 1ᵇ vacat.   Fol. 2ᵃ*: Glofa prime *∥* ( ) Cribere clericulis paro doctrinale *∥* nouellis *∥.   Fol. 131ᵃ*: ❡ Finiūt fuper Prima parte doctri ∹ *∥* nalis Alexādri honorabil' viri Ioānis *∥* fynthen copulata Dauentriȩ fum *∥* ma diligētia nouiter emendata. Im *∥* preffa p me Iacobū de Breda. Anno dñi. M.CCCCCJ. in ‚pfefto Matthei apl'i *∥.   Fol. 131ᵇ vacat.*

Giessae, B. Un.; Lipsiae, B. Un.; Vratislaviae, B. Un.

167.

Coloniae, Io. Koelhoff, a. 1501. [Timanni Kemeneri] de arte grammatica quatuor partium Alexandri medulla aurea.   Pars I. c. sign. Aij—ciij; partibus II. et III. desunt compluria folia in eo exemplari, quod inspicere licuit; typi Goth., in 4⁰.

I.   *Fol. 1ᵃ*: Medulla aurea de *∥* arte grammatica quattuor partium *∥* Alexandri ⸗ de mendis incuria Im- *∥* preffoꝗ admiffis iā denuo caftigata ⸗ et interpretatiōe vocabulorū veriffima adaucta. *∥* precipue eorū in quibus lingua latina apud Ger- *∥* manos longo tempore defecit. Que fi diligenti re *∥* uolueris animo quicquid hactenus barbarizanti ⸗ um more eructafti iam lingua latina exprimes. *∥* non minus mature q̄ lepide *∥.   Fol. 1ᵇ*: De titulo ꝛ vtilitate prefentis libri. *∥* Ad Iuuētutem. litterarū ftudiofam ⸗ Io⸗ annis Murmellii Ruremūden- *∥* fis in aureā medullā Epigramma. *∥* *Sequuntur 6 disticha. Fol. 2ᵃ*: Proemiū in Medullā aureā *∥* Timānus keme⸗ nerus wernēfis lit- *∥* terarij ludi Monafterienfium Weftphalie magi- *∥* fter. bonarū litterarū ftudiofis. S. d. *∥   Fol. ult.ᵃ*: Finis iftius Prime ptis fiue Medulle Auree impreffe in Alma ⸗ vniuerfitate Colon. ꝑ me Ioannem Koel⸗ hoff Anno. CCCCCJ. ꝛō. *∥   Fol. ult.ᵇ*: *insigne typographi.*

II.   *Fol. 1ᵃ*: Medulla aurea in *∥* Diafinteticam Alexandri iam emen⸗ data. ꝛ. fa *∥* ciliori difpofita ordine cum mult' aliis notabi ⸗ libus in priori medulla omiffis. *∥   In fine mutila.*

III. IV.   *Fol. 1ᵃ (titulus) deest.   Fol. 2ᵃ*: Commendatio artis poetice ⸗ ( ) Oeticā primā phīaꝫ prifcos *∥* celebrantes *etc.   Fol. 3ᵃ (c. sign. Aiij)*, *l. 12.*: ❡ Sequitur Textus *∥* ( ) Andere propofui p uerfus fyllaba queqꝫ *∥ etc. In fine mutila.*

Friburgi Brisg., B. Un. (I.—III. uno vol. comphreh.); Vindobonae, B. Coen. Schotten (I.).   De typographo vide adnot. ad nr. 116.

168.

Sine loco et typogr. nomine (Coloniae, Io. Koelhoff), a. 1501. [Timanni Kemeneri] medulla aurea in III. partem et IV. pars cum accentuum et figurarum grammat. descriptionibus. 52 et 30 foll. s. num., c. sign. Aij—Iiij et Aij—Eiij, typi Goth., in 4°.

III. *Fol. 1ª*: Medulla Aurea in ‖ Terciā ꝑtem Alexā ‖ dri. ex veriſſimis atqꝫ ꝓbatiſſimis iam aucto ‖ rū edita ſcript' Qua facile quiſqꝫ bonaꝝ ar=‖tium ſtudioſus : metri dignitatē ſyllabarūqꝫ ‖ quātitatem offendet q̄ꝫ veriſſime. ‖ *Sequitur icon xylogr. cum inscriptione:* Sancta barbara. *Fol. 1ᵇ*: ¶ In diuinam (P)Oeticā ante ceteras artes inuentā ‖ Ad lectorem Epigramma. ‖ *Fol. 2ª*: Commendatio artis poetice ‖ Poeticam primā phīam ‖ priſcos celebrantes *etc.* *Fol. 52ª*: ¶ Finit tercia pars Alexandri ‖ de quantitate ſyllabaꝝ cū com=‖mentarijs ex diuerſis dictis po ‖ etarum ꝛ priſcorum ꝛ nouiſſi=‖morum nouiter deductis. ‖ *Fol. 52ᵇ*: *icon xylogr.*: *Maria diadema capite gerens et Anna mater, quae Iesum infantem manu ducunt.*

IV. *Fol. 1ª*: Quarta pars Alexandri cū ve=‖riſſimis ꝛ accentuum ꝛ figurarū grāmaticaliū deſcriptio=‖nibus Coloꝝqꝫ rhetoricoꝝ annexibus. ‖ *Sequitur eadem icon ac supra, sed aliter marginata.* *Fol. 1ᵇ vacat.* *Fol. 2ª*: Commendatio Proſodie. ‖ *Fol. 30ᵇ, l. 2. inf.*: Finita Anno incarnatōis Milleſimo quingen ‖ teſimo primo Natiuitat' Iohannis baptiſte. ‖

Dusseldorpii, B. Prov. (partis III. ultimum fol. deest); Bonnae, B. Un. (partis III. titulus deest). — De loco et typographo cf. nr. 172.

169.

Norimbergae, Ant. Koberger, a. 1501. Partes I.—IV. cum glosa notabili. 103 et 94 et 38 foll. s. num., c. sign., typi Goth., in 4°.

I. *Fol. 1 (titulus) deest unico, quod nobis innotuit, exemplari.* *Fol. 2ª*: Prologus ‖ ( )Anquā paruulis lac vobis potū dedi *etc.* *Fol. 3ª*: Scribere clericulis *etc.* *Fol. 103ª*: Expoſitio exemploꝝ textus prime partis Alexandri equocoꝝ et ſyno ‖ nomoꝝ *etc., l. 3. inf.*: Impreſſa per Antoniū ko ‖ berger. In famoſa ciuitate Nurembergenſi. Anno ſalutis Milleſimo ‖ quingenteſimoprimo. *(sic)* ‖ *Fol. 103ᵇ vacat.*

II. *Fol. 1ª*: Gloſa notabilis ſecunde partis Ale ‖ xandri cum interlinearibus expoſitionibus *etc.* *Fol. 1ᵇ*: Prohemiū in ſecūdam *fol. 2ª*: partem Alexandri. *Fol. 4ª*: Hic iubet ordo libri *etc.* *Fol. 94ª*: Explicit feliciter Secūda pars alexandri cū gloſis metroꝝ interlinearib' pla ‖ niſſimisqꝫ *etc., l. 2. inf.*: Impreſſa ꝑ Anthoniū koberger. in famoſa ciuitate Nurenbergeñ. Anno incar ‖ nationis dñice. M.CCCCCI. ‖ *Fol. 94ᵇ vacat.*

III. IV. *Fol. 1ª*: Tercia et quarta partes doctri=‖nalis magiſtri Alexandri cū cōmento valde vtili tex ‖ tus dante intelligentiā ſūmariā. Quarū tercia do ‖ cet de quantitate ſyllabarū. Quarta ꝟo de accentua ‖ tione cū nouis q̇buſdā ſententiarū additiōibus ‖. *Sequitur icon xylogr. magistrum cum 2 discipulis repraesentans; supra in lemnisco legitur emblema:* Accipies tanti doctoris dogmata ſancta. *Fol. 1ᵇ*: Prohemium ‖ (m)Eliora ſunt vbera tua vino fragrantia *etc.* *Fol. 38ª*: Alexādri grāmatici due

ptes. tercia vic₃ Ꝛ q̄rta finiũt feliciter. Impſſe ∥ Nurmberge p Anthoniũ
Koberger. Anno dñi. M.CCCCCI. ∥ *Fol. 38ᵇ vacat.*

Maihingae, B. Princ.

170.

Basileae, Iac. de Pfortzen, a. 1501. Partes I. II. cum glosa
notabili. 112 et 100 foll. s. num., c. sign. aij—yiiij et Aij—Uiij,
typi Goth., in 4⁰.

I. *Fol. 1ᵃ*: Prima pars doctrinalis Alexan ∥ dri cum ſententijs : notabilibus et vocabulorũ ∥ lucida expoſitione : nõnullis annexis argumē- ∥ tis
cũ eorundem replicis : ad nouelloꝗ in grã Ꝛ ∥ matica incipientiũ profectum :
cum quibuſda₃ ∥ alijs additis ,p in ſciẽtijs aliqualiter ,puectis. ∥ *Sequitur
icon xylogr.: angelus utraque manu clypeum tenens. Fol. 1ᵇ*: Gloſa notabilis ∥ (t) Anquã paruulis lac ∥ potũ dedi vobis *etc. Fol. 112ᵇ*: Expoſitio
textus Ꝛ exēploꝗ ꝓme ptis Alexandri : equocoꝗ ſynonimoꝗ cũ dif- ∥ *etc.,
l. 2. inf.*: Impſſa Baſilee ∥ p magiſtrũ Iacobũ de pfortzen. Anno a natiuitate xp̄i. M.CCCCC.I. ∥

II. *Fol. 1ᵃ*: Gloſa notabilis ſecunde partis ∥ Alexandri cum interlinealibus expoſitionibus textus eiuſdem in planiſſimis ∥ ſententijs ſubiunctis per pulchre *(sic)* ordinatis : queſtionibus argumentis cũ repli- ∥ cis
cõtra eorundē ſolutiones. *etc. Deinde sequitur eadem icon ac supra. Fol. 1ᵇ*:
Gloſa notabilis ∥ (Q) Uampulcra *(sic)* tabernacula tua ∥ *etc. Fol. 100ᵃ*:
❡ Explicit feliciter Secũda pars Alexandri cũ gloſis metroꝗ inter- ∥ li-
nearib': *etc.; l. 2. inf.*: Impreſſa Baſilee per magiſtrũ Ia- ∥ cobum de Pfortzen.
Anno natiuitatis dominice. M.CCCCC.I. ∥ *Fol. 100ᵇ vacat.*

Monachii, B. Reg. (2 exempl.) — De typographo vide adnot. ad nr. 139.

170*.

Basileae, Nic. Kesler, a. 1501. Doctrinale cum expositione
[Ludovici de Guaschis]. 113 foll. s. num., c. sign. A₂—T₄, typi
Goth., in 4⁰.

Fol. 1ᵃ: Textus Alexandri cum ∥ parva et utili expoſitiõe. ∥ *Sequitur
icon xylogr. figuras symbolicas evangelistarum cum eorum nominibus et
litteras initiales* IHS *repraesentans. Fol. 1ᵇ vacat. Fol. 2ᵃ*: Iſte liber di-
viditꝰ in tres libros partiales. In quoꝗ primo Alexãder tra Ꝛ ∥ ctat *etc.*
( )cribere clericul' paro doctrⁱale nouell' ∥. *Fol. 53ᵃ*: Hic iubet ordo libri
vocum regimen referari ∥. *Fol. 78ᵃ*: (P)andere ,ppoſui p verſus ſyllaba
queq₃. ∥ *In fine*: Alexandri grãmatici opus cum brevi ac utili expoſitiõe
Impreſſum Baſilee per Nicolaũ Keſler anno domini MCCCCI die ꝳo ꝲ menſis
Marcij. ∥

Araugiae, B. Prov. (olim coenobii Wettingiani).

171.

Coloniae, Henr. Quentell, a. 1502, d. XV. Kal. Ian. Pars I.
cum glosa notabili. 124 foll. s. num., c. sign. aij—viiij, typi
Goth., in 4⁰.

Fol. 1ᵃ: Prima pars doctrinalis Ale Ꝛ ∥ xandri cum ſententijs. notabili Ꝛ ∥ bus. et vocabulorum lucida expoſitione. nonnulliſq₃ annexis ar ∥ gu-

mentis *etc. Sequitur icon xylogr. magistrum cum 3 discipulis repraesentans.*
Fol. 124ᵃ: Exarata ∥ accuratiffimo cū ftudio Colonie in officina infigni
faluberrime ∥ memorie Henrici Quentell. Anno virginei partus chrifti- ∥
fore virginis Marie fecūdo fup milleſimū et quingenteſimū ∥ decima quinta
calendas Ianuarias. ∥ *Fol. 124ᵇ vacat.*

Detmoldae, B. Prov.

172.

Coloniae, Io. Koelhoff, a. 1502. [Timanni Kemeneri] medulla
aurea in III. partem et IV. pars. 28 et 30 foll. s. num., c. sign.
A—I et a—e, typi Goth., in 4º.

III. *Fol. 1ᵃ:* Medulla aurea in tertiam partem ∥ Alexãdri ex veriſſimis
atq₃ probatiſſimis iā auctoru₃ edi ∥ ta fcriptis. Qua facile quifq₃ bonaru₃
artiū ftudiofus me ∥ tri dignitatē fyllabarumq₃ quātitatē offendet q̄₃ veriſ-
fime. ∥ *Sequitur icon xylogr.: sub astris conspiciuntur complures viri, e*
quibus duo manum tanquam iurantes attollunt. Fol. 28ᵃ: Finit Tertia
pars Alexandri de quātitate fyllabarū ∥ cum cōmentariis ex diverfis dictis
poetarum et prifcorum ∥ et nouiſſimorum noviter deductis. ∥ *Sequitur icon*
xylogr.: vir et mulier ante mensam vel altare stantes. Fol. 28ᵇ insigne
typographi.

IV. *Fol. 1ᵃ:* Quarta pars Alexandri cum veriſſ ∥ mis et accentuum
et figurarum grāmaticalium defcriptio ∥ nibus Colorumq₃ rhetoricorum
anexibus. *Sequitur eadem icon ac supra. Fol. 30ᵇ:* Finita Anno incar-
natōnis milleſimo quingente ∥ fimo fecundo Anthonii abbatis Per me Iohannē ∥ Coelhoeff Impreſſum etc.

Vindobonae, B. Coen. Schotten.

173.

Venetiis, sine typographi nomine, a. 1502. Partium I. II.
textus cum continuationibus etc. 46 foll. s. num., c. sign. aij—fiiij,
typi Goth., in 4º.

Fol. 1ᵃ: Prima et fcd'a partes ∥ Alexandri : cum fuis ∥ cōtinuationibus exemplorūq₃ fi ∥ gnis in mar ∗ ∥ gine poſ ∗ ∥ tis. ∥ *Fol. 1ᵇ:* ❪ Regiſtrū
prime partis Alexandri oftendens numerū capitulorū eius Et qd ∥ etc.
Fol. 2ᵇ: Prohemium Alexandri ∥ (S)Cribere clericulis paro doctri- ∥ nale
nouellis. ∥ *etc. Fol. 32ᵇ:* Explicit prima pars Alexandri. ∥ *Fol. 33ᵇ:* Secunda pars ∥ (h)Ic iubet ordo libri vocum regi- ∥ men referari. ∥ *etc.*
Fol. 46ᵇ: ❪ Impreſſum Venetijs. M.CCCCC.IJ ∥.

Romae, B. Cors. — Not. a Panzero VIII. p. 357 no. 151.

174.

Lipsiae, Melchior Lotter, a. 1502. Partes I.—IV. cum
glosa notabili. 122 (?) et 110 et 36 foll., typi Goth., in 4º.

I. *Exemplar, quod inspeximus, initio mutilum est. Textus incipit*
sign. C: Hos casus neutri quartūq₃ decet p a poni ∥ *(v. 80). Fol. ult.ᵇ:*
Expofitio textus ∶ exemplorū prime partis Alexandri. equiuocorū et ∥ *etc.,*
l. 2. inf.: Impreſſa p Melchiar *(sic)* Lotter. An ∗ ∥ no a natiuitate chrifti.
Milleſimo quingenteſimo fecundo. ∥

XVI*

II. *Fol. 1ª*: Glofa notabilis fe | ounde partis Alexãdri cum interli | nialib° expofitõibus textus eiufdē | in planiffimis fentēcijs fubiũctis ppulcre ordinatis | queftiõibus *etc. Deinde sequitur insigne Lipsiense cum subscriptione*: Impreffum Lyptzk. | *Fol. 1ᵇ*: Glosa notabilis. | QVam pulcra tabernac'la | *etc. Fol. 110ª*: Explicit feliciter fcd'a pars Alexandri cũ glofis metrorũ interlinealib' | *etc., l. 3. inf.*: Impreffa Lyptzk. Anno incarnationis dominice. | Milleſimo quingenteſimo fecũdo. die vero penultima decembris. | Per Melchior *(sic)* Lotter concivem Lyptzenfem. | *Fol. 110ᵇ vacat.*

III. IV. *Fol. 1ª*: Tercia Et Quarta | partes doctrinalis magiftri Alexan: | dri cũ cõmeto valde vtili textus dãte | intelligētiã fummariã. Quarum ter | cia docet de quantitate fyllabarum. | Quarta vero de accentuatione cũ | nouis quibufdã fentēciaϱ additionib°. | *Fol. 1ᵇ*: Prohemium | ( )Eliora funt vbera tua vino fragrãtia *etc. Fol. 36ª*: Impreffum Lyptzk per Melchior *(sic)* Lotter. | Anno Milleſimo quingenteſimo fecũdo. | *Fol. 36ᵇ vacat.*

Vratislaviae, B. Un.; Budapestini, B. Mus. Hung.

175.

Basileae, Iac. de Pfortzen, a. 1502. Partes III. IV. cum commento. 46 foll. s. num., c. sign. Aij—Giiij, typi Goth., in 4º.

Fol. 1ª: Tertia et quarta partes doctri: | nalis magiftri Alexandri cum cõmento valde | vtili textus dante intelligentiã fũmariã. Qua | rum tertia docet de quãtitate fyllabaϱ. Quar | ta ꝟo de accentuatiõe cum nouis quibufdam | fententiarum additionibus. | *Sequitur icon xylogr.: angelus utraque manu clypeum tenens. Fol. 1ᵇ*: Prohemium | (M)Eliora funt vbera tua vino | *etc. Fol. 2ª, l. 6.*: (P)Andere ꝓpofui per ver | fus fyllaba queqϱ | *etc. Fol. 46ª*: Alexandri grãmatici due partes : tertia videlicet ꝫ | quarta finiunt feliciter. Impſſa Baſilee p Iacobũ | de Pfortzen. Anno dñi M.CCCCC.ij. | *Fol. 46ᵇ vacat.*

Monachii, B. Reg.; Stuttgardiae, B. Reg.

176.

Daventriae, Rich. Paffraet, a. 1503, d. XXII. m. Mart. Wilhelmi Zenders de Werdt opus minus I. partis. 126 foll. s. num., c. sign. Aij—Xiij, typi Goth., in 4º.

Fol. 1ª: Opus minus Prime par | tis Alexandri cum quefti: | unculis de optimis moribus et virtutibus in: | terpofitis cum queftionibus fententias textus | declarantibus fcitu dignis : cum argumentis ꝫ | eorundem folutionibus in fcholis difputandis | pro pueris inftituendis diligenter collectis. | *Fol. 1ᵇ vacat. Fol. 2ª*: ❧ Ad omnes fcholarum rectores : ut iuuenes a pueritia virtutibus ꝫ optimis moribus inftitu | antur exhortatio. | *Fol. 125ᵇ*: ❧ Finit Prime partis Alexandri no: | uum commentum perutile. cum quefti | unculis de moribus : virtutibus atqϟ | vitijs. Per Wilhelmum Senderum pro pueris inftituendis collectum Et | Dauentrie per Richardum paffraet. | diligenter impreffum Anno domini. | M.CCCCC.iij. Viceſima fecun | da Martij. | *Fol. 126 vacat.*

Guelferbyti, B. Duc.; Monasterii, B. Paul.

177.

Coloniae, Henr. Quentell, a. 1503. [Timanni Kemeneri] medulla aurea in II. III. IV. partes Doctrinalis. 38 et 76 foll. s. num., c. sign. A₂—G₈ et A₂—N₄, typi Goth., in 4⁰.

II. *Fol. 1ᵃ*: Medulla aurea ǁ in Sintaxim Aleẋādri iā emē ǁ data et faciliori difpofita ordine. cum multis aliis notabilibus in ǀ priori medulla omiffis. ǀ *Fol. 1ᵇ*: ☾ Epiftola cōtra regiminū vires modofqȝ fignificādi. ǀ *Fol. 3ᵃ*: ☾ Proemiū. ǀ HIc iubet ordo libri vo ǀ cum regimen referari ǁ. *Fol. 38ᵃ*: ☾ Auree Medulle fequūdi operis Alexandri grāma ǀ tici. in ciuitate Monafterienfi affabre collecte In p̄cla꞉ ǀ ra vero officina bone memorie honefti Henrici Quētell ǀ Colonie exarate finis imponiṫ poptatus. poftridie Ca ǀ lendas Iunias Anno poft Iubileū tercio. ǀ *Fol. 38ᵇ vacat.*

III. IV. *Fol. 1ᵃ*: MEdulla aurea ǁ in terciū et quartum Alexandri ǀ grāmatici Doctrinale. ex approbatiffimis Auctorum edita fcriptis ǀ Qua facile quifqȝ bonaꝛ Artiū ftudiofus. metri dignitatē fyllaba- ǀ rumqȝ quantitatem offendit q̄ȝ veriffime. ǀ *Fol. 1ᵇ*: ☾ In diuinam Poeticā ante ceteras artes inventam ǀ Ad lectorem Epigramaton ǁ. *Fol. 49ᵃ*: Finitur pars tertia Doctrinalis Alexandri natione Nor ǀ manni de fyllabarū quātitate cū cōmentarijs ex multorū ǀ monumētis poetaꝛ tam prifcorum qȝ neotericorum la ǀ boriofe deductis. ǀ Sequitur quarta. ǀ *Fol. 49ᵇ*: Incipit quarta pars Doctrina ǀ lis *etc. Fol. 76ᵃ*: . . . . De ǀ mū vero in caftiffima libroꝛ officina colende memorie Henrici Quentell ǀ ciuis (dum in humanis ageret) Agrippinēf. Colonie honeftiffimi. fatis ǀ exacte publicata. Anno chriftianorum tercio poft milleffmum quinquiefqȝ ǀ contefimum. pridie Nonas Octobres. ǀ *Fol. 76ᵇ vacat.*

Sangalli, B. Coen.

178.

Daventriae, Rich. Paffraet, a. 1503, m. Aug. in profesto Laurentii. Partes III. IV. cum commento. 48 foll. s. num., c. sign. aij—Hiij *(sic)*, typi Goth., in 4ᵉ.

Fol. 1ᵃ: Tercia ꞉ Quarta partes ǀ doctrinalis magiftri Ale ǀ xandri cum cōmento valde vtili textᵒ dante in ǀ telligētiam fummariā. Quaꝛ tercia docet de ǀ quātitate fyllabaꝛ. Quarta vero de accētua ǀ tiōe cū nouis quibufdā fentētiaꝛ additionibᵒ. ǀ *Fol. 1ᵇ*: ( )Eliora funt vbera tua vino fragrātia vngētis optimis. Cā꞉ ǀ ticoꝛ p̄mo *etc. Fol. 48ᵃ*: ☾ Alexandri grammatici due par꞉ ǀ tes. tercia videlicet et quarta fini꞉ ǀ unt feliciter. Impreffe Dauentrie ǁ per me Richardum paffraet. Anno ǀ dn̄i M.CCCCC.iiȷ. Mēfis Au꞉ ǀ gufti In profefto Laurentii. ǀ *Fol. 48ᵇ vacat.*

Gottingae, B. Un.; Detmoldae, B. Prov.; Vratislaviae, B. Un.

179.

Basileae, Iac. de Pfortzen, a. 1503. Partes I. II. cum glosa notabili. 112 et 100 foll. s. num., c. sign. aij—yiiij et Aij—Uiij, typi Goth., in 4⁰.

I. *Fol. 1ᵃ*: Prima pars doctrinalis Alexan ǀ dri cum fententijs ꞉ notabilibus et vocabulorū ǁ lucida expofitione ꞉ nōnullis annexis argumen ǀ tis

cū eorundem replicis : ad nouellorū in grā ⹀ ‖ matica incipientiū profectū :
cum quibufdū alijs ‖ additis ͵p in fcientijs aliqualiter prouectis. ‖ *Sequitur*
icon xylogr.: angelus utraque manu insigne tenens. Fol. 112ᵇ: ❰ Expofitio
text° ⁊ exemploꝛ ꝑme ꝑtis Alexādri : equocoꝛ fynonymoꝛ cū diffe⹀‖ ren-
tialibus ⁕fib° *etc., l. 2. inf.:* explicit feliciter. Impſſa Bafilee p ‖ magiſtrū
Iacobū de pfortzen. Anno a natiuitate xp̄i. M.CCCC.iij. ‖

II. *Fol. 1ᵃ:* Glofa notabilis fecunde partis ‖ Alexandri cum interlinealibus expofitionibus textus eiufdem ⁊ planiſſimis fen ‖ tentijs fubiunctis
perpulchre ordinatis : queſtionibus *etc. Sequitur eadem icon ac supra.*
Fol. 100ᵃ: ❰ Explicit feliciter Scd'a pars Alexandri cum gloſis metroꝛ
interlinea ‖ rib° *etc., l. 2. inf.:* Impreſſa Bafilee p magiſtrū Iacobum de
pfortzen : ‖ Anno natiuitatis dominice. M.CCCC.iij. ‖

Stuttgardiae, B. Reg.

180.

Londinii, Wynkyn de Worde, sine anno (c. a. 1503). Doctrinalis textus cum sententiis et constructionibus et vocabulorum
interpretationibus etc. Typi Goth. in 4°.

Cf. Brunet, 5 édit. p. 168. — Wynkyn sive Wynandus de Worde
Lotharingiensis, unus e sociis Guilelmi Caxton, Angliae prototypographi,
cuius officinam materiamque hereditate accepit, ab a. c. 1495 ad a. 1534
artem typographicam professus est, et id quidem usque ad a. 1502 West-
monasterii, deinde Londinii 'at the sun in Fleet-Street'. Hic vir ad artem
illam in Angelia excolendam certe plurimum contulit; opera igitur typis
eius descripta hodie omnia in maximo pretio sunt. Cf. Dictionnaire de
géogr. p. 754.

181.

(Zwollis), Arnoldus Kempensis, a. 1504. Pars I. cum Hermanni Torrentini commentariis et pars II. cum commentariolis.
104 foll. c. num. + 8 foll. s. num. = 112 foll. et 36 foll. s. num.,
c. sign. Aiij—viij et Aiij—Giij, typi Goth., in 4°.

I. *Fol. 1ᵃ:* ❰ Folio primo ‖ Titulus hui° opis ⁊ ‖ ❰ Hermanni Torrētini viri doctiſſimi cōmētaria pul ⹀ ‖ cherrima in primā partē doctrinalis Alexādri. cū accu ‖ ratiore vocabuloꝛ interꝑtatione. q̄bufdā mēdofis
fup ⹀ ‖ uacaneis ⁊ obfcuris verfib' vl' reiectis vel in veriores ⁊ ‖ planiores
mutatis *etc.; sequuntur 12 lineae tituli, deinde:* ❰ Item in obtrectatores
eiufdem apologia. ‖ Ar. KEMPIS ‖. *Sequitur insigne typographi: duo clypei,*
in quorum dextro duo gladii, in sinistro crux est. Fo. Ciiijᵇ: ❰ Hic finē
accipiūt ōmētaria doctiſſimi viri Hermāi Torrētini ī ꝑ ⹀ ‖ mā ꝑtē Alexādri
iā tertio caſtigata diligēt'q̄ꝫ correcta addit° ī mergīe *(sic)* ‖ t'mīationib°
cū cūct° vocabul° ⁊ not° arihtmetic° *(sic)* r̄c cū Apologia ī ob ‖ trectatores
p me A. kēpeñ. āno. M.CCCC.iiij. Calēdis Martijs ‖. *Sequuntur 8 foll. indicis*
et in ultimi folii pagina aversa carmina quaedam Bartholomaei Coloniensis
et Hermanni Torrentini.

II. *Fol. 1ᵃ:* Titulus hui° opis ⁊ ‖ ❰ Commentariola fecunde partis
doctrinalis magiſtri ‖ alexandri cum fententijs ⁊ vtilioribus quibufdam

punc ⫽ tis *etc.; sequuntur 8 lineae, deinde idem insigne ac supra. Fol. 2ᵃ:*
( )Ic iubet ordo libri vocum regimen referari ⫽. *Fol. 36ᵇ:* ❰ FINEM
HIC ACCIPIVNT COM ⫽ mentariola fecunde partis doctrinalis alexandri
cum ⫽ continuatione textus et notis virium in mergine *(sic)* quib' ⫽ priores
libri omnes hoc vſq̃ȝ in tempus caruerunt. ⫽

Londinii, Mus. Br. — Arnoldus Kempensis tertius typographus
Zwollensis fuit; praecesserunt eum Petrus de Os de Breda (vide nr. 28)
eiusque filius Timannus de Os.

182.

Zwollis, Wilh. et Arnold. Kempenses, a. 1504. Partium I. II.
textus cum notis in margine positis. 24 et 18 foll. s. num.,
c. sign. Aiij—eiij et Aiij—diij *(sic)*, typi Goth., in 4⁰.

I. *Fol. 1ᵃ:* Titulus hui⁹ opis ⁊ ⫽ ❰ Alexandri textus prime partis
bene emendatus cum ⫽ notis et expoſitione vocabulorum non inter verſus
fed ⫽ in mergine *(sic)* poſitorum vt eo facillius *(sic)* peruuli *(sic)* textum
me ⫽ moriter diſcere valebunt *(sic)* per hermannum torrentinum ⫽ femper
ſtudioſe iuuentuti quantum poteſt bn̄ cōſulentē. ⫽ *Sequitur insigne typogr.,*
quod in no. 181 descripsimus. Fol. 1ᵇ vacat. Fol. 24ᵇ: ❰ Finis primo
partis alexandri cum vulgari in ⫽ terpretatione vocabulorū. etc.; l. 3. inf.:
per me wilhelmum ⫽ Kempenſem āno quingenteſimo quarto altera ⫽ die
marci euangeliſte. ⫽

II. *Fol. 1ᵃ:* Titulus hui⁹ opis ⁊ ⫽ ❰ Incipit fundamētū ḡmatice
de regimīe dcōnū eo or ⫽ dine q̊ alexāder ꝛ fed'a fui doctrinalis ꝑte pro-
cedit. pluribus verſib⁹ ⫽ obſcuris et fuperuacaneis reiectis atqȝ quibuſdam
planiorib' ap ⸗ ⫽ poſitis *etc.; sequuntur 9 lineae textus, deinde idem insigne*
ac supra. Fol. 18ᵇ: ❰ Finis. ſwollis per me arnoldum kempen ⫽ ❰ AR-
NOLDVS. KEMPEN ⫽ CIVIS ZVVOLLENSIS. ⫽ *Sequitur idem insigne*
ac supra.

Londinii, Mus. Br. (partes I. et II. uno vol. compreh.).

182*.

Coloniae, Henr. Quentell (†), a. 1504. Timanni [Kemeneri]
medulla aurea in syntaxim Alexandri. 37 foll. s. num., c. sign.
Aij—G₃, typi Goth., in 4⁰.

Fol. 1ᵃ: Medulla aurea ⫽ in Siutaxim Alexādri iā eme⸗ ⫽ data. ⁊
longe faciliori diſpoſita ordine. cum multis alijs notabilib⁹ ⫽ in priori medulla omiſſis ⫽. *Sequitur icon xylogr. magistrum cum 3 discipulis repraes-*
entans. Fol. 1ᵇ: Epiſtola cōtra regiminū vires modoſqȝ ſignificandi ⫽.
Fol. 3ᵃ: Proemiū ⫽ (H)Ic iubet ordo libri vocū ⫽ regimen referari. ⫽
Fol. 37ᵃ: ❰ Auree Medulle ſequūdi operis Alexādri grāmatici natōe ⫽
Normāni ꝛ ciuitate Monaſteriēſi ꝑ magiſtꝝ Timānū illic Re ⫽ ctorē aſſabre
collecte. In p̄clara ⚹o officina bone memorie ho ⫽ neſti Henrici Quētell Colonie iā denuo a varijs labeculis tū ⫽ chalcographoꝝ inadue rtentia *(sic)*
tū prioris exemplaris inepti ⫽ tudine ōmiſſis caſtius exarate finis ꝛponit̄
poptat⁹. poſtridie ⫽ Nonaꝝ Iunij Anno poſt Iubileū magnū quarto. ⫽
Fol. 37ᵇ vacat.

Cassellis, B. Gideonis Vogt.

183.

Antverpiae, Henr. Eckert de Homberch, a. 1504, d. XVIII. m. Oct. Wilhelmi Zenders de Werdt opus minus II. partis. 104 foll. s. num., c. sign. Aij—Riiij, typi Goth., in 4⁰.

Fol. 1ᵃ: Opus minus / Secunde partis alexandri introductoriũ ad opus / maius eiuſdem perutile. / *Sequitur icon xylogr. Christum repraesentans; supra lemnisco inscripta sunt verba: Ego ſum via, veritas et vita. Fol. 1ᵇ eadem icon. Fol. 2ᵃ:* ℂ Prologus. / *Fol. 103ᵇ:* ℂ Finiꝉ dei gratia opus minus ſcd'e partᵉ Alexãdri / pro pueris clare breuiterqȝ inſtituendis. p Wilhel⹀/ mum zenders de werdt collectum Et que illic breui / tatis gratia. ne pueris faſtidiũ ex prolixitate genere / tur. omiſſa ſunt. in opere maiori cũ plurimis elegã / tijs ⁊ queſtionib⁹ ſcitu dignis in ſcholis diſputãdis / argumentis ⁊ replicis annexis. vt in logica Petri / hiſpani ſecimⁱ. colligũtur ⁊ abſoluũtur. Impreſſuȝ Antwerpie per me Henricum eckert de homberch / Anno dñi. XVC.iiij. XVIIj. menſis Octobris /. *Fol. 104 vacat.*

Guelferbyti, B. Duc.; Maihingae, B. Princ.; Monachii, B. Reg. (titulus deest). — De typographo cf. adnot. ad. nr. 103.

184.

Sine loco (Metis), Caspar Hochfeder, impensis Ioannis Haller Cracoviensis, a. 1504. Pars II. cum commentario Ioannis de Glogovia. Typi Goth. in 4⁰.

Fol. 1ᵃ: Exercitiũ ſcd'e par⹀/ tis Allexandri *(sic)* mgri / ioh'is de Glogouia /. *Sequitur icon xylogr. insignia Lithuaniae, Poloniae et urbis Cracoviae repraesentans. Fol. 1ᵇ:* Sintaxis commendatio. / Alexandri Gallici quẽ plurimi / ordinis minoꝝ et sacre pagino profeſſorẽ excellentiſſmũ catha / logoqȝ ſanctorũ inſcriptum affirmãt Secũda pars doctrinalis / ſui de artificioſa dictionũ conſtructione ordine et regimine cum / cõpendioſa elucidatione iunioꝝ inſtitutione p magr'm Ioan⹀/ nem Glogouienſem in vniuerſitate florigera Cracouiẽſi bre⹀/ uiter in vnum recollecta. / etc. Impreſſum aũt eſt hoc opus ad impenſas optimi humaniſſ⹀/ miqȝ viri domini Iohannis Haller Ciuis Cracouienſis, viroꝝ / doctorũ ſautoris excellentiſſimi. Arte aũt ſolertis viri Caſparis / Hochfeder. Anno xp̄i Ieſu ſaluatoris currente. 1504. Nunc / vero propoſitum in nomine eiuſdem ſaluatoris eiuſqȝ genitricis / Mariae virginis digniſſime. Feliciter incipio.

Cracoviae, B. Un. (fragmentum 14 foliorum). Cf. de hac editione Ianozki, Nachricht von denen in der Zaluskischen Bibliothek sich befinden- den raren polnischen Büchern. IV. Theil (Breslau 1753), p. 110 n. XXVI. — Caspar Hochfeder, antea typographus Norimbergensis, annis 1500 et 1508 Doctrinale Metis edidit (vide nr. 150 et 213). Ioannes Haller, Norimbergae natus, cuius impensis haec editio parata est, iam a. 1500 Ioannis Glogo- viensis commentarium in II. partem Doctrinalis Lipsiensibus typis exscri- bendum curaverat (vide nr. 158). Duo praeterea editiones eius sumptibus Cracoviae confectae sunt (vide nr. 223 et 247).

184*.

Parisiis, Iod. Badius Ascensius, a. 1504, d. VIII. Kal. Sept. Partes I.—III. cum Syntheniis et Ascensianis explanationibus.

8 foll. s. num. + Fo. CXIV = 122 foll. et 8 foll. s. num. + Fo. LXXX = 88 foll. et Fo. LXXII, typi Goth., in 4⁰.

I. *Fol. 1ᵃ*: Doctrinalis magiſtri alexandri de villa dei. ǁ Pars prima: cum ſintheniis et Afcenſcianis explicationibus ǁ ℂ Ad quas addita ſunt recentius ab Afcenſio ſequentia. ǁ *etc.* *Deinde ſequitur inſigne librarii in inferiore parte ſubſcriptum:* IEHĀN ⁚⁚ PETIT. *Infra legitur:* ℂ Que omnia ab ipſo Afcenſcio diligentius recognita et . . ǁ a venūdantur in vico ſancti Iacobi ſub leone argenteo . . . ǁ e ſancti hylarii e regione collegii italorū in edib . . . (*Exemplar in locis, quos punctis distinximus, conscissum est.*) *Fol. 1ᵇ*: Iodocus Badius Afcenſcius Religioſis admodū et cum primis eru ǁ ditis patribus Egidio ghiis et andree terreburgo ſcholaſticorum ǁ domus fratrum diui Hieronymi Gandaui rectoribus et praeceptori ǁ bus optimis: ceterisqʒ eiuſdem domus venerabilibus columinibus ǁ Salutem dicit. ǁ *subscr.* Ex offi ǁ cina noſtra litteraria Parrhiſiis ad X calēdas ſeptembris. Anno MDIIII ǁ. Fo. CXIIIIᵃ: ℂ Impreſſum eſt hoc opus ſolerti animaduerſione ipſius Afcenſcij ad octa ǁ uum calendas Septembris anni MCCCCCIIII ǁ. Fo. CXIIIIᵇ *vacat.*

II. *Fol. 1ᵃ*: Secunda pars doctrinalis Alexandri de regimine ǁ et conſtructione grāmaticali cum explanationibus Io ǁ annis synthenii et Iodoci Badij Afcenſii. ǁ Addite autem ſunt *etc.* *Deinde ſequitur inſigne librarii idem quod supra. Infra:* Venūdatur autem parrhiſijs ſub leone argenteo ǁ in via ſancti iacobi. Et pro foribus collegij italorum ǁ. *Fol. 1ᵇ*: Prenotamēta Afcēſiana in fecūdā parte doctrinalis ǁ. *Fol. 8ᵃ*: Ioannis Sinthenij in fecundam Alexandri partem p̄notamenta ǁ. *Fol. 9ᵃ (c. num. Fo. I)*: De regimine dictionum. Capitulum octauum. ǁ Iohannis Sinthenii Octaui capituii (*sic*) explanatio ǁ. Fo. LXXXᵃ: ℂ Finitur fecunda pars. ǁ Fo. LXXXᵇ *vacat.*

III. *Fol. 1ᵃ*: Tertia Pars doctrinalis magiſtri Alexandri ǁ Cum explanatione Afcenſiana in multis caſtigata ǁ *etc.* *Deinde ſequitur inſigne librarii idem ac supra. Infra:* Que omnia diligentius coimpreſſa venundantur par ǁ rhiſiis in via regia diui iacobi ſub leone argenteo: et in ǁ monte diui hilarij e regione collegij italici. ǁ Fo. LXXIIᵃ: Finis doctrinalis Alexand . . . me explanati: ꝛ aucti ut in . . . miſſum eſt. ǁ Impreſſa autem . . . accuratione Afcenſia . . . no d̄ni milleſimo . . . (*Exemplar in locis punctis distinctis mutilatum est.*) Fo. LXXIIᵇ *vacat.*

Aberdonae, B. Un. Descriptionem benigne ad me misit vir rev. Archibaldus R. S. Kennedy, univ. Aberdonensis professor. — Iodocus Badius Ascensius — natus est enim Ascae in vico prope Bruxellam sito —, primum magister linguae Latinae et Graecae, quam Ferrariae a Baptisto Guarino didicerat, idemque Lugdunensis typographus, c. a. 1495 Parisiis prelum illud Ascensianum constituerat, ex quo praecipua antiquorum recentiorumque auctorum opera adnotationibus eius illustrata exierunt. Doctrinalis explanationes, castigationes additionesque Ascensianae una cum Synthenii commentariis primum a. 1500 Parisiis apud Andream Bocardum editae sunt (vide nr. 153); aliae editiones usque ad tertium decennium secutae sunt (vide nr. 204. 210. 216. 217. 258**. 258***. 260.). Mortuus *est autem a. c. 1535. Cf. Hain-Burger p. 16, Zedler, Univ.-Lexicon III. p. 96 sq., Dictionnaire de géogr. p. 999.*

185.

Lipsiae, Melchior Lotter, a. 1504. Partium I. II. textus. 46 foll. s. num., c. sign. Aij—Hiij, typi Goth., in 4⁰.

Fol. 1 (titulus) deest exemplari, quod infra commemorabitur. Fol. 2ᵃ: Prohemiũ prime partis alexandri ⫽ ( )Cribere clericulis paro doctri ⫽ nale nouellis. ⫽ etc. *Fol. 32ᵇ:* ( )Ic iubet ordo libri uocum regi ⫽ men re-ferari etc. *Fol. 46ᵇ:* Impreffum Liptzk per Melchiorem ⫽ Lotter. Anno dñi XV.C.iiij. ⫽

Maihingae, B. Princ.

186.

Argentinae, Io. Pryss, a. 1504. Partium I. II. textus. 43 foll. s. num., c. sign. aij—giiij, typi Goth., in 4⁰.

Fol. 1ᵃ: Textus magi ⫽ ftri Alexandri ⫽. *Sequitur insigne typogr. coloratum. Fol. 1ᵇ vacat. Fol. 2ᵃ:* Prohemium Alexandri ⫽ SCribere cle-riculis paro doctri ⫽ nale nouellis ⫽. *Fol. 30ᵇ:* ❬ Finis prime partis Ma ⫽ giftri Alexandri. ⫽ *Fol. 31ᵃ:* Incipit fecunda pars ⫽ HIc iubet ordo libri vocum re ⸗ ⫽ gimen referari. ⫽ *Fol. 43ᵇ:* ❬ Finis fecunde partis magiftri ⫽ Alexandri. ⫽ ❬ Impreffum Argentine per honeftum ⫽ Iohannẽ Prijfs : in edibus zum thier ⫽ garten. Anno. MCCCCiiij. ⫽

Salisburgi, B. publ. (Studien-B.).

187.

Erfordiae, Wolfgangus Schenk, a. 1504. Partium I. II. textus cum glosa interlineali. 44 foll. s. num., c. sign. Aij—Hiij, typi Goth., in 4⁰.

Fol. 1ᵃ: Alexandri prime ⫽ ⫽ fecunde partis textus cum glofa ⫽ inter-liniali atq; ppulchris anno ⸗ ⫽ tatis optime emendatis. ⫽ *Sequitur icon xylogr.: figura masc. et fem. clypeum tenentes; supra lemnisco inscriptus est annus 1504. Fol. 1ᵇ vacat. Fol. 2ᵃ:* Prefatio ⫽ ( )Cribere clericulis paro doctrina ⫽ le nouellis. ⫽ etc. *Fol. 30ᵇ:* Finit (sic) prima pars doctrinalis Alexandri. ⫽ Sequitur pars Secunda ⫽. *Fol. 43ᵇ:* Finit prima et fecunda partes Alexan ⫽ dri Impreffe Erffordie p Wolffgan ⸗ ⫽ gũ Schenken Anno Millefimo Quī ⫽ gentefimo quarto. ⫽ *Sequitur insigne typogr. Fol. 44 vacat.*

Oxoniae, B. Bodl. — Wolfgangus Schenk Erfordiae a. 1499 primum occurrit (cf. Hain-Burger p. 288). A. 1501 sub nomine Lupambuli Ganymedis Priscianum edidit; in subscriptione se designat 'typographum in arte sua adhuc novitium'. Cf. Dictionnaire de géogr. p. 464.

187*.

Coloniae, Henr. Quentell (†), a. 1505. Timanni Kemeneri quatuor partium medulla aurea. Partes I. II. 145 et ? foll. s. num., c. sign. aij—ɔiij et aij—? (partis II. exemplar unicum in fine mutilatum est), typi Goth. (fol. 1ᵇ typi Rom.), in 4⁰.

I. *Fol. 1ᵃ*: (M) Edulla aurea ∥ quattuor partiū ſiue opᵉᵣ Ale∫ ∥ xandri. de mendis incuria impreſſorum admiſſis iam denuo caſti- ∥ gata. Et ala- manica expoſitione illuminata. Et non paucis voca- ∥ bulis. et exemplis poeticis adaucta. Que ſi diligēti reuolueris ani- ∥ mo Quicquid hactenus barbarizantiū more eructaſti. iam lingua ∥ latina exprimes nō minus mature ꝗ₃ lepide ∥. *Fol. 1ᵇ*: De titulo & vtilitate preſentis libri ∥ Ad iuuētutē litterary ſtudioſam Ioānis murmellij ∥ Ruremundēſis in aureā medullā Epi- gramma ∥. *Sequuntur 6 disticha.* *Fol. 2ᵃ*: Proemiū in Medullā aureā ∥ ❦ Timannus Kemenerus Wernenſis litterarij ludi Mo- ∥ naſterienſium weſt- phalie Magiſter bonarū litterarum ∥ ſtudioſis. S. d. *Fol. 145ᵃ, l. 3. inf.*: ❦ Finitur aurea medulla p̄mi operis Doctrinalis Alexādri. In ∥ edibus colonde memorie Henrici Quentell. ſub anno virginei partᵒ ∥ M.CCCCC.V. ad finē Marcij Colonie enucleatius Impreſſa ∥. *Fol. 145ᵇ vacat.*

II. *Fol. 1ᵃ*: Medulla aurea ∥ in Sintaxim Alexādri iā emē ∥ data ⁊ longe faciliori diſpoſita ordine. cum multis alijs notabilibᵘ ∥ in priori me- dulla omiſsis ∥. *Infra sequitur icon xylogr. magistrum cum 3 discipulis repraesentans.* *Fol. 1ᵇ*: Epiſtola cōtra regiminū vires modoſꝗ₃ ſigniſicandi ∥. *Fol. 34ᵇ, l. ult.*: . . . es pprie aňcedentis et relatiui ſunt varie. ∥

Upsaliae, B. Un. (I. II.); Cassellis, B. Gideonis Vogt (I.).

188.

Daventriae, Iac. de Breda, a. 1505 m. Dec. Partes III. IV. cum commento. 48 foll. s. num., typi Goth., in 4⁰.

Fol. 1ᵃ: Tercia et quarta partes ∥ doctrinalis magiſtri Alexādri cū cōmento valde ∥ utili textus dante intelligētiā ſummariū *(sic)* qua ∥ rum tercia docet de ꝗ₃titate ſyllabaᵣ. Quarta vero ∥ de accentuatōe. cum novis quibuſdam ſententiaᵣ ∥ additionibus. ∥ *Sequitur icon xylogr. evangelistarum figuras symbolicas repraesentans.* *Fol. 48*: Alexandri grāmatici duo partes tercia videli ∥ cet ⁊ quarta ſiniūt feliciter. Impreſſe Dauētrie ꝑ me Iacobū de breda. M.CCCCC.V. penul ∥ tima menſis Decembris. ∥

Hagae Comitum, B. Reg.

188*.

Coloniae, liberi Henr. Quentell, a. 1505. Partes I. II. cum Hermanni Torrentini et Kemponis Thessaliensis commentariis. 85 foll. c. num. + 1 fol. s. num. = 86 foll. et 51 foll. s. num., c. sign. aj—piiij et Aij—liiij, typi Goth., in 4⁰.

I. *Fol. 1 (titulus) deest in exemplari adhibito.* *Fol. 2ᵃ*: ( )Uot extant edita iampridem in Alexandrum noſtrum omenta ∥ ria. ut ſingularis impudentie videri poſſit in eūdem plura oſcribe ∥ re. Verūtamē si ꝗs lit- teratoᵣ diligenti *etc.* *Textus incipit:* Rectis as es a dat declinatio prima ∥ *Fol. 85ᵇ*: Hic finem accipiunt cōmentaria doctiſſimi viri Hermanni Torren- tini in primam partem doctrinalis Alexandri iam tercio caſtigata diligen- terꝗ₃ recognita *etc.*, *l. 3. inf.*: Impreſſa Colonie in penatibus Quentell Anno a natali chriſtiano. M. quingenteſimo ꝗnto ad finem Iunij. ∥ *Fol. 86*: ❦ Bartholomei Colonienſis viri litteratiſſimi in hoc opus hexaſtichon. ∥ ❦ Hermanni Torrentini Epigrāma ogdoaſtichum ad inuidum. ∥

II. *Fol. 1ª*: Cōmentaria clariſſima in ſecundam partem doctrinalis Alexandri ab eruditiſſimo viro Kempone Theſſalienſi Hollandie magiſtro bonarum Artium Parrhiſienſi pro anhelantibus Syntaxim potiſſimam gramatice ſpeciem luculenter intelligere iam dudum in lucem edita. *Fol. 49ᵇ*: Cōmentaria non parum frugifera in ſequūdaჳ partem Doctrinalis Alexandri natione Normanni p eruditiſſimum virum Kemponem Theſſalienſem Hollādie *etc., l. 3. inf.*: Impreſſa Colonie in edibus liberorum bone recordationis Henrici Quentell Anno poſt verbum in carnem adventum M. d. quinto Kl'is Iulij.

Araugiae, B. Prov.

189.

Londinii, Rich. Pynson, a. 1505. Textus Alexandri cum sententiis et constructionibus. 50 foll., typi Goth., in 4⁰.

Cf. Brunet, 5. édit. p. 168. — Richardus Pynson, Rotomagi ortus, ab a. 1493 ad a. 1531 Londinii artem typographicam exercuit. Cf. Dictionnaire de géogr. p. 754; de operibus eius usque ad saec. XV. vide Hainium-Burgerum p. 253.

190.

Daventriae, Iac. de Breda, sine anno (c. a. 1505). Commentaria a Torrentino et Kempone castigata. Typi Goth. in 4ª.

Campbellius, qui no. 138 editionem notavit ex Catal. B. Heberianae XIII. no. 162, addidit: 'C'est peut être une édition du seizième siècle'. Quod, si commentatores respicis, dubitare non potes.

191.

Antverpiae, Henr. Eckert de Homberch, a. 1506, m. Mart. et Apr. Wilhelmi Zenders de Werdt opus minus I. et II. partis. 110 et 106 foll. s. num., c. sign. aij—tiij et Aij—Riiij, typi Goth., in 4⁰.

I. *Fol. 1ª*: ❲ Opus minus Prime partis Alexan ∥ dri cum queſtiūculis et optimis mori ∥ bus ჳ virtutibᵒ interpoſitis cū queſtionibus ∥ ſnſas textᵒ declarātibus ſoitu dignis. cū argu ∥ mentis eorundem ſolutionibus in ſcholis di- ∥ ſputandis pro pueris inſtituendis diligenter collectis ∥. *Fol. 1ᵇ vacat.* *Fol. 2ª*: Ad omnes ſcholarium rectotes *(sic)*: vt iuuenes ∥ a puericia virtutibus et optimis moribus in ჳ ∥ ſtituantur exhortatio ∥. *Fol. 110ª*: ❲ Finit Prime partis Alexandri nouū com ჳ ∥ mentū per vtile. *(sic)* cū queſtiunculis de moribus ∥ virtutibus atqჳ vitijs Per wilhelmum Sen ∥ derum pro pueris inſtituendis collectum Et ∥ Antwerpie per Henrioum eckert diligenter ∥ impreſſum Anno domini. M.CCCC.VI. ∥ Undecima de *(sic)* Menſis marcij ∥. *Fol. 110ᵇ vacat.*

II. *Fol. 1ª*: Opus minus ∥ Secunde partis Alexandri introductorium ad ∥ opus maius eiuſdem perutile. ∥ *Sequitur icon xylogr.: Christus dextram manum tollens, sinistra terrae globum tenens. Fol. 1ᵇ vacat.* *Fol. 2ª*: Prologus. ∥ *Fol. 105ᵇ*: ❲ Finitur dei grā opus minus ſed'e ptis Alexā ჳ ∥ dri ͵p pueris clare breuiterqჳ inſtituēdis. p Wil- ∥ helmū zenders de werdt collectum *etc., l. 3. inf.*: Impreſſum Antwerpie per me Henricum ⫽ eckert de homberch. Anno dñi. M.CCCC.VI. XVII ⫽ die menſis Aprilis. ⫽ *Fol. 106 vacat.*

    Bruxellae, B. Reg. (I.); Luneburgi, B. Ur. (II.). — De typographo vide adnot. ad nr. 103.

192.

    Coloniae, liberi Henrici Quentell, a. 1506. Wilhelmi Zenders de Werdt opus minus I. et II. partis. 118 et 102 foll. s. num., c. sign. Aij—Xiiij et Aij—Siiij, typi Goth., in 4°.

    I. *Fol. 1ᵃ*: (O)Pus minus + ⫽ Prime partis Alexãdri ex po ⸴ ⫽ tiſſimis grammaticorũ floſculis decerptũ cum queſtiuncu- ⫽ lis de optimis moribus. ꝛ virtutib' interpoſitis. cũ queſtio- ⫽ nibus ſententias textus declarantib' ſcitu dignis. cum argu ⫽ mentis ꝛ eorundem ſolutionib' in ſcholis diſputandis ⸴p pue ⫽ ris faciliter inſtituendis diligenter collectis. ⫽ *Fol. 1ᵇ*: ⫴ Ad omēs ſcholarũ rectores. vt iuuenes a puero ✱tu ⸴ ⫽ tib' ꝛ optimis morib' inſtituant. Exhortatio. ⫽ *Fol. 118ᵃ*: ⫴ Finitur Prime partis Alexãdri vtiliſſime nouũ cõmẽtũ ⫽ perutile. cum queſtiũculis de morib'. virtutib' atq₃ vicijs ⫽ Per Gvilhelmũ Senderũ de weert pro pueris clare inſti ⫽ tuẽdis collectũ Et Colonie apud Quẽtell Anno ſexto ſu ⫽ pra Milleſimũ quingẽteſimũ fideliter impreſſum. verſus ⫽ calcem Martij ⫽. *Fol. 118ᵇ vacat.*

    II. *Fol. 1ᵃ*: Opus minus ſe ⸴ ⫽ cunde partis Alex ⫽ andri introductoriꝫ ad opus ⫽ maius perutile ⫽. *Fol. 1ᵇ*: Proemium. ⫽ *Fol. 102ᵃ*: ⫴ Finitur dei gratia opus minus ſcd'e partis Alexandri ⸴p ⫽ pueris clare breuiterq₃ inſtituẽdis. p Guilhelmũ zenders de ⫽ werdt collectũ *etc., l. 2. inf.*: Impreſſum Colonie ⫽ in domo Quentell. Anno. M.CCCC.VI. ⫽ *Fol. 102ᵇ vacat.*

    Parisiis, Mus. Paedag. (I. II.); Stuttgardiae, B. Reg. (I.); Darmstadii, B. M. Duc. (II.).

193.

    Coloniae, liberi Henrici Quentell, a. 1506. Partes I. II. cum glosa notabili. 124 et 116 foll. s. num., c. sign. aij—viiij et Aij—Siiij, typi Goth., in 4°.

    I. *Fol. 1ᵃ (titulus) deest. Fol. 2ᵃ*: Proemium. ⫽ *Fol. 124ᵃ*: ⫴ Expoſitio textus ꝛ exemploꝛ ꝓme partis Alexandri eǫuoco ⫽ rum ꝛ ſynonymoꝛ cum differentialib' verſib' valde pulchris. *etc., l. 5. inf.*: Explicit feliciter Exara ⫽ ta accuratiſſimo cũ ſtudio Colonie in officina honeſtoꝛ liberorum ⫽ ſaluberrime memorie Henrici Quẽtell. Anno virginei partus chri ⸴ ⫽ ſtifere virginis Marie ſexto ſuper milleſimum ꝛ quingenteſimum ⫽ altera poſt corporis chriſti ⫽. *Fol. 124ᵇ vacat.*

    II. *Fol. 1ᵃ*: Gloſa notabilis ſecũde partis ⫽ Alexãdri cũ interliniarib' expoſitiõib' textus eiuſdẽ in planiſſimis ⫽ ſentẽtijs. ſubiũctis ꝑpulcre ordinat' queſtionib' atq₃ argumẽtis cũ ⫽ replicis *etc. Deinde sequitur icon xylogr. magistrum cum 3 discipulis repraesentans. Fol. 1ᵇ*: Gloſa notabilis. ⫽ QUam pulcra tabernacula tua Iacob ꝛ tẽtoria tua ⫽. *Fol. ult. deest exemplari.*

    Marburgi Hess., B. Un. Pars II., ut ex typis elucet, ex eadem officina prodiit et in exemplari Marburgensi cum parte I. coniuncta est.

194.

Basileae, sine typogr. nomine (Michael Furter) a. 1506. Partes I.—IV. cum glosa notabili. 112 et 100 et 42 foll. s. num., c. sign. aij—xiiij et Aij—Rv et Aij—Giiij typi Goth., in 4⁰.

I. *Fol. 1ᵃ*: Prima pars doctrinalis Alexan- ∥ dri cum ſententijs : notabilibus et vocabuloru̅ ∥ lucida expoſitione : no̅nullis annexis argumen ∥ tis cum coru̅dem replicis : ad nouelloꝗ in gi̅a ⸱ ∥ matica incipientiu̅ profectum : cum quibuſdam ∥ alijs additis ‚p in ſcientijs aliqualiter ‚pueotis. ∥ *Sequitur icon xylogr.: angelus utraque manu clypeum tenens.*   *Fol. 1ᵇ*: Gloſa notabilis ∥ (t) Anqua̅ paruulis lac ∥ *etc. Fol. 112ᵇ*: ❰ Expoſitio textus et exemploꝗ prime partis Alexandri : equiuocoꝗ synonymoꝗ ∥ *etc., l. 2. inf.*: Impreſſa Baſilee. Anno incarnatio̅is dominice. Milleſimo quin ∥ genteſimo ſexto. ∥

II. *Fol. 1ᵃ*: Gloſa notabilis ſecu̅do partis Ale ∥ xandri cu̅ interlinealibus expoſitionib⁹ textus eiuſde̅ ⁊ planiſſi ∥ mis ſententijs ſubiunctis *etc. Deinde eadem icon ac supra sequitur.*   *Fol. 1ᵇ*: Gloſa notabilis ∥ QUa̅ pulchra tabernacula tua In ∥ cob *etc. Fol. 100ᵃ*: ❰ Explicit feliciter Scd'a pars Alexandri cu̅ gloſis metroꝗ interli ⸱ ∥ nearibus *etc., l. 2. inf.*: Impreſſa ∥ Baſilee Anno natiuitatis dominice. M.CCCCC.VI. ∥ *Sequitur insigne typogr. Fol. 100ᵇ icon xylogr. angelum repraesentans; supra legitur:* Ein gut ſelig iar. *(Cf. nr. 195.)*

III. IV. *Fol. 1ᵃ*: Tertia et quarta partes ∥ doctrinalis magiſtri Alexandri cum co̅me̅ ∥ to valde vtili text⁹ dante intelligentia̅ ſum ∥ mariam. Quarum tertia docet de q̅3titate ∥ ſyllabarum. Quarta vero de acce̅tuatione ∥ cu̅ nouis quibuſda̅ ſente̅tiaꝗ additionib⁹ ∥. *Sequitur eadem icon ac supra. Fol. 1ᵇ*: Prohemium ∥ MEliora ſunt vbera tua vino fra ⸱ ∥ grantia *etc. Fol. 42ᵃ*: Explicitus eſt alexander gra̅maticus ∥ cum breui et vtili expoſitione. Impreſſus Baſilee Anno domini ∥ Milleſimo quingenteſimo ſexto. ∥ *Sequitur insigne typogr. Fol. 42ᵇ icon xylogr.: magister in cathedra stans.*

Monachii, B. Reg.; Erfordiae, B. Reg.; Einsidlae, B. Coen. — Quod ad typographum attinet, cf. nr. 195.

195.

Basileae, Michael Furter, a. 1506.   Partium I. II. textus cum alteratione etc.   46 foll. s. num., c. sign. Aij—Gv, typi Goth., in 4⁰.

Fol. 1ᵃ: [T]Extus Alexandri ∥ cum vtili et ſuccincta alteratio ⸱ ∥ ne: notatiſq₃ in margine adiun ∥ ctis. ∥ *Sequitur icon xylogr. leonem repraesentans, qui clypeum tenet; supra lemnisco inscriptum est:* MICHAEL FVRTER DE AVGVSTA. *Fol. 1ᵇ icon xylogr. angelum repraesentans; supra legitur:* Ein gut selig iar. *Fol. 2ᵃ*: Prefation ∥ Scribere clericulis pa ∥ ro doctrinale nouellis. ∥ *etc. Fol. 32ᵇ*: (H)Ic iubet ordo libri ∥ vocum regimen *etc. Fol. 45ᵇ*: Prima ⁊ ſecunda partes Alexandri : ∥ Impreſſe Baſilee : Anno Milleſimo ∥ quinge̅teſimo ſexto : Die ꝟo viceſima ∥ Auguſti : Finiunt feliciter. ∥ *Fol. 46ᵃ: insigne typographi. Fol. 46ᵇ icon xylogr.: magister in cathedra stans.*

Einsidlae, B. Coen.

196.

Lipsiae, Melchior Lotter, a. 1506. Partes I.—IV. cum glosa notabili. 122 et 110 et 36 foll. s. num., c. sign. Aij—Xiij et Aaij—Ssiiij et Aij—Fiij, typi Goth., in 4⁰.

I. *Fol. 1ª*: Prima pars doctri / nalis Alexãdri cũ / fententijs nota- bilibus ; vocabulo / rum lucida expofitione. nõnullifq̣ / annexis argumentis cum eorundem replicis. terminationũ quo- / q̣ finalium. declinationum fc̣ ac cõiugationum in foliorũ mar- / ginibus nouiter ad nouellorum in gram- matica incipientiũ profe / ctum adiunctis. cũ quibufdam alijs additis pro fcientijs aliqua- / liter profectis. / *Sequitur infigne Lipfienfe; deinde:* Impreffum Lyptzk. / *Fol. 1ᵇ*: Prohemium. / Tanquam paruulis ut lac / etc. *Fol. 122ᵇ*: ❦ Expofitio textus et exemplorũ etc., l. 2. inf.: Impreffa p̃ Melchior *(sic)* Lotter. Anno / a natiuitate chrifti Millefimo quingente- fimo fexto. /

II. *Fol. 1ª*: Glofa notabilis fe / cunde partis Alexãdri cũ interlini / alibus expofitiõibus textus eiufdẽ / in planiffimis fentẽcijs fubiũctis ppulcre ordinatis queftionibus / etc. *Deinde fequitur infigne Lipfienfe; infra:* Impreffum Lyptzk. / *Fol. 1ᵇ*: Glofa notabilis. / Qvam pulcra taber- nacula / etc. *Fol. 110ª*: Explicit feliciter fc'a pars Alexandri cũ glofis metrorũ interlinialibᵒ / etc., l. 3. inf.: Impreffa Lyptzk. Anno incarnationis dominice. Mil / lefimo quingentefimo fexto. die vero penultima decembris. Per Melchior *(sic)* / Lotter conciuem Lyptzenfem. / *Fol. 110ᵇ vacat.*

III. IV. *Fol. 1ª*: Tercia Et Quarta / partes doctrinalis magiftri Alexan : / dri cũ cõmẽto valde vtili textus dante / intelligẽtiã fummariã. Quarum ter : / cia docet de quantitate fyllabarum. / Quarta vero de ac- centuatione cũ no / uis quibufdã fentẽciaᵽ additionibᵒ. / *Fol. 1ᵇ*: Pro- hemium. / ( ) Eliora funt vbera tua vino fragrãtia etc. *Fol. 36ª*: Impreffum Liptzk per Melchior *(sic)* Lotter / Anno Millefimo quingentefimo fexto. / *Fol. 36ᵇ vacat.*

Lipfiae, B. Un.; Gothae, B. Duc.; Upfaliae, B. Un.

197.

Lipsiae, Melchior Lotter, a. 1506. Partium I. II. textus. 46 foll. s. num., c. sign. Aij—Hiij, typi Goth., in 4⁰.

Fol. 1ª: Textus prime / et fecũde parti : / um alexandri. / *Sequitur icon xylogr. St. Michaelem repraefentans. Fol. 1ᵇ vacat. Fol. 2ª:* Pro- hemiũ prime partis alexandri. / *Fol. 46ᵇ*: Impreffum Liptzk per Melchiorem / Lotter Anno dñi. XV.C.VI. /

Monachii, B. Reg.

198.

Trecis, Ioannes Lecoq, a. 1506. Doctrinale cum glosa Fo- caudi Monieri. 94 foll. s. num., c. sign. aiij—riij, typi Goth., in 4⁰.

Fol. 1 (titulus) deest ei exemplari, quod inspeximus. Fol. 2ª: Prolo- gus. / (A)Lexandrum fuo in doctrinali īterpretatur / etc.; l. 31.: (S) Cribere clericulis paro doctrinale nouellis /. *Fol. 46ª*: (H)Ic iubet ordo libri vocum regimẽ referari /. *Fol. 62ª*: (P) Andere ͵ppofui per verfus fyllaba queq₃ *l*. *Fol. 94ᵃ*: ⛁ Doctrinale Alexandri cum ſingulari et vtili *//* gloſa ſciẽtiſici Focaudi monieri exactiſſime emē *//* datum et in textu ꝛ in gloſis *etc.*, *l. 3. inf.*: Trecenſi impreſſum *//* per Iohannem Lecoq. Finit feliciter. Anno dñi *//* Milleſimo quingenteſimo ſexto. *//* *Fol. 94ᵇ icon xylogr. interiora con-clavis repraesentans; a sinistra parte pluteus est libris repletus, a dextra vir doctus sedet sinistro brachio innixus, dextra manu chartam tenens.*

Basileae, B. Un. Unde corrigendum est Dictionnaire de géogr. p. 1255, ubi affirmatur Ioannem Lecoq sive Le Coq a. demum 1509 officinam typogr. Trecis aperuisse. Cf. praeterea Hain-Burger s. v. Le Coq.

199.

Argentinae, Matthias Hupfuff, a. 1506. Partes I.—IV. cum glosa notabili. 113 et 96 et 42 foll. s. num., c. sign. aij—viij et Aij—Riiij et Aaij—Hhiiij, typi Goth. et Rom. (in textu, prima linea titulorum ac subscriptione partium III. IV. typi Rom.), in 4⁰.

I. *Fol. 1ᵃ*: Gloſa notabilis prime *//* partis Alexandri cum interliniaribus expoſitio- *//* nibus eiuſdem in planiſſimis ſentẽtijs. Cum vo *//* cabulorum lucida expoſitione. Et directorij folia *//* tim remiſſione. Subiunctis perpulcre ordinatis *//* queſtionibus atq₃ argumentis : cum replicis eo ꝛ *//* rundem · nouiter emendatis. *//* *Sequitur icon xylogr.: angelus sudarium Christi tenens. Fol. 1ᵇ vacat. Fol. 2ᵃ*: Alphabetarius et primo de lr̄a A *//* *Fol. 113ᵃ*: Ex-plicit ·huius doctrinalis pars prima *//*. *Fol. 113ᵇ vacat.*

II. *Fol. 1ᵃ*: Secunde partis alexandri *//* gloſa notabilis cum inter-linearibus expoſitionibus textus *//* eiuſdem in planiſſimis ſententijs ſub-iunctis per pulcre *(sic)* or ꝛ *//* dinatis. queſtionibus atq₃ argumentis cum replicis contra *//* eorundem ſolutiones õibus qui deſiderãt ſũme neceſſaria. *//* *Fol. 1ᵇ*: Prefatio *//* (B) Utirũ ꝛ mel cõedet puer *//*. *Fol. 96ᵃ*: Explicit foe-liciter Secũda pars Alexandri cum gloſis. *//* *Fol. 96ᵇ vacat.*

III. IV. *Fol. 1ᵃ*: Tertia ꝛ quarta partes do *//* ctrinalis magiſtri Alexãdri cum cõmento *//* valde vtili textus dante intelligentiam ſum *//* mariã. Quarũ tertia docet de quantitate ſil *//* labarum : quarta vero de accentuatiõe cum *//* nouis quibuſdã ſententiarũ additionibus. *//* *Fol. 1ᵇ*: Intentio autoris *//* (M)Eliora ſunt vbera tua *etc. Fol. 42ᵃ*: Alexandri grammatici due partes. tertia vi *//* delicet & quarta finiunt feliciter. Impreſſe per Mathiam hupfuff Ciuem Argentineñ *//* Anno dñi Milleſimo quingenteſimoſexto *(sic)* *//*. *Fol. 42ᵇ vacat.*

Monachii, B. Reg. (I.—IV.); Friburgi Brisg., B. Un. (III. IV.); Araugiae, B. Prov. (III. IV.). — Matthias Hupfuff, Argentinae natus, inde ab a. 1496 ibi typographus fuit. Cf. Hain-Burger p. 146.

200.

Argentinae, sine typogr. nomine (Matth. Hupfuff), a. 1506. Partium I. II. textus. 34 foll. s. num., c. sign. aij—giij, typi Goth., in 4⁰.

Fol. 1ᵃ: Textus ma *//* giſtri alexan *//* dri de villa dei. *//* *Fol. 1ᵇ icon xylogr. magistrum cum 3 discipulis repraesentans. Fol. 2ᵃ*: Prohemium *//* Scribere clericulis paro doctrinale nouellis *//* *etc. Fol. 24ᵇ*: Finit prima pars

Alexandri. Sequitur fecunda pars. *Fol. 34ᵃ*: Finitur prima et fecunda pars Alexandri *ı* Impreſſa Argentine Anno 1506. *Fol. 34ᵇ vacat.*

In B. Canonicorum Sancti Floriani Austr.

201.

Sine loco, typogr. nomine et anno (Parisiis, Petrus le Dru, c. a. 1506). Doctrinalis textus. 52 foll. s. num., c. sign. b—g, typi Goth., in 16⁰.

Fol. 1ᵃ in exemplari, quod inspicere licuit, superlitum est. Fol. 1ᵇ: ❰ Prologus. *ı* SCribere clericulis paro doctrinale *ı* nouellis. *Fol. 22ᵃ, l. 11.:* HIc iubet ordo l'bri uocū r̄gimē r'ſari *ı. Fol. 31ᵃ, l. 15.:* PAndere ‚ppoſui p ⁕ſ⁰ ſillaba queq; *ı. Fol. 52ᵃ:* ❰ Finis *ı* FOcaudi monieri in magiſtri Alex *ı* andri de villa dei Laudes carmen *ı* Incipit metricum. *ı Fol. 52ᵇ:* ❰ Finis textus Alexandri vna cum *ı* verſiculis monieri. + *ı*

Basileae, B. Un. — Typi iidem sunt, quibus impressum est opusculum cum hac editione uno volumine comprehensum: Seneca de quatuor virtutib⁰ car ⁀ *ı* dinalibus *etc.* Parisius per magiſtrum Petrum le Dru. 1506. *Ille ab a. 1496 Parisiis officinam aperuerat. Cf. Hain-Burger p. 92.*

202.

Sine loco (Parisiis), Denis Rose, sine anno (c. a. 1506). Doctrinalis textus. 40 foll. s. num., c. sign. b—e, typi Goth., in 12⁰.

Fol. 1ᵃ: Textus Alexandri. *ı Sequitur insigne typographi cum monogrammate* D. R.; *in superiore margine legitur:* DENIS +◇+ ROSE; *in inferiore:* ALAVENTVRE; *deinde:* Denis Roſe. *Fol. 1ᵇ vacat. Fol. 2ᵃ:* (ſ)Cribere clericulis paro doctrinale nouellis *ı. Fol. 40ᵇ:* (d)Octrinale dei virtute iuuante peregi *etc., l. ult.:* ❰ Finis *ı.*

Parisiis, B. Nat. — Dionysius Rose sive Roce vel Rosse a. c. 1498 Parisiis officinam instituerat. Cf. Hain-Burger s. v. Roce.

203.

Daventriae, Iac. de Breda, a. 1507, d. IV. m. Iun. Partium I. II. textus cum alteratione. 40 foll. s. num., c. sign. Aij (?)—Giiij, typi Goth., in 4⁰.

Fol. 1ᵃ: Textus Alexandri cum . . . . . . *ı* li ſuccincta alteratione. Notatiſq; in . . . . . *ı* iunctis. *ı Sequitur icon xylogr.: duos episcopos repraesentans; super caput prioris:* Scūs lebuin⁰, *alterius:* Scūs Robouid⁰. *Fol. 40ᵃ:* ❰ Finit prima et ſecūdapars *(sic)* Alexādri. Impreſſa *ı* Dauentrię p me Iacobum de Breda. Anno dn̄i. *ı* M.CCCCCVIJ. iiij. die Mēnſis Iunii *ı. Fol. 40ᵇ vacat.*

Moguntiae, B. Ur. (prima exemplaris folia mutilata sunt).

204.

Parisiis, Iodocus Badis Ascensius, a. 1506—1507. Partes I.—III. cum Ascensianis explanationibus, castigationibus et additionibus. 8 foll. s. num. + Fo. LXIIII = 72 foll. et 80 foll.

s. num. et Fo. LXXVI + 4 foll. s. num. = 80 foll., typi Rom. (in textu) et Goth. (in commentario), in 4°.

I. *Fol. 1ᵃ*: Doctrinalis magiſtri Alexandri de villa dei. cum ⫽ Aſcenſianis explanationibus caſtigationibus et ad ⫽ ditionibus. Addita enim ſunt. ⫽ Examen de noïe pronoïe ꝛ verbis cū ei° explanatiöe ⫽ Formationes patronymicorū. graduū. diminutiuo ⫽ rū. poſſeſſiuorum. ꝛ ceteroꝗ denoïatiuoꝗ cū textu. ⫽ De generibus nominū regule generales cū textu. ⫽ De numeralibus nominibus regule mĺ'te cū textu. ⫽ De formatiöib° ⁕boꝗ ab alexan. ꝑtermiſſoꝗ cū tex. ⫽ De formatiöib° ꝑticipioꝗ. ꝛ verbaliū regule cū tex. ⫽ Nec pauciora ſunt ceterıs partibus : vt in ipſis videbitur : adiuncta. ⫽ *Sequuntur 5 disticha; deinde:* Que oïa ab iꝑo Aſcenſio diligē ⫽ tius recognita et coimpreſſa ⫽ venūdantur in monte ⫽ ſancti Hilarij e re ꞏ ⫽ giöe collegii Ita ⫽ loꝗ in edib° ⫽ Aſcēſii. ⫽ ✠ ⫽ *Fol. 1ᵇ*: Iodocus Badius Aſcenſius eruditis cultiorum ⫽ litterarum preceptoribus. S. ⫽ *subscr. l. 2. inf.:* Ex edibus noſtris ad Idus Auguſtas Anni Milleſimiquingen ꞏ ⫽ teſimiſexti. *(sic)* ⫽ Fo. LXIIIIᵇ: Finis primę partis grāmaticę Alexādrinę cū emē ⫽ dationib° additiöib° & caſtigationib° aſcēſianis. ⫽

II. *Fol. 1ᵃ*: Syntaxis Aſcenſiana. ⫽ Secunda pars ac Cap. VIII ⫽ Iodoci Badii Aſcenſii in Secundā partē do- ⫽ ctrinalis Alexādrini breuis & dilucida explanatio. ⫽ *Fol. 80ᵇ*: Finitur ſecunda pars. ⫽

III. Fo. Iᵃ: Tertia pars principalis doctrinalis Alexādri ⫽ cum interpretatione Aſcenſiana. ⫽ Fo. LXXVIᵇ: Finis doctrinalis Alexandri diligentiſſime ab Aſcenſio ⫽ explanati emēdati & aucti : vt in frōtibus ꝑmiſſum eſt. ⫽ Sequūtur pro orthographia eiuſdē ꝑceptiūculae. ⫽ *Fol. 80ᵃ*: ❲ Finis compendij Aſcenſiani. ⫽ *l. 2. inf.:* Ex officina noſtra ad nonas Aprilis. M. ⫽ DVII. Apud Parrhiſios. ⫽ *Fol. 80ᵇ vacat.*

Herbipoli, B. Un. — De typographo vide adnot. ad nr. 184*.

205.

Coloniae, liberi Quentell, a. 1507. Partes I. II. cum Hermanni Torrentini et Kemponis Thessaliensis commentariis. 6 foll. s. num. + 85 foll. c. num. + 1 fol. s. num. = 92 foll. et 50 foll. s. num., c. sign. ai—piiij et Aij—Iiiij, typi Goth., in 4°.

I. *Fol. 1ᵃ*: HErmāni Tor ⫽ rentini inter Grammaticos no ⫽ ſtre tempeſtatis viri litteratiſſi ꞏ mi cōmentaria pulcherrima ꞇ primā ꝑtem doctrinalis Alexādri. cū ⫽ accuratiſſima vocabuloꝗ interpretatione. q̄buſdā mendoſis ſuper ⫽ uacaneis ꞏ obſcuris verſib' vel reiectis vel in veriores et planiores ⫽ mutatis. Continēt hic permulta ſcitu digniſſima q̄ nullis alijs ha ⫽ bēt gloſſematis Sunt aūt hec cōmentaria tertio caſtigata diligen ⫽ terqꜙ ab iꝑo auctore recognita Additis in margine terminationib' ⫽ cunctiſꝗꜙ vocabulis ꞏ notis arithmeticis in ſingulas paginas. vt ⫽ facilius inueniāt quecunꝗꜙ vocabula. Eſt preterea ꝑfectior ꞏ ple ꞏ ⫽ nior vocabuloꝗ Index vel tabula. nihil penitus pretermittens. ſed ⫽ facillime deſideratum oſtendens. ⫽ ❲ Item in obtrectatores eiuſdem Apologia ⫽ Et Epigrammata duo. ⫽ *Fol. 91ᵇ (c. num. LXXXVᵇ:* ❲ Hic finē accipiūt cōmentaria litteratiſſimi viri Hermanni ⫽ Torrentini in primā partem doctrinalis Alexandri iam ter ⫽ cio caſtigata *etc.*, *l. 3. inf.*: Impſſa Colonie in penatib' Liberorū ǀ Quentell. Anno a natali chriſtiano. M. quingentefimo fe ꞊ ǀ ptimo ad finem Iulij. ǀ *Fol. 92ᵃ*: ❧ Bartholomei Colonienſis viri litteratiſſimi ǀ in hoc opus Hexaſticon. ǀ *l. 9.*: ❧ Hermanni Torrentini Epigramma ǀ ogdoaſtichum ad inuidum. ǀ *l. 19.*: Telos ǀ.

II. *Fol. 1ᵃ*: COmmētaria ǀ in fecūdā par ǀ tem doctrinalis Alexandri. ab ǀ eruditiſſimo viro Kēpone Theſ ǀ falienſi Hollandie. magiſtro bonarum Artium Parrhifienſi pro ǀ anhelantibus Syntaxim potiſſimam gramatice fpeciem luculen ǀ ter intelligere. iam dudum in lucem edita. ǀ *Fol. 49ᵇ*: ❧ Commentaria non parum frugifera in fequūdaɜ par ǀ tem Doctrinalis Alexandri natione Normanni. ꝑ eru ǀ ditiſſimum virum Kemponem Theſſalienſem Hollā ǀ die. *etc., l. 3. inf.*: Impreſſa Colonie in Edib' ǀ ingenuorum Liberorum Quentell. Anno poſt verbi in ǀ carnem aduentum. M. d. feptimo ǀ. *Fol. 50 vacat.*

Bonnae, B. Un.

206.

Argentinae, Io. Prüss, a. 1507. Partes I. II. cum Hermanni Torrentini et Kemponis Thessaliensis commentariis. 6 foll. s. num. + Pag. I—LXXXVI = 92 foll. et 52 foll. s. num., c. sign. ij—iiij + A—Piiij et Qij—Oiij, typi Rom., in 4º.

I. *Fol. 1ᵃ*: HErmāni Torren ꞊ ǀ tini : inter grammaticos noſtrae tempeſtatis viri doctiſſimi ǀ Cōmentaria in primam partem doctrinalis Alexan ǀ dri : cū vocabulorū interpraetatione : quibuſdā ǀ mendoſiſ fupuacaneis & obſcuris verſi ꞊ ǀ bus : vel reiectis ǀ vel in veriores & pla ǀ niores mutatis. Demū diligēter ǀ ab auctore recognita. Addi ǀ tis in margine termina ꞊ ǀ tionibˢ ǀ cūctifqɜ ǀ vocabulis : cū ǀ dictionū ǀ Indi ǀ ce ǀ. *Fol. 92ᵃ* (*c. num. LXXXVIᵃ*): ❧ Finiunt cōmentaria doctiſſimi Hermanni Torrentini in ǀ primam partem doctrinalis Alexandri *etc., l. 4. inf.*: Ipreſſa Argētinę in aedibus zum ǀ Thiergartē. Ioannis pryß Ciuis ibi ǀ dem. Anno dei incarnationis. ǀ M.CCCC.VII. ǀ *Fol. 92ᵇ vacat.*

II. *Fol. 1ᵃ*: COmmentaria cla ǀ riſſima in fecundam partem doctrinalis Alexandri : ǀ Ab eruditiſſimo viro kempone Theſſalienſi ǀ Hollandiae ǀ magiſtro bonarum artiū Par ǀ rhiſienſi : ꝑ anhelantibus Syntaxim ǀ potiſſimā grāmaticae fpeciem ǀ funditus intelligere ǀ exa ꞊ ǀ ctiſſime in lucem ǀ edita. ǀ *Fol. 51ᵇ*: ❧ Commentaria non parum frugifera in fequundam ǀ partem Doctrinalis Alexādri ǀ natione Normanni : ǀ *etc., l. 12. inf.*: Impreſſa Argentinę ǀ In penatibus Lu ǀ ſtri : vulgo ǀ Zum ǀ Thiergar ǀ teñ (*sic*) : opifice Io ǀ anne Prüf : Anno ǀ M.CCCC.VII. quo de ǀ us factus ǀ eſt ho ǀ mo. ǀ *Fol. 52 vacat.*

Darmstadii, B. M. Duc. [Hofb.] (I. II.); Lipsiae, B. Un. (I. II.); Maihingae, B. Princ. (I.); Vindobonae, B. Caes. (II.).

207.

Basileae, Iac. de Phortzen s. Pfortzheym, a. 1507. Partes I.—IV. cum glosa notabili. 112 et 100 et 42 foll. s. num., c. sign. aij—xv et Aij—Rv et AAij—GGiiij, typi Goth., in 4º.

I. *Fol. 1ᵃ*: Prima pars doctrinalis Alexan ꞊ ǀ dri cum fententijs : notabilibus ꞉ vocabuloꝗ ǀ lucida expofitiōe : nōnullis annexis argumē ꞊ ǀ tis

cum eorundē replicis : ad nouelloꝗ in grā ⁊ | matica incipientiū profectū :
cum quibuſdam aliis additis ,p in ſciētijs aliqualiter ,puectis. | *Sequitur*
icon xylogr. (eadem, ut videtur, atque infra), quae quidem exemplari ad-
hibito excisa est. *Fol. 1ᵇ*: Gloſa notabilis | (t)Anquā paruulis lac po ⁊ |
tum *etc.* *Fol. 112ᵇ*: ⦅ Expoſitio textus *etc.*, *l. 2. inf.*: Impreſſa Baſilee
per magiſtū (*sic*) Iacobum de Phortzen. Anno incarnatio ⁊ | nis dominice
Milleſimo quingenteſimo ſeptimo. |

    II. *Fol. 1ᵃ*: Gloſa notabilis ſecūde partis Ale | xandri cū ꝛterlinea-
libus expoſitiōib° textus eiuſdē et planiſſ ⁊ | mis ſententijs ſubiunctis *etc.*
Deinde sequitur icon xylogr.: angelus utraque manu clypeum gerens (cf.
nr. 146. 170. 194.). Fol. 1ᵇ: QVam pulchra tabernacula tua | *etc.*
Fol. 100ᵃ: ⦅ Explicit feliciter ſecūda pars Alexādri *etc.*, *l. 3. inf.*: Im-
preſſa | Baſilee per magiſtrū Iacobū de Phortzen. Anno domini Mil- | leſimo
quingenteſimo ſeptimo. | *Fol. 100ᵇ vacat.*

    III. IV. *Fol. 1ᵃ*: Tertia ⁊ Quarta partes doctri- | nalis magistri
Alexandri cum cōmento | valde vtili *etc.* *Deinde sequitur eadem icon,*
quae parti II. subiecta est. *Fol. 1ᵇ*: MEliora ſunt vbera tua vino fra ⁊ |
grantia *etc.* *Fol. 42ᵃ*: Expliciūt tertia et q̄rta ptes alexandri grā | matici
cū breui ⁊ vtili expoſitiōe. Impreſſe Baſilee p Mḡrm Iocabum (*sic*) | de
Pfortzheym āno domini. Milleſimo quingenteſimo ſeptimo. | *Fol. 42ᵇ vacat.*

    Ratisbonae, B. Prov. — De typographo vide adnot. ad nr. 139.

<h2 style="text-align:center">208.</h2>

    Sine loco, typogr. nomine et anno (Parisiis, impensis Ber-
nardi Aubri, c. a. 1507). Partes I.—III. cum Herm. Torrentini,
Kemponis Tessaliensis, Andreae Gutterii commentariis. 10 foll.
s. num., + 142 foll. c. num. = 152 foll., typi Goth. et Rom., in 4°.

    Fol. 1ᵃ: Doctrinale totius grāmati | ces artis : in Unum compendioſe
digeſtumopus (*sic*) iuxta ipſ ⁊ | us ſpecierum poſitiue Dyaſinthetice : pro-
ſodieq; calculatio ⁊ | nem ab eruditiſſimis huius ſcientie profeſſoribus dili-
geter (*sic*) : | gnareq; excuſum : *etc.*, *l. 12.*: Hermannus Torrentinus in
primam partē | Kempo Teſſalienſis in ſecundam partem | Andreas Gutterius.
Ceraſian° ꝛ tertiā parte (*sic*) | *etc.* *Deinde sequitur insigne librarii cum*
inscriptione: BERNARD AVBRI *et subscriptione:* ⦅ Veneunt in bibliopolio
Bernardi Aubri ſub Diui | Martini ſtemmate : in vico Iacobeo. | Fol. I:
(R)Ectis as. es. a. dat declinatio prima. | Fo. LXXᵃ: APOLOGIA HER-
MANNI TORRENTINI OBTRE | CTATORIBVS RESPONDENTIS. |
Fo. CXVIᵇ: ⦅ *Totius doctrinalis grammatie (sic) ſciente (sic) finit* | com-
pendioſa exaratio : Impenſis prouidi viri | Bernardi obri. |

    Parisiis, B. Nat.

<h2 style="text-align:center">208*.</h2>

    Sine loco, typogr. nomine et anno (Parisiis, Iean Petit,
c. a. 1507). Partes I.—III. cum Herm. Torrentini, Kemponis
Thessaliensis, Andreae Gutterii commentariis, e quibus pars III. in
exemplari adhibito deest. Pars I. : 10 foll. s. num. + Fo. XX + Fo.
CIV = 134 foll., typi Goth. (in foliis LXX et LXXI typi Rom.), in 4°.

Fol. 1ᵃ: Doctrinale totius grãmati / ces artis : in Unum compendiofe digeftum opus iuxta ipf⸗ / ius fpecierum pofitiue Dyafinthetice : profodieq₃ calculatio⸗ / nem ab eruditiffimis huius fcientie profefforibus diligeter : *(sic)* / gnareq₃ excufum : *etc., l. 12.*: Hermannus Torrentinus in primam partē / Kempo Teffalienfis in fecundam partem Alexandri / Andreas Gutterius, Cerafian⁹ ꝛ tertiã parte *(sic) etc. Deinde sequitur insigne typographi cum subscriptione:* IEHĀN ꞉꞉ PETIT. *Fol. 1ᵇ*: Decafticum ad librum. Fo. XXᵃ: ꝑ Prefacio in librum. / Fo. I: (R)Ectis as. es. a. dat declinatio prima. / Fo. LXXᵃ: APOLOGIA HERMANNI TORRENTINI OBTRE / CTATORIBVS RESPONDENTIS. / Fo. LXXIᵃ, *l. 3. inf.*: Finiunt Commentaria Hermanni Torrentini / grammatici in primam partem / Alexandri. / Fo. LXXIᵇ: De regimine / Hic iubet ordo libri / *etc.* Fo. XCIVᵇ *(pro CIV)*: De impedimentis /. Cetera desunt.

Aberdonae, B. Un. Descriptionem debeo viro rev. Archibaldo R. S. Kennedy, professori universitatis Aberdonensis.

209.

Daventriae, Iac. de Breda, a. 1508, in prof. Mariae conceptionis. Pars I. cum Hermanni Torrentini commentariis. 1 fol. s. num. + Pag. II—LXXXI + 9 foll. s. num. = 90 foll. c. sign. Aij—Piiij, typi Goth., in 4⁰.

Fol. 1ᵃ: Titulus huius operis Her / manni Torrentini viri doctiffimi cõmētaria pul / cerrīa in ꝑmã ꝑtem doctrinalis Alexãdri cū accu⸗ / ratiore vocabuloꝝ interꝑtatõe q̃bufda₃ mēdofis / fuꝑuacaneis ⁊ obfcuris v'fib⁹ vl' reiectis vel in ve / riores ⁊ planiores mutatis *etc. Fol. 1ᵇ*: Proemium /. Pag. LXXXIᵇ: ꝑ Hic finē accipiūt cõmentaria doctiffimi viri. / Hermāni Torrētini in ꝑmã ꝑtē Alexãdri iam ter / cio caftigata diligēterq₃ correcta. *etc.; l. 2. inf.*: Impreffum Dauētrie ꝑ me Iacobū de breda An / no dñi. ᴍ.ᴄᴄᴄᴄ.ᴠɪɪɪ. In.ꝑfefto marie oceptõis. / *Foll. 82ᵃ—90ᵃ sequuntur Bartholomaei Coloniensis hexastichon, Hermanni Torrentini epigramma ad invidum, index (15 pagg.), Petri Nehemii Droshagii (sic) epigramma in hoc opus Torrentini. Fol. 90ᵇ vacat.*

Oxoniae, B. Bodl.

209*.

Coloniae, liberi Quentell, a. 1508. Pars I. cum Hermanni Torrentini commentariis. 6 foll. s. num. + Pag. prima—Pag. LXXXV = 91 foll. c. sign., typi Goth., in 4⁰.

Fol. 1ᵃ: HErmāni Tor / rentini inter Grammaticos no / ftre tempeftatis viri litteratiffi / mi cõmentaria pulcherrima in ꝑmã partē doctrinalis Alexãdri. cū / accuratiffima vocabuloꝛū interꝑtatōne. q̃bufdam mendofis fuꝑ / vacaneis ⁊ obfcuris verfib' vel reiectis vel in veriores ⁊ planiores / mutatis Cōtinent hic permulta fcitu digniffima q̃ nullis alijs ha / bent gloffematis. Sūt aūt hec cõmētaria tertio caftigata diligēter / q₃ ab ipo auctore recognita Additis in margine terminatõib' cun / ctifq₃ vocabulis ⁊ notis arithmeticis in fingulas paginas. ut facili / us inueniant quecunq₃ vocabula Eft ꝑterea perfectior ⁊ plenior vocabuloꝛū Index vel tabula. nihil

penitus p̄termittens ſed facilli ı me deſideratū oſtendens ı ℭ Item in obtrectatores eiuſdem Apologia ı ℭ Et epigrammata duo ∥ *Fol. 91ᵇ (c. num.*
LXXXVᵇ): Impreſſa Colonie in penatib' liberorū ı Quentell. Anno a natali
chriſtiano M. quingēteſimo octa ı vo ad ſinem Septembris. ∥

Monasterii, B. Paul.

210.

Parisiis, Gaspardus Philippe, a. 1508.   Partes I.—III. cum
Syntheniis et Ascensianis explanationibus.   8 foll. s. num.
+ 114 foll. c. num. = 122 foll., et 2 foll. s. num. + 80 foll.
c. num. = 82 foll., et 76 foll. c. num., c. sign. Aaij—Aaiiij
+ aj—piij et A.j—K.iiij et aaij—kkiiij, typi Goth., in 4º.

I. *Fol. 1ᵃ:* ℭ Doctrinalis magiſtri alexandri de villa dei. ı Pars
prima : cum ſintheniis et Aſcenſianis explanationibus : ı etc. *Deinde sequi-*
tur icon xylogr.: 2 dracones insigne librarii tenentes; in imo margine in-
scriptio est: PONSET. LE. PREVX : ı ℭ Venundantur pariſiis a Poncetto
le preux eiuſdem ciui ꞊ ı tatis Bibliopola ad ſignum ponti ſtagnei in vico
ſancti Ia ı cobi prope diui yuonis edem commorante. ı *Fol. 122ᵃ (c. num.*
CXiiij*):* ℭ Impreſſum eſt hoc opus ſolerti animaduerſiōe Gaſpardi Philippe
ad octa ꞊ ı uum kalendas Octobris anni ᴍᴄᴄᴄᴄᴠɪɪɪ. ı *Fol. 122ᵇ vacat.*

II. *Fol. 1ᵃ:* Secunda pars doctrinalis Alexandri de regimine ∥ et
conſtructione grāmaticali cum explationibus Io ı annis ſynthenii et Iodoci
Badii Aſcenſii ∥ etc. *Deinde sequitur eadem icon ac supra, quae quidem*
in exemplari adhibito expressa non est. Fol. 82ᵃ (c. num. LXXX): ℭ Finitur ſecunda pars. ı *Fol. 82ᵇ vacat.*

III. *Fol. 1ᵃ:* Tertia pars doctrinalis magiſtri Alexandri. ∥ Cum
explanatione Aſcenſiana in multis caſtigata. ı etc. *Deinde sequitur insigne*
librarii hac inscriptione circumdatum: EN DIEV EST MON ESPERANCE
et subscriptum: Francoys Regnault. ∥ ℭ Venundatur pariſius a Franciſco
regnault eiuſdē ciuitatis : Bibli ı opola ad ſignuȝ ſancti Claudii in vico
ſancti Iacobi prope collegium ı mathurinorum. ∥ Fo. LXXVIᵇ: Finis doctrinalis Alexandri diligentiſſime ab Aſcenſio ı explanati emendati et aucti :
vt in frontibus premiſſum eſt : ı Sequuntur pro ortographia eiuſdem preceptiuncule ı *(quae quidem in exemplari adhibito desunt).*

Friburgi Brisg., B. Un.; Salisburgi, B. Coen. — Casparus Philippe
a. 1500 pro Ioanne Parvo (de quo vide adnot. ad nr. 121) libros im-
pressit. Cf. Hain-Burger p. 241.

211.

Phorcae, Thom. Anselmus Badensis, a. 1508.   Partes I. II.
cum Hermanni Torrentini et Kemponis Thessaliensis commentariis.   8 foll. s. num. + Pag. I—CXiiij (pro XCiiij) = 102 foll. et
54 foll. s. num., typi Goth. (excepta partis I. tituli linea prima), in 4º.

I. *Fol. 1ᵃ:* Hermanni Torrentini inter gramma ∥ ticos noſtrę tempeſtatis viri doctiſſimi Commentaria ∥ in primam partem doctrinalis Alexādri ı
cum voca ı bulorum interpretatione ı quibuſdā mendiſis ı etc. *Fol. 1ᵇ vacat.*

Fol. 102ᵇ: Finiunt commentaria Hermanni ǀ Torrentini grammatici ǀ a nobis diligenter ǀ reuiſa. ǀ

II. *Fol. 1ᵃ*: Commētaria clariſſima in ſecundā ǀ partem doctrinalis Alexandri. Ab eruditiſſimo ui ǀ ro Kempone Theſſalienſi Hollandiae ǀ ma-giſtro ǀ etc. *Fol. 54ᵃ*: ☾ Phorce in aedibus Thomę Anshelmi Badenſis ǀ Anno domini. Milleſimo quin- ǀ genteſimo octauo ǀ Mense decē ǀ bri. ǀ *Se-quitur insigne typographi. Fol. 54ᵇ vacat.*

Tubingae, B. Un.; Friburgi Brisg., B. Un. — Thomas Anselmus Badensis, ab a. 1488 typographus Argentinensis (cf. Hain-Burger p. 7), a. 1500 novam artem Phorcam introduxit, ubi usque ad a. 1510 (vide nr. 224) commoratus est. Annis 1511—1515 Tubingae artem typogr. exercuit (vide nr. 228. 231. 237.), quo tempore Philippo Melanchthone correctore usus est. Inde ab a. 1516 doctissimus ille vir Hagenoae typo-graphus invenitur. Cf. Dictionnaire de géogr. p. 599 et 1266, in quo quidem altero loco adnotationes ex nostris corrigendae sunt.

212.

Lipsiae, Melch. Lotter, a. 1508. Partes I.—IV. cum glosa notabili. 124 et 110 et 36 foll. s. num., c. sign. Aij—Xiij et Aaij—Ssiiij et Aij—Fiij, typi Goth., in 4⁰.

I. *Fol. 1ᵃ*: Prima pars doctri ǀ nalis Alexādri cū ǀ ſententiis nota-bilibus ꝛ vocabulo ǀ rum lucida expoſitione. nōnulliſq₃ ǀ annexis argumētis cum eorundē replicis. terminatio ꞉ ǀ num quoq₃ finalium. declinationum ſc₃ ac cōiugatio꞉ ǀ num etc. *Fol. 124ᵇ*: ☾ Expoſitio textus ꝛ exemplorū etc., *l. 2. inf.*: Im ǀ preſſa p Melchiar (*sic*) Lotter. Anno rc̄ M.CCCCC.VIII. ǀǀ

II. *Fol. 1ᵃ*: Gloſa notabilis ſe ǀ cunde partis Alexādri cū interlini ǀ alibus expoſitiōibus textus eiuſde ǀ in planiſſimis ſententijs ſubiunctis ppulcre ordinatis ǀ queſtiōibus etc. *Sequitur insigne cum subscriptione, idem ac in nr. 196. Fol. 110ᵃ*: Explicit feliciter ſcd'a pars Alexādri cū gloſis metrorū in ǀ terlinialibˢ etc., *l. 2. inf.*: Impreſſa Lyptzk. Anno rc̄ Milleſimo q̄n꞉ ǀ genteſimo octauo p Melchiar Lotter ociū̄ Liptzenſem. ǀ *Fol. 110ᵇ vacat.*

III. IV. *Fol. 1ᵃ*: Tercia Et Quarta ǀ partes doctrinalis magiſtri Alexan ǀ dri cū cōmēto valde vtili textus dāte ǀ intelligētiā ſummariā. ǀ Quarum ter ǀ cia docet de quantitate ſyllabarum ǀ Quarta vero de accen-tuatiōe cū no꞉ ǀ uis quibuſdā ſentētiaꝛ additiōibˢ. ǀ *Fol. 36ᵃ*: Impreſſum Liptzk per Melchiar Lotter ǀ Anno Milleſimo quingēteſimo octauo ꞉ ǀ *Fol. 36ᵇ vacat.*

Gottingae, B. Un.; Upsaliae, B. Un.

213.

Metis, Casp. Hochfeder, a. 1508. Partes I.—IV. cum glosa notabili. 112 et 100 et 42 foll. s. num., c. sign. aij —tiiij et Aij—Riiij et aaij—ggiiij, typi Goth., in 4⁰.

I. *Fol. 1ᵃ*: ☾ Prima pars doctrinalis Alexā ǀ dri cum ſententijs ꞉ notabilibuſ ǀ ꝛ vocabulorū lucida expoſiti ǀ one ꞉ nonnullis annexis ar ǀ gumentis cũ eorundẽ re ∥ plicis : ad nouellorũ in ∥ grãmatica incipiẽti ∥ um ‚pfectũ : oũ qui ∹ ∥ buſdã alijs addi ∥ tis ‚p in ſciẽtijs ∥ aliqualiter ‚p ∥ uectis. ∥ *Sequitur icon xylogr. magistrum cum 3 discipulis repraesentans.* *Fol. 1ᵇ*: Gloſa notabilis ∥ TAnꝗ paruulis lac potũ dedi vobis : in ∥ quit paulus *etc.* *Fol. 112ᵇ*: ⸿ Expoſitio textus et exemplorũ prime partis Alexandri. eꝗuo- coꝗ ſyno ∥ nimoꝗ *etc., l. 9.*: explicit feliciter ∥.

II. *Fol. 1ᵃ*: ⸿ Gloſa notabilis ſecunde partis Ale ∥ xandri cũ inter- linealibus expoſitõib° ∥ textus eiuſdẽ ⁊ planiſſimis ſententijs ∥ ſubiũctis : ppulcre ordinatis ꝗſtiõibus ∥ *etc.* *Sequitur eadem icon ac supra.* *Fol. 1ᵇ*: Gloſa notabilis. ∥ QUam pulchra tabernacl'a tua ∥ *etc.* *Fol. 100ᵃ*: ⸿ Ex- plicit feliciter ſcd'a pars Alexãdri cũ gloſſis me ∥ troꝗ interlinialib° *etc., l. 2. inf.*: Impreſſa Metis ꝑ Caſparum hochffeder ∥ Anno domini Milleſimo quingẽteſimo octauo. ∥

III. IV. *Fol. 1ᵃ*: ⸿ Tertia ⁊ Quarta partes doctri ∹ ∥ nalis magiſtri Alexandri cum cõmẽ ∥ to valde vtilis *(sic)* textus dante intelli ∹ ∥ gentiam ſummariam. Quarũ ter ∹ ∥ tia docet de quantitate ſyllabarum ∥ Quarta vero de accentuatiõe cum ∥ nouis quibuſdam ſententiarum ad ∥ ditionibus. ∥ *Fol. 1ᵇ*: MEliora ſunt vbera tua vino fragrantia : vngentis optimis. ∥ *etc.* *Fol. 42ᵇ*: ⸿ Expliciunt Tertia et Quarta partes ∥ Alexandri grammatici cum breui et vtili ∥ expoſitiõe. Impreſſe Metˢ Anno domini ∥ Milleſimo quingenteſimooctauo. *(sic)* ∥.

Heiligenstadii, B. Gym. (I. II. III. IV.); Dusseldorpii, B. Prov. (I. II.).

214.

Coloniae, Quentell, a. 1508. Partes III. IV. cum commento. 44 foll. s. num., c. sign. Aij—Hiij, typi Goth., in 4º.

Fol. 1ᵃ: Tertia et quarta partes do ∹ ∥ ctrinalis magiſtri Alexandri cũ cõmento valde vtili textus ∥ dante intelligentiã ſummariã. Quarũ tertia docet de ꝗntita ∥ te ſyllabarũ. Quarta vero de accentuatione cum nouis qui ∥ buſdam ſententiarum additionibus. ∥ *Sequitur icon xylogr. magistrum cum 3 discipulis repraesentans.* *Fol. 1ᵇ*: Proemium. ∥ (M)Eliora ſunt vbera tua vino fragrãtia vngentis optimis Cã ∥ ticoꝗ *etc.* *Fol. 44ᵃ*: ⸿ Alexandri grammatici due partes. tercia videli ∥ cet et quarta finiunt feliciter. Impreſſum Colonie ∥ in officina quentell Anno. ᴍ.ᴄᴄᴄᴄ.ᴠIIJ. ∥ *Fol. 44ᵇ vacat.*

Coloniae, B. Ur.

215.

Basileae, sine typogr. nomine (Iac. de Pfortzen), a. 1508. Partium I. II. textus. 40 foll. c. sign. Aij—Eiiij, typi Goth., in 4º.

Fol. 1 (titulus) deest exemplari, quod nobis innotuit. Fol. 2ᵃ: Pre- fatio ∥ ( )Cribere clericulis paro doctrina ∥ le nouellis *Fol. 25ᵇ (c. sign. Diij pro Di)*: ( )Io iubet ordo libri vocum regi ∥ men referari. ∥ *Fol. 40ᵇ*: Finit *(sic)* prima ⁊ ſecunda partes Alexandri. ∥ Impreſſe Baſilee. Anno Milleſimo ∥ quingenteſimo octauo. ∥

Lubecae, B. Ur.

216.

Parisiis, Ioannes Gaultier librarius, nomen typographi et annus desunt exemplari in fine mutilo (c. a. 1508). Doctrinale a Iod. Badio Ascensio explanatum. Pars III. 76 foll. c. num. et sign. aaij—kkiiij, typi Goth., in 4⁰.

Fol. 1ª: Tertia pars doctrinalis magiſtri Alexandri. ƒ Cum explanatione Aſcentiana *(sic)* in multis caſtigata. ƒ Cui preterea recens addita ſunt hec rudimenta ƒ etc. *Deinde sequitur icon xylogr. S. Genovefam (?) repraesentans cum subscriptione:* M. IEHAN GAVLTIER; *deinde:* Venundantur pariſius a Magiſtro Iohanne galte ƒ ro In clauſo brunelli in Interſignio diue genouephes. ƒ *Fol. 1ᵇ*: Caput decimum De arte verſificatoria ƒ Tertia pars principalis doctrinalis Alexandri ƒ cum interpretatione Aſcentiana ƒ. Fo. LXXVIᵇ: Finis doctrinalis Alexãdri diligētiſſime ab Aſcēſio ƒ explanati emēdati et aucti : vt in frõtibꝰ p̄miſſuȝ eſt. ƒ Sequuntur pro ortographia eiuſdem preceptiuncule. ƒ *Post has sequitur aliud eiusdem auctoris commentariolum, quod quidem in hoc exemplari mutilum est.*

Parisiis, B. S. Genov.

217.

Parisiis, de Marnef, sine anno (c. a. 1508). Doctrinale a Iod. Badio Ascensio explanatum. Pars III. 76 foll. c. num. et sign. aaij.—kk.iiij., typi Rom. (in textu) et Goth. (in comment.), in 4⁰.

Fol. 1ª: Tertia parſ doctrinalis ƒ magiſtri Alexandri. ƒ Cum explanatione Aſcentiana *(sic)* in multis caſtigata. ƒ Cui preterea recens addita ſunt hec rudimenta ƒ *etc. Deinde sequitur insigne typogr. cum subscriptione:* DE· MARNEF ƒ. *Fol. 1ᵇ*: Tertia pars principalis doctrinalis Alexandri ƒ cum interpretatione Aſcentiana. ƒ Fo. LXXVIᵇ: Finis doctrinalis Alexandri diligentiſſime ab Aſcenſio expla ꞏ ƒ nati emendati et aucti : vt in frontibus premiſſum eſt. ƒ Sequuntur pro otographia *(sic)* eiuſdem preceptiuncule. ƒ *Sequuntur in 4 foliis.*

Parisiis, B. Maz. — Librum hunc Godofredus de Marnef, caput celeberrimae gentis typographorum, prelo subiecisse videtur. Ille a. 1481 Parisiis artem suam exercere coepit. Cf. Dictionnaire de géogr. p. 999 et Hain-Burger p. 196.

218.

Coloniae, Mart. de Werdena, a. 1508—1509. Partes I. II. cum Hermanni Torrentini et Kemponis Thessaliensis commentariis. 6 foll. s. num. + 85 foll. c. num. + 1 fol. s. num. = 92 foll. et 48 foll. s. num., c. sign. a—q₄ et A₂—I₅, typi Goth., in 4⁰.

I. *Fol. 1ª*: HErmanni Torrētini inter ƒ Grammaticos noſtre tem ƒ peſtatis viri litteratiſſimi ƒ cõmentaria pulcherrima in primam ƒ partem doctrinalis Alexãdri cũ accu ꞏ ƒ ratiſſima vocabuloꝗ interpretatione ƒ etc. *Deinde:* ❡ Item in obtrectatores eiuſdem Apologia. ƒ ❡ Et Epigrammata duo ƒ. *Fol. 91ᵇ (c. num. LXXXVᵇ):* Hic finem accipiũt commētaria litteratiffimi viri Hermā ⁊ ‖ ni Torrentini *etc.* Impreſſa Colonie p Martinū ‖ de werdena : prope domum Conſulatus : in vico Burgenſi ‖ (vel die Burgerſtraes) cōmorantem. Anno dñi Milleſi- ‖ mo Quingenteſimo octauo In vigilia ſancti Thome apl'i. ‖ *Fol. 92ᵃ:* Bartholomei Colonienſis viri ‖ litteratiſſimi ⁊ hoc opus Hexaſticō ‖. *Deinde:* Hermāni Torrētini Epigramma ‖ ogdoaſtichum ad inuidum ‖. *Fol. 92ᵇ icon magistri cum 4 discipulis.*

II. *Fol. 1ᵃ:* COmmentaria in Secun ‖ dam parte₃ Doctrinalis ‖ Alexandri. ab eruditiſſimo viro ‖ Kempone Theſſalienſi Hollādie ‖ m̄gro bona₂ artiū Parrhiſienſi ‚p anhelātib' Syntaxim potiſſ ‖ mam grāmatice ſpēm luculēter ⁊telligere iam dudū in lucē ‖ edita. ‖ *Sequitur icon eadem quae I. parti subiecta est.* *Fol. 48ᵇ:* Commētaria non parum frugifera in Se ‖ cundam Partem doctrinalis Alexandri ‖ natione Normanni *etc., l. 5. inf.:* Impreſſa Colonie per Martinū de werdena prope do ‖ mū Conſulat°: in vico Burgēſi (vel : die Burgerſtraes) ‖ cōmorantem. Anno poſt verbi in carnem aduentum ‖ Milleſimo Quingenteſimonono. *(sic)* In vigilia Purifica ⁊ ‖ tionis beate virginis Marie. ‖

    Londinii, Mus. Br. (I. II.); Monasterii, B. Paul. (II.).

219.

Norimbergae, Hieron. Höltzel, a. 1508—1509. Partes I.—IV. cum glosa notabili. 104 et 94 et 38 foll. s. num., c. sign. aij—niiij et Aij—Miiij et aaij—eeiiij, typi Goth., in 4º.

I. *Fol. 1ᵃ:* Prima pars doctrinalis ‖ Alexandri cum ſententijs nota- bilibus ⁊ ‖ vocabulorum lucida expoſitiõe : non ⁊ ‖ nulliſq₃ annexis Argu- mentis. ‖ *Sequitur icon magistri cum 9 discipulis. Fol. 1ᵇ icon xylogr.: Christus, ante eum vir quidam sanctus, ad cuius pedes iacet leo. Fol. 104ᵃ:* ❰ Expoſitio exemplorū textus prime partis Alexandri equiuoco ⁊ ‖ rum *etc,,* *l. 3. inf.:* Impreſſa per Hierony ⁊ ‖ mum Holtzel. In famoſa ciuitate Nurem- bergenſi. Anno ſalutis noſtre. Milleſimo quingēteſimo. 8. ‖ *Fol. 104ᵇ vacat.*

II. *Fol. 1ᵃ:* Gloſa notabilis Secū ‖ de partis Alexādri cum inter- linialibus ‖ expoſitionibus textus eiuſdem in planiſſimis ſententijs ſub- iun ⁊ ‖ ctis ppulchre ordinatis queſtionibus atq₃ argumentis cum ‖ re- plicis *etc. Fol. 1ᵇ:* Prohemium ‖ (Q)Uampulchra *(sic)* tabernacula tua ‖ *etc. Fol. 94ᵃ:* ❰ Explicit feliciter Sed'a pars Alexandri cum gloſis ‖ *etc., l. 7. inf.:* p Hie ‖ ronymum Höltzel impreſſa. in ‖ famoſa ciuitate Nurem- ber ‖ ge. Anno incarnatiõis ‖ dñice. Milleſimo ‖ quingenteſimo ‖ Nono. ‖ *Fol. 94ᵇ vacat.*

III. IV. *Fol. 1ᵃ:* Tercia et Quarta par ⁊ ‖ tes doctrinalis Magiſtri Alexan ⁊ ‖ dri cum commento valde vtili : textus dante intelli ⁊ ‖ gentiam ſummariam. Quarum Tercia docet de ‖ quantitate ſyllabarum. Quarta ᴡo de accen ‖ tuatiõe cum nouis quibuſdam ſenten ⁊ ‖ tiarum additionibus. ‖ *Fol. 1ᵇ:* (M)Eliora ſūt vbera tua vino fragrā ‖ tia *etc. Fol. 38ᵃ:* ❰ Alexan- dri grāmatici due partes. Tercia videlicet ⁊ Quarta finiūt feli ⁊ ‖ citer. Impreſſe Nurembergae per Hieronymum Holtzel. Anno dñi. 1509. ‖ *Fol. 38ᵇ vacat.*

    Monachii, B. Reg.; Ratisbonae, B. Prov.; Salisburgi, B. Coen.

220.

Phorcae, Thomas Anselmus Badensis, a. 1509 m. Nov. Partes I. II. cum Hermanni Torrentini et Kemponis Thessaliensis commentariis. 8 foll. s. num. + 104 foll. c. num. = 112 foll. et 55 foll. s. num., typi Rom., in 4⁰.

I. *Fol. 1ª*: Hermanni Torrentini inter gram / maticos noſtrę tępeſtatis uiri doctiſſimi Cōmētaria / in primam partem doctrinalis Alexandri, cū uoca / bulorum interpretatione, quibuſdam mendoſis / ſuperuacaneis & obſcuris uerſibus, uel / reiectis, uel in ueriores & planiores / mutatis. *etc.* Pag. XCIIIIᵇ: Finiunt commentaria Hermanni / Torrentini grammatici / a nobis diligenter / reuiſa /.

II. *Fol. 1ª*: Commētaria clariſſima in ſecundā / partem doctrinalis Alexandri ab eruditiſſimo ui / ro Kempone Theſſalienſi Hollandiae, magiſtro / bonarum artium Parrhiſienſi, pro anhe / lantibus Syntaxim potiſſimam grā / maticę ſpeciem funditus intel / ligere, exactiſſime in lu / cem edita /. *Fol. 55ª*: ❧ Phorce in aedibus Thomę Anſhelmi Badenſis / Anno domini. Milleſimo quin / genteſimo nono / Menſe Nouem / bri. / *Sequitur insigne typographi. Fol. 55ᵇ vacat.*

Friburgi Brisg., B. Un. — De typographo vide adnot. ad nr. 211.

220*.

Leydis, Io. Severi, a. 1509. Pars. I. cum Hermanni Torrentini commentariis. 1 fol. s. num. + Pag. II—LXXXI + 8 foll. s. num. = 89 foll. c. sign. Aiij—Piij, typi Goth., in 4⁰.

Fol. 1ª: Titulus huius / operis Hermāni *(rubro colore)* Torrentini viri doctiſſimi omentaria pulcherri ⸗ / ma in þmam ptem doctrinalis Alexandri cū ac⸗ / curatiore vocabuloꝛ interꝓtatione ꝗbuſdā mēdo / ſis ſupuacaneis ꝛ obſcuris verſibᵒ vl' reiectis vel / in veriores ꝛ planiores mutatis *etc.* *(Titulus variis ornamentis xylogr. marginatus est.)* *Fol. 1ᵇ*: Proemium / Pag. ijª: ( )Ectis as es a dat declinatio prima / Pag. LXXXIᵇ: ❧ Hic ſineꝝ accipiūt cōmētaria dotciſſimi *(sic)* vi / ri Hermāni Torrētini ꞇ þmā ptē Alexādri iā / ꞇcio caſtigata diligēterꝗ correcta *etc.*, *l. 2. inf.*: Impreſſum. Leydis ꝑ me Iohāne ſe • / ueri. Anno dñi. M.CCCCC.IX. *Foll. 82ª—89ᵇ sequuntur Bartholomaei Coloniensis hexastichon, Herm. Torrentini epigramma ad invidum, tabula (14 pagg.). Fol. 89ᵇ*: Finis indictio / huiᵒ operis. /

Aberdonae, B. Un. Descriptionem debeo viro rev. Archibaldo R. S. Kennedy, professori univ. Aberdonensis. — De Ioanne Severi (Severs) typographo Lugdunensi Batav. cf. Dictionnaire de géogr. p. 771.

221.

Basileae, Iac. de Phortzheim, a. 1509. Partes I.—IV. cum glosa notabili. 110 et 99 et 42 foll. s. num., c. sign. aij—xv et Aij—Rv et AAij—GGiiij, typi Goth., in 4⁰.

I. *Fol. 1ª*: Prima pars doctrinalis Alexan / dri cuꝫ ſententijs : notabilibus ꝛ vocabuloꝛū / lucida expoſitiōe : nōnullis annexis argumē / tis cuꝫ eorundē replicis : ad nouellorū in grā ∣ matica incipientiū profectū : cum quibuſdam ∣ alijs additis ͵p in ſciētijs aliqualiter ͵puectis. ∣ *Sequitur icon xylogr., eadem quae in no. 146. 170. 175. all.* Fol. *1ᵇ*: Gloſa notabilis ∣ ( )Anquā paruulis lac po = ∣ tum *etc.* Fol. *110ᵇ*: ❰ Expoſitio textus *etc., l. 2. inf.*: Impreſſa Baſilee per magiſtrū Iacobū de phortzheim. Anno ∣ incarnatiōis dominice Milleſimo quingenteſimonono (*sic*) ∣.

II. *Fol. 1ᵃ*: Gloſa notabilis ſecūde partis Ale ∣ xandri cū inrerlinealibus (*sic*) expoſitionibᵘ textus eiuſdē et pla ∣ niſſimis ſentētijs ſubiūctis : ͵pulchre ordinatis queſtionibuſ ∣ argumētis *etc. Deinde sequitur eadem icon. Fol. 1ᵇ*: Gloſa notabilis ∣ (Q)Uam pulchra tabernacula tua ∣ *etc.* Fol. *99ᵃ*: ❰ Explicit feliciter ſecunda pars Alexandri *etc., l. 2. inf.*: Impreſſa Baſi- ∣ lee per magiſtrū Iacobū de Phortzheym. Anno domini Milleſi- ∣ mo quingenteſimo nono. ∣ Fol. *99ᵇ vacat.*

III. IV. *Fol. 1ᵃ*: Tertia et Quarta partes doctri ∮ ∣ nalis magiſtri Alexandri cum commento ∣ valde vtili textus dante intelligentiā ſum ∣ mariam. Quarū tertia docet de quātitate ∣ ſyllabarū. Quarta vero de accētuatiōe cum nouis quibuſdā ſententiaҩ additionibus ∣. *Sequitur eadem icon. Fol. 1ᵇ*: Proemium ∣ (M)Eliora ſunt vbera tua vino fragrā ∣ tia *etc.* Fol. *42ᵃ*: Expliciūt tertia ∮ q̄rta ҏtes alexandri grāma ∣ tici cū breui ∮ vtili expoſitiōe. Impreſſe Baſilee per Magiſtrū Iacobum ∣ de Pfortzheym anno dน̄i Milleſimo quingenteſimo nono. ∣ Fol. *42ᵇ vacat.*

Monachii, B. Reg.; Cassellis, B. Gideonis Vogt. — De typographo vide adnot. ad nr. 139.

221*.

Lipsiae, Melch. Lotter, a. 1509. Partium I. II. textus. 46 foll. s. num., c. sign., typi Goth., in 4°.

Fol. 1ᵃ: Textus prime ∣ et ſecūde parti ∮ ∣ um alexandri ∣. *Sequitur icon xylogr.; infra*: Impreſſum Lyptzk. ∣ Fol. *1ᵇ vacat.* Fol. *2ᵃ*: ( )Cribere clericulis paro doctrinale ∣ *etc.* Fol. *32ᵇ*: ( )Ic iubet ordo libri vocū regimen ∣ *etc.* Fol. *45ᵇ*: Impreſſum Lyptzk ҏ Melchiorem ∣ Lotter Anno dน̄i. xv.cvน̄น. ∣ Fol. *46 vacat.*

Heiligenstadii, B. Gymn.

222.

Antverpiae, Michael (Hillen) de Hoochstraten, anno 1509. Textus Alexandri cum notis in margine.

Cf. Catal. Bibl. della Failli (Anvers 1878) no. 895.

223.

Cracoviae, impensis Ioannis Haller, a. 1510. Pars II. cum commentario Ioannis de Glogovia. 105 foll., s. num., c. sign. a—siij, typi Goth., in 4°.

Fol. 1ᵃ: Exercitiū ſcd'e partis ∣ Alexādri magiſtri Io ∣ hannis de Glogouia. ∣ *Sequitur icon xylogr. insignia Poloniae, Lithuaniae et urbis Cracoviae repraesentans una cum monogrammate librarii* ℔. Fol. *1ᵇ*: Sintaxis commendatio. ∣ Alexandri Gallici quē plurimi or ∣ dinis minoҩ *etc., ut in editione a. 1504 (no. 184.); l. 5. inf.*: Impreſſum eſt aūt hoc opus ad impenſas optimi huma / niſſimiq₃ viri dñi Iohannis Haller Ciuis Cracouienſis. viro₹ do ⁼ / cto₹ fautoris excellētiſſimi Anno xp̄i Ieſu ſaluatoris currēte. 1510 / Nunc vero ‚ppoſitū in noꞇe eiuſdē ſaluatoris. eiuſq₃ genitricis Marie / virginis digniſſime Feliciter inoipio. / *Fol. 105ᵇ:* Exercitiū ſecunde partis Alexandri Galli / Cracouie impenſis ſpectabilis viri dñi Io ⁼ / hannis haller impreſſum finitūq₃ feliciter / in vigilia annunctiationis Marie virginis illibate. Anno chriſtiane ſalutis. Milleſimo / quingenteſimo decimo. / Laus deo glorioſo. /

Cracoviae, B. Un. — De Ioannis Haller librarii, civis et senatoris Cracoviensis prioribus Doctrinalis editionibus vide nr. 158 et 184. Inde ab a. 1510 propriam officinam Cracoviae instituisse videtur. Nomen eius in libris typis expressis conspicitur usque ad a. 1521. Cf. Dictionnaire de géogr. p. 372 sq.

223*.

Parisiis, Iodocus Badius Ascensius, a. 1510. Partes I.—III. cum Ascensianis explanationibus, castigationibus et additionibus. 84 foll. s. num., c. sign. aij—liiij, et 84 foll. s. num. c. sign. A—Liiij, et Fo. LXXVI + 4 foll. s. num. = 80 foll. c. sign. a—kiiij, typi Rom. (in textu) et Goth. (in comment.), in 4°.

I. *Fol. 1ᵃ:* Doctrinale Alexandrinū / Cum Aſcenſianis explanationibus : caſtigatiōibus : / & additionibus compluribus recentius adiectis : / De quibus quidam ad ipſum Aſcenſium. // *Sequuntur 5 disticha, quae incipiunt:* Prodit Alexander tunica redimitus honesta / Atq₃ nouo terſa pumice veſte ſalit. / *etc. Deinde sequitur 3 typographorum operi intentorum icon, quae inscripta est:* prelū aſcēſianū. *Infra:* Proſtat Parrhiſiis in vico ſancti Iacobi in aedibus Ioannis parui : & ipſius Aſcenſii. / *Fol. 1ᵇ:* Iodocus Badius Aſcenſius eruditis cultiorum lit / terarum praeceptoribus. S. / *subscr. l. 2. inf.:* Ex aedibus noſtris ad Idus Decē / bris. Anni milleſimi qningenteſimi decimi. *Fol. 84ᵇ:* Finis primae ptis grāmaticę Alexandrinae cū emē- / dationib⁹ additionib⁹ & caſtigationib⁹ aſcēſianis. /

II. *Fol. 1ᵃ:* Syntaxis Aſcenſiana /. *Fol. 44ᵇ:* ❨ Hec ſunt lector optime quorum aut frigide aut parum / aut omnino non meminit Alexander : vnde ea ad frōtem / ſecunde illius partis duximus afferenda. / *Fol. 45ᵃ:* Secunda pars ac Cap. VIII. / Iodoci Badii Aſcenſii in Secūdā partē doctri / nalis Alexandrini breuis & dilucida explanatio /. *Fol. 84ᵇ:* Finitur ſecunda pars. /

III. *Fo. Iᵃ:* Caput. X. de arte verſificatoria /. Tertia pars principalis doctrinalis Alexandri cum in / terpretatione Aſcenſiana. / *Fo. LXXVIᵇ:* Finis doctrinalis Alexādri rurſū diligētiſſre ab Aſcēſio / explanati emendati & aucti. vt in frōtibus p̄miſſum eſt. / Sequūtur pro ‚orthographia eiuſdē p̄ceptiūculae. / *Fol. 80ᵃ:* Finis compendij Aſcenſiani / Habes itaq₃ lector fere quae grāmatica p̄ſtare pŏt. *etc.; l. 2. inf.:* Ex officīa noſtra ad Calēdas Feb. anni. M. D. X. Apud Parrhiſios. / *Fol. 80ᵇ vacat.*

Aberdonae, B. Un. (I. II. III. uno vol. compreh.). Descriptionem mecum communicavit rev. vir Archibaldus R. S. Kennedy, universitatis Aberdonensis professor. — Pars III., ut ex subscriptione conicio, ad *priorem quandam editionem pertinere videtur. De typographo cf. adnot. ad nr. 184*.*

224.

Phorcae, Thomas Anselmus Badensis, a. 1510, m. Dec. Partes I. II. cum Hermanni Torrentini et Kemponis Thessalensis commentariis. 8 foll. s. num. + 90 foll. c. num. = 98 foll. et 52 foll. s. num., c. sign. typi Rom., in 4°.

I. *Fol. 1ᵃ*: Hermanni Torrentini inter gram / maticos noftrę tępeftatis uiri doctiffimi Cōmētaria / in primā partem doctrinalis Alexandri, / cū uoca / buiorū interpretatione, quibuſdam mendofis / ſuperuacaneis & obſcuris uerſibus uel reie / ctis, uel in ueriores & planiores mu / tatis, Demum diligenter ab / auctore recognita. Addi / tis im margine termi / nationibus, cun / ctiſqȝ, uocabu / lis cū dicti / onū in / dice. / *(Titulus rubro colore exaratus est.) Fol. 98ᵃ*: Finiunt commentaria Hermanni / Torrentini grammatici / a nobis diligenter / reuiſa /. *In ultimi folii pagina aversa (fol. 98ᵇ) titulus est hic:*

II. *Fol. 1ᵃ*: Commētaria clariffima in fecundam / partem doctrinalis Alexandri ab eruditiffimo uiro / Kempone Theffalionſi Hollandiae, magiſtro bo / narum artium Parrhiſienſi, pro anhebantibus / Syntaxim potiffimam grammaticae ſpe / cium funditus intelligere, exactiffi / me in lucem edita. / *Fol. 52ᵃ*: ❦ Phorce in aedibus Thomę Anſhelmi Badenſis / Anno domini. Milleſimo quingenteſimo / decimo. Menſe decembri /. *Sequitur insigne typographi. Fol. 52ᵇ vacat.*

Sangalli, B. Coen. — De typographo vide adnot. ad nr. 211.

224*.

Antverpiae, Mich. Hillen de Hoochstraten, anno 1510. Partes I. II. cum Hermanni Torrentini et Kemponis Thessalensis commentariis. Fo. LXXIII + 4 foll. s. num. = 77 foll. c. sign. Bi—Piij, et 58 foll. s. num., c. sign. Aiij—Liij et 4 foll. c. sign. Mj—Mij = 62 foll., typi Goth., in 4°.

I. *Fol. 1 (titulus) deest. Fol. 2ᵃ*: ❦ De prima declinatione / REctis as. es. a. dat declinatio prima / Fo. LXXIIIᵇ: Apologia hermāni torrētini obtrectatorib° reſpōdētis /. *Fol. 77ᵃ*: ❦ Petri nehemij droſhagii *(sic)* / Epigrāma in elegā / tiffimū opus grāmaticū Hermanni Torrentini / viri doctissimi. *Sequutur 5 disticha; deinde:* Et hic eſt finis. Deo laus ꓽ gloria trinus *(sic)*. / ❦ Impreſſum Antwerpie p̄ Michaelē hillen de / Hoochſtraten ,ppe cemeteriū btē *(sic)* Marie virginis / Circa tria candelabra Anno M.CCCCX. menſis / Auguſti. / *Fol. 77ᵇ icon xylogr. Adamum et Evam repraesentans; in medio clypeus est, in cuius superiore parte aquila, in inferiore tres turres conspiciuntur.*

II. *Fol. 1ᵃ*: Secunda cōmen / tariorū kēponis / *(rubro colore)* Theſſalienſis in fecundā doctrinalis Alexandri p ꓼ / tem editio Poſt Cōmentarios ſequūtur carmina ꓽ epigrammata eiuſdem Kemponis /. *Sequitur icon xylogr. 4 clypeos repraesentans; in media icone:* IH̄S. *Fol. 1ᵇ*: Prefatio /. *Fol. 2ᵃ*: De regiminę Noīatiui / HIc iubet ordo libri vocū regimen referari /,

Fol. 58ᵇ: Finis ⫽ ℭ Secunda editio cõmentariorum fecunde partis magiſtri Kemponis finem accipit. ⫽ *Sequuntur 4 foll. Kemponis carmina et epigrammata continentia. Fol. 62ᵇ*: ℭ Impreſſum Antwerpie Impenſis michaelis hoochſtratē ⫽ Laus deo omnipotenti ⫽.

Aberdonae, B. Un. Descriptionem mecum communicavit vir rev. Archibaldus R. S. Kennedy, professor univ. Aberdonensis.

225.

Sine loco, typogr. nomine et anno (Norimbergae, Wolfgangus Huber, c. a. 1510). Doctrinalis textus cum annotationibus et exemplis in margine positis. Partes I. et II. 48 foll. s. num., c. sign. Aij—Fiiij, typi Goth., in 4⁰.

Fol. 1ᵃ: Alexander doctrinale dictus cū ⫽ fuis annotationibꝰ et excm ⸱ ⫽ plis in margine poſitis. ⫽ *Sequitur icon xylogr.: magister dextra manu librum, sinistra virgam tenens, ante eum 6 discipuli. Fol. 1ᵇ: icon xylogr.: Christus in cruce pendens, sanctis circumdatus; in superiore margine inscriptio legitur:* Iefus Celeſte Rofarium. ⫽ *Fol. 2ᵃ*: Prohemiũ Alexandri. ⫽ (S)Cribere clericulis pa ⸱ ⫽ ro doctrinale nouellis ⫽. *Fol. 34ᵃ*: Explicit prima pars Alexandri. ⫽ *Fol. 48ᵇ*: Finit fecunda pars Alexandri. ⫽

Vindobonae, B. Caes. — De loco et typographo cf. no. 233.

225*.

Cadomi, Michael Angier (librarius), sine anno (c. a. 1510). Doctrinale cum glosa notabili. Fol. sign. a—D, typi Goth., in 4⁰.

Fol. 1ᵃ: Gloſa notabilis fu ⫽ per Alexandri Doctrinale in quattuor ⫽ partes diviſa, cum interlinearibus tex ⫽ tus expoſitionibus, atque quibuſdam que ⫽ ſtionibus ſimulque argumentis cum re ⫽ plicis, iuvenibus in grammatica docen ⫽ dis apprime neceſſaria. ⫽ *Sequitur grande insigne typographi cum subscriptione:* Ilȝ font à vendre au Mont Saint Michel à Caen, en la maiſon Michel Angier près les Cordeliers. *Fol. 1ᵇ*: P. E. Moliſinenſis *(sic)* ordinis fancti Benedicti ad iuvenes epigramma. *Sequuntur 5 disticha. Fol. ult.ᵇ eadem icon, quae fol. 1ᵃ subiecta est.*

Cenomanis (au Mans), B. Ur. Descriptionem liberalissime mecum communicavit Leopoldus Delisle. — De librario ex eiusdem viri doctissimi libello, qui inscribitur: Essai sur l'imprimerie et la librairie à Caen, de 1480 à 1550 (Extraits du Bulletin de la Société des Antiquaires de Normandie, Tome XV.) Caen 1891, haec commemorare liceat. Michael Angier, natus in Andecavis, postquam ab a. 1500 Cadomi in Roberti Macé taberna libraria mercaturam cognovit, a. c. 1508 in eadem urbe ac simul Rotomagi librariam aperuit et Laurentio Hostingue typographo arcessito duobusque e familia Roberti Macé sociis assumptis usque ad a. 1548 magnam et copiosam fecit mercaturam.

226.

Antverpiae, Michael Hillenius de Hochstraten, a. 1511, d. IV. m. Ian. Pars II. cum commentariis Kemponis Thessaliensis. 62 foll. s. num., c. sign. Aiij—Mi *(?)*, typi Goth., in 4⁰.

Fol. 1ᵃ: Secunda cõmen ∥ tariorũ kĕponis *(rubro colore)* ∥ Theſſalienſis in fecundam doctrinalis Alexãdri ∥ partem editio Poſt Commentarios
fequuntur ∥ carmina ꞓ epigrammata eiuſdem Kemponis ∥. *Sequitur icon
xylogr.: quatuor clypei sanctos quosdam repraesentantes. Fol. 1ᵇ*: Prefatio ∥.
Fol. 58ᵇ: ⳨ Finis ∥ ⳨ Secunda editio cõmentariorũ fecunde partis ∥ magiſtri Kemponis finem accipiũt ∥. *Fol. 62ᵇ*: ⳨ Impreſſum Antwerpie per
me Michaelem hillenium ∥ [de] hochstraten Anno dñi Milleſimo quingenteſimo vnde ∥ [cimo] quarta menſis Ianuarij. Deo gracias. ∥ *Sequitur icon
xylogr., quae quidem in exemplari, quo uti nobis licuit, dilacerata est.*

Moguntiae, B. Ur. — *Subscriptio in locis, quos uncis inclusimus, a
nobis suppleta est.*

226*.

Basileae, Adam Petri de Langendorf, a. 1511, d. VI. Kal.
Apr. Partes I.—III. cum Hermanni Torrentini, Kemponis Thessaliensis, Andreae Guterii Cerasiani commentariis. Pars I. : 40
foll. s. num. + Fol. I—CXV + 3 foll. s. num. = 158 foll., c. sign.
AAij—CCiij + a—bv + A₂—Biiij + a—p₅. Pars II. III. : 4 foll.
s. num. + Fol. I—LXXXIIII = 88 foll., c. sign. A—K₅, typi Goth.
(in quibusdam locis typi Rom.), in 8⁰.

Fol. 1ᵃ: Doctrinale totius grã- ∥ matices artis cõpendioſe in vnum
digeſtum : iuxta ∥ ipſius fpecierũ poſitiue ∥ dyaſinthetice ∥ profodieꝗ ∥ cal-
culationem : ab eruditiſſimis huius ſcientie pro- ∥ feſſorib⁹ ∥ diligenter gnareꝗ
elaboratum. ∥ *Sequitur index singularum partium, quae toto libro continentur. Deinde:* I. 5. II. ∥ BASI *(sequitur insigne typographi)* LEA. ∥
⳨ Tabula Omnium ∥ predictorum Alphabetica. ∥

I. *Fol. 37ᵃ*: ⳨ Hermanni Tor- ∥ rĕtini ∥ inter grãmaticos noſtrę tĕ-
peſtatis viri do- ∥ ctiſſimi Commentaria ∥ in primã partem doctrina ∥ lis
Alexandri : cum vocabulorũ interpretatione : ∥ quibuſdam mendoſis ∥ fuperuacaneis et obſcuris ∥ verſibus ∥ vel reiectis ∥ vel in veriores et pla- ∥ niores
mutatis. Demum diligĕter ab aũ ∥ ctore recognita. Additis ɪ margine ter ∥
minationibus ∥ cunctiſꝗ vocabulis : ∥ cum dictionũ indice : atꝗ cũ quadã ∥
noua illucubratione interliniali ∥ ipſius textus ∥ ſcholaſticis ∥ accomodata. ∥
Fol. 157ᵇ: Finiunt Commentaria Hermanni Torrentini grammatici ∥ in
primam partem ∥ Alexan- ∥ dri. ∥ *Fol. 158ᵃ index. Fol. 158ᵇ vacat.*

II. III. *Fol. 1ᵃ*: ⳨ Cõmentaria cla- ∥ riſſima in Secundã partĕ doctrinalis Alexan ∥ dri ∥ ab eruditiſſimo viro kĕpone Theſſa- ∥ lienſi hollãdie :
‚p anhelantibus Syn ∥ taxim potiſſimã grãmatice ſpecie͂ ∥ fũditus intelligere :
exa- ∥ ctiſſime in lucem ∥ edita ∥ ⳨ Cui tertie partis extracta ∥ connectuntur inſignis viri ∥ Andree guterij ∥ Ceraſiani ∥. Fol. LXXXIIIIᵃ: ⳨ Totius doctrinalis grãmaticae ſciĕtiae ∥ finit cõpendioſa exaratio : Induſtria ∥ &
impenſa prouidi viri Ade Pe ∥ tri de Langĕdorf : calcogra ∥ phiae gnari :
nuper ex ‚p- ∥ pria officina vrbis ∥ Baſileae Anno ∥ dñi 1511. 6. ∥ kal’.
apri ∥ lis. ∥ *Sequitur index.* Fol. LXXXIIIIᵇ *vavat.*

Cassellis, B. Gideonis Vogt.

227.

Daventriae, Iac. de Breda, anno 1511, d. VII. Kal. Dec. Pars II. cum expositione. 34 foll. s. num., c. sign. Aij—Fij, typi Goth., in 4⁰.

Fol. 1ᵃ: Secūda pars doctrina / lis Alexãdri familiari ac cōpendiaria / expoſitōe enarrata auctorūqჳ / exemplis ac ſequūda / ria caſtigatōe / exculta // ·:· // *Sequitur icon xylogr. episcopum cum sacerdote repraesentans; in lemnisco legitur:* Ioãnes Bergis /. *Fol. 34ᵃ:* ❲ Impreſſuჳ Dauentrie per me. Iacobū / de Breda. Anno dñi. M.d.Xj. vij. kalēdas Deoēbris /. *Fol. 34ᵇ vacat.*

Oxoniae, B. Bodl.

227*.

Daventriae, Rich. Pafraet, a. 1511, m. Nov. Pars II. cum Kemponis Thessaliensis commentariis. 69 foll. s. num., c. sign. Aj—Mv, typi Goth., in 4⁰.

Fol. 1ᵃ: Secunda commētariorū / Kemponis Theſſalienſis in ſecundam doc / trinalis Alexandri partem iam revi / ſa atqჳ emendata editio Poſt. / commentarios ſequuntur / carmina et epigrãma / ta eiuſdem Kem / ponis. / *Fol. 1ᵇ:* GRammatica est recte loquēdi. recte ſcribēdi ſcientia origo et fons oīm / *etc. Fol. 2ᵃ:* ( )Ic iubet ordo libri regimen vocum / referari *etc. Fol. 69ᵇ:* Impreſſum Dauentrie in litterato / ria officina Richardi pafraet Anno do / mini M.D.XI. in profeſto Catharine vir / ginis menſis Novembris /.

Monasterii, B. Paul.

228.

Tubingae, Thomas Anselmus Badensis, a. 1511, m. Dec. Partes I. II. cum Hermanni Torrentini et Kemponis Thessaliensis commentariis. 8 foll. s. num. + Fo. I—XC + 1 fol. s. num. = 99 foll. et 51 foll. s. num., typi Rom., in 4⁰.

I. *Fol. 1ᵃ:* Hermanni Torrentini inter gram / maticos noſtrae tēpeſtatis uiri doctiſſimi cōmētaria / in primã partem doctrinalis Alexandri, cū uoca / bulorū interpretatione, quibuſdam mendoſis / ſuperuacaneis & obſcuris uerſibus uel reie / ctis, uel in ueriores & planiores mu / tatis *etc.* (*Titulus rubro colore impressus est.*) *Fol. 99ᵃ:* Finiunt commentaria Hermanni / Torrentini grammatici / a nobis diligenter / reuiſa /. *Fol. 99ᵇ titulum exhibet hunc:*

II. Commentaria clariſſima in ſecundam / partem doctrinalis Alexandri ab eruditiſſimo uiro / Kempone Theſſalienſi Hollandiae, magiſtro bo / narum artium *etc.* in lucem edita /. *Fol. 51ᵃ:* Tubingae in aedibus Thomae Anshelmi Badenſis / Anno M.D.XI. Menſe decembri. / Sub illuſtri principe Vdalri / co Vuirtenbergenſi. / *Sequitur insigne typographi. Fol. 51ᵇ vacat.*

Maihingae, B. Princ.; Oxoniae, B. Bodl. — De Thoma Anselmo Badensi typographo cf. Carolus Steiff, der erste Buchdruck in Tübingen (Tübingen 1881) p. 94 sq., et adnot. nostra ad nr. 211.

229.

Augustae Vindelicorum, Io. Schoensperger, a. 1511. Alexandri doctrinale cum aliis huc pertinentibus. 4⁰.

Cf. Panzer VI. p. 139 no. 55. — Ioannes Schoensperger a. 1481—1524 Augustae Vindelic. artem typographicam exercuit. Cuius libris vix unquam elegantiores prelum reliquerunt. Cf. Dictionnaire de géogr. p. 130.

230.

Venetiis, Petrus de Quarengiis, a. 1512, d. XX. m. Oct. Doctrinale cum commento [Ludovici de Guaschis]. 84 foll. c. num. et sign. A₂—L₂, typi Goth., in 4⁰.

Fol. 1ᵃ: Doctrinale cum ∥ commento. ∥ *Sequitur icon xylogr. Gabrielem angelum repraesentans. Fol. 1ᵇ vacat. Fol. 2ᵃ:* Prohemium ∥ ❡ Opus Alexandri Grammatici pro eruditione puerorum incipit. ∥ ❡ Iſte liber diuiditur in tres libros partiales. In quoruȝ primo Alexander tra-∥ ctat de ethymologia *etc.; l. 8.:* (S)Cribere clericulis ∥ paro doctrinale no ∥ uellis *etc. Fol. 84ᵃ:* ❡ Impreſſum Venetijs per magiſtrum Petrum de quarengijs. An-∥ no domini. 1512. die. 20. Octobris. ∥ Regiſtrum. ∥ A B C D E F G H I K L Oēs ſunt quaterni : p̄ter L duernus. ∥ *Fol. 84ᵇ vacat.*

Romae, B. Nat.; Bononiae, B. Un. — Petrus de Quarengiis de Palazayo territorii Bergomensis a. c. 1487 Venetiis typographus consederat. Cf. Hain-Burger p. 254.

231.

Tubingae, Thomas Anselmus Badensis, a. 1512, m. Dec. Partes I. II. cum Hermanni Torrentini et Kemponis Thessaliensis commentariis. 8 foll. s. num. + Fo. I—XC + 1 fol. s. num. = 99 foll. et 51 foll. s. num., typi Rom., in 4⁰.

I. . *Fol. 1ᵃ:* Hermanni Torrentini inter gram ∥ maticos noſtrae tēpeſtatis uiri doctiſſimi cōmētaria ∥ in primā partem doctrinalis Alexandri ∥ cū uoca ∥ bulorū interpretatione ∥ *etc. (14 lineae tituli rubro colore impressae sunt.) Fol. 99ᵃ:* Finiunt commentaria Hermanni ∥ Torrentini grammatici ∥ a nobis diligenter ∥ reuiſα *(sic)* ∥. *In fol. 99ᵇ titulus est hic:*

II. Commentaria clariſſima in ſecundam ∥ partem doctrinalis Alexandri ab eruditiſſimo uiro ∥ Kempone Theſſalienſi Hollandiae ∥ magiſtro bo ∥ narum artium *etc.* in lucem edita. ∥ *Fol. 51ᵃ:* Tubingae in aedibus Thomae Anshelmi Badenſis ∥ Anno **M.D.XII.** menſe decembri ∥ ſub illuſtri principe Vdalri ∥ co Vuirtenbergenſi ∥ *Sequitur insigne typographi. Fol. 51ᵇ vacat.*

Darmstadii, B. M. Duc. (Hofb.); Vindobonae, B. Caes.; Friburgi Brisg., B. Un.; Tubingae, B. Un. — De illustri typographo vide supra nr. 228.

232.

Antwerpiae, Wilh. Vorsterman, a. 1512. Pars I. cum Hermanni Torrentini commentariis. 90 foll. c. num. Pag. ij—Pag. LXXXI et sign. aiij—Piij, typi Goth., in 4⁰.

Fol. 1ᵃ: Titulus huius ∥ Operis Hermanni Torrentini in Alexandrū vti- ∥ liſſima commentaria : ad vnguem tercio ca- ∥ ſtigata atqꝫ amplificata per iꝑm Erāt ∥ enim a librarijs plurimum ∥ deprauata ∴ ∥ ❡ Ad Lectorem ∥ *sequuntur 4 disticha; deinde:* ❡ In aedibus Wilhelmi vorſterman Im- pref- ∥ ſus ſum ego. ∥ *(Titulus partim rubro colore exaratus est.) Fol. 1ᵇ*: Prohemium ∥. *Fol. 90ᵃ*: ❡ Impreſſum Antwerpie Per ∥ me Wilhelmū vorſter ∥ man Anno dñi. M ∥ CCCCC.XIJ. ∥ *Fol. 90ᵇ*: ❡ Bartholomei Coloniēſis viri litteratiſſimi ∥ in hoc opus hexaſticon. ꝫ. ∥ *deinde:* ❡ Hermanni Tor- rentini ad inuidum ∥ *(4 disticha).*

Moguntiae, B. Ur. — De typographo vide adnot. ad nr. 103.

233.

Norimbergae, Wolfgangus Huber, a. 1512. Partium I. II. textus cum annotationibus et exemplis. 43 foll. s. num., c. sign. Aij—Fiiij, typi Goth., in 4⁰.

Fol. 1ᵃ: Alexander doctrinale dictus cum ∥ ſuis annotatiōibus et exem꞉ ∥ plis in margine poſitis. ∥ *Sequitur icon xylogr.: magister virgam manu tenens, ante eum 9 discipuli. Fol. 1ᵇ icon xylogr.: Christus in cruce pendens viris sanctis circumdatus; supra inscriptio est:* ❡ Ieſus. Celeſte Roſariū. *Fol. 2ᵃ*: Prohemium Alexandri ∥. *Fol. 30ᵇ*: ❡ Finis prime partis Alexandri. ∥ *Fol. 43ᵇ*: ❡ Finis ſecunde partis Alexandri. ∥ ❡ Impreſſum Nurnberge ꝑ wolffgangū Huber. ∥ Anno domini Milleſimo- quingēteſimoduodecimo *(sic)* ∥.

Oxoniae, B. Bodl. — Wolfgangus Huber filius videtur fuisse Ambrosii Huber, qui inde ab a. 1498 Norimbergae artem typographicam exercuit.

233*.

Coloniae, Mart. de Werdena, a. 1512—13. Partes I. II. cum Hermanni Torrentini et Kemponis Thessaliensis commen- tariis. 85 foll. c. num., + 7 foll. s. num. = 92 foll. et 60 foll. s. num., in 4⁰.

Cf. Cat. der Bibl. des ehemal. Carthäuser-Klosters Buxheim. Auction in München am 20. Sept. 1883 (XXX. Carl Förster'sche Kunstauction, II. Abth.) no. 2363.

234.

Daventriae, Theodoricus de Borne, a. 1513. Partes I. II. cum Hermanni Torrentini et Kemponis Thessaliensis commen- tariis. 88 foll. c. num. Pag. II—Pag. LXXXI et sign. Aij—Piiij et 67 foll. s. num., c. sign. Aij—Miij, typi Goth., in 4⁰.

I. *Fol. 1ᵃ*: Titulis huiꝰ opis ꝫ. ∥ Hermanni Torrentini in ∥ Alexan- drum vtiliſſima commentaria ∥ ad vnguem iā tertio caſtigata atqꝫ ∥ per ipſum amplificata Erant ∥ enim a librarijs pluri ∥ mum depra ∥ uata ∥ etc.; *sequuntur 12 lineae tituli, qui rubro colore impressus est. Fol. 1ᵇ*: Pro- hemium ∥. *Fol. 88ᵇ, col. 4.*: ❡ Finis ∥ ❡ Ex officina li ∥ teraria īduſtrii ∥ viri ꝓbatiqꝫ opi ∥ ficis Theodori꞉ ∥ ci de Borne An. ∥ Saluatoꝰ. M. ∥ D.ᶜXIIJ. Nono. ∥ Kalen. Apri. ∥

II. *Fol. 1ª*: Secunda commentariorum ∥ Kemponis Theſſalienſis in ſecundam ∥ doctrinalis Alexandri partem iā re ∥ uiſa atq₃ iteᵽ emēdata editio ∥ Poſt cōmentarios ſequū ∥ tur carmīa et epigrā ∥ mata eiuſdem Kēponis ∥. *Sequitur icon xylogr.: angelus primos homines e paradiso expellens. Fol. 1ᵇ*: Prohemium. ∥ *Fol. 57ᵇ*: ❲ Finis ∥ ❲ Secunda editio cōmentariorum ſecunde ptis ∥ magiſtri kemponis finem accipit ∥. *Sequuntur carmina quaedam Kemponis. Fol. 67ᵇ*: ❲ Excuſum in officina literaria induſtrij ∥ viri ‚pbatiq₃ opificis Theodorici de ∥ Borne ciuis Dauētriēſis Nono ∥ Kalen. Iunij Anno a natiui ∥ tate Chriſti optimi max. ∥ M.D.ᶜXIIJ ∥.

Oxoniae, B. Bodl. — Theodoricus de Borne tertius typographus Daventriensis fuit; praecesserunt eum Richardus Paffraet et Iacobus de Breda, de quibus vide adnot. ad nr. 25 et 58.

235.

Venetiis, Melchior Scissa, a. 1513, d. VIII. m. Iun. Doctrinale cum commento [Ludovici de Guaschis]. 84 foll. s. num., c. sign. A₂—L₂, typi Goth., in 4⁰.

Fol. 1ª: Doctrinale cum ∥ commento. ∥ *Sequitur icon xylogr.: magister cum 8 discipulis; deinde insigne typographi. Fol. 1ᵇ vacat. Fol. 2ª*: Prohemium ∥ ❲ Opus Alexandri grāmatici pro eruditioe puerorū ſuſcipit. *(sic)* ∥ ❲ Iſte liber diuiditur in tres libros partiales. In quoᵽ primo Alexander tractat ∥ *etc. Fol. 84ª, l. 3. inf.*: ❲ Impreſſum Venetijs per Melchiorem Scſſa. *(sic)* Anno dñi. 1513. die. 8. Iunij. ∥ Regiſtrum. ∥ a b c d e f g h i k l Omnes quaterni : preter l ducrnus *(sic)*. *Sequitur insigne typographi. Fol. 84ᵇ vacat.*

Bononiae, B. Ur.

236.

(Londinii), Rich. Pynson, a. 1513. Textus Alexandri cum sententiis et constructionibus. Typi Goth. in 4⁰.

In fine: ❲ Libro doctrinali Alexandri Richardus Pynson vigilanter correcto finem felicem imprimere iubet. Anno dñi M.CCCCC.XIIJ.

Cf. Ames Herbert, Typographical Antiquities etc. (London 1785) p. 259. — De typographo vide adnot. ad nr. 189.

237.

Tubingae, Thomas Anselmus Badensis, a. 1514, m. Iul. Partes I. II. cum Hermanni Torrentini et Kemponis Thessaliensis commentariis. 8 foll. s. num. + Fo. I—XC + 1 fol. s. num. = 99 foll., et 51 foll. s. num., typi Rom., in 4⁰.

I. *Fol. 1ª*: Hermanni Torrentini inter gram ∥ maticos noſtrae tēpeſtatis viri doctiſſimi cōmētaria ∥ in primā partē doctrinalis Alexādri, cū uocabu ∥ lorū interpretatione, *etc. (Titulus rubro colore impressus est.) Fol. 99ª*: Finiunt commentaria Hermanni ∥ Torrentini grammatici ∥ a nobis diligenter ∥ reuiſa *(sic)* ∥. *In fol. 99ᵇ titulus est hic:*

II. Commentaria clariſſima in ſecūdam ∥ partem doctrinalis Alexandri ab eruditiſſimo uiro ∥ Kempone Theſſalienſi Hollandiae, magiſtro bo ∥ narum

artium *etc.* in lucem edita. *Fol. 51ª*: Tubingae in aedibus Thomae Anshelmi Badenſis ⫽ Anno, M.D, XIIIj, menſe Iulio ⫽ ſub illuſtri principe Vdalri ⫽ co Vuirtembergenſi. ⫽ *Sequitur insigne typographi. Fol. 51ᵇ vacat.*

Friburgi Brisg., B. Un.; Tubingae, B. Un.; Basileae, B. Un.;
Turici Helvet., B. Ur.; Chremissae Monasterii Austr., B. Coen.

238.

Norimbergae, Hieron. Hoeltzel, a. 1514. Partes I.—III. cum
Hermanni Torrentini, Kemponis Thessaliensis, Andreae Gutterii
Cerasiani commentariis. 91 et 53 foll., typi Goth. (in quibusdam
locis typi Rom.), in 4⁰.

I. *Fol. 1ª*: Doctrinale totius grā ⫽ matices artis cōpendioſe in unū
digeſtū ⫽ iuxta ip̄ius ſpecieꝰ poſitive: dyaſynthetice: ,pſodieqꙅ calculationē:
ab ⫽ eruditiſſimis huius ſciētie ,pſeſſoribus diligēter gnareqꙅ elaboratū ⫽.
Sequitur index singularum partium, quae hoc libro continentur; deinde
icon xylogr. et subscriptio: Venundant Nuremberge p̄ Hiero ⫽ nymū Holtzel
in platea iudeorum ⫽. *Fol. 91ᵇ*: Finiunt Commentaria Hermanni Torrentini ⫽ grāmatici in Primam partem Alexandri ⫽.

II. III. *Fol. 1ª vacat. Fol. 1ᵇ*: Commētaria clariſſima in Secun ⫽ dam
partem Doctrinalis Alexandri ab eruditiſſimo ⫽ viro Kempone Theſſalienſi *etc.*
in lucem edita. Cui Tercie partis extracta con ⫽ nectunt inſignis viri Andree
Guterij Ceraſiani ⫽. *Fol. 42ª, l. 13.*: Expliciunt cōmentaria in Secundam
partem ⫽ Fratris Alexandri perlucida: magi ⫽ ſtraliter pridie a perdocto ⫽
magiſtro Kempo ⫽ ne commen ⫽ tata ⫽. *Fol. 42ᵇ*: Proſodia ex tercia Alexā ⫽
dri doctrinalis parte compendioſe notata *etc. Fol. 53ª, l. 7. inf.*: Finiunt
extracta Gutterij Tertie partis Alexandri ⫽ Totius doctrinalis grāmatice
ſcientie finit cōpendio ⫽ ſa exaratio. Induſtria ꙁ impenſa ,pvidi viri Hiero ⫽
nymi Hóltzel: calcographie gnari: nuꝑ ex ,p ⫽ pria officina urbis Nūrem-
berge in Vigi ⫽ lia Symonis ꙁ Iude apoſtolorū ⫽ Anno domini 1514 ⫽.
Fol. 53ᵇ vacat.

Maihingae, B. Princ.

239.

Coloniae, Martinus de Werdena, a. 1514. Pars II. cum
Kemponis Thessaliensis commentariis. 60 foll. s. num., c. sign.
Aij—Kiiij, typi Goth., in 4⁰.

Fol. 1ª: SEcunda cōmentariorū Kem ⫽ ponis theſſalienſis in ſecundā ⫽
doctrinalis Alexandri partem edi ⫽ tio. Poſt cōmentarios ſequuntur carmina et epi ꙁ ⫽ grammata eiuſdem Kemponis. ⫽ *Sequitur icon xylogr. ma-*
gistrum cum 4 discipulis repraesentans. Fol. 60ª: Impreſſum Colonie per
Martinum de wer ⫽ dena: inclyte ciuitatis Colonienſ̄ ciuem in vi- ⫽ co vulgo
dye Burgerſtraeß ad domū conſula- ⫽ rem cōmorantem. Anno. M.CCCCC.XIIIj.
Ipſo ⫽ die beati Urbani pape. ⫽. *Fol. 60ᵇ icon xylogr. insignia urbis Co-*
loniae repraesentans.

Ienae, B. Un.

240.

Augustae Vindelicorum, sine typogr. nomine, (Io. Schoensperger) a. 1514. Partium I. II. textus cum continuationibus etc.
94 foll. s. num., c. sign., typi Goth., in 4⁰.

Fol. 1ᵃ: Textus ambarum ∥ partium Alexandri cū con ∥ tinuationibus.
Exemplorum quoqȝ ∥ fignis in margine annotatis. ∥ Donatus Minor cum
verbis ∥ Subftantiuis : anormalis ꜩ defectiuis ∥ Puerilia fuper donatum. ∥
Dominus que pars. ∥ Et regule congruitatis cum ∥ Conftructionibus. ∥
Catho in latein ∥ durch Sebaftianum ∥ Brand geteütscht ∥. *In fine*: Ex-
preffa et nouiter ∥ elaborata Augusta *(sic)* urbis Vin ∥ delice. Anno virginei par ∥ tus M.CCCCC ∥ XIIIJ ∥. *Sequitur icon xylogr.: Iesus infans in-*
strumenta passionis gerens.

Oeniponte, B. Un. — De typographo cf. adnot. ad nr. 229.

241.

Parisiis, Iean Herouf, sine anno (c. a. 1514). Doctrinale
cum glosa Focaudi Monieri et additionibus Ioannis Bernier.
122 foll. s. num., c. sign. Aij—Uiij, typi Goth., in 4⁰.

Fol. 1ᵃ: DOctrinale alexandri de villa dei cum ∥ glofa Focaudi monieri et additioni ꜩ ∥ bus magiftri Iohannis bernier recenter ad ꜩ ∥ iectis vna
cū quotationibᵒ ∣ margine appoff ∥ tis vt etiaȝ legentibus primis intuitibus
cō- ∥ tenta pateāt. Impreffum Parifli per Iohānē ∥ herouf. ∥ *Sequitur in-*
signe typographi; deinde: Focaudi monieri in magiftri Alexandri ∥ de villa
dei laudes carmen elegiacum. ∥ *(Carmen sequitur in pagina aversa.) In*
fine: Doctrinale Alexandri vna cum glofa fo ꜩ ∥ caudi monieri atqȝ nōnullis
pluribus in lo ꜩ ∥ cis fuperadditionibus per magiftrum Iohā ꜩ ∥ nem bernier
appofitis Impreffum parifius ∥ per Iohānem herouf cōmorantem in vico ∣
nouo noftre dñe ad interfigniū fācti Nicolay. ∥

Trecis, B. Ur. Not. a Buissono p. 668.

242.

Basileae, Adam Petri de Langendorf, a. 1515, d. III. Kal.
Febr. Partes I.—III. cum Hermanni Torrentini, Kemponis Thessaliensis, Andreae Guterii Cerasiani commentariis. Pars I. : 50
foll. s. num. + Fol. I—CXV + 3 foll. s. num. = 168 foll., c. sign.
Aa₂—Ee₈ + aaj—bb₆ + a—p₆. Pars II. III. : 4 foll. s. num. + Fol.
I—LXXXIIII = 88 foll., c. sign. A—M₈, typi Goth. (in quibusdam
locis typi Rom.), in 8⁰.

Fol. 1ᵃ: Doctrinale totius gram ∥ matices artis compēdiofe in vnum
digéftum : iuxta ∥ ipfius fpecierum poñtiue ∣ dyafinthetice ∣ profodieqȝ ∥ calculationē : ab eruditiffimis huius fcientie ˏpfeffo ∥ ribus ∣ diligenter gnareqȝ
elaboratum. ∥ *Sequitur index singularum partium, quae toto libro con-*
tinentur. Deinde: 1515 ∥ BASI *(sequitur insigne typographi)* LEA ∣
℄ Tabula omnium ∥ prędictorum Alphabetica ∥.

I. *Fol. 37ᵃ*: ℄ Hermanni Torren ∥ tini ∣ inter grammaticos noftrȩ
tempeftatis viri do- ∥ ctiffimi Commentaria ∣ in primam partem doctrina- ∣ lis

Alexandri : *etc., ut in no. 226**. *Fol. 167ᵇ*: Finiunt Commentaria Her-
man- ǁ ni Torrentini grammatici ǁ in primam partem ǁ Alexan- ǁ dri. ǁ
Fol. 168ᵃ index. Fol. 168ᵇ vacat.

II. III. *Fol. 1ᵃ*: ❰ Cõmentaria cla ǁ riſſima in Secundã partem doctrinalis Alexã- ǁ dri ǁ ab eruditiſſimo viro kempone Theſ- ǁ ſalienſi *etc., ut
in no. 226**. Fol. LXXXIIIIᵃ: ❰ Totius doctrinalis grammaticæ ſcientiæ ǁ
finit compendioſa exaratio, Induſtria & ǁ impenſa prouidi viri Adae Petri
de ǁ Langendorff, calcographiæ ǁ gnari, nuper ex propria ǁ officina vrbis
Baſi ǁ leæ Anno dñi ǁ 1515. 3. ǁ kal'. ǁ Febru- ǁ arij. ǁ *Sequitur index.*
Fol. LXXXIIIIᵇ *vavat.*

Basileae, B. Un.

242*.

Lipsiae, Melchior Lotter, a. 1515. Partium I. II. textus
cum glosa interlineali.

*Cf. Cat. der Bibl. des ehemal. Carthäuser-Klosters Buxheim etc.
Auction in München am 20. Sept. 1883 (XXX. Carl Förster'sche Kunstauction, II. Abth.) no. 3361.*

243.

Coloniae, Martinus de Werdena, a. 1515. Pars I. cum
Hermanni Torrentini commentariis. 4 foll. s. num. + Pag.
Prima—Pag. LXXXV + 1 fol. s. num. = 90 foll., c. sign. A—Piiij,
typi Goth., in 4⁰.

Fol. 1ᵃ: HErmanni Torrentini inter ǁ Grammaticos noſtre tēpe- ǁ ſtatis
viri litteratiſſimi cõ ǁ ǁ mentaria pulcerrima in pri ǁ mã partem doctrinalis
Alexãdri cum ǁ accuratiſſima vocabulorum interpre- ǁ tatione quibuſdam
mēdoſis ſuperua- ǁ caneis et obſcuris verſibus vel reiectis vel in veriores
et planiores mutatis Cõ ǁ tinentur hic permulta ſcitu digniſſima ǁ que
nullis alijs habentur gloſſematis. Sunt autē hec commentaria ǁ tertio
caſtigata : diligenterqʒ ab iþo autore recognita. *etc.* Pag. LXXXVᵇ: Impreſſa ǁ Colonie per Martinum de werdena : prope domũ Conſu ǁ latus :
in vico Burgenſi (vel dye Burgerſtraeſʼ) cõmoran- ǁ tem. Anno domini
M.CCCCXV. ǁ *Fol. 90 deest in exemplari.*

Ienae, B. Un.

243*.

Norimbergae, Frid. Peypus, a. 1515. Partium I. II. textus
emendatus. 38 foll. s. num., typi Goth., in 4⁰.

*Cf. Cat. der Bibl. des ehemal. Carthäuser-Klosters Buxheim. Auction
in München am 20. Sept. 1883 (XXX. Carl Förster'sche Kunstauction,
II. Abth.) no. 3602.*

244.

Basileae, Adam Petri de Langendorff, a. 1516, d. XII. Kal.
Iun. Partes I.—III. cum Hermanni Torrentini, Kemponis Thessaliensis, Andreae Gutterii Cerasiani commentariis. Typi Goth.
(in quibusdam locis typi Rom.), in 8⁰.

Fol. 1ª: Doctrinale totius grã- ‖ matices compendiofe in vnum digeftum : iuxta fin- ‖ gulas ipfius fpecies : ab eruditiffimis huius fcientie ‖
‚pfefforibus diligenter elaboratũ denuoqʒ reuifum. ‖ *Sequitur index sin-*
gularum partium, quae toto libro continentur. **Deinde:** M.D.XVI. ‖ BASI
(sequitur insigne typographi) LEA ‖ ❡ Tabula omnium predicto- ‖ rum
alphabetica ‖.

I. *Fol. 37ª*: ❡ Hermanni Torren ‖ tini ‖ inter grammaticos noftrę
tempeftatis viri do ꞊ ‖ ctiffimi Commentaria ‖ in primam partem doctrina ‖ lis
Alexandri ‖ cum vocabulorũ interpretatione : *etc., ut in no. 226**. *Fol. 157ᵇ*:
Finiunt Commentaria Herman ‖ ni Torrentini grammatici ‖ in primam partem ‖ Alexan ‖ dri. ‖ .

II. III. *Fol. 1ª*: ❡ Cõmentaria cla ‖ riffima in Secundã partem doctrinalis Alexã ‖ dri ‖ ab eruditiffimo viro Kempone Thef ‖ falienfi *etc.* in
lu- ‖ cem edita. ‖ Cui tercię partis extracta conne ‖ ctuntur infignis Andreę Gutterij Cerafiani. ‖ *In fine*: ❡ Totius doctrinalis grammaticae fci-
entiae ‖ finit compendiofa exaratio, Induftria & impenfa prouidi viri Adae
Petri de ‖ Langendorff ‖ chalcographiae ‖ gnari, nuper ex propria ‖ officina
vrbis Bafi ‖ leae Anno dñi ‖ M.D.XVI, 12 Cal' ‖ Iunij. ‖ *Sequitur index*.

Vindobonae, B. Caes.

245.

Argentinae, Renatus Beck, a. 1516.   Partium I. II. textus.
37 foll. s. num., c. sign. aij—giiij, typi Rom. (exceptis titulo,
inscriptionibus et glosis marginalibus), in 4⁰.

Fol. 1ª: Alexandri Galli ‖ doctrinale emenda ‖ tum prime et fecũ ‖ de
partis. Anno. M.D.XVI. ‖ *(Titulus figuris xylogr. marginatus est.)* *Fol. 1ᵇ*:
❡ Ex libro de ecclefiafticis fcriptoribus ‖ Ioannis Trittemij Abbatis Span-
heĩm. ‖ *Fol. 2ª*: Prefatio ‖ SCribere clericulis paro doctrinale ‖ nouellis ‖.
Fol. 37ᵇ: Excufum Argentinae per ‖ Renatnm Beck Anno. ‖ M.D.XVI. ‖

Giessae, B. Un.

246.

Londinii, Rich, Pynson, a. 1516.   Textus Alexandri cum
seṇtentiis et constructionibus, in 4⁰.

Cf. Panzer VII. p. 242 no. 45. — De typographo vide adnot. ad
nr. 189.

247.

Cracoviae, impensis Ioannis Haller, a. 1517, in vigilia pu-
rificationis Mariae. Pars II. cum commentario Ioannis Glogoviensis.
88 foll. s. num., c. sign. a—piij, typi Goth. et Rom., in 4⁰.

Fol. 1ª: Exercitiũ fcd'e ptis Alex ‖ andri p magiftrũ Ioan ‖ nẽ Glo-
gouienfem in flo ꞊ ‖ rigera Cracouienfi vniuerfitate bre ‖ uiter in vnũ re-
collectũ, nupqʒ de ‖ nuo reuifum. et accurata di ‖ ligentia fideliter emen ‖
datũ, abiectis ex ‖ priori exem ‖ plari ‖ nõnullis ‖ fupfluis necef ‖ farijs
vero additis ‚p iunioᵣ aptiori inftitutione ‖. *(Titulus, partim rubro colore*
exaratus, figuris xylogr. marginatus est; infra monogramma est librarii ђ*)*.
Fol. 1ᵇ: Sintaxis commendatio. ‖ Alexandri gallici quẽ plurimi ordinis ‖
minoᵣ *etc., ut in no. 184 et 223; l. 5. inf.:* Impreffum eft aũt hoc opus

ad impenſas optimi humaniſſimiq᷈ viri ⫽ dn̄i Ioannis Haller ciuis Cracouieñ. viro᷈ doctо᷈ fautoris excellen ⸗ ⫽ tiſſimi. Anno x̄p̄i Ieſu ſaluatoris currente. 1516. Nūc vero ‚ppoſitum ⫽ in noīe eiuſdē ſaluatoris : eiuſq᷈ genitricis Marie virginis digniſſime ⫽ Feliciter incipio. ⫽ *Fol. 88ᵃ:* Exercitiū Secunde partis Alexādri Galli Cracouie impen ⫽ ſis ſpectabilis viri domini Iohannis Haller impreſ ⫽ ſum : finitūq᷈ feliciter in vigilia Purificati ⸗ ⫽ onis Marie virginis illibate. ⫽ Anno dn̄i. 1517. ⫽ Laus deo glorioſo. ⫽ *Fol. 88ᵇ vacat.*

Cracoviae, B. Un. — De librario vide adnot. ad nr. 184 et 223.

248.

Basileae, Adam Petri de Langendorff, a. 1517, m. Iun. Partes I.—III. cum Hermanni Torrentini, Kemponis Thessaliensis, Andreae Gutterii Cerasiani commentariis. 8 foll. s. num. + Fol. CXV + 3 foll. s. num. = 126 foll., et 4 foll. s. num. + Fol. LXXXIIII = 88 foll., typi Goth. (in praefationibus et subscriptionibus typi Rom.), in 8⁰.

I. *Fol. 1ᵃ:* Hermanni Torrenti- ⫽ ni ⫽ inter grammaticos noſtrę tempeſtatis viri ⫽ doctiſſimi Cōmentaria ⫽ in primā partem doctrinalis ⫽ Alexandri : cum vocabuloᷓ interpretatione : quibuſdā mendoſis ⫽ ſuperuacaneis ꝛ obſcuris verſibus ⫽ vel re ⫽ iectis ⫽ vel in veriores ꝛ planiores mutatis : *etc.* *Fol. 1ᵇ:* AD LECTOREM ⫽. *Fol. 125ᵇ:* Finiunt Commentaria Hermāni ⫽ Torrentini grāmatici in pri ⫽ mam partē Alexandri. ⫽ *Fol. 126ᵃ index.* *Fol. 126ᵇ vacat.*

II. III. *Fol. 1ᵃ:* Commentaria cla- ⫽ riſſima in Secundam partem doctrinalis ⫽ Alexādri ⫽ ab eruditiſſimo viro Kempone Theſſa ⫽ lienſi hollandię : pro anhelantibus Syntaxim ⫽ potiſſimam grammaticę ſpeciem fun ⫽ ditus intelligere : exactiſſime ⫽ in lucem edita. ⫽ Cui tercię partis extracta connectuntur ⫽ inſignis viri Andreę Gutterij ⫽ Ceraſiani. ⫽ *Fol. 88ᵃ (c. num.* LXXXiiij*):* ❡ Totius doctrinalis grammaticæ ſcientię ⫽ finit compendioſa exaratio, Induſtria & ⫽ impenſa prouidi uiri Adæ Petri de ⫽ Langendorff, chaloographię ⫽ gnari, nuper ex propria ⫽ officina urbis Baſi ⫽ leæ, Anno dn̄i ⫽ M.D.XVII. ⫽ Menſe Iunio. ⫽ *Sequitur index.*

Bononiae, B. Ur.

249.

Parmae, Franc. Ugoletus et Octavianus Saladus, a. 1517, d. XX. m. Nov. Doctrinale cum commento [Ludovici de Guaschis]. 72 foll. s. num., c. sign. aij—iiiij, typi Goth., in 4⁰.

Fol. 1ᵃ: Doctrinalia. D. Magiſtri Alexandri de villa Dei nuper per Clariſ ⸗ ⫽ ꝛ doctiſ. Grammaticos re ⸗ ⫽ cognita : cū interpreta ⸗ ⫽ tiōibus emē dati ſſi ⸗ ⫽ mis. vt cum alijs ⫽ exemplaribus ⫽ collata *(sic)* liq ⸗ ⫽ do con ⸗ ⫽ ſtabit. ⫽ ✠ ⫽ *(Quae omnia rubro colore impressa sunt.)* *Fol. 1ᵇ:* M. Demētius Babax : Diſcipulis ſuis. S. D. ⫽ *Fol. 72ᵇ:* ❡ Impreſſum Parmę per Frāciſcū Ugoletū : ꝛ Octauia ⸗ ⫽ nū Saladū affines : āno dn̄i. M.D.XVII. die XX. Nouē. ⫽ Petrus perinus chriſti flamen. ⫽ *Sequuntur 5 disticha et insigne typographi.*

Bononiae, B. Un. — Franciscus Ugoletus filius fuisse videtur Angeli Ugoleti, qui Doctrinale a. 1486 edidit (vide no. 31).

250.

Viennae Austriae, Io. Singrenius, a. 1518. Pars II. cum commentario Ioannis Glogoviensis. 81 foll. s. num., c. sign. aij—tiiij, typi Goth., in 4⁰.

Fol. 1ᵃ: Exercitium fecūde partis Alex ꞏ ‖ andri per magiſtrum Io-ānem ‖ Glogouiēſem in florigera Cra ꞏ ‖ couienſi vniuerſitate breuiter in unū recollectum ‖ nuperqჳ denno *(sic)* reuiſum : ꜯ accurata dili ꞏ ‖ gentia fideliter emendatum : ab ꞏ ‖ iectis ex priori exemplari ‖ nonuullis *(sic)* fup ꞏ ‖ fluis ‖ neceſſariis ‖ vero additis pro ‖ iuniorum aptiori inſtitutione ‖. *(Titulus figuris xylogr. marginatus est; in imo margine monogramma est typographi.) Fol. 1ᵇ icon xylogr.: S. Stanislaus mortuum ad vitam revocans; deinde sequuntur varii clypei. Fol. 81ᵇ*: Impreſſum Vienne Auſtrie per Ioannem ‖ Singreniū : expenſis vero Ur ꞏ ‖ bani Keym bibliopo. ‖ Budeū. Anno ‖ 1.5.18.

Leopoli Austr., B. Nat.

250*.

Norimbergae, Iodocus Gutknecht, a. 1518. Doctrinalis partium I. II. textus cum annotationibus et exemplis. 44 foll. s. num., c. sign. Aij—Fiiij, typi Goth., in 4⁰.

Fol. 1ᵃ: Alexander doctrinale dictus cum ‖ ſuis annotationibus ꜯ exem ꞏ ‖ plis in margine poſitis. ‖ *Sequitur icon xylogr.: magister virgam manu tenens, ante eum 9 discipuli. Fol. 1ᵇ icon xylogr.: Christus in cruce pendens viris sanctis circumdatus; supra inscriptio est:* ❡ Ieſus Celeste Roſariū. *Fol. 2ᵃ*: Prohemium Alexandri ‖. *Fol. 30ᵇ*: ❡ Finis prime partis Alexandri. ‖ *Fol. 43ᵇ*: ❡ Finis fecunde partis Alexandri ‖ ❡ Impreſſum Nūrnbergē *(sic)* per ‖ Iodocum Gutknecht. ‖ Anno ſalutis noſtre ‖ M.D.XVIII. ‖ ❡ Laus deo. ‖ *Fol. 44 vacat.*

Brunnae, B. Dr. Schober. — Cf. editio no. 233 descripta.

250**.

Antverpiae, Michael Hillenius Hoochstratanus, a. 1518. Pars I. cum Hermanni Torrentini commentariis et adnotationibus Despauterii. 68 foll. c. num. + 6 foll. s. num. = 74 foll., c. sign., in 4⁰.

Cf. Cat. der Bibl. des ehemal. Carthäuser-Klosters Buxheim. Auction in München am 20. Sept. 1883 (XXX. Carl Förster'sche Kunstauction, II. Abth.) no. 2365.

250***.

Daventriae, Albertus Paefraedt, a. 1518. Pars II. cum Kemponis Thessaliensis commentariis. 62 foll. s. num., c. sign. Aij—Miij, in 4⁰.

Fol. 1ᵃ: (S)Ecunda commentari ‖ orum Kemponis Theſſalienſis in ſecū ‖ dam doctrinalis Alexandri partem *etc. (ut in num. 227*). Titulum sequitur insigne typographi.* (P)Roſtant Daventrie in ‖ ędibus Alberti Paffraedt. ꜯ . . ꜯ . *Fol. 62ᵃ*: Excuſun *(sic)* Dauentrię in ‖ ędibus Alberti Paeſ ‖ raedt Anno a natali Chriſtiano decīo octa ‖ uo ſuῠ Milleſimū qͤngen-teſimū. ‖

Daventriae, B. Ur. Cf. Ledeboer, Notices bibliographiques des livres imprimés avant 1525 conservés dans la bibl. publ. de Deventer (Deventer 1867) p. 46.

250****.

Rotomagi, Richardus Goupil, impensis Michaelis Angier, a. 1518. Doctrinale cum glosa Focaudi Monieri. 8⁰.

Cf. L. Delisle, Essai sur l'imprimerie et la librairie à Caen de 1480 à 1550 (Caen. 1891) p. 33 no. 12. [Extrait du Bulletin de la Société des Antiquaires de Normandie, Tome XV]. Vide etiam adnot. ad nr. 81.

251.

Venetiis, Alexander de Bindonis, a. 1519, d. IV. m. Maii. Doctrinale cum commento [Ludovici de Guaschis]. 66 foll. s. num., c. sign. Aij—H₅, typi Rom. (in textu) et Goth. (in titulo et commentario), in 4⁰.

Fol. 1ᵃ: Doctrinale cum comento. *(sic)* ǀ *Sequitur icon xylogr.: magister cum 8 discipulis. Fol. 1ᵇ: icon xylogr. triumphum repraesentans. Fol. 2ᵃ:* ☾ Opus Alexãdri grãmatici pro eruditione pueroᴿ. Incipit. ǀ ☾ Iſte liber diuiditur in tres libros partiales. In quoruᴣ primo Alexander tractat de ethymo ǀ logia *etc. Fol. 65ᵇ, l. 5. inf.:* ☾ Doctrinale Alexandri gramatici *(sic)* pro eruditione puerorum feliciter explicit. ǀ Venetijs per Alexandrum de Bindonis ǀ MCCCCXIX. die. ɪɪɪɟ. Maij. ǀ ☾ Laus ſummo regi dicatur vocibus oris. ǀ Quod iã non ceſſet merces cõdigna laboris. ǀǀ *Fol. 66ᵃ: icon xylogr. Iustitiam repraesentans; infra monogramma typographi. Fol. 66ᵇ vacat.*

Romae, B. Alex.; Bononiae, B. Un.; Ferrariae, B. Ur.

252.

Parmae, Franc. Ugoletus et Bened. Zabolus, a. 1519, d. XVIII. m. Maii. Doctrinale cum commento [Ludovici de Guaschis]. 72 foll. s. num., c. sign. aij—iiiij, typi Goth., in 4⁰.

Fol. 1ᵃ figuris xylogr. marginatum est; in superiore parte conspicitur icon magistri utraque manu pennam tenentis; deinde sequitur titulus hic: Alexandri Rhotomagi nuper diligẽti caſtigatione ǀ Opus excultum cũ interpretationibus emen ꞊ ǀ datiſſimis quę paſſim corruptę legeban ꞊ ǀ tur in priſtinũ ſenſum reſtitutis vt ſi ǀ cum alijs exẽplaribus col ꞊ ǀ latũ fuerit liquido ǀ conſtabit. ǀ *Fol. 1ᵇ:* M. Demẽtius Babax : Diſcipulis ſuis. S. D. ǀ *Fol. 2ᵃ:* Proemium ǀ ☾ Opus Alexandri Grãmatici pro Eruditione puerorum ǀ Liber Primus Incipit. ǀ *Fol. 72ᵇ, l. 4. inf.:* ☾ Impreſſum Parmę per Frãciſcum ǀ Ugoletũ : ꞊ Benedictum Zabo ꞊ ǀ lum : Anno dñi. M.D.XIX. ǀ Die. XVIII. Mai. ǀ

Romae, B. Cors.

253.

Basileae, Adam Petri de Langendorff, a. 1519, m. Aug. Partes I.—III. cum Hermanni Torrentini, Kemponis Thessaliensis, Andreae Gutterii Cerasiani commentariis. 132 et 88 foll., max. partem c. num., typi Goth. (in quibusdam locis typi Rom.), in 8ᴬ.

I. *Fol. 1ª*: Hermāni Torrentini ∥ inter grammaticos noſtrę tempeſtatis viri ∥ doctiſſimi Cōmentaria ∕ in prima₃ partē doctrinalis ∥ Alexandri :
cum vocabuloꝝ interpretatione : ꜱbuſdā ∥ mendoſis ∕ ſuperuacaneis ⁊ obſcuris
verſibus ∕ ∥ vel reiectis ∕ vel in veriores ⁊ planiores mu ∥ tatis *etc. Fol. 132ᵇ*:
Finiunt Cōmentaria Hermanni ∥ Torrentini grāmatici in pri ∥ mā partē
Alexandri ∥.

II. III. *Fol. 1ª*: Commentaria clariſ ∥ ſima in Secundā partem doctrinalis Alexandri ∕ ∥ ab eruditiſſimo viro Kempone Theſſalienſi ∥ Hollandię : *etc.* in lu ∥ cem edita. ∥ Cui tertie partis extra ∕ cta connectuntur
inſignis viri An ∕ dreę Gutterij Ceraſiani. ∥ *Fol. 88ª (c. num. LXXXiiij)*:
❦ Totius doctrinalis grammaticæ ſci- ∥ entiæ finit compendioſa exaratio, ∕
Induſtria & impenſa prouidi ∥ uiri Adæ Petri de Langen- ∥ dorff, chal-
cographiæ ∥ gnari, nuper ex pro ∕ pria officina urbis ∥ Baſileæ, Anno dñi.
M.D. ∥ XIX. ∥ Mē ∥ ſe Augu ∥ ſto.

Luneburgi, B. Ur.; Gottingae, B. Un.

254.

Antverpiae, Henricus Eckert de Homborgh *(sic?)*, a. 1519.
Partes III. IV.

Ex Cat. Univ. Gandavensis. Exemplar editionis ibi non invenitur.

254*.

Daventriae, Albertus Pafraet, a. 1519. Pars I. cum Hermanni Torrentini commentariis et additionibus Bitteri. 83 foll.
c. num., + 10 foll. s. num. = 93 foll., c. sign. Aij—Qij, in 4⁰.

Fol. 1ª: (H)ermanni Torrē ∥ tini viri doctiſſimi in ∥ primam ∥ Alexandri Galli partē *etc. (Titulus figuris xylogr. marginatus est.) Fol. 2ᵇ*:
De prima declinatione ∥ (R)Eotis as es a dat declinatio prima ∕ *etc. In
fine*: ❦ Dauentrie ex ∕ officina literato ∥ ria Alberti praef ∥ raed Anno ſa-
lu ∥ tis nr̄e M.D. ∥ XIX. mēſe Ianu ∥ ario. ⁊. ∥

*Daventriae, B. Ur. Cf. Ledeboer, Notices bibliographiques des livres
imprimés avant 1525 conservés dans la bibl. de Deventer (Deventer 1867) p. 47.*

254**.

Sine loco (Daventriae), Albertus Pafraet, s. a. (c. a. 1519).
Textus I. partis correctus et abbreviatus ab Hermanno Torrentino cum textu II. partis. 46 foll. s. num., c. sign. Aij—Jiiij,
typi Goth., in 4⁰.

Fol. 1ª: (T)Extus Prime ∥ partis doctrinalis Alexādri ∥ quĩbuſdā in
locis obſcuriori ∕ bus correct° et abbreuiat° ab Hermāno ∥ Torrētino Cū
textu ſc̄de partis eiuſde₃ ∕. *Sequitur insigne typogr.; deinde*: ❦ Proſtant
in ędibus Alberti paefraed. ∥ *(Titulus figuris xylogr. marginatus est.)
Fol. 1ᵇ vacat. Fol. 2ª*: (S)Cribere olericulis paro ∕ *etc. Fol. 46ª*: Plurima *(sic?)*
numero ſil'es ſunt quos ego cerno ∥. *Fol. 46ᵇ vacat.*

Daventriae, B. Ur. Cf. Ledeboer l. c. p. 49.

255.

Norimbergae, Hieron. Hoeltzel, a. 1521, d. XXIX. m. Ian. Partium I.—IV. textus cum marginalibus exemplis etc. Fol. sign. Aij—L, typi Goth., in 4⁰.

Fol. 1 titulum continens conscissum est. Fol. ult.ᵇ: ☾ Omnes partes Alexandri grāmatici cum margi ⸗ ∥ nalibus exemplis ⸱ cōtinuationibus *etc.* Per Hiero ∥ nymū Höltzel in Nurember ⸗ ∥ ga Imperiali ciuitate impſ ⸗ ∥ ſe : feliciter. Anno dāi Mil ∥ leſīmo quingenteſīmo ∥ viceſīmo primo. XXIX. ∥ die Menſis Ia ∥ nuarij. ∥ *l. 3. inf.*: Anno milleno ducenteno quoqȝ deno ∥ Doctor Alexander venerabilis atqȝ magiſter ∥ Doctrinale ſuum dedit in cōmune legendum. ∥

Vindobonae, B. Caes.

255*.

Daventriae, Albertus Pafrad, a. 1521, m. Aug.　Pars I. cum Hermanni Torrentini commentariis et adnotationibus Despauterii et Bitteri, ex recensione Despauterii.　Typi Rom.　In 4⁰.

Fol. 1ᵃ: HErmanni ∥ TORRENTINI in Alexandri Theopa- ∥ gitae grammatices Primam par- ∥ tem Commentaria longe casti- ∥ gati ∥ ſīma, *(sic?)* cum Annotationibus DESPAVTERII, studiosae ∥ Pubi utilissimis. quibus innexum ∥ est quicquid BITTERVS no- ∥ tatu dignum adiecerat. DES- ∥ PAVTERIVS totum opus ∥ diligentissime perlegit, & ∥ ad unguem casti ∥ gauit.　*In fine*: Dauentriae ex officina literatoria Alberti Pafradi Anno dāi M.D.XXI. Mense Augusto. ∥

Cf. Krafft et Crecelius, Beiträge zur Gesch. d. Humanismus, II. Heft (Elberfeld 1875) p. 39. — Albertus Pafrad filius illustrissimi illius Richardi Pafraed, primi typographi Batavorum, est.

256.

Parmae, Octavianus Saladius, a. 1521, d. X. m. Mart.　Doctrinale cum commentario [Ludovici de Guaschis].　68 foll. s. num., c. sign. aij—fvj, typi Goth., in 4⁰.

Fol. 1ᵃ: Alexandri Rhotomagi ∥ nuper diligēti caſtigatio ∥ ne Opus excultum cū in ∥ terpretatiōibus emenda ∥ tiſſimis que paſſim corru ∥ pte legebātur in priſtinū ∥ ſenſum reſtitutis vt ſī ∥ cū alijs exēplaribus ∥ collatū fuerit li ⸗ ∥ quido cōſtabit. ∥ Laus ⊕ Deo. ∥ *(Titulus marginibus xylogr. ornatus est.)　Fol. 1ᵇ*: 6 icones xylogr.　*Fol. 2ᵃ*: Proemium. ∥ Opus Alexandri Grāmatici pro Eruditione puerorum. ∥ Liber Primus Incipit. ∥ *Fol. 68ᵃ, l. 4. inf.*: Impreſſum Parmę per Octa- ∥ uianū Saladium. Anno do- ∥ mini. M.D.XXI. ∥ Die X. Martii ∥. *Fol. 68ᵇ vacat.*

Bononiae, B. Ur.

257.

Augustae Vindelicorum, Sylvius Otmar, a. 1521.

Cf. Panzer VI. p. 160 n. 196.

258.

Tusculani Lacus Benaci, Alexander de Paganinis, sine anno
(c. a. 1521). Doctrinale cum commentario [Ludovici de Guaschis].
57 foll. s. num., c. sign. aij—giiij, typi Goth. (in commentario
formae minimae), in 4⁰.

Fol. 1ᵃ: DOCTRI ǀ NALE ǀ OPVS ALEXAN ǀ DRI GRAMMA ǀ TICI
PRO ERV ǀ DITIONE ǀ PVERO ǀ RVM ǀ ❀ ǀ *Fol. 1ᵇ*: *icon magistri cum
discipulis.*   *Fol. 2ᵃ*: Opus Alexādri grāmatici pro eruditione pueroꝗ.
Incipit. ǀ ☾ Iſte liber diuiditur in tres libros *etc.*, *l. 14.*: (S) Cribere clericulis paro doctrinale nouellis. ǀ *etc.*   *Fol. 57ᵃ*: ☾ Doctrinale Alexandri
grāmatici pro eruditione puerorum feliciter explicit. ǀ FINIS. ǀ Laus ſummo
regi dicatur vocibus oris. ǀ Quod iam non ceſſet merces condigna laboris. ǀ
Tuſculani p Alexandrū de Paganinis apud lacū Benaceſ. ǀ *Fol. 57ᵇ vacat.*

*Oxoniae, B. Bodl.; Parisiis, B. Nat. — Alexander de Paganinis, qui
a. 1517 Salodii (Longae Salinae), oppidulo Lacus Benaci, consederat, nonnullis annis post Tusculanum pagum eidem lacui adiacentem, in quo loco
iam a. 1479 Gabriel Petri Tarvisinus artem typogr. exercuerat (vide
nr. 9), ad prelum ibi instituendum delegit. Cf. Dictionnaire de géogr.
p. 1274.*

258*.

Coloniae, Eucharius Cervicornus, a. 1522.   Pars I. cum
Hermanni Torrentini commentariis.   In 4⁰.

*Cf. Cat. der Bibl. des ehemal. Carthäuser-Klosters Buxheim. Auction
in München am 20. Sept. 1883 (XXX. Carl Förster'sche Kunstauction,
II. Abth.) no. 2366.*

258**.

Parisiis, Iodocus Badius Ascensius, a. 1522, ad Id. Mart.
Pars I. cum glosa Ioannis Vaus.   96 foll. s. num., c. sign.
aij—mv, typi Rom., in 4⁰.

Fol. 1ᵃ: IN PRIMAM ǀ Doctrinalis Alexandrini de nominum ac ver-
borū ǀ declinationibus, atq₃ formationibus partem, Ab Io ǀ doco Badio
Aſcenſio recognitam, Magiſtri Ioānis ǀ Vaus, natione Scoti & percelebris
Abredonenſiū ǀ academię grammatici : commentarii ab eodē Aſcen ǀ ſio
itidem recogniti atq₃ impreſſi. ǀ *Sequitur trium typographorum operi intentorum icon, quae inscripta est:* prelū aſcēſianū. *Inferior pars folii conscissa
est; manu inscripta sunt scidulae agglutinatae haec:* Impr. Paris. 1522.
Fol. 1ᵇ: Iodocus Badius Aſcenſius, ſtudioſis Abredonē ǀ ſis Academiæ phi-
loſophis ſalutem. ǀ *Fol. 2ᵃ*: Ioannes ǀ Vaus artium bonarum profeſſor,
ſtudioſis Abredonen ǀ ſiū gymnaſii nup. feliciter inſtituti, ſcholaſticis Sa-
lutē ǀ; *subscr. fol. 2ᵇ*: Ex inclyta Parrhi ǀ ſiorum Lutecia Salutiferi partus
anno. XXꝛꝛ. ſupra mille ǀ ſimum & quingenteſimum menſe Februario. ǀ
Fol. 95ᵃ: Sub prelo Aſcenſiano Ad Idus Martias M.D.XXII.   *Fol. 95ᵇ*: Rob-
bertus Græ Aberdonenſis, ſtudioſae iuuentuti ǀ inibi commoranti Salutem. ǀ
subscr. fol. 96ᵃ: Valete. Idibᵒ Februa ǀ rij Parrhiſiis ex collegio bonæ
curiæ. Anno 1522. ǀ *Fol. 96ᵇ vacat.*

Aberdonae, B. Ur. Descriptionem benigne ad me misit rev. vir Archibaldus R. S. Kennedy, professor universitatis Aberdonensis.

258***.

Parisiis, Iodocus Badius Ascensius, a. 1524. Pars III. cum expositione Ascensiana. 2 foll. s. num. + Fo. CX = 112 foll. c. sign. AAij—OOv, typi Rom., in 4⁰.

Fol. 1ᵃ: TERTIA PARS ∥ Doctrinalis Alexandrini, in qua hẹc infunt Capita. ∥ De Arte Verſificatoria Totius operis. ∥ De Profodiis feu accentibus. ∥ De Figuris pænitus repoſitis. ∥ De Orthographia fuperaddetur. ∥ *Sequitur icon trium typographorum cum inscriptione:* Prelum ∥ Afcenſianũ. *Deinde:* ❲ Venundatur Badio cum gratia & pri ∥ uilegio quibus partes reliquẹ. ∥ *Fol. 1ᵇ:* IODOCVS BA ∥ dius Afcenſius D. Ludouico Laffereo Regalis Nauarro ∥ rum apud Parrhiſios collegii Prouifori prudentiſſimo ∥ & eccleſiẹ Diui Benedicti apud eofdem Paſtori & anima ∥ rum curatori vigilantiſſimo. S. D.; *subscr.* Vale. Ad Ca ∥ lendas Maias. M.D.XXIIII. ∥ Fo. CXᵃ: ❲ FINIS. ∥ ❲ In typographia Afcenſiana poſtridie natalis diui Baptiſtæ Anno ∥ M.D.XXIII. Cum gratia & priuilegio in cẹteris conceſſis ∥. Fo. CXᵇ *vacat.*

Aberdonae, B. Un. Descriptionem ad me misit vir rev. Archibaldus R. S. Kennedy, professor univ. Aberdonensis.

259.

Lipsiae, sine typographi nomine, a. 1525. Partes I.—IV. cum glosa notabili. 124 et 106 et 34 foll. c. num. I—CXX et I—CV et I—XXXII, c. sign. A—T et Aa—Qq et A—F, typi Goth., in 4⁰.

Fol. 1ᵃ: Prima pars doctrina ∥ lis Alexandri cum fen ∥ tentijs notabilibus et vocabulorụ lu ⸗ ∥ cida expoſitione. nõnulliſqȝ annexis ar ⸗ ∥ gumentis cum eorundem replicis *etc.* Preterea omnium vocabulorum In ⸗ ∥ dicem. que in prima parte continen ∥ tur. theutonice et polonice expo ∥ ſita fecundum ordinem alpha ∥ beti antea nũqȝ impreſſum. ∥ Impreſſum Lyptzk. ∥ *Fol. 1ᵇ:* Prohemium. ∥ Tanquã paruulis vt lac potũ dedi vobis : inq't Paulᵒ prima Corinth. iij. ∥ *Fol. 5ᵃ (c. num.* j.*):* Prohemium. ∥ Pro cuiᵒ initio talis mouet feqns q̃ſtio ∥ *etc.* *Fol. 124ᵇ (c. num.* CXXᵇ*):* ❲ Expoſitio textus ⁊ exemploɽ prime partis Alexãdri : equo ∥ corũ *etc., l. 2. inf.:* Explicit ∥ feliciter. ∥

II. *Fol. 1ᵃ:* Gloſa notabilis fecun ∥ de partis Alexandri cũ interlinialibus ∥ expoſitionibus textus eiufdẽ in planiſſi ⸗ ∥ mis fententijs fubiunctis perpulchre ordinatis queſtionibus atqȝ ∥ argumentis *etc.* *Fol. 1ᵇ:* Gloſa notabilis. ∥ Quam pulcra tabernacula tua ∥ *etc.* *Fol. 2ᵃ (c. num.* j.*)—fol. 106ᵃ (c. num.* CV*) textus et commentarius.* *Fol. 106ᵇ vacat.*

III. IV. *Fol. 1ᵃ:* Tertia et Quarta par ∥ tes doctrinalis magiſtri Alexãdri cum ∥ commento valde vtili textus dante in ⸗ ∥ telligentiam fummariam. Quarum ter ∥ tia docet de quãtitate fyllabarũ. Quar ⸗ ∥ ta vero de accentuatione cũ nouis qui ∥ bufdam fententiarum additionibus. ∥ *Fol. 1ᵇ:* Prohemium. ∥ Meliora funt vbera tua vino fragrãtia *etc.* *Fol. 34ᵃ:* Impreſ-

fum Lipfie Anno ∥ Domini Millefimo ∥ quingentefimo ∥ vigefimo ∥ quinto. ∥
Fol. 34ᵇ vacat.

*Cracoviae, B. Un. — Qui in titulo indicatur index vocabulorum
teutonice et polonice expositorum in hoc exemplari desideratur.*

260.

Parisiis, Iodocus Badius Ascensius, (nota anni caret exemplar in fine mutilum; c. a. 1526). Pars III. cum expositione
Ascensiana. Typi Rom. In 4⁰.

Fol. 1ᵃ: TERTIA PARS ∥ Doctrinalis Alexādrini, ɪ qua hẹc infunt
Capita. ∥ De Arte Verfificatoria Totius operis. Cap. x. ∥ De Profodiis feu
accentibus. Cap. xɪ. ∥ De Orthographia cū caeteris omnibus diligen= ∥ tius
repofita. ∥ *Sequitur insigne typographi cum inscriptione:* Prelum ∥ Afcen-
fianū. *et subscriptione:* ❨ Venūdatur Badio cū gratia & priuilegio. ∥
Fol. 1ᵇ: ✵ IODOCVS BA ∥ dius Afcenfius D. Ludouico Laffereo *etc., subscr.:*
Ad Calendas ∥ Decemb. M.D.XXVI. ∥ *Finis deest.*

Parisiis, B. S. Genov.

261.

Venetiis, Augustinus de Bendonis, a. 1528. Doctrinale cum
commento [Ludovici de Guaschis]. 80 foll. s. num., c. sign.
Aij—Kiiij, typi Goth. (in titulo et textu) et Rom. (in commentario et subscriptione), in 4⁰.

Fol. 1ᵃ: Doctrinale cum cōmento. ∥ Nouiter impreffum. ∥ *Sequitur
icon xylogr. magistrum cum 8 discipulis repraesentans. Fol. 1ᵇ*: *insignia
Hieronymi Venerii exemplari agglutinata. Fol. 2ᵃ*: ❨ Opus Alexandri
Grammatici pro Eruditione puerorum ∥ Liber Primus Incipit. ∥ ∥ Ifte liber
diuidit̃ in tres libros partiales. In quoʀ primo Alexander tractat de ety-
molo= ∥ gia *etc. Fol. 80ᵇ*: Alexandri Grāmatici pro Eruditione Puerorum
Doctrinale foeli- ∥ citer explicit. Venetiis impreffum per Auguftinum de
Bendo ∥ nis. Anno Domini M.DXXVIIJ. Menfis Ianuarii. ∥

Venetiis, B. Nat.

262.

Brixiae, Ludovicus Britannicus, a. 1538. Doctrinale cum
commento [Ludovici de Guaschis]. 48 foll. s. num., c. sign.
Aij—Fiiij, typi Goth. (in tituli pagina aversa typi Rom.), in 4⁰.

Fol. 1ᵃ: ALEXANDRI ∥ GRAMMATICI OPVS ∥ una cum facili
Interprete plu- ∥ rimis erroribus expurgatum : facris litterarum ∥ initiandi
adole- ∥ fcentes eme- ∥ re, ∥ quid moramini : ∥ BRIXIAE. ∥ Apud Ludouicum
Britannicum. ∥ ANNO ∥ M.D.XXXVIII. ∥ *Fol. 1ᵇ*: Bartholomęus Mafchara
Brix. Georgio Sereno Carrarienfi ∥ *etc., subscr.:* Vale. Brixiae Id. Augusti
M.DXXIX. *Fol. 2ᵃ*: Opus Alexandri grammatici pro eruditione puerorum
incipit. ∥ Ifte liber dividitur in tres libros partiales *etc. Fol. 48ᵃ*: FINIS ɪ
BRIXIAE ∥ Apud Ludouicum Britannicum. ∥ ANNO M.D.XXXVIII. ∥
Fol. 48ᵇ vacat.

*Veronae, B. Ur. — Ludovicus Britannicus filius aut nepos fuisse
videtur Iacobi Britannici, qui a. 1500 Doctrinale edidit (vide nr. 152).*

262*.

Parisiis, Simon Colinaeus, a. 1542. Doctrinalis cap. X. de quantitate syllabarum correctione adhibita et adnotationibus adiectis ab Huberto Susannaeo. In 8⁰.

Fol. 1ᵃ: Quantitates Alexandri Galli vulgo de Villa-Dei correctione adhibita ab Huberto Susannaeo, locupletatae, adiectis utiliſſimis annotationibus minimeque vulgaribus. *In fine*: Parisiis apud Simonem Colinaeum 1542.

Parisiis B. Nat.; Aberdonae, B. Un. Cf. Thurot, de Alex. de Villa-Dei Doctrinali p. 63; Notices et extraits p. 495.

263.

Brixiae, Ludovicus Britannicus, a. 1547. Doctrinale cum commento [Ludovici de Guaschis]. 46 foll. s. num., c. sign. A₂—F₄, typi Goth., in 4⁰.

Fol. 1ᵃ: DOCTRINALE ׀ ALEXANDRI ׀ GRAMMATICI, ׀ vna cum facili Interprete, nouiſſime ׀ ſuo candori atq₃ integrita = ׀ ti reſtitutum. ׀ OPVS ׀ Adoleſcentibus, literis initiandis, ׀ apprime conducibile. ◆ BRIXIAE ׀ Apud Ludouicum Britannicum. ANNO ׀ 1547. *(Titulus figuris xylogr. marginatus est.) Fol. 1ᵇ*: Opus Alexandri grammatici pro eruditione puerorum incipit. ׀ *Fol. 46ᵇ*: FINIS. ׀ BRIXIAE APVD LVDOVICVM ' BRITANNICVM. ׀ 1547. ׀

Veronae, B. Ur.

264.

Brixiae, Ludovicus Britannicus, a. 1550. Doctrinale cum commento [Ludovici de Guaschis]. 48 foll. s. num., c. sign. Aij—Fiiij, typi Goth., in 4⁰.

Fol. 1ᵃ: DOCTRINALE ׀ ALEXANDRI ׀ GRAMMATICI, ׀ VNA CVM FELICI INTER = ׀ prete, nouiſſime ſuo candori atq₃ ׀ integritati reſtitutum. ׀ OPVS ׀ Adoleſcentibus literis initiandis. ׀ apprime conducibile. ◆ ׀ BRIXIAE. ׀ Apud Ludouicum Britannicum. ׀ Anno M.D.L. ׀ *Fol. 1ᵇ*: Opus Alexăndri *(sic)* grămmatici *(sic)* pro eruditione puerorum incipit. ׀ *Fol. 48ᵇ*: Brixiae apud Ludouicum Britannicum. Anno M.D.L. ׀

Veronae, B. Ur.

265.

Brixiae, Iacobus Britannicus, a. 1568. Doctrinale cum commento [Ludovici de Guaschis]. 48 foll. s. num., c. sign. Aij—Fiiij, typi Goth. (in textu) et Rom. (in titulo et comment.), in 4⁰.

Fol. 1ᵃ: DOCTRINALE ׀ ALEXANDRI ׀ GRAMMATICI, ׀ VNA CVM FELICI ׀ INTERPRETE NOVISSIME ׀ SVO CANDORI ATQVE ׀ INTEGRITATI RESTI- ׀ TVTVM. OPVS ׀ Adoleſcentibus literis initiandis ׀ apprime conducibile ׀ BRIXIAE ׀ Apud Iacobum Britanicum. ׀ M.D.LXViij. ׀ *(Tituli margines figuris xylogr. ornati sunt.) Fol. 1ᵇ*: Opus Alexandri grāmatici pro eruditione puerorum incipit. ∥ Iſte liber diuiditur in tres libros partiales *etc.* *Fol. 48b, l. 2. inf.*: Finis. ∥ Laus omnipotenti deo. ∥

Einsidlae, B. Coen.

266.

Brixiae, Iacobus Britannicus, a. 1572. Doctrinale cum commento [Ludovici de Guaschis]. 48 foll. s. num. c. sign. Aij—Fiiij, typi Goth. (in textu) et Rom. (in titulo et comment.), in 4°.

Fol. 1a: DOCTRINALE ∥ ALEXANDRI ∥ GRAMMATICI, ∥ VNA CVM FELICI ∥ INTERPRETE NOVISSIME ∥ SVO CANDORI, ATQVE INTEGRITATI ∥ RESTITVTVM ∥ OPVS, ∥ Adoleſcentibus literis initiandis, ∥ apprimè conducibile. ∥ BRIXIAE. ∥ Apud Iacobum Britannicum. ∥ M.D.LXXij. ∥ *(Titulus figuris xylogr. marginatus est.) Fol. 1b*: Opus Alexandri grammatici pro eruditione puerorum incipit. ∥ Iſte liber diuiditur in tres libros partiales. *etc.* *Fol. 48b, l. 2. inf.*: Finis. ∥ Laus Omnipotenti Deo. ∥

Romae, B. Cors.; Veronae, B. Ur.

267.

Brixiae, Polycretus Turlinus, a. 1588. Doctrinale cum commento [Ludovici de Guaschis]. 48 foll. s. num., c. sign. Aij—Fiiij, typi Goth. (in textu) et Rom. (in titulo et comment.), in 4°.

Fol. 1a: DOCTRINALE ∥ ALEXANDRI ∥ GRAMMATICI. ∥ VNA CVM FELICI ∥ interprete nouiſsimo. *(sic)* ∥ Candori, atqȝ integritati reſtitutum opus. ∥ Adoleſcentibus literis initiandis, apprimè ∥ conducibile. ∥ BRIXIAE, ∥ Apud Polycretum Turlinum. ∥ *(Tituli margines figuris xylogr. ornati sunt.) Fol. 1b*: Opus Alexandri grammatici pro eruditione puerorum incipit. ∥ *etc.* *Fol. 48b*: FINIS. ∥ BRIXIAE, Apud Polycretum Turlinum. M.D.LXXXViij. cum conſenſu Superiorum. ∥

Veronae, B. Ur.

INDEX BIBLIOGRAPHICVS.

A. CODICES MANV SCRIPTI.

1. Codicum conspectus.

Ambrosiani Mediolanenses: s. XIV¹, no. 41; s. XV¹, no. 88.

Amploniani Erfordienses: s. XIII¹, no. 7, 8, 9; s. XIV¹, no. 28, 29, 42, 43, 49, 51, 52, 53, 76; s. XV¹, no. 85, 86, 87, 104, 105, 106, 107, 108, 131.

Atrebatensis, s. XIII¹, no. 17* (add.).

Aurelianensis, s. XIII¹, no. 3.

Bambergensis, s. XV¹, no. 205.

Barberinus Romanus, s. XIV¹, no. 65.

Basileenses, s. XV¹, no. 83, 159, 160.

Bernensis, s. XIV¹, no. 40* (add.).

Berolinensis, s. XV¹, no. 206.

Bononienses Franciae: s. XIV¹, no. 75* (add.); s. XV¹, no. 111*.

Bruxellenses, s. XIV¹, no. 31, 78 (fragm.).

Budapestinenses, s. XV¹, no. 102, 103.

Camaracensis, s. XIII¹, no. 16*.

Cantabrigiensis: s. XIV¹, no. 57* (add.), 63* (add.), 65* (add.); s. XV¹, no. 197.

Casanatensis Romanus, s. XV¹, no. 91.

Casinenses: s. XIII¹, no. 18; s. XV¹, no. 195, 196.

Citiensis, s. XV¹, no. 83** (add.).

Cortonensis Etruriae, s. XIV¹, no. 67* (add.).

Cracoviensis, s. XV¹, no. 123* (add.).

Cremesiensis Monasterii, s. XV¹, no. 207.

Engelbergenses: s. XIV¹, no. 74*; s. XV¹, no. 197*.

Erlangenses s. XIV¹, no. 69; s. XV¹, no. 121*.

Florentini, Bibl. Nationalis: s. XIII¹, no. 14; s. XIV¹, no. 62. — Bibl. Riccardianae: s. XIII¹, no. 17; s. XIV, no. 40. — Bibl. Laurentianae, vide Laurentiani Medicei.

Gottingensis, s. XV¹, no. 203.

Gorlicensis, s. XV¹, no. 198.

Gratianopolitanus, s. XIII¹, no. 6.

Guelferbytani: s. XIV¹, no. 79

2. Commentatores et commentaria vel glosae.

Doctrinale c. glosa 'Admirantes quondam philosophi': s. XIII[1], no. 3, 6, 8, 9, 9* (add.), 15, 16*; s. XIV[1], no. 55, 60, 75.

Doctrinale c. commento Ionis (?) Suessionensis, s. XIII[1], no. 17* (add.).

Doctrinale c. glosa magg. Petri Croci et Petri de Herunco, s. XIII[1], no 19*.

Doctrinale c. glosa 'Testante philosopho', s. XIV[1], no. 30. 34, 35.

Doctrinale c. commento mag. Bonifacii de Museis, s. XIV[1], no. 41.

Doctrinale c. expositione mag. Bertholdi Turicensis, s. XIV[1], no. 64.

Doctrinale c. commento mag. Ioannis, vice doctoris Divionis, s. XIV[1], no. 75* (add.).

Doctrinale c. commento mag. Henguini, s. XV[1] ineuntis, no. 80.

Doctrinale c. commento Francisci de Butis, s. XV[1] ineunt., no. 83* (add.).

Doctrinale c. commento mag. Dionysii Gauden, s. XV[1] med., no. 112*.

Doctrinale c. commentariis, quos in Univ. Viennensi docuit Hieronymus de Werdea, s. XV[1] med., no. 97; eiusdem in partes II. III. commentum, s. XV[1] med., no. 94.

Doctrinalis partes I. II. c. commento Stephani Heuner, s. XV[1], no. 123.

Doctrinale c. commento Ludovici de Guaschis, s. XV[1], no. 103.

Doctrinalis pars III. c. commento de Dybin, s. XV[1], no. 98.

Doctrinale c. commentariis mag. Udalrici Aezinger de Egra, s. XV[1], no. 130.

Doctrinale soluta oratione redditum [a Nicolao Francisci] c. glosa, s. XV[1], no. 111*.

Doctrinalis partis I. correctorium mag. Coberi, s. XV[1], no. 211.

Doctrinale c. commentariis vel glosis ignotorum auctorum: s. XIII[1], no. 1, 2, 3, 4, 5, 7, 10, 11, 12, 14, 16, 17, 18, 19, 23; s. XIV[1], no. 31, 32, 33, 36, 37, 38, 39, 43*, 45, 54, 54* (add.), 58, 59, 62, 63* (add.), 65, 65* (add.), 66, 69* (add.), 70, 71, 73, 74; s. XV[1], no. 83** (add.), 88, 89, 95, 115, 116, 118, 120, 122, 123* (add.), 124, 132, 148, 154, 200, 202, 205, 214, 217; — pars I.: s. XV[1], no. 82, 87, 127, 137, 141, 159, 166, 168, 175, 180, 181, 182; — partes I. II.: s. XIV[1], no. 56; s. XV[1], no. 81, 112, 113, 117, 143, 161, 169, 174, 188, 189, 203, 207, 216, 219. — pars II.: s. XV[1], no. 125, 126, 128, 136, 139, 160, 164, 167, 178, 179,

B. LIBRI TYPIS DESCRIPTI.

1. Urbes et typographi.

Omnia, quae ( ) uncis inclusimus, coniectura nituntur.

Antverpiae

	anno		nro.
Gerardus Leeu	1487	. . . . .	34
„ „	1488	. . . .	44
Henricus Eckert de Homberch	1498	. . . .	102
„ „ „	1504	. . . .	183
„ „ „	1506	. . . .	191
„ „ „	1519	. . . .	254
Theodoricus Martini	1498	. . . .	103
Michael Hillen de Hoochstraten	1509	. . . .	222
„ „ „	1510	. . . .	224*
„ „ „	1511	. . . .	226
„ „ „	1518	. . . .	250**
Wilh. Vorsterman	1512	. . . .	232

Argentinae

	anno		nro.
(Argentinae), typographus ignotus . . .	1485	. . . . .	26*
„ „ „ . . .	1487	III. Id. Aug. .	35
Typographus ignotus	1487	V. Kal. Dec. .	36
Martinus Flach	1488	VIII. Mart. .	42
„ „	1488	I. Dec. . . .	46
„ „	1488	. . . .	47
„ „	1490	m. Febr. .	59
„ „	1490	XIV. Kal. Aug.	60
„ „	1491	. . . .	82
„ „	1498	. . . .	101
Typographus ignotus	1491	. . . .	92
Ioannes Pryss [Prüss]	1499	. . . .	144
„ „	1504	. . . .	186
„ „	1507	. . . .	206
Typographus ignotus	1501	. . . .	165
Matthias Hupfuff	1506	. . . .	199
(Matthias Hupfuff)	1506	. . . .	200
Renatus Beck	1516	. . . .	245

Augustae Vindelicorum

	anno		nro.
Ioannes Schoensperger	1511	. . . .	229
(Ioannes Schoensperger)	1514	. . . .	240
Sylvius Otmar	1521	. . . .	257

			anno		nro.
Henricus Quentell [circa Summum] . . .			1489	. . . .	53
„	„	. . . .	1490 pr. Id. Dec. .		64
„	„	. . . .	1490 pr. Kal. Ian. .		65
„	„	. . . .	(1490)	. . . .	71
„	„	. . . .	(1490)	. . . .	72
„	„	. . . .	(1490)	. . . .	73
„	„	. . . .	1491	. . . .	84
„	„	. . . .	1492	. . . .	94
„	„	. . . .	1494 VII. Id. Mai. .		110
„	„	. . . .	1494 IV. Non. Nov. .		112
„	„	. . . .	1498	. . . .	140
„	„	. . . .	1499	. . . .	147
„	„	. . . .	1500 XIV. Aug.		151
„	„	. . . .	(1500)	. . . .	161
„	„	. . . .	1502	. . . .	171
„	„	. . . .	1503	. . . .	177
„	„	. . . .	1504	. . . .	182*
„	„	. . . .	1505 m. Mart. . .		187*
Liberi Henrici Quentell [in domo Quentell]			1505 V. Kal. Iul. .		188*
„	„	„	1506 m. Mart. . .		192
„	„	„	1506 m. Iun. . .		198
„	„	„	1507	. . . .	205
„	„	„	1508 m. Sept. . .		209*
„	„	„	1508	. . . .	214
Ioannes Koelhoff	. . . .		1495	. . . .	116
„	„	. . . .	1501	. . . .	167
(Coloniae, Ioannes Koelhoff)	. . . . .		1501	. . . .	168
Ioannes Koelhoff .	. . . .		1501	. . . .	172
Martinus de Werdena	. . . .		1508/9	. . . .	218
„	„	. . . .	1512/13	. . . .	233
„	„	. . . .	1514	. . . .	239
„	„	. . . .	1515	. . . .	243
Eucharius Cervicornus	. . . .		1522	. . . .	258*

Cracoviae

Ioannes Haller [librarius] .	. . . . . .		1510	. . . .	228
„	„	. . . .	1517	. . . .	247

Daventriae

Richard. Paffroed [Paffroet, Paffraet, Pafraet]			(1484)	. . . .	25
(Daventriae, Richardus Paffroed)	. . .		(1484)	. . . .	26
Richardus Paffroed .	. . . .		(1487)	. . . .	39
„	„	. . . .	(1487)	. . . .	40
„	„	. . . .	1488	. . . .	45
„	„	. . . .	(1488)	. . . .	52

Erfordiae

Hagenoae

	anno	nro.
(Henricus Gran)	1492	97
Henricus Gran	1495	115
„ „	1498	136

Leydis

Ioannes Severi	1509	220*

Lipsiae

Iacobus Tanner	(1490)	78
Conradus Kacheloven	1491	87
(Melchior Lotter)	1496	126
(Lipsiae, Melch. Lotter)	1497	133
Melchior Lotter	1498	137
„ „	1500	159
„ „	1500	160
„ „	1502	174
„ „	1504	185
„ „	1506	196
„ „	1506	197
„ „	1508	212
„ „	1509	221*
„ „	1515	242*
Wolfgangus [Stoeckel] de Monaco . . .	1500	158
Typographus ignotus	1525	259

Londinii

Wynkyn de Worde	(1508)	180
Richardus Pynson	1505	189
„ „	1513	236
„ „	1516	246

(Lubecae)

(Lucas Brandis de Schass)	(1480)	11

Lugduni

Ioannes de Prato	1488	48
„ „	1489	56

Mediolani

Zarotus Parmensis	1475	6
Typographus ignotus	1481	17
Leonardus Pachel et Ulricus Sinczenzeller .	1484 IX. Kal. Apr.	22

	anno	nro.
Leonardus Pachel et Ulricus Sinczenzeller .	1484 XVII. Dec. .	24
Typographus ignotus	1488	49

Metis

Casparus Hochfeder	1500	150
(Metis), Casparus Hochfeder	1504	184
Casparus Hochfeder	1508	213

Monte Regali [Liguriae]

Stephanus et Laurentius de Vivaldis . .	1484	23

Norimbergae

Fredericus Creusner	1487	37
Georgius Stoechs de Sulczpach	1489	54
(Antonius Koberger)	1491/92 . . .	93
„ „	1492 . . .	96
Antonius Koberger	1494 . . .	108
„ „	1495 . . .	118
„ „	1497/98 . . .	134
„ „	1500 . . .	157
„ „	1501 . . .	169
Casparus Hochfeder	1495	122
Hieronymus Hoelzel [Holtzel]	1500	156
„ „	1508/9 . . .	219
„ „	1514	238
„ „	1521	255
(Norimbergae, Wolfgangus Huber) . . .	(1510)	225
Wolfgangus Huber	1515	233
Fredericus Peypus	1515	243*
Iodocus Gutknecht	1518	250*

Parisiis

Udalricus Gering	1483	21
Petrus Levet	1489	57
„ „	1490	62
Michael Niger	1492	99
Ioannes Petit [librarius]	1495	121
(Parisiis, Ioannes Petit)	(1507)	208*
Andreas Bocardus	1500/1	153
Bertholdus Renbolt [Rembold]	1500	155
(Parisiis, Petrus le Dru)	1506)	201
(Parisiis), Denis Rose	(1506)	202
Iodocus Badius Ascensius	1504	184*
„ „ „	1507	204

	anno	nro.
Iodocus Badius Ascensius	1510	. . . . 223*
„ „ „	1522	. . . . 258**
„ „ „	1524	. . . . 258***
„ „ „	(1526)	 260
(Parisiis) Bernardus Aubri [librarius] . .	(1507)	 208
Gaspardus Philippe	1508	 210
Ioannes Gaultier [librarius]	(1508)	 216
(Parisiis, Godofredus) de Marnef	(1508)	 217
Ioannes Herouf	(1514)	 241
Simon Colinaeus	1542	. . . . 262*

Parmae

	anno	nro.
(Stephanus Corallus)	1478	 8
Angelus Ugoletus Parmensis	1486	 31
Franciscus Ugoletus et Octavianus Saladus	1517	 249
Franciscus Ugoletus et Benedictus Zabolus	1519	 252
Octavianus Saladius	1521	 256

Phorcae

	anno	nro.
Thomas Anselmus Badensis	1508	 211
„ „ „	1509	 220
„ „ „	1510	 224

Rotomagi

	anno	nro.
Richardus Goupil	(post 1492)	 80
„ „	1518	. . . . 250****
Petrus Violette	(post 1492)	 81

Rutlingae

	anno	nro.
Michael Greyff [Gryff]	1489	 55
(Michael Greyff)	1490	 61
„ „	(1490)	 76
Michael Greyff	1498	 100
Ioannes Omar [Otmar]	1492	 98

(Salutiis)

	anno	nro.
Ioannes Fabri	1479	 10

Tarvisii

	anno	nro.
(Gerardus de Flandria)	1472	 2

Trecis

	anno	nro.
Ioannes Lecoq	1506	 198

Ulmae

	anno	nro.
Typographus ignotus	1487	 38
Ioannes Schaeffler	1498	 138

Zwollis

	anno	nro.
Petrus de Os de Breda	1485	 28
(Zwollis, Petrus de Os de Breda) . . .	(1498)	 104
Arnoldus Kempensis	1504	 181
Guilelmus et Arnoldus Kempenses . . .	1504	 182

Sine loco, typographi nomine et anno

			anno	nro.
Locus et typographus ignoti			(1475)	 7
„	„	„	(1480)	 12
„	„	„	(1480)	 13
„	„	„	(1480)	 14
„	„	„	(1480)	. . . . 15*
„	„	„	(1485)	 29
„	„	„	(1490)	 66
„	„	„	(1490)	 67
„	„	„	(1490)	 68
„	„	„	(1490)	 69
„	„	„	(1490)	 70
„	„	„	(1490)	 74
„	„	„	(1490)	 75
„	„	„	(1490)	 77
„	„	„	(1493)	 105
„	„	„	(1498)	 141

2. Commentatores et commentaria vel glosae.

Doctrinale c. glosa Ladaviani:
Venetiis a. 1473, no. 3.
Looo ign. (1480), no. 12.

Doctrinale c. commento sive expositione Ludovici de Guaschis:
Loco ign. (a. 1480), no. 14; (a. 1485), no. 29.
Vicentiae a. 1481, no. 16.
Basileae a. 1486, no. 30, 32; a. 1501, no. 170*.
Mediolani a. 1481, no. 17; a. 1488, no. 49.

Venetiis a. 1482, no. 18; a. 1483, no. 19, 20; a. 1485, no. 27; a. 1486, no. 30*; a. 1487, no. 38; a. 1488, no. 43, 50; a. 1491, no. 83, 85; a. 1492, no. 95; a. 1494, no. 106; a. 1497, no. 129; a. 1501, no. 164; a. 1512, no. 230; a. 1513, no. 235; a. 1519, no. 251; a. 1528, no. 261.
Monte Regali a. 1484, no. 23.
Norimbergae a. 1487, no. 37; a. 1489, no. 54.
Ulmae a. 1487, no. 38.
Argentinae a. 1488, no. 42, 46.
Parisiis a. 1492, no. 99.

no. 180; a. 1503, no. 178; a. 1505, no. 188.

Hagenoae a. 1498, no. 186.

Lipsiae a. 1498, no. 187.

Basileae a. 1502, no. 175.

Doctrinale c. sententiis et constructionibus:

Antverpiae a. 1487, no. 84; a. 1488, no. 44; a. 1498, no. 108.

Londinii (a. 1503), no. 180; a. 1505, no. 189; a. 1513, no. 236; a. 1516, no. 246.

Doctrinale c. argumentis et notabilibus Ioannis Versoris:

Argentinae a. 1491, no. 92.

Partes I. II. c. dictis et glosa Ioannis Synthen:

Daventriae (a. 1487), no. 39; a. 1488, no. 45; a. 1491, no. 88.

Argentinae a. 1499, no. 144.

Cf. Iodocus Badius Ascensius.

Pars I. c. dictis sive glosa Ioannis Synthen:

Daventriae (a. 1484), no. 25; a. 1491, no. 89; a. 1495, no. 117; a. 1496, no. 124; a. 1497, no. 131; a. 1501, no. 166.

(Argentinae) a. 1485, no. 26*.

Argentinae a. 1487, no. 36; a. 1488, no. 47.

Coloniae (a. 1487), no. 41.

Pars II. c. dictis sive glosa Ioannis Synthen:

(Argentinae) a. 1487, no. 35.

(Daventriae a. 1488), no. 52.

Daventriae a. 1489, no. 58; (a. 1490), no. 79; a. 1491, no. 86; a. 1496, no. 125.

Rutlingae a. 1489, no. 55.

Partis I. opus minus Guilelmi Zenders de Werdt [Weert]:

Daventriae a. 1499, no. 143; a. 1503, no. 176.

Partis II. opus minus Guilelmi Zenders de Werdt [Weert]:

Antverpiae a. 1498, no. 102, a. 1504, no. 183.

Daventriae a. 1494, no. 111; a. 1497, no. 128.

(Daventriae a. 1497), no. 135.

Daventriae a. 1499, no. 142, 145.

(Daventriae) a. 1500, no. 154.

Daventriae a. 1501, no. 163.

Partium I. II. opus minus Guilelmi Zenders de Werdt:

Antverpiae a. 1506, no. 191.

Coloniae a. 1506, no. 192.

Partium I.—IV. medulla aurea Timanni Kemeneri:

Coloniae (a. 1500), no. 161; a. 1501, no. 167.

(Daventriae a. 1500), no. 162.

Partis I. medulla aurea Timanni Kemeneri:

Coloniae a. 1505, no. 187*.

Partis II. medulla aurea Timanni Kemeneri:

Coloniae a. 1504, no. 182*.

Partium II.—IV. medulla aurea Timanni Kemeneri:

Coloniae a. 1503, no. 177.

Partium III. IV. medulla aurea Timanni Kemeneri:

(Coloniae) a. 1501, no. 168.

Coloniae a. 1502, no. 172.

Partis II. exercitium mag. Ioannis Glogoviensis:

Lipsiae a. 1500, no. 158.

(Metis) a. 1504, no. 184.

Cracoviae a. 1510, no. 228; a. 1517, no. 247.

Viennae Austr. a. 1518, no. 250.

Pars I. c. commentariis Hermanni Torrentini:

Zwollis a. 1504, no. 181.

Daventriae a. 1506, no. 209.

Partium I. II. textus c. continuationibus etc.:

Ulmae a. 1498, no. 188.
Venetiis a. 1502, no. 173.
Augustae Vindel. a. 1514, no. 240.

Partium I. II. textus c. notis in margine:

(Zwollis a. 1498), no. 104.
Daventriae a. 1497, no. 132.
Antverpiae a. 1509, no. 222.

Partis II. textus c. regulis et exemplis:

Daventriae (a. 1487), no. 40.

Pars II. familiari ac compendiaria expositione enarrata:

Daventriae a. 1511, no. 227.

Partes III. IV. c. commento:

Daventriae a. 1490, no. 63.

Doctrinalis cap. X. c. adnotationibus Hub. Susannaei:

Parisiis a. 1542, no. 262*.

———

Doctrinalis textus sine commentario vel glosis:

Loco ign. (a. 1478), no. 4; (a. 1490), no. 74, 75; a. 1498, no. 105, 105*.

(Venetiis a. 1470), no. 1.
Venetiis a. 1474, no. 5.
Tarvisii a. 1472, no. 2.
Mediolani a. 1475, no. 6; a. 1484, no. 24.
Parmae a. 1478, no. 8; a. 1486, no. 81.
Tridenti a. 1481, no. 15.
(Daventriae a. 1484), no. 26.
Daventriae a. 1496, no. 123.
Zwollis a. 1485, no. 28.

Partium I. II. textus:

Loco ign. (a. 1475), no. 7; (a. 1480), no. 15*.
Lipsiae a. 1504, no. 185; a. 1506, no. 197; a. 1509, no. 221*.
Argentinae a. 1504, no. 186; a. 1506, no. 200; a. 1516, no. 245.
(Parisiis a. 1506), no. 201, 202.
Basileae a. 1508, no. 215.
Norimbergae a. 1515, no. 243*.
Daventriae (a. 1519), no. 254**.

Partium III. IV. textus:

Lipsiae (a. 1490), no. 78.
Daventriae a. 1491, no. 91.
(Basileae) a. 1494, no. 113.
Parisiis (a. 1526), no. 280.

———

3. Bibliothecae, in quibus Doctrinalis libri typis descripti adservantur.

Aberdonensis Scot., B. Un., no. 184*, 208*, 220*, 223*, 224*, 258**, 258***, 262.

Abrincensis, B. Ur., no. 3.

Admontana Austr., B. Coen., no. 115.

Aletensis [Macloviensis] Rhedonum, B. Ur., no. 10.

Araugiensis Helv., B. Prov., no. 15*, 29, 82, 165, 170*, 188*, 199.

Argentinensis, B. Un., no. 32, 70, 76, 115, 136.

Augustana Vindel., B. Prov., no. 53, 55.

Basileensis, B. Un., no. 32, 35, 42, 82, 84, 101, 139, 140, 196, 201, 237, 242.

Berolinensis, B. Reg., no. 16, 50, 120.

Bonnensis, B. Un., no. 30, 32, 168, 205.

ALEXANDRI DE VILLA-DEI

DOCTRINALE

RECENSVIT ET EXPLANAVIT

THEODORICVS REICHLING

SVBSIDIORVM CONSPECTVS

A = codices Amploniani, bibliogr. no. 7, 8, 9; ubi dissentiunt:

A_1 = codex Amplonianus, bibliogr. no. 7,

A_2 = „   „   „   no. 8,

A_3 = „   „   „   no. 9.

L = codex Laurentianus Mediceus, bibliogr. no. 1.

M = codex Marcianus Venetus, bibliogr. no. 12.

P = codex Palatinus Vaticanus, bibliogr. no. 11.

S = codex Stuttgardiensis, bibliogr. no. 10.

e = editiones principes, bibliogr. no. 1, 2; ubi discrepant:

e_1 = editio s. l. et a. (Veneta c. a. 1470), bibliogr. no. 1,

e_2 = editio Tarvisiana a. 1472, bibliogr. no. 2.

quibusdam locis adhibiti sunt:

Ar = codex Arundelianus Mus. Brit., bibliogr. no. 22.

Pa_1 = codex Parisinus, bibliogr. no. 2.

Pa_2 = „   „   „   no. 16.

Pa_3 = „   „   „   no. 36.

Pa_4 = „   „   „   no. 38.

Pa_5 = „   „   „   no. 54.

Pa_6 = „   „   „   no. 61.

Acron, Porphyr. = Acronis et Porphyrionis Commentarii in Q. Horatium
   Flaccum, ed. a Ferd. Hauthal. Berol. 1866.

Avent. = Ioan. Aventini grammatica. Norimbergae, Ioan. Stüchs, 1515.

Bas. Faber = Basilii Fabri Sorani Thesaurus eruditionis scholasticae, ed. a Chr. Cellario. Lipsiae 1697.

Bebel. = Hen. Bebelii Iustingensis poetae laureati Ars versificandi et carminum condendorum . etc. (impr. cum Henrichmanni grammatica Phorcae ap. Thom. Anselmum Badensem 1509.)

Brev. = Vocabularius breviloquus (Reuchlini). editionem adhibui Basileensem a. 1480 paratam.

Brev. Benth. = Mittheilungen aus dem Breviloquus Benthemianus, einem handschriftlichen lateinischen Glossar des XV. Jahrh., v. K. Hamann. (Progr. des Johanneums zu Hamburg, 1879. 1880. 1882.)

Cassiod. G. = M. Aur. Cassiodorii opera omnia ed. Garetius. Venetiis 1729.

Despaut. = Ioan. Despauterii Ninivitae Commentarii grammatici. Lugduni, Sebast. Honoratus, 1563.

Dief. = Glossarium Latino-Germanicum ed. Diefenbach.

Du Cange = Du Cangii Glossarium mediae et infimae Latinitatis, digessit G. A. L. Henschel. Niorti 1883—1887.

Ecb. = Ecbasis Captivi, das älteste Thierepos des Mittelalters, herausgeg. von Ernst Voigt. Strassburg 1875. (Quellen und Forschungen z. Sprach- u. Culturgesch. d. germ. Völker, herausgeg. von L. ten Brink u. W. Scherer. Strassburg 1875).

Eg. L. = Egberts von Lüttich Fecunda Ratis, zum ersten Mal herausgeg., auf ihre Quellen zurückgeführt und erklärt von Ernst Voigt. Halle 1889.

Georges = Ausführl. lat.-deutsch. Handwörterbuch. 7. Aufl. Leipzig 1879—80.

Gl. A1 A2 A3 = Glosae codicum Amplonian., bibliogr. no. 7. 8. 9.

Gl. L. = Glosa codicis Laurentiani Medicei, bibliogr. no. 1.

Gl. l. = Glosa editionis s. l. et a. (Lubecensis c. a. 1480) bibliogr. no. 11.

Gl. n. = Glosa notabilis (Gerardi de Zutphen Coloniensis) inde ab a. 1488 frequentissime edita (vide bibliogr.).

Gl. M. = Glosa codicis Marciani Veneti, bibliogr. no. 12.

Graec. = Eberhardi Bethuniensis Graecismus, ed. a. Jo. Wrobel. Vratislaviae 1887.

H. (rhetorum Latinorum nominibus postpos.) = Rhetores Latini minores ex rec. Caroli Halm. Lipsiae 1863.

Henrichm. = Jac. Henrichmanni Sindelfingensis grammaticae institutiones. Phorcae, Thom. Anselmus Badensis, 1509.

Hug. = Hugutionis (Ugutionis) Pisani, episc. Ferrariensis, Liber derivationum (c. a. 1192 conscriptus). codice usus sum manu scripto s. XV. Bibl. Gottingensis.

Io. Garl. = Die Syonomyma des Joh. von Garlandia, herausgeg. von Kurz. (Jahresbericht d. K. K. Staatsgymnasiums im IX. Bez. in Wien 1884—85.)

Io. Ian. = Ioannis de Ianua (i. e. Genua) de Balbis Summa quae vocatur Catholicon (ad finem perducta a. 1286). editione usus sum s. l. et a. [c. a. 1480].

Isid. etym. = Isidori Hispalensis episc. Etymologiarum libri XX. usus sum imprimis editione a. 1472 per Guntherum Zainer ex Reutlingen parata.

K. (grammaticorum Latinorum nominibus postpos.) = Grammatici Latini ex rec. Henrici Keilii.

Kaulen = Fr. Kaulen, Handbuch zur Vulgata. Mainz 1870.

Loewe = Prodromus corporis glossariorum Latinorum ed. a Gust. Loewe. Lipsiae 1876.

Mag. Caesar = Fierville, Ch., une grammaire latine inédite du XIIIe siècle. (a Magistro Caesare quodam Italo composita.) Paris 1886.

Manc. = Antonii Mancinelli Veliterni opera cum explanatione Ascensii Basileae 1508.

Manut. = Aldi Manutii Romani Institutionum grammaticarum libri IV. Parisiis, Poncetus le Preux, 1510; Lyptzk (Lipsiae), Melch. Lotter, 1510.

Neue = Fr. Neue, Formenlehre der Lateinischen Sprache. 2 Bdd. 2. Aufl. Berlin 1875—77.

Osb. Pan. = Osberni Panormia, c. a. 1150 composita, quam Thesaurus novus Latinitatis inscriptam ed. Angelus Maius Classic. auctorum tomo VIII. Romae 1836.

Pap. = Papiae Lombardi Elementarium doctrinae rudimentum (confectum a. 1053). usus sum editione, quae Vocabulista inscripta typis expressa est Venetiis per Philippum de Pincis a. 1496.

Petr. Riga = Petri Rigae carmen quod inscribitur Aurora. codicem adhibui manu scriptum Bibl. Gotting. Theol. 107 saec. XII.

Pylades = Pyladae Brixiani in Alexandrum de Villa Dei annotationes. Brixiae, Iac. Britannicus, 1500.

Pylad. carm. = Pyladae Brixiani carmen scholasticum. Liptzck (Lipsiae), Wolfgangus Monacensis, 1509.

Rönsch = Rönsch, Itala und Vulgata. 2. Ausg. Marburg 1875.

Sulpit. = Sulpitii Verulani grammatica. Romae, Euch. Silber, 1490; Liptzigck, Bacc. Wolfgangus Monac., 1503.

Thurot. = M. Ch. Thurot, Notices et extraits de divers manuscrits latins pour servir à l'histoire des doctrines gramm. au moyen âge. (Notices et extr. des manusc. de la Bibl. impér. et autres bibl. Tome XXII, partie 2. Paris 1868.)

Vulg. = Biblia sacra vulgata. usus sum editione sine nota loci a. 1486 parata.

Ys. = Ysengrimus, herausgeg. und erklärt von Ernst Voigt. Halle 1884.

ALEXANDRI DE VILLA-DEI
DOCTRINALE

(PARS I)
[Procemium]

Scribere clericulis paro Doctrinale novellis,
pluraque doctorum sociabo scripta meorum.
iamque legent pueri pro nugis Maximiani
quae veteres sociis nolebant pandere caris.
praesens huic operi sit gratia Pneumatis almi;   5
me iuvet et faciat complere quod utile fiat.
si pueri primo nequeant attendere plene,
hic tamen attendet, qui doctoris vice fungens,
atque legens pueris laica lingua reserabit;
et pueris etiam pars maxima plana patebit.   10
  Voces in primis, quas per casus variabis,
ut levius potero, te declinare docebo.
istis confinem retinent heteroclita sedem.
atque gradus triplicis collatio subditur istis.
cuique sit articulo quae vox socianda, notabo.   15
hinc de praeteritis Petrum sequar atque supinis.
his defectiva suberunt et anormala verba.

VARIA LECTIO.

INCIPIT DOCTINALE MAḠRI. ALEXĀDRI DE VILLA DEI *A₂.*
*ceteri codices titulo, hoc quidem loco, carent. de reliquis inscriptionibus a
nobis uncis inclusis vide prolegomena*   6 complere] implere *LP*   7 plene]
plane *A*   8 attendat *SP*   fungens est *L*   13 etheroclita *codd.*   15 no-
tabo] docebo *A₁*   17 his] hinc *A₈, m. rec. corr. in* his *P*

TESTIMONIA ET EXPLANATIONES.

1 'clericulis novellis' i. e. discipulis non omnino rudibus (novis), sed
primis elementis iam imbutis   3 de Maximiano poeta vide prolegomena
9 'laica lingua' i. e. lingua vernacula, sermone patrio   16 'Petrum' sc.
Rigam, de quo cf. proleg.

verborum formas exinde notabo quaternas.
hinc pro posse meo vocum regimen reserabo.
quo iungenda modo constructio sit, sociabo.   20
post haec pandetur, quae syllaba quanta locetur.
accentus normas exhinc variare docebo.
tandem grammaticas pro posse docebo figuras.
quamvis haec non sit doctrina satis generalis,
proderit ipsa tamen plus nugis Maximiani.   25
post Alphabetum minus haec doctrina legetur;
inde leget maius, mea qui documenta sequetur;
iste fere totus liber est extractus ab illo.

[Capitulum I]

Rectis as es a dat declinatio prima,
atque per am propria quaedam ponuntur Hebraea,   30
dans ae diphthongon genetivis atque dativis.
am servat quartus; tamen en aut an reperimus,
cum rectus fit in es vel in as, vel cum dat a Graecus.
rectus in a Graeci facit an quarto breviari.
quintus in a dabitur, post es tamen e reperitur.   35
a sextus, tamen es quandoque per e dare debes.
am recti repetes quinto, sextum sociando.

VARIA LECTIO.
    19 regimen uocum *LA₂*   24 sit] est *P* quamvis haec doctrina n.
sit. s. g. e   25 nugis] libro *SM*   31 dans] dat *L* das *Me* diptongon
LA₂A₈ ditongon *A₁* diphtongon *e₁* diptongum *PM* dyptongum *S* diphton-
gum *e₂*   32 an aut en *A₂SPMe*   33 as vel in es *SPMe*   dat a| a
dat *L*   36 a sexto *M*   vv. 36. 37 *inverso ordine exhibentur in L*
37 quintum sexto *P*

TESTIMONIA ET EXPLANATIONES.
    26 sq. de 'Alphabeto minore' et 'maiore' vide proleg.   30 et 37 *Petrus
Gram. K. Suppl. 164₄₋₆ Ars anonyma K. Suppl.* 93₂₃₋₂₈ cf. *Neue I 585
Kaulen 106.* — *Priscianus K. II 148₇* et *Charisius K. I 118₁₈* nomina
in am desinentia, ut 'Adam Abraham', monoptota sive indeclinabilia esse
censent   33 sq. 'vel cum — breviari' *Prisc. K. II 287₁₅₋₁₇.* — 'Graecus'
sc. rectus sive nominativus   34 'Graeci' sc. nominis. — v. repetitur 2237
36 'a sextus' sc. habet

Primo plurali decet ae quintoque locari.
atque secundus habet arum, nisi syncopa fiat.
tertius aut sextus habet is, tamen excipiemus: 40
quando mas fit in us, in a femineum sine neutro,
femineis abus sociabitur, ut dominabus,
sexum discernens; istis animas superaddes.
accusativis pluralibus as sociabis.
versibus his nota fit declinatio prima.   45

Er vel ir ur aut um vel us aut eus pone secunda.
i genetivus erit; sed quando rectus habebit
ir aut ur aut eus, genetivus eum superabit.
um par fiet et us, sed quod fit in er, variamus.
er s p iuncta superabit et er sine muta;   50
s t si praesit, genetivus non superabit.
huic normae suberit ternamve sequester habebit.
par est, cum mutae subit er per a dans muliebre;
hinc tamen excipias, quae de gero vel fero formas.
crescunt, quae dant us; et adulter erit superandus,   55
Celtiber atque lacer, liber, socer ac Iber, atque
presbyteri cum Mulcibero memor esse memento.

VARIA LECTIO.

39 fiet *A₂*   **40** aut] et *M e*   **43** discernes *P* superaddes] simul addes *M e*   **45** fit] sit *P*   **47** erit] *S P M A₃ e, m. rec. in ras. L* habet *A₁ A₂* **49** variemus *S*   **55** et] sed *e*   **56** Iber] Yber *L A P* atque] adde *e*   **57** prespiteri *S A₂ P* presbiteri *cett. codd. et e*

TESTIMONIA ET EXPLANATIONES.

41—43 *Prisc. K. II* 293₅–₁₂ *Charis. K. I* 54₉–₂₀ 148₂₅ *Diom. K. I* 304₂₄–₂₅ *Donat. K. IV* 378₈–₁₀ *Pomp. K. V* 188₂₈—189₂₀ *Phocas K. V* 427₅–₈ *Ars anon. K. Suppl.* 93₂₉—94₈ *Mag. Caes.* 47   **46** *Prisc. l. c.* 294₁₇   **47—49** *Prisc.* 295₂₂—296₈, ₂₂   **50** *Prisc.* 225₇. — exempla: 'prosper miser tener'   **51** sq. *Prisc.* 223₁₇–₂₄. — ex.: 'magister'. **52** 'ternam' = tertiam; cf. vv. 66, 85, 335, 348, 363, 1109, 1114. 'ubi, quaeso, nomen id terna singulariter declinatum adinvenit (sc. auctor) ordinem significans?' *Pylad.* attamen illo numerali eadem significatione *Despaut.* aliique recentiores grammatici saepissime usi sunt   **53** sq. *Prisc.* 225₅–₉. — ex.: 'pulcher niger sacer'   **55** 'crescunt quae dant us' sc. in genetivo, ut 'alter uter' etc. cf. v. 60 sq. *Prisc.* 225₁₈—226₅   **56** 'Celtiber Iber' *Prisc.* 294₂₂   **57** 'Mulciber Mulciberi' *Cic. poet. Tusc. II* 10 (23). — *Priscianus* 230₁₁ declinat 'Mulciber Mulciberis et Mulcibris'

dexter format eri, poteris quoque dicere dextri.
cetera cum muta dic esse frequentius aequa.
unus et ullus, uter et nullus, solus et alter,   60
totus dant in ius genetivos, addis alius;
namque tenent normam pronominis ista secundam.
cum datur i bina, iacitur quandoque suprema.
eus dat ei vel eos genetivo more Pelasgi.
tertius o posuit sextumque sibi sòciavit;   65
sed dabis i terno, cum feceris us genetivo.
um retinet quartus, sed neutris provideamus:
primum cum quarto quintoque sono dabis uno.
cum tenet eus rectus, aliquando fit per a quartus.
on iunges Graecis: tibi testis erit Menelaon.   70
rectus in r vel in um similem faciet sibi quintum;
ex er quandoque per metathesim reperis re.
recti diphthongus dabit eu quinto quasi Graecus.
cum proprium dat ius, tenet i quintus iaciens us.
us mutabis in e, si formas cetera recte.   75
quintus habet casus fili, Deus, agne vel agnus,

VARIA LECTIO.

     64 eos uel ei *L*   genetivo] sed raro *P*   **65** ponit *P*   sociabit
$A_2 A_3 P$ *e*   **66** dabit *et* fecerit *SM*   rr. **69. 70** *inverso ordine in* $A_3 S P$
70 tibi testis erit Menelaon *om.* $A_1 A_2 P$, *add. LSA*₃ Menelaon erit tibi
testis *M*   M. fit t. t. *e*₁   M. est t. t. *e*₂   **71** faciat *P* faciet similem *M*
73 diptungus *M* dyptongus *S* diptongus *cett. codd. et e*   **74** quintus tenet
i *M*   **75** formes A_1

TESTIMONIA ET EXPLANATIONES.

     58 *Prisc.* 225₁₇   **60—62** *Prisc.* 196₁₈—197₁₄,   225₁₉—228₅
63 *Prisc.* 296₈—₂₁   **69** *Prisc.* 277₁₄—₁₆, 299₆—300₆. — exempla:
'Theseus Thesea Tydeus Tydea'   **72** *Prisc.* 300₁₁ — 301₆. — exempla:
'Thymbre Teucre'   **73** *Prisc.* 301₇—₁₈. — exempla: 'Pentheu Capaneu'
74 sq. *Prisc.* 301₁₇ — 305₇   **76** sq. 'populus fluvius' *Prisc.* 305₁₆—₂₁
Phocas K. V. 429₁₆—₂₃ cf. *Despaut.* 74 *Neue I 83 sq.* 'vulgus pelagus in
masculino genere' (cf. *Charis. K. I* 146₁₈ *Probus K. IV* 208₈—₁₉ *Donat.*
K. IV 375₃₄, 431₂₃) 'quandoque habent us et quandoque e' *Gl. n.* idem
docent *Sulpit., Manc., Henrichm., Pylad. carm.* 'agne vel agnus' *Ars*
anon. cod. Bern. K. Suppl. 103₂₀ *Caes. Mag. 48 133 Graec. XXV 216*
Sulpit., Manc., Henrichm., Despaut.

et vulgus, pelagus, populus, fluvius quoque dant us.
cum proprium longam dabit us, u quintus habebit.
    Primo plurali decet i quintoque locari.
hos casus neutri quartumque decet per a poni;   80
excipis ambo, duo, tamen haec heteroclita pono.
dic nisi concisis orum fieri genetivis.
tertius is finit sextumque sibi sociavit.
os faciet quartus, nisi neutris; a damus illis.
    O dabit e que vel a tibi declinatio terna.   85
c iunges a vel e, d vult i sola praeesse.
l cum vocali patietur qualibet addi.
n u non iunges, reliquis vocalibus addes.
cuilibet r iungis; s insuper omnibus addis.
b quoque praeposita datur omnibus s sociata.   90
uls ut plus sequitur, sed et ems ut hiems reperitur.
s, si praepones n, omnibus addere debes.
non u, sed reliquis s, p praeeunte, locabis.
non i, sed reliquae praeeunt r s sociatae.
dicimus aes ut praes, aus ut laus iungere debes.   95
irps ut stirps iungis, u solam t sociabis.

VARIA LECTIO.

    77 volgus *P*   populus fluvius quoque dant us *om. P*   fluvius quoque
dant us] fluviusque corusque *m. rec. in ras.* S   populusque chorusque *e*
v. **78** *om. SPe*   **79** decet i quintoque locari] quinto simul i sociabis *P M e*,
m. rec. in ras. L   *v.* **80** *om. A₂*   **81** etheroclita *codd.*   *v.* **81** *post* **84** *colloc. e,*
post **83** *S*   **83** finit] ponit *S*   sociavit] sociabit *A₁ A₂ S P e*   **84** dabis
A₃ M P illis] istis *S*   **86** c iungens *A₂*   volt *S P*   **88** iunge *et* adde *S P M e*
89 iunges *et* addes *M e*   **91** sed et ems] sed et m *A₁* sed ems *M*   hyems
codd.   **92** n si preponas s *A₁* n si prepones s *M* s si prepones n *P S*
94 sociatae] sociante *L M*   **96** iungis *om., m. rec. add. P*

TESTIMONIA ET EXPLANATIONES.

    78 *Prisc. 272₁₁ — 273₉.* — exemplum: Panthus Panthu'   **79—84** *Prisc.*
305₂₃—311₅   **85—96** *Prisc. 311₁₂—324₅*   **86** exempla: 'lac alec David'
87 'animal mel pugil sol consul'   **88** 'Titan nomen delphin daemon'
89 'exemplar pater martyr soror fur; mas dives panis mos mus'   **90** 'Arabs
caelebs chalybs scobs urbs'   **92** 'dodrans mens Tiryns mons Aruns'
93 'daps adeps stips inops'   **94** 'pars iners mors Tiburs'   **96** 'u solam
t soc.' sc. 'caput' c. comp.

x quoque vocali patietur cuilibet addi.

alx dabit anx, arx, unx, ut calx, lanx, arx quoque coniunx.

    Format nomen in a genetivum tis sibi iuncta.

is facies ex e, veluti mare sive sedile.   100

onis habes ex o; sed inis do perficit et go

femineo genere; nemo sociatur homoque

ordo vel margo, cardo, cum turbine virgo.

sic et Apollo facit; Britonisque Brito, caro carnis.

lac lactis ponit, allec allecis habebit.   105

is post l pone; sed lis mel felque dedere.

al alis longam dat neutrum, cetera curtam;

curtam pone salis; el, ol dant elis et olis.

ul dat ulis, il ilis: pugil et consul tibi testis.

an erit is iuncta fietque paenultima longa.   110

e super n dat inis curtam; sed deme lienis,

renis, Syrenis, splenisque; sed in dabit inis.

on sibi copulat is; sed quaedam propria dant tis.

quod nomen proprium, quod non, ita sit tibi notum:

id proprium dices, quod non notat univoce res   115

plures; namque duo sensu non signat in uno,

non licet univoce proprium tibi plura notare.

appellativis varias res univocabis.

is post ar pone, sed far facit r geminare.

quae primaria sunt, nisi Naris, curta manebunt;   120

VARIA LECTIO.

    97 quoque] cum *e, in ras. S* cuilibet] qualibet $A_2 SPMe$ **100** sedile]
cubile $A_3 SMe$ mare sive sedile] presepe cubile *P*   *post v.* **102** excipitur
Macedo Dido *add. M*   **103** vel] cum *P*   **104** Britonisque Brito] Brito
Britonis *e* **105** alec alecis $A_1 M$ **106** pone] iunge $A_1 P$ **107** det A_1 neutro e_2
108 el ol dant] longam dant *Pe*   **109** pugil et consul] consul pugil est
PM   **110** fietque] fueritque *P*   **111** dat inis curtam] curtam dat
inis *S*   **114** sit] fit A_3 **119** pone] iunge $A_1 A_2 P$ **120** nares *M*

TESTIMONIA ET EXPLANATIONES.

    97 'pax lex nix nox nux'   **99** *Prisc. 199*$_{14-16}$ **100** *Prisc. 203*$_{8-12}$
101—104 *Prisc. 205*$_{23}$*—209*$_{18}$ 'Britonis' cf. v. 2148.   **105** *Prisc. 212*$_{4-16}$
106—113 *Prisc. 214*$_{8}$*—220*$_{20}$ **114—118** *Prisc. 58*$_{14-18}$ **119—121** *Prisc.*
222$_1$*—223*$_{16}$

in derivatis neutris producitur aris.

primitialis erit vox, in qua dicitur esse

primum praepositae data significatio sectae;

est derivata vox, quae descendit ab illa.

simplicium norma formabis compositiva. 125

dictio compositam dicetur habere figuram,

quam licet in geminas partes distinguere, quarum

significata gerat vox designanda per ipsam.

non poteris tale sub simplice scisma notare.

et dices epatis, iubaris cum nectare ponis; 130

asparis usus habet et bostaris [adicis illis].

er tibi praebet eris; cer mobile vertitur in cris.

ter per tris forma; sint Iupiter et later extra

et luter, spinter, stater, his coniunge character,

aether et crater; per bris formabitur imber 135

VARIA LECTIO.

121 derivativis *S e* 124 derivata] derivativa *L S e* 128 designanda] distinguenda *L* designata *M* ipsam] illam *P* 129 cisma *A1* scima *L* scisma *cett. codd.* 131 | | *inclusa om. A2 A3 P, add. L, charact. min. add. S* additur istis *add. A1* insuper addis *add. e* insuper addas *add. Io. Garl. (Ar)* et bostar bostaris addes *M* 133 sit *P* 134 luter] lynther *A1* linther *M* linter *e* spinter] panther *A2 A3 L M S e* his coniunge] his adiunge *S* et iunge *M* his iunge *e v.* 134 *om. P*

TESTIMONIA ET EXPLANATIONES.

122—124 *Prisc.* 57₉—₁₁ *Charis.* 154₂₈—155₁₀ *Diom.* 32₃₁₇—₂₀ 126—129 *Prisc.* 177₁₀—178₁₅ *Diom.* 30₁₂₄—₈₀ *Charis.* 153₂₁—₂₅ 130 'ĕpar' sive 'hĕpar' pro ἦπαρ *Ysengr. VII 287, 433 all. ll.* 131 *Prisc.* 222₄. — 'aspar, paries' *Gl. M* 'aspar est paries de asseribus factus et dicitur ab asser et paries' *Gl. n.* cf. *Du Cange* 'bostar stabulum boum' *Gl. M* 'est bostar statio bouis' *Io. Garl.* 240 'bostar locus ubi stant boves' *Isid. gl. ap. Loewe* 74 cf. *Egb. L. I 1713 Osb. Pan.* 69 *Brev. Benth., Pap., Du Cange.* — paenultimam genetivi hoc sensu produci volunt *Hug., Io. Ian., Brev. Benth., Gl. n.* 'cum bostar presepe notat producitur aris, cum proprium nomen, tunc breviatur aris' *Brev. Benth., Gl. n.* 'dicimus hic bostar pro quodam barbaro, et nihil est hoc bostar; unde corripit paenultimam et nunquam producit' *Mag. quidam ap. Io. Ian.,* qui quidem addit: 'nobis autem magis placent prius per Hug. et Pap. dicta' 132 sq. *Prisc.* 228₁₇—229₂₀ 134 'luter, labrum' *Charis. K. I* 553₃₈ *Beda de orth. K. VII* 278₁₈ 'dicitur lavatorium et quodcunque vas purgandis sordibus deputatum' *Hug.* cf. *Io. Ian., Brev., Du Cange,*

et sua composita; ver et panther dabit eris.
ir breviabit iris, martyr fiat tibi testis.
is post or iunge; cor cordis debet habere.
mas aut commune dabit oris femineumque;
format oris rhetor, memor, arbor neutraque, castor   140
et quaedam propria, velut Hectoris [associantur].
ur tibi format uris, sed fur subdit sibi furis.
robur praebet oris, ebur et iecur et femur addis.
ex as est atis; elephasque gigasque dat antis
et diamas, adamas, veterum quoque propria quaedam.   145
mas maris, as assis, vas vasis; vas vadis, isti
iunges, quae Pallas vel lampas format et Arcas.
his similem formam dant patronymica quaedam.
sic brevis as format genetivum [Graecus os addit].
mas aut commune, si fiat in es breviatam,   150

VARIO LECTIO.

136 et sua composita] non sine compositis *S*   et panther] aut
panther *A₈* aut crater *Me* aut crater *S*   137 fiat] fiet *M* fuerit *P*   140 oris
rhetor] rethor oris *S*   141 [associantur] *om. A₂P, add. A₁ S* adde tenenda
add. Io. Garl.(Ar) L addeque Nestor *add. (in ras. ut vid.) M* castor r
(*sic*) *add. A₈*   142 format] prebet *PMe*   143 praebet] format *M*
145 dyamas *L* [propria] nomina *S*   146 vas vadis vas vassis *M* isti]
istis *Me eras. P*   147 vel] et *A₁* sic *e eras. S* lampas format et
Arcas] format (*t eras.*) lampas et archas *S* format vel lampas et archas
PM   149 genetivum *om. P* [Graecus os addit] *om. LAP, add. S e* grecus
et os dat *add. M* os graecus addit (!) *Io. Garl. (Ar)*   150 fiat] fiet *A₈M*

TESTIMONIA ET EXPLANATIONES.

Eg. L. I 392 'vas aeneum XI batos capiens; luteres in Reg. libro conchae
vel canthari aquarum, dicuntur' *Pap.* cf. *Rönsch 243* 'est animal luter
(teutonice eyn otter), est cantharus atque lavacrum' *Gl. n.* 'luter lutri'
pro 'lutra' (Otter) occurrit in *Ecb. 151. 174. 193. 215. 314 all. ll.*
136 'et sua c.': 'September October' *Prisc.* 150₁₉ 230₁₅ *Charis.* 135₈
Isid. etym. V 6. cf. v. 245   137 *Prisc.* 234₉₋₁₇ *Ars anon. K. Suppl.*
114₂₃₋₂₇ 138—141 *Prisc.* 234₁₈—237₁₉   142—143 *Prisc.* 237₂₀—238₃
145—149 *Prisc.* 238₂₀—239₁₄ 'diamas': 'lapis pretiosus, et habet n in
obliquis' *Io. Ian., Brev.* cf. *Henrichm., Sulpit, Despaut. 578* 'ubi diamas legerit (sc. Alexander), ab eius sectatoribus discere operae pretium
esset' *Pylades*

e mutans dat itis: miles fiat tibi testis.

ut praepes, dat etis diphthongus in antesuprema.

quae derivantur a verbis associantur,

in quibus e curta reperitur in antesuprema.

inquies est curta; tamen etis erit sibi iuncta.   155

femineum dat etis curtam: seges est tibi testis.

a pede compositum dat edis; sed apes removebis.

quod praebet sedeo, formabit idis genetivo.

es longam mutabis in is; sed deme quietis,

heredis, Cereris, mercedis vel locupletis,   160

magnetis iunges, Agnetis [dicere debes].

cum praeit i, formabit etis: paries tibi testis.

is correpta sibi similem faciet genetivum;

cuspidis et lapidis et cassidis excipiantur,

et chlamydis dices.   165

sanguinis. et dices exanguis, et aspidis addes,

aegidis atque notes et patronymica iunges.

Tethyos et Thetidis dices; Paris is dat idisque;

sardis inis; sed iaspis idis; sic ibidis ibis.

VARIA LECTIO.

v. **151** *om., m. rec. add. inter lin.* P   fiat] stipes *MP eras.* S stipes miles est tibi testis *(!) e*   **161** || *inclusa om.* L A₁ A₂, *add.* S A₃ addere debes *add.* M e iungere debes *add. Io. Garl. (Ar)* demere debes *add.* P   **164** cassidis] iaspidis *SP* et cassidis excipiantur] clamidis cum casside demis *M*   **165** *hemist. om. Io. Garl. (Ar) Me* clamidis *codd.*   **167** et] sic A₃ S e   iunges] formes A₃ S e   **168** Paris is dat] is paris dat A₁ *v.* **168** *post* 171 *colloc. P Me*   **169** sed] dat A₂ P M   iaspis] cassis S

TESTIMONIA ET EXPLANATIONES.

151—158 *Prisc.* 240₅—242₆   **153** sq. ex.: ab 'hebeo hebes ĕtis', a 'tero teres ĕtis'   **159** sq. *Prisc.* 242₆ 243₇   **161** 'Agnetis' cf. *Io. Ian., Brev., Sulpit.*   **162** *Prisc.* 241₇₋₉   **163** *Prisc.* 250₅₋₈ **164** *Prisc.* 250₈,₁₈ 251₈   **165** *Prisc.* 275₁₅   **166** *Prisc.* 250₁₂ 251₇ **168** *Prisc.* 317₁₆   **169** 'sardis inis': 'dic sardis sardis genitivo, dum notat urbem; sardis inis lapis est, proprium vel insula sardis' *Gl. n.* 'sardis sardinis, lapillus' *Sulpit.* 'apud doctos per secundam declinationem sardus sardi flectitur, non sardis sardinis, nisi semel in Apocalypsi: "qui sedebat, similis erat aspectui lapidis, iaspidis et sardinis" *Despaut. 86* 'proh lupiter, in quibus doctorum monumentis Sardinis bonus ille magister viderat?' *Pylades*

Isidis adiunges; indeclinabile semis   170
est pro dimidio; pondus semissis habeto;
et Thybris Thybridis, tigrisque, Quirisque Quiritis.
quod dedit er, dat eris: pulvis vomisque cinisque
et cucumis [pariter praedictis associabis].
is itis producta dabit; tamen excipientur   175
glis gliris glissis et vis.
oris formabit os pro mare; deme nepotis.
cetera dant otis, sed de potis hoc breviabis,
sed bovis et gloris demantur et oris et ossis,
custodis, simul herois, Minos sit in illis.   180
us curtam dat oris neutro; sed eris damus illis,
quae dant lus, nus, dus; sed oris praebet tibi fenus
et facinus, pignus; intercus utis tibi praebet.
dat pecus haec pecudis, pecus hoc pecoris sibi iungit.
haec formas in eris, quae sunt confinia verbis,   185
in quibus e curta reperitur in antesuprema.
neutrum declina, quod comparat, ut duo prima.
dant aceris leporis acus et lepus, addito tempus.

VARIA LECTIO.

     170 Ysidis *LA₁A₂S*   172 et Thybris Thybridis] et tybris et tybridis *L S*   tigrisque] tigris *Pe*   173 pulvis vomisque] vomis puluisque *Me*   *v.* 174 *om. P* |] *inclusa om. LA₁A₂S, add. Io. Garl. (Ar) A₈ Me*   175 excipientur] excipiemus *A₈* excipiuntur *M* excipiantur *e* 176 glis gliris glissis et vis] *LA₁A₂* glis gliris glissis *A₈* glis glissis gliris *P* glis gliris glissis glis glitis non cadit extra *Io. Garl (Ar) SMe*   178 hoc] o *Se*   179 demantur] dematur *P*   180 Minos sit in illis] minoys sociabis (sociabis *m. rec. in ras.) S*   minois et addis *M*   sociabitur istis *e*   sic quoque custodis simul heroys *(cett. om.) P*   184 iungit] subdit *P*   188 et *om. A₁*

TESTIMONIA ET EXPLANATIONES.

     170 sq. 'semis dimidius indeclinabile semper, semis semissis dicetur dimidius pes' *Graec. XII 247* cf. *Mag. Caes. 24 Despaut 86 Pylad. carm.* 'semis semissis' *Prisc.* 250₁₈   173 sq. *Prisc.* 249₁₅₋₁₈   175 *Prisc.* 248₁₅   176 'glis gliris et vis' *Prisc.* 249₈₋₁₄ 'glis glissis' = terra tenax cf. v. 446 sq., ubi plura adnotabimus   177 sq. *Prisc.* 253₁₋₁₅   179 *Prisc.* 253₁₆ 254₈, ₁₄   180 *Prisc.* 254₁₄ 255₁   181 sq. *Prisc.* 273₁₀₋₂₀ 183 *Prisc.* 274₁ 271₁   184 *Prisc.* 270₃₋₅   185 sq. *Prisc.* 274₁₂₋₁₅, ₂₁₋₂₅. — exempla: a 'vulnero vulnus', ab 'ulcero ulcus'   187 *Prisc.* 274₇₋₉

us producta tibi dabit utis; deme paludis
et quos dant tellus, incus.   190
formabunt uris monosyllaba; grus gruis et sus
dat suis.
aes aeris dabitur, praes praedis, laus quoque laudis,
fraus fraudis [pariter, sed Emaus non flectere dicis].
si praeit s b vel m vel p, faciens genetivum   195
interpones i; tamen e si b praeit aut p,
e mutatur in i, si non monosyllaba fiant;
aucupis excipitur [ex auceps quod reperitur].
l s aut n s aut r s s removebis,
tis iunges, frondis, lendis glandisque remotis,   200
quae cor vel pendo componit, eis sociando.
semper iens cum prole sua formabit euntis;
ambio lege caret uncisque, quod uncia format.
ut tibi format itis: sic per caput esse probabis.
a verbis in go veniens x gis tibi format;   ·   205
coniugis n removet [cum rectus n sibi servet].
cis iungunt alia, tamen x prius inde remota.
e super x, nisi sint monosyllaba compositumve,

VARIA LECTIO.

189 utis deme] utis sed deme *Me*   190 quos] que *S*   tellus incus]
tellus et incus *As*   *e* incus et tellus *M*   demenda tenebis *add. Io. Garl.*
(Ar) et S   191 grus gruis] grus tamen *M*   192 datque suis *Le*
dant gruis atque suis *M*   *hemist.* 192 *om. Io. Garl. (Ar) S As*
193 laus q. laudis] fraus quoque fraudis *As*   194 fraus fraudis] et
laudis *As* [ ] *inclusa om. S A P, add. L*   iungis sed E. n. f. d. *add.*
Io. Garl. (Ar) iunges Emaus nisi fl. debes *add. M*   iunges E. non
fl. debes *add. e*   196 interponas *S*   197 fiat *M*   198 [ ] *inclusa add.*
Io. Garl.(Ar) Me   v. 198 *om. S*   200 iunges] iungens *As S P*   204 tibi]
quoque *P* format] prebet *As M*   206 [ ] *inclusa om. A P Pa2 Pas, add.*
Io. Garl.(Ar) L S Me (tibi *Io. Garl. et S*)

TESTIMONIA ET EXPLANATIONES.

189 sq. *Prisc. 267*19—22 *269*24   191 sq. *Prisc. 265*8—16   193 sq.
*Prisc. 275*15—20   195—198 *Prisc. 280*10—18   199 sq. *Prisc. 281*10—15
201 *Prisc. 282*7—12. — ex.: 'concors libripens'   203 'uncisque q. u. f.'
sc. 'quincuns decuns' etc., ut tunc vulgo scribebatur; cf. *Despaut. 60*, a quo
haec scriptura improbatur   205 sq. *Prisc. 278*2—12 207 *Prisc. 278*20
208 sq. *Prisc. 279*1—3

ex ipsis e per i mutant, quae vult breviari;
lodicis demes, vervecis dicere debes.   210
si mas fiat in ix, dat icis; mastix dabit icis
et Phoenix icis, bombyx bombycis habebit.
cetera, quae dant x, producunt antesupremam;
sed gregis atque crucis, facis et picis et nucis inde
excipis atque trucis, ducis et salicis silicisque.   215
nec g nec c tenent, quae dant nix atque supellex.
dic senis et noctis, Sphingos vel dicito Sphingis.
crementum duplex debet formare supellex;
quae das a capite, velut anceps, iunge, bicepsque.
per praedicta tibi patet excessus genetivi.   220

VARIA LECTIO.

    209 volt *P*   **211** fiet *M*   mastix] fenix *M P*   **212** et Phoenix icis]
et mastix icis *M*   fenix fenicis *e*   et mastix iunges bombex *hemist. in P*
214 crucis] trucis *P M A*8   picis et nucis] nucis et picis *S P*   nucis et pacis *Me*
facis et picis et n. i] ducis et salicis silicisque *A*1   **215** trucis ducis] ducis
trucis *S* ducis crucis *Me* crucis ducis *A*2   excipis et ducis atque crucis
salicis silicisque *P*   ducis et s. sq.] facis et picis et nucis inde *A*1   silicisque]
filicisque *Me*1   *post v.* **215** et stigis atque frigis *add. M*   **217** Sphingos
v. d. Sphingis] spingis vel d. spingos *Se* spingos vel quoque spingis (!) *M*
vv. **216** *et* **217** omnis rectus in x in cis vel gis genitivum terminat absque
senex et nox nix atque supellex *P*   **218** superlex *LA*1   **219** quae das]
quod das *A*2 quod datur *P*   *post v.* **219** sic iter is format, sed non ut regula creat
add. M ac iter optat eris, sed non ut regula quaerit *add. e*   *v.* **220** *om. P.*

TESTIMONIA ET EXPLANATIONES.

    210 *Prisc. 165*8—14. — 'lodex icis': nominativus 'lodex' pro 'lodix' etiam
v. 2065, in codd. *Io. Garl. v. 631* et ap. *Sulpit.* occurrit   'lodices a ludis
dici putantur; theatrales enim his faciem cooperibant, cum lupanar intrabant'
Pap.; cf. *Isid. etym. XIX 26*; 'lodex est vestis qua tegitur lectus' *Gl. n.*
211 *Prisc. 279*8—5. — 'mastix icis': 'mastix arboris lentisci gutta est haec
granomastix dicta, quia in modum granorum est' *Isid. etym. XVII 8* cf. *Pap.,
Osb. Pan. 366, Sulpit.* 'est herba quaedam vel gummi' *Gl. n. ad v. 2064*
'est genus gummi consolidans dentes' *Hug., Io. Ian., Brev.* 'dubitatur de hoc
nomine an producat paenultimam in obliquis: dicunt quidam, quod sic....;
alii dicunt, cum quibus ego, quod hoc nomen mastix corripit paenultimam,
sicut fornix cis' *Io. Ian.* 'mastix ... teste Pylade flagellum, non lacrima
lentisci' *Despaut. 614* cf. *Neue I 140*, qui quidem 'mastix mastichis' exhibet; de genere vide etiam v. 691, de quantitate genetivi v. 2064
212 *Prisc. 323*1   **213—219** *Prisc. 279*9—19 *280*1—6, 13—15

Is genetivus habet; sed tertius i tibi praebet.
cum dedit es Graecus, fit saepe per i genetivus.
em retinet quartus; sed in im quandoque locamus:
magudarim, turrim, pelvim, sitimque securim,
vim, burim, restim, puppim tussimque, Charybdim.   225
his quaedam propria sociantur paucaque Graeca,
ut Tigrim, Thybrim, Tripolim, Syrtim, vel eclipsim;
Iris et hypocrisis sociantur eis et Erinys.
em dat et im restis, turris cum puppe, securis.
quin etiam multa per a ponuntur quasi Graeca.   230
neutra notare decet; sic nullum regula fallet.
par recto quintus; sed saepe tamen facit usus
ad morem Graeci, ceu Thebai Pallaque, Colchi.
es Graeci longae simul es subiungitur eque.
sextus in i vel in e; quandoque tamen dat utrumque.   235
i dat nomen in e; quaedam retrahi decet inde:
gausape, Praeneste praesepeque, cepe, Soracte.
cum praeit er aut is, per e si neutrale sequatur,
ablativus in i debet tantummodo poni.
quod fit in al vel in ar, sic formas, dum genetivo   240

VARIA LECTIO.

222 dedit] dabit *P* tenet *Me*   ¦**223** sed] et *M*   **224** pelvim sitimque securim] burim pelvimque securim *S* puppim tussimque caribdim *P*
225 vim burim] vimque sitim *S*   puppim tussimque] tussim puppimque *S*
pelvim sitimque *P*   Charybdim] securim *P*   *v. in marg. adscr. omissa voce*
puppim *M*   **226** sociamus *SMe*   **227** tibrim tigrim *M*   **228** Yris et
ypocrisis (ipocrisis ipocoresis) *codd.*   sociatur *S* herinis *LA₁A₈M* erinis
SPA₂   **229** turris restis *A₁SM*   cum puppe] puppisque *SPMe*   *post v.*
229 additur et navis *add. L*   ¦**231** fallit *A₈Se* sic nullum r. f.] *om. PM*
233 ceu] seu *LA*   **235** in e vel in i *SP*   **237** Praeneste praesepeque] presepe prenesteque *A₈* presepe preneste *SMe*   cepe Soracte]
soracteque cepe *SPM* cepeque soracte *e*   presepe preneste soracteque cepe
m. rec. add. P   **238** aut is *om. A₁*   sequetur *A₁*   **240** in ar vel in al
A₁P in al vel ar *S*   sic formas dum genetivo] formato de genitivo *P*
normam servabit eandem *Io. Garl. (Ar) S e, m. rec. in ras. L*   norma formatur eadem *M*

TESTIMONIA ET EXPLANATIONES.

222—229 *Prisc. 327⁷—330₁₀*   **230** *Prisc. 330₁₀—₁₅*   **232** sq. *Prisc.
330₁₇—331₁₀*   **234** *Prisc. 277₈ 288₁₅*   **235—237** *Prisc. 331₁₂—333₁₉
203₈—₁₄*   **238** sq. *Prisc. 334₇ 335₁₅*   **240** sq. *Prisc. 334₂—₆ 339₁₂*

a longam teneas; dat e far, par i vel e ponas.
quod fit in as longam gentile per i vel e ponam.
consona si praeit is dupla, sextus in i vel e finit;
testis cum peste per e fit iuncta sibi veste.
quatuor imber habet, quibus i tantummodo praebet,   245
i dant tres menses; solam dat e sospes et hospes.
quidam pro certo reputant e vel i dare sexto
cuncta trium generum; sed degener, uber e tantum,
ipsa tamen reperimus in i [sed non nisi raro].
ponunt alterutrum, si. fiat mobile fixum.   250
invenies alia per e saepius esse notata.
quod dedit im quarto casu, solet i dare sexto.

    Primo plurali dabis es, et ei sociabis
quartum cum quinto; sed a debes ponere neutro.
si sexto dabitur i sola vel i simul eque,   255
fit neutrum per ia; quod comparat inde retracta.
ludicra vel vetera dices, amplustraque iunges.
cum dedit e solam sextus, solam dat a rectus.

VARIO LECTIO
    241 a longam teneas *rell. om.* e cum lare sal demas sed far par i vel e ponas
Io. Garl. (Ar) cum lare sal demas et far par i vel e ponat *S* cum lare
sal demas far par in i vel in e ponas *Me1 post v.* 241 cum lare sal demas *add. P*
242 ponam] ponas (s *in ras*) *S*   **243** e finit] in e fit *S e2*   **247** certo]
recto *S*   **249** [ ] *inclusa om. A1A2PMPa1Pa6, add. Iv. Garl.(Ar)*
LSA8e   **251** notata] locata *SA8Me*   *post v.* 252 cum dedit e solam
sextus solam dat a sexto (*sic*) *add. S* im quod dabitur em sexto dabit i
vel e finem *add. e2*   **253** primus pluralis dabit es *SPMe*   *v.* **254** imo
mg. adsc. A2   **257** aplustra *M* a. plustra (m *eras.) L* amplustra *cett. codd.*
et e   **258** dedit] dabit *A2*

TESTIMONIA ET EXPLANATIONES.
    242 *Prisc.* 3379—20 34817—21   **243** *Prisc.* 3441—3466 3489—16
245 sq. *Prisc.* 33815—28 2391—7 34216—26. — 'quatuor — praebet', sc.
'September October November December' cf. v. 135 sq.   **246** 'i dant t. m.',
sc. 'Aprilis Quintilis Sextilis'   **247** sq. *Prisc.* 33911—34215 34325
250 *Prisc.* 33516—18 34710—18. — 'si fiat m. f' i. e., si adiectivum fiat substantivum   **252** *Prisc.* 33521—24   **253—258** *Prisc.* 34925—3518
257 'amplustra' pro 'aplustra' tunc vulgo fere scribebatur cf. *Graec. X 13*
Mag. Caes. 51 Sulpit., Henrichm., Despaut., Du Cange. re vera 'amplustra'
vel 'amplustria' vetustissima forma fuisse videtur; nam *Festus Pomp.* ab
'amplius' amplustria derivat, sic exponens: 'aplustria navium ornamenta, quae,
quia erant amplius quam esent necessaria usu, etiam amplustria dicebantur'.

praedictis saepe tribus is veteres posuere.

um vel ium pone genetivo, vel dat utrumque.   260

quod dabit i sexto, formabit ium genetivo,

et praebens e vel i; quod comparat hinc volo demi.

artificum iunge, memorum, veterum vigilumque,

atque sacerdotum, custodum, vel locupletum.

c per ium fit et l; fraus et laus um tibi praebent.   265

non crescens per ium facit es aut is genetivum;

um dat apis, volucris panisque, canis iuvenisque,

et soboles, heresis cum fruge vel indole, vates.

ons per ium formas; s iunges r praeeunte,

consors atque cohors demantur [quae faciunt um].   270

simplex compositi normam quandoque tenebit:

sic cor opesque probant [si componatur utrumque].

saepe per um vel ium facit ans aut ens genetivum.

glans dat ium, gens, mens, dens, consociabitur illis

calx, plebs, puls, seps, stirps per ium, falx, arx simul et lanx.   275

dempta carne per um facies a vel o, sociando

VARIO LECTIO.

vv. **258. 259** *inverso ordine in P*   **261** dabit] dedit *S M*   **263** memorum]
nemorum *L A₁ P*   **265** fraus et laus] sed fraus laus *P*   praebent]
prebet *P M e*   **266** es aut is] is aut is *(sic) S*   is aut es *e*   **267** panisque canis] panisque cinis *L* panis canis *A₁ A₂ Se* iuvenis panisque canis-
que *M*   **268** vatum *A₁*   **269** formas] format *S* iunges] iungis *(in ras.) S*
270 demantur consors et cohors *M*   [ ] *inclusa om. A P Pa₁, add. Io. Garl.*
(Ar) S L (nam pro quae L)   **272** [ ] *inclusa om. A P M Pa₁, add. Io. Garl.*
(Ar) S L e (componantur L e)   **273** ens aut ans *L*   **274** mens dens] dens
mens *S M* dens et mens *A₃* consociabitur illis] *om. P* sociabitur istis *(m.*
rec. in ras.) S sociabitur illis *M* iungitur istis *A₁* glans dat ium quoque
dens gens mens sociabitur illis *e₂*   **275** plebs puls] puls plebs *S* falx *om. A₂,*
eras. A₃ P, in ras. add. S cals *A₁* falx pl. p. s. st. urbs et calx a. s. et l. *e*
276 sociando] genitivum *P*

TESTIMONIA ET EXPLANATIONES.

259 *Prisc.* 358₁₃—362₂   **260—262** *Prisc.* 351₁₀—352₁₀   **263** *Prisc.*
353₁₇, ₁₉ 354₃, ₁₉   **266** *Prisc.* 352₂₅—353₂   **267** *Prisc.* 353₈   **268** 'heresis':
gen. pl. 'heresum' *ap. Augustin. serm. IX 3;* de quantitate primae syllabae
vide v. 1810   **272** *Prisc.* 354₁₃. — ex.: 'vecors inops'   **273** *Prisc.*
351₁₄—₂₁   **274—279** cf. *Prisc.* 352₁₁—354₁₄   **276** 'carnium': *Augustin.*
de civ. dei XIII 24 Hieron. ep. C 6 Tert. resurr. carn. 32

il vel ul nque simul, er solam iungimus irque;
cor demes, or et ur pones, as addere debes;
quae monosyllaba sunt, adimes [quod comprobat hic mas].
si crescant is et es dant um; monosyllaba demes.   280
plus dat ium, sed pes dabit um; pluralia sola
quae dant es, fiunt per ium; sed deme penatum.
praeter os um faciunt os et us, sed et s praeeunte
b vel p ponis et t; monosyllaba demis.
supradicta notes, sed ium per cetera formes,   ·   285
quae praebent e vel i sexto; facit um sibi subdi,
quod datur a capio: sic municipum tibi formo.
cumque caput dabit eps, formabit ium, velut anceps.
x fixum dabit um nisi nox nix atque supellex;
um supplex, complex [sed ium format tibi simplex].   290
more metri demit his usus saepe vel addit:
i proceres iacit uque boves, u suscipit ales.
tertius est in ibus, et ei sextum sociamus,
dicemusque boum seu bobus [duplice casu].

    Quarta dat us recto; dabit u, sed non nisi neutro.   295
u non mutabis, donec plurale tenebis.

VARIA LECTIO.

    278 demens or et ur ponens *As* demens or et ur pones *S*   279 [] *in-
clusa om. A P Pa₁. add. Io. Garl. (Ar) L* mas est tibi testis *add. S*   ut vas
vadis et mas *add. Me*   282 penates *P*   283 os et us] os us *A₁* sed et s] sed s
L Me   284 pones *S P* ponas *e* et] vel *P* demes *S P* demas *e*   285 sed] et *A₁*
289 nox nix] nix nox *As Me*   290 [] *inclusa om. A M, add. Io. Garl. (Ar) Le*
(faciet *pro* format *Io. Garl.,* facit *(!) e)* faciunt idem quoque iudex *add. P*
et iudex *rell. om. add. S*   293 sociemus *e*   294 dicimusque bouum *(!) Me₁*
seu] ceu *L*   seu bobus *etc. om. M*   [] *inclusa om. L A P, add. S e* (duplici *e₁*)
vv. 293. 294 inverso ordine exhibentur in M   *vv. 296. 297 inverso ordine in S*

TESTIMONIA ET EXPLANATIONES.

    277 ex.: 'vigil consul nomen pater martyr'   278 'cordium': *Vulg.
Ier. IV* 4,₁ *Cor. IV* 5 cf. *Henrichm., Neue I* 273. — ex.: 'soror fur
civitas'   280—282 cf. *Prisc.* 355₁₁—₂₀. — ex.: 'lapis miles; lis praes'
282 'genetivus plur. facit penatium et per sincopam penatum' *Io. Ian.*
283 ex.: 'os ossium flos florum corpus corporum'   284 ex.: 'Arabs princeps caput
saeps plebs' cf. v. 275   287 *Prisc.* 352₂₀   288 *Prisc.* 352₂₁—₂₅   289 'x
fixum' i. e. substantivum in x desinens, ut 'rex lex dux' 'supellectilium' cf. adn.
ad. v. 381   292—294 *Prisc.* 355₂₅ 356₁—₁₀. — v. 292 etiam in *Graec. XXV 180*
invenitur.   295—299 *Prisc.* 362₄—363₂₅

us genetivus habet; sed tertius ui tibi praebet.
um quarto dabitur; quintus recto sociatur.
u sextus retinet; sed flecte domum sapienter.

Primo plurali dabis us binos sociando; 300
neutra notare decet; genetivus uum tibi praebet;
datque dativus ibus sextusque, sed excipiemus:
ante bus u servant ficus, tribus, arcus acusque,
artus cum verubus, portus partusque lacusque,
et specus et quercus. 305

Es rectus quintae dat semper et est muliebre;
mente diem memori volo compositumque teneri.
ei dicetis genetivis atque dativis.
em quarto, quinto damus es, decet e dare sexto.

Primo plurali dabis es, qui vult sibi subdi 310
quartum cum quinto, tribuens erum genetivo.
tertius et sextus semper formantur in ebus.
desunt plurali genetivi sive dativi
et sexti quintae nisi res speciesque diesque,
progenies et maneries dic materiesque. 315

Rectos compone, simul inflectuntur utrimque.
non sic alterutrum declines nec leopardum.
obliquo rectum componens iungis in unum;

VARIA LECTIO.

297 sed] et *Pe* tertius] ternus $A_1 P$ **298** sociatur] similatur $A_3 P M$ simulatur S **299** u sextusque tenet M **300** dabit $S P$ **302** excipientur A_2 **303** arcus] artus $M e_2$ **304** artus] arcus $M e_1$ **305** *hemistich. exhib.* $A P M P a_1 \ P a_2 \ P a_5 \ P a_6$, *om. L* specus hic hec hoc reperitur *add.* S h' et h' et hoc reperimus *(!) add. Io. Garl. (Ar)* **308** dicemus A_3 **309** quinto dabis es M damus es quinto S **310** volt P subdi] iungi $A_2 A_3 M$ **316** simul flectuntur $A_1 M e$ utrimque] utrumque $A_2 A_3 S e$

TESTIMONIA ET EXPLANATIONES.

300—305 *Prisc. 363₂₇—365₁₀* **306—309** *Prisc. 365₁₂—367₁₀* **310—314** *Prisc. 367₁₂—368₈* **315** 'maneries est similitudo vel forma rei' *Gl. n.* vocabulum, quod *Sulpitio* barbarum est, (extat tamen in edit. Lips. 1503) afferunt etiam *Graec. XI 163 Mag. Caes. 55. 138 Henrichm.* cf. *Du Cange.* unde exortum est nomen Gall. 'manière' **316** ex.: 'respublica reipublicae iusiurandum iuris iurandi' **318** sq. ex.: 'legislator legislatoris paterfamilias patrisfamilias'

ex sola parte recti decet hunc variare.
si componantur obliqui, non variantur.　　　　　　　　　320

　　Patronymica dat tibi declinatio prima,
quae dantur maribus; sed in es rectum faciemus.
am quartus casus aut en gerit; e vel a' quintus,
et reperitur in es.
ablativus in e vel in a, nec cetera muta.　　　　　　　　325
　　Tertia feminea tibi patronymica format.
is recto praebens genetivus erit tibi crescens,
isque vel os faciet; a vel m quartus tibi praebet;
quintus i servabit, sed rectum non superabit.
e solam sextus tenet; esque vel as reperimus　　　　　　330
plurali quarto; nil plus praeter metra muto.
interdum per ias haec patronymica formas.
as brevis in recto dat adis vel ados genetivo;
em vel a dat quartus; in e fit tantummodo sextus.
dans reliquos terna nil mutat in his nisi metra;　　　　335
more vides Graeci tamen s quinto removeri.
ne plerisque damus, quibus e normam sociamus.

　　Cum dedit e Graecus recto, tenet es genetivus,
em aut en quartus; recto reliquos sociamus.
cum Graeci rectus tenet os, par est genetivus,　　　　　340
vel dat oy Graecus [melos et meloy tibi testis].
quartus on, os quintus, o tertius atque supremus.

VARIA LECTIO.

　　319 decet hunc] debes *P*　decet hanc variari *e*　　**321** tibi dat *e*
r. **322** *om A*1　sed] et *S*　　*post v.* **322** ae genitivus habet per candem pone
dativum *add. e*　　**324** et in em quartus reperitur *add. Io. Garl.(Ar)*
post r. **324** eque secundus habet et tercius e tibi prebet *add. S*　**326** patronymica]
declinacio *S*　　**327** praebens] faciens *S*　　**328** isque] is *M*e2　praebet]
ponet *M* subdet *P*　　**334** in e fit] fit in e *Me*　　*v.* **337** *post r.* **339** *in S*
339 em aut en] en aut m *A*1*A*2　em dat et n *A*3*SPMe*　recto reliquos]
reliquos recto *A*2*SPMe*　　**341** [] *inclusa om. LAPa*1*Pa*4, *add. Io. Garl.*
(Ar) SP　et sic geminat genetivum *add. Me*

TESTIMONIA ET EXPLANATIONES.

　　320 ex.: 'huiusmodi huiuscemodi'　　　**321—336** *Prisc. 62—67*
337 *Prisc. 68b—8*

saepe dat is rectus: dat ios vel eos genetivus;

im quartus dabit, i quintus, neuter superabit.

fit quintus recto par declinante Latino.   345

dat genesis quintum similem sibi; dat genetivum

is vel eos; tenet im quartus, reliquique dabunt i.

dic Moyses Moysi, reliquos ternae sociabis.

dat Iesus um quarto, reliquis u semper habeto.

　　Est declinandi pronomina norma quaterna.   350

estque mei vel mis in prima tuque suique.

recto personae non servit regula primae.

debet ius facere genetivum norma secundae;

debes formare per eam pronomina quinque.

his octo species primaria dicitur esse.   355

monstrant et referunt haec et quasi fixa manebunt.

deque tribus primis septem fit origo supremis.

personas duplices haec designare videntur;

cum possessore possessio significatur.

formans quis vel qui Donato crede minori.   360

VARIA LECTIO

　　343 genitivos *S*　　*vv.* **346. 347** *in marg. adscr.* *P*　　**347** reliquique] ceterique *S*　　**348** dic] dat *PM*　　**351** tuque] tuique *SA₂e*　　**356** haec *om.* e　　**358** designare] demonstrare *S*

TESTIMONIA ET EXPLANATIONES.

　　348 'Moyses': gen. 'Moysi' *Vulg. exod. VIII 13* dat. 'Moysi' *exod. Vulg. V 20* acc. 'Moysen' *Vulg. exod. II 15* abl. 'Moyse' *Vulg. exod. IX 11.* cf. *Henrichm., Kaulen 106 Neue I 333*　　**349** 'Iesus': de formis cf. *Henrichm.,* de quantitate v. 1820　　　**350—359** *Prisc. I 577—584 II 2₂₅—8₂₀* **350** 'sunt in pronominibus modi declinationum quatuor' *Prisc. II 2₂₅* **352** 'nominativus primae personae dissonus est a genetivo' *Prisc. II 2₂₇* **354** 'pronomina quinque' sc. 'ille ipse iste hic is'　　**355** sq. haec octo pronomina, sc. 'ego tu sui ille ipse iste hic is', sunt primitivae speciei, quia non derivantur ab aliis, sed alia derivantur ab ipsis, et haec octo pronomina sunt quasi fixa, i. e. substantiva; quorum quaedam sunt demonstrativa, sc. 'ego tu hic iste', quaedam relativa, sc. 'sui' et 'is', quaedam modo demonstrativa, modo relativa, sc. 'ille' et 'ipse' cf. *Gl. n.* **357** 'septem sunt pronomina derivativae speciei, quae derivantur a tribus primis pronominibus primitivae speciei, sc. meus tuus suus noster vester nostras vestras' *Gl. n.*　　　**358** sq. 'in omnibus derivativis pronominibus duae intelliguntur personae, intrinsecus possessoris, extrinsecus possessionis' etc. *Prisc. 580₂₄—₂₆* 　　**360** *Donat. K. IV 358₃—₁₃*

tertia per primam fit nominis atque secundam.
has tres Donatus distinguit sufficienter.
quarta quidem ternae par debet nominis esse.

[Capitulum II]

Haec tibi signabis, quae declinans variabis.
pascua sola datur et pascua plura dabuntur.   365
est zizania, sunt zizania plura -niaeque.
balnea dic vel -eas, -ea non prius est, sed -eum das.
sic et amygdala dic [-lum fructus, -lus dedit arbor].
delicium tibi sit, mihi semper deliciae sint.
hoc epulum comedis, epulaeque parantur amicis.   370

VARIA LECTIO.

362 distinguit donatus *Se*   **365** et] sed *S*   **367** est *om. Me*
368 amidala *A₁* amicdola *P* amigdala *cett. codd.*   [] *inclusa om.* APM
Pa₁ Pa₂ Pa₄ Pa₅; add. Io. Garl. (Ar) L   sed a fructus lus fit et arbor
add. S pro fructu lus dabit arbor *add. e*   **369** sit] fit *A₁*   *vv.* **369. 370** *post*
v. **376** *colloc. PMe*

TESTIMONIA ET EXPLANATIONES.

361 'tertius modus declinationis pronominum est, qui sequitur per
omnia mobilium declinationem nominum, meus mea meum, tuus tua tuum,
suus sua suum, noster nostra nostrum, vester vestra vestrum' *Prisc. II 11₂—₄*
363 'quartus modus est, qui sequitur per omnes casus tertiae declinationis
nomina: nostras nostratis' *Prisc. II 11₁₅*   **365** 'pascua genere feminino
et pascua neutro pluraliter dicimus' *Beda de orthogr. K. VII 286₂₅* 'pascua,
ae' *Vulg. paral. IV 40 psal. LXXVIII 13 Ezech. XXXIV 14.* cf. *Graec.
XXV 256 Manut., Kaulen 135 Rönsch 101 sq.*   **366** 'zizania, quam
poetae infelix lolium dicunt, drauca. zizania significant scandala vel male
viventes . . .; zizania Graecum est, zizanium vero a Latinis' *Pap.* 'hoc
zizanium et haec zizania, seges vel herba perversa sive lolium' *Io. Ian.,
Brev.* cf. *Vulg. Matth. XIII 26—40 Osb. Pan. 631 Ysengr. VIII 617
Sulpit., Despaut. 109 Manut., Kaulen 93 Rönsch 247 Du Cange*
367 'balneum balneae balnea orum' *Donat. K. IV 375₃₁ Serv. in
Donat. l. c. 431₂₉—₃₁ Pomp. K. V 162₂₂—₂₄ Diom. K. I 327₇* cf. *Manut.,
Neue I 551 sq.*   **368** 'amygdalum amygdalae amygdala' ['amygdalus'] gr.
ἀμύγδαλον etc. *Serv. in Verg. ecl. II 52 V 10 in georg. I 187 Io. Ian.*
cf. *Manut., Neue I 548* 'secundum modernos amigdala tam pro arbore
quam pro fructu feminini generis reperitur' *Gl. M* cf. *Despaut.*   **369** 'delicium
deliciae' cf. *Manut., Neue I 463 sq.*   **370** 'epulum epulae' *Diom. K. I 327₇
Phocas K. V 426₂₁* cf. *Manut., Neue I 551 sq.*

est locus, atque loci sunt artis, sunt loca terrae.
sic iocus atque ioci, sunt et ioca plurima gentis.
balteus addatur, filum plurale sequatur.
carbasus una ratis, et carbasa plura videbis.
arbutus est similis, huic intiba, Pergama iungis.   375
cui caelum servit, caelos et cuncta creavit.
sic rastrum rastros porrumque facit tibi porros.
frenum detur equo, frenos et frena teneto.
sic claustrum formas, filum pariterque capistrum.
dicimus altilia, si plura, sit altilis una;   380

VARIA LECTIO.

372 genti *S Ae*₁   *vv.* **372. 373** *inverso ordine in P*   373 filum]
neutrum *e*   374 una *eras. L* et] sed *S*   375 huic] his *A*₂ intuba *S A*₃*P*
v. 377 *post v.* 379 *colloc. P*   378 et] vel *A*₁   379 formas claustrum *S*
filum pariterque capistrum *om., m. rec. add. P*   *post v.* 379 ac tum
adicias repagula dicere claustros *add. Io. Garl.(Ar)*   380 sit] sed *A*₂

TESTIMONIA ET EXPLANATIONES.

371 sq. 'locus loci loca, iocus ioci ioca' *Donat. K. IV 375*₈₁ *Serv. in
Donat. l. c. 432*₂₋₅ *Serv. in Verg. Aen. I 306 Diom K. I 327*₂₋₄ *Charis
K. I. 372*₂₋₅ *761*₁₄₋₁₆ *551*₂₇₋₂₉ cf. *Neue I 540—544*   373 'balteus baltei
baltea, filum fili fila' *Charis. 77*₅₋₁₀ *Serv. in Verg. Aen. X 496 Phocas
426*₂₉₋₃₁ cf. *Manut., Neue 530, 545*   374 'carbasus carbasa' *Phocas 426*₁₇
*Pomp. 162*₂₈ *Serv. in Aen. III 357* cf. *Neue I 541, 544* 'una ratis', immo
unum velum. cf. *Verg. Aen. III 356 VIII 33 Ovid. met. II 477 Martial.
XII 29, 17*   375 'arbutus intibus Pergamus, arbuta intiba Pergama'
*Phocas 426*₁₉ *Diom. 327*₈ cf. *Manut., Despaut. 110 Neue I 480, 541*
376 'caelum caeli' *Serv. in Donat. 431*₈₁₋₈₃ *Asper K. Suppl. 431*₁₅₋₁₈ cf.
Neue I 416, 541   377 'rastrum rastri' *Serv. in Verg. georg I 94* cf. *Neue I
547* 'porrum porri' *Donat. 375*₈₁ *Probus 8*₁₈ *22*₁₄ cf. *Neue I 408, 538, 540*
378 'frenum freni frena' *Probi exc. K. IV 211*₂₄₋₂₆ *Phocas 426*₂₈ cf. *Neue I
385, 399, 540 all. ll.*   379 'hi claustri et haec claustra' *Sulpit.* cf. *Manut.,
Henrichm., Avent., Despaut.*   ceterum 'claustrum' hic idem significare videtur quod 'monasterium'; unde nostrum 'Kloster' cf. *Du Cange.* 'capistrum
capistra capistri': 'capistrum a capite iumentorum dictum, quod caput
stringat *Pap.* 'in singulari numero tantum neutri generis, sed in plurali
masc. gen. et neutri, ut capistri et capistra' *Io. Ian., Brev.* cf. *Despaut.*
380 'altilis, altilia': 'ornix silvarum solet altilis esse domorum' *Graec. X
283* 'altilis, chapun' *Alex. Neckam in Lemcke, Jahrb. f. rom. u. engl. Lit.
VII 67* 'altilia, volatilia saginata studio' *Pap.* cf. *Bas. Faber, Kaulen 132
Rönsch 102, 106 Georges*

consimilique modo sit declinanda supellex.

Tartarus ater habet plurale -ra, vinaque dant -rum.

sibilus hic dices et sibila plurima iunges.

supparus esto comes, prius hic tenet us, sed a subdes.

Taenarus infernus, sic Maenala, sic et Avernus.   385

Dindyma, pileus, Ismara, Gargarus his sociamus.

vas vasis ternam tibi dat, plurale secundam.

ista solent quarta variari sive secunda:

cum lauro quercus, cornus, pinus quoque, ficus;

his colus atque domus, penus et lacus associamus,   390

VARIA LECTIO.

     381 declinata *A*8   **384** sed a subdes] et a subdet *L*   prius hic t. us s. a. s.] *om. A*8   **385** Trenarus *Me*   **386** his sociamus] associamus *PM* his sociabis *e*   v. **387** *post* v. **394** *colloc. M*   **389** pinus cornus *PMe* **390** associemus *S*

TESTIMONIA ET EXPLANATIONES.

     381 'supellex supellectilia': 'supellex est heteroclitum genere; nam in singulari est fem. gen., in plur. vero neutri' *Io. Ian.* 'pluraliter dicimus haec suppellectilia' *Brev. Benth.* docent idem *Sulpit., Manut., Henrichm., Avent., Despaut., Pylad. carm.* cf. *Bas. Faber, Neue I 188*19 **382** 'Tartarus Tartara' *Prisc. 176*18 *Donat. 375*81 *Diom. 327*2 *Phocas 426*18 *Serv. in Verg. Aen. III 442* cf. *Neue I 384, 482 541* 'tartarum fex vini' *Gl. M Gl. n.* Graecis est τάρταρον, Italis 'tartaro', Gallis 'tartre', nobis 'Weinstein' cf. *Du Cange*   **383** 'sibilus sibila' *Charis. 811*11—19 *Phocas 426*17 *Serv. in Aen. II 211* cf. *Manut., Neue I 539, 541* **384** 'supparus suppara': 'supparus περιώμιον' *Prisc. 169*17 'suppara nudatos cingunt angusta lacertos' *Lucan. II 364* 'suppara velorum periturus colligit' etc. *Stat. silv. V 2, 27.* cf. de div. signif. voc. *Pap., Io. Ian., Gl. n., Bas. Faber, Georges, Du Cange;* de formis *Neue I 539*   **385** 'Taenarus Taenara' cf. *Neue I 128, 481* 'Maenalus Maenala' *Diom. 327*2 *Probus 221*8 *284* *Serv. in Aen. V 732* 'Avernus Averna' *Serv. in Aen. l. c.* **386** 'Dindymus Dindyma' *Prisc. 176*18 cf. *Neue I 481, 541* 'pileus pilea' *Serv. in Aen. VIII 664 IX 616* cf. *Neue I 537* 'Ismarus Ismara' *Phocas 426*17 'Gargarus Gargara' *Prisc. 176*18 *177*2 *Serv. in Aen. V 732* cf. *Neue I 384, 541*   **387** *Prisc. 239*1 *309*10   **388** sq. *Prisc. 267*4—18 cf. *Neue I 509—514*   **390** 'colus domus penus' *Prisc. 269*10—20 *260*17 *261*11—8 cf. *Neue I 516—521* 'lacus' sec. decl. *Vulg. Dan. VI Is. XIV 15* = fovea, fossa. cf *Brev., Du Cange, Despaut., Rönsch 315 sq. Kaulen 103 Neue I 523.*

et cantus, cetus, ortus [sensu variato].

is vel us ista suis dices dare compositivis:

cera, iugum, limus, animus, colus, arma, bacillus;

cum norma nervum, cum freno collige clivum.

Pluralem numerum retinent aes atque metallum;   395

raro per reliqua dabitur plurale metalla.

aequor et unda, fretum mare, melque, latex, aqua, vinum,

pocula, fons, flumen, fluvius pluralia servant,

stagna, lacus, amnes, limphae [limus, palus, imbres].

cetera pluralem retinent humentia raro.   400

lex mensuratis tamen et pensis datur ista.

ordea, frumenta, faba melonesque, citrulli,

VARIA LECTIO.

391 *hemistich. om.* *PM* [] *inclusa om.* *L A*, *add.* *S* cantus cetus
ortus praedictis associantur *(!)* *Io. Garl. (Ar)* et cantus cetus ac ortus
iungitur istis *e*   **392** dices] dicas *A*₁ decet *e*   **393** colus] simul *P*   bacillus]
becillus *A*₁   **397** melque] que *om. Se*   *v.* **398** *om. A*₁   *v.* **399** *om.*
Io. Garl (Ar) M   [] *inclusa om. S A*, *add. L*   stagna lacuna lacus putei
lymphae simul amnes *e*   imber atque palus stagnum rivosque lacusque *P*
402 mellonesque *S A*₁ *A*₂   cytrulli *L*

TESTIMONIA ET EXPLANATIONES.

391 i. e. 'cantus us' et 'canthus i', 'cetus (κῆτος) i' (cf. *Ecb. 172,*
546) et 'coetus us', 'ortus us et hortus i'. (ad vv. 888—891 cf. *Graec.*
XXV 173—176)   **393** sq. 'cera': 'sincerus' vel 'sinceris' *Charis. 81₈—10*
218₁₁—14 (sincere), *Fragm. Phocae K. Suppl. CCL* (sinceris) cf. *Du Cange,*
Rönsch 274   'iugum', ut 'biiugus' vel 'biiugis' *Serv. in Aen. X 576* cf.
Neue II 94 Georges   'limus': 'sublimus' vel 'sublimis' cf. *Rönsch 274 Neue*
II 88 Georges 'animus', ut 'exanimus' vel 'exanimis' cf. *Neue II 89* 'colus':
huius vocis compositum in omnibus commentariis et glossis 'incolumis
vel mus' affertur, quam posteriorem formam etiam invenies ap. *Henrichm.*
'arma': 'inermis' vel 'inermus' *Prisc. 182₁₇ 462₉ Serv. in Aen. I 484 X*
571 cf. *Neue II 89 sq.* 'bacillus': 'imbecillus' vel 'imbecillis' *Probus 23₂₄—₂₉*
cf. *Neue II 93 sq.* 'norma': 'enormis' vel 'enormus', quae posterior forma
recepta est ab *Henrichm.* 'nervus': 'enervis' vel 'enervus' cf. *Neue II 91*
,frenum': 'effrenus' vel 'effrenis' cf. *Neue II 94 Georges* 'clivus', ut
'proclivis' vel 'proclivus' cf. *Neue II 91 Georges*   **395—404** cf. *Prisc.*
175₁₆—₂₁ 176₁—₈ Donat. 376₂₅—₃₂ Charis. 93₂₀ 121₈ Pomp. 177₃₂
Phocas 427₂₃   **402** 'melones': vox linguarum neolatinarum usitatissima
primum, ut videtur, apud *Palladium de re rust. IV 9* occurrit. dicit de
hac voce *Despaut. 52:* 'fructus cucumeris pepo et apud Palladium melo
dicitur'   'citrullus est quoddam legumen, teutonice rys' *Gl. l.* 'italice
citrollo, gallice citrouille' *Du Cange.* vocabulum affert etiam *Sulpit.*

his plurale damus, sic dant far, pisa, lupinus.
raro seminibus aliis plurale locamus.
raro plurale dat quinta tibi nisi quinque:　　　　　　　　405
res pariterque dies, acies, facies speciesque.
progenies et maneries dic, materiesque.
raro plurale vult pax et sanguis habere.
neutra facis sine plurali vulgus pelagusque.
nescio telluris vel humi plurale geluve.　　　　　　　　410
nescit ador normae contraria norma movere.
aptota neutra tene pus et fas irque nefasque.
obliquum de se non format fors nisi forte.
tabes declino, nec dat tabi nisi tabo.
ilia declinat tibi tertia nec nisi plura;　　　　　　　　415
ipsaque plurales declinat moenia, manes.
dicamus proceres pluraliter atque penates.
nec nisi plurali tenebras aut exta notavi;
arma vel insidias, artus, sponsalia iungas;
divitiasque, minas, nuptias, indutias,　　　　　　　　420
[Blanditias ac infitias ac exequias quoque, cunas,
nundinas, exuvias iungas pariterque kalendas].

VARIA LECTIO.

　　403 pyʙa *L*　　**404** locamus] tenemus *A*s*PMe*　　**405** quinque *LAS*
sint hec *PMe*　　**406** species faciesque *A*1　　**408** vult] volt *SP* et] vel *L*
vv. **408. 409** *inverso ordine exhibet P*　　**409** volgus *SP*　　**410** geluque
*SA*2*Me*　　post v. **410** atque solum (*pro* salum) *add. L*　　**412** tene]
tenet *e*2　　**413** non format fors] fors non format *A*1*M*　　**416** menia *codd.*
420 *sic versum exhibent, ut pentameter sit, LAS* divicias nuptias et minas
primiciasque *P* divitias sic nuptiasque (que *in ras.*) adiunge minasque *M*
divitias nuptias indutiasque minasque *e*1 divitias nuptias indutiasque
minas *e*2　　vv. **421. 422** om. *A*1*A*s*SMe, add. LA*2　　**421** ac] atque *L*
quoque] ac *A*s*L* (*versum emendare nequeo*)　　**421** sq. induciae et blandiciae
falerasque bracasque (*ut. vid.*) cunas exequias astrenas inficiasque nundine
excuvias (*sic*) dic induciasque kalendas nonas ac idus et nugas associamus *P*

TESTIMONIA ET EXPLANATIONES.

　　406 sq. cf. v. 314 sq.　　**408** *Prisc. 175*19—21　　**409** *Phocas 427*27
*Beda de orth. K. VII 293*28 *Caper K. VII 111*1　　**410** *Phocas 414*14
*427*26　　**411** *Charis. 34*24 *Diom. 328*20　　**412** *Prisc. 184*15　　**413** *Prisc. 188*4
414 *Prisc. 188*9　　**415** *Probus 196*8　　**416** *Prisc. 176*10　　**417—422** *Charis.*
*331*1—29 *93*27 (infitias)

cornua mutantur, sed cornu non variatur.
de genubus, verubus normam servabis eandem.
de nece deque prece dic quod rectis caruere 425
primis, atque dapem socia, vice iungis eisdem.
vis vim vique dabit, totum plurale tenebit.
plus neutrale facit nec dat primo nisi pluris;
casum plurale dat quemlibet et genus omne.

Quae quaerunt, quae distribuunt referuntque negantque, 430
infinita quoque casu caruere vocante.
distribuit, si vim facias, et colligit omnis;
colligit improprie positum, non distribuendo.
quatuor exceptis pronomina nulla vocabis;
tu, meus et noster, nostras, haec sola vocantur. 435
tres in plurali casus os oris amittit;
aes, far, rus, ius, thus illi sociare solemus.
terra fit Ops, et avarus opes et opem petit aeger.
lens lendis capiti, lens lentis convenit ori.
hic dat et haec hospes, haec hospita, sospita sospes. 440

VARIA LECTIO.
424 genibus *A₂ A₃ e* **427** vim vique] vi vimque *PS* **432** facias]
tribuas *S A₃ P Me* *v.* **435** *om. P* **436** amittit] omittit *P* **437** rus
ius thus] thus ius rus *S A₃* thus rus ius *A₁* ius rus thus *P* ius thus
rus *Me* **438** et avarus] sed a. *P Me* *post. v.* **439** lens mordet per d
mordetur si capiat t *add. M*

TESTIMONIA ET EXPLANATIONES.
423 sq. *Charis. 35₃₂ 36₁ 65₂₉—66₁₀* **425** sq. *Prisc. 321₆—₁₇*
564₂ **427** 'vis' a *Charisio* 80₁₅ reliquisque grammaticis in singulari
numero per omnes casus declinatur **428** 'plus pluris': *Charis.*
109₁₀—₁₂ et 211₂₇—₃₀ abl. 'plure' affert **430** sq. pronomina interroga-
tiva, distributiva, relativa, negativa, indefinita casu vocativo carent.
435 *Prisc. 582₁₃ 585₂₀* **436** sq. i. e. illa nomina pluraliter nominativo
tantum et accusativo et vocativo declinantur 'ius rus aes' *Charis. 93₂₀*
'far' *Phocas 412₇* 'os oris': de gen. 'orium' et dat. 'oribus' cf. *Neue I 501*
et *Georges s. v.* **438** 'Ops' *Prisc. 321₂₁—322₈* 'opem': praeter acc. etiam
gen. 'opis' et abl. 'ope' invenimus; cf. *Phocas 428₂₈ Dosith. K. VII 394₁₀*
439 *Prisc. 281₁₄* 'lens lendis, capitis brevior pediculus' *Serv. in Verg.*
georg. II 372 cf. *Neue I 468* 'lens lentis quoddam genus leguminum'
Osb. Pan. 327 'lens mordet per d, mordetur si capiat t' *Gl M. Brer.*
440 *Prisc. 316₂₄ 317₁—₄*

vesper -rum -re -ra pars est extrema diei,
noctis vel mundi, vesperque suum tenet aetas;
quamlibet aetatem mundi lego vesper habere.
vesperus est stella, -ri dant psalmos tibi solos.
officium tibi -rae -rarum totaliter implent.   445
glis animal, glis terra tenax, glis lappa vocatur;
-ris primus, glissis tenet altera, tertia glitis.
cassis idis galea, capitur fera casse retenta.
tignus vel tignum declina pisaque pisum.
cornus vel cornu dices, tonitrus tonitruve.   450
est glomus atque glomi, vult hoc glomeris sibi subdi.

VARIA LECTIO.

441 rum re ra] re ra rum *SA₂Pe*   **444** ri solos dant tibi psalmos
SPe ri dant solos tibi psalmos *A₁* ri dat ps. t. s. *A₃*   **447** primum *SMe*
449 declino *S* declinas *A₃* pisaque] pisa vel *A₁*   **450** tonitrus dices *P*
451 hoc] et *MSe* vult] volt *P* subdi] iungi *A₁*

TESTIMONIA ET EXPLANATIONES.

441—445 'vespere sit nona; si re converteris in ra, solis habet
ortum; si ra converteris in rum, illius occasum; vesper sit quaelibet hora,
qua sol vel luna tegitur caligine taetra. ri rorum cantant, rae rarum tympana
palsant' *Graec. XII 376 sqq.* cf. *Quaest. gramm. cod. Bern. saec. X.
K. Suppl. 178₂₃—₃₃* Pap., *Io. Ian.*, *Osb. Pan. 627*; de plur. 'vesperi' et
'vesperae' *Du Cange*   **446** sq. iidem vv. reperiuntur in *Graec. X 168 sq.*,
prior iam ap. *Papiam* et in *Osb. Pan. 259*. — 'glis glissis, terra argillosa'
Io. Ian., *Gl. n.* cf. *Sulpit., Manc., Henrichm., Du Cange.* (unde nomen
Gallic. 'glaise'.) 'glis glitis carduus, qui aliter dicitur lappa' *Io. Ian.* cf. *Osb.
Pan. 259 Sulpit., Manc., Henrichm., Du Cange.* 'quibus auctoribus glissis
et glitis protulerit (sc. Alexander) scire cupimus' *Pylades.* 'miror unde
expicatus sit Alexander, quem hac in re Sulpitius, Mancinellus pluresque
minus bene imitantur' *Despaut.*   **448** 'fallit aves cassis, munit caput
aenea cassis. si cassis cassis dicas, signat tibi rete, sed galeam signo,
cum cassis cassidis aio' *inc. auctor ap. Io. Ian. et in Brev.*   **449** 'tignus,
el bordenalo' *Gl. M* 'tignus, lignum, trabs et omnis materia in aedificio'
Sulpit. 'tignus vel tignum' *Hug., Sulpit., Despaut.* 'pisa': 'haec pisa ae
quoddam genus leguminis; et peccant illi qui dicunt quod pisa est plur.
num. et neutr. gen., sc. haec pisa orum' *Io. Ian.* cf. v. 408 *Gl. n., Georges.*
450 *Prisc. 262₄*   **451** 'hic glomus hocve glomus fili glomeratio fertur;
tertia respondet reliquo primoque secunda. hoc nomen globus aliis poteris
dare rebus' *Graec. XII 197 sqq.* easdem vocis formas afferunt glomumque
a globo distinguunt *Io. Ian., Osb. Pan., Brev., Gl. n., Sulpit., Despaut.,
Bas. Faber.* pro 'globo' etiam 'glomus eris' dici docet *Prisc. 170²*; 'globum'
dicendum esse, non 'glomum' docet *Probus 198₈*

ambo duoque mari faciunt neutrum similari.
par primo quintus, orumque tenet genetivus;
saepe duum dabitur neutro, si syncopa fiat.
cum terno sextus facit obus, et os sociamus   455
quarto; sed neutrum formabis in o quasi primum.
prorsus femineum datur ad morem dominarum.

[Capitulum III]

Hunc gradibus ternis, qui comparat, ire notabis.
de primis ambos debes formare supremos.
est adiectivis graduum collatio talis,   460
dum valet augeri sua proprietas minuive.
declinat terna positivos sive secunda.
si tibi declinet positivum norma secundae,
taliter inde gradum debes formare secundum:
i brevies, quam dat genetivus, et or superaddes.   465
ternae consimili formabunt more dativi.
inde sinisterior, hinc iunior excipiantur,
et potis et nequam praebent aliam tibi formam.
verbum quandoque vel quae sunt praepositivae
voces audivi supplere vices positivi;   470
formae consimilis adverbia saepe videbis;
participans iungis, quod tunc pro nomine sumis:
detero, post, extra pridemque, vel ante vel infra,
intra vel citra, sapiens, ultra, prope, supra.

VARIA LECTIO.

452 faciunt neutrum] neutrum faciunt *P*   similari] simulari *S*
453 orumque tenet genetivus] orum faciet genitivos *P*   **454** dabitur]
dabimus *PSMe*   fiat] fiet *e*   **456** formabit *L*   **457** datur] dabis *A₁* do-
minarum] mulierum *A₁*   **463** declinat *P A₃* positivos *P*   **465** brevies]
brevias *M* quam] quem *P*   **467** hinc] huic *M* et *A₁*   **470** supplere] conplere *S*
vices *L A₂*   uates *(superscr.* vicem) *A₁*   vicem *cett. codd.*   **472** quod tunc]
et tunc *S A₂*   tunc cum *P*   et sic *A₁*   sumis] ponis *L*

TESTIMONIA ET EXPLANATIONES.

454 *Prisc. 310₂₁ Charis. 127₃₋₆*   **462—465** *Prisc. 86₁₄—₂₀*
466 *Prisc. 89₉₋₂₀*   **467** *Prisc. 86₁₉ 89₂*   **468** *Prisc. 84₁₆ 90₅*
469—474 *Prisc. 84₁₂—85₁₃*

usque secunda tenens superantem de genetivo　　　　　475
sic format: iungit s atque simus superaddit.
cum tenet er rectus, rimus est illi sociandus.
in terna formo simus addens cum genetivo;
sed tamen r recti sibi vult rimus associari.
dant tibi quinque limus, quos signat nomine fagus,　　480
et sua composita.
dat remus supra, cui post sociatur et extra.
solus erit minimus, faciuntque ximus prope, magnus,
dantque timus citra, bonus, ultra, iungitur intra.
infimus est solus, de pridem fit tibi primus.　　　　485
res bona, res melior, res optima, res mala, peior,
pessima, res magna, res maior, maxima rerum,
parva, minor, minima; dic multus plurimus addens
plus pluris neutro, totum plurale teneto.
i vel u si praeit us, sequitur magis et positivus,　　490
aut u si praeit is: tenuis fiet tibi testis.
voce gradus medii superant primos nisi quini:

VARIA LECTIO.

476 iungis *etc.* superaddis *A₁Pe₁* iungis *etc.* supperaddes *A₈ e₂*
477 tenet] dedit *L*　　*post v.* **477** excipias dexter quod dat timus atque
sinister *add. Io. Garl.(Ar) M* excipitur dexter *etc. add. e* dextimus
excipitur pariterque sinistimus inde *add. P*　　**478** forma *Se* addes *A₈ Se*
479 volt *P*　　*post v.* **479** et vetus his iunges addendo veterrimus illi
add. P　　**480** dat *SM* quos signat] quos signas *A₈* que signas *SM*
quae signat *e₁* nomine] dictio *e₂*　　**481** quod difficilis manifestat *add.
Io. Garl.(Ar)* simili sunt lege notanda *add. Me*　　**483** faciuntque] quo
om. A₈PM faciuntque x. p. m.] de pridem fit tibi primus *e*　　**484** datque *Pe*
dant *A₁* dat *M* intra iungitur ultra *S A₈MP*　　**485** de pridem f. t. p.]
faciunt ximus prope magnus *e*　　*post v.* **489** ante senex iuvenis adolescens
iunior ista sola quidem solis utuntur comparativis *add. P*　　**491** fiat *S*
v. **491** *om. AP*

TESTIMONIA ET EXPLANATIONES.

475 sq. *Prisc.* 95₇₋₁₁　　**477** *Prisc.* 95₁₋₈　　**478** *Prisc.* 96₉₋₁₂
479 *Prisc.* 95₁₄　　**480** sq. *Prisc.* 96₁₃₋₁₅. — 'quos s. n. fagus' i. e. litteraliter,
sc. 'facilis agilis gracilis (h)umilis similis'. 'in limus quinque dat fagus;
cetera linque' *Mag. Caes.* 15　　**482** *Prisc.* 99₁₋₅　　**483** *Prisc.* 97₁₃₋₁₅
484 *Prisc.* 98₃₋₅　　**485** *Prisc.* 99₇　　**486—489** *Prisc.* 89₂₋₈　　**490** sq.
Prisc. 86₂₁—87₁₆　　**492** sqq. *Prisc.* 100₁₋₈

iunior et maior, peior, prior et minor, ista
et non plura suis aequalia sunt positivis.
credo gradus summos collatis connumerandos.   495
si gradibus summis fiat collatio, debet
rebus in excessis excedens participare;
congrua non est haec: fortissimus est leo lyncum.

[Capitulum IV]

In quantum potero, de nomine quolibet, in quo
ponatur genere, praesens est cura docere.   · 500
sed quia per sexum mulierum sive virorum
noscuntur propria, non est mihi dicere cura.
attendas hominum quae nomina sive locorum;
haec sexu gemino sua derivata locanto;
et si divisim tibi declinatio monstret,   505
ut Graecus, Graeca, tanto levius tibi fiet.
quaedam sunt opera solis maribus adhibenda,
quaedam femineis, quaedam dat sexus uterque.
inde genus poterit per nomina multa patere.
quae fiunt propria fluviorum, pone marina.   510
nominis arborei vis haec sibi vult sociari.
pro mare pone siler, dumus, rubus ac oleaster.
proficit ad vitem siler hic, siler hoc ad odorem.

VARIA LECTIO.

493. 494 *om., m. rec. in mg. add.* P   *post v.* **497** cum datur hic
maximus *(!)* fortissimus est danaorum *add.* S   **498** lincum *codd.*   v. **498** *om.,*
m. rec. add. P   **502** mihi] michi *S A₂*   **504** haec] et *e₁ rasura S*
sua derivata locanto] iungunt sua significata A₂S *(m. rec. in ras.)* locato *Pe*
505 et] quod *e₁*   **507** maribus solis *L*   **510** fient *A₁S*   **511** volt *SP*
sociare *A₁*   **512** rubus dumus *A₁P*   **513** siler hoc] siler haec *e₁* ad] dat *A⁸*

TESTIMONIA ET EXPLANATIONES.

495—498 cf. *Prisc.* 85₁₅—86₈. — 'fortissimus est leo lyncum': etiam
Manutius operae pretium duxit quaestionem ponere et solvere essetne bona
comparatio: 'Socrates est fortissimus asinorum', vel 'tigris est luporum velo-
cissima'   **511** sq. *Prisc.* 154₁₅—₁₇   **513** 'siler significat ramum captum
ab arbore, quo ligantur vel sustentantur vites, et sic est masc. gen.; aliquando capitur pro fructu, sc. pro herba odorifera, et sic est neutri gen.,
quia dicunt apothecarii et physici siler montanum in neu. gen.' *Gl. n.*
'siler neutri est' *Pomp.* 163₃₃ cf. *Neue I 624 sq.*

angelicum nomen dabit hic; sed dicito neutra

plurali numero Cherubin Seraphinque beata.   515

est Cherub, est Cherubim, Cherubin, Seraphim Seraphinque,

atque Seraph.

haecque dabit Virtus, Dominatio sive Potestas.

idola dicta dei dant hic, gerit haec dea dictum.

nominibus volucrum nequit, ut credo, generalis   520

norma dari; tamen est naturae sexus in illis:

haec, nisi gallina vel gallus, sunt epicoena;

articulus namque sexum dabit unus utrumque;

masque columbus erit, muliebre columba tenebit.

in triplici genere numeralia nomina pone;   525

quae sunt mobilia per se fiunt manifesta.

barbara, Graeca genus retinent, quod habere solebant.

debes in mente generalia dicta tenere

et sic excipere, quia non licet haec iterare.

debent ex omni norma generalia demi.   530

　　　Sit tibi nomen in a muliebre, sed excipe plura.

quod declinatum dat tertia, sit tibi neutrum.

derivata decet et compositiva notare,

nomina signari debent simul officiorum.

si sexu gemino iungunt sua significata,   535

VARIA LECTIO.

　　516 est Cherubim *L A₃*　et Ch. *S P A₁ A₂ M*　seraphin seraphimque *M*
517 facit n neutrum dabit m maris usum *add. Io. Garl. (Ar) Me, m. rec.
add. S*　519 ydola *L A₂ A₃ S*　522 epicoena] epizena *S* epichena *cett. codd.*
526 fiunt] fient *S A₁*　527 Graeca *om. L*　529 quia] quod *S* licet] decet *A₃*

TESTIMONIA ET EXPLANATIONES.

　　515 'Cherubin S. beata': 'haec Cherubin, et indecl. et neu. gen.'
Io. Ian., Sulpit. 'Cherubim et Seraphim dubii generis sunt, quia masculini
vel neutri generis' *Despaut. 27* 'erravit Alexander de villa dei plurimos-
que secum errare fecit, cum praecepit: "Dicito neutra plurali numero
Cherubim Seraphimque beata". ego enim affirmare ausim nullum nomen
hebraeum neutri generis esse' *Io. Reuchlin sec. Henrichm.* 'barbara
barbariem, ut Cherubin et mammona, servant' *Pylad. carm.* 516 'Cherub'
Vulg. ex. XXV 19 'Cherubin' *Vulg. Ezech. X 3.* de quantitate paenultimae
dicit *Despaut. 640:* cherubim, quod Prudentius corripit, est producendum
teste Bebelio, quia diphthongon *ov* Graece habet' 519 'idola': de quant.
vide v. 1845 531—547 cf. *Prisc. 143—145*

omnibus his hic et haec iungentur, et hac ratione
quod colo componit, commune locare decebit,
quodque facit gigno, pincernaque lixaque, iungo
advena sive Scytha; sed si mas praesit in istis,
ut Graecus, tubicen, erit a tantum muliebre.   540
si solis maribus datur, hic tenet, ut patriarcha.
non est Verbigena nisi Christus, vera sophia.
mannaque neutrale cum pascha dicitur esse;
mammona sic dices, neutrum muliebre polenta.
cetaque, balaena, mustelaque talpaque, damma   545
articulo sexum servant utrumque sub uno,
et panthera simul [praedictis consociatur].
neutrum nomen in e facit, ut praesepe, cubile;
adiectiva notes; haec barbara Graecaque poscunt.

VARIA LECTIO.

536 iungentur] iunguntur *A*1 iungatur *SP* iungetur *A*8 *Me*
538 pincernaque] que *om. Se* **539** illis *L* istis *cett. codd. omn.* **540** tybicen *SA*2 tibicen *e* muliebris *P* **544** dicas *P* muliebre] plurale *SA*3
mustelaque] que *om. e* dammaque talpa *S* **546** servant *A*1*A*2*S* servant
superscr. vel signant *L* signant *A*8*PM* signat (!) *e* **547** [] *inclusa om.*
*A M Pa*2 *Pa*4 *Pa*5 *Pa*6, *add L* predictis connumerabis *add. Io. Garl (Ar)*
predictis annumerabis *add. SP e* **548** facit] facis *A*2*M*

TESTIMONIA ET EXPLANATIONES.

537 sq. 'quod colo—gigno', ut 'incola agricola caelicola, rurigena
terrigena'. 'lixa' a *Prisc. 144*1 'pincerna' et 'lixa' a *Io. Ian.* aliisque masc.
tantum gen. notantur. 'pincerna' (a πίνω et κεράννυμι) Graecis οἰνοχόος,
nobis 'Mundschenk' est; cf. *Despaut. 36 Kaulen 36 Rönsch 82 sq. Du
Cange, Neue I 593* **542** 'Verbigena solus Christus dicitur, et ita casu
solum masculini generis est. ita dicunt omnes praeter Antonium Nebrissensem, qui negat Christum recte verbigenam dici, quia Christus est
ipsum verbum, non verbo genitus' *Despaut. 36* **543** sq. 'manna pascha
neutri gen. et indeclinabilia' *Mag. Caes. 17.* sed etiam declinatur manna
ae, pascha ae et atis; cf. *Despaut. 35 Neue I 650* 'haec dat a; do neutris
cum pascha mammona, manna' *Despaut. 35.* cf. *Sulpit., Manut., Pylad. carm.*
vide adn. ad v. 515 'mammona apud Hebraeos divitiae appellari dicuntur; convenit et Punicum nomen, nam lucrum Punice Mammon dicitur'
Augustin. lib. II de serm. Dom. in monte. de quantitate vide etiam v.
2151. 'muliebre polenta', i. e. polenta ae et orum; cf. *Georges* **545** 'ceta':
'seta per s borstel, sed per c sit tibi walfysch' *Gl. n.* de forma vide etiam
Du Cange; de ceteris formis cf. vv. 391. 550 **548—550** *Prisc. 145*11

neutrum plurale fit cete, recollige Tempe.   550

i neutrum ponis, tamen adiectiva notabis.

o, sicut cento, maribus sociare memento.

que dant do vel go, bene signes, si tamen ex o

obliquus facit i; quae poscunt haec sibi subdi.

hic recipit cardo, margo sociatur et ordo.   555

omne dabit pseudo, praesto; dabit hoc tibi pondo.

est communis homo, pariter cum virgine latro.

haec dat verbale per io; caro, talio iunge.

articulum mutat et triplicat unio sensum.

VARIA LECTIO.

550 fit] sit $A_1 A_8 P$ recollige] iungeque M **553** quae dant] quod dat P do vel go] go vel do $L A_2 A_8$ **554** subdi] iungi $S A_1 M$ **556** omne dabit] omne dabunt M **558** caro talio iunge] talio caro iungo M

TESTIMONIA ET EXPLANATIONES.

551 *Prisc. 145*18–15   **552—559** *Prisc. 145*16–26 *146*1–14. — 'cento culitergum vel filtrum vel aliorum versuum suis insertor' *Gl. M* 'cento pulvinar, pannus filtrumque, poeta. est filtri factor, fetorque libidinis extat' *Gl. n.* 'centones apud grammaticos vocari solent, qui de carminibus Homeri vel Virgilii ad propria opera more centenario ex multis hinc inde compositis unum sarciunt corpus ad facultatem cuiuscumque materiae' *Isid. etym. I 39.* cf. de div. significationibus *Io. Ian., Brev.*   **556** 'pseudo est indeclinabile et omnis gen. sec. Hug.' *Io. Ian., Mag. Caes. 18* 'nullius generis, quia extra compositionem non reperitur' *Despaut. 39*   **557** 'homo latro' com. gen. *Prisc. 146*8; cf. *Mag. Caes. 18 Despaut. 38 Neue I 598, 608.* 'virgo com. gen.' *Henrichm.* 'hic et haec virgo' *Manut.* "virgo electus est a domino": 'dicemus abusive et figurative sic dictum esse' *Petr. Heliae* ap. *Thurot 209* 'virgo secundum Priscianum est gen. fem. tantum; ego autem dico esse gen. com., non solum auctoritate Hieronymi fultus, qui in prologo super Ioannem dicit, ut virgo virginem servaret, sed etiam Prisciano multo doctioris Nonii Marcelli, qui dicit: virgines non solum feminae dicuntur, verum etiam pueri investes' *Bebel. in Commentariis de abusione linguae lat. (Bebeliana opuscula nova. Argent. 1516).* cf. *Neue I 597 sq.*   **559** 'unio pro lapide et pro puncto est gen. masc., pro proximitate fem: hic, lapis, hic, punctus, haec unio proximitas fit' *Gl. n.* 'unio pro concordia apud solos neotericos inveni' *Despaut. 37* 'hic unio est stella vel etiam margarita' *Gl. l.* 'hic unio lapis pretiosus ... invenitur etiam pro stella et pro cepe' *Io. Ian.* 'iactus apud lusores veteres a numero vocabatur, ut unio, binio, trinio' etc. *Isid. etym. XVII 65* 'uniones quaedam margaritae sunt alterum nomen habentes, quod tantum unus, numquam duo simul vel tres reperiantur; hic unio huius unionis' *Pap.* cf. *Osb. Pan. 624 Loewe 56 Despaut. 37 Du Cange*

u, c, d vel t neutris debes sociare. 560

quot, tot ad omne genus sunt et quae de tot habemus.

sit tibi nomen in al neutrum, sic pone tribunal.

hic sal hocque dabit, neutro plurale carebit.

el neutrum pone [sed propria nomina tollo].

il dabit hoc; demas hic et haec vigil, et pugil est mas. 565

ol dabit hic, ut sol [tollatur femina Nicol].

ul dat hic, ut consul; hic et haec dant praesul et exul.

omne genus dabit am, sic debes ponere nequam.

tantundem neutrum, totidem plurale fit omnis.

um neutrum pones, mulierum nomina signes. 570

hic dat nomen in an: testis fiat tibi Titan.

en dabit hoc; sed ren habet hic, pecten simul et splen

atque lien, et eis iungas quae de cano formas.

VARIA LECTIO.

561 tot quot $A_1 M e$ sunt et quae de tot habemus] et que nos de tot habemus S de tot] de quot $A_1 M e$, *m. rec. corr. ex* tot A_3 **563** hocque] hocve A_3 **564** pone] pono S [] *inclusa om.* $A Pa_1 Pa_4$, *add.* $L S$ sed barbara nomina deme *add.* P daniel raphaelque notato *add. Io. Garl. (Ar)* michael gabrielque notate *add.* M sic mel et felque (!) dedere *add.* e_1 sicut mel felqué dedere *add.* e_2 **566** dabit] tenet $A_1 P M$ [] *inclusa om.* $A P Pa_1 Pa_4 Pa_6$, *add.* $L M e_1$ et dicitur femina micol *add.* S dicetur femina nichol *add.* e_2 **568** ponere] dicere M **569** fit] sit L *post v.* 569 hoc breviabit idem sed pro mare protrahit idem *add.* P **570** pones] facies $S P M e$ **571** fiat] fiet M Titan] tytan $A S P$ **572** habet] dabit $S P$

TESTIMONIA ET EXPLANATIONES.

560 *Prisc. 146₁₅₋₁₉.* — ex: 'cornu allec aliud quid quod caput' **562** *Prisc. 147₁₋₃* **563** 'sal' masc. et neutr., plur. 'sales': *Prisc. 171₈* *Charis. 106₁₂₋₁₉ Diom. 327₁₈, ₃₁ Prob. 209₆₋₂₃ [Serg.] in Don. 542₁₂₋₁₃ Consent. K. V 348₂₄₋₂₈ Serv. in Verg. Aen. I 35 Beda de orthogr. K. VII 291₁₁ Albin. K. VII 310₁₂ Mag. Caesar 19;* cf. *Neue I 697* sq. **564** *Prisc. 147₉₋₁₂* **565** *Prisc. 147₁₃₋₁₆* **566** *Prisc. 147₁₇.* — 'Nicol' sive 'Micol' filia regis Saul; cf. *Vulg. Reg. I, XVIII.* nomen 'Michol' scribit *Despaut. 656* **567** *Prisc. 147₁₈* **568** *Prisc. 148₄* **569** cf. *Mag. Caes. 20* **570** *Prisc. 148₁₃₋₁₈* 'mulierum n. s.', ut 'Glycerium Philotium Dorcium Sophronium Abrotonum' *Prisc. l. c.* **571—575** *Prisc. 148₁₉—149₉* **573** 'quae de cano f.', ut 'cornicen fidicen tubicen tibicen' *Prisc. l. c.*

his adiungis hymen [mas est neutrumque repertum].

haec retinet Siren; habet hic faciens sacra flamen.   575

in dat hic, ut delphin [nec talia multa supersunt].

on maribus iunges, tamen inde localia demes.

quae dia sive gera componunt, sint tibi neutra.

ponis nomen in ar neutrum; sotular dat hic et lar;

sed tria dant genera par et sua compositiva.   580

er maribus detur; iter hoc vesperque sequetur,

spinter seu ruder; decet his adiungere iuger.

VARIA LECTIO.

574 [] *inclusa om.* A₁ Pa₁ Pa₃ Pa₄ Pa₅ Pa₆ e, *add. Io. Garl. (Ar)*
L A₂ A₃ S P cuius genitivus hymenis *add.* M   *post v.* 574 cum deus est mas
est cum carmen erit tibi neutrum *add. Io. Garl. (Ar) et* (*sed pro* cum *poster.
et* est *pro* erit) S   **575** syren L A S   **576** [] *inclusa om.* A₁ A₃ M Pa₁ Pa₃
Pa₄ Pa₅ Pa₆ e, *add. Io. Garl. (Ar)* P S, *charact. min. add.* A₂, *char. min.
cum nota et additur add.* L   **577** iunges *etc.* demes L iungas *etc.* demas
A₁ A₃ S M e   iungens *etc.* demas A₂   iungis *etc.* demis P

TESTIMONIA ET EXPLANATIONES.

574 'hymen quandoque capitur pro deo nuptiarum vel coniugii;
tunc dicitur communiter Hymenaeus, et masc. gen. secundo modo magis
proprie dicitur pellis conservans virginitatem, quae alio nomine dicitur
matrix, in qua puer involvitur in utero matris. tertio est viscus sive
intestinum quoddam. quarto capitur pro toto cantu, qui fit in nuptiis,
et sic solum reperitur in neutro genere *Gl. n.* cf. adn. crit.   alibi
vocem neutr. gen. non inveni   **576** sq. *Prisc.* 216₈—₉. — 'on — demes', ut
'canon daemon, Babylon Sion'   **578** omnes glossae praebent compositum
cum 'gera' unicum, 'geralogodion': 'unguentum clarificans sive mundans
vocem' *Gl. n. Graec. VIII 160 adn., Du Cange.*   cum 'dia' composita
afferuntur 'diatessaron': 'toni duo et dimidius', et 'diapason': 'sex toni'
[*Censorin.] Frag. K. VI* 610₁₇; cf. *Pap., Du Cange*   **579** sq. *Prisc.*
149₁₀—150₁₁. — 'sotular' (cf. v. 2177) idem, quod 'calceus' significat: 'calceus et pero vel idem sotularis (*rar. lect:* simul sotular et) aluta' *Io. Garl.*
731. cf. *Du Cange.* ex 'subtel', τὸ κοῖλον τοῦ ποδός (*Prisc.* 147₁₀), vox
'subtelaris' vel 'subtolaris' (*Isid. etym. XIX 31;* cf. *Io. Ian.*) formata esse
mihi videtur, indeque 'sotularis' et per apocopen 'sotular' ortum est. quod
vocabulum *Mag. Caesari 21* cum auctore Doctrinalis masc. generis, *Ioanni
Ian.* vero neutr. est. ex hac voce nomen Gallicum 'soulier' originem ducere
apparet. 'lar casa larque deus, lar ignis larque fenestra' *Gl. M*   **581—593** *Prisc.*
150₁₂—153₁₈. — 'vesper' neutr. gen. ap. *Varr. de ling. lat. VII 50, IX*
73. cf. *Quaest. gram. K. Suppl.* 178₂₆—₂₈ *Henrichm.* et v. 442.   **582** 'ruder
dictum, quod rus inde movetur; hoc ruder ris comenta (?) i. e. ruinae et
sordes materiarum' *Pap.* 'ruder stercus vel quod de effossa terra egeritur'
Osb. Pan. 509 'etiam ruinae maceriarum vel ipsae maceriae rudera dicun-

campester, volucer alacerque, pedester, equester,
silvester, celeber, acerque celerque, saluber,
his in bis quinque tenet hic er et haec is et hoc e; 585
datque sequester idem [quod ternae sive secundae].
sicque paluster erit; hic et haec alacris retinebit.
tertia dans ber, ver dabit hoc; tamen hic dabit imber
et sua composita; tamen adiectiva notentur.
sexum plura notant, sicut mater mulierque. 590
fetibus hoc terrae dat tertia, deme cucumer;
et commune notes sicut sunt puber et uber,
degener et pauper et linter [dicere debes].
pluribus ex istis sociari neutra videbis.
ir maribus detur; neutris ir associetur. 595
est hic et haec martyr; hoc debes dicere Gadir.

VARIA LECTIO.

583 volucer] celeber *A₁*   alacerque] alacer *M*   acerque *S*
584 celeber] volucer *A₁*   acerque] acer *Me*   alacer *S*   **586** [] *inclusa
om. A₂ Pa₄ Pa₆, m. rec. add. A₁, add. (inserta copula* est *post* ternae *contra
auctoris ipsius praeceptum v. 2432 sqq. de evitanda elisione datum)
Io. Garl. (Ar) L A₃ S P M*   *post. v.* **586** ludicer addetur quamuis
dexter varietur *add. P*   **587** alacris retinebit] alacrisque tenebit *A₁*
588 ver ber *A₃*   dabit imber] tenet i. *A₁ A₃ S P M*   **593** [] *inclusa
om. A₂, m. rec. add. L*   et linter *in* h' linter *mut. m. rec. add. P*   hec
linter (linther) dicere debes *A₁ A₃ M*   hoc (!) linter dicere debes *e*   h' linther
dicere curas *Io. Garl. (Ar)*   h' linter (linther) dicere cures *A₃ S*   **594** videmus *S*   **595** ir neutris assoc. *A₁ e₂* neutris ir pir (!) assoc. *e₁*   **596** hoc
d. d. Gadir] *om. P,*   debes hec dicere gadir *m. rec. add. P*

TESTIMONIA ET EXPLANATIONES.

tur *Io. Ian.* 'een kotel animalium, et dicitur a rudus i. e. lapis contusus' *Gl. l.*
cf. *Gl. n., Du Cange. Charis.* 321₂ 5481₆   solam formam rudus eris, γῆς
σωρός, praebet. 'iuger' *Charis.* 134₅₋₁₁ *Serv. in Donat.* 43422₋₂₈ *Pomp.*
193₃₂—194₉ *Cledon. K. V* 47₈₋₁₀; cf. *Neue I* 562
583—587 eosdem fere versus reperies ap. *Mag. Caes.* 137   **589** 'et
sua composita', vide adn. ad vv. 135 sq., 245 sq.   **591** 'cucumer' *Prisc.* 249₁₇
'cucumis, non cucumer' *Caper K. VII* 109₄; cf. *Neue I* 177. de quant.
legitur in *Gl. n:* 'tu, lector cucumer bene dicis sive cucumer'   **593** 'linter'
masc. gen. ap. *Tibull. II* 5, 34 *Vell. II* 107, 2; cf. *Prisc.* 169₁₅   **595** sq.
Prisc. 153₁₄—154₈. — 'ir, quod Graeci θέναρ dicunt, indecl.' *Prisc. II*
44422; cf. *idem I* 154₆ 234₁₅ *Charis.* 24₂₀ 35₂₈ 540₁₈ 546₃₃ 'medietas
palmae, quae etiam vola dicitur, Graece θέναρ' *Probus* 11₁₉; cf. *Osb. Pan.*
292 *Brev. Benth.* 'hir hirris' *Charis.* 42₁₅ *Despaut. 43*

or maribus socia, sed plurima sunt retrahenda.

omne memor iungit; quod comparat ad duo transit.

mas tantum senior; hic et haec sed dicitur auctor.

aequor, ador, marmor et cor sunt neutra; sed arbor   600

haec tenet; atque soror sexu noscuntur et uxor.

quae color atque decus formant corpusque notemus.

nomen, quod fit in ur, dabit hoc: testis tibi murmur.

si t vel x praeit ur aut f, hic ei sociatur,

dum sit gentile tamen aut avium speciale.   605

hic aut haec turtur.

hic aut haec furfur; sed et adiectiva notentur;

quae sexu gemino iungunt sua significata,

iungere dicuntur hic et haec, ut fur, Ligur, augur.

his datur haec norma, quae declinat tibi terna.   610

VARIA LECTIO.

597 socia] detur *A₁*   **599** sed dicitur hic et hec autor *L A₁ A₂* et dicitur h. et h. auctor *S*   hic aut hec auctor habetur *P*   **600** ador marmor] marmor ador *P*   **601** noscetur *P*   et] ut *S*   **602** decus *m. rec. superscr.* *A₁ P* format *Pe₁*   **604** societur *M e*   **606** tamen h' sibi sepius addit add. *Io. Garl. (Ar) S*   **607** sed et] tamen *S P e₂* sed *M e₁*   **609** ut fu] ligur augur] *A₃ P*   fur ligur et augur *cett. codd.*

TESTIMONIA ET EXPLANATIONES.

597—602 *Prisc. 154₇—₂₈*   **598** 'memor' est generis omnis, et quae sunt comparativi gradus, sunt generis communis   **602** 'hic et haec discolor concolor, indecor dedecor, bicorpor tricorpor' *Prisc. l. c.*   **603—609** *Prisc. 154₂₄—155₁₁*   **604** sq. ex: 'Anxur Astur vultur turtur furfur' *Prisc. l. c.* cf. infra.   **606** 'turtur declinatur et masculino et feminino genere' *Serv. in Verg. ecl. I 59* 'ille turtures masculino genere dixit, hic feminino; ergo non sine ratione dubium est' *[Serg.] in Donat. K IV 494₁₈*; cf. *Charis. 30₁₄ Beda K. VII 293₁ Neue I 617, 658* 'invenitur etiam turtur pro pisce et tunc est generis masc: turtur inhaeret aquis, turtur secat aera pennis; hic aut haec sit avis, sed hic tantummodo piscis' *Gl. n.* 'turtur est et piscis genus' *Henrichm.* 'pro pisce non occurrit mihi testimonium aliud quam grammaticorum' *Despaut. 45.* cf. *Georges*   **607** 'hic aut haec furfur': 'furfur est avis quaedam vivens solum de furfure' (illud genus avium a *Papia* et *Isid. XII 7* furfurio appellatur), 'et sub hoc articulo hic est gen. epic.; secundo est grossities natans in urina, et sic medici dicunt: urina habet multos furfures, et sic est gen. masc.; tertio est purgamentum farinae, et dicitur alio nomine siliquae, et tunc est gen. neutr. carens plur. num.' *Gl. n.* cf. *Despaut., Du Cange, Thurot 209 n. 6* haec dat nomen in as; facit hic as, vas vadis et mas.

nomen gentile commune locatur, ut Arcas.

quae sunt concisa, velut Alpinas, sociantur.

omne tenet nugas, nec declinabile credas.

hic abbas pone, boreas, primasque gigasque.   615

hoc fas atque nefas retinent, et dicitur hoc vas.

es brevis hic ponit; seges et teges haec sociabit

et compes; triplicat pes cetera, quae tibi format,

praeter apes vel apis [quoniam reperitur utrumque].

quae duo dant signes, ut miles equesque, superstes,   620

dives, hebes, sospes, praepes, teres et comes, hospes,

inquies, antistes, ales; dic per tria deses.

istorum multa neutris legimus sociata.

haec dabis es longae; verres hic debet habere.

hic dabit haecve dies; dant hi tantummodo plures,   625

cumque meri dabit hic, et patronymica iungis.

es quoque commune, ceu sunt heres locuplesque.

VARIA LECTIO.

611 et mas] est mas *A2*   *post. v.* 611 hicque dabunt u'e *(?)* quedam
tibi propria prime *add. A8*   *tv.* 612. 613 *inverso ordine in L*   613 alpinas
omn. codd. arpinas *e* associantur *(!) Io. Garl. (Ar) e*   615 pone] elephas *Me
post v.* 615 et diamas adamas veterum quoque propria (nomina *e2*) quedam *add. e*   619 vel apis *om., m. rec. add. P*   [] *inclusa om.
A8 Pa3 Pa4 Pa6 M, m. rec. add. A1 P, add. Io. Garl. (Ar) LSA8 e*
620 ut *om. e*   622 dic per tria deses] *LSMe, om. AP, m. rec. add.
A2P* communia dices *m. rec. add. A1* communia *add. A8*   623 legimus
neutris *A8*   624 dabis es longae] dabit es longe *SA2A8 e* (longe *m. rec.
mut. in* longa) *L*   *post. v.* 624 et certes *(interpret.* mel gallicum) *add. L*
est nomen porci verres nomenque latronis *add. M*   627 ceu] seu *LSA1A8*

TESTIMONIA ET EXPLANATIONES.

611—616 *Prisc.* 155*12*—156*4*   613 'Alpinas atis dicitur aliquis vel
aliqua habitans in illis montibus vel aliquis existens de alpibus' *Gl. n. Brev.*
'ab alpibus montibus altissimis non Alpinas, Alpinatis usquam legitur, sed
Alpinus' *Despaut. 46*   614 'nugas' indecl. *Prisc. l. c. et* 239*8 Charis.*
27*5* 35*21* 147*21* 148*18* 541*18* 551*19 Diom.* 308*18 Pomp.* 138*7 Beda de
orth. K. VII* 281*12*   617—630 *Prisc.* 156*10*—159*15*   618 'triplicat pes —
format', ut 'hic et haec et hoc quadrupes, bipes' *Prisc.* 241*15* 'praeter
apes v. a.': 'quia hoc solum a pede compositum, ut quibusdam videtur, e
longam servavit neque ulla crevit syllaba in genetivo' *Prisc.* 241*19* 'a pede
praeter apes faciunt pedis omnia ducta' *Pylad. carm.* cf. *Sulpit.*

cum tenet i rectus super s, et t genetivus
suscipit, hic iunges: paries fiet tibi testis.
haec dicenda quies, hic pes, et dicitur hoc aes.   630
haec dat nomen in is; tamen hic declino molaris,
caulis et aedilis et quae crescunt genetivis.
x is praeposita tenet hic aut consona bina,
unica dum teneat has aut n syllaba, sive
in liquida faciat paenultima syllaba finem,   635
ut lapis ac axis, piscis, cinis, unguis et orbis.
haec febris, pestis, neptis vallisque, bipennis
et cassis, lactis et iaspis, restis et aspis
et pellis, turris, vestis, pelvis quoque, cuspis;
glis glissis, glitis et patronymica iungis.   640
hic aut haec finis, clunis; dabit haec tibi classis
et messis, tussis, ibis, sic lis quoque litis.
haec tibi Graeca dabunt, et eis se barbara iungunt.
adiectiva tenent hic et haec pariterque tricuspis.
istius obliquis neutrum quandoque locabis.   645

VARIA LECTIO.

629 iunges] iungis *M*   fiet] flat *SPA₁*   634 syllaba] littera *ez*
635 liquidam *SMe*   636 ac] aut *SPMe*   unguis] anguis *P*   638 lactis
et iaspis] iaspis et lactis *PMe*   et cassis iaspis et restis lactis et
aspis *S*   640 glissis glitis] glitis glissis *A₁A₃*   642 et messis tussis
ibis lis *rell. om. P*   sic lis quoque litis] simul et sunamitis *S*   645 locabis]
notabis *P*

TESTIMONIA ET EXPLANATIONES.

631—648 *Prisc.* 159₁₆—161₂₁   638 'lactis': 'hae lactes partes sunt
intestinorum a Graeco γαλακτίδες dictae, et servaverunt apud nos quoque
idem genus, cuius singulare haec lactis' *Prisc.* 213₁₋₈ 'intestinorum
pars est lactis, liquor est lac; illud femineum, debes hoc dicere neutrum'
Graec. XII 174 sq.   contra: 'hi lactes numero semper plurali.' *Prob.*
K. IV 7₁₀ *Mar. Plot. Sac. K. VI* 472₈ *Consent. K. V* 348₂₈; cf. *Neue I*
675   640 'glis glissis glitis': cf. adn. ad vv. 446 sq.   641 'finis et clunis
tam masculini quam feminini generis usurpavit auctoritas in una
eademque significatione' *Prisc.* 160₁₀₋₁₂; cf. *idem* 141₁₇ 169₁₁ *Diom.*
327₁₂ *Charis.* 101₄₋₈ *Donat.* 375₈₈ *Pomp.* 163₂₈ *Consent.* 345₂₈ *Cledon.*
K. VI 40₈ *Neue I 672 sq.*

dis in plurali genus omne videtur habere.

est hic et haec testis, civis, burgensis et hostis

et canis.

hic os praeponis; tenet hoc os oris et ossis

et chaos atque melos, Argos [logos associatur].   650

dant duo bos, impos, compos custosque, sacerdos.

haec dant cos, dos, glos; sic Graeca locantur et arbos.

dant hic in us facta tibi declinante secunda.

haec paradisus habet, nardus, domus atque phaselus,

et synodus, costus et carbasus, alnus, abyssus,   655

alvus, crystallus et humus byssusque, papyrus;

VARIA LECTIO.

648 et canis *om. S*   et poteris burgensia dicere tecta *add. Io.
Garl. (Ar)*   et iuvenis communia iure locabis *add. Me₁*   et iuvenis
pariter commune scolaris *add. e₂*   **649** preponit *e₂*   **650** [ ] *inclusa om.
A P₁, add. L*   logos annumerantur *add. Io. Garl. (Ar)*   logos annumeretur
add. S   logos annumerentur *add. Me*   **652** dat *A₁* hec glos cos et dos *S*
hec chlos et dos cos *P* hec dant glos cos dos *Me*   locantur] notantur *P*
notentur *S*   **654** phaselus] jacinctus *S P* jacintus *Me*   **655** alnus]
aluus *e*   **656** alvus] alnus *e*

TESTIMONIA ET EXPLANATIONES.

646 'hic et haec dis ditis, unde hi et hae dites et haec ditia,
cuius nominativum singularem in usu non inveni' *Prisc. 248₁₆₋₁₈*
647 'burgensis' a burgo, Germ. 'Burg', Gall. 'bourg', apud illius aevi
homines usitatissimum vocabulum, idem quod 'oppidanus' significat. cf.
Du Cange   **649—652** *Prisc. 161₂₂₋₂₅*. — ['logos']: 'in neutro genere tibi
sunt duo bis sine flexu, ut chaos atque melos, logos his adiunges et
Argos' *Gl. n.* 'logos' neutris annumeratur etiam a *Sulpit.*   **652** 'sic
Graeca l.', ut 'periodos methodos Delos'   **653—671** *Prisc. 161₂₈—164₂*
654 'paradisus' fem. gen.: 'dicitur ille locus gratissimus hic paradisus, ad
signanda loci iocunda *(var. lect.*: assignando loca iocunda) sit haec paradisus' *Graec. XII 219 sq. Gl. l Gl. n.*   'paradisus et infernus apud quosdam sunt masculini generis, apud quosdam feminini' *Mag. Caes. 25* 'paradisus etiam masculini (sc. generis) reperies' *Sulpit.* cf. *Du Cange.* 'phaselus' fem. gen. *Prisc. 162₄*   'ciceris est genus' *Probus ad Verg. georg. I 227.*
si parvam navem, nostrum 'Gondel', significat, masc. gen. est. cf. *Neue I
622*   **655** 'costus' fem. gen. *Prisc. l. c.* cf. *Io. Ian., Brev., Pylad.
carm., Neue I 534* 'est radix herbae cuiusdam' *Io. Ian., Brev., Gl. n.* 'aroma
lignum' *Sulpit.* cf. *Lucan. III 917* 'cabbuckoel' *Gl. l.* 'Krausemünze'
Ecb. 176. 'carbasus haec, non hic' *Caper K. VII 108₁₁ Pomp. K. V 126₂₈*
'hic' *Phocas K. V 426₁₇* 'hic et haec' *Prisc. 169₁₁.* cf. *Neue I 650 sq.,*
de num. plur. v. 374   **656** 'crystallus' fem. gen. cf. *Neue I 627*

haecque smaragdus habet, vannus, colus atque jacinthus,
Aegyptus, diphthongus.

crystallum tamen hoc dicemus et hic paradisus,

hoc vulgus, pelagus, indeclinabile virus.   660

os Graecum saepe mutamus in us muliebre.

hoc ternae dabit us, si non tenet u genetivus.

dat lepus hic, tenet intercus genus omne vetusque.

dant haec, si crescat genetivus et u sibi servet.

hoc monosyllaba dant, ut thus; sed dicitur haec grus;   665

hic dat et haec tibi sus, epicoenum dat genus hic mus.

est pecus haec, pecus hoc, venus haec.

quartae nomen in us maribus sociare solemus.

haec anus atque tribus et porticus et manus, idus;

VARIA LECTIO.

657 jacinthus] phaselus *SP* fasellus *Me*   658 Egiptus diptongus
(Egyptus dyptongus) *AP* Egyptus diptongus ad h' referuntur *L* Egiptus
diptongus botrus ad haec referuntur *Io. Garl. (Ar)* Egyptus dyptongus ad hec referuntur in antesuprema *(!)* *(tria post. vocabula in ras.)* *S*
porticus egyptus diptongus ad hec referuntur *Me*   661 mutabis *S*
662 dab' *P*   664 seruat *A₁e*   665 sed] et *A₃*   666 tibi *om. L* tibi]
sibi *S*   667 *sic exhibetur in APP₁* hoc ius reperitur *add. L* venus hec
sed dicitur hoc ius *m. recentiss. add. S* est pecus hec pecudis pecus hoc
pecoris venus hec est *Io. Garl. (Ar)*   *v. 667 om. M*   668 solemus]
iubemus *L*   669 et porticus] hec p. *P*

TESTIMONIA ET EXPLANATIONES.

657 'smaragdus' etiam ap. *Io. Ian.* fem. tantum gen. affertur.
contra cf. *Neue I 627* 'jacinthus' (unde vox Gallica 'jacinthe') pro
'hyacinthus': 'flos est jacinthus, lapis est iacinthus homoque; mas homo
Iacinthus, sed pro reliquis muliebre' *Gl. n.* iisdem fere verbis *Gl. l.* contra
haec cf. *Neue I 628.* de quant. vide v. 1713. ceterum non omittendum esse
duco quod glossa quaedam a *Thuroto p. 240 l. 6* allata dicit: 'Iacintus hic
ponitur pro insula' (sc. Zacynthos) 'quia pro flore masculini generis est'.
porro in *Gl. M* hic versus legitur: 'est homo Iacintus, flos, insula, gemma
jacintus'. re vera nomen illius insulae in codicibus passim sic scriptum
est. cf. *Verg. ed. Ribbeck, Aen. III 270*   659 'crystallum' nom. sing.
invenitur in *Vulg. apocal. XXI 11* ('et lumen eius . . . sicut crystallum'.)
et apud *auct. de dub. nom. K. V 576₆* et ap. *Plinium XXXVII* teste
Despauterio 55   663 'intercus' gen. omn. *Prisc. 271₁₋₇*   665 'grus' a
Prisc. 141₁₈ 164₁ 265₁₀ Serv. in Aen. XI 580 Mag. Caes. 25 Despaut. 58
communis generis designatur. cf. *Neue I 614*

haec acus et pinus, nurus et domus et socrus addis. 670

hic tenet hocve specus, penus illi iungere debes.

cum nomen fit in aus, haec illi iungitur, ut laus,

s vult haec iungi, si consona praesidet illi.

adiectiva notes, quibus omne genus dare debes.

mons, pons, fons dant hic, mars seps, dens, cals quoque, quadrans,

et partes assis; torrens sociabitur illis

atque chalybs.

dant hic p s iuncta polysyllaba; sed variantur

hic aut haec forceps et adeps, sed dicitur hic seps;

pluraque dant hic et haec: caelebs, infansque parensque 680

et princeps, effrons.

VARIA LECTIO.

670 ac acus atque pinus (!) A₃ nurus et domus et socrus] nurus et socrus et domus P socrus nurus et domus M e addis] adde A₁ addas A₃ 671 hocve] hecue M penus illi iungere debes] illi penus associamus P illi p. associetur M e 675 dant hic] hic dant S P hic dat M dant om. A₁ mars seq. ras. dens cals quoque quadrans L mars cals seps dens q. q. P mars dens seps calx q. q. S mars stirps dens calx q. q. A₁ mars et dens cals q. q. A₂ stirps seps cals dens q. q. A₃ mars stirps dens q. q. (sic) M mars stirps seps dens q. q. e 676 illis] istis S A₁ A₃ 677 calibs codd. calibis quod gens est sive metallum add. Io. Garl. (Ar) P, litteris minutis omissa voce calibis add. L 678 variatur L 679 sed] et S v. 681 om. A₃ illis adiunge bifrontem add. Io. Garl. (Ar) illis coniunge b. add. Le

---

TESTIMONIA ET EXPLANATIONES.

671 'specus incerti generis, inter masc. et neutr.' Donat. 375₈₄ Diom. 327₁₈ Cledon. K. V 40₂₃ Pomp. 163₂₈ Consent. 345₃₁ 'feminino tamen hoc nomen quoque genere invenitur' Prisc. 259₂₃; cf. idem 171₈ Serv. in Aen. VII 568 'penus invenitur et masculinum et fem. et neutrum' Prisc. 163₁₁. cf. idem 170₁₄ 260₁₇ Cledon. 40₁₄ 'sed a masculino et a feminino genere quarta est declinatio, a neutro tertia, quomodo pecus pecoris' Serv. in Aen. I 703. cf. Charis. 74₂₈—₃₃ Neue I 681 672 Prisc. 169₈ 673 sq. Prisc. 167₁₀—168₁₂ 675 'cals' pro 'calx' medio aevo saepius scriptum invenitur, ut ap. Caprum K. VII 98₁₀ ap. auct. de dub. nom. K. V 574₈ in Arte anon. Bern. K. Suppl. 120₃₂. cf. Du Cange. de div. gen. voc. vide v. 691 676 'et partes assis', ut 'bicuns tricuns quincuns decuns' cf. v. 203 678 sq. Prisc. 168₁₃—169₁. — 'forceps': vide v. 686 'hic seps': 'unde Lucanus in IX: ossaque dissolvens cum corpore tabificus seps' Io. Ian. Gl. n. 'seps generis feminini ... sed melius sepis' auct. de dub. nom. K. V 590₁₁ gen. fem. in Graec. VI 19

haec **x** praepones, sed plurima demere debes.
in triplici genere decet adiectiva notare.
x, e si praesit, maribus polysyllaba iungit.
est tamen haec paele**x**, vibe**x** obe**x**que, supelle**x**,   685
forfe**x** et forpe**x**; hic aut haec dat tibi corte**x**
atque sile**x**; dabit haec care**x** rame**x**que vel ile**x**.
fetibus haec terrae dabis, hicque frute**x** retinebit.
sed du**x** et coniun**x** commune locantur et exle**x**.
hic dant re**x** et gre**x** forni**x**que cali**x**que Cili**x**que   690
et phoeni**x**, masti**x**; hic cal**x** pedis, haec latomorum.

VARIA LECTIO.

   682 x hec preponis *S*   **684** iungis *S P e*   **685** est] et *L*   obexque]
pulexque *S et (superscr.* obex) *P*   **686** et] aut *S*   forpex et forfex *e*   **687** atque silex ramex dabit hic culex quoque carex *S*   adque silex pariter dabit
h' ramex carexque *P*   **668** hicque] que *eras. in S*   hec *A*8   retinebit] re-
mouebit *P*   **689** sed] et *Se*   locantur] notetur *P* notentur *Me*   **690** rex
et grex] grex et rex *S Me*1

TESTIMONIA ET EXPLANATIONES.

   682—693 *Prisc. 164*8*—167*7   **685** 'obex' fem. gen: 'hanc obicem
dicimus; dubitant enim multi utrum masculinum sit' *Serv. in Aen. VIII
227*; cf. *Phocas 428*28.   contra: 'modo usus habet, ut hic obex dicamus;
Caper tamen in libris dubii generis probat dici et hic obex et haec
obex, quod, ut diximus, hodie de usu recessit' *Serv. in Aen. X 377*;
cf. *idem in georg. IV 422* 'obices masc. gen.' *auctor de dub. nom. K. V
585*80; cf. *Io. Ian., Brev., Despaut. 64 Neue I 663*   **686** 'forfex et forpex':
'si a filo dicamus, f debemus ponere, ut forfices, quae sunt sartorum; si a
pilo, p, ut forpices, quae sunt tonsorum; si a capiendo, c, ut forcipes, eo
quod formum capiant, quae sunt fabrorum' *Cassiod. K. VII 160*19*—161*2
iisdem fere verbis *Serv. in Aen. VIII 453 Albin K. VII 302*10—14 *Isid.
etym. XX 23*. unde versus: forfice fila, pilum cape forpice, forcipe ferrum'
Isid. l. c. Osb. Pan. 218 Graec. X 166 'filorum forfex, ceps ferri pexque
pilorum' *Manc., Henrichm.* cf. *Du Cange*, et de gen. nominum *Neue I
609, 663* 'forpex Hermannus Torrentinus negat latine dici, licet in vo-
cabulariis et grammaticis reperiatur' *Despaut.*   'cortex atque silex' gen.
masc. et fem. *Prisc. 141*17 *164*12, 24 *167*7 *Diom. 327*12 *Donat. 375*82 *[Serg.]
in Donat. 493*7 *Pomp. 159*84 *Consent. 345*28 *Phocas 420*81; cf. *Despaut. 63
Neue I 662*   **687** 'ramex': 'a ramus dicitur hic ramix, i. e. mentula vel
virga virilis' *Io. Ian.* cf. *Osb. Pan. 503 Du Cange.* 'ramex foem. gen.'
Sulpit., Henrichm. 'hic aut haec ramex' *Despaut.,* qui quidem in commentario addit: 'credo melius esse masculinum'   **691** 'mastix' quid sig-
nificet, vide in adn. ad v. 211; nomen etiam a *Io. Ian.* et in *Brev.* generis
masc. notatur, ab *Isidoro etym. XVII 8* in *Pylad. carm.* et ab *Henrichmanno*

trix tenet haec, tamen obliquis neutrum superaddes:
victrices turbae victricia tela tulere.

[Capitulum V]

Ut tibi per metrum formatio praeteritorum
atque supinorum pateat, praesens lege scriptum.   695
et primo disce, quae sit formatio primae:
vi vel ui vel di vel ti formatio primae.

As in praeterito vi suscipit s removendo.
non sic formantur ter quinque, sed excipiuntur:
cre. do. do mi. iu. sto pli. fri. so. ne. ve. la. se. cu. to.   700
nam cubo sive crepo, domo, deinde fricoque micoque,
nexo plicoque, sono, seco, deinde tonoque vetoque
praetereunt in ui divisas; do dedit et sto
dat stetit, et iuvi iuvo praeterit et lavo lavi.
et neco, quod necui facit et quandoque necavi: 705
de neco dic avi, ferro, necui reliqua vi.

VARIA LECTIO.

697 di vel ti] ti uel di *P*   **699** excipiantur *P A₂ Me*   **700** do. do] do *L P* pli.] plico *S A₂ A₃ P*   **701** fricoque micoque] tonoque vetoque *A₁ A₂ A₃ e₁*   **702** plicoque] plico *M e₁* sono seco] seco sono *S M e₁* tonoque vetoque] fricoque micoque *A₁ A₂ A₃* micoque fricoque *e₁* *v. imo mg. adsc. omisso* que *post* veto *P*   **704** iuvi iuvo] iuuo iuui *L A₁ e* iuuit iuvo *A₂* **706** *om. P M e*

TESTIMONIA ET EXPLANATIONES.
feminini. 'calx', quae vox etiam cals scribebatur (cf. v. 675), *Prisciano 169₁₀* masc. et fem. generis est. *Probo 20₁₉ 128₂₈* et *Charisio 92₃₁* gen. fem. ex diversa vocabuli significatione praeter Alexandrum genus distinguit *Io. Ian.* dicens: 'est calx pro pede sive calcaneo masc. gen., licet Virgilius posuit auctoritate sua in feminino; pro cemento est fem. gen.; unde versus: pars pedis est hic calx, combustus calculus haec calx'. talem generis distinctionem iam Charisii aetate viguisse ex his verbis eius concludendum puto: 'calx, sive qua calcamus, sive qua aedificamus, feminini generis est'
693 cf: 'tollite iam pridem, victricia tollite signa' *Lucan. Phars. I* 347 ap. *Prisc. 348₅* et: 'ultricia Graiis virginibus dare tela pater' *Stat. Theb. V 117 sq.* ap. *Prisc. l. c.*   **698—709** *Prisc. 468₂₀—472₉*   **702** 'nexo, ui, are' *Prisc. 469₁₂—470₁₁ 538₁—₁₆ Eutyches K. V 485₄₁—₁₈*; cf. *Neue II 421*   **706** 'necatus ferro, nectus alia vi peremptus dicitur' *Prisc. 470₂₁*; cf. *id. 570₂₂* 'necui quasi suffocavi, necavi ferro occidi, unde necem caedem

increpo format ui, tamen et reperitur in avi.
avi praeteritum plico dat cum nomine iunctum,
hoc sine praebet ui, tamen et reperitur in avi.
regula, quae formam servans as mutat in avi,   710
recte praeteritum formando supinat in atum.
sed lavo dat lotum vel lautum, potoque potum,
doque datum dat, stoque statum, format iuvo iutum.
quod dat ui dat itum, nisi desinat in co; sed in ctum
ista supinantur; plicat et micat excipiantur.   715
nam plico dat plicitum, mico nescit habere supinum.
avi dimico dat vel ui, primumque supinat.
sic neco dans nectum facit et quandoque necatum.
more patris nexum faciet tibi nexo supinum.

   Debes formare post primam verba secundae.   720
vi vel ui vel di, si format xique secunda.
litera longa vel ar deo si facit, excipe stridi.
si brevis est e vel i, producitur atque facit di.
ante deo veniens e vel o liquida mediante
principium geminat, si muta vel m venit ante;   725
e vel o si iuncta sit mutae, lex tenet ista,
continue iuncta; si non, lex non tenet ista.
si componantur geminantia, non geminantur.
lex erit haec cunctis, pos. sto do dis. que remotis:

VARIA LECTIO.

   707 tamen et reperitur in avi] et *om. L*   sed sepe tamen facit
aui *S M e* sic sepe *etc. P*   **712** *imo mg. adsc.* A2   **713** de dare sume
datum de stare statum iuuo iutum *(superscripto litteris minutis versu
supra all.)* A8   **718** sic neco dans nectum] *L* sic neco dat nectum *S A8*
sed neco dat nectum *A1 A2* sicque neco nectum *P M e*   **719** faciet]
facit *(!) e*   **720** formare post primam] post primam formare *S*   **721** si
format] uel si dat *P M e*   **722** ar deo] ar ante deo *(!) M e*   **724** imo
mg. adscr. P   **727** *om. P*   **729** pos.] po *A1 A8 e* sto do] do sto *A2*

TESTIMONIA ET EXPLANATIONES.

appellamus' *Diom. 366*5 'sed differentia saepe refringitur' *Despaut. 149.*
versum supra allatum reperies in *Graec. XXVI 123*
   710—719 *Prisc.* 472₉—475₁₈   **719** 'more patris', i. e. ad modum
verbi primitivi, sc. 'necto'   **722** sq. *Prisc.* 481₅—₂₈   **724—728** *Prisc.*
481₂₄—482₈   **729** sq. *Prisc.* 472₄—₈ 516₅—₈ 518₂₃—519₂

do sto composita geminabunt poscoque, disco. 730
curro tamen cum prae geminat, sic pungere cum re,
praecurrique notes [sed ui tibi splendeo praebet].
vocalis longa vel ar ante deo geminansque,
et quae praeponunt e brevem vel i sic patefiunt.
haec praeter per ui deo praeterit; excipe prandi, 735
pransus sum; iunge neutropassiva secundae.
dans deo si vel di geminansve supina dat in sum;
sic sedeo sessum, reddit tamen s geminatum.
gaudeo gavisum praebet, vult regula gausum.
[strideo praeterito dat di privato supino.] 740
praeteriens in ui dat itum nullumve supinum.
si facit l vel r ante geo; xi litera longa
vel diphthongus habet; in ui geo cetera format.
praebet ui nullum, si per sum, xi facit in ctum;
dic tamen indultum; sed procreat urgeo nullum. 745
addita muta leo facit evi, vique facit tum:
sic leo, sic oleo de se facit omne creatum,
et quandoque tamen olui reperitur itumque.

VARIA LECTIO.

v 730 om. Me1, post. v. 731 colloc. LA1A8   vv. 731. 732 inverso ordine
in P   geminat sic pungere cum re] geminatur pungoque cum re
Me1   732 [] inclusa om. SA1A2, add. LPMA8e2 (et pro sed A8,
splendeo tibi e2)   v. 732 om. e1   post. v. 732 splendeo prebet ui
quamvis p presidet illi add. L   734 sic om. e patefiant P   post. v.
736 v. 740 colloc. L   737 di uel si e geminansque Me   738 reddit
sessum Me   geminando SA8 geminatur A2 geminabit Me   v. 740 om.
SA1A2A8Me, add. L (post v. 736) P (privando supinum)   strideo preteritum stridi facit absque supino Io. Garl. (Ar)   743 in ui] per ui Me
744 xi facit in ctum] xique facit ctum SA8

TESTIMONIA ET EXPLANATIONES.

731 sq. Prisc. 533₂₋₁₅ 524₁₁₋₁₄   735 sq. Prisc. 482₈ 483₆₋₈. —
'prandi pransus sum': cf. Mag. Caes. 78 Brev., Pylad. carm., Neue II 334 sq.
737—741 Prisc. 481₈₋₁₄ 483₁₋₆   742 sq. Prisc. 485₁₇—486₂₅. — ex:
'fulgeo urgeo; lugeo augeo; egeo rigeo vigeo'   744 sq. Prisc. 487₁₋₁₉.
ex.: 'rigeo egeo sine sup; alsi alsum tersi tersum; luxi luctum auxi auc-
tum frixi frictum'   746 Prisc. 488₁₅. — ex.: 'fleo compleo impleo'   747 Prisc.
488₁₆₋₂₀. — ex: 'deleo ev.i etum, exoleo evi etum'   748 sq. Prisc. 488₂₀
489₁₇. — ex.: 'redoleo ui et evi'

4*

ex oleo per ui venientia dic et in evi.
duplex praeteritum reddit duplexque supinum:　　　　　750
etum vel per itum; dicas adolere per ultum;
hinc et adultus erit.
iuncta leo muta patet hinc oleoque leoque.
cetera verba leo per ui facit absque supino.
sed doleo dat itum soleo valeoque supinum.　　　　　755
si queo sumque facit, tamen in tum plurima reddit.
dat veo vi per tum; vi format ubique supinum;
ex vi nil removens facies tum, nil supperaddens.
excipe pas. ca. fa. se. la. sol. vol. ag. cog. et a. se:
dat caveo cautum, faveo fautum, sed amictum　　　　760
ex amicire facis, solvo vel volvo dat utum;
de sero sume satum; lavo lotum, pascoque pastum,
ag- vel cognosco dat itum, sepelire sepultum.
ferveo vi dat sive bui, conniveo vi xi.
vi tum dante praeit vocalis non breviata;　　　　　765
qui. si. ci. sa. li. i. demantur et inde creata.
de deo deque geo, leo vel veo vel queo dicta

VARIA LECTIO.

　　　vv. **749** *et* **751** *om., m. rec. in mg. add.* M　　*v.* **750** *om.* PMe　　**751** dicas]
dices *A₂* dic ac *P*　　**753** iunctaque muta leo probat h' *P*　　hinc] hic *A₃*
755 sed soleo dat itum doleo *etc.* Me　　sed doleo valeo dat itum soleoque
supinum *S*　　**758** facies] faciens *LPe* superaddens] superaddes *PA₂S*
761 solvo vel volvo dat] soluo uoluo facit *Me*　　soluo uoluoque dat *P*
764 dat vi *L*　　conniveo vi xi] x conniueo ui *P*　　**766** si. ci.] ci si *S*　　**767** queo
uel ueo *SA⁸P*

TESTIMONIA ET EXPLANATIONES.

　　　750 sq. *Prisc. 490₂₋₆, ₁₈₋₁₉.* — ex.: 'abolevi etum vel abolui itum' cf.
Quaest. gram. cod. Bern. K. Suppl. 180₁₈　　**754** *Prisc. 490₂₁.* — ex.: 'calleo,
squaleo palleo sileo'　　**755** *Prisc. 483₁₈ 560₇*　　**756** *Prisc. 488₁₀₋₁₄.* — ex.:
'torqueo torsi torsum' (sec. *Prisc.*) 'distorqueo distortum vel distorsum, con-
torqueo contortum vel contorsum' (sec. *Prisc.*)　　**757** *Prisc. 477₂₄—478².* —
'ubique', i. e. in omnibus coniugationibus, ut 'amavi amatum, fovi fotum,
trivi tritum, audivi auditum'　　**758—760** *Prisc. 48₀₁₄₋₂₂*　　**759** 'pas-co
ca-veo fa-veo se-ro la-vo sol-vo vol-vo ag-nosco cog-nosco a-micio se-pelio'
761—763 *Prisc. 569₁₆, ₂₀, ₂₄ 570₈ 430₁₈ 545₂₈*　　**764** *Prisc. 478₁₁, ₁₃ 479₁₉*
765 *Prisc. 480₁₄—₂₀ 530₁₅—₁₈.* — ex.: 'amatum fletum tritum auditum'
766 *Prisc. 530₁₄ sq.* — 'qui-tum si-tum ci-tum sa-tum li-tum i-tum'

sufficiant; in ui divisas cetera formant.

dat iubeo iussi, maneo mansi, neo nevi.

dans a per i maneo dat ui careatque supino.   770

lucet, pollucet faciunt xi, mulceo mulsi.

haereo si praebet, dat sorbeo psique buique.

quae dant praeteritum per ui, caruere supinis,

ni faciant in itum; teneo tentum, doceo ctum,

censeo dat censum, sed itum sua compositiva.   775

misceo dat mixtum.

pauca supinantur praeter sex neutra secundae.

sex retinent neutra pla. no. ca. va. pa. do. supina:

format itum doleo, noceo, valeo placeoque;

dat careo carui, caritum cassumve supino,   780

pareo praebet itum, licet ac oleo taceoque.

cum dat ui pateo, dat passum, torreo tostum.

pando, pati, pateo passum fecere supino.

Versibus his terna formatio fiet aperta:

vi vel ui vel di, ri, ci, ni dat tertia, xi, gi,   785

bi, psi, li, pariter pi, si, mi, qui quoque cum ti.

VARIA LECTIO.

769 dat maneo mansi iubeo *etc. A₈*   **770** careatque] caret atque
M caret absque *(!) e*   **771** faciunt] formant *P*   *post. v.* **772** dat si
sum xi ctum sed itum dat sorbeo uel ptum *add. Me*   **773** supino *SAMe*
776 *hemistich. exhibent A P S M Pa₁ Pa₄ Pa₈ e*   per ui quod preterit ante
add. L post. v. **776** arceo dat arctum sed itum sua compositiua *add. Me*
779 valeo placeoque] placeo ualeoque *SP*   format itum ualeo doleo placeo
noceoque *Me*   *vv.* **780. 781** *inverso ordine in PMe*   cassumque *A₈ e*
782 passum *PMe*   *v.* **783** *om. P*   **785** ri] si *e*   ci ni] ni ci *A₈*   xi ni
P ni *om. S*   ci *om. P*   xi gi] ri gi *P*   **786** psi] pli *e*   pi si mi qui] psi mi
qui ri *e₂*   qui *om. Me₁*   si. psi. li. cum ni. mi. vi. si. qui. quoque cum
ti *S*   li si bi uel psi sic pi mi li quoque cum ti *P*

TESTIMONIA ET EXPLANATIONES.

768—772 *Prisc. 491₈—₂₀*   **770** 'maneo in compositione, quando
retinet a, facit si...; quando vero mutatur a in i, facit ui, ut emineo emi-
nui et immineo ui' *Mag. Caes. 79.*   hanc sane falsam derivationem etiam
Io. Ian., Pylad. aliique grammatici acceperunt   **773—777** *Prisc. 492*   **780** 'caritum cassumve' *Prisc. 492₆—₁₂;* cf. *Despaut., Pylad. carm., Neue II 585*
781 'oleo': supinum verbi auctoritate caret. 'olim fecit etiam olevi, oletum'
Despaut. 156   **782** eundem fere versum exhibet *Pylad. carm.*   **783** *Prisc.*
519₂₂—₂₆. — versus supra all. repetitur **844**

a brevis ante cio cum compositis facit eci;

elicui praeter cio cetera format in exi.

elicui dat itum, ci vel xi transeat in ctum.

si praesens tenet a, tenet hic et ubique supina;   790

a si composita mutant in i, dant e supina,

ut probat inficio; sed debes demere do, go.

dat di sumque dio; gio gi dat itumque supino.

dat pio semper ui sine cepi sive cupivi.

ptum facit omne pio sapio cupioque remoto.   795

dat sapio sapui sapitum, cupioque cupitum.

dat peperi pario, partum paritumque supino.

dat si sumque tio, sed ultrolibet s geminando.

semper uo dat ui; debet struo vel fluo demi

et pluo; dehinc utum producit dando supinum.   800

xum fluxi, struxi structum, pluo vi dat et utum

atque plui.

dat ruitum ruo sive rutum, nonnullaque nullum.

bo psi ptumque facit, si litera longa praeibit;

VARIA LECTIO.

    788 cio cetera format in exi] in xi cio cetera format *P*   **795** remoto *L A*₁ *A*₂ remotis *S P M e*   **796** dat sapui sapitum sapio *M*   **797** paritum partumque *e*   partum paritumue *S*   **799** debet struo vel fluo demi] sed volt struo cum f. d. *P*   debet fluo cum struo d. *S*   **800** producos *S* **801** struxi structum] structum struxi *P A*₈ *M e* *r.* **802** *om, m. rec. adscr.* *P* atque] datque *S A*₈

TESTIMONIA ET EXPLANATIONES.

    787—789 *Prisc.* 496₁₀—₂₅   **790—792** *Prisc.* 497₁₈—₂₃   **792** 'sed d. d. do go'. i. e. composita verborum in do et in go desinentium, ut 'occido redigo', quae retinent a in supino   **793—796** *Prisc.* 498₅ — 500₁₈ **793** ex.: 'fodio fodi fossum; fugio fugi fugitum'   **794** ex.: 'rapio rapui' **795** ex.: 'raptum captum'   **797** *Prisc.* 500₁₉—501₈. — eundum fere versum exhibet *Despaut. 161*   **798** *Prisc.* 502₆—₁₀. — ex.: ,quatio quassi quassum' cum compositis   **799—803** *Prisc.* 503₅—505₂₅   **799** sq. ex.: 'acuo imbuo induo diluo annuo spuo suo metuo arguo, ui utum'. — 'pluo vi dat et utum': 'secundum etymologiam plutum a pluvi, velut adiutum ab adiuvi, debent facere. sed in usu non inveni' *Prisc.* 505₂₁ sq. **803** 'nonnullaque nullum', sc. sup., ut 'spuo metuo' (sec. *Prisc.* 505₂₁—₂₃ **804—806** *Prisc.* 506₁₆—507₁₈   **804** ex.: 'scribo nubo'

cetera bi formant praeter quae de cubo fiunt;   805
et nisi psi faciant, per itum bo cuncta supinant.
si co praeveniat vocalis longa, facit xi.
n vel s abicitur; haec ci facit, illa facit vi:
hinc vinco vici sunt testes crescoque crevi.
excipe conquexi, didici, compesco, poposci,   810
et quae praeteritis caruerunt atque supinis;
haec sunt verba, quibus inceptio significatur.
glisco praeteritum, conquexi tolle supinum.
ici praeteritum praebens ico migrat in ictum.
praeteritum parco dat parsi sive peperci;   815
dat parsi parsum de se nullumque peperci.
ci vel xi dat ctum, vi tum facit, excipias, quae
excipienda docet, quae dat veo, norma secundae.
dant in itum disco, compesco, posco supina.
in si do vertit, si per se longa praeibit   820
ante do vocalis, cu. si. stri. ce. pe. remotis:

haec faciunt cudi, stridi cessique, cecidi;

nullum sido gerit; quod turpe sonat fit in edi

nulla supina gerens; cessi creat s sibi duplans.

a do composita formabunt di geminata;   825

his iunges prendo; diphthongus si tibi format.

ante do si veniat i vel u simul n mediante,

in di praetereunt, sed in his n demitur ante.

tu geminans tundo tutudi dat sumque supino.

dat tundo tutudi, donat tondere totondi;   830

tondeo dat tonsum, sed praebet tundere tusum.

datque cado cecidi, format rudo quoque rudi.

ante do diphthongus productave litera, vel quae

do dedit aut i vel u super n, prendoque patescunt

et tundo.   835

nil aliud mutans praebet per cetera di do,

divido si demas et quae fiunt geminando.

do sum praebet in his exceptis a dare natis;

ista supinantur per itum, quotiens geminantur.

abscondo dat itum geminans di, non geminans, sum. 840

VARIA LECTIO.

    v. 822 *om.* P   823 fit in]. facit S   824 gerens] creans As   duplans
Le1   duplas P   duplex *cett. codd et* e2   825 formantur M   826 his
iunges] his iungas P   iunges his S   format] formet P   827 u uel i P
v. 830 *om.* Me1   831 tunsum M   v. 832 *om.* P Me   833 productaque S Me
834 u uel i Me1   835 *om.* Me   837 demes M   geminande P

TESTIMONIA ET EXPLANATIONES.

    823 'quod turpe sonat'. sc. 'pedo' format 'pepedi'   825—845 *Prisc.*
51612—5227   825 ex.: 'reddo prodo perdo vendo condo credo'
826 'his iunges prendo': 'et illa nocte nihil prendiderunt' *Vulg. Ioan.*
XXI 3 'afferte de piscibus, quos prendidistis, nunc' *ibid. XXI 10*
'prendo per idi dic' *Graec. XXVI 218* 'sed hoc non est regulare' *Io.*
Ian., Brev. 'prendo nullo modo geminabit finem praeteriti, quia id
solus Alexander tradidit' *Laur. Valla* teste *Despaut. 170.* cf. *Kaulen*
193 Rönsch 288 Neue II 467. — 'diphthongus si tibi format', ut 'plaudo
claudo'   827 sq. ex.: 'scindo scidi findo fidi fundo fudi'   836 ex.:
'scando scandi pando pandi'   837 'quae fiunt geminando', ut 'tendo
tetendi pendo pependi'   838 'do sum praebet in his', ut 'ludo lusum
laedo laesum' etc.   839 ex.: 'redditum proditum perditum'   840 'abscondo, in quantum habet abscondidi in praeterito, facit absconditum in

n quibus eripitur, paenultima si breviatur,
additur s duplex; si longa fit, s ibi simplex.
dans passum pando subducit n, s geminando.
pando pati pateo passum fecere supino.
dat tendo tensum, tum quaedam compositorum.   845
edi donat edo, sum donans tumque supino.
haec sua composita cogunt duplicare supina;
namque dat ambesus esum comedoque comestum.
si facit r go, nisi sint a rego nata; sed in xi
cetera sunt; pun. pan. le. tan. sed demis et a. fran.   850
haec cum compositis dant gi tribus a lego demptis,
haec: intelligo, negligo, diligo, quae faciunt xi.
praeteritum triplicat et sensum pango: 'pacisci'
dat pepigi, panxi dat 'cantus', 'iungere' pegi.
tango facit tetigi; sed ago vel frango dat egi.   855
praeterito duplici duo significans 'stimulando'

VARIA LECTIO.

842 fit] sit *L M e*   ibi] sibi *M e*   **843** passum pando] pando passum *P*
845 compositiua *S*   **846** tumque *L A P*   stumque *S M e*   **847** duplicare]
geminare *S P M e*   **850** sunt] dant *P M*   sed demis] si demis *A₂ A₃*
demantur *M e*   **852** negligo diligo] diligo negligo *S*   *v.* **855** *om. L*

TESTIMONIA ET EXPLANATIONES.

supino, et in quantum habet abscondi, facit absconsum in supino' *Gl. n.*
cf. *Sulpit.* 'Caper negat absconsus Latine dici; reperitur tamen in sacris.
Hieronym. in Ecclesiast. cap. 4: "denudabit absconsa sua illi" *Despaut. 169*
841 sq. ex.: 'scidi scissum fidi fissum; fudi fusum'   **844** vide v. 783
846—848 *Prisc. 522₈—523₂*   **849—855** *Prisc. 523₃—524₂*   **849** sq. ex.:
'mergo mersi tergo tersi spargo sparsi'. — 'nisi sint a rego nata', ut 'pergo
perrexi surgo surrexi'. — 'sed in xi cetera sunt', ut 'cingo pingo tingo
ango' etc. 'pun-go pan-go le-go tan-go a-go fran-go' cum compositis inde
excipiuntur   v. **852** reperitur in *Graec. XXVI 93*   **853** sq. 'panxi dic
cecini, coniunxi dic bene pegi; cum pactum feci, dicito tunc pepigi' *Io. Ian.*
'haec tria significat pango: cano, iungo, paciscor. panxi voce, fide pepigi,
pegique bacillo' *Graec. XVII 49 sq.* cf. *Mag. Caes. 81 Gl. n., Gl. l.,*
Neue II 474 sq.   **855** sq. 'cum ei, qui nos pupugit, talionem, id est vicem
a nobis redditam, ostendimus, repupugi dicimus; quando vero de ratione
vel calendario loquimur, repunxi dicimus' *Prisc. 524₁₂—₁₄.* 'pupugi ferro,
rationeque punxi' *Graec. XXVI 230.* cf. etiam de duplici forma *Charis.*
245₈,₁₀ 247₈₈ Diom. 368₂ 372₁₂

pungo facit pupugi; punxi 'punctos numerando'.

degi dego dabit; quod dat rego xi sociabit.

dans go si sum dat, per ctum gi xique supinat.

Dat fixi fixum [quia fit de fingere fictum].   860

i vel a si prae go venit n mediante, supino

semper n eripitur; stin. cin. tin. an. excipiantur:

n retinent ango, cingo tingoque supino.

dat plango planctum, panxi ctum degoque nullum.

ho xi ctumque facit; dat ui lo, ni geminetur   865

l ibi; tunc per li lo praeterit; excipe vulsi,

dic etiam velli.

l duplex repetit mutam, si muta praeibit.

tollo tuli, psallo dat psalli, salloque salli.

l simplex dat tum, sum dat geminata supino.   870

tum vel itum dat alo; caret omni malo supino,

VARIA LECTIO.

858 quod] que *M e*   **859** gi xique] xi gique *M*   **860** [ ] *inclusa om.*
Pa₁, *add. S A₂ A₃* sed dic de fingere fictum *add. P*   sed dego dat tibi nullum
(*cf. v.* **864**) *add. L*   sed dego dabit tibi nullum *add. A₁*   mixi mictumque
supinum *add. M e*   **862** stin. *om.* P A₁ A₂   an. *om. S*   cin. tin. an.] an
cin tin *P*   **863** retinet *S A₁ A₂ M e*   cingo tingoque] tingo cingoque *P*
864 dat plango planctum panxi ctum] et stingo plango clango ctum *S A₃*
et iungo plango planxi ctum *P* et clango stingo plango ctum *M e   v. eras.*
in A₂   **866** volsi *P*   **867** dicitur et velli *P M e   hemistich. om. Io. Garl.*
(Ar) P a₄   **870** sum dat] sed sum *M e* si sum *P   vv.* **871. 872** *inverso
ordine in A₃ S M e*

TESTIMONIA ET EXPLANATIONES.

859—864 *Prisc.* 525₅₋₂₄   **859** ex.; 'mergo mersi mersum spargo
sparsi sparsum, lego legi lectum rego rexi rectum'.   v. **860** reperies
in *Graec. XXVI 233*   **861** sq. ex.: 'stringo strictum, pingo pictum, frango
fractum, pango pactum' etc; sed 'stingo stinctum (*Prisc.* 525₁₂), cingo
cinctum, tingo tinctum, ango anctum' (*Prisc.* 525₁₅)   **865—869** *Prisc.*
526₃ 527₄.   **865** ex.: 'traho traxi tractum veho vexi vectum; colo
colui molo molui consulo consului'   **868** ex.: 'pello pepuli fallo fefelli'
869 'sallo' *Prisc.* 546₉₋₂₁ *Diom* 375₁₆₋₂₅ 'sallio sallo cibum, salio pede,
cantica psallo. sallio sallitum dat, salsum sallo supinum; dat saltum
salio, privatur psallo supino' *Gl. M, Io. Ian., Graec. XVIII 31 sqq. Gl. n.*
'pes salit, os psallit, sale sallio vel sale sallo' *Gl. n.*   **870—872** *Prisc.*
527₁₈—528₄

psallere, nolle carent; alienum dat tibi tollo.

mo dat ui, dat itum, premo praeter emoque; sed illa

excipias, quibus est per se paenultima longa;

nam psi praeterito tunc reddunt ptumque supino.　　875

s geminat premo si sum dans, emo mi dat et emptum.

no dat ui, g vel o si praesit, et a cano nata.

ante no psi facit m praeter cano, cetera vi dant;

dat lino vi vel ni.

no per ui dat itum sine natis a cano; nam tum　　880

n praecedit in his; psi ptum dat vique facit tum.

po dat ui, dat itum, brevis e si praevenit; m pi

ptumque remota facit; psi cetera ptumque dedere.

dat linquo liqui, coquo coxi, ctum dat utrumque.

ro vi tumque tenet ge. cur. excipiendo ver. u. que.　　885

dat si stumque gero velut uro, curro cucurri

cursum, ri vel si verro versumque supino.

quaero quaesivi quaesitum [redde supino].

a sero composita serui sertumque dedere;

insero sic format et consero, vique situm dat.　　890

VARIA LECTIO.

872 caret *A₁ A₂ M*　　876 premo si sum] si sum premo *PMe* dans]
dat *A₁*　　878 praeter cano] cecini cano *A₂* vi dant] dant ui *S*　　879 dat
lino vi vel ni *AS, ead. m. mg. adscr. L* dat lino lini uel lini *PM* dat
lino lini uel liui siue leui *e₁* dat lino lini uel liui deinde litum dat *e₂*
sed lino dat lini vel liui deinde litum dat *Io. Garl. (Ar)*　　880 per ui
dat] dat vi per *P*　　884 dat] dant *S* linqui *(l) e*　　885 tenet] facit
S A₃ excipienda *SPM*　　888 [] *inclusa om. A Pa₁, m. rec. add. S, add.
Io. Garl. (Ar) L P Me* (reddo *M* supinum *Io. Garl.*)　　890 situm dat]
situmque *e₁*

TESTIMONIA ET EXPLANATIONES.

873—876 *Prisc. 528₅—₁₈.*　　873 ex.: 'gemo gemui gemitum vomo
vomui vomitum'　　874 sq. ex.: 'sumo sumpsi sumptum como compsi
comptum'　　877—881 *Prisc. 528₁₉—530₁₄*　　877 ex.: 'gigno genui, pono
posui, succino succinui'　　878 ex.: 'contemno contempsi, cano cecini, sino
sivi, sterno stravi, cerno crevi, sperno sprevi'　　880 sq. ex.: 'gigno genitum;
succino succentum; contempsi contemptum, stravi stratum'　　882 sq.
Prisc. 531₁₅—532₄. — ex.: 'strepo strepui strepitum; rumpo rupi ruptum;
carpo carpsi carptum, repo scalpo sculpo'　　885—891 *Prisc. 532₅—534₁₉*
885 ex.: 'tero trivi tritum', exc. 'ge-ro cur-ro ver-ro u-ro'

sic sero formavit prius et sensum duplicavit.
so sivi situmque facit; sed deme capesso,
quod si sumque facit; sic viso sicque facesso.
pinsoque praeteritum per ui formando dat istum.
ante to c veniens in xi to mutat et in xum;   895
datque xui pecto, pariter xi; sic quoque necto.
e duo corripiunt, quorum peto vi facit et tum;
s geminando sui format meto, deinde facit sum.
ante to verba duo retinent r, et absque supino
praebet ui sterto, ti format sum quoque verto.   900
dat si sum mitto, tamen s geminante supino.
dat sisto statui, si transeat, atque statutum,
et si sit neutrale, steti nullumque supinum.
l vo praeveniens de vo vi format et utum;
longaque vocalis praecedens xi facit et ctum.   905
xo dat ui, xum nexo facit, texo quoque textum.
    Post praedicta vide, quae sit formatio quartae.
vi vel ui vel ii si ri dat xi quoque psi ni.
dat cio xi quotiens n praevenit, hac sine dat si.
non sine compositis debent disyllaba demi,   910

VARIA LECTIO.

    893 facit] tenet *Pe*   **894** pinsoque] que *om. S*   *v.* **897** *post v.* **900**
colloc. M e   **901** geminante] *L A₁ A₂* geminando *S P A₃ M e*   **903** et]
sed *P*   **905** vocalis praecedens] precedens vocalis *e₁ v. om. P*   **908** si ri *etc.*]
si ni psi dat quoque xi ni *S*   xi ri uel si quoque ni psi *P*   si ri dat xi]
ri xi dat si *e*   x quoque psi ni] psi quoque xi ni *A₃*

TESTIMONIA ET EXPLANATIONES.

    891 'arboris est serui, sed pertinet ad sata sevi' *Gl. n.*   **892—894** *Prisc.*
534₂₀—535₂₂.   de praeteritis 'capessi' et 'facessi' (v. 893) cf. etiam *Charis.*
246₂ sq. Diom. 370₁₂ Graec. XXVI 251 Mag. Caes. 83 Neue II 488.*
supina 'capessum' et 'facessum' auctoritate carent, licet *Despaut., Pylades*
aliique recentiores grammatici ponant   **895—903** *Prisc.* 536₅—537₂₅.*
vv. **902** sq. reperiuntur in *Graec. XVII 52 sq.*   **904** sq. ex.: 'solvo solvi
solutum volvo volvi volutum; vivo vixi victum'   **906** *Prisc.* 538₁—₂₂
909—913 *Prisc.* 538₂₂—539₁₅.   **909** ex.: 'vincio vinxi, sarcio sarsi' etc.
910 sq. ex.: 'scio scivi, nescio nescivi, sancio sancivi' *Prisc.* 538₂₈ sq. Diom.*
371₁₈ *sq.* 'secundum modernum usum habet sanxi' *Gl. n.*

haec faciunt in vi; sic format sancio vel xi.
de verbis quartae, quae dat cio, dicta notate.
cetera praeteriti vocem fecere per ivi.
sed legem cassant hanc 'cassus' et inde creata:
haurio, saepio, sentio si, ui cambio vel psi;   915
dat veni venio, sic quae componis ab illo;
dat salio salii, salui quoque sive salivi.
quaeque parit pario simul excipiantur, et aio.
a pario dant nata rui, nisi quod reperire
comperioque peri faciendo praeteriere.   920
in xi praeterita per ctum fecere supina.
l praeeunte vel r si tum facit, his sine dat sum;
excipias haustum dans haurio, saepio saeptum.
ut venio, sic dant ab eo venientia ventum,
et quicquid pario parit r praeeunte facit tum.   925
ivi praeteritum semper transfertur in itum;
dans salio saltum, dum vi facit, excipiendum.
i quibus eripitur, duo deme supina: sepultum,

VARIA LECTIO.

911 faciunt in vi] formant iui *P*   **912** dat] dant *Pe*   **914** quassant *L*
cassant *cett. codd.*   **915** saepio sentio] sentio sepio *SPe*   **916** veni
venio] uenio ueni *Pe*₁   **917** salii salui] salui salii *P*   **918** excipiuntur *M*
et aio] aioque *P*   **920** faciendo] formando *Me*   *v.* **925** *om. P*   **927** dans] dat *S*

TESTIMONIA ET EXPLANATIONES.

914 'cassus', i. e. verba sex literis istius dictionis significata cum
compositis, sc. 'cambio haurio saepio sentio venio salio', ut seqq. versibus
patet   **915—920** *Prisc.* 540₈—542₁₈ 'cambio, ἀμείβω, ἀπὸ τοῦ κάμπτω
Prisc. 541₁₈ *sq.* 'aliquid commutando pro aliqua re dare' *Io. Ian., Brev.*
Italis est 'cambiare', Gallis 'changer.'   praeteritum huius verbi a *Charisio*
247₉ solum 'campsi' ponitur; cf. etiam *Graec. XXVI 266 Mag. Caes. 87
Hug., Io. Ian., Brev., Pylad. carm., Neue II 493.*   forma 'cambui' nisi
apud *Petrum Heliae (v. Thurot. p. 211)* et auctorem Doctrinalis non occurrit.   'cambivi, admittunt *Sulpit.* et *Despaut.*, supinum 'cambitum' *Despaut.*
917 'salivi' *Prisc.* 540₁₅ 546₈ *Serv. in Verg. Georg. II 384;* cf. *Graec.
XXVI 266 Io. Ian., Neue II 482—484*   **921—923** *Prisc.* 542₁₇—543₂
921 ex.: 'vinxi vinctum'   **922** ex: 'fulsi fultum, farsi fartum sepsi sensum'
924 sq. *Prisc.* 543₈—₅   **926** *Prisc.* 543₅—10   **927** *Prisc.* 546₈. — 'dum vi
facit': cf. v. 917   **928** sq. *Prisc.* 545₂₆

quod sepelire facit, amicire figurat amictum.
a queo composita vel eo breviare supina   930
constat, et ambitum non corripit ambio solum.
    Si reperire cupis ex deponente supina,
activi finge vocem formaque per illam,
sicut laetatum, veritum; sed plurima verba
illa creant aliter: probat hoc ratus atque misertus.   935
dat fateor fassum; nullum liquor medeorque
et vescor, reminiscor [eis adiungere cures];
haec circumloquium non servant praeteritorum.
disce supina dare per deponentia ternae:
gressus, commentus, fructus fruitusque, profectus   940
et fretus, lapsus, nactus quoque, pactus, adeptus,
ultus et iratus, oblitus, functus et usus,
questus, complexus, nisus vel dicito nixus.
ortus, et est oriturus, mortuus et moriturus.
dat tutum tueor, tuitum tuor, ambo tueri;   945
hinc experrectus; faciunt loquor et sequor utum.
dat nascor natum, dat mensum metior, orsum
ordior, et passum patior, potiorque potitum.
credo, quod exosus verbo caret atque perosus.

VARIA LECTIO.
    933 uocem finge *A1*   **935** illa] ista *A8*   **937** [] *inclusa om.*
A S e Pa1 Pa8 Pa4 Pa5, add. L *(om. tamen voce* eis) eis adiungere debes
m. rec. add. PM sic reminiscor erit pariter vescor superaddes *(ultim. voce*
m. rec. addita) Io. Garl (Ar)   *post v.* **939** *v.* **945** *colloc. P*   **940** fruitus
fructusque *A8*   fructus fretus adque *(!) P*   **941** fretus] fruitus *P*   **943** nixus
etc. nisus *M*   *v.* **943** *om. P*   *post v.* **943** *v.* **945** *colloc. e2*   **944** ortus
oriturus et mortuus et m. *(!) M*   *v. om. A1*   **945** tutum tueor] tueor
tutum *S A2*   *v.* **945** *post v.* **948** *colloc. M e1*   **947** dat mensum] dant m. *S*

TESTIMONIA ET EXPLANATIONES.
    930 sq. *Prisc.* 543₁₀₋₁₈ 547₂₋₄   **945** 'tuor' *Prisc.* 444₁₂₋₁₆ *Eutych.*
K. V 464₂₈₋₃₂; cf. *Io. Ian. s. v., Despaut. 191 Neue II 325, 559* 'pro
speculor dicas et pro defendo tueri, et tuitus primo tribues tutusque
secundo' *Graec. XVI 34 sq.* 'tuor deberet facere infinitivum in tui; sed
causa differentiae tui pronominis deficit, sed accipit mutuo tueri' *Io. Ian.*
cf. *Despaut. l. c.*

[Capitulum VI]

Donatum sequere per verba fruentia lege.   950
dic duc fac dicis, sic quae componis ab illis.
cum facit a vertit in i, verbi regula servit.
in vi praeteritum de se data tempora quaedam
syncopat; hinc deme disyllaba quodque fit inde.
dic etiam nosti, flasti, scisti quoque, flesti.   955
cum verbum quod habet quarto casu sociari,
participis tempus dare praeteritum videamus,
et careant illo, quae non licet addere, quarto
praeteritum verbi damus istis, participantis
nunquam praeteritum, nunquam vel raro supinum: 960
Ambigo, compesco, disco, posco, tremo, glisco,
lambo vel lingo, metuo, timet, urgeo, calvo,
linquo vel sugo, paveo, fugit, horreo, scando,
mando, scabo, cerno [praedictis iungere curo].

VARIA LECTIO.

951 sic quae] et que *S*   **954** siucopat *codd.* et *e*   **955** delesti *in fine add. L A*₁ scisti quoque flesti] flesti quoque scisti *A*₈ inuenies flesti nosti flasti quoque scisti *M* inuenies nosti flasti flesti quoque scisti *P* inuenies nosti flesti flasti quoque scisti *e*   **959** verbi preteritum *P* **961** disco posco] posco disco *M e*   *post v.* **963** *sequitur v.* **965** *in S* **964** [] *inclusa om. A P Pa*₁, *add. L* scalpo *add. S M e* cupias his iungere scalpo *add. Io. Garl. (Ar)* .

TESTIMONIA ET EXPLANATIONES.

950 'verba fruentia lege', i. e. verba regularia   **952** composita a facio, quae mutant a in i, in formatione imperativi regulam generalem sequuntur   **953—955** cf. *Prisc.* 508₅—₂₀. — 'flesti' *Ovid. Her. V 43 et 45* cf. *Neue II 528* formam sync. 'flasti' affert etiam *Sulpit.*   **956—958** sola verba transitiva participia praeteriti temporis passivae significationis formant; verba intransitiva sive neutralia absoluta illo participio carent **959** sq. ista, quae sequuntur verba (v. 961—964), licet cum accusativo construi possint, participio paeteriti temporis et maximam partem supino carent, praeteritum vero verbi habent   **961—964** cf. *Prisc.* 560₇—₁₂. — 'ambigo' (i. e. dubito) 'facit praet. ambegi, antiqui tamen dixerunt ambigui; supinum non est in frequenti usu' *Io. Ian.* 'non me latet multos grammaticos ambegi dicere, sed apud alios non est in usu' *Despaut.* — 'glisco pro desiderare est activum et caret praeterito et supino secundum usum, debet tamen secundum analogiam facere glivi glitum' *Io. Ian.*,

accusativi possunt tamen his sociari. 965

dices de neutris, quod raro participantis

servant praeterita, sed multis adde supina,

dicque fere cuncta per rus formare futura.

inde tamen tollis ea, quae caruere supinis.

praeteritum neutra dant haec desuntque supina, 970

in rus par ratio facit illa carere futuro:

aestuo, sterto, mico, rudo, strido, strideo, psallo,

conquexi, parco.

ut docui iunge, praeter sex, neutra secundae.

sex retinent neutra pla. no. ca. va. pa. do. supina. 975

    Audeo cum soleo, fio quoque, gaudeo, fido,

quinque, puer, numero neutropassiva tibi do.

exulo, vapulo, veneo, fio, quatuor ista

sensum passivi sub voce gerunt aliena.

largior, experior, veneror, moror, osculor, hortor, 980

VARIA LECTIO.

965 accusativi possunt] accusativi poscunt *L* accusatiuis poscunt
A₁A₂Me tamen his sociari *LAS* tamen associari *M* tamen haec sociari *e₂*
v. **965** *om., m. recentiss. add. in mg. P* *v.* **968** *m. rec. in mg. adscr. M* *post v.* **968**
v. **971** *colloc. e₁* **973** conquessi *PA₈* conquesci *Me* predictis associando
add. M et conquinisco conquexi parco peperci *Io. Garl. (Ar) et* (conquesci *pro* conquexi) *e₂* *vv.* **973** *et* **975** *om. S* **976** fido quoque gaudeo
fio *ĀP* quoque] cum *S* **978** fio] nubo *S* *post v.* **979** mereo cum prando
neutro passiua teneto *add. S*

TESTIMONIA ET EXPLANATIONES.

Brev. cf. *Gl. n* 'accipitur pro cupio. Papinius lib. III: "et consan-
guineo gliscis regnare superbus" *Despaut.* 'nullum habet praeteritum'
Phocas K. V 436₂₄; cf. v. 813, *Neue II 506 sq.* 'calvo': 'calvi pro decipi'
Prisc. 506₉ 'calvor, hoc est frustror' *Charis.* 581₉; cf. *Eutyches K. V* 485₆
Albin. K. VI 300₁ *Despaut., Du Cange, Brev., Brev. Benth. s. v.* 'calumpnia'
972 'aestuo' *Prisc.* 560₆ *app. crit.* 'aestuo is ere habet aestui in
praeterito, i. e. cupere, sed aestuo as are est urere, fervere, bullire et calere;
unde differentia: aestuo sit cupio, simul aestuo dicitur uro' *Gl. n.* (deest
verbum in *Du Cangii* glossario) **974** sq. vide v. 777 sq. **976** sq. *Prisc.*
420₁₀ sq. 573₂₈ sq. — eosdem fere versus reperies apud *Mag. Caes.* 144
978 sq. *Prisc.* 377₁₅. — eosdem fere versus exhibet *Mag. Caes. l. c.*
980—982 ista novem verba in textu posita communia sunt, i. e. eadem
voce et actionem et passionem•significant: 'largior' *Prisc.* 392₂₁ 379₁₀

criminor, amplector tibi sint communia, lector,
et bene si numeres, interpretor addere debes.
bis duo sunt: odi, novi, coepi meminique,
quae retinent sensum praesentis praeteritique.
quae formantur ab his, pariter sensum duplicabunt.   985
datque mementote memini, dedit ante memento.
ex do passiva nisi dor solum lego dicta.
aio, sisto, fero, ferio, cerno, furo, tollo,
ex his praeterita negat usus habere creata.
   Passivi ternis impersonale locabis.   990
personas dabit imperium primas in utroque
tempore, praesenti ternas, quas dat modus optans
extremo; ternis est altera forma futuri.
quas dedit indicii sibi praesens, has dabis illi;
o vel or adicias; volo compositivaque demas.   995

VARIA LECTIO.

982 interpretor addere debes] istis interpretor addes e_1 interpretor hospitor addes e_2 **985** pariter sensum] sensum pariter Me_1 **988** ferio *etc.* tollo] tollo ferio furo cerno SPA_8Me **990** locabis] notabis Me_1 **994** dabis] dabit L **995** adiciens P

TESTIMONIA ET EXPLANATIONES.

cf. *Neue II 293* 'hortor' *Prisc. ll. cc. Charis.* 562₁₃; cf. *Neue II 290 sq.* 'experior' *Prisc.* 379₁₀ 386₁₀ 400₁₅; cf. *Neue II 279 sq.* 'veneror' *Prisc.* 387₁₄ *Asper K. Suppl.* 51₅; cf. *Neue II 328* 'moror' *Prisc.* 389₁₇₋₂₈; cf. *Neue II 304* 'osculor' *Prisc.* 378₂₀ *Charis.* 562₁₃; cf. *Neue II 309* 'criminor' *Prisc.* 378₂₁ *Charis.* 562₁₂ *Donat.* 383₁₂; cf. *Neue II 281* 'amplector' *Prisc.* 379₅ 567₁₉; cf. *Neue II 312* 'interpretor': 'testor interpretorque verba communia videri debent' *Gell. XV 13, 7*; cf. *Io. Ian. s. v.*, *Neue II 291 sq.*   vv. **980** sqq. repetit *Manut.*

983—985 *Prisc.* 560₁₄₋₂₅   vv. **983** sq. repetuntur a *Mag. Caes.* 151   **987** *Prisc.* 371₂₀₋₂₂   **988** sq. *Prisc.* 418₂₇₋₂₉   **990** verba impersonalia in tertiis tantum personis verbi passivi singularis numeri coniunguntur   **991—999** *Prisc.* 406₁₅—407₁₀ 423₂₈—424₇ 449₆₋₈₀ *Donat.* 360₂₄₋₂₇ 361₂₈₋₂₇ *Diom.* 338—340. — imperativi modi prima persona pluralis numeri in utroque tempore, sc. in praesenti et in futuro, similis est primae personae optativi futuri, ut 'amemus'; item tertiae personae imperativi praesentis temporis ex illo optativo futuri sumuntur, ut 'amet ament'; tertiis vero personis futuri imperativi alia est forma, sc. a tertiis personis indicativi modi formantur addendo o vel or, ut 'amato amanto, amator amantor', excepto verbo 'volo' cum compositis, quae futuro imperativi carent. cf. v. 1017

ante -te -tote -mini -minor a dat prima, sequensque
e longam, i brevem dat tertia, quartaque longam.
praesentis nota tibi sit persona secunda:
a prior, eque sequens, dat e terna, sed i dabo quartae.
adde r e passivo; modus ultimus huic similatur.   1000
tres ri pro re dabunt, re lego iacit ique dat ex e.
provideas primis e vel a ternisque futuris.

   Sum passiva notant, sed abest modus imperialis;
sis dabis huic, sed ades ex adsum sume vel adsis.
sitis et este vide, formabis cetera recte.   1005
tempora terna forem dant et fore, cetera sperne:
-rem dat -res -ret -rent, -remus caret atque foretis.
normam praeterita servant per anormala cuncta.
dat praesens primi fers fert fertisque, secundi
praesens fer ferte, ferto fertote futurum.   1010

VARIA LECTIO.

   997 e longam] e longans $L A_1 A_3 P$ i] ique Me_1 **998** tibi sit| sic fit
$S M e$ **1000** huic similatur] huic simulatur S hic similatur A_2 assimila-
tur Me **1001** re lego] lego re Me **1002** primis e vel a| e uel a primis P
1004 ex assum sume uel assis $S A P$ ex assum sume uel adsis A_3 **1007** remus
caret atque] remusque caretque P remus caretque (!) Me_1

TESTIMONIA ET EXPLANATIONES.

   996 sq. ex.: 'amate amatote amamini amaminor, docete etc. doceminor,
legite etc. legiminor, audite etc. audiminor' (de hac ultima imperativi forma
cf. *Donat. 351*28 *Neue II 398—400)*   **1000** 'modus ultimus' sive 'supremus'
(v. 1019) vel 'quintus' (v. 1012) est infinitivus, sc. activae vocis.   **1001** tres
coniugationes, prima, secunda, quarta, de infinitivo activae vocis infinitivum
passivae vocis faciunt mutando re in ri; tertia vero abiecta syllaba re e
in i mutat   **1002** omne futurum optativi e vel a in ultima vel paenultima
syllaba habet, et quidem e in verbis primae coniugationis, ut 'amet ament
amemus ametis', a in reliquis tribus coniugationibus.   **1003** sq. auctor
dicit coniugationem verbi sum patere ex coniugatione verborum passivo-
rum; sed secunda persona imperativi singularis numeri carere; pro qua
sis ponendum esse. cf. *[Serg.] in Donat. K. IV 55* 15—8; contra *Neue II
438, 593*   **106** sq. *Prisc. 420*14 *450*16—21. — 'tempora terna', i. e. tria
tempora, sc. praeteritum imperfecti optativi et praeteritum imperfectum
coniunctivi modi, in quibus temporibus habet 'forem fores foret forent', et
praesens infinitivi   **1009—1015** *Prisc. 454*5—20   **1009** 'primi', sc. modi,
i. e. indicativi; 'secundi', i. e. imperativi

dat terni praesens ferrem socium sibi iungens.

dat quinti ferre praesens, eademque notate

tempora passivo: ferris ferturque notentur,

ferre, dehinc fertor, ferrer ferrique sequuntur.

ad morem ternae fero cetera debet habere.   1015

dat volo vis et vult volumus vultisque voluntque.

iussio deficiens capit ex optante supremum.

dat primo vellem, dat fine velim modus optans.

haec sociis repete; supremus dat tibi velle;

huic finem demas; per ternam cetera formas.   1020

dic malo primum raro formare futurum;

iura tenere patris per cetera tempora dicis.

nolo patrem sequitur; tamen imperialis habetur:

noli nolite nolito [dicere debes].

es est ac esse dat edo, dat cetera ternae;   1025

ad plures edite dic, plures dant tamen este.

est estur format.

dat fio fierem fieri, dant cetera ternam.

extremum terni praesens dabit imperialis.

VARIA LECTIO.

1011 dat presens ferrem terni A_1 **1012** ferre praesens] presens ferre A_1 **1013** notantur A_3 **1014** sequantur A_3 sequentur e notentur M **1016** volt *etc.* voltisque SP **1020** huic] hinc e_2 demas] demis Me_1 **1022** dicas S **1023** tamen] sed A_1 **1024** noli nolite nolitote LA_1 [] inclusa *om.* A, *m. rec. add.* P, *add. Io. Garl. (Ar)* Me dicere velis *(!) add.* L tote teneto *add.* S **1025** ternae] terna PM **1027** nec plus inveneris illo *add. Io. Garl. (Ar)*   **1028** dant cetera ternam] LA_2P dat cetera terne SA_1 dat cetera quarte Me_1 dat cetera terna e_2

TESTIMONIA ET EXPLANATIONES.

1011 'terni', sc. modi, i. e optativi   'socium', i. e. praeteritum sive imperfectum coniunctivi   **1012** 'quinti praesens', i. e. praesens infinitivi cf. adn. ad v. 1000   **1016—1024** *Prisc.* 454_{22}—456_{17} **1017** 'iussio', i. e. imperativus modus, sumit 'supremum', sc. tempus, i. e. futurum, ex optativo, ut 'velis velit' etc.   **1018** sq. optativus 'primo', i. e. in praesenti, habet 'vellem velles' etc., 'fine', i. e. in futuro, 'velim velis' etc.; et haec, sc. 'vellem et velim', 'sociis', sc. temporibus, i. e. subiunctivis imperfecti et praesentis repetenda sunt   **1020** 'huic', sc. 'supremo' sive infinitivo modo, 'finem demas', i. e. infinitivus futuro tempore caret   **1125—1027** *Prisc.* 456_{18}—457_{17} **1029** 'extremum terni', i. e. futurum optativi, loco praesentis imperativi ponitur: 'fias fiatis'

quaesumus ex quaeso retinens nil plus dare quaero.   1030
dat mereor merui, maestus sum maereo flenti.
explicit expliciunt dic, infit et inquit et inquam.
tantum praesentis sunt temporis infit et inquit;
nil plus inveni, nec ab inquio dicitur inquit,
hoc defectivum sed verbum dicito solum.   1035
inquam praesentis est et quandoque futuri.
inquio -quis inquit, pluralis -imus dabit -untque,
-am tantum dicunt -es -et donare futurum.
est praesens inque, nil plus vult usus habere.
-is -it declines ausim, pluraliter ausint.   1040
deque vale quidam dixere valete valeto.
sic formetur ave, nil plus poteris reperire.
processu simili salve formare decebit.
aio dic -is -it, -unt plurali sociabis.
sic per praeteritum, lector, discurre secundum.   1045

VARIA LECTIO.

1030 retinet *S* quaero] credo *P*   *post v.* 1032 presens preteritum dic
inquam siue futurum et faxo faxis faxit *(m. rec. add:* et cedo pro dic)
add. P (cf. vv. 1036 *et* 1047)   1033 sunt] est *P*   1034 invenio *L* dicitur]
nascitur *P*   1035 hoc] nec *(!) M e*1   1037 inquio quis quit plurali
tibi mus dabit untque *S*   1038 dicunt] dices *M e* donare] formare *S*
1039 vult plus usus haberi *M e*1   1042 formatur *S M e*   *post v.* 1043
veneo dic ut eo sed uenum pone supino *add. A*2   1044 is it] is et it *S*

TESTIMONIA ET EXPLANATIONES.

1031 'dat mereor merui': *Phocas K. V 431*8—10. cf. tamen *Neue II
298—300* 'maestus sum' *Graec. XVI 48 sqq. Sulpit., Despaut. 200* 'in
usu non est maerui' *Prisc. 419*12   1032 'explicit expliciunt': 'verbum defectivum, i. e. terminatur et finitur vel finiuntur et terminantur, nec invenitur de eo plus' *Io. Ian., Brev. Benth.;* cf. *Mag. Caes. 154 Du Cange.*
'explicit nullo modo dici quit, nisi consuetudo patrona sit; auctoritas enim
et ratio regulae deficit...; reor id scriptorum vitio accidisse, ut dicatur
explicit pro explicat vel explicuit' *Quaest. gramm. cod. Bern. K. Suppl.
179*18—22 'explicit, pluraliter expliciunt' *Sulpit.* 'a doctioribus cen-
sentur barbara' *Despaut. 198*   1034 *Prisc. 495*14; cf. *Neue II 612 sq.*
1036 *Prisc. II 191*11—18   1037—1039 *Prisc. 495*14—496*9   1040 *Prisc.
482*16—22; cf. *Neue II 542*   1042 sq. *Prisc. 450*16   1044—1046 *Prisc.
494*2—15 *541*18—542*16. — 'praeteritum secundum' est praeteritum imperfectum: 'aiebam aiebas aiebat aiebant'

invenietur ai.

et faxo faxis faxit dico, cedo pro dic.

[Capitulum VII]

Quatuor in verbis sunt formae, praeteritisque

dic inceptivam meditativamque carere;

esuriit tamen invenies et parturierunt.   1050

ex verbis illas perfectis credimus ortas;

quaeque frequenter agis, etiam formantur ab illis,

atque prior sit ei data declinatio verbi.

ex u supremi decet o formare supini:

sic curro curso formabit, nectoque nexo.   1055

si tamen a longa sit in illius antesuprema,

hanc in i mutabis formans et eam breviabis:

sic rogo dat rogito, sic aptito fiet ab apto.

sed si perfecti sit praeteritum retinens gi,

tunc ex persona praesentis deme secunda   1060

VARIA LECTIO.

1046 invenietur ai *L A₁ A₂* inuenitur *(!)* ai *A₃ S P M e* nil vult plus usus habere *add. L* per presens imperialis add. *P* facit hoc modus imperialis *add. e₂* hemistich. om. *Io. Garl. (Ar)* **1047** faxo faxis faxit cedo pro dic *L A₁ A₂* et] dic *A₃* dat *S* dico] dic et *M e* v. **1047** *om. Io. Garl. (Ar)* **1050** esurii *P* exurii *(!) M* exurit *(!) e₁* **1053** ei] eis *M e* **1056** illius] illis *e* **1058** fiet] fiat *A₂*

TESTIMONIA ET EXPLANATIONES.

1047 'faxo' etc. *Serv. in Donat. K. IV 437₂₂* 'cedo' *Prisc. 420₁₅ 450₁₆* **1048** *Prisc. 421₈*; cf. *Neue II 543 sq.* **1050** 'scias, quod esurio facit praeteritum esurivi, ut patet Matth. XXV: "esurivi enim, et non dedistis mihi manducare", quod est contra naturam verbi meditativi...; sed dic: esurivi ponitur pro famui sive famem habui' *Io. Ian.* 'licet ars grammatica ita exigat' (sc., ut verba meditativa careant praeteritis), 'potest tamen aliter dici et inveniri in divina pagina, quae non coartatur regulis grammaticorum' *Hug. ap. Io. Ian. in praef. p. III.* cf. *Graec. XXVI 210 Neue II 507* 'esurio facit esurivi et parturio parturivi, et sunt neutri generis' *Mag. Caes. 121* 'esuriit et parturierunt' *Henrichm.* **1051—1053** verba inceptiva sive inchoativa, meditativa, frequentativa formantur a verbis perfectis sive primitivis; verba frequentativa sunt primae coniugationis **1054—1062** *Prisc. 429₁₉—431₉* **1058** 'aptito' auctoritate carere videtur

s, et to iungas: legito sic ex lego formas.
sciscitor et scitor dices et quaerito, sector.
hanc inceptive formam veteres posuere:
co cum persona praesentis iunge secunda
verbi perfecti; decet hinc exemplificari: 1065
forves fervesco dat norma tepesque tepesco.
sed dices hisco, cum regula format hiasco.
hanc declinari faciet tibi tertia verbi.
in meditativis fiet formatio talis:
verbi supremum perfecti pone supinum   1070
et finem brevia, cum quo rio sit sociata:
parturio facere sic debes esurioque,
verborumque data sit declinatio quarta.

(PARS II)

[Capitulum VIII]

Hic iubet ordo libri vocum regimen reserari.
vult intransitio rectum supponere verbo;   1075
de personali tamen hoc intellige dici.
saepe vocans verbum sibi vult apponere rectum
et substantivum vel quod vim servat eorum.

VARIA LECTIO.

    1061 ex] a *S*   **1062** dices] dicas *P*   scitor dices] dices scitor *S*
1063 inceptiuam *e2*   formam veteres] ueteres formam *P*   ueteres legem *A1*
1066 normam *(!) Se*   **1067** formet *S*   **1075** volt *SP (sic vulgo cett. ll.)*

TESTIMONIA ET EXPLANATIONES.

    1061 'legito' invenitur ap. *Prisc. 430*8 in *Osb. Pan. 297* in *Brev.*, ap.
Sulpit., Manut., Henrichm.   **1063—1068** *Prisc. 427*16*—429*8   **1069—1073** *Prisc.*
*429*10*—16   **1075—1078** 'supponere, apponere': his terminis intransitive adhibitis pro 'supponi et apponi' vel 'suppositum et appositum reddere' medii
aevi grammatici usi sunt, ut significarent id, quod nos secundum dialecticos
'subiectum' et 'praedicatum' appellare consuevimus; cf. etiam *Despaut. 228.*
sensus igitur est: in constructione intransitiva verborum personalium finiti
modi nominativus praedicatum praecedit.   verba autem substantiva, ut
'sum fio existo', verba vocativa, ut 'apellor dicor' etc., et verba, quae vim
horum verborum servant, ut 'sedeo incedo, baptizor ordinor' etc., saepe
nominativum post se, i. e. praedicativum habent

horum consimiles debet coniungere casus
copula, personam dum pertineant ad eandem. 1080
ex vi personae rectum regit initialem;
rectum, qui sequitur, verbi natura gubernat.
apponens duplices substantivos sibi iunges
in casu simili, poteritque genus variari.
tunc illos ad rem spectare decebit eandem, 1085
et plus communis praecedere debet in istis,
sicut homo Sortes, animal capra consimilesque.
ternae personae generaliter omnis habetur
rectus; sed deme pronomina quatuor inde,
ista vocant rectos ad primam sive secundam: 1090
pauper ego ludo, dum tu dives meditaris;
nos tuti loquimur, cum vos timidi taceatis.
personas, genera, numeros conceptio iungit,
personas sibi dissimiles conceptio iungit.
ac per et in medio positam conceptio fiet; 1095
si praeponatur, conceptio nulla paratur.

VARIA LECTIO.

1086 commune *PMe* . istis] illis *A₁ P* 1089 demas *PSMe*
1090 illa *A₁* 1091 dum] cum *PMe* 1092 cum] dum *L* · *v* 1093 *om.*
Me₁ *post v.* 1096 ut si dicatur et sortes et populus currunt *add. L*

TESTIMONIA ET EXPLANATIONES.

1079—1082 'natura praedictorum verborum vult copulare inter similes
casus ante et post. dum pertineant ad idem, ut "ego sum studens", vel
quando videntur pertinere ad idem, ut "homo est asinus"; tum nominativus a parte ante constructus regitur a verbo ex vi personae, sed nominativus a parte post constructus regitur ex vi naturae verbi' *Gl. n.*
1083—1087 agitur de appositione 1087 'Sortes'=Socrates. nomen ita
corruptum illius aetatis philosophi grammaticique vulgo usurpabant re-
clamantibus philologis. 'inepti dicunt Sortes pro Socrates' *Despaut. 261*
1088—1092 omnis nominativus generaliter tertiae personae est exceptis
quatuor pronominibus. sc. 'ego nos', quae sunt primae, 'tu vos', quae sunt
secundae personae. cf. *Prisc. II 211₈—₁₁* 1093 conceptio, quae vocabatur, (cf. *Prisc. II 178₁₈ 183₂₂ Despaut. 246 sq.*) triplex est: personarum, generum, numerorum, quae singulae species deinceps uberius trac-
tantur (v. 1094—1124) 1094—1097 conceptio personarum fit inter
dissimiles personas coniunctione copulativa in medio posita, non fit ea
coniunctione praecedente; verbum cum persona concipiente in persona
convenire debet. cf. *Despaut. l. c.*

concipiens simile sibi vult verbum retinere.
prima duas alias recipit, sed non vice versa;
concipiens mediae da ternam, nec retroverte;
concipit in ternis quae prima locatur in illis.   1100
sic ego tuque damus; ego te fraterque rogamus;
tu fraterque datis [dominus servusque precantur].
per cum, sed nunquam per vel conceptio fiet:
tu mecum iuste debemus iura tenere.
    sic ego cum Petro gaudemus regna tenendo.   1105
sed non per quintum fiet conceptio casum,
si quintus desit: tu, Petre, tuique rogate;
cumque tuis sociis, orate, sacer Dionysi.
inter personas non fit conceptio ternas;
    sed per et aut per cum coniunctio fiet earum,   1110
neutraque concipitur: dominus servusque precantur;
Petrus cum Paulo regnant cum rege superno.
pluribus est tanquam sententia certa, quod inter
personas possit fieri conceptio ternas.
ut personarum, generum conceptio fiet.   1115

VARIA LECTIO.

1097 sibi] tibi *P*   vult verbum] verbum vult *e₁*   **1099** da] dat *S*
v. **1100** *om. A₁ A₂ M e*   **1102** [] *inclusa om. M Pa₄ e (cf. v.* 1111*), add.
cett. codd.* ut honorem recipiatis *add. Io. Garl.(Ar)*   **1104** iura] regna
S A₂   **1105** regna] iura *A₃ S M e*   **1107** tu] ut *L Pe₁*   **1110** coniunctio]
conceptio *A₃*

TESTIMONIA ET EXPLANATIONES.

1098—1102 *Prisc. II 178₆—₂₁.* — prima persona concipit secundam
et tertiam ('ego tuque damus, ego te fraterque rogamus'), secunda persona
concipit tertiam ('tu fraterque datis'), sed non vice versa; inter tertias
vero personas, quae primo loco ponitur, concipit alteram. cf. tamen
v. 1109 sqq.   **1106—1108** 'quando diversae uno sociantur verbo personae,
necesse est nominativos coniungi: "ego et tu et ille docemus"; nemo enim
dicit: "ego et grammatice et ille docemus", nisi si attentionis causa ponens
nominativum pronominis adiungam ei vocativum nominis, ut "ego et tu,
grammatice, et ille docemus"' *Prisc. II 202₂₈—204₄* 'cumque tuis sociis
orate, sacer Dionysi': 'bene dicitur, si intelligatur nominativus "tu", teste
Tiberga. sic tamen loqui non auderem, quia idoneos ita loqui non comperio'
Despaut. 246   **1115** sicut personae se concipiunt altera alteram, ita
etiam genera se invicem concipiunt

adiectiva tenet generis conceptio, masque
femineum recipit et neutrum, nec retroverte:
hic uxerque toro sunt iuncti, mente remoti;
sunt domino grati virgo cum virgine iuncti;
bos et iumentum sunt ad praesepe ligati.   1120
neutraque femineis tanquam concepta videbis:
per vim sunt leges et plebiscita coactae.
hoc etiam saepe facies in distribuente:
pronus uterque iacet, de Petro dic Helenaque.
disiungit regimen, quod iunxerat ante, prolempsis: 1125
hi metuunt alius dominos aliusque magistros.
aut, quod proposuit, extra sumendo reducit:
hi properant et ego; tu ludis et ille sedendo.
invenies rectum quandoque regente solutum.
ecce tibi quartum rectumve solet dare casum.   1130

    Est obliquorum regimen, quod scire laboras.
in primis regimen, quod fit per nomina, post haec,
quod per verba, dehinc, quod fit per cetera, dicam.
hinc exempla notes, quibus ista videbis aperte.
nomen significans possessum da genetivo.   1135

TESTIMONIA ET EXPLANATIONES.
    1119 'virgo' hic figurative masculini generis ponitur; cf. adn. ad v. 557
1122 'hinc leges et plebiscita coactae' *Lucan. Phars. I 176 ap. Prisc. II
185*21   **1123** sq. hic auctor determinat de conceptione generum implicita,
dicens conceptionem generum implicitam saepe fieri nomine distributivo, ut
si demonstratis Petro et Helena dicatur: 'uterque iacet pronus'   **1125** sq.
constructio ex vi prolepsis. cf. *Prisc. II 125*14—17 *Despaut. 248 sq.*
1127 sq. constructio ex vi zeugmatis. cf. *Prisc. II 183*22 *sq. Despaut.
250 sq.*   **1129** nominativus quandoque absolute ponitur, ut 'unum, duo,
tria, pax vobis' . **1131—1134** eodem ordine, iam a *Prisciano* observato,
regimen casuum pertractant grammatici neoterici *Sulpitius, Manutius,
Henrichmannus, Despauterius* aliique, partim quidem de verborum constructione primo loco disputantes   **1135—1139** genetivus ex vi possessionis. cf. *Prisc. II 213*8—15. — 'si petis adiungi' etc.: 'ostenso vicino
non possum dicere "iste est meus" nisi addatur "vicinus" vel "socius"' *Gl. n.*

dicere si vere possis: istud mea res est,
cum nihil adiungas, tunc est possessio pura.
dentur in exempla tibi regis equus, ducis aula.
si petis adiungi, non est possessio pura.
per plures species huius divisio fiet.   1140
pars propriumque regunt genetivos atque reguntur,
dum tamen attendas laudem vel crimen utrimque:
dextra viri fortis speciem superat mulieris.
vir fortis dextrae, speciei femina mirae.
vir duri capitis et formae femina turpis.   1145
et debet parti, quod pars fuit, annumerari.
clausum sub parte dices tunc temporis esse.
contentum regit hos et res, quae continet illud,
ut vinum vasis et sunt duo dolia vini.
contentis suberunt ea, quae contenta fuerunt.   1150
tempus, qui fiunt in eodem, continet actus.

VARIA LECTIO.

1136 possis uere A_1 **1138** in exemplum *Me*   **1139** pura] simplex *S*
1142 dum tamen attendas] cum t. attendas *S*   dum t. attendis *P*   utrim-
que] in illis *Me*   **1143** speciem] formam *S*   *v.* **1145** *om.* A_1 **1151** fiunt]
fuerint A_2 A_3 *P*

TESTIMONIA ET EXPLANATIONES.

1141—1147 genetivus ex vi demonstrationis essentiae. cf.
*Prisc. II 214*₅₋₁₄. — dictiones partem vel proprietatem significantes regere
possunt genetivos significantes totum illius partis vel subiectum illius
proprietatis ('dextra viri fortis', 'species mulieris'); e contrario dictiones
totum vel subiectum significantes regere possunt genetivos significantes
partem illius totius vel proprietatem illius subiecti mediante nomine
adiectivo importante laudem vel vituperium ('vir fortis dextrae' vel 'formae
femina turpis') sec. *Gl. n.*   quaestio, num sit necessarium adiectivum
laudis vel vituperationis semper adicere, sic solvit *Despaut. 267:* 'in ablativo (cf. vv. 1313—1316) est necessarium, sed in genitivo aliquando non
additur, ut "vir consilii, homo pacis"   **1146** 'et debet parti — annumerari', ut
'comedi pedem porci' *Gl. M, Gl. n.*   **1148—1151** genetivus ex vi continentiae
passivae et activae. — dictio significans rem contentam regere potest
genetivum significantem rem continentem ('vinum vasis'); e converso dictio
rem significans continentem potest regere genetivum significantem rem
contentam ('duo dolia vini') sec. *Gl. n.*   **1150** ex.: 'bibi vinum vasis'
Gl. n.   **1151** ex.: 'tempus disputationis, hora caenae, labor unius diei'
Gl. n., Gl. l.

his adiungetur praelatio cum famulatu:
rex huius populi veniet regisque minister.
proximitas, contrarietas, genus his sociatur:
huius vicinus, hostis regis, pater eius.   1155
verbum, quod transit, dat in or verbale vel in trix,
praesens participans pro nomine ponitur: istos
ista regunt casus, ut amator, amans et amatrix;
cuilibet istorum poteris coniungere vini.
suntque regendo pares praedictis aequiperantes,   1160
ut cupidus ludi puer est timidusque flagelli.
artifici regimen datur hic, ut epistola Pauli.
quodque fit ob causam, regit hos, ut busta parentum.
effectus nomen causae iunges genetivo:
effectus culpae pudor est et poena reatus.   1165
illud, quod regitur, et rector idem tibi signant:
virtus vera Dei nos crimine purget ab omni.
materiam signans iungatur, ut anulus auri;
aut ablativum dabis ex aut de praeeunte.
adde relativum: sunt dupla quaterna duorum.   1170
sic generis speciem dic atque genus speciei.

VARIA LECTIO.

1154 sociantur *Me*   **1155** eius] huius *L A₁ A₂*   **1157** participans] participis *M*   **1158** amator amans et amatrix] amans amator *(!)* amatrix *M e₁*   *vv.* 1159. 1160 *om. P*   **1162** hic] hinc *P* hoc *M e₁*   **1163** quod fit ob hanc causam *A₂*   ut busta parentum] *L A₂ Pa₁, superscr. litteris minutis* vel sic: velut ara triumphi *L A₂*   velut ara triumphi *A₁ A₃ Me₂*   **1164** nomen iunges cause *S A₃*   nomen cause iunge *A₁*   nomen iungens cause *P*   **1169** dabis] dabit *A₁ A₂ Me₁*   regit *P*   aut] uel *S A₃ Pe*   **1171** speciem generis *S A₃ P Me*

TESTIMONIA ET EXPLANATIONES.

1152—1155 genetivus ex vi praelationis et famulatus, proximitatis et contrarietatis. cf. *Prisc. II 219₁₉—₂₇ Despaut. 275*   **1156—1161** genetivus ex vi actus conversi in habitum. cf. *Prisc. II 215₂₃—₂₇ Despaut. 269 sq.*   **1162—1169** genetivus ex vi causae vel effectus: a) causae artificialis (1162); b) causae finalis (1163); c) causae naturalis (1164 sq.); d) causae formalis (1166 sq.); e) causae materialis (1168 sq.) **1170 sq.** genetivus ex vi relationis cum partitivis numerum seriemque locabis:

quilibet, alter, uter, neuter, duo, quartus eorum.

pone gradum medium, partitio quando notatur.

ut partitivum pones ubicunque locorum.   1175

sub partitivis pronomina terna locabis,

ut volucrum canit haec, gemit ista, tacens manet illa.

da gradui summo genetivum plura notantem:

est Salomon populi doctissimus atque virorum.

iste gradus geminos quandoque regit genetivos: 1180

esse solet nemorum regum ditissimus iste.

expositum poterit regimen tibi notificare.

idque, quod esse solet de consuetudine, iunges,

ut caupo, pistor, horum schola sive taberna;

laetitiae cathedram sub consuetudine ponam.   1185

additur excellens: flos florum virgo beata.

VARIA LECTIO.

    1177 ista t. m. illa| illa t. m. ista *PMe*   **1179** doctissimus] ditissimus *SA3e*   **1181** nemorum regum] regum nemorum *S*   **1182** expositum] exemplum *e1*   poterit regimen] regimen poterit *P*   **1183** sub consuetudine *P* iungam *SP*   **1184** taberna] capella *PMe1*   **1185** de consuetudine iungam *S*   **1186** virgo beata *L*   virgo maria *cett. codd.*

TESTIMONIA ET EXPLANATIONES.

    1172—1182 genetivus ex vi partitionis. cf. *Prisc. II 215*17—25 *Despaut. 278.* — 'numerum seriemque' (1172), i. e. numerum cardinalem et ordinalem. pronomina terna' (1176), sc. 'hic ille iste'. — 'pone gradum — notetur' (1174), ut 'fortior manuum est dextra' *Gl. n.* — 'iste gradus — genetivos' (1180 sq.), 'i. e. ille superlativus duos genetivos regere potest, cuius positivus regit unum, ut in exemplo supra posito 'dives'. cf. 'ditissimus agri (auri) Phoenicum' *Verg. Aen. I 343 sq.* ap. *Prisc. II 248*4 *221*15 *Diom. 483*17 **1183—1194** constructiones speciales: a) ex vi consuetudinis (1183—1185); b) ex vi excellentiae (1186); c) ex vi appretiationis (1187); d) ex vi aetatis (1188); e) ex vi commensurationis (1189); f) ex vi repraesentationis (1190 sq.)   **1184** ex.: 'caupo vini, pistor panis, schola studii, taberna ludi' *Gl. n.*   **1185** 'laetitiae cathedra' sic dicta 'quia solet inferre laetitiam magistrandis et doctorandis, cum gradus accipiunt in cathedra' *Gl. n.* in tali locutione, etiam a *Despauterio* 258 usurpata, est hebraismus quidam, quem in Vet. imprimis Testam. saepissime invenies, ut 'beatus vir, qui ... in cathedra pestilentiae non sedit' *Vulg. Psal. I 1;* cf. *Kaulen 216*

his pretium iunges, ut salmo decem solidorum;
aetatem iungo, velut annorum puer octo;
mensuramque notans, ut vasa trium modiorum.
remque repraesentans regit hos, aut signa figurans: 1190
in crucis hoc signo vel regis imagine signo.
per supplementum propriis iunges genetivum:
Dalida Samsonis probat hoc Iacobique Maria.
multaque comperies, cum possessiva resolves.
additur oblitus, memini, memor atque recordor,   1195
inter et est iunge demens pronomina quinque:
intererit regis, ut regnum iure gubernet.
reginae refert, ut vivat crimine munda.
est intellectum pro pertinet additur istis:
est patris matrisque pie succurrere nato.   1200
dat regimen simile quod pertinet officiumque.
et rectore caret genetivus saepe localis,

VARIA LECTIO.

1187 decem] trium *S A8 P Me*   *post v.* 1189 additur his pondus
piper assis et uncia cerae *add. e2*   1190 hos] hunc *Me*   1193 probat
hoc Iacobique Maria] iacobique maria quiescunt *S*   iacobique maria
quiescit *P (cf. v.* 1389)   1194 cum] si *e*   *post v.* 1195 dat misereris
idem *add. P*   1196 demens *LP*   demes *cett. codd.*   1198 regineque
refert *(!) Me*   munda] pura *PMe*   *post v.* 1201 ut custos rerum
(regum *Me)* sic et custodia rerum *add. PMe*

TESTIMONIA ET EXPLANATIONES.

1193 'Dalida': 'Dalila dicendum esse censet Badius, non Dalida, et
producitur a Christianis' *Despaut. 484*   'Iăcóbus', cf. v. 1389: 'in quibus
Rigam auctorem habet pardo maculosiorem, .. in Luca dicentem: "Alphei
Iacobus, Thaddaeus, Bartholomaeus"' *Despaut. 432*   1194 dicit auctor multo
plura inveniri regimina genetivi, cum nomina vel pronomina possessiva
in sua substantiva resolverentur, ut 'Evandrius ensis, Saturnia regna', i. e.
'ensis Evandri, regna Saturni'. cf. *Prisc. II 1668—17 21815—20*   1195—1200 de
constructione quorundam verborum   1195 haec verba etiam cum
accusativo construi posse infra v. 1276 docet auctor. cf. *Despaut. 313 sq.*
1196 'pronomina quinque': vide v. 1325 sqq. cf. *Prisc. II 1591-14 Despaut.*
315   1201 ut verba praedicta construuntur cum genetivis ratione per-
tinentiae, ita etiam nomina pertinentiam designantia vel officium, ut
'iudex litis, officium episcopi, custos ecclesiae, ianitor caeli'. sec. *Gl. ap.*
Thurot. 286 et *Gl. n.*   1202—1206 de genetivo loci absoluto: propria civitatium nomina genetivo et accusativo et ablativo casu adhibita,

cum nullum motum designas, dum praeeuntis
sit numeri nomen, et primae sive secundae:
Rotomagi studeas, et Romae deinde moreris.   1205
militiae tamen atque domi residebis humique.
vespera paschalis hoc poni more videtur.

   Possessum debes sociare genusque dativo
cum verbo, per quod substantia significatur.
sicque relativae voces hunc saepe gubernant.   1210
his contrarietas societur proximitasque:
isti dissimilis, vicinus sive propinquus.

VARIA LECTIO.

   1203 cum *etc.* dum] cum *etc.* cum *SP*   dum *etc.* dum *M*   **1204** et]
sit *Pe*   **1205** et] ut *M* vel *e*   **1206** atque] adde *Me*   **1207** vespere *(!) Me*
vv. **1209. 1210** *inverso ordine in L*   **1211** societur] sociatur *A* formatur *S*
1212 istis *A*₁

TESTIMONIA ET EXPLANATIONES.

quae *Priscianus II* 66₄–₁₁, *Donatus, Servius* pro adverbiis loci accipiunt,
Alexandro atque etiam posterioris aetatis grammaticis absolute posita
esse videbantur; cf. vv. 1283 sqq. 1341 sqq. de hac re sic disputat *Despaut.*
339: 'utrum carentia rectore nomina dicenda sunt, an adverbia? nomina
aliquid de adverbiorum natura retinentia. qui id doces? admittunt adiectiva, ut "sum domi meae, vivo Athenis tuis". id mera adverbia nunquam facerent. nec admittunt quaecunque adiectiva. ergo non sunt mera
nomina, sed media quaedam inter nomina et adverbia. Donatus et Servius negant quoquo modo dici nomina; illi suam habent opinionem, nos
nostram'. propriis oppidorum nominibus adduntur haec tria nomina
appellativa 'militia, domus, humus' *(Prisc. II* 67₄–₆*)*, de quorum simili
constructione legitur in *Gl. n:* 'licet non sint propria nomina, tamen
Romani utebantur eis tanquam propriis nominibus, quia habebant quaedam loca, quibus appropriabant ista nomina propter speciales actus, qui
fiebant in eis'

   1207 sicut nomina localia auctori etiam nomen 'vespera' absolute
in genetivo positum esse videtur in antiphona illa paschali: 'vespere
autem sabbati, quae lucescit in prima sabbati, venit Maria Magdalena' etc. *Vulg. Matth. XXVIII 1* (ex falsa interpretatione illius ὀψὲ δὲ
σαββάτων τῇ ἐπιφωσκούσῃεις μίαν σαββάτων κ. τ. λ. cf. *Despaut. 340)*
1208 sq. dativus ex vi possessionis. cf. *Prisc.* 218₁₅–₂₀. — dicit auctor dictionem significantem rem possessam regere posse dativum significantem possessorem illius rei mediante verbo substantivo, ut 'liber est
puero'; similiterque dativum regere posse dictionem significantem genus,
i. e. consanguinitatem seu principium generationis, ut 'pater mihi fuit
Aristarchus' **1210—1212** dativus ex vi relationis, contrarietatis et
proximitatis. cf. *Prisc. II* 219₁₉–₂₇

in bilis aut in dus verbalia iungis eisdem:
sic nobis Christus et amabilis est et amandus.
damnum significans aut utile pone dativo: 1215
hic patri gratus hostique gravis; dare debes
patri si prosit, illi, quod subtrahis hosti.
istius regimen dabit adquisitio casus:
nobis est passus, qui nobis cuncta creavit;
nobis surrexit, qui nobis Tartara fregit.   1220
verbo saepe duos dabis adquirendo dativos:
haec mihi sunt lucro, sunt nobis cetera damno.
adquisita notes, quibus adquisita notabis.
saepe resolvis in ab: huic visus, visus ab illo.
his praeceptiva quartisve potes dare verba;   1225
iunges, quae fari signant vel significare:
haec tibi clarifico, signo vel denoto, scribo.
erudio, iubeo, doceo, simul instruo, disco
ac introduco debes coniungere quarto;
dum tamen adquiris. decet haec sociare dativis.   1230

VARIA LECTIO.

1213 iunges *c1* **1215** pone] iunge *Me* **1216** debet *Me1* **1217** illi| illud *Pe* subtrahis] subtrahit *A8Mc1* **1219** cuncta creavit] tartara fregit *PSA8* **1220** Tartara fregit] cuncta creauit *L (item v. antec.) PSA8* **1222** sunt nobis] *L* sunt illi *P* nobis sunt *SM* sunt vobis *c2* *v.* **1222** *om. e1* **1223** notabis] uideto *SA8PMe* *v.* **1225** *post v.* **1230** *colloc., v. sic mutato:* His preceptiua poteris adiungere uerba *P* **1226** vel] aut *P*

TESTIMONIA ET EXPLANATIONES.

1213 sq. dativus ex vi actus conversi in habitum. cf. *Prisc. II* *219*₁₃₋₁₈ **1215—1217** dativus ex vi acquisitionis specialis. cf. *Prisc. II* *219*₁₋₁₂ **1218—1220** dativus ex vi acquisitionis generalis. cf. *Prisc. II 218*₂₁₋₃₀ **1221—1223** de duplici dativo: verbum acquisitionis saepe duos regit dativos, unum ex natura acquisitionis, alterum ex natura causae finalis. cf. *Prisc. II 224*₇₋₁₀ **1224** *Prisc. II 158*₂₁ sq. *269*₂₅ sq. **1225—1227** verba praeceptiva et verba dicendi dativum et accusativum regere possunt, et dativum quidem significantem illum, cui praecipitur vel loquitur, et accusativum significantem id quod praecipitur vel dicitur **1228—1230** ista verba supra posita, quae ex propria natura regunt accusativum, quando acquisitive ponuntur, etiam dativum regunt, ut 'doceo patri filium suum grammaticam'. exempl. *Gl. n.* cf. *Despaut. 350 sqq.*

obvius atque -viam, -vio, vae simul, heu quoque iungam;
contigit, evenit, accidit et placet adde dativo,
et libet atque licet, liquet et vacat additur istis.

Accusativi regimen subiungitur istis.
saepe, quod est partis, toti datur et regit illam.   1235
est ibi synodoche: quando faciem nigra dentes
albet; nuda pedes; mulier redimita capillos.
multotiens verbum fert significata duorum;
voce gerundivi solet unum significari;
accusativos hoc verbum dat tibi binos,   1240
dum manet activum, sed et alter habetur eorum,
qui, si iungatur passivo, non variatur.
infinitivi natura modi sociatur;

VARIA LECTIO.

1231 iungo *Me*   **1232** contigit accidit euenit *etc. P As*   contingit *(!)*
accidit euenit *etc. Me*   contigit euenit et placet accidit *etc. A2*   datiuis *e*
1233 illis *M*   **1235** illam] ipsam *P*   **1236** synodoche (sinodoche sinodoce)
codd. et e2   synecdoche *e1*   **1237** pedes] pedem *As*   pede *M*   **1238** verbum
multociens *A2*

TESTIMONIA ET EXPLANATIONES.

1231 'heu' interiectionis (quam postea v. 1278 accusativum regentem
reperies) cum dativo constructae exemplum afferunt glossatores hoc: 'heu
mihi, quia incolatus meus prolongatus est' *Vulg. psal. CXIX;* et additur
in *Gl. n.:* 'ideo auctoritas **Laurentii de Valla**' (dicentis heu numquam
construi cum dativo) 'non est acceptanda, quia non loquitur in hoc expertus,
sed magis ex voluntate contradicendi Alexandro, ut contra quam plurimos
more pomposorum facit, non ex ingenii certitudine'   **1232** sq. *Prisc. II*
158₂₈—₈₀ 230₄ sq.   **1235—1237** accusativus ex vi synecdoches. cf.
Prisc. II 220₁₁—*221₅ Despaut.* 267 *sq.*   **1238—1242** accusativus duplex
ex vi gerundivi et ex natura propriae significationis. cf. *Prisc. 1*
391₂₀—392₅ II 269₂₇—270₅. — 'verbum habens significata duorum verborum, quorum unum exponitur per gerundium subintellectum (cf. v. 1249),
potest regere duos accusativos, sc. unum significantem rem recipientem,
alterum rem receptam, dum verbum manet activum; sed si activum resol-
vitur in passivum, tunc regit unum illorum verborum, sc. qui significat
rem receptam. exemplum primi: "doceo te grammaticam"; exemplum
secundi: "doceris a me grammaticam"' *Gl. n.*   **1243—1252** accusativus
triplex ex natura infinitivi etc. ut supra.   quia talium verborum infinitivus, sicut verbum finitum, duos regere potest accusativos, et praeter
illos unum regit ex natura propria, tres habemus accusativos, unum con-

impersonalis tamen hinc modus excipiatur.

hinc datur exemplum tibi triplex: dico magistrum   1245

discipulos mores placidos de iure docere.

infinitivi natura regit praeeuntem,

doctrinam capiens regitur vi transitionis;

hocque gerundivum tradendo dic ibi clausum,

cuius vi regitur casus, qui non variatur,   1250

dum per passivi vocem volo dicta resolvi;

aut illic positi regit hunc vis propria verbi.

accusativis data per vim transitionis,

si vox concordet, activa frequenter habebis.

verbo composito casum quandoque locabis,   1255

quem dat componens, ut: vis exire penates?

paenitet et taedet, miseret, pudet et piget, ista

accusativos sibi iungunt et genetivos,

natura primum, sed transitione secundum.

accusansque modo damnansque locatur eodem,   1260

verbaque sumpta foris: Christi bonus ardet amorem.

VARIA LECTIO.

1244 huic *S*   **1245** triplex tibi *Me*   **1246** placidos mores *A₂* mores placido *(!) e* *tv.* **1245. 1246** *om. A₁*   **1257** piget et pudet *S A₂ A₃ Pe*   **1258** sibi iungunt et genetivos] regunt *(!)* simul et genitiuos *P*   **1260** modo] loco *A₃*

TESTIMONIA ET EXPLANATIONES.

structum a parte ante et duos a parte post. — 'impersonalis' sc. verbi, quia impersonalis verbi modus infinitivus non regit casum a parte ante. 'exemplum triplex' i. e. triplicis accusativi

1253 sq. accusativus ex vi transitionis: verbum activum, 'si vox concordet', i. e., si transitive ponatur, frequenter accusativum regit **1255** sq. accusativus verbi absoluti in compositione. — 'vis exire penates': 'exeo quando est compositum ex duobus integris, sc. ab ex et eo, tunc regit ablativum; sed quando est compositum ex uno corrupto et alio integro, sc. ab extra et eo, tunc regit accusativum' *Gl. n.* exempla huius verbi transitive constructi inveniuntur ap. *Ovid. met. X 51 Verg. Aen. V 438 XI 750 Terent. Hec. III 3, 18 Vulg. Matth. XXVI 31 all. ll.* **1257—1259** de verbis impersonalibus, quae accusativo simul et genetivo copulantur. cf. *Prisc. II 230₆—₈ 232₂₃—233₈.* — iidem versus reperiuntur in *Graec. XVI 31sqq,* prior repetitur a *Despaut. 318* **1260** de verborum actum accusandi vel damnandi significantium simili constructione. cf. *Prisc. II 314₁₈ 326₄ sq. Despaut. 307* **1261** de accusativo verborum absolutorum 'foris', i. e. transsumptive et metaphorice, positorum. cf. *Prisc. II 267₁₉—₂₃ Despaut. 370*

quae sine persona sunt atque gerundia iungis,

si tamen a verbo, quod transeat, illa creabis:

Matthaeum legitur; psalmos erat ante legendum.

postulo, posco, peto, doceo, rogo, flagito, celo,   1265

exuo cum vestit, monet, induo, calceo, cingo,

accusativos geminos haec verba requirunt.

hunc dant passiva, quem verba volunt ibi clausa,

seu quem vis verbi sibi postulat associari.

qui verbi regitur vi, passivis sociatur.   1270

ornatus verbum spatiique moraeque gubernant

accusativos vocum, quae talia signant:

te vesti tunicam; perges iam milia septem.

saepe regente caret vitae modus, idque probato:

VARIA LECTIO.

    1262 iunges *A₂*   **1264** Matthaeum] Virgilium *P*   ante] inde *e*
1166 calceo] calcio *Pe*   *v.* **1267** *om. A₈*   **1269** ibi] sibi *e*   *v.* **1270**
om. Me   **1271** moraeque] mor *(seq. ras) A₁*   mororque *A₂*   **1273** perges
iam] iam perges *A³ P Me* pergis iam *S*   **1274** regente] gerente *e₁*   idque
probato] atque probatur *M*

TESTIMONIA ET EXPLANATIONES.

    1262—1264 docet auctor verba impersonalia passivae vocis et
gerundia a verbis transitivis descendentia cum accusativo a parte
post construi posse.   re vera talis gerundii constructio iam apud veteres
grammaticos occurrit, ut 'legendum est mihi Virgilium', 'legendum erit
poetam, orationem, carmen' *Prisc. II 234₈ 324₁₁.* dicit de hac constructione *Despaut. 374:* 'Aldus ait optime dici "legendum psalmos est"
etc., nec dicit inusitatum esse nec invenustum'.   et *Ald. Manut.* ipse affert
Lucretii et *Vergilii* versus: 'externas quoniam poenas in morte timendum',
'pacemque Troiano a rege petendum'.   **1265—1273** de verborum rogandi,
informandi, vestiendi duplici accusativo (cf. vv. 1238 sqq); item de
accusativo verborum ad spatium vel ad moram pertinentium. — ex.:
de 'peto': 'si filius petierit patrem suum ovum, numquid dabit ei scorpionem?'
Vulg. 'experimentis cognitum est barbaros malle Romam petere reges
quam habere' *Tacit.* sec. *Despaut. 387*   de 'rogo': 'cum rogo te nummos pro
pignore, non habeo, inquis' *Martial.* 'de vestio': 'vestivit eum stolam
byssinam' *Vulg.* de 'calceo': 'calceo te caligas tuas' *Vulg.* de 'induo':
'induite vos armaturam Dei' *Vulg.* de 'postulo': 'dedit mihi Dominus petitionem, quam postulavi eum' *Vulg.*   **1274** sq. accusativus absolutus
modum vivendi significans. — 'vive Deum', i. e. 'deifice' *Gl. n.* 'vives
saecula cuncta', i· e. 'aeternaliter' *Gl. n.,* quae etiam affert illud *Boethii:*
'his asinum vivit', i. e. 'instar vel ad modum asini'; similiter: 'illa vox
non sonat hominem'. cf. *Despaut. 382*

vir bone, vive Deum, sic vives saecula cuncta.   1275
his obliviscor iunges meminique, recordor;
his iungas iuvat atque decet, delectat, oportet.
o que sibi quartum solet, heu quoque, iungere casum.
adde per et similes: per vicos itur ad urbes.
inque notans contra quarto solet esse locata.   1280
huncque gerundivis veteres casum posuere
ut supponentem; quod multorum tenet usus.
saepe regente loci nomen caret, ut Babylonem,
rusque, domum vel militiam rex vadit humumque.
nomina, quae villis sunt appropriata locove,   1285
qui minor est, servant hanc normam; sunt et eisdem
rus et militia, domus ac humus associata.

   Ablativorum regimen subiungitur. istis.
tres notat esse gradus, qui comparat, inde notabit

VARIA LECTIO.

   1275 sic vives] sic uiue *P*   si uiues S   **1377** iungas] iunges *S A*₃ *e*
his iuuat atque decet iunges *etc. PM*   **1278** iungere] subdere *S A*₃
v. **1278** *post* **1280** *colloc. P*   **1279** per similesque adde *e*₁   **1281** casum
veteres *S A*₃ *P*   vv. **1281. 1282** *inter* vv. **1278. 1279** *colloc. e*₁   **1283** re-
gente] gerente *e*₁   **1284** vadit] uenit *S*   **1287** associata] associanda *Pe*

TESTIMONIA ET EXPLANATIONES.

   1276 *Prisc. II 296₂ 314₂₅.* cf. v. 1195   **1277** *Prisc. II 230₅ sq. 15*   **1278** 'heu'.
cf. v. **1231**   **1279** sq. accusativus ex natura praepositionum. praepositiones, quae accusativo casui coniunguntur, enumeratae sunt a *Donato 365₁₃—₁₆*,
a *Prisciano II 36₂₀—₂₃*; de singularum vi et significatione disseruit *Prisc.
II 37₇—44₂₅*   **1281** sq. auctor dicit antiquos grammaticos accusativum
reddere voluisse suppositum, i. e. subiectum, verbis gerundivis, sc. verbi
personalis activi generis, quae sua quoque aetate multorum grammaticorum
esset opinio.   collegerunt enim ex eo, quod secundum *Priscianum I 409₇*
'gerundia infinitivi vice funguntur', huius autem subiectum accusativo
ponitur, idem cadere in gerundia, ut recte dici posset: 'magistrum legendum est Virgilium', i. e. magistrum dignum est legere Virgilium; similiter: 'comedentem habendum est panem', 'syllogizantem ponendum est
terminos'. cf. *Gl. n.* et *Io. Ian. in praef. parte III.* de eiusmodi falsa
constructione fusius disputare operae pretium duxit *Despaut. 369*
1283—1287 accusativus loci absolutus. cf. adn. ad v. **1202** sqq.
1289—1293 ablativus ex vi comparationis. cf. *Prisc. II 222₁₈—₂₄.*
'sententia textus in virtute est haec, quod omnis comparativus, cuius
positivus regit unum ablativum, potest regere duos ablativos, unum ex
propria virtute, alterum ex virtute positivi' *Gl. n.*

multimodum regimen, qui rem discernit aperte: 1290
ditior est auro sapiens Salomone Sibylla.
per magis expone regimenque videbis aperte:
est auro dives regina magis Salomone.
est ablativus demonstrans, quantus habetur
excessus; regit hunc excessum dictio signans: 1295
hoc lignum digitis excedit quatuor illud.
hoc lignum digitis est maius quatuor isto.
remque notans fieri regit id, quo res ea fiet:
orator verbis vincit, vir bellicus armis.
mobile mensuram designans addere debes: 1300
longum sex pedibus lignum latumque duobus.
verbum materiam, causam, spatium pretiumve
aut tempus signans ablativos regit horum,
quae praedicta notant, ut: frenum fabricat aere;
ista pudore silet; stadiis sex distat ab urbe;   1305
nocte morans tota panem nummis tribus emit.
nomen eis adiunge, modum quod signat agendi:
accentu plura proferre solemus acuto.
saepe potestatis nomen subiungitur istis:
A., rex Ierusalem domini dono, B. salutem.   1310
synodochen iungas, ut vultu virgo decora.

VARIA LECTIO.

1290 multimodis *S*   *vv. 1292. 1293 inverso ordine in* e₁   1294 de-
monstrans] designans *S A₃ P*   1296 excedit quatuor illud] excedit
quatuor istud *A* est maius quatuor isto *S* est m. q. illo *P M*   1297 est
maius quatuor isto] excedit quatuor illud *P S M*   1299 uincit uerbis *A₃*
1300 designans mensuram e₁   1301 longum *etc.* lignum] lignum *etc.*
longum *e*   1302 pretiumque e₁   1305 silet *L M* tacet *cett. codd.*
1306 nummis] solidis *e* emit] *L P* emis *S* emi *A M e*   1309 subiungitur]
adiungitur *A₁* coniungitur *P*   1310 dono domini *A₁ A₂* dono dei *(!) M*
1311 synodochen (sinodocen) *omn. codd. (cf. v. 1236)* voltu *P*

TESTIMONIA ET EXPLANATIONES.

1294—1297 ablativus ex vi excessus   1298—1310 ablativus ex vi
effectus vel causae: a) causae efficientis instrumentalis (v. 1298 sq.); cf.
*Prisc. II 270*₁₄₋₂₂ b) causae formalis vel ex vi mensurae (v. 1300 sq.; cf.
v. 1307 sq.) c) causae materialis d) causae finalis (v. 1302) e) causae efficientis
principalis (v. 1309 sq.) 1302—1306 ablativus ex vi spatii, pretii, temporis
1311 ablativus ex vi synecdoches. cf. *Prisc. II 221*₅₋₁₀

ornatum subdis: indutus vestibus albis.

toti da partem, subiecto proprietatem,

sed laudem iunge vel virtuperamen utrimque:

vir manibus validis et virgo crinibus albis;   1315

dextra vir fragili vel forma femina turpi.

mobile vel verbum designans proprietatem

sextis construitur, per quos ea significatur,

aut instrumenti vel causae nomina iunge:

cursu festinus; fulget virtute modestus;   1320

est velox pedibus; blando sermone facetus;

viribus invictus; properat pede; voce benignus.

reque carere notans ablativum regit eius:

ut poena careat, homo purus crimine fiat.

inter et est iuncta tibi dant pronomina quina: 1325

intererit nostra vestraque meaque tuaque

atque sua; normam refert servabit eandem.

plenus, inops casum dant istum sive secundum:

vini vel vino duo dolia plena videto;

pauper, egenus, inops vino vel panis egebit.   1330

dignor cum potior, fungor, vescor, fruor, utor

et careo iungo casu tantummodo sexto.

VARIA LECTIO.

    v. 1312 *om. e1*   **1314** utrimque] utrumque *S e1* utrique *e2*   **1315** et]
uel *P*   *post v.* 1315 vir forti (fortis *M*) dextra formaque (forma *e*) de-
cente puella *add. PMe1, post v.* 1316 *add. A1 e2*   **1316** vel] et *P*   **1319** instrumentum *e*   **1320** fulget] subita (!) *e*   *v.* 1321 *om. S*   **1322** invictus]
est victus *e1*   **1323** remque (!) *M e2* ablatiuos *P* eius] huius *M*
1324 fiat] uivat *S A8 P M e2*   **1326** tuaque meaque *S*   **1329** videto]
notato *P*   **1330** egebat *P*   **1331** dignor] dignus *P M e*   **1332** et] cum *P*

TESTIMONIA ET EXPLANATIONES.

    1313—1322 ablativus ex vi demonstrationis essentiae. cf. vv.
1141—1146 et adn., *Prisc. II 214*15—20 *222*4—16. — 'sed laudem—utrimque':
i. e., regimen ablativi semper adiectivum laudis vel vituperationis requirit.
cf. adn. ad vv. 1141—1147   **1323** sq. et **1328—1330** ablativus ex vi carentiae
et plenitudinis   **1325—1327** *Prisc. II 159*1—6; cf. vv. 1196 sqq.   **1331** sq.
ablativus ex vi effectus causae materialis circa quam

hos casus de, prae, coram sociaeque gubernant.

cum super est pro de, sexto decet hanc sociare.

iste datur casus passivis ab praeeunte: 1335

cernitur hic a me, quandoque videbor ab illo.

vel si susceptum quod signes sive recessum:

sic a te disco libros, a teve recedo.

sunt ablativi plures rectore soluti:

discere discipuli debent doctore legente.   1340

atque loci nomen quandoque regente carebit:

Roma, militia vel humo vel rure domoque

rex venit, atque means normam servabit eandem.

servat idem verbum sine motu, dum societur

nomen plurale vel cui sit regula ternae: 1345

qui modo cure canit, Vernone canet vel Abrincis.

ad nomen positum sic saepe relatio fiet,

ut Romam vado, quae moenibus eminet altis.

quaeris, si possit adiectivum sociari,

ut: debet doctas bonus ire scholaris Athenas.   1350

per quo, qua vel ubi fit quaestio sive per unde: ·

illuc pergo foras; huc, istuc pergis eoque.

his intro iungas; hac, illac pone meando;

hic, illic, istic, intus, foris est et ubique;

hinc, illinc, istinc remeat, foris, intus et inde.

VARIA LECTIO.

    1334 hanc] hunc *e₁*   **1336** videbor] uidebar *L*   v. **1336** *om. M, m. rec. in mg. adscr. P*   **1337** quod] quid *S*   signes] signet *M*   **1343** normam servabit] doctrinam seruat *PMe₁*   **1344** societur] sociatur *A₂* sociamus *M*   **1346** canet] canit *Se*   Abrincis] *sic sine dubio compendium* ab'cis *cod. L resolvendum est* Athenis *cett. codd. et e*   **1347** sic saepe] quandoque *M*   **1348** vado Romam *PMe*   **1351** vel] per *S*   **1352** pergo] illo *(!) Pe*   pergis] iungis *e*   **1353** iungas] iunges *SPMe₁*   vv. **1354. 1355** *inverso ordine in M*   **1355** remeas *P*

TESTIMONIA ET EXPLANATIONES.

    1333—1338 ablativus ex natura praepositionum. cf. *Donat.* 365₂₂—366₁₁ *Prisc. II* 44₂₈—56₈   **1339** sq. ablativus absolutus. cf. *Prisc. II* 221₂₅—222₈   **1341—1346** ablativus loci absolutus. cf. adn. ad v. 1202 sqq. — 'Verno', oppidum Galliae ad Sequanam situm. 'Abrincae' hodie 'Avranches'   **1351—1355** de interrogativis loci adverbialibus. cf. *Prisc. II* 134₈—₁₄

Participans, quod in ans vel in ens fit, dicito praesens.
tus vel sus dat praeteritum, rus dusque futurum.
quaere per activa praesens, in rusque futura.
quae dabit activum, dabit haec eadem tibi neutrum.
sunt per passiva tibi cetera significanda.   1360
deponens terna tibi dat, commune quaterna;
lex tamen est talis, quod, quae caruere supinis,
non possunt recte per rus formare futurum.
in verbi genere quae significatio, quaere;
hinc tibi multimodum credas regimen reserandum.   1365
dùm mutat regimen, fit participans tibi nomen,
dum perdit tempus, dum comparat, et sociamus
istis compositum, dum simplex sit tibi verbum.

[Capitulum IX]

Est post praedicta constructio iure locanda.
in geminas species constructio scinditur: illi   1370
transitio debet intransitioque subesse.
cum partes, per quas constat constructio plena,
signant diversa, constructio transeat illa;

VARIA LECTIO.

1356 in ens uel in ans *A1*   1357 dant *M*   *v. 1359 post v. 1363 colloc. S*
1363 recte] rectum *PM*   1364 genere verbi *e1*   quae significatio] que sit
si͡ *(signatio?) L*   1365 reserandum] reserari *S*   1366 fit] sit *P*
sociamus] associamus *Me*   1370 species] partes *A8 Pe*   illi] illis *S*

TESTIMONIA ET EXPLANATIONES.

1356—1368 de particibiorum vi et regimine   1364 sq. *Prisc. I
5499:27—55019 II 2236—15*   1366—1368 dicit auctor quatuor modis participium fieri nomen: a) cum mutat regimen, ut 'amans vini' b) cum
tempus amittit, ut 'acceptus illi' c) cum comparationem assumit, ut 'aman-
tior amantissimus' d) cum participium componitur cum aliqua dictione,
cum qua verbum eius componi non potest, ut 'indoctus innocens'. cf.
Prisc. I 55020—5518 56816—5692 Despaut. 21, 379   1369 'constructio'
medii atque etiam recentioris aevi grammaticis est debita et communis ordinatio partium orationis (cf. *Despaut. 404*), sive sec.
Gl. n. 'constructibilium unio ex modis significandi ab intellectu causata'
1370—1389 de constructione transitiva et intransitiva earumque sub-
divisione. cf. *Prisc. II 156—24 3223—25 I 5842—9 Despaut. 404 sq.*

iudicium fit idem tanquam diversa notando.
hanc in membra duo distinguere convenit; eius   1375
sunt species: simplex quae transit quaeque retransit.
est intransitio tibi per praedicta notanda.
per binas species hanc distingues, quia simplex
hanc intransitio pariterque reciproca scindunt.
ecce, per exempla res est tibi notificanda: 1380
hic socium superat, vel Marcum Tullius orat.
exorat Marcum Cicero, quod diligat ipsum.
Tullius est Marcus; bos est leo; capra iuvencus.
se regit hic, ego me, tu te, nos diligimus nos.
isti se sociant, vos autem diligitis vos.   1385
actus transitio personarumque notetur.

quando non transit actus, nec passio cuiquam
infertur, nunquam transit constructio plena:
filius Alphaei Iacobique Maria quiescunt.

    Construe sic: casum, si sit, praepone vocantem;   1390
mox rectum pones; hinc personale locabis

VARIA LECTIO.

    1374 fit] sit *S A P*   *post v.* 1374 *v.* 1379 *colloc. A*₂   1378 per species binas *M*e₁   in species binas *P*   1380 res est tibi] tibi res est *A S P*   1383 iuuenca *e*   1386 notentur *A*₂*A*₈*PMe*   1389 alfei *L* 1391 pones] ponis *S*   hinc personale] inpersonale (in *in ras.*) *S*

TESTIMONIA ET EXPLANATIONES.

    1381 exempla de constructione transitiva simplici: a) in constructibilia pertinent ad diversa b) videntur pertinere ad diversa 1382 ex.: de constructione transitiva retransitiva   1383 exempla de constructione intransitiva: a) in qua constructibilia pertinent ad idem b) videntur pertinere ad idem   1384 sq. exempla de constructione intransitiva reciproca   1386—1389 'duplex est constructio transitiva, sc. actuum et personarum. constructio transitiva personarum est, quando actus verbi non transit in rem obliquam, nec passio videtur alicui inferri, ut "filius Alphei, Maria Iacobi", sive 'quando sine actu fit transitio ab una persona ad aliam' *Gl. n.* et *Gl. ap. Thurot. p. 233.* — 'Iacobique Maria', i. e. Iacobi Minoris mater. 'quiescunt' hic ad complendum metrum positum est   1390—1396 de partium orationis naturali ordinatione. of. *Prisc. II 164*₁₈₋₂₀. — constructio incipit a vocativo, si est in oratione; tum sequitur nominativus, deinde verbum personale, quod primo loco poni debet, si nominativus et vocativus desunt. verbum sequuntur

verbum, quod primo statues, si cetera desint.
tertius hinc casus et quartus saepe sequuntur,
aut verbo subdes adverbia. subde secundum
casum rectori. debet vox praepositiva 1395
praeiungi quarto vel sexto, quem regit illa.
infinitivum personae sive quibusdam
des adiectivis, ut sunt habilis, piger, aptus;
hanc olim pulcram veteres dixere figuram.
verbaque sunt: debet, iubet, audet, vultque potestque, 1400
nititur et temptat, dignatur, scitque monetque,
incipit et taedet, pudet et piget atque meretur,
et properat, gaudet, delectat, paenitet, urget,
et parat et discit, decet et licet et solet; adde
quae praedicta notant et quae contraria signant. 1405
addere multa potes quarto casu praeeunte.
quae iunges verbo, iunges et participanti.
si generi verbi sua significatio fiat
consona, debetur ipsi constructio verbi;
sed personale supponens rectus habebit. 1410

VARIA LECTIO.

1392 primo] primum *M* 1396 quarto preiungi *SPMe* illa] ipsa
SA₃PMe 1398 abilis *S* 1402 piget et pudet *SPMe* 1404 solet
et licet *SPMe* 1407 iunges et] iungas et *e₁* 1408 fiet *SMe* 1409 ipsi]
illi *SA₁A₃Me₁*

TESTIMONIA ET EXPLANATIONES.
adverbia, tum dativus et accusativus. genetivus vel quilibet obliquus
casus dictioni regenti postponendus est; item accusativus et ablativus
praepositioni. cf. *Despaut. 404*
1397—1549 de impedimentis sive ordinatione artificiali
1397—1405 infinitivus verbis finiti modi vv. 1400—1404 enumeratis et
illis, quae eiusdem vel contrariae significationis sunt, atque etiam 'pulcra
figura' *(Prisc. II 235₁₀)* quibusdam nominibus adiectivis postponitur.
cf. *Prisc. II 229₂₁—230₁₀ 227₇—₁₂ 235₁₀—₁₄* 1406 multa alia verba sequitur infinitivus accusativo praecedente, sc. in constructione accusativi
cum infinitivo. cf. *Prisc. II 274₁₇—275₆* 1407—1410 omnes casus, qui
verbis adiunguntur, etiam participiis addi possunt, si participium eiusdem significationis est, cuius generis est verbum, a quo descendit, excepto
nominativo, qui non reddit suppositum, i. e. subiectum, nisi verbo personali. cf. *Prisc. I 550₁—₈ II 223₆—₁₅*

aut ablativi praeeunt rectore soluti,

aut postponuntur, sed vix interseris illos.

appellans verbum substantivumque vel horum

vim retinens rectum post se quandoque locabunt.

est substantivi data significatio verbi   1415

passivis, et saepe solet constructio tradi.

quis, qualis, quantus, cuius, cuias, quotus et quot,

missa relative, penitus praeponere debent

obliquos verbo; praeiunges missa rogando.

hanc sua iungendi retinent adverbia formam.   1420

quis proprium nomen et quae substantia, quaerit.

si proprium novi, debet substantia quaeri;

qua nota proprio tantum de nomine quaero.

communi per quis etiam de nomine quaeris:

quis bonus est aratro? bos. quis natat aequore? piscis.   1425

quaesitiva pares optant reddi sibi casus.

cum, quia, dum, donec, quoniam similesque praeibunt;

namque relativi ius implicitum tenuere.

VARIA LECTIO.

1414 rectum post se] post se rectum *SPMe2*   **1417** cuias cuius *S*
1418 praeponere] premittere *S*   **1425** natat aequore] natat in equore *(!) S*
1428 namque] iamque *L*

TESTIMONIA ET EXPLANATIONES.

1411 sq. exempla: 'magistro legente pueri proficiunt', 'civitas adornatur
rege adveniente', 'vix', i. e. raro: 'Petrus coadiuvantibus aliis apostolis
traxit multitudinem piscium' *Gl. n.*   **1413—1416** cf. adn. ad v. 1077 sq.
exempla: 'sum clericus, vocor Petrus, incedo superbus, ordinor sacerdos,
creor notarius'   **1417—1428** obliqui casus nominum relativorum et
interrogativorum, simul adverbia, quae ab iis derivantur, et coniunc-
tiones verbis illis, a quibus reguntur, praeponi debent. cf. *Despaut. 405*
1418 'missa relative', i. e. posita r.; cf. gallic. 'mis'   **1425** exempla paucis
mutatis petita sunt a *Prisc. II 234*21 'aratrum': 'aratrum corripit paenultimam naturaliter; unde in Aurora (Petri Rigae) dicitur super Levitico:
"nostrae carnis humum crucis hic aratro quasi sulcant"' *Io. Ian.* eundem
versum affert *Brev.* 'ego video hoc nomen etiam a Sidonio corripi in
laudibus Narbonis: "diversas aratro vias cucurrit". hunc secutus est
Petrarca dicens: "nunc aratrum antiquis insultet moenibus, omnes unus
habet praedas hostis". utut est, opinor aratrum tantum produci' *Despaut.*
458   **1426** 'quaesitiva — casus': 'per quemcumque casum fit interrogatio,
per eundem fieri debet responsio' *Gl. M* 'quo casu quaeris, sic respondere
iuberis' *Gl. n.*

cumque relativis de iure viam paret horum
praecedens, decet obliquos quandoque praeire,　　　　1430
cum notat hoc rectus ac obliquus notat illud:
isti subveniant sua mater vel pater eius.
verbum multotiens substantivum petis extra.
mobilis et fixi naturam nosse decebit:
est adiectivum vocis vel significati.　　　　　　　　1435
solius est generis adiectivum, variatque
cum numero casum, velut: hic venit una sororum;
est inter fratres bonus aut de fratribus unus.
cum diversorum verbum rectis numerorum
interponatur, utrilibet assimilatur:　　　　　　　　1440
sermones summi patris est meditatio iusti.

VARIA LECTIO.

1429 parat S *PMe* **1431** cum notat] cum tenet *SP* notat illud] tenet illud *SMe₁* **1432** subueniant *superscr.* uel subuenient *L* subueniunt *A₁ A₂ e₂* subuenient *A₃* subueniat *P* subueniet *SMe₁* mater sua *M* **1440** utrilibet] utrolibet *S* assimilatur] asimulatur *S* associatur *A₃* equiparatur *PMe*

TESTIMONIA ET EXPLANATIONES.

1429—1432 docet antecedens obliqui casus (in exemplo 'isti') nominativo vel obliquo casui relativorum pronominalium (in ex. 'sua' vel 'eius', quae ab antiquis grammaticis relativa nuncupabantur; cf. *Prisc. I* 578₂₈ *II* 21₁₅ 142₂₉ et adn. ad v. 355 sq.), quandoque praeiungi. alia exempla: 'Petri sui parentes minime recordantur'; 'benedicite domino omnes angeli eius'; 'patrem sequitur sua proles'; 'Petro libri sui detrahuntur' *Gl. n.* 'isti — pater eius': de tali reciprocorum abusu haec annotat *Despaut. 407:* 'in reciprocis multi erraverunt aut ipsis ex industria abusi sunt; in sacris plerumque non observatur debita reciprocatio, ut patet ex Valla in novum testamentum. locos quos ille notavit, hic subieci' (sequuntur plus triginta exempla ex *Vulg.* deprompta) **1433** verbum substantivum in oratione interdum subintelligitur, ut 'pax vobis' (impedimentum contra regulam: 'hinc personale locabis' v. 1391) **1434—1441** regulae congruitatis adiectivi cum substantivo; exceptiones. 'mobilis et fixi', i. e. adiectivi et substantivi, quorum 'natura' est, ut conveniant in genere et in numero et in casu: 'est adiectivum substantivo sociandum in simili genere, numero, casu similique' *Gl. n.* '*adiectivum vocis', ut 'omnis, nullus', et pronomina primitivae speciei, ut 'ille, iste'; 'adiectivum significati', ut 'magister, sartor'. 'solius est generis — casum' (v. 1436 sq.), i. e. adiectivum partitivum cum substantivo convenit in genere solo, non in numero vel in casu. 'cum diversorum — assimilatur' (v. 1439 sq.), i. e. verbum substantivum inter nominativos diversorum

quando relativum generum casus variorum

inter se claudunt, qui rem spectant ad eandem,

per genus hoc poterit utrilibet associari:

est pia stirps Iessae, quem Christum credimus esse. 1445

sic adiectivum reperimus saepe locatum:

est coluber facta vel factus mystica virga.

ponere suprema duo non debes sine causa.

occurretque tibi quandoque relatio simplex:

femina, quae clausit vitae portam, reseravit.   1450

ad partem vocis de iure relatio fiet;

extra saepe tamen quaeres, ad quod referatur:

rex est Carnoti, patriae quae praevalet omni.

saepe relativo conformari reperitur

praecedens, illi cum praesidet immediate: 1455

sermonem quem vos audistis, verus habetur.

VARIA LECTIO.

1444 associari] assimilari *M*e1 asimulari *S* equiperari *e*₂   **1445** quem]
quam *M*e1   **1449** simplex] talis *M*   **1447** mystica *A*₂ mistica *cett. codd.*
1452 queras *S A*₂ *e*₂ queris *M*e1   **1455** cum *superscr.* vel cui *L* cui *A*₃ dum *S*

TESTIMONIA ET EXPLANATIONES.

numerorum positum utrique nominativo conformari potest, ut patet in
exemplo textus et in hoc *Ovidii (art. am. III 222):* 'vestes, quas geritis,
sordida lana fuit'. (impedimentum contra naturam suppositi et appositi.)
     1442—1486 de congruitate relativi   **1442—1447** relativum inter
duo substantiva diversorum generum, quae ad idem pertinent, positum
cum utroque convenire potest in genere; eadem saepe reperitur constructio adiectivi sic positi. (impedimentum contra relativum et eius
antecedens et contra naturam adiectivi et substantivi, sc., quando relativum et adiectivum conveniunt cum substantivo sequenti).   **1449** sq.
'relatio simplex' sive 'impersonalis' (cf. v. 1493) est, in qua relativum et
eius antecedens non supponunt pro eadem persona vel re, sed pro diversis, i. e., in qua antecedens refert unum appellativum et relativum aliud.
sic in exemplo textus antecedens refert appellativum 'Mariam', et relativum 'Evam'   **1451—1453** relativum, quamvis antecedens referre debeat
vocaliter expressum, tamen quandoque id refert subintellectum, ut in hoc
nomine 'Carnotum' (quod hodie 'Chartres' appellatur) facile intelligitur
civitas; haec enim comparatur hic ad alias civitates   **1454—1456** antecedens, si immediate praeiungitur suo relativo, huic interdum conformatur
in casu, ut 'urbem quam statuo, vestra est' *Verg. Aen. I 573;* cf. *Prisc. II
187*₁₇, et in exemplo textus e *Vulg. Ioan. XIV 24* petito: sermonem
quem audistis, non est meus, sed eius, qui misit me, patris'

usu communi tamen hoc non debet haberi.
invenies iunctum possessivo genetivum,
ut: mea defunctae da molliter ossa cubare.
saepe relativum pro parte refertur ad ipsum, 1460
ut: mea scripta legis, qui sum submotus ad Histrum.
ponis ob id solum praecedens saepe, quod inde
certa relatio fit: tua virga, Deus, baculusque,
ipsa mihi vere praebent solatia vitae.
ad verbum saepe vel ad adiectiva relatum 1465
invenies: fugis aut piger es, mihi quod procul absit.
pro sola voce supponit saepe relatum,
quamvis praecedens supponat significando:
dat Deus aureolam, quod nomen habetur ab auro.
estque relativis praecedens materialis: 1470
nomen equiria sit; nobis placet illa videre.
saepe relativum permutat significatum:
sunt Domini, quae nos fecere, manus crucifixae.

VARIA LECTIO.

1461 legas *M* summotus *A₁Se* histrum *A₂* hystrum *A₁* ystrum *L A₂* istrum *S P* **1463** fit] sit *L P* deus] tuus *Me* **1464** mihi] modo *S* **1465** sepius ad uerbum *etc. S* ad *om. A₁* e **1466** piger] puer *e* **1468** supponit *S P* **1471** equiria *A₁* equirria *cett. codd.* sit] fit *A₃* sic *S* **1473** nos] uos *A₃*

TESTIMONIA ET EXPLANATIONES.

1458—1461 adiectivum possessivum cum genetivo coniunctum invenitur; item relativum referri potest ad genetivum primitivum in possessivo intellectum. exempla auctor petivit ex *Ovidii amor. I 8, 108, ex Ponto epp. III 4, 91* **1462—1464** antecedens saepe absolute ponitur, ut relativum habeat locum in constructione. exemplum depromptum est e *Vulg. psalt. XXII 5:* 'virga tua et baculus tuus, ipsa me consolata sunt'; ubi 'virga' est correctio et 'baculus' sustentatio, i. e. misericordia Dei **1467—1471** saepe relativum refert antecedens 'pro sola voce', i. e. materialiter, non significative et personaliter (exempl. v. 1469). e converso antecedens ponitur materialiter et relativum significative (ex. v. 1471). — 'equiria' Germ. 'Pferderennen'; cf. *Ovid. fast. II 859* **1472** sq. 'in exemplo supra allato 'quae' stat pro divina potestate, cuius est creare, et antecedens 'manus' stat pro manibus carnalibus Christi' *Gl. n.* (vv. 1467—1473 impedimenta contra regulas quasdam logicae)

et numerum mutat: hominem divina potestas
plasmat, eosque marem factor creat et mulierem.   1475
invenies positum sine praecedente relatum:
ipsa petenda mihi! Iuno de paelice dixit.
flens Magdalena quaerit, si sustulit illum.
indefinite praecedens sive relatum
saepe locas, nullum designans inde locatum: 1480
cuncta timent hominem, quia praesidet ille creatis.
et personalem permutat proprietatem,
ut: Domino benedic, aqua, quae caelos super extat.
sed non est nobis imitanda relatio talis.
non das ad vocem quandoque relata, sed ad rem   1485
nominis: est bona gens, Deus est protector eorum.

VARIA LECTIO.

1477 ipsa petenda mihi] est *add. S sane contra Alexandri ipsius
praeceptum*; *vide v.* 1603 *vq. et vv.* 2432—2434   1480 locatum] uocatum
*SM*e1   1484 caelos super extat] celis superextat *P*e2 celum superastas *(!) M*
v. 1484 *om. P*   1486 nominis] ponis ut *M*

TESTIMONIA ET EXPLANATIONES.

1474 sq. 'et creavit Deus hominem ad imaginem et similitudinem
suam; ad imaginem Dei creavit illum masculum et femininam creavit eos'
Vulg. genes. I 27. 'quaeritur: quare dicit 'eos' in plurali numero et non in
singulari? solutio: ad significandum quod Adam et Eva non sunt unum
suppositum, quod tunc esset hermaphroditus' *Gl. n.*   1476—1478 'ipsa
petenda mihi est; ipsam, si maxima Iuno rite vocor, perdam' etc. *Ovid.
met. III 263 sq.* 'Maria Magdalena flens quaerit ab hortulano: domine,
si tu sustulisti eum, dicito mihi, ubi posuisti eum' *Vulg. Ioan. XX 15*
'Maria Magdalena non expressit antecedens, quia propter nimium amorem,
quod sibi specialissime erat notum, credidit omnibus etiam esse notum;
sed Iuno propter nimium odium sive indignationem, quod sibi specialissime erat notum, non expressit credens hoc omnibus esse notum' *Gl. n.*
1479—1481 sententia est: 'relativum et antecedens eius saepe ponuntur
indefinite, i. e. pro natura universali seu communi, et non pro aliquo
determinato supposito' *Gl. n.* (impedimentum contra regulam logicae.)
'ratio, qua potest fieri, est, quod relativum et eius antecedens habent con-
venientiam in genere et in numero, et hoc sufficit grammatico, non autem
logico' *Gl. n.*   1482 sq. relativum et eius antecedens interdum disconveniunt
in persona, ut in exemplo (e *Vulg. Dan. III 60* petito) 'aqua' est secundae personae et illud relativum 'quae' tertiae personae.   1485—1491 relativum quandoque refertur ad antecedentis significatum, non ad vocem;
adiectivum eodem modo constructum occurrit. — exemplum v. 1486 positum reperies apud psalmistam, qui in *Vulg. psalt. CXIII* exclamat:

adiectiva modo poni reperimus eodem:
pars hominum validi turres et moenia scandunt.
sunt adiectivi plurales distribuenti;
huic etiam verbum reperis plurale locatum: 1490
utraque formosae me iudice sunt venerandae.
sed non est nobis constructio congrua talis.
impersonalis fit demonstratio saepe;
sal monstrans dicis: te misit aquis Eliseus.
aequivalens geminis harum si iungitur uni   1495
dictio, pro reliqua tantummodo debet haberi.
sic visu caecum visu dic esse carentem.
quando negativum verbo constructio iungit
obliquum, per non exponere convenit illum,
aut simul exponi debet constructio tota.   1500

VARIA LECTIO.

1490 huic] hinc *e*   **1492** nobis *etc.*   talis] talis *etc.* nobis *Me*
1494 dicis] dicit *LSAs*   elyseus *L*   heliseus *As*

TESTIMONIA ET EXPLANATIONES.

'domus Israel speravit in Domino; adiutor eorum et protector eorum est'.
alterum exemplum (v. 1488) intellegendum est de Graecis moenia Troianorum
ascendentibus, tertium (v. 1491) de Paridis iudicio inter Iunonem et Palladem
facto.   **1493** sq. impersonalis demonstratio dicitur. 'in qua unum significatur
et simile illi in specie demonstratur' *Gl. n.* cf. adn. ad v. 1449 sq. — exemplum
petitum est ex benedictione salis, in qua sacerdos dicens: 'Deus, qui te per
Eliseum prophetam in aquam mitti iussit' etc., innuere vult, 'quod eadem
virtus operetur in sale, quod modo mittit in aquas, quae erat in illo, quod
Eliseus misit in aquas' *Gl. n.*   **1495—1497** sententia est: 'si dictio aequivalens duabus dictionibus in significatione iungatur uni illarum dictionum,
tunc debet stare pro reliqua, ut 'caecus' acquivalet istis dictionibus 'carens
visu', et si addatur uni illarum, stat solum pro significatione alterius, ut 'caecus
visu'; ibi 'caecus' valet tantum sicut carens' *Gl. n.*   v. 1495. **1496** repetivit *Despaut. 393* 'regulam Alexandri Theopagitae utilissimam' declarans
1498—1500 sententia est: 'quando obliquus casus negativus construitur
cum verbo a parte post, tunc debet resolvi in obliquum affirmativum et
in hoc adverbium negandi 'non', aut tota oratio debet resolvi, ita ut obliquus mutetur in nominativum et verbum activum in verbum passivum'
Gl. n.   ex.: 'nullum hominem video', i. e. 'non video ullum hominem, aut
nullus homo videtur a me', *Gl. M.* 'auctor ponit istum modum con-
struendi propter duas regulas sibi invicem repugnantes, quarum una est
grammaticalis, altera logicalis: grammaticalis est, quod obliquus a parte
post rectus etiam debet a parte post construi; logicalis est, quod negatio

fiet asymbasma sine recto clausula plena:

me taedet vitii; placet illi iura tueri.

quaestio fit, si fiat in his constructio duplex:

huic placet esse probo; nobis placet esse peritos.

iungere consimiles debet coniunctio casus;   1505

quam, nisi, praeterquam similem retinent sibi formam.

actum sive pati signare gerundia possunt

atque supina; per hoc datur his constructio duplex,

si tamen a verbis veniant signantibus actum:

haec delectatur in spectando quasi pulcra.   1510

deque gerundivis, quae sum gerit, esse videtur

quaestio, si triplex illis constructio detur:

presbyter essendi causa vis, clerice, radi;

militis essendi causa precor arma parari;

essendi regem causa me posco iuvari.   1515

VARIA LECTIO.

    1501 asimbasma *sive* asinbasma *omn. codd.*   **1502** illi] isti *P* iura]
regna *S*   **1506** similem retinent] retinent similem *e*₁ talem retinent *Se*₂
1507 possunt] dicis *P* dicas *L*   **1508** per hec *Se* his] hic *S*   **1510** pulchra
*SA*₃ pulcra *cett codd.*   **1513** presbiter *vel* prespiter *codd.*

TESTIMONIA ET EXPLANATIONES.

negans debet poni ante verbum; et propter concordiam istarum regularum
debet obliquus resolvi, ut negatio praecedat verbum et obliquus sequatur,
ut utrique satisfiat' *Gl. n.*

    1501—1504 de constructione verborum impersonalium. — 'asym-
basma': 'dicitur ab a, quod est sine, et sin, quod est con, et basis, quasi
sine fundamento'. *Gl. M Gl. n.* cf. *Despaut. 405.* 'quando ex duobus obliquis constructio fit, ἀσύμβαμα, id est incongruitatem, dicebant (stoici),
ut: placet mihi venire ad te' *Prisc. II 211₂₅ sq.* 'nobis placet esse peritos':
'quaeritur, utrum ista oratio sit congrua? solutio; non est simplex congrua,
sed admittitur propter facilem subintellectionem alicuius accusativi, ut sit
sensus: placet nobis vos (immo nos) esse peritos, sicut etiam habetur
Ioannis primo: "dedit eis potestatem filios Dei fieri"' *Gl. n.*   **1507—1518** de
constructione verborum grundiorum et supinorum. cf. *Prisc. I 441₂—₄
412₁₈ 413₁—₁₉ 426₁—₈ II 235₇—₁₀ 278₁—₆.* — si a verbis derivantur activis,
duplex illis significatio, sc. activa et passiva, ideoque duplex constructio
est. exempla: 'quis talia fando — temperet a lacrimis' *Verg. Aen. II 6*
'frigidus in pratis cantando rumpitur anguis' *Verg. ecl. VIII 71* 'fando
aliquid si forte tuas pervenit ad aures Belidae nomen' *Verg. Aen. II 81.* —
'deque gerundivis, quae sum gerit' etc. (v. 1511—1515) legitur apud

infinitivo primum distingue supinum
atque gerundivis primis suprema supina,
si iungam verbo, per quod motum tibi signo.
fiet de voce sermo quandoque per ipsam;
materialiter hanc ibi dices esse tenendam;   1520
casus per voces confundis materiales.
   vox, cuius pars est apponens praepositiva

VARIA LECTIO.

    1519 ipsam] illam *e*   **1520** ibi dices] tibi dices *A*8 *e*2   dices ibi *e*1

TESTIMONIA ET EXPLANATIONES.

*Augustinum K. V 494*25 *sq:* 'docti quidam temporis recentioris, cum haberent necessitatem, magna et divina quaedam interpretandi explicandique, et essendi et essendo et essendum et essens dixerunt'. et *Despauterius 375* dicit: 'essendi, do, dum Valla barbara esse dicit; Cicero tamen essendi dixit, nisi Gellius mendosus sit libro XVIII. 7, ubi de hoc nomine contio agit, dicit Tullium dixisse in oratione contra contionem Q. Metelli: "essendi in contione concursus est populi factus". sensus est: concursus populi essendi in contione factus est, i. e., ut esset in contione'. — 'quaestio si triplex illis constructio detur': 'ideo non solvitur ab auctore, quod de istis quaestionibus sunt variae opiniones; sed secundum Senecam in dubiis non est diffiniendum, sed suspensivam tenere sententiam' *Gl. n.*

    1516 'infinitivo primum distingue supinum' etc.: 'primum supinum eo differt ab infinitivo, quod construitur cum verbo importante motum ad locum, ut "vado lectum", sed non infinitivus; ultimum supinum autem differt a primo gerundio, i. e. in i terminato, quod ultimum supinum construitur cum verbo importante motum de loco, ut "venio lectu", i. e. de loco in quo legi, non autem tale gerundium' *Gl. n.*   porro de eiusmodi constructione supini in u terminati in *Gl. n.* haec adduntur: 'quamvis secundum communem opinionem grammaticorum congrue construatur cum verbo importante motum de loco, tamen magis ornate construitur cum nominibus adiectivis secundum intentionem oratorum et poetarum. omnis enim nostra latinitas sumitur a primis grammaticis, praecipue a poetis; sed in illa poetica scientia non reperitur ultimum supinum constructum cum verbo importante motum de loco, sed semper cum nominibus adiectivus, ut ponit Virgilius et alii, ut "iucundum auditu"; ibi auditu est nomen substantivum ablativi casus.' cf. etiam *Prisc. II 454*19—21

1519—1521 'dictio materialiter posita pro sola voce et non pro re est indeclinabilis per omnes casus, ut: homo dictio dissyllaba' *Gl. n.*

1522—1530 de constructione praepositionum. — 'de post fetantes': 'et elegit Daniel servum suum et sustulit eum de gregibus ovium, de post fetantes accepit eum' *Vulg. psalt. LXXVII 70.* de tali diversarum praepositionum coniunctione legimus in *Quaest. gramm. cod. Bern. K. Suppl. CIV:* 'licet Donatus dicat: separatae praepositiones separatis praeposi-

una potest alii sociari praepositivae:

de post fetantes; de sub pede; de prope fontes.

in, sub, -ter vel -tus dant quartum, dum sociamus   1525

verbo signanti motum vel participanti;

de motu dici credas tamen exteriori.

si non designo tibi motum, construe sexto.

in campo curro, si sis, bene dicis, in illo;

si sis exterius, in campum sit tibi cursus.   1530

iungere non poterit coniunctio mobile fixo;

iungit diversa coniunctio significata.

VARIA LECTIO.

 1524 fontes] montes *e*₁ **1528** motum tibi *S* **1529** si] cum (con)
*L A*₂ si sis bene] bene si sis *S*

TESTIMONIA ET EXPLANATIONES.

tionibus non cohaerent *(Donat. K. 391*₁₉*)*, divina tamen Scriptura post-
ponens talia plerumque praepositioni praepositionem iungit, ut est illud:
"aut certe de super terram eripias me" et "de sub cuius pede", similiter
"de post fetantes"'. nonnulla alia exempla hic afferam: 'et disperdam
qui avertuntur de post tergum Domini' *Vulg. Sophon. I 6* 'deleam
nomen eius de sub coelo' *Deut. IX 14* 'secutae sunt eum turbae multae
de Galilea et de trans Iordanem' *Matth. IV 25* 'et exsurgens Esdras
ab ante atrium templi' etc. *Esdr. II 9, 1.*| hic modus construendi a
glossatoribus vulgo per subintellectionem accusativi vel ablativi loci vel
temporis explicatur, ut 'vado ad prope scholas', i. e. ad locum prope
scholas, 'levavi hoc de sub pedibus', i. e. de loco sub pedibus, 'Ioannes
studuit Coloniae de post pascha usque nunc', i. e. de tempore post pascha.
ceterum ex tali praepositionum coniunctione, quam quidem passim iam
apud antiquiores scriptores invenies. (ut 'de sub' apud *Senecam, contr. I 3,
11*, ap. *Veget. art. vet. II 19, 2*; cf. *Neue II 787*) linguarum, quae a latina
originem ducunt, haud paucas praepositiones ortas esse animadvertendum
est: sic 'depuis' ex 'de post', 'dessous' ex 'de sub', 'dessus' ex 'de supra',
'avant', ital. 'avanti' ex 'ab ante', 'd'entre', ital. 'dentro' ex 'de inter, intra',
'd'outre' [-mer] ex 'de ultra' [mare]

 1525—1530 de utriusque casus praepositionibus vide *Donat. 390*₂₈
*391*₁₀*, Prisc. II 53*₁₄*.—55*₁₀*.* — 'subtus nunquam dicimus' *Cledon. K. V 26*₅*.*
contra: 'subtus est, quod demissum altius non contingitur (tangitur)'
*Agroec. K VII 123*₂₂ *Beda l. c. 290*₈₈ *Albin. l. c. 310*₁₀ 'subtus non exigit
casum' *Io. Ian.* — 'si non designo tibi motum' (v. 1528), sc. exteriorem, i. e.
'qui inchoatur ab uno loco et terminatur in alio' *Gl. n.* **1531** sq. coniunctio 'mobile', i. e. adiectivum, non potest coniungere 'fixo', i. e. substantivo, quia coniunctio diversa significata copulat

quaeris, si liceat voces coniungere binas
per v e l sive per et solam vel non mediante,
cum voces fuerint tales, quod significato   1535
unius alterius comprendis significatum.
recte dicetur: h o m o   g r a m m a t i c u s   similesque.
et parti iunctum debes restringere totum;
id solum praesta, quod pars non denotat illa.
inde potest quaeri, si possit idem sibi iungi,   1540
aut si iungatur quod adesse nequit vel abesse.
si iungas recte, facies q u a m   participare:
concesso, q u o d   t u   m e l i o r   s i s   q u a m   Plato, recte
concludes: ergo Plato participat bonitate.
deque relativis logicae sit regula talis: 1545
quando relatio fit extrinseca, debet eidem
dictio subiungi, quae rem determinat eius;
cumque relatio fit intrinseca, nil petit addi
plurali numero: s i m i l e s   s u n t ,   q u o s   e g o   c e r n o .

VARIA LECTIO

    1535 tales fuerint *P*   **1539** illa] ista *e*   **1542** facias *S*   **1543** concedo *e*   **1544** concludas *A*₂ concludens *(!) A*₁   vv. **1543. 1544** *om. S post v.* **1544** est alius quam tu uir tullius ergo uir es tu *add. P*   **1545** sit] fit *S A*₈ *P*   **1547** determinet *P e*   **1548** petit] decet *P*   **1549** ego *L* ibi *cett. codd. et e*₁ tibi *e*₂

TESTIMONIA ET EXPLANATIONES.

    1533—1539 cum duae voces ita se habent, ut significatio unius comprehendatur sub significatione alterius, ut 'hemo' et 'grammaticus', 'animal' et 'homo', sine coniunctione ligantur; si coniunctio copulativa vel disiunctiva interponitur, 'totum' sive magis commune restringitur et 'id solum' amplectitur, quod 'pars' sive minus commune non significat, ut si 'homo' forte ponatur pro 'rustico' et 'grammaticus' pro 'docto'   **1540** sq. quaeritur liceatne coniunctionem poni inter dictiones idem significantes, ut sunt 'Marcus Tullius', vel inter dictiones, quarum una non potest alteri adesse, ut 'homo' et 'asinus', aut abesse, ut 'homo' et 'risibile'; de quibus quaestionibus glossatores multa verba faciunt   **1542—1544** coniunctio 'quam' subiecta unire debet, quae in proprietate aliqua conveniunt   **1545—1549** de relatione l o g i c a.   quando relatio 'extrinseca' fit, relativo correlativum, quod ipsum specificat, addi debet, ut 'iste est similis illi' vel 'illis', pluraliter 'isti sunt similes illi' vel 'illis'; sed cum relatio fit 'intrinseca', et relativum et correlativum includuntur in una dictione pluralis numeri, ut 'similes sunt, quos ego cerno', i. e. iste est similis illi.

(PARS III)

[Capitulum X]

Pandere proposui per versus syllaba quaeque   1550
quanta sit, et pauca proponam congrua metris.
quae doctrina licet non sit penitus generalis,
proderit ipsa tamen pueris; si lectio detur,
per se multa scient, et doctor pace fruetur.
multotiens aliquas, quas dat tibi regula longas   1555
sive breves, metri gravitas cogit variari.
Graecaque nunc nostro, nunc more suo variantur.
ad placitum poni propriorum multa notavi.
cum sim Christicola, normam non est mihi cura
de propriis facere, quae gentiles posuere.   1560

Distinxere pedes antiqua poemata plures.
sex partita modis satis est divisio nobis:
dactylus et spondeus, exinde trocheus, anapestus,
iambus cum tribracho possunt praecedere metro.
dactylus ex longa brevibusque duabus habetur.   1565
dicitur ex longis spondeus constare duabus.
syllaba bina, trocheu, constat tibi, longa brevisque.
productam brevibus subdes, anapeste, duabus.
terna brevis tribracho, iambo brevis insita longae.
syllaba, quae brevis est, unum tempus tenet, in quo   1570
profertur; longae spatium debes geminare.
sic cuiusque pedis quot tempora sint, numerabis.
versibus hexametris semper debet pede poni
dactylus in quinto; sextum nunquam retinebit.
in pedibus primis hunc spondeumve locabis.   1575

VARIA LECTIO.

1556 cogit gravitas *Me*   **1558** multa] plura *M*   **1563** daptilus *L*
sic etiam all. ll. dactilus *cett. codd.* et] *om. S e*   **1564** tribraco *codd.*
praecedere] succedere *M*   **1567** tibi constat *e* sillaba bina datur trocheo *(!)*
tibi *etc. P*   **1571** spatium debes geminare] debes spacium g. *A₁ A₃ M e* duo
tempora dicimus esse *P*   **1572** sint] sunt *SM*   **1573** exametris *codd.*
1574 nunquam sextum *Pe*

omnes spondeo donare potes nisi quintum.
sedes nulla datur praeterquam sexta trocheo.
quarta pentametri quintave locas anapestum.
pentametri tribracho sedes patet ultima tantum.
iambo vel nulla, vel tantum tertia detur.   1580
forte sibi sedem tribrachus dare posset eandem.
et proceleumaticum posuit quandoque vetustas,
hunc nullus ponit; brevibus sonat ille quaternis.

    Quinae vocales sunt: a prior eque secunda,
i succedit eis, o quarta sit uque suprema.   1585
omnis praeter eas tibi litera consona fiet.
mutae sunt b c d vel f vel g k p q t.
sunt l et r vere liquidae, quia saepe liquescunt;
m simul nque vel s liquidas quandoque locamus.
s nunquam, sed n mque prius, nunc neutra liquescit.   1590
consona bina per i dic saepe per uque notari;
hoc quando fuerit, vocum sonus ipse docebit.
vocali praeiungitur u non consona vimque
perdit, et hoc suavis, queror aut aqua, lingua probabit.
nam diphthongus ab u nostro non inchoat usu.   1595
mosque modernus habet quandoque, quod s praeeunte
syllaba dividitur; tunc u vocalis habetur.
versificatores h pro nulla reputabunt.
dum teneant iotam vocales undique clausam,
consona iota duplex, duplices x zetaque fiunt.   1600
simpla tamen zeta reperitur, ut est perizoma;

VARIA LECTIO.

    1577 datur] patet *As*   1581 possit *e*   1583 hunc] nunc *PAs e*
1586 consona litera *S*   fiat *L*   1587 vel f vel g k] uel f g uel k *M*   mute
sunt nouem b c d f g k p q t *Pe*   1588 liquide uere *L*   1589 locamus]
vocamus *S e*   *post v.* 1590 te sonus erudiet j uel v dum (cum *S*) consona fiet *add. P, post v.* 1592 *add. S*   1594 probabunt *Me*   1595 dyptongus *S* diptongus *cett. codd.*   *v.* 1595 *post v.* 1597 *colloc. Me*   1600 flent
S P   1601 simpla tamen zeta] simplex zeta tamen *m. rec. corr. S,* habent
Me est *om. e*

TESTIMONIA ET EXPLANATIONES.

    1591 sq. cf. *Prisc. I 13*11—14*21*   1598 *Prisc. I 12*20—13*10 35*24—36*10*

iotaque·composita simplex est saepe reperta.
dictio vocali finita vel m, sibi subdi
versu vocalem nunquam permittit eodem.
syllaba, quae binas vocales vim retinentes   1605
continet, est longa diphthongo: sic probat aura.
quando vocalem duo consona iuncta sequuntur
aut unum duplex, producit eam positura.
sed cum finitur vocali dictio curta,
consona, quae subeunt, non hanc producere possunt.   1610
si faciat curta vocali syllaba finem
mutaque cum liquida vocem subeant in eandem,
ex vi naturae propria licet hanc breviare,
et propter mutam liquidamque potes dare longam.
e, de, prae vel se componens non breviabis,   1615
sed vocalis eas poterit breviare sequela.
reicio, refert꞉distat dant re tibi longam;
corripies aliis, nisi duplex consona subsit.
bis, bi breves dantur, nisi consona bina sequatur.
in derivatis sua quae sit origo, notetis,   1620
qua fiat parte descensus apertior inde,
ut moveo, motum, motabile, sive movendum,
et quae vocalis in origine quantaque mansit.
nam derivatum tantam servare decebit,
subdita vocali si consona non moveatur.   1625
vocalem saepe nova consona dat variare:

VARIA LECTIO.

   1606 ditongo *L* diptongo *vel* dyptongo *cett. codd.*   **1607** secuntur
P A₂ A₃   aura] aula *e*   *vv.* 1609. 1610 *om. L*   **1611** faciet *e*   **1612** subeunt *e*   **1613** propriae *e₁* breviare] variare *e*   **1614** liquidamue *SP Me*
1617 re dant *A₃*   **1618** corripias *P*   **1619** sequantur *A₁ A₂ e*   **1620** deri-
uatiuis *(!) Me*   **1621** flet *SP A₃e*   **1622** movendus *M*   **1624** namque *(!) e*   *v.* **1626** *post v.* **1628** *colloc. P*

TESTIMONIA ET EXPLANATIONES.

   1603 sq. elisio et ecthlipsis, quae vocantur, ab auctore Doctrinalis
severe interdicuntur; cf. v. 2432 sqq.   iam *Isidorus etym. II 19* praescribit:
'fugienda est et consonans m illisa vocalibus'. contra haec *Despaut. 427*
1616 exempl.: 'nec tota tamen ille prior praeeunte carina' *Verg. Aen. V 186*

mobilis ex moveo datur et mutatur ab illo.
excipienda suae ponentur in ordine normae.
hoc de compositis teneas, quod sit tibi tanta
vocalis, quantam servabit dictio simplex. 1630
si mutes etiam vocalem, norma tenebit,
consona dum maneat in simplice subdita voce.
excipienda locis, quibus est opus, excipiemus.
omnia praeterita pones disyllaba longa.
quae breviant geminae vocales deme, bibitque 1635
et dedit atque fidit, scidit et stetit et tulit, haec sex.
praeteritum geminans primam facit hanc breviari,
estque secunda brevis; tamen unum caedoque demis.
praeteritis plusquamperfectis atque futuris
coniunctivorum lex servit praeteritorum. 1640
haec in passivo sunt tempora iuncta supino;
normam praesentis per cetera tempora ducis.
participans socia praesens in dusque futura.
debent consimilem servare gerundia legem.
longa supina dabis disyllaba; sed breviabis 1645
qui. si. ci. sa. li. i. da. ru. sta. ra.; deque supinis
orta sequuntur ea, sit staturus tamen extra,
nec patrem sequitur ambitus, si moveatur.
quod fit in us vel in o, vel in or verbale vel in rix,

VARIA LECTIO.

vv. 1627. 1628 *inverso ordine exhibet M* 1628 ponantur *M*
v. 1628 *om. S* 1629 haec *e* 1630 quanta (*!*) *e* 1632 dum] si *e*
1633 excipiemus] excipiantur *SPM* excipientur *e* excipiendis *A2*
1634 dissillabn *codd.* 1636 stetit et tulit] tulit et stetit *e* *post*
v. 1638 atque pedo (*!*) *add. e* 1640 seruit lex *SP e* 1642 ducis]
dicis *PMe2* dices *e1* 1645 disillaba *A1* dissillaba *cett. codd.* 1646 si.
ci.] ci si *PA2 S* sta. ra] ra sta. *SPM* 1647 staturus sit *M* 1649 rix]
trix *S*

TESTIMONIA ET EXPLANATIONES.

1635 sq. excipiuntur ea praeterita disyllaba, quae vocalem ante
vocalem habent, ut 'lui plui', et illa sex praeterita in textu posita
1638 'unum', sc. praet. 'pepedi' 1646 'qui-tum si-tum ci-tum sa-tum
i-tum da-tum ru-tum sta-tum ra-tum' 1647 'statūrus' *Prisc. I 125₁*
1648 'patrem', i. e. verbum primitivum, 'si moveatur', i. e. si adiectivum est

participans quoque praeteritum per rusque futurum 1650
ad normam debent se conformare supini.
vi tum dante praeit vocalis non breviata;
qui. si. ci. sa. li. i. cog. ag. demis et inde creata.
qui rectos superant, obliquos crescere dices.
a pluralis et e crementum protrahit o que;   1655
i vel u cremento breviare iubemus eodem:
sunt testes quorum, quarum, rerum manibusque
et verubus, rebus, dominabus sive duobus.
verbum, personam quod habet superare secundam
primi praesentis, crescens hac arte notabis.   1660
debet ad activi praesens haec norma referri,
et si non habeat, activum fingere debes.
a crescens verbum producere debet ubique.
ex do fit a brevis cum primae compositivis.
e, nisi cum subit r, debes producere semper;   1665
cum subit r, curtam dant plurima, plurima longam.
in sum sive fero crementa velimque notato,
ac edo discutias modo longans et modo curtans.
omne lego praesens breviat quartique secunda.

VARIA LECTIO.

1650 participis *e₁*   **1651** se conformare] sic conformare *P* secum formare *(!) e*   **1653** qui. si ci sa li i demantur et inde creata *e₁*   **1654** rectos] rectum *S*   dices] dicas *e*   **1657** quarum quorum *SAs*   quorum rerum quarum *P*   manibusue *M*   **1660** notabis] locabis *M*   **1661** ad] in *M*   **1664** fit breuis a *APMe*   **1668** ac in edo *omissis iis quae seq. M* accedo *(!) omissis reliquis e*   discutiēs modo longans *P*   discutias modo longas et modo curtas *S*   **1669** secunda] secundum *e*

TESTIMONIA ET EXPLANATIONES.

1653 'cog-nitum ag-nitum'; derivata: 'inquitum desitum concitum insitum' etc.   **1655—1681** de crementis, quae dicebantur (cf. *Despaut 467*), in nominibus et in verbis   **1663** 'ubique', i. e. in omni coniugatione, ut 'amamus doceamus legamus audiamus'   **1665** ut 'amemus docemus legemus audiemus'   **1666** 'curtam', ut 'legerem amavero'; 'longam', ut 'ameris' vel 'amere', 'docerem' cf. quae sequuntur   **1669** 'omne lego', i. e., 'omne verbum tertiae coniugationis breviat praesens tempus, in quo habetur e super r, ut in optativo modo: utinam legerem, et breviat "secunda" tempora "quarti", i. e. coniunctivi modi, sc. praeteritum imperfectum: cum legerem' etc. *Gl. n.*

longum passivo reris vel rere notato.   1670
plusquamperfectum per quamlibet est breviandum.
in coniunctivo duo tempora curta notato.
curta fit in prima beris et bere sive secunda.
e verbum crescens alibi producit ubique.
i tibi producit quartae crescentia prima.   1675
omni praeterito reperimus imus breviando,
inque velim produc cremanta priora vel in sim.
i brevias aliis, si non u consona subsit.
o verbum crescens producit et u breviabit.
has per cremanta normas disyllaba serva;   1680
sed tamen has omnes dic ad medias speciales.
compositum partis retinens i fine prioris
hanc breviat mediis, sicut tubicen; sed ibidem
excipies, iungetur ei tibicen, ubique.
ex di compositum produc; sed deme disertus,   1685
et, quae componis ex Graeco, curta locabis.
vocalis brevis est alia subeunte; sed inde
demi plura queunt, ut dius diaque, dium,
et fio, cum sit disyllaba vox, breviatque
cum polysyllaba fit: fiet probat hoc fieretque.   1690

VARIA LECTIO.

1670 longam *e* passiuo longa reris uel rere notatur *P*   1671 bre-
uiatum *S*   *vv* 1671. 1672 *inverso ordine* in *A₁ A₂*   1673 fit] sit *P*
et] uel *SPe*   sive *om. SPe*   1676 reperitur *SA*   imus] in us *(!) e*
1678 breuies *e₁*   subsit] subdit *e₁*   1679 crescens ucrbum *P As Me*
1680 dissillaba *codd.*   1681 omnes] normas *e*   *post v.* 1681 crescere
uocalem dic que petit additionem *add. P*   1683 breviat mediis] mediis
breuia *(!) P*   brevias *(!)* mediis *e*   1684 iungatur *M*   1685 disertum *Pe*
1686 compones *M*   locabis] notabis *P*   1688 queunt] volunt *M*
1689 breuiaque *M*   1690 polisillaba *codd.*   fit] sit *P As Me*

TESTIMONIA ET EXPLANATIONES.

1672 'duo tempora', i. e. praeteritum perfectum et futurum coniunctivi (cf. *Prisc. I 416₂₅₋₂₈ Serv. in Donat. 411₈₄₋₈₈*), ut 'amaverim' et
'amavero'   1674 ut 'ameris doceris legeris audieris' etc.   ˙ 1675 'crescentia prima' sive 'cremanta priora', ut audĭmus audĭstis', ad differentiam
ciementorum secundorum, ut 'audivĭmus', in quibus ubique i brevis
·reperitur, 'si non u consona subsit' (v. 1678), ut 'amavistis audivistis' etc.
1679 'amatōte, volŭmus possŭmus'

e super i longam dat declinatio quinta,

quando vocalis praeit e; sed eam breviabis,

consona si praeeat: dic ergo rei, speciei.

Graecaque iungantur, quae longa frequenter habentur.

i super a propriis raro breviatur Hebraeis.   1695

ut tua metra petunt, dabitur genetivus in ius;

corripis alterius, semper producis alius.

tenditur Eous, aer, platea, chorea.

vocalem mediae breviant, si muta sequatur

cum liquida; tamen hanc productam pone brevemque.   1700

longa sit adiutrix, Octobris, nomen in atrix.

cum chiragra podagram quidam breviant, alii non.

   Ante b corripis a, sicut scabo sive scabellum

et stabilis, stabulum, dabo vel labo sive flabellum

VARIA LECTIO.

   1693 rei] spei *M*   **1694** iungentur *M*   **1695** ebreis *A₁* hebreis *cett.*
codd.   **1697** producis semper *S*   **1698** corea platea *S*   **1699** breuiant
medie *M*   **1701** sit] fit *Se*   **1702** cyragra *vel* ciragra *codd.*   **1703** corripis a]
fit brevis a *e* scabellum] scabella *SPM*

TESTIMONIA ET EXPLANATIONES.

   1694 auctor dicere vult in dictionibus Graecis vocalem ante vocalem
frequenter productam inveniri, ut 'Medēa'   **1698** 'platēa' cf. v. 1763
1702 'chirăgra podăgra': 'nodosa corpus nolis prohibere chiragra' *Horat.
epist. I 1, 31* cf. *id. sat. II 7, 15 Pers. V 58* 'podagra chiragraque secatur'
Mart. IX 92, 9 cf. *id. I 98* 'podagra, chiragra communem habent' *Bebel.* —
hic non praetermittendum arbitror in omnibus illis locis pro scriptura 'chiragra', quam priores editiones exhibent, a nostrae aetatis editoribus fere
omnibus scripturam 'cheragra' receptam esse, scilicet, ut brevis efficeretur
prima syllaba. num illi suo iure id fecerint, viri harum rerum peritiores
diiudicent. equidem, ut de *Doctrinalis* codicibus atque medii aevi glossa-
riis omnino taceam, hoc unum vel maxime memoratu dignum existimo
Acronem grammaticum in illo *Horatii* loco, *sat. II 7, 15*, evidenter legisse
'chiragra', non 'cheragra'. vide *Acronis et Porphyr. comm. in Horat.* ed.
Hauthal, vol. II 326   **1703** 'scabellum' a *Thuroto 434* falso enume-
ratur inter dictiones ab usu Latino alienas. cf. *Georges.*   **1704** 'flabellum':
'illud unde muscas abigimus' *Osb. Pan. 240* 'muscarium, sc. cum quo
muscas abigimus' *Hug., Io. Ian.* cf. *Gl. n., Du Cange.* de prima huius vocabuli syllaba correpta haec exempla affert *Despauterius:* 'Ovid. in III. amo-
rum: "quod faciunt nostra mota flabella manu". idem in I. de arte: "profuit et tenui ventos movisse flabello"', quos quidem versus investigare
examinareque mihi non licuit.   ceterum cf. *Lachmann. Lucr. II 394*

et labor; hinc demas labi vel fabula, flabam,   1705
scabidus et tabes et stabam, pabula, labes
et fabor, strabo nabamque simul sociabo;
fabellam varies.

a c brevis: probat hoc acer arbor, acerbus, acesco.
cum b praeit vel p, produc; sed deme paciscor   1710
et placet et baculus, spatium, brachos; estque morandus
hic acer, Thracus, facundus, machina, Dacus,
graculus addatur; sed iacinthus variatur.
a d corripies: tibi sint gradus et vada testes.
excipitur radix et clades, suadeo, spadix,   1715
trado, traduco, Gradivus radoque, vado
et Gades.

VARIA LECTIO.

1705 demam *Pe*   1707 fabar *PM*   strabo] stabo *e*   1708 potius
producere temptes *add. Io. Garl. (Ar)* potius producere debes *m. rec.*
add. S, *habet e*   fabula nostra monet *add. A2*   1709 acerbus
acesco] acetus acesso *e*   1710 vel] aut *e*   sed deme] breuiaque *P*
1711 brachos estque morandus] bracosque (!) morandus *A8LPM* bracos
est breuiandum *e*   1712 Thracus *etc.* Dacus] dacus *etc.* tracus *M* vv. 1712.
1713 *inverso ordine in e*   1713 iacintus *sive* iacinctus *omn. codd. et e*
1716 vadoque rado *e*   1717 et grates (!) *e2*   addes gadiitina (?)
ponere debes *add. Io. Garl. (Ar)* hoc nomen per plurale tenebis (!)
add. e   v. 1717 *om. M*

TESTIMONIA ET EXPLANATIONES.

1707 'străbo': 'luscos et strabos, qui torta luce fruuntur' *Aldhelm.* ap.
Du Cange s. v. 'strabus'. 'hic Strabo velut ex alto speculator Olympo'
Bapt. Mantuan. sec. Despaut. 477 'a sterno dicitur hic strabo nis, qui
oculos habet obliquos' *Io. Ian.* ex hac falsa etymologia prima vocis syllaba
contra antiquorum usum producta est   1708 'făbella': auctorem puto
innuere voluisse primam huius dictionis syllabam corripi, in. quantum
est diminutivum a 'faba' (cf. *Plaut. Stich. V 4, 8*), produci, si diminutivum est a 'fabula'   1711 'brăchos graece, i. e. breve latine'
Io. Ian., Brev. cf. *Graec. VIII 35.* = βράχος βροχύς. voculam affert etiam
Sulpit.   1712 'hic acer', i. e. nomen adiectivum, non substantivum; cf.
v. 1709   1713 'grăculus' = κοραχίας κολοιός, Dohle: 'sed quandum volo
nocte nigriorem, formica, pice, graculo, cicada' *Mart. I 115, 4 sq.*   quare
falso in *Georges. Lex.* prima syllaba corripitur. cf. etiam *Despaut. 479.* —
'iăcinthus': 'flos est iacinthus, lapis est incinthus homoque' *Io. Ian., Gl. n.*
'est homo iacintus, flos, insula, gemma iacintus' *Gl. M.* cf. v. 657

est super f brevis a; sit saphirus tamen extra.

a g brevis: probat ecce sagax; strages retrahatur,

vagio, vagina, magalia, stragula, saga;   1720

lagana producit Petrus; indago sociatur.

si p vel f praesit, produc; sed deme flagellum,

additur huic fragor et fragilis, plaga = rete vel ora.

a super l tardant disyllaba; sed calo verbum

ac alit atque malum, quod mobile, demo palamque   1725

atque phalam, sit deinde Pales his iuncta phalumque

atque salum = mare.

haec, quibus est crescens genetivus, corripe, sicut

VARIA LECTIO.

     1718 est super f brevis a] a super f brevia *M*   saphirus *vel* safirus *omn.* *codd. et e*   tamen] lapis *S A₃ P M e*   **1721** producit] produxit *S A₂ A₃ P* **1722** flagella *e*   **1725** deme *P A₂ A₃*   **1726** phalumque] palumque *M* phalernum *P*   **1727** mare] *superscr. M, om. et* brevies quod nasci de sale dices *add. Io. Garl. (Ar)*   *post* **1727** his que nascuntur pariter quoque corripiuntur *add. e*

TESTIMONIA ET EXPLANATIONES.

     1718 'saphirus', cf. vv. 1743. 2106 sq.   **1720** 'māgalia', vox Punica, viles domus Afrorum significans; cf. *Verg. Aen. I 421* et *Serv. in h. l.* **1721** 'lagana producit Petrus', sc. Riga in carmine, quod inscripsit Aurora: 'lagana lata notant et fratris et hostis amorem' cf. *Io. Ian., Brev., Despaut.* 'ad porri et ciceris refero laganique catinum', *Horat. sat. I 6, 115*, ubi tamen *Despauterius* cum *Nestore* et *Calpino* 'lachanum' legendum esse censet. 'lagana sunt placentulae quaedam vulgares, quae cum pipere et liquamine conditae depromi solebant ad coenam moderatam et parabilem' *Acro in Horat l. c.* 'laganum est latus et tenuis panis, qui primum in aqua et postea in oleo frigitur' *Isid. etym. XX 2.* 'illa vero', (sc., quae primum in aqua coquuntur) 'in vulgo dicuntur "crustella", ista' (sc., quae postea in oleo friguntur) '"lasaria"' *Io. Ian., Brev.* 'sunt lati panes sartagine cocti vel pannekake' *Gl. ap. Thurot. p. 528 et 530.* vocabulum, ex Graeco λάγανον depromptum, invenies etiam in *Vulg. ex. XXIX 23* **1723** 'plăga' = rete vel regio, 'plāga' = vulnus   **1724** 'cālo verbum' = καλῶ, cuius compositum est "intercalo" = interpono, sed 'cālo' nomen (v. 1729): 'ponere dico calo, sed refert pondera calo' *Io. Ian., Brev.* 'dum te calo, calo ligniferum vocito' *Despaut.*   **1725** 'malum quod mobile', i. e. adiectivum   **1726** 'phala, sive 'fala' est 'turris lignea' *Gl. M, Pap, Io. Ian.* etiam turris rotunda et fastigata in circo, unde *Iuven. VI 520:* 'consulit ante falas delphinorumque columnas. — 'phalum, i. e. vinum *Gl. Ar.* glossator 'vinum Falernum' innuere voluisse videtur. alibi vox non occurrit. in *Brev.* affertur: 'phalon, graece, latine lignum dicitur'

sal salis atque palus; calo dematur et ales.

quae polysyllaba sunt, brevies; balistaque tolles,　　　1730

alea, caligo balaenaque, salebra, squalet.

a super m tardant disyllaba quaeque sequuntur;

sint damus atque fames, chlamys et tamen ac amo dempta

atque thamos.

quae polysyllaba sunt, brevies; amitto sit extra,　　　1735

lamina, lamentor, quibus amentum sociabis.

a super n longam faciunt disyllaba; deme

hinc manus atque cano, canis, haec anus addis anasque

ac ana sive phanes.

ni sint a longis, polysyllaba curta locabis;　　　1740

ganeo dematur.

VARIA LECTIO.

　1729 calo dematur et ales] uariat calo longa fit ales *M* varies calo longa sit ales *e*　　*post v.* 1730 nomine producto verbum breuiabo caligo *(!) add. S*　　*post v.* 1731 ad placitum salebras *add. P*　　1732 secuntur *L P A₂ A₃* sequentur *e*　　1733 sint] sunt *A M e*　　chlamys] clamis *codd. et e*　　1734 mare quod resonat uel quod fit amarum *add. Io. Garl (Ar) M* 1738 addas *A₁*　　1739 et que deducis ab illis *add. Io. Garl. (Ar) S* et (at *a₂*) ana sive phanum et quae deducis ab illis *add. e*　　1740 locabis] notabis *A P M*　　1741 ganea *add. e* hoc est homo luxuriatur *add. Io. Garl. (Ar)*

TESTIMONIA ET EXPLANATIONES.

　1729 'sal multi putant corripi, sed citra testimonium' *Despaut. 656* 1730 'bălista', rectius fortasse 'ballista' (est enim a βάλλω) scribitur　　1731 'sălebra' prima syllaba producta auctoritate carere videtur, quamvis etiam *Sulpit.* ita doceat. sunt autem 'salebrae' loca asperitate difficilia et impedita, metaphorice difficultates　　1734 'thamos': 'unde ypotamus (hypothamos)' *Gl. M* *Gl. A₃* 'et mesopotamia' *Gl. M* 'idem quod mare' *Gl. A₃*; cf. appar. crit. 'thamus mensis Iulius dicitur' *Pap.* 'Thamos Sulpitio corripi censetur in Mela. Tamos est promontorium quod Taurus attollit' *Despaut. 486* 'tamos corripitur' *Bebel.*　　1736 'ămentum' (proprie 'agimentum') vinculum sive loramentum est, 'quo media hasta ligatur, ut iaculetur in hostes' *Pap.* cf. *Verg. Aen. IX 665* et *Serv. in h. loc.* 'vel dicitur lignum longum vel funis, cum quo nautae profunditatem aquarum scrutantur' *Brev.* 1739 'ana' = ἀνά. — 'phanes': 'apparere phanes, Epiphania dicitur inde' *Graec. VIII 269* 'phanes, i. e. sol, quia quotidie se renovat, ut ait Macrobius libro I saturn. et Philelphus in Sent. III: "hunc veteres divum vates dixere phaneta." sic proprium viri Phanes et appellativum in compositis, ut Aristophanes' *Despaut. 487*　　1741 'ganeo' = popino', Germ. 'Schlemmer'; cf. *Iuvenal. IV 58*

a p brevis, nisi papilio vel vapulo, papo,
Apulus et papa, saphirus, crapula, lap|p|a
map[p|aque cum rapa.
ante q fit brevis a semper nisi compositiva.   1745
ar brevis est, quod arista probat, varicosus aruspex.
excipitur carex ac areo, varica, varix,
area, Narycia vel glarea, pareo, naris,
carica.
produc rus vel ra vel rum: testis tibi carus;   1750
ara Dei; sed ara suis et para dempta parumque.
cum subit s produc disyllaba, sit quasi dempta
et casa sive basis; polysyllaba curta locabis,
caseus excipitur, et basia longa notentur.
a t brevis: nato sit testis, quater atque quaternus   1755
atque statum, status ac statio, latet; ac retrahatur

VARIA LECTIO.

    1744 cum iapyge capadocesque *add. Io. Garl. (Ar)*   **1746** brevis
est] breuies *S M*   **1747** varex *As e*   *v.* **1747** *om. S*   **1748** naricia
codd.   **1749** *om. Io. Garl. (Ar)* coniunges *add. e*   **1750** carus tibi
testis *P M e*   **1751** dempta *omn. codd.*   **1752** a super s produc dissillaba *etc. P* sit] sed *S*   **1754** notantur *P*   **1756** statum] stater *Me* ac
statio] et st. *P M* ac retrahatur] et retr. *P As*

TESTIMONIA ET EXPLANATIONES.

    1743 'saphirus', cf. vv. 1718. 2106 sq. — 'crapula' (κραιπάλη), affectio
quaecumque capitis facta ex vino intemperantius hausto. — 'lappa',
Germ. 'Klette';   cf. *Ovid. epp. ex Ponto II* 1, 14 *Verg. georg. I 153*
1744 'mappa': 'mappas antiqui dicebant, quae nunc mantelia dicimus' *Acron in Horat. sat. II* 4, 81 'manutergium' *Gl. n.* — 'răpa'
ae et 'rapum' i, Germ. 'Rübe'; unde dimin. 'răpulum' *Horat. sat. II 2, 43*
1746 'varicosus aruspex' *Iuvenal. II 6, 398*   **1747** 'carex', herba, quae
inter gramina censetur, Germ. 'Riedgras'; cf. *Verg. georg. III 231;* de
genere cf. v. 687. — 'vărica vărix': 'a varus dicta est haec varica et haec
varix, vena intercoxanea, et producit va' *Io. Ian.*   'pedes in diversum fle-
xos varos dicimus, et distortas venas varices' *Acron in Horat. sat. II 3, 56.*
ex hac falsa derivatione a 'varus', quam etiam *Despaut. 475* accepit et
contra *Nebrissensem* defendit, prima syllaba vocis 'varix' producta est
1748 'Narycia', urbs Locrorum in Italia inf.;   cf. *Ovid., Verg., Plin.*
'glarea' terra scrupulosa, qualem litora et ripae habent; cf. *Lucan. IV 302*
1749 'Carica', sc. ficus   **1751** ăra = 'hara', i. e. stabulum porcorum: 'porcum
nutrit hara, gentilis quem necat ara' *Io. Ian.*   'est hara porcorum brevis,
et non ara deorum' *Brev.* — 'para' = παρά — 'dempta', supple 'sunt'

vates, Saturnus laternaque, mobile latus,
atria, catholicus; clatros sociare solemus,
quatuor ac fatum naturaque, quatinus, ater.
platos cum statim varies; sed longa locabis   1760
in quibus m super est aut r muta praeeunte.
philosophi mathesim breviant vatesque mathesim.

VARIA LECTIO.

     vv. **1758. 1759** *inverso ordine in* $P A_8 M$ *vv.* **1759. 1760** *inv. ord. in e*
1760 locabis] notabis $A M$ **1762** mathesim breviant] breuiant mathesim S
mathesim dicunt $P A_8$

TESTIMONIA ET EXPLANATIONES.

     1758 'catholicus corripitur; auctoritate tamen Sidonii et ecclesiasticorum
poetarum propter tot breves se invicem consequentes etiam produci potest'
Bebel. cf. *Despaut.* — 'clatri': 'obiectos caveae valuit si frangere clatros' *Horat.*
art. poet. 473   **1759** 'quătuor': hoc numerale primam corripere, sicut quater
(cf. v. 1755), et ubi producta inveniretur, literam t geminatam habere lexi-
cographi vulgo annotant. sed si re vera esset brevis, procul dubio etiam
eiusmodi evidentia reperirentur exempla veterum poetarum, qui sexcen-
ties hac vocula usi sunt semperque primam produxerunt. in his *Vergilius*
et *Martialis* plus vicies ex hac voce dactylum effecerunt, nec aliter iuniores
poetae faciendum sibi putarunt, ut *Iuvencus (hist. ev. III 218), Avienus*
(perieg.) Sedulius (op. Pasch. I) aliique. quod ad illud attinet, quod quater
primam corripit, non parum sane vocabulorum afferri possunt, quae in
quantitate ab origine sua recedant, ut 'lucerna' a 'lūce' seu 'lūceo' (vide
v. 1942), ŏfella ab offa (vide v. 1896 sq.), 'pŭsillus' a 'pūsus' (vide v. 1967),
tĕgula a tĕgo (vide v. 1782)   **1760** 'platos graece-latine, dicitur latum
vel latitudo' *Io. Ian.* 'plătos' non inveni; cf. v. 1763. — 'stătim': primam syllabam produxerunt *Alc. Avitus Il 180 Avienus in phaen. Arati 396.* cf.
'stătum' et 'stāturus' v. 1646 sq.   **1760** sq. 'sed — praeeunte', ut 'māter
prātum'   **1762** 'măthĕsis măthēsis': recentiores auctores 'matheseos'
vocabulo etiam pro astrologia sive divinatione usi sunt, sicut et eam pro-
fitentes 'mathematicos' appellarunt (ita iam *Iuvenal. XIV 240*), et ut
pronuntiatione differentiam statuerent, quando pro disciplina vel doctrina
ponitur, paenultimam, nimirum contra naturam elementi Graeci, corripuerunt. unde in plerisque codicibus, sicut etiam in *Graec. X 211* et apud
Io. Ian., hic versus laudatur: 'scire facit mathesis, sed divinare mathesis'.
versus igitur supra allati sensus est hic: 'mathĕsis', i. e. scientia quadri-
vialis, et 'mathēsis', i. e. ars divinatoria, primam syllabam corripiunt
itaque a regula priore versu statuta excipiuntur; cf. etiam v. 2044. ceterum
'mathĕsis' paenult. corr. etiam pro arte vaticinatoria usurpata interdum
occurrit, ut apud *Prudentium,* qui *contra Symm. II 888* eas artes, quas
daemon invenerit, recensens dicit: 'involvit mathesi, magicas impellit in
artes' cf. *idem l. c. II 479.* sic *Apollinaris Sidonius, Panegyr. II* dicit:
'percurrit mathesiu numeris interrogat umbras'

ut placet est platea vel platea sive platea.
a super u brevias; sed gnavus et avia demas,
gavisus, navis et Mavors pavoque, mavis,   1765
suavis, pravus, item si praesit l addita mutae.

     Ante b fit brevis e, si non duo consona praesint;
deformat debet, Ph[o]ebus Thebaeque notentur,
Nebrida, debilitas et Ph[o]ebe [neboque nebam.]
e c brevis: secus est testis, nisi s[a]ecula, m[o]echus   1770
f[a]ecis: securus, fecundus, Gr[a]ecia, c[a]ecus,
pr[a]eco, me-, te-, se-, vecors vel secius, echo,
thecaque longatur, de quo chirotheca creatur.

VARIA LECTIO.

    1764 brevias *etc.* demas] brevies *etc.* demes *M*   **1765** navis
etc. mavis] mauis *etc.* nauis *A*   et Mavors pavoque] mavors pavo quoque *M*   **1767** fit brevis e] corripis e *L*   si non] nisi cum *PM*   praesint]
presunt *M*   **1768** deformat] *LS*   de format *APM*   debilitat *e*   Phoebus
Thebaeque] cebe *(!)* phebeque   **1769** Phoebe] febus *P* phebes *M*   [ ] *in-*
*clusa om. A*1 *A*2 *S, add. Io. Garl. (Ar) LP*   sint tibi longe *add. A*3   nebula
gleba *add. Me*   **1772** vel] et *A*3 *M*   **1773** tecaque   et echinnus *S*   chi-
rotheca] cerotheca *A L*2   cyroteca *vel* ciroteca *cett. codd.* (cf. *v.* 1702)

TESTIMONIA ET EXPLANATIONES.

    1763 'plătĕa': 'purae sunt plateae, nihil ut properantibus obstet' *Horat.*
epist. II 2, 71. haec apud antiquos poetas usitatissima forma erat; recentiores
secundum etymologiam (πλατεῖα) paenultimam produxerunt; cf. *Keller,*
Jahrb. f. kl. Phil. 103, 559; plătea vero prima producta exemplis auctorum
comprobata non videtur, licet inveniatur v. 1698 et admittatur a *Sulpit.*   **1764** 'a
super u brevias', ut 'avis avus favor favus pavor etc.   **1766** 'l addita mutae',
ut 'clavus flavus'   **1768** 'deformat', sc. regulam, i. e. contra regulam versu
priore positam est 'debet' (cf. 'cassare' v. 914); aut scribendum est cum
quibusdam codd. 'de format', i. e. prima syllaba verbi 'debere' longa est
1769 'Nebrida' hic, ut mihi quidem videtur, nominativus singularis numeri
est, cuius pluralis est 'Nebridae', non accusativus sing. vocis 'nebris', nisi
forte auctorem nulla metri necessitate coactum hoc loco accusativum
nominativis inseruisse putemus. sunt autem 'Nebridae' mulieres, quae
'nebride', i. e. 'veste ex pelle cervi vel lyncis' *(Gl. M., Io. Ian.)* concinnata,
indutae erant, sive Bacchae. cf. *Statius Theb. II 664 Seneca Oed. v. 438*
Silius III 395. in *Brev.* vero legitur: 'nebrida dae, planeta, quae induebatur tempore sacrificii'   **1772** 'me. te. se.', sc. 'mecum' etc.   **1773** 'chiro-
thea': 'uanti (sine dubio Ital. guanti), 'i. e. manus theca' *Pap.* 'manuum
tectura' *Hug., Io. Ian., Osb. Pan.* 'designat tegimen utriusque manus
chirotheca' *Graec. X 203.* cf. *Ys. III 1131 Du Cange;* de quantitate
primae syllabae vide etiam adn. ad. v. 1702

ante d protrahis e, si sint disyllaba, sicut
sedes et t[a]edet; cedo pro dic demis edoque,   1775
pes pedis atque pedum, cedrus, et polysyllaba curta,
ut sedeo, medicus; sed sedulus excipiatur,
seditioque simul.
cum subit f, brevis e; sed compositiva notate.
ante g fit brevis e rego teste legoque tegoque;   1780
excipies reges reginaque, regula, leges,
[a]eger et [A]egyptus, legans et tegula, iunges
[a]egis et [a]egoceros.
e super l longam faciunt disyllaba, sicut
chele; demo chelym, velut inde, velimque geluque   1785
atque melos, scelus atque celer, melus; et breviabis
quae polysyllaba sunt; speluncaque, belua demas,
delibutus et electrum spelaeaque Graecum,

VARIA LECTIO.

   1775 tedet et sedes *P*   **1776** et] ac *e*   **1778** et dedalus *add. S*
cui seditiosus adhoret *add. Io. Garl. (Ar)* cum sediciosus habetur *add. e₂*
1779 notabis *M e*   **1780** lego teste tegoque regoque *A₈*   **1781** excipies *L*
excipias *rett. codd. et e*   **1782** legans] legas *A₂ S P M e*   et tegula] vel
regula *P*   iunges *L A₁* dego *rett. codd. et e*   **1783** cum (et *P*) fregi iungito
pegi *add. Io. Garl. (Ar) P*   quae graeca tibi retineto *add. e₂*   **1784** faciunt
longam *L*   **1785** deme *P A₈*   **1786** et breviabis] ac breviabis *M e* ab-
breuiabis *A₁*   **1787** demis *M e*

TESTIMONIA ET EXPLANATIONES

   1776 'pĕdum', baculus pastorum recurvus; cf. *Verg. ecl. V 88*   **1782** 'tegula', quamvis a tego descendat, primam productam habet; cf. *Ovid. Fast. II
537 VI 316.* est autem (Germ. 'Ziegel'   **1783** 'aegoceros' (codices et editiones, quas novi, omnes habent 'aegloceros' = αἰγοκέρως) Latine vulgo 'capri-
cornus' dicitur, Germ. 'Steinbock'; cf. *Osb. Pan. 193 Graec. VII 32 VIII 92
Brev., Dief.* est quoque signum caeleste; cf. *Lucan. IX 537*   **1785** 'chēle',
vulgo plur. 'chelae' forcipes cancrorum et scorpionum; item pro signo
caelesti apud *Verg. georg. I 33*   **1786** 'mĕlus': 'animal' *Gl. M.* 'taxus'
(Ital. 'tasso', Germ. 'Dachs'), 'qui melus dicitur' *Pap.* 'quoddam animal,
Gallice taisson' *Gl. ap. Thurot 431*; cf. *Io. Ian.* paenultimam corripiendam
esse censet etiam *Sulpit.*; producitur autem in hoc versu *Erb.*: 'audieram
strepitum, certans comprendere melum'. (vocabulum non habet *Du Cange.*)
1787 'quae polysyllaba sunt', ut 'elementum elephantus' etc: **1788** 'spēlaea'
(sing. 'spelaeum' vel 'speleum', σπήλαιον) = speluncae; cf. *Serv. in Verg.
ecl. X 52 Pap., Isid. etym. XVI 3 Io. Ian.*

Elysius cum deliciis delubraque iungam.

e super m brevis est; sed femina, semina demam,   1790

demoque producis; sed longis addere debes

e super m solam, sed correptis emo iungam   ·

ac emio, Themis [extrahe demum, semita, semis],

et cum cremento disyllaba nomina produc;

sed memor atque nemus, pariterque femur breviamus.   1795

e super n longa; sit enim brevis atque fenestra

atque penum, penitus, penetro, penes atque penates

et phrenesis, teneo.

si b vel s t vel u vel g praeiungitur illi,

fit brevis; at venum produci venaque debet,   1800

t[a]enia, t[a]ena simul et venor, T[a]enara, senus.

VARIA LECTIO.

1789 iungis *PMe*   1790 semina] semita *Me*   demam] demas *A2*
demis *P*   deme *Me*   1791 producis sed] producis et *P*   produces et *Me*
1793 Themis *om. P*   [] *inclusa add. Io. Garl.(Ar) L*   iunges his demum
semita sētis *(!) add. S*   1795 breuiabis *P A3*   *post v.* 1795 compositiua
notes *add. LMe*   1796 sit] sed *S A3*   1797 penum] penus *Me*   penetro]
penetrat *Me*   1798 et frenesis *Me*   et frenesis teneo *A2 A3*   et
frenesis teneo varies *A1*   et frenesis teneo uel varies *(sic) L*   et frenesis varies Flacco delente *(sic)* frenesis *Io. Garl.(Ar)*   et fr. v. Fl.
dicente fr. *P*   et fr. teneo Fl. d. fr. *S*   *(hic de prima syllaba agitur,
quae quidem in voce* phrenesis *semper corripitur; de paenultima syllaba
varianda auctor infra* (v. 2045) *tractat.)*   1799 si b uel g uel s t uel
u preiungitur illi *Me*   si b uel s presit *rell. om. P*   1800 at *A1 A3*   ac *LP*
atque *(!) S A2*   1801 Taenara] trenara *Me*

TESTIMONIA ET EXPLANATIONES.

1791 sq. 'sed longis — solam', ut 'eminus' reliquaque cum 'ex' composita
1793 'ĕmio': 'nomen graec., unde componitur redimio' *Gl. M*   'emio non est
n usu, sed sua composita' *Gl. ap. Thurot. 429*   'emio est orno' *Gl. n.* (verbum omisit *Du Cange*)   1794 exempl.: 'semis semissis, thema thematis'
1796 'e — longa', ut 'fenum fenus deni' etc.   1798 'phrĕnĕsis': de correpta paenultima vide v. 2045   1799 ex.: 'bĕne sĕnex tĕneo vĕnio gĕnae'   1801 'taenia
taena simul', cf. *Io. Ian.*   alteram formam in usu esse medii aevi grammatici, atque etiam *Despaut. 513*, ex illo *Vergilii* versu *(Aen. V 269)* con-
cludebant: 'puniceis ibant evincti tempora taenis'. sed ibi et contractio
ex 'taeniis', ut in 'gratis' ex 'gratiis'; cf. *Lachman. comm. in Lucr. 279*.
est autem 'taenia' 'vittarum extremitas' *Serv. in Aen. VII 352* 'depen-
dens diversorum colorum' *Isid. etym. XIX 30, Pap., Io. Ian.* — 'senus', vulgo
plur. 'seni', numerale distributivum

ante p fit brevis e, veluti reperire; p duplex
repperit excipies et pr[a]e, pr[a]eputia, pr[a]epes,
cepaque protrahit e; sed et hanc producere debes
s sibi praeposita; breviato tamen sepelire.   1805
longa fit epacta, repoque simul sociatur.
ante q fit brevis e, sicut neque; demitur a[e]quor
[a]equus et a[e]qualis, nequaquam nequaque, nequam.
e super r brevis, ut series, hera sive ceraunos,
sic et herilis, herus, heresis; tamen excipis heros,   1810
h[a]ereo, feralis, [a]erumnaque, c[a]erulus, heres,
m[a]eret et eruca ceromaque, seria, C[a]eres,
[a]es [a]eris, qu[a]ero, gens Seres ceraque, sero,

VARIA LECTIO.

1803 excipies] excipias *P* excipiet *S A₁* excipitur *A₈*   **1805** breviato]
breviando *Me*   **1806** longa fit epacta cum tepo *rell. om. Me₁*   longa fit
epacta cum tepo consociata *e₂*   longa fit epacta tamen abbreuiatur epacta *P*
1809 ceramon *L A₂*   ceraunon *S*   ceraumon *Me*   seraumon *A₈*   serānon *P*
1810 heros] heres *e*   **1811** heres] heros *e*   **1813** quaero] vero *e₁*   gens Seres]
gens ceres *L S P e₁*

TESTIMONIA ET EXPLANATIONES.

1804 'cepa' fem. vel 'cepe' neutr.; cf. *Horat. epist. I1 2, 21 Mart. III
77, 5 XII 32, 20 Pers. IV 20.* — 'sed — praeposita', ut 'sepes sepia separo' etc.
1806 'epacta' vulgo plur. 'epactae' (ἐπακταὶ sc. ἡμέραι): 'epactas Graeci
vocant, Latini adiectiones annuas lunares, quae per undenarium numerum
usque ad tricenarium in se revolvuntur, quas ideo Aegyptii adiciunt, ut
lunaris emensio rationi solis aequetur' etc. *Isid. etym. IV 16;* cf. *Osb. Pan. 196
Io. Ian., Brev., Du Cange.* unde auctor, quem hac in re *Sulpit.* secutus
est, primam syllabam productam statuerit, nescio   **1806** 'nequa': 'ex ne
et quis componitur nequis nequa nequod vel nequid' *Io. Ian.* cf. *Prisc. I
179₁₇*   **1809** 'ceraunos' = κεραυνός, unde 'Ceraunia, Acroceraunia' ap.
Verg. Aen. III 506, georg. I 332, Horat. carm. I 3, 20; cf. *Serv.* et *Acron
in ll. cc.*   **1810** 'hēresis' (pro haeresis, αἵρεσις) est etiam ap. *Egb. II 1747*
in *Graec. XIII 131 X 149;* cf. *v.* 268   **1812** 'ērūca': 'tinea in vestimentis,
eruca in holere, teredo in ligno, tarmus in lardo' *Isid. etym. XII 5* 'item
quaedam herba, et tunc derivatur ab uro, quasi urica, quia igneae sit virtutis
et in cibo saepe sumpta Veneris incendium commoveat' *Io. Ian.* cf. *Horat.
sat. II 8, 51 Martial. III 75, 3 Iuvenal. IX 134.* — 'cēroma, quoddam unguentum confectum ex melle, herbis et cera, quo athletae utebantur'
Io. Ian. cf. *Iuvenal. VI 246, Martial. IV 4, 10 V 65, 3 VII 32, 9.* — 'sēria'
vas est oblongum vino oleoque condendo; cf. *Pers. IV 29*   **1813** 'sēro' adv.

Erigone,

xerampellinas, clerus; debesque notare   1815

longas ve super r, sed deme veru vereorque;

corripis inferias feretrumque.

p quoque praeposita pones disyllaba longa.

longa fit e super s nisi compositiva thesisque

atque Jesus.   1820

ante t longa fit e, ceu fretus; deme metallum

ac etiam metuoque, fretum, meto, metra retroque,

adiungasque Getes, et si p praevenit aut u;

pr[a]e format pr[a]eter.

Tethys yos Tethim dabit, estque Thetis Thetidisque. 1825

e super u produc, ut s[a]evus; deme severus

et levo sive bever, brevis et leve, non onerosum.

VARIA LECTIO.

1814 Erigone cherre *Me*   1815 serapellinas *L S A₃*   serampellinas *A₁*
serapelinas *A₂ Me*   cerapelinas *P*   notare] locare *P Me*   1816 longum *A₃*
longam *Me*   1817 feraxque *add. S* feretrumque] que *om.,* veretrumque
merumque *add. Io. Garl.(Ar) Me* veretrumque ferarum *add. P*   1820 longus
tamen est in carmine iesus *add. Io. Garl. (Ar) L*   1821 ceu] seu *L A₁ A₃*
1822 *ut supra S, sic, sed* metraque retro *Me* ac etiamque fretum metuoque meto metra retro *A₁ A₂,* *sic, sed* retroque *L* atque *(superscr. etiam)*
fretum metuoque metoque metraque retroque *A₃* sic etiam metuoque
fretum meto retroque metra *P*   1823 et] aut *A₂*   1824 et vult producere pretor *add. Io. Garl. (Ar) et* (debes *pro* et vult) *Me* *vv.* 1824. 1825
inverso ordine in Me   1825 Thetis ios thetimque dabit thetis est thetidisque *Me*   1827 beuer breuis *L A₁ A₂* breuis beuer *S A₃ P*   breuis
breuis *(!) Me*

TESTIMONIA ET EXPLANATIONES.

1815 'xerapellinae' (pro 'xerampelinae', ξηραμπέλιναι) 'dicuntur
veteres vestes et praecisae' *Pap.;* cf. *Du Cange* 'xeros componitur cum
pellis et dicitur xerapellina, i. e. pellis sive vestis vetus sicca et praecisa,
detrita' *Hug., Io. Ian., Brev.* haec interpretatio sine dubio inde exorta
est, quod Iuvenalis xerampelinas forte 'veteres' dixit: 'et xerampelinas
veteres donaverit ipsi' *Iuv. VI 519*   1818 ex.: 'pera pero spero'
1819 ex.: 'esus deses'   1820 'Jĕsus': sic etiam praecepit *Sulpit.* contra
hanc doctrinam adnotat *Despaut. 432:* 'patet erasse Petrum Rigam in
Genesi: "de quo concepit virgo beata Jesum", et Alexandrum: "dat Jesus
um quarto"' etc. (vide v. 349)   1825 cf. v. 168   1827 'bĕver', vox Germanica et Anglica, quam pro 'castore' iam apud *Prisc. I* 150₁₈ invenies.

Ante b corripis i; tribulus probat hoc et Iberus;
tribula dematur, hibernus, fibula, scribo,
tibia, Liburnum, vel mobile liber et ibo.   1830
et libum, libo, vibex quoque, sibila, quibo
ac ibis.

ante c corripis i: sit convicior tibi testis
atque dicax; demo convicia, spicula, dico,
ficus cum mica, vel niciteria, trica,   1835
vicenus quoque, tricenus, ficedula, picus,
licia cum spica vel sicut picaque, vicus.

VARIA LECTIO.

1828 corripis] fit breuis *Me*   breuis *omisso* fit *P*   Iberus] yberus
A₁ A₂   hyberus *LP*   **1831** libum libo] libo libum *A₁*   vibex quoque]
et uibex *Me*   **1832** fibra *(!)* poteris coniungere libra *add. Io. Garl (Ar)*
et (uibra *pro* libra) *P*   **1833** corripis i] fit breuis i *SPMe*   **1835** ficus]
vicis *(!) M* vicus *e*   niciteria] nichilteria *L*   nichiteria *cett. codd.*   **1837** vicus]
ficus *Me*

TESTIMONIA ET EXPLANATIONES.

cf. etiam *Priscianea K. Suppl. CLXXV, Pap., Io. Ian., Du Cange.* 'fiber
idem castorque, bever, castorea cuius fiunt testiculi; castratos dicimus
inde' *Io. Garl. 199.* cf. de hac re *Serv. in Verg. georg. I 58 Iuvenal. XII 34*
    1828 'tribulus' (τρίβολος), 'genus spinae' *Serv. in Verg. georg. I 153*
1829 'tribula' fem. et (plerumque) 'tribulum': 'genus vehiculi, quo teruntur
frumenta' *Serv. in Verg. georg. I 164*   **1830** 'Liburnum, genus vehiculi' *Gl. n.* hoc genus autem (si quidem omnino currum significat)
a *Iuvenale III 240* 'Liburnus' dicitur. est praeterea 'Liburna', sc.
navis. ceterum prima syllaba ubique corripitur; cf. *Despaut. 525*
1833 ,convicior', ut videtur ex falsa derivatione a nomine 'vitium'.
legitur enim ap. *Io. Ian.:* 'vitium, quod dicitur a vetando, corripit
i ante t cum suis derivatis; convicium tamen producit i'   **1835** 'niciteria', nunc vulgo 'niceteria' (νικητήρια): 'nici graece victoria, unde et
niciteria, i. e. filateria, in quibus victoriae sunt scriptae; quae athletae
capite (immo collo; vide *Iuvenal. III 68*) gestabant' *Pap.;* cf. *Io. Ian., Osb.
Pan. 371 Brev., Du Cange.* — 'trica', vulgo plur. 'tricae': 'tricae sunt impedimenta gressuum, idem trico tricas' *Pap.* 'a tero dicitur haec trica,
i. e. deceptio, et trica, i. e. meretrix, et trica, i. e. radix, et trica dicitur
capillorum' *Io. Ian.* cf. *Osb. Pan. 591 Ys. I 279 Brev., Brev. Benth., Du
Cange* 'tricae, capilli pedibus pullorum gallinarumque involuti, qui gres-
sum impediunt; ideo tricae dicuntur etiam impedimenta et res frivolae'
Despaut. 180. verbum 'tricari' pro 'morari, tergiversari' legitur apud
Cic. ad Attic. XIV 19, 4 XV 13, 5, activum 'tricare' in *Vulg. eccles.
XXXII 15* et ap. *Ys. I 273, 284;* item 'extricare' pro 'expedire, exsolvere'
ap. *Horat. sat. I 3, 88,* 'intricare' (unde Gall. 'intrigue') ap. *Plaut.* et *Cic.*

c duplicat sicca, siccus; sed ico variabis,

quaeque dicax ponit, ut fatidicus, breviabis.

ante d longa fit i, velut idem pro mare, fido　　　　1840

et fidus; sed demis idem neutrale fidesque,

his ideo, fidis atque Cydonia iunge quidemque.

addis idoneus his et si b vel u praeit aut t.

strideo produces et strido, rideo rides.

idola dic longa; tamen invenies idolatra.　　　　1845

i super f longa nisi compositiva scyphusque.

ante g corripis i; vult figo fligoque demi,

VARIA LECTIO.

1838 duplicant *A1 A2* variabis] breuiabis *P*　**1839** quodque *P A3* e
fatidicus] causidicus *P*　**1842** ideo fidis atque] ideoque fidisque *P*
Cydonia] sidonia *P*　iunge] iungo *Me*　**1844** producis *S*　rides *m. rec.*
corr. in iunges *A1*　iunges *P*　iunge *M*　iungo *e*　**1846** scyphus] cyfus
cifus ciphus *codd.*　tiphus *(!) e*　**1847** fligo figoque *S A1 e*　vult figo] figo
uult *A2 A3*

TESTIMONIA ET EXPLANATIONES.

1838 'sicca' pro 'sica', pugione vel ense, invenitur apud *Gregorium
Turon. IX 19.*　teste *Io. Ian.* haec vox unico c scribitur; itaque
fortasse, nimirum contra glossatorum interpretationes, accipiendum
est quod in *Du Cangii* glossario legitur: 'sicca, saepia piscis, Gallice
seiche'. — 'ico': 'ico paenultima brevi profertur in praesenti teste Capro;
Lucretius *(III 160)* etiam in praesenti producit paenultimam' *Prisc. I
509₂₂—510₃*　**1842** 'Cydonia', sc. mala, 'ab oppido, quod est in Creta
dicta' *Pap.* alias 'Cotonea', Germ. 'Quitten'; cf. *Serr. in Verg. ecl. II 51
Martial. X 42, 3 XIII 24*　**1843** 'si b--t', ut 'bidens video tridens'
1845 'ĭdŏla' pro 'ĭdōla' (εἴδωλα): 'ĭdōlum' medii aevi scriptoribus per-
familiaris vox erat; unde 'ĭdōlĭum' pro 'ĭdōlĭum' (εἰδώλιον), 'Götzentempel':
,'decernant infame Iovis pulvinar, et omne idolium longe purgata ex urbe
fugandum' *Prudent. adr. Symm. II 48*　'in terra sancta Deus imperat idola
tolli' *Petr. Riga*　'idola tot Romae mundo collecta subacto' *Arator de
art. apost. I*　'multi Christianorum in his defecerunt a lingua Graeca'
Despaut.　cf. v. 519 *Graec. X 111.* — 'ĭdōlatra' pro 'ĭdōlŏlatra' sive 'ĭdōlŏ-
lätrēs' (εἰδωλολάτρης): cf. *Ys. VII 581 Egb. L. II 572 Graec. VIII 197*
1846 'nisi compositiva', ut biformis, triformis' etc. — 'scyphus' σκύφος),
vasculum potorium; cf. *Horat. carm. I 27, 1 Tibull. I 11, 9 Martial.
VII 72, 4 VIII 6, 11 XII 69, 1.*　quod ad scripturam codicum attinet,
animadvertenda est adnotatio *Io. Ian.*: 'est s prima litera in Hugutione et
in Papia, nec debet s in pronuntiatione omnino taceri, nec omnino pro-
ferri s, sed quasi medio modo, quia s ibi, quantum ad sonum, liquescit
aliqualiter'

viginti, bigae trigintaque, frigora, pygae,
migro, pygargus, frigoque simul sociatur.
s t si praeeunt, ut stigo, longa manebunt;   1850
sed Styga cum strigibus brevies, strigilis variemus.
longa fit i super l, ut milia; deme cylindrum
et philomela, filix, hilaris, ciliumque Cilixque
et granum milii, bilibris, pilus et pila ludus.
si praeit s aut t, tunc debes i breviare.   1855

VARIA LECTIO.

1849 pygargus] pigardus *codd. et e*   sociatur] sociamus *PA8Me*
1850 praeeunt] presit *e2*   preit *e1*   1851 strigiles *SM* variamus *SAPM*
1852 cylindrum] chilindrum *LA₁A₂M*   1853 philomena *vel* filomena
codd. et e filix] philex *L*   1854 milium *P*

TESTIMONIA ET EXPLANATIONES.

1848 'pygae' (πυγαί, nates; cf. *Horat. sat. I 2, 133* et *Acron
in Hor. sat. I 2, 92*   1849 'mĭgro': 'corripit migro paenultimam
naturaliter; in versu tamen habet primam communem' *Io. Ian., Brev.*
'mĭgro contra Alexandrum' *Despaut. 531*. — ,pygargus', πύγαργος (codices
et editiones, quas novi, omnes 'pigardus' exhibent) 'est avis' *Gl. M, Gl. n.*
'pigargus, quaedam avis, et dicitur a pige, quod est depressum, quia forte
avis parva est, et numeratur inter animalia comestibilia deuteron. XIIII'
Io. Ian., Brev.; cf. Du Cange.   sed in *Vulg. deut. l. c.* et ap. *Iuvenal. XI 138*
'pygargus' procul dubio est fera cervi specie vel caprea silvestris non
absimilis dammis   1850 'stigo, i. e. stimulare, et producit illam syllabam sti' *Io. Ian.;* cf. *Du Cange.*   inde compositum 'instigare'   1851 'strĭ-
gilis': 'a strideo' *Io. Ian.;* cf. *Osb. Pan. 544 Graec. X 66.*   haec falsa derivatio ad primam syllabam producendam induxisse videtur.   est autem
'instrumentum aeneum, quo sudorem in balneis solent homines tergere'
Acron in Horat. sat. II 7, 110; cf. *Iuvenal. III 263 Pers. V 126* 'patella
vel ferrum, unde purgantur equi' *Osb. Pan. 544;* cf. *Io. Ian.* 'patella vel
instrumentum, quo pueri furantur uvas et ficus' *Io. Ian., Brev.*   quae ultima
significatio, ut mihi videtur, ex falsa illius Horatii versus supra citati
interpretatione orta est.   formam 'strigil' habent *Pap., Sulpit., Henrichm.,*
admittunt *Io. Ian.* et *Pylades.*   vox non invenitur apud *Du Cange*
1852 'cylindrus, instrumentum vel serpens' *Gl. M* 'lapis vel serpens'
Gl. n.   ille serpens vero 'chelydrus' vocatur; cf. *Verg. georg. III 415
Lucan. IX 711*   1853 scripturam 'philomena', quamvis omnes codices
editionesque et, quae quidem mihi innotuerunt, glossaria exhibeant, retinere nolui.   1854 mĭlium, Germ. 'Hirsen'; cf. *Verg. georg. I 216.* — 'pĭlus' = ca-
pillus', 'pīlus' = primus ordo triariorum. — 'pĭla ludus', sed 'pīla' vas, in quo
frumentum contundebatur, aut columna ex lapidibus caesis facta   1855 ex.:
'sileo tilia'

i super m tardant disyllaba; sed thyma deme

et nimis atque fimus, simul, his sit Hymen sociatus.

quae polysyllaba sunt nisi simia curta manebunt.

longa fit i super n; tineam, linio, lino demas.

tinea produxit Petrus Riga.   1860

quae c vel s aut m iungunt i, sunt brevianda,

ut cinis atque minor; sed sinum minoque demis.

ante p fit brevis i; vult vipera ripaque demi,

sipharium, sipho, cip[p]us, cum stipite stipo.

i q brevis: probat hoc liqueo, liquor, unde liquoris,   1865

atque liquor -quaris; sit liquor liqueris extra.

i super r longant disyllaba: lira probabit;

VARIA LECTIO.

1856 thyma] tima LSA_1A_2P deme] demis P **1857** fimum M
himen LA_1S sociandus PA_8 his et hymen sociabis Me **1859** demis SP
demo M deque (!) e   **1860** Riga om. PM (superscr. helie M et Io. Garl. (Ar)
quem non imiteris add. Io. Garl. (Ar)   **1861** i] tibi A_8 sibi M **1862** cinis]
sinus PMe demis] demas A_1A_2P demo M **1865** unde] inde PMe
1867 longant] tardant M

TESTIMONIA ET EXPLANATIONES.

1856 'thy̆mum' et 'thy̆mus', plur 'thy̆ma' nobis 'Thymian' est
1859 'tĭnea', vermiculus vestes et libros arrodens; cf. Horat. sat. II 3, 119
epist. I 20, 12 Martial. II 46, 10 VI 60, 7 XI 1, 14 XIV 37, 2. —
'Petrus Riga', sc. in carmine, quod inscribitur Aurora. (locum ipsum non
inveni.) Bebelius, qui vocabulum indifferens esse statuit, hunc Sereni
versum affert: 'matura interno cum viscere tinea serpens'   **1862** 'sīnum',
vas ventriosum ex argilla factum, lacti, vino etc. destinatum; cf. Verg.
ecl. VII 33. — 'mĭno, avi, are, vulgo significat ducere' Pap. 'compellere vel
ducere; unde hic et haec et hoc minans, tis, et producit mi, sed minans
a minor corripit mi, unde versus: "dum grex minatur, lupus illi dente
minatur"' Io. Ian. cf. Graec. XV 57 Brec., Despaut. 537. ex hoc verbo,
quod in Vulg. saepissime reperies (ut exod. III 1 Isai. XI 6 regum I 30,
20 II 6, 3 act. apost. XVIII 16 ep. Iac. III 2 all. ll.), ortum est Ital.
'menare', Gall. 'mener'   **1864** 'sipharium, pretium vel cibus cantoris' Gl. M
'omne, quod ante cantantem pro pretio suspenditur' Pap., Io. Ian., Brec.
est vero 'sipharium' sive potius 'siparium' velum mimicum; cf. Iurenal.
VIII 186 Cic. de prov. cons. 14. — 'cippus': 'a cepi dicitur hic cippus, per
geminum p, et pro trunco et pro cumulo terrae et pro lapide mortuo
superposito et pro cimiterio et pro instrumento, quo reorum pedes
restringuntur, quasi capiens pedes' Io. Ian.; cf. Du Cange   **1867** sq. 'līra
ly̆ra': 'pollice tango lyram, facio cum vomere liram' Io. Ian., Graec. X 148
Io. Garl. 408 Brec. Benth.

vult pyra sive viri, pirus et resonans lyra demi.
quae polysyllaba sunt, breviantur; tiria deme,
pirula, pirata, sit pyramis his sociata.   1870
longa fit i super s; nisi deme miserque, disertus,
his tisanam iungis, sed compositiva notabis.
i brevis ante t fit: iter hoc testatur itemque,
ambitus, ambitio; demes ambitus et itur,
nitor, dis ditis, clitellaque, lis quoque litis,   1875
psit[t]acus et Titan, titilloque, sis quoque sitis,

VARIA LECTIO.

1869 schiria *P* tiria *vel* tyria *cett. codd. et e*   **1870** pyramis] piramus
P A₂ A₃ M piramis *cett. codd.*   **1871** disertus] misertus *Me*   **1872** iungis
sed] iungas et *S P*   iunges et *M*   **1873** ante t fit breuis i testatur iter
uel itemque *P*   **1874** demas *P A₃*   **1875** clitellaque] que *om. A₁ S*
1876 titilloque] que *om. S P A₁ A₃ Me*   *tr.* 1876. 1877 *inverso ordine in P A₃ M*

TESTIMONIA ET EXPLANATIONES.

1868 'pўra' (πυρά): 'exstructio lignorum rogus, subiectio ignis
pyra, crematio cadaveris bustum dici solet' *Serv. in Verg. Aen. III 22*
1869 'tiria' (?): 'tyria' (sic etiam scribit *Sulpit.*) 'est serpens vel gutta
cadens a stillicidiis' *Gl. n.*   sed gutta illa vulgo 'stiria' vocatur; cf. *Verg.
georg. III 366 Martial. VII 37, 5 Serv. in Verg. georg. l. c.,* Pap.,
Io. Ian., Despaut. 544 'tyria ist soviel als ophiasis' (i. e. morbus capillorum, ab ὄφις = serpens) Zedler, Univ. Lex. XLV 2210   'tyrus dicitur quidam serpens, unde haec tyriaca, antidotum serpentum' *Io. Ian., Brev.*
'tyriaca, tyriacum = theriacum, quod vulgo thériaque dicunt' *Du Cange.*
itaque, num 'stiria' scribendum sit, diiudicare nolim.   **1870** 'pĭrula': 'vocatur extremitas eius (sc. nasi) pirula, a formula pomi et piri' *Isid. etym.
XI 1;* cf. *Pap., Io. Ian.*   si vox a 'piro' descenderet, prima syllaba corri-
pienda esset, quod *Hug.* etiam praescribit.   sed re vera producta invenitur,
ut in illo versu a *Canyio* allato, quo signa violatae virginitatis enumerantur: 'pirula, pupillae, palpebrae, stiria, malae'.   etiam *Sulpit.* et *Despaut.*
vocem produci docent.   quam ob rem diminutivum puto vocis 'pera', et
'perula' etiam in recentioribus *Isidori* editionibus scribitur: ita esset
'rotunditas narium' ut *Gl. n.* interpretatur, Germ. ein 'Ränzlein'   **1871** sq.
'longa — s', ut 'risus visus pisum'. — 'sed c. notabis', ut 'bisulcus'. — 'tisana' vel
'ptisana' (πτισάνη a πτίσσω) est hordeum tusum, Germ. 'Gerstengrütze';
cf. *Martial. XII 72, 5.*   forma 'tisana', quamvis nomen Graecae originis
sit, usitatissima fuisse videtur; quam praeter codices nostros optimi *Plinii,
Martialis, Nonii, Isidori* aliorumque libri manu scripti exhibent. etiam
Gallice 'tisane' scribitur; cf. *Du Cange.*   **1875** 'clĭtella': sing. numerus
pro plur. etiam in *Osb. Pan. 149,* in *Brev. Benth.* et ap. *Despaut. 547*
occurrit.

Italus et Python, glitis, pytismata iungo.
littera t duplicat.

   m praeeunte vel r aut u producere debes;
sed breves vitulum, Britones, ovique vitellum   1880
atque mitos filum.

   u longam facit i; nivis hinc vult regula demi.
bisque notes et tris et quae componis ab illis.

    Ante b longa fit o, velut obex obicioque;
excipiatur obes verbum, soboles vel obesus,   1885
corripies etiam, si duplex consona praesit.

   o c corripimus, veluti iocus atque iocosus
et iocor et proceres, oculus vocor; et retrahatur
iocundus, vocis, procerus, et ocior adde
phocaque, vocalis, Cocytus; c duplicavit   1890
occulo; longa dare decet ocia, pocula iunge.

VARIA LECTIO.

    1877 Python] phyton *vel* phiton *codd.*   pytismata] pitasmata *L A2 A3 e*
pitasmata *A1* iungo] iungam *A8* iungis *P M*   **1878** littera t duplicat
A1 A2 e1 littera t duplicat uel t duplicat littus *L* t duplicat littus *PSM*
littera t duplicat et litora non duplicatur *e2* littus t duplicat et littera *A8*
hemist. om. Io.Garl.(Ar) **1881** *hemist. om. Io. Garl. (Ar) S A2 P M, habent L A1 A3*
1882 hinc] hec *S P*   **1885** excipiantur *A8* vel] et *S A3 P M e*   **1886** corri-
pies] produces *(!) M e* praesit] subit *(!) e*   **1887** iocus] locus *A8 e*   **1888** et
iocor et] atque iocor *P* vocor et] uoco sed *P M e2* uocor sed *(!) e1*
1889 adde] addis *M e*   **1890** Cocytus] cochitus *L P* cocchitus *A1 A8* coc-
cingtus *S* coccitus *e* duplicavit] duplicabit *A8*   **1891** iunge] iungo *A1*
occulo longabit simul otia pocula iungit *S*

TESTIMONIA ET EXPLANATIONES.

    1877 'glītis' a 'glis'; cf. v. 446   'pytisma': 'genus ludi' *Gl. M*
'cortina in templo vel genus ludi' *Gl. n.*   'cordae extensae in templo'
Du Cange   'pitisma est genus ludi, quod mirabili arte volvitur et giratur;
unde Iuvenal. *(XI 173):* "qui late daemonio" (sic, pro Lacedaemonium)
"pitismate lubricat orbem"' *Io. Ian.*   immo est sputi irroratio, a πυτίζω,
ut patet ex *Iuvenalis* versu citato   **1879** ex.: 'mitis ritus vito vita'
1881 mitos = μίτος: 'est, mihi crede, mitos filum. sed fabula mithos' *Gl. L,*
Graec. X 248. 'mitos filum est, quod licium dicitur' *Despaut. 625;* cf. 'polymitus' v. 2115   **1882** 'u longam facit i', ut 'rivus privo divus'   **1883** 'et
q. c. ab illis', ut 'bīvium trīvium' etc.   **1884** 'ŏbex ŏbicio', quia ex 'ob-
jex objicio' contracta sunt; cf. *Verg. georg. IV 422 Aen. VIII 227 X 377*
1885 'ŏbes' ex 'obsum'   **1886** ex.: 'probus globus'

occo c duplicat, suffoco decet variare.

o d producunt disyllaba; sed modo deme

ac odor atque modus; polysyllaba curta manebunt.

proderit est longa; sed poderis est varianda.   1895

o super f brevis: ecce profor, profugus vel ofella,

profugio dempta vel profero, profuit, ofſfſa.

produces o g; toga deme rogoque rogusque

atque logos.

l curtam facit o, sicut colit; excipe nolo,   1900

molior et moles, sol solis, dolia, proles,

VARIA LECTIO.

1892 uariari *S   post v.* 1892 suffocat extinguit suffocat guttura stringit *add. S*   1894 ac] adque *P*   1895 varianda] breuianda *m. rec.*
superscr. uarianda A_1 breuianda *S*   1896 ecce profor] ut profor aut *P*
1897 dempto *S   v.* 1897 *om.* A_2 1898 o g produces *S M e* o g producis *P*
rogusque rogoque *M*   1899 sermo logicus logicalia curto *add. Io. Garl. (Ar) P*
sermo hinc dicitur prologus *(!) add. e₂*   1900 colit] colus *S*

TESTIMONIA ET EXPLANATIONES.

1892 'occo': occare est crate inducta glebas confringere, Germ. 'eggen'. —
'suffōco': 'strangulo suffoco, exstinguo suffoco dicas' *Graec. XV 65.* 'secundum quosdam suffoco potest componi a sub et focus, et tunc suffoco et suffo-
cans et huiusmodi corripit fo, sicut focus; unde consuevit dici: "suffocat extinguit, suffocat guttūra stringit" (vide *var. lect.*); 'sed non omnes recipiunt istam
compositionem, unde Majister bene dicit, quod suffocat habet paenultimam
tantum longam, quod nullus notabilis autor eam corripit; componitur enim
ex sub et faux, et non ex sub et focus. ergo trutannicum (i. e. frivolum)
est illud: "suffocat extinguit"' etc. *Io. Ian.* cf. *Brev., Despaut. 551.* nihilo-
minus illa derivatio ex 'foco' ideoque correptio retinetur etiam in *Fabri*
Thes., et testis adhibetur *Propert. IV 8, 84:* 'suffocat et pura limina tergit
aqua', ubi nunc quidem legitur 'sufflit'   1893 ex.: 'lodix rodo'   1894 'polysyllaba', ut 'hŏdie ŏdium'   1895 'pŏderis': 'tunica talaris, qua sacerdotes
in veteri lege utebantur' *Albinus K. VII 308₄* 'sacerdotalis linea corpori
adstricta et usque ad pedes descendens, unde et nuncupata (sc. ex Graeco
ποδήρης). quam vulgo camisiam vocant' *Isid. etym. XIX 21;* cf. *Vulg. sap.*
XVIII 24 eccl. XXVII apoc. I 13 Io Ian., Brev. Benth., Rönsch 245.
de quantitate: 'talarem tunicam poderem censere memento' *Io. Ian., Brev.*
'quam poderis bis tincta rubet' etc. *Ys. III 1029* 'comuntur roseo can-
dentia podere colla' *Fridegodus* in *St. Wilfrido cap. 11* ap. *Du Cange*
'poderis male dicitur in Calepino corripi' *Despaut. 596*   1897 'prŏfugio'
prima producta nisi apud *Iuvenc. III 476* inveniri non videtur   1898 'produces o g', ut 'cogo cogito'

solor, boletus, olim, coliphia, solus,

polypus et stola, prolixus, coloque colas,

sollemnis, sollers, quibus l duplex reperitur.

o super m longam facies, ut comere, comis,　　　　　　1905

omentum; sed homo demas, stomachum vel omasum

et comedo, dominus, domus et coma sive comare

et glomus et glomero, comes atque domo vel omitto

et tomos atque vomo, sic quae componis ab illo,

atque gomor.　　　　　　　　　　　　　　　　　1910

VARIA LECTIO.

　　1902 coliphia *A*₂ colophia *P* colimphia *vel* colimphya *cett. codd. et e
vv.* 1903. 1904 *inverso ordine in SP*　　　1905 facies] facias *S*　　comere
comis] comoque comis *L A*₁ *A*₃ domoque domis *(!) A*₂　　1907 et coma]
uel coma *M*　　　1909 sic] et *e*₂　　illo] illis *Se*₂　　sic quae c. ab illo *om. et
v.* 1909 *post v.* 1910 *colloc. L A*₁ *A*₃　　　1910 et gomor *M*　　et gomor atque
comos *(?) S*　　et mensura gomor quod sacrum manna receptat *Io. Garl.
(Ar) P*　　hemistich. om. e

TESTIMONIA ET EXPLANATIONES.

　　1902 'bōletus', fungus ex optimis illis, qui esui sunt, nobis 'Cham-
pignon'; cf. *Iuvenal. V* '147 *XIV 9 Martial. I 20, 2 III 45, 6 XI 31,
13 XIII 50, 2 XIV 101, 1 all. ll.* 'cōliphia' sive 'cōlyphia' *καλύφια*):
'colifla dicuntur panes azimi et genus carnium, carnes assae et semicoctae,
qui est victus athletarum' *Pap.* 'panis, qui post meridiem vel post primam
laborantibus datur' *Osb. Pan. 95, Brev.* 'panis azimus in modum virilis
membri factus, quo solebant uti agonistae, ut essent fortiores' *Hug., Io. Ian.,
Brev.;* cf. *Iuvenal. II 53 Martial. VII 67, 12* 'a colon, i. e. membrum,
et iphi, robur, teste Domitio in Martial.' *Despaut. 554* 　1903 'pŏlypŭs'
prima producta et ultima correpta re vera apud Romanos usitatissima
forma erat, ex *πώλυπος* dialecti Doricae pro *πολύπους* orta; cf. *Ovid.
met. IV 366 Horat. epod. 12, 5 sat. I 3, 40 Martial. XII 37, 2* (polyposus).
vox autem significat et piscem et narium morbum, ut ex locis modo
citatis elucet; sed medii aevi grammatici quantitate differentiam statuerunt
hanc: 'polypus est piscis, polypus foedatio naris' *Gl. M, Graec. IX 235
Io. Ian., Brev.* — 'stŏla': 'stola ad placitum, ut dicit Acron' *Bebel.* 'stŏla,
contra Alexandrum, etiam si Porphyrion dicat variari' *Despaut. 553.* de
huius vocis significatione multum disseruit *Du Cange* 　1906 'omentum',
'membrana, quae continet intestinorum maiorem partem' *Pap., Io. Ian.;*
cf. *Pers. II 47.* — 'ōmasum', pars ventriculi bubuli crassior et opimior, Germ.
'Rinderkaldaunen'; cf. *Horat. epist. I 15, 34* 　1909 'tomos' *(τόμος)* = 'divisio'
Graec. VIII 318, Brev. 'etiam dicitur liber vel volumen propter multas
divisiones et replicationes chartarum' *Io. Ian., Brev.* 　1910 'gomor':
'XV modiorum unus appenditur' *Isid. XVI 26* 'mensura antiqua habens,

est super n brevis o nisi nonus zonaque, pono,

et nonas pone; mono longam credo brevemque.

si c d vel p praecedit, longa locatur.

o p brevis, veluti sopor atque soporus, oportet

atque propago; sed opilio pop[p]ysmaque demo,   1915

vitis propago, sic sopio, populus arbor

et tophus.

opportunus et opperior tibi p duplicabunt.

cum c praeit, longa, scopulus, cophinus, copos extra.

VARIA LECTIO.

1911 est breuis n super o *S*   o super n breuis est *A*s   1912 mono] monos *e*   1915 demis *SPM* ' 1916 sic] vel *A*s*Me*   1917 et tophus lapis *S* addicito *(sic)* tophus prolufa *(?)* ponito slophus *(?) Io. Garl. (Ar)*   1919 scopulos cophinum *e*

TESTIMONIA ET EXPLANATIONES.

ut quidam putant, choenices tres, id est sextarios; alii dicunt, quod sit paulo minus sextariis quinque, eo quod sit decima pars oephi' *Pap.*; cf. *Vulg. exod. XVI 16*

1911 'est — o', ut 'moneo monile sono tono'   1912 'mono', i. e. ex 'mono' derivata vel composita secundum auctorem Doctrinalis, cui *Sulpitius* aliique grammatici recentiores astipulantur, primam syllabam indifferenter ponunt.   de qua re dicit *Io. Ian.*: 'scias quod monas corripit primam in Anticlaudiano, ubi dicitur: "et monas et numeri de se parit unicas turbas" (vide *Migne tom. 210 p. 515*); 'sed versus ille producit: "monade subtracta dicetur apocopa facta". 'hoc autem ideo contingit, quod non bene scitur Latinis natura vocabuli Graeci' etc.   inscriptio in Ecclesia Mutinensi (vide *Du Cange*) haec habet: 'mille Dei carnis monos centum minus annis ista domus clari fundatur Geminiani'. 'mŏnachus' legitur in *Ys. 445, 556, 639, 644, II 255, 336, 506, 685*, 'mŏnomachia' in *Graec. VIII 204*, 'mŏnoculus' *ibid. VII 40*   1913 exempla: 'conor dono pono'   1915 'ŏpilio' sive 'ūpilio' est pastor ovium; cf. *Verg. eclog. X 19*. — 'popysma' pro 'poppysma' (πόππυσμα): 'popisma dicitur extrema pars coitus, dum penes exit' *Pap.* 'vel semen quod emittitur in coitu, et hinc ponitur pro ipso coitu. Iuvenalis *(VI 584)*: "praebebit vati crebrum popisma roganti"' *Io. Ian., Brev.* 'emissio spermatis' *Gl. n.* 'quoddam crassum unguentum' *Osb. Pan. 473.* haec omnia ex falsa interpretatione *Iuvenalis* illius loci orta esse videntur, ubi 'poppysma' nihil aliud significat nisi linguae labiis collisae strepitum, in signum approbationis plaususque; simili, quamvis obscoeno, sensu vocabulo usus est *Martialis VII 18, 11* (poppysmata cunni)   1917 'tŏphus' vel 'tŏfus': 'lapis asperrimus' *Serv. in Verg. Georg. II 214*. Germanis est 'Tufstein'. cf. *Io. Ian., Brev., Du Cange* 1919 'cophinus' (κόφινος): 'est vas ex virgultis aptum mundare stercora et terram portare; de quo dicit psalmista: "manus eius in cophino sero q corripitur; sed compositiva notentur.   1920

o super r brevis; excipitur flans corus et oris

oroque cum coram vel thorax horaque, noram,

coralium, quorum, mos moris, morus et horum,

Doricus et sorex,

et cum praevenit l aut r, producere debes.   1925

o super s longa; rosa demitur atque proseucha

et dosis et prosa.

ante t fit brevis o: totidem, quotus et noto testes.

VARIA LECTIO.

    1920 notantur *S*   **1922** oroque] que *om. SA₁Me*   thorax] corax *(!) e*
1923 coralium *LA₂* corallum *A₅*   coral'us *SPe*   coralus *M*   mos moris]
moris mos *P*   **1924** iunges cum doride corax *add. Io. Garl. (Ar)* iungo
cum doride sorax *(?) add. P* cupiat coniungere doris *add. S*   **1926** proseuca *codd. et e*   **1927** et dosis et prosa *A*   et dosis et ‚pſiſ *(?) cum glosa*
eadem m. scr. vel sic: et prosa sive dosis sed prosa potest variari. quidam
tamen volunt quod utrumque producat *L*   et dosis et posui sed prosa
potest variari *Io. Garl. (Ar) SPMe, sic m. rec. corr. ex* et dosis et prosa
nota in mg. addita: dicunt quidam sed auctor non dicit *A₁*   **1928** ante te
fit brevis o] o super (supra *M)* t breuis est *SPMe₁*   ante t corripis o *e₂*
et] ac *e*   aut *M*   testes] testis *Pe*

TESTIMONIA ET EXPLANATIONES.

vierunt"' *Isid. etym. XX 9;* cf. *Pap., Io. Ian., Brev.* in 'cophinos' collecta
sunt fragmenta panum et piscium sec. *Vulg. Matth. XIV 20; Iuvenalis*
III 13, VI 542 'cophino' designat corbem errantium illorum et mendi-
cantium Iudaeorum. — 'copos': 'incisio' *Graec. VIII 84*   'labor latine,
et accentuatur in fine' *Io. Ian.*   immo est lassitudo. (vox non est ap.
Du Cange)

    1920 ex.: 'lŏquor cŏquo, quŏquam quŏquoversus'   **1921** 'cŏrus' sive
'caurus', occidentalis ventus; cf. *Caes. b. Gall. V 7, 3 Verg. georg. III 356*
1923 'cŏralium': ap. *Ovid. IV 750 X 416* et *Lucr. II 805* 'cūralium',
ap. *Auson. Mos. 69* 'cŏrallium', ap. *Sidon. II 110* 'cŏrallum' legitur; Graece
κωϱάλιον, κουϱάλιον, κοϱάλλιον   **1925** ex.: 'lorum roro'   **1926** 'o s. s. l.',
ut 'glos glosa mos ros'. — 'proseucha': 'proseuca, domus pauperum' *Gl. M,*
Gl. n. 'in qua elemosynas petunt' *Pap., Io. Ian., Brev.* 'parva domus'
Osb. Pan. 470 'domus meretricum vel quaelibet officina' *idem 480* cf. *327*
'fornix, prostibulum, genedea, turpido, lupanar; praedictis tegetem con-
iungas atque proseuca' *Io. Garl. 666.*   talem esse vocis significationem
medii aevi homines ex illo *Iuvenalis* versu *(III 296),* ut opinor, conclude-
bant: 'dic ubi consistas, in qua te quaero proseucha?' in quo quidem versu
'proseucha' metonymice significat locum, ubi orabant Iudaei, Graece
προσευχή   **1927** 'prosa ancipitem habet, melius producitur' *Bebel.*

et nota; sed deme dos dotis potoque, cotis,
cotidie, totus, votum notumque notemus.   1930
produces etiam, si praesit consona bina;
sed breviare ptotos et ab illo sumpta solemus
atque protervus, item protos.
o super u brevies; ovum, provincia demes,
providus esto comes [proventus provenioque].   1935
    Ante b fit brevis u: testis ruber est rubeusque.
excipies tuber, rubigo, suber et uber
et puber, pubes, et si b praevenit aut n.
innuba corripies et pronuba sive bubulcus;
nubo tamen longum, conubia ceu metra poscunt.   1940

VARIA LECTIO.

    1929 deme] demis *S A*8 *e* potoque cotis] *om. P* **1930** cotidie] *L S A*1 *A*3 *P*
cottidie *A*2 quotidie *Me*   votum notumque] notam *(!)* notumque *L*   notum
uotumque *A*1 *A*2 *P* notus uotumque *A*8   **1933** *ut supra A S Me, sic, sed
omisso* item *P* hinc prothomartir habetur *add. Io. Garl. (Ar)* atque pro-
teruus atque prothos et li' prothomartir *L* **1934** demis *M* **1935** [ ] *incl.
om. A M* e1, *add. Io. Garl. (Ar) L P* prouentus prouideo *(!) m. rec., ut videtur,
add. S* **1936** ruber] rubus *e* ruber est] iubeo *A*2 **1937** excipias *P*
1938 pubes puber *S* **1940** *et* **1941** ceu] seu *L A P (sic saepe)*

TESTIMONIA ET EXPLANATIONES.

    1930 'cŏtidie': 'quotidie primam in hexametro et elegiaco producit'
Despaut. 'quotidie ad placitum ponitur, melius tamen producitur' *Bebel.*
dictio haec, nisi forte 'cottidie' scribitur, primam correptam habet (est enim
a 'quot'), secunda autem est longa. de scriptura cf. *Charis. K. I 193*2 *Mar.
Victorin. K. VI 13*22; vide etiam v. 2206 **1931** ex.: 'Clŏtho' **1932** 'ptotos
et ab illo sumpta', ut 'monoptotos aptotos' etc. a medii aevi grammaticis,
sane contra naturam elementi Graeci, ubique corripiebantur. expresse dicit
de hac re *Io. Ian.:* 'ptotos, quod est casus, componitur cum monos et dicitur
monoptotus, i. e. unum casum habens, et corripit paenultimam'. cf. vv.
412. 2449, 2486, 2600, *Graec. VIII 263* **1933** 'protos' et ex eo composita,
ut 'protomartyr protoplastus', adaeque corripiebantur: 'estque protos primus, hinc protoplastus erit' *Graec. VIII 256* 'his protoplastorum sensum
primordia sacra' etc. *Alc. Avit. II 35 ed. Sirmond.* 'septem primates sunt
Anglis et protopatres' *Gorelin.* ap. *Du Cange* 'quot testes divini operis
protomartyr Agyrtes' *Quint. Stoa* sec. *Despaut. 563* **1934** 'o s. u br.',
ut 'ŏvis ŏvare nŏvus nŏverca' **1940** 'conŭbia': 'conubio iungam stabili
propriamque dicabo' *Verg. Aen. I 73*; cf. *id. l. c. VII 96 Ovid. met. VI
428 Lucret. 1013 Catull. LXII 57.* sed talia per synizesin legenda sunt,
ita ut vox trisyllaba fiat

ante c longa fit u, ceu duco, luceo, lucis;

deme lucerna, lucror et dux ducis atque ducenti,

et si praeponis n aut c vel r, breviabis.

ante d longa fit u, ceu trudo; deme rudentes

et pudet atque sudes, rudis atque rudes studeoque   1945

et cudo; sed rudo pones ceu metra requirunt.

u raro ponis super f, nec eam breviabis.

u g produco; tugurique tamen memor esto.

f praeeunte vel i vel p debes breviare;

fruges produces, et iugera mobile iungis   1950

et frugi.

u super l brevies; uligo demere debes.

g praeeunte vel f aut m producere debes;

excipitur fulica, mulier, gula iungitur istis.

longa fit u super m: sic humanum dabo testem;   1955

hinc humus ac humerus, humilis, sumus excipiemus.

VARIA LECTIO.

    1943 prepones *P M*   **1945** rudes] *L A₁ A₂ P*   trudes *S M*   strudes *A₃*
1946 sed] *om. P et L*   ceu metra requirunt] seu metra poscunt *m. rec.*
seu *corr. in* sicut *A₁*   **1947** ponis] ponas *A₁*   **1950** producis *S Me*   **1951** cum
frugi *P* *hemistich. om. Io. Garl. (Ar)*   **1954** istis] illis *A₁ S Me*   **1956** humilis humerus *S Pe*   excipietur *M*

TESTIMONIA ET EXPLANATIONES.

    1943 ex.: 'nucis cucullus cucumis crucis' etc.   **1945** 'rúdis atque
rŭdes', i. e. adiect. 'rudis' = imperitus et subst. 'rudis' = virga seu bacillus.
rudibus autem donabantur gladiatores, qui missi e ludo gladiatorio necessitate in arena pugnandi solvebantur; cf. *Cic. Philipp. II 30 Horat. epist. I 1, 2
Ovid. amor. IX 22 Iuvenal. VI 114 Martial. sp. 29, 9* ('misit utrique rudes
et palmas Caesar utrique'), *III 36, 10*   **1946** 'cŭdo' prima corr. sine docu-
mento est. 'cudo et omnia eius composita . . . producunt hanc syllabam
cu in omni tempore' *Io. Ian.* 'cudo producitur contra Alexandrum; in
Virgilii georg. IV *(328)* et in Aen. VIII menda est: excuderat scilicet
pro extuderat, ut notavit Badius' *Despaut. 566.* — 'rŭdo': 'rudere, quod proprie est asinorum, *Persius* produxit solus dicens *sat. III 9:* 'fĭnditur: Arca-
diae pecuaria rudere credas'.   ceteri corripiunt; cf. *Ovid. Fast. VI 342
art. am. III 290 Verg. georg. III 374 Aen. VIII 248*   **1947** ex.: 'bŭfo rŭfus'
1948 'tŭguri' pro 'tugurii' a 'tegendo' ap. *Verg. ecl. I 68*   **1949** ex.:
'fŭgio, iŭgum pŭgil'   **1952** 'u s. l. br.', ut 'cŭlex cŭlina ŭlulo'. — 'ŭligo',
quia pro 'uviligo' ex 'uveo (uvidus)' est; cf. *Verg. georg. II 184*   **1953** ex.:
'gŭlio fŭligo mŭlus'   **1954** 'fŭlica', avis marina vel stagnensis; cf. *Verg.
georg. I 363 Ovid met. VIII 625*

si praeit n aut c vel t, debes breviare;

numen produco, strumamque simul sociabo

ac humor.

u super n longa; cuneum tunicamque retracta. 1960

u p corripitur; sed Iupiter excipiatur

cupaque cum stupa.

n praeeunte vel r vel p producere debes;

sed pupulam varies [pupillum protrahe tantum].

u producatur super r; nurus excipiatur 1965

et furit, adiunges muriam simul atque curules.

longa fit u super s; sed deme susurro, pusillum.

u t producunt disyllaba; sed puto deme,

putris, uti, cutis atque frutex, uter utra lutumque.

quae polysyllallaba sunt cum prole sua breviantur. 1970

VARIA LECTIO.

1957 c vel t] t uel c *Se*   1958 sociabo] sociando *L*   1959 om. *Io. Garl.*
(Ar) SPe   1962 sociabitur upupa (hupupa *e₂*) longa add. *Io. Garl. (Ar)*
SPe₂   1963 aut p *e*   1964 sed pupillam (!) varies *L A₂* pupillam
(pupilam) varies *PMe* pupulam varies *m. rec. antepos.* sed *A₁*   [] *incl.*
add. Io. Garl. (Ar), m. rec. add. A₁, habent L S A₃ P   *post. v.* 1964 pro
fructu pupula pars pupula fertur ocelli *add. Io. Garl. (Ar)*   1966 adiungis *L A₂* adiungas *S*   1967 demo *S*   1970 breuiabis *SPMe*

TESTIMONIA ET EXPLANATIONES.

1957 ex.: 'nŭmerus cŭmulus tŭmulus'   1958 'strŭma' = guttur tumi-
dum; cf. *Iuvenal. XIII 162*   1960 'u s. n l.', ut 'ŭnus fŭnis fŭnus cŭnae'
1961 'u p c.', ut 'stŭpor lŭpus'   1962 'cŭpa' vel 'cuppa' idem est quod
'dolium', Germ. 'Kufe'; cf. *Lucan. IV 420.* de scriptura dicit *Despaut:*
'cupa unico p teste Nebrissensi, olim dicebatur caupa; hinc caupo cau-
ponis. vide Calepinum et interpretes Lucani'. — 'stŭpa' sive 'stuppa' (στύπη,
στύππη) est crassi lini purgamentum, Germ. 'Werg'; cf. *Verg. Aen. II*
236 V 682 VIII 694 Caes. b. c. III 101   1963 ex.: 'nuper rupes pupa'
1964 'pupula indifferens' *Bebel.* 'contra alios dicas tantum produci' *Despaut.*
cf. var. lect.   1965 'u p. s. r', ut 'murus durus purus'   1966 'mŭria':
'faex olei' *Gl. L, Gl. M, Gl n., Io. Ian., Osb. Pan. 363* 'aqua salsa pro liqua-
mine' *Acron in Horat. sat. II 4, 65* 'aqua sale commixta quasi maris' *Pap.*
est genus liquaminis vilissimum, quod ex piscibus maxime tynnis con-
ficiebatur; cf. *Martial. XIII 103 Pers. VI 20*   1967 'l. f. u s. s', ut
'mŭsa ŭsus fŭsio pŭsio'   1968 'u t p. d.', ut 'tŭtus mŭtus pŭtor sŭtor' etc.
'pŭto', i. e. et 'purgo' et 'opinor' sive 'aestimo'   1969 'ŭti', i. e. adv. et
coniunctio   1970 ex.: 'mŭtilis pŭteus rŭtilus'

mutuus excipitur et mutuo, glutio, putet,
futilis addatur cum futio, longus habetur
utilis ac utor; uterus bene non sapit utrem.
u super u solam produc; dant cetera curtam.

A brevis in mediis datur ante b: syllaba testis.　　　1975
si bilis a sequitur, ut amabilis, excipiatur,
et laetabundus formamque parem sociamus;
quae facies in ulum iunges: venabula testes.
ante c fit brevis a; demantur opaca, cloaca;
quod dat ulum iunges; obliquos addere debes,　　　1980
sed nunquam mediis suberunt disyllaba normis.
ante d corripis a, velut Hellada; deme cicadam.
a super f brevis est: colaphus testis tibi fiat.
ante g longa fit a; sed nomina deme secundae:
sic pelagus ponis; his Abdenago sociabis.　　　1985

VARIA LECTIO.

1971 mutuo] *L A₂A₃P* mutilo *(!) A₁* mutio *cett. codd. et e* 1972 addetur *A₃* 1973 ac] ex *SP* 1976 a sequitur] insequitur *A₁* 1978 quae] quod *M* testes] testis *L S A₁ A₃ Me* que faciunt in ulum cum casibus addere debes *P* quae facies in ulum sit tibi venabula testis *e* 1979 dematur *LSA₂A₃ e* 1980 iunges] signes *e* addere] iungere] *L A₁ A₂* quod dat ulum iunges produc acis genitiuo *P* post *v.* 1980 et traca *add. P* 1981 suberunt] subeunt *e* 1982 corripis a] corripies *e* Hellada] elada *codd.* exada *(!) e* cicadam] cicada *S* cycada *A₃* cicladam *(!) A₂* 1983 brevis est] brevies *M* breuias *PS* fiat] flet *M* colafus fiat tibi testis *A₃* colafum testem tibi sumas *S*

TESTIMONIA ET EXPLANATIONES.

1972 'fūtio' *Prisc. I 131₂₅.* unde 'effūtio', i. e. inconsiderate eloquor 1973 'uterus b. n. s. utrem', i. e. non sequitur suum primitivum, quia corripit, licet derivetur ab 'uter ūtris'. cf. *Exc. ex Charis K. I 540₁₃.* de quantitate autem posterioris voculae dicit *Despaut. 571:* 'dubium est de uter substantivo tertiae declinationis. Nebrissensis, cui suffragor, credit corripi, quia uterus hinc deductum corripitur' 1974 ex.: 'ūva ūvidus'; sed 'flūvia plūvia' 1979 'ante c f. br. a', ut 'psittăcus Syriăcus alăcer' 1980 ex.: 'cenāculum spectāculum; loquācis vorācis' 1981 ex.: 'pācis făcis' 1982 'Hellada, ae' declinatur in *Vulg. Machab. I 8:* 'qui erant apud Helladam' etc. 1983 'colaphus' (*κόλαφος*) = alapa; cf. *Iuvenal. IX 5* 1984 ex.: 'imăgo propāgo vorăgo'; sed 'asparăgus onăger' 1985 'Abdenago lingua Chaldaea interpretatur serviens taceo' *Pap., Io. Ian.* 'et accentuatur in fine' *Io. Ian., Brev.* cf. *Sulpit., Despaut.* 'erat unus de tribus pueris, qui fuerunt in camino ignis' *Brev.*

a super l brevias, velut Italus; excipias, quae
tertia declinat: hoc australis manifestat.
produc in neutris obliquos: ecce toralis.
Ascalon esto brevis, superadditur Absalon illi.
Italides et Tantalides sua curtat origo.   1990
m subeunte brevis datur a, thalamusque probabit.
quae faciunt amen, produces et thymiama.
a super n brevis, ut clibanus; tamen excipis illa,
quae declinabit tibi tertia, sicut inanis.
vocali iuncta producitur, ut Matiana,   1995
derivata simul, nomen gentile locique;

VARIA LECTIO.

1986 brevias] brevies *M*   excipias quae] excipis hec que *SPe*
1989 superadditur] simul additur *M*   illi] istis *PMe*   absolon (!) esto
breuis superadditur ascolon (!) istis *S*   1990 et] uel *M*   1991 datur]
erit *SPe*   1992 produces et] producis ut *SP*   thymiama] timiamen *Se*
timiama *cett. codd.*   1995 maciana *LASP* mathiana *M*   *vv.* 1995. 1996 *inverso ordine in A*₈

TESTIMONIA ET EXPLANATIONES.

1989 'Absalon patris pax interpretatur,   eo quod adversus
patrem bellum gessit,   per antiphrasim' *Pap., Io. Ian.* 'Abesalom,
dictio tetrasyllaba, non Absalon' *Despaut.*   1992 'āmen', ut 'examen
forāmen'. — 'thymiāma, mătis': 'a timus' (i. e. 'thymus', Germ.
'Thymian'; cf. v. 1856) 'dicitur hoc tymiama, quaedam herba vel species
aromatica, qua in quibusdam locis utuntur loco incensi' *Hug., Io Ian.*
'thymiama teste Sulpitio scribitur cum y, ut thymum, unde fit' *Despaut. 578.*
hac falsa derivatione, quam iam *Isid. etym, IV 12* secutus est, — est
enim ϑυμίαμα, a ϑύω — forte effectum est, ut prima vocis syllaba a medii
aevi poetis corriperetur, ut a *Petro Riga in Aurora:* 'ex quo spirat odor
et timiama frequens', et ab *Egb. L. I 1767:* 'sola pii redolent Domino
timiamata cordis'. cf. etiam *Graec. VIII 316.*   vocabulum saepe occurrit
in *Vulg. exodo, (cap. XXX)* Dominus Moysi compositionem thymia-
matis specialissime praescripsit   1993 'clibanus, fornax, a clivo scilicet
dictus, ab eo, quod in erectione sit collectus' *Isid. etym. XV 6*; cf. *Io. Ian.,
Brev.*   'clibanus ardens intrinsecus conscientia impietatis significat' *Pap.*
'clibanus fumans' sive 'succensus' *Vulg. genes. XV 17 Ose VII*; cf. *Matth.
VI 30 all. ll*   1995 'Matiana, poma silvestria' *Gl. M, Gl. n.*   'vel Daciaca
vel Caesariana' *Gl. ap. Thurot. p 431*   'poma acerba' *Glossar. s. XIII ap.
Du Cange.* a Matio quodam, qui scripsit de arte coquendi, sic dicta sunt;
cf. *Georges.*   1996 ex.: 'montanus Romanus'

sed Libanum brevies; sit aranea iuncta balano.

produc obliquos, et compositiva notato;

istis Vulcanum cum Gargano superaddes.

ante p fit brevis a; sed deme Priape, sinapis.   2000

a super r brevias, ut barbarus; hinc zodoara

excipe, quaeque vides derivari manifeste.

quidam denarium breviant. non primitiales

obliquos produc; iubaris vel Caesaris educ.

compositiva notes et nectaris, asparis atque   2005

bostaris.

a super s brevis est, ut carbasus; excipias, quae

derivata palam cognoscis, sicut agaso.

longis Parnasum iunges, sociabis omasum.

ante t corripis a, sicut cyathus; tamen inde   2010

VARIA LECTIO.

vv. **1998. 1999** *inverso ordine in PM*   **1999** istis] hisdem *Me* super-
addes] superaddas *As*   hiis cum volcano bene graganum *(!)* superaddis *S*
2000 aute p fit brevis a] a super p breuis est *PMe1* a supra p breuias *S*
post v. **2000** et messapus equum domitor *add. S*   **2001** breuies *M* zedoara
A1As   **2007** excipies *S*   **2008** cognosces *Me*   **2010** ciatus *codd.* cyathus *e*

TESTIMONIA ET EXPLANATIONES.

.**1997** 'balānus': omnes glosae una excepta vocem interpretantur
'unguentum quoddam' (sc. ex balano, nuce quadam, factum). sed hac
significatione mediam semper brevem habet; cf. *Horat. carm. III 29, 4
Pers. IX 37 Martial. XIX 57, 2.* in *cod. M* superscriptum est 'mons'.
Despaut. dicit: 'Balanus, viri proprium, adiicitur longis a Bebelio' (equidem
nihil horum inveni in *Bebelio)*   **1998** ex.: 'Titānis, insānus'   **2000** 'ante
p f. br. a', ut 'alāpa'   **2001** 'zodoara iungitur a Sulpitio, quia Macer producit'
Despaut. 581 'zodoara' vel 'zedoara' est 'species aromatica' *Gl. ap. Thurot.
p. 437* 'vulgariter citouart' *Gl. ap. Du Cange* 'animal' (!) (fortasse 'arbor')
suavem habens odorem' *Gl. n.*   **2002** ex.: 'avarus scholaris consularis'
2003 'quidam denarium breviant', immo vocabulum per synizesin trisyllabum efficiunt, sicut 'conubium' v. 1940; cf. *Martial. I 117, 17 IX 100, 1*
2003 sq. 'n. p. obl. pr.', ut calcāris torculāris'   **2005** 'comp. n.', ut 'com-
pāris dispāris'   **2005** sqq. de vocabulis 'aspar' et 'bostar' cf. adn. ad
v. 131, de voce 'carbasus' adn. ad v. 374, de 'omaso' adn. ad v. 1906
2010 'cyathus' κύαθος), idem, quod 'scyphus' (v. 1847). etiam mensuram
quandam significat; cf. *Horat carm. I 29, 8 III 8, 13 III 19, 12 sat. I 1, 55
Martial. I 71, 1 XIII 51, 21 IX 93, 4 X 66, 5 all. ll.*

excipies voces, quas derivabis aperte.

quae fiunt in tes sociabis, sicut a c h a t e s.

iungit nomen in as obliquos: sic probat a b b a s;

corripies alios.

longa fit a super u: tibi sit pro teste c a d a v e r;   2015

compositiva notes.

    Ante b longa fit e: fiat tibi testis e p h e b u s;

deficit hic Erebus, Hesebon, simul et t e r e b i n t h u s,

additur e l l e b o r u s.

ante c longa fit e; Senecam tamen excipis inde.   2020

ante d produces e; sed tamen e s s e d a deme;

Melchisedech socias et nomina, quae facis in da.

pes dat e d i s cum compositis.

VARIA LECTIO.

    2011 excipias $A_2 Pe$ voces excipias que derivantur aperte M **2012** quae fiunt in tes] que faciunt ates M *post v.* **2012** excipias Socrates *add. e*   **2014** obliquos *add.* P sunt scemata stemata testes *add.* S, *m. rec. add.* A_1 sunt themata scemata testes *add.* A_3 sunt scemata zeumata (ceumata *e*) testes *add.* Me **2016** uelut grauis (!) tibi testis sunt abauos (!) attauus memores tibi compositiua *add.* S **2017** ephebus] ephebe $S A_2$ *e*   testis tibi fiat ephebe P testis tibi fiet ephebe M **2018** hic] hinc $A_1 A_2 Me$ **2019** cerebrum terebrumque cum illis *add.* L **2021** producis $P A_3$ *e*   demis $P A_2 A_3 e$, *om.* S **2022** socias] breuias A_3 socia PMe **2023** cum compositis *om.* P simul āmiʼatis (?) *add.* L comedo quoque talis *add.* M quod compede prestat *add. Io. Garl. (Ar)*   *hemist.* quadrupes det edis *in e*

TESTIMONIA ET EXPLANATIONES.

    2011 ex.: 'amatus amator'   **2012** 'achates': 'genus est lapidis, quem si quis portaverit, erit gratiosus. item Achates dicitur fuisse comes Aeneae' *Io. Ian., Brev.*   **2013** 'abbas, ătis': 'pater monachorum; nam abba pater syriace' *Pap.; cf. Ys. I 201, Io. Ian., Brev. Despauterius* cum *Georgio Valla* vocabulum primae declinationis esse censet   **2014** ex.: 'poemătis themătis'   **2016** ex.: 'abăvus atăvus'   **2018** 'Hesĕbon': 'Esebon, cogitatio sive vinculum maeroris' *Isid. etym. VII 6, Pap., Io. Ian.* 'accentuatur in fine' *Io. Ian.*   vox invenitur *Vulg. Ierem. XLVIII 34* **2020** sq. ex.: 'vervĕcis putrēdo'. — 'essēda': 'esedum est currus, in quo claudi portantur' *Gl. n.*   proprie est genus vehiculi Gallici et Britannici, ex quo illae gentes pugnabant (cf. *Caes. bell. Gall. IV 33 Tacit. Agric. 12*), quo genere postea Romani usi sunt tamquam curru viatorio (cf. *Ovid. ex Pont. II 10, 33 Mart. I 104, 8 IV 64, 19 V 104, 7 VII 24, 2)*   **2022** 'in da', ut 'Andromeda' e super f dabitur brevis: hinc elephas breviatur.

e g corripimus; sed abest tristega, Cethegus.   2025

e super l dabimus longam: patet ecce phaselus.

Abimelech remove; debet brevis angelus esse.

e super m longa; vehemens heremusque retracta;

additur his hiemis, Alemannia, Getsemanique.

longa fit e super n; Helenam tamen hinc Helenumque   2030

et iuvenes, Asenech, ebenus debes removere.

ante p rara fit e, moneo tamen hanc beviare;

excipe praesepe.

VARIA LECTIO.

2024 hic elephas sociatur *S*   huic elefas sociatur *P*   **2025** ante g corripis e *e*   **2026** longam dabimus $A_2 A_8 M$ patet] probat *e*   **2029** Getsemanique] *Me*   gessimanique *PS*   iessemanique *cett. codd.*   **2031** et] cum *S*   **2033** cuius penultima longa *add. Io. Garl. (Ar) M*

TESTIMONIA ET EXPLANATIONES.

2025 'e g corr.', ut 'elĕgans elĕgia'. — 'tristega, orum': 'caenacula et tristega facies in ea' (sc. arca) *Vulg. gen. VI 16*   'tricamerata, a terno tegmine vel tribus tectis' *Pap.* 'locus tricameratus' *Io. Ian., Gl. n.* cf. *Osb. Pan. 594 Du Cange.* utrum 'tristĕga' an cum *Alexandro*, quem *Sulpit.* secutus est, 'tristĕga' (a 'tego', unde etiam 'tĕgula') pronuntiandum sit, multum disputat *Io. Ian.*, qui etiam versum Doctrinalis affert.   sed vox est Graecae originis, τρίστεγα, et proprie significat cubiculum superius, ut in *Vulg. l. c.*, tametsi saepe pro quovis alio loco aedificii usurpatur. cf. *Du Cange*   **2028** 'e s. m l.', ut 'racĕmus Polyphēmus'. — 'herēmus' *Ys. VII 572 Sulpit.* 'herĕmita' *Ys. IV 141, 142, 147, 176, 181 Egb. L. I 952 II 562 Sulpit.*   'ab hereo dicitur heremus per contrarium, quod nunquam vel raro fit ibi mansio, et corripit re; sed heremus, verbum primae pers. pl. n., producit re' *Io. Ian.*; cf. *Osb. Pan. 269 Brev. Benth.* 'erravit Prudentius in Psychomachia dicens: "excidit ergo animis eremi sitis", et Mapheus in Antoniade: "expediam primamque eremum primosque recessus", et hymnographus: "praepotens martyr eremique cultor"' *Despaut. 591* 'heremum per h scribimus' *Orth. Bern. ap. K. Suppl. 294₈*   'heremus generis feminini' *De dub. nom. K. V 580₂₁ Brev. Benth.* 'heremus est invia solitudo, ubi nunquam habitatum est; sed disertum, ubi aliquando habitatum est et nunc derelictum est' *Pap., Io. Ian., Brev. Benth.*   **2029** 'Gessemani interpretatur villa pinguissima' *Pap., Io. Ian.* 'et acuitur in fine' *Io. Ian.*   'Gethsemani Christiani in paenultima et antepaenultima corripiunt' *Despaut. 591*   **2030** 'l. f. e s. n', ut 'Camēna'   **2031** 'Asenech, ruina vel praecipitatio, seu factura dedicans, aut plasmatione aedificans' *Bibl. lat. a. 1486*   **2032** ex.: 'edĕpol'

r subeunte brevis datur e; tamen excipies rus
in propriis, sicut Gualterus, et adde statera 2035
et derivatum, quod rus tibi terminat in rum:
ex hoc austerus producitur atque galerus.
Cerberus esto brevis; sunt longa Meg[a]era, Chim[a]era.
infera cum superis, iterum brevies uterumque
et pateram. 2040
pantheramque morans crateram iungis, Iberum.
corripis obliquos alios; varia mulierum,

VARIA LECTIO.

2034 datur breuis e S **2035** waltherus P galterus *cett. codd.* statera]
stateram M **2036** tibi terminat in rum L A₂ A₃ in rum *m. rec. corr.* aut
rum A₁ se terminat aut rum S determinat aut rum PMe **2038** sunt]
fit S, *om.* P Megaera Chimaera] machera chimera PA₂ chimera ma-
chera A₃ schimera megera S *v.* **2040** *om.* A₂, *post v.* **2041** *colloc.* L pateris
discerne patere docere *add. Io. Garl. (Ar)* P **2041** crateram iungis]
craterem dicis P Iberum] hyberum L A₃ PM hiberum S yberum A₁
2042 varia mulierum] varias mulieris S varia mulierem A₃ M producque
chimeram P

TESTIMONIA ET EXPLANATIONES.

2034 ex.: 'cămĕra humĕrus' **2035** 'libra, statera; stater est quod
libratur in ipsa' *Graec. XII 129* **2037** 'galĕrus': 'pilleus ex pelle caesae
hostiae factus' *Pap., Io. Ian.*; sic etiam *Isid. etym. XIX 30*, qui quidem
scripsit galerum. erat capitis tegumentum non solum pontificum et gla-
diatorum, sed etiam mulierum, sc. meretricum. cf. *Iuvenal. VI 120* **2041** 'cra-
tĕra' fem. gen. est idem quod 'crater' masc. gen.: 'Latine haec cratera dicitur'
Serv. in Verg. Aen. I 724. cf. *Isid. etym. XX 5 Despaut. 471 Neue I 323*
2042 'corr. obl. al.', ut 'verbĕris carcĕris'. — 'muliĕrum': 'mulier producit paenultimam in obliquis; unde Statius (immo *Lucretius lib. IV):* "siqua deum
soboles, siqua mulieris origo"' *Io. Ian., Brev.* 'hoc etiam comprobat communis
usus, qui aemulandus est. sed videtur, quod corripit paenultimam, quia, ut
dicit Pristianus in maiore, omnia Latina desinentia in er, si crescunt in genitivo, corripiunt paenultimam in obliquis. sed dic, quod Pristianus excipit
illud nomen mulier in libro de accentu a regula illa generali, et hoc communiter tenetur' *Io. Ian.* profecto in quibusdam manu scriptis *Prisciani*
libri, qui dicitur *de accentibus (vide Hertzii edit. 523₂₉ app. crit.),* legitur:
'haec omnia et similia' (er finita nomina) 'in obliquis corripiuntur excepto
haec mulier, huius mulieris'. porro praescribitur in *Quaest. gram. cod.
Bern. K. Suppl. CIII:* 'mulierem in antepaenultimo nemo debet acuere,
sed in paenultimo tantum, ut calefácit. similia dicit *Abbo Floriacensis*

cumque rium sequitur, usu vario reperitur.

e super s brevies tollens divina mathesis.

ad placitum pones phrenesim.   2045

t subeunte datur e longa; sed excipis haec, quae

tertia declinat; iungetur eis amethystus.

obliquos brevies; Agnetis demere debes.

longis utere locuplete, lebete, quiete

et magnete simul; temetum breviare solemus.   2050

e super u rara; fiet tamen haec tibi longa.

VARIA LECTIO.

2044 brevies tollens] breuis est tolles A_3 breuis excipitur $SPMe$ **2045** pones frenesim L frenesim pones SA_2 frenesis pones A_1 frenesis ponis $A_3 P$ megalesia longes *add. Io. Garl. (Ar)*   ad placitum frenesis est excipienda poesis M, *item, om. tamen* est e_1, ponis *(!) pro* est e_2 **2047** iungetur] iungatur Me iunges et P eis] ei $SA_2 PMe$ ametistus *codd. et e* **2050** temetum breviare solemus] *om. P*   breviare *m. rec. superscr.* variare $A_1 A_2$ **2051** fiat $SA_1 A_2 P$

TESTIMONIA ET EXPLANATIONES.

ap. *Ang. Mai. Tom. V 333.* in *Gl. M* hic sane obscoenus versus est: 'si culum quaeris servare tuae mulieris, numquam tutus eris, nisi desuper hospitularis'. auctor Doctrinalis obliquorum casuum paenultimam ubique produxit; vide vv. 501, 570, 1148, 1475. idem *Sulpit.* et *Manc.* docent afferentes versum illum *Lucretii* (vide supra,) in quo tamen legendum est muliebris'.   **2043** ex.: 'Glycĕrium ministĕrium, mystĕrium nicetĕrium'   **2044** 'e s. s br.', ut 'Lachĕsis'. — 'divina mathĕsis', vide adn. ad v. 1762   **2045** phrenēsis: 'phrenesis indifferens habetur' *Sulpit., Bebel.* paenultimam, sane contra naturam elementi Graeci ($\varphi\varrho\acute{\epsilon}\nu\eta\sigma\iota\varsigma$), corripuerunt *Prudent. Hamart v. 125:* 'imo haec attoniti phrenesis manifesta cerebri', et *Serenus Sammon. de med. praec. c. 8:* 'ex vitio cerebri phrenesis furiosa movetur'. cf. v. 1798   **2046** sq. ex.: 'facĕtus, merĕtrix'   **2048** 'obl. br.', ut segĕtis terĕtis interprĕtis'   **2049** 'lebes, ētis' ($\lambda\acute{\epsilon}\beta\eta\varsigma$): 'olla aerea' *Serv. in Verg. Aen. III 466* 'vas coquinae' *Gl. M;* cf. *Vulg. reg. I 2, 14 Isid. etym. XXII 8 Ys. VII 357* 'vas lapideum, quod dicitur lanczo' *Io. Ian.;* cf. *Brev.*   **2050** tĕmĕtum: 'vina Falerna, merum, temetum, Bachusque, Lyaeus' *incert. auct. ap. Io. Ian.* et *in Brev.* 'ubicunque lusitaras, nova flumina temeti' etc. *Muret. in Galliambo ad Bacchum.* 'hoc circumsaltante choro temulentus adulter' *Prud. c. Symm. I 135.* cf. *Graec. VI 99.* derivabant enim hanc priscam vocem a 'teneo' vel 'tento', 'quia teneat (tentat) mentem' *Pap., Io. Ian., Brev., Manc., Despaut.* 'temetum ad placitum ponunt' *Bebel.* 'variatur' *Despaut.* priores duas syllabas producendas esse *Horat. epist. II 2, 163* et *Iuvenal. XI 25* satis docent   **2051** ex.: 'consuevi'

Ante b fit brevis i; sed compositiva notabis.
quae dat quarta, solent variari possibilisque.
i c sequente brevis; dematur apricus, amicus,
additur his umbilicus, formica, pudicus   2055
et cum lorica lectica, myrica, Caicus.
istis mendicus cum vesica sociamus
ac urtica simul et quae post format et ante.
in propriis icus producitur, ut Fredericus.
longa fit icis ab ix: exemplum dat tibi felix;   2060
sed mas solus icis, sicut calicis, breviabit.
iunges cum filice salicem; pernix dabit icis
a pernitor, icis a perneco sic variabis.

VARIA LECTIO.

2052 sed componentia; signes *SPMe*   **2054** amicus apricus *Me*
2056 lectica lorica *Me*   murica *PMe*   mirica *cett. codd.*   **2058** ac] et *SMe*
est *P*   *post v.* **2058** atque pericula *add.* S   **2059** federicus *LA1 e1* fri-
dericus *SA2A3P*   fredericus *Me3*   **2060** dat] sit *PA3Me*   **2063** pernitor]
pernicor *codd.*   variabis] breuiabis *PS*

TESTIMONIA ET EXPLANATIONES.

2052 ex.: 'vestĭbulum; praelĭbo' ebĭbo docĭbilis credĭbilis'   **2053** 'quae
dat quarta' etc., i. e. derivata a verbis quartae coniugationis, ut 'audibilis',
antepaenultimam indifferenter ponunt. quae quidem derivata secundum
*Prisc. I 132*18 *sq.* eam tantum corripiunt, aeque ac nascentia ex verbis secundae et tertiae coniugationis. attamen dicit *Apuleius Met. I:* 'nihil impossi-
bile arbitror'. adiectivum 'possibilis' producendum esse cum *Alexandro* docet
etiam *Sulpit.*   **2054** 'i c seq. br.', ut 'angelicus rusticus   **2056** 'myrĭca' vel
'myrĭce' (μυρίχη) = tamarix arbor; cf. *Verg. ecl. VI* 2 *Ovid. metam. X 97*
art. am. I 747 III 691 Vulg. Ierem. XVII 6 XLVIII 5   **2057** 'vēsīca'
= χύστις, Germ. 'Blase', maxime 'Harnblase'; cf. *Horat. sat. I 8, 46 Iuvenal.*
I 39 VI 64; pro tegumento capillorum ap. *Martial. VIII 33, 19;* pro
tumore orationis ap. *eund. XI 49, 7*   **2058** 'quae post format et ante',
sc. 'postĭcus' et 'antĭcus': 'augures designabant spatia lituo et eis dant
nomina, ut prima pars dicatur antica, posterior postica' *Serv. in Verg.*
ecl. IX 15. est quoque 'posticum' nom. subst: 'postico falle clientem'
Horat. epist. I 5, 31   **2062** sq. 'pernix ĭcis' et 'pernix ĭcis': 'pernix
aliquando pro dampnosus, et tunc habet mediam genitivi syllabam brevem;
quando vero pro celer dicitur, tunc habet longam' *Osb. Pan. 468.* idem
docet *Henrichm.* 'pro pernice citum, pro pernice dico nocivum; pernitor
primum, perneco dat reliquum. qui necat est pernix, festinat currere
pernix' *incert. auct. ap. Io. Ian.* et *in Brev.* cf. *Graec. XIII 33 sq.* 'Icarus
ad caelum tendit pernicibus alis, et possem melius dicere pernicibus' *Gl. M.*
iidem vv. in *Graec. XIII 37 sq.* 'plurimi dicunt, etiam Servius, si recte

masticem produc et Phoenicem, breviando
quod dedit ex nisi lodicis; bombex dabit ycis.   2065
i d corripitur, sicut cupidus; sed Abydus
excipies et quae trisyllaba ponis in ides;
hisque Coroniden veteres iungi voluere.
produces ido, sicut formido, cupido;
cum desideriis addes desidero longis.   2070
pone duas primas Davidis, sicut metra poscunt.
perfidus infidusque fides fidoque probabunt.
i super f ponis raro, sed eam breviabis.
i dabo prae g brevem; sed quae facis in ga vel in go,
demis, ut auriga, caligo; sed brevianda   2075
quaedam composita; tibi sint caligae sociandae.
i super l brevias, solum tamen excipe neutrum,
cum facies ile; quae sunt a nomine iunges,
sicut Quintilis; brevis est humilis parilisque,

VARIA LECTIO.

    2064 fenicem *codd.*   **2065** dedit] dabit *Me*   **2066** i d corripitur]
d tibi corripit i *P*   d tibi corripitur *(!)* i *S*   ante d corripis i *Me*   Abydus]
abidus *codd.*   **2070** desidero] *L P A*₃ considero *cett. codd. et e*   **2072** per-
fidus] prouidus *S*   probabunt] probantur *S A*₁   **2073** raro ponis *Me*
2074 ga *etc.* go] go *etc.* ga *P A*₂   **2075** breuiando *L*   **2076** sint] sunt
*S A*₁ *Me* sociandae] socianda *S Me*   **2077** breuies *Me*

TESTIMONIA ET EXPLANATIONES

memini, pernix aliquando significare perniciosum ac nocivum, a perneco,
et tunc aiunt paenultimam in obliquis corripi. id puto esse falsum, donec
ex vetere poeta probetur correptio' *Despaut. 474*
    2064 'mastix, mastīcis', cf. vv. 211. 691 c. adn. **2065** 'lodex, īcis', cf. v. 210
c. adn. — 'bombex', cf. v. 2095. v. 212 vulgaris forma 'bombyx' ('bombix')
legitur, quam etiam *Isid. etym. XII 5* et *Io. Ian.* habent **2067** 'trisyllaba
p. in ides', ut 'Atrides' **2066** 'Cŏrŏnīdes' = Aesculapius; cf. *Ovid. met. XV
624* **2071** Dāvīdis: 'talia Davidicam post facta reliquerat 'urbem' *Sedul.
in Matth. XXI* 'cur ego, Davidicis adsuetus cantibus, odas' etc. *idem in
exord.* 'iam flos subit Davidicus, radice Jessae editus' *Prud. hymn. Epiph. 49*
'Israel es tu rex Davidis et inclyta proles' *incert. auct. ap. Io. Ian.*
2073 ex.: 'magnificus'   **2074** 'i d. p. g brevem', ut 'mitīgo prodīgo'
2075 sq. 'sed br. quaed. comp.', ut 'dilīgo erīgo'   **2077** 'i s. l brevias', ut
'agĭlis habĭlis'

dapsilis et pestilens et nubilis, additur istis   2080
exilis longum, subtilis, Aprilis, asylum.
i brevis est super m; tamen excipiatur opimus,
cum quo sublimis; sed compositiva notabis.
zyma puto longum; tamen azymus est breviandum;
et derivatum de quarta sit tibi longum.   2085
i super n brevia; tamen hinc festino, caminus
excipitur, propriaque simul iunges et Erinys.
iungas cuminium, catinum sive salinum
et derivatum: tibi sit pro teste Quirinus,
pina superque dabunt tibi longa propino, supina;   2090

VARIA LECTIO.

2080 nubilis] nubilus *S P M e₂*   **2081** longum] longa *P*   longam *(!) S*
asylum] asilum *codd.*   **2082** brevis est] breuies *M e*   excipiatur] excipiemus *M e*
2083 sublimus *P*   et compositiua notamus *M e*   **2084** zima *et* azimus
codd.   **2086** brevia] breuias *S*   breuis est *P M e*   **2087** excipies *M*   excipias *e*   propriumque *S*   iungas *P*   et] ut *L*   herinis *codd.*   **2088** iunges
A₂   iungere *S*   iunge catinum sicque cuminum deinde salinum *P*   *vv.* **2088.**
2089 *inverso ordine in P M e*   **2090** propina *A₃*   *vv.* **2090. 2091** *inv. ord. in S e₂*

TESTIMONIA ET EXPLANATIONES.

2080 'dapsilis', (Graece δαψιλης), 'largus vel qui satis erogat dapes'
Pap.; cf. *Io. Ian.*   Plautus imprimis hac voce usus est   **2082** 'i br.
e. s. m', ut 'animus'   **2084** 'zȳma, azў̆mus': 'azimus, non fermentatus
panis' *Isid. etym. XX 2 Pap.* cf. *Vulg. exod. XII 8* 'azimus corripit zi; unde
in Aurora *(Petri Rigae):* "azima mandatur *(sic)* septem comedenda diebus"' *Io. Ian.* cf. *Graec. VIII 337, Sulpit.*   est Graecis ἄζῠμος, α ζύμη
2585 'derivatum a quarta', sc. coniugatione, ut 'munĭmen fulcĭmen'
2086 'i. s. n brevia', ut 'domĭnus'   **2087** 'propria', sc. nomina, ut 'Martinus'   **2088** 'cumĭnum' = κύμινον, Germ. 'Kümmel'; cf. *Horat. epist. I
19, 18 Pers. V 55* 'catĭnum', ap. antiquos vulgo 'catīnus' (ex Siculo
κάτινος), de qua forma dicit *Isid. etym. XX 6:* 'catinum, vas fictile,
quod melius neutro dicitur quam masculino, sicut et salinum dicitur vas
aptum salibus', et addit *Io. Ian.:* 'scias quod, licet quaedam nomina in-
veniantur auctoritate veterum quandoque in masc. genere, quandoque in
neutro, ut hic punctus, hoc punctum et hic catinus et hoc catinum, non
tamen debent dici incerti generis, quia masculinum talium nominum iam
cessavit, quia non utimur nisi neutro genere istorum nominum'   **2090** 'pīna':
'pina Graece, fames Latine' *Gl. M, Gl. n., Io. Ian., Brev.* 'et inde componitur
haec propina, locus iuxta balnea publica, ubi post lavacrum a fame et
siti reficiuntur homines, et dicitur sic, quasi propellens famem; et dicunt
Graeci popina, et inde corrupte nos dicimus propina pro tali loco' *Io. Ian.*
s. v. 'propina'. cf. *Osb. Pan. 460 s. fine*

cedrinus iungas praedictis, adde lupinum.

crastinus esto brevis, simul hiccine, nundina, iungis

protinus his acinumque, perendino iungitur et quae

ex oleo, bysso, clam formas seroque, fago,

et quae jacinthus bombexque dat ac amethystus.   2095

ante na longa fit i; vult femina, pagina demi,

machina cum trutina, Proserpina, lamina iunges,

buccina cum Mutina, seu sarcina, fuscina curtas;

sic elemosyna sit.

obliquos ex in produc, alios breviabis.   2100

ante p fit brevis i: sic antipos est tibi testis.

VARIA LECTIO.

2091 cedrinum *e₂* iunges *S* adde] atque *Se₂*   *v.* **2091** *om. PMe₁*
2092 hiccine] heccine *A₃M* nundina] nundine *(!) e* iungis] *om. P* iunges *S*
2093 perendino iungitur et quae] iungisque perendino uel que *P*   **2094** bisso
codd.   **2095** jacinctus *et* ametistus *codd.*   *v.* **2095** *om. SA₂, post v.* **2097** *col-*
loc. A₁   **2096** pagina femina *SPMe*   **2097** Proserpina l. i.] seu sarcina
fuscina iunge *Me, sic, sed* deme *pro* iunge *S*   **2098** bucina *SA₃* seu] vel *P*
curtas] curtat *A₂* iunge *P* seu sarcina f. c.] proserpina lamina iunges *Me*
sic, sed iunge *S*   **2099** sic. elemosina fit et patina *P* sic elimosina fit
(fiat *e₁*) et patina longa patena *Me₁*   **2101** i supra p breuis est hinc a.
est t. t. *SPMe₁*

TESTIMONIA ET EXPLANATIONES.

2091 'cedrĭnus' pro 'cedrīnus' (*κέδρινος*) praecipitur etiam a *Io. Ian.,*
in *Quaest. gram. cod. Bern. K. Suppl. 182₂₄,* a *Sulpitio* aliisque   **2092** 'nun-
dĭna', sc. tempora. de sing. 'nundina' cf. *Neue I 471,* de diversis vocabuli
signif. *Du Cange*   **2093** 'perendĭno, i. e. morari per unum diem, sc. usque
in tertium diem, et transitive positum invenitur pro prolongare' *Io. Ian.*
cf. *Du Cange.* unde compositum 'comperendino' occurrit ap. *Cic. I Verr. 34*
II Verr. 1, 20 et 26   **2094** sq. ex.: 'oleagĭnus, byssĭnus, clandestĭnus' (sic
pro 'clandestīnus' etiam *Io. Ian., Graec. XXV 48, Sulpit.*), 'serotĭnus, fagĭnus,
hyacinthĭnus, bombycĭnus, amethystĭnus'   **2096** 'a. na l. f. i', ut 'farīna culīna'
2099 'ĕlĕmosўna': 'est ancilla Dei simplex elemosina, mortis antidotum
veniae porta, salutis iter' *Vindocinensis* ap. *Io. Ian. s. v.* 'antidotum'. 'pec-
catum exstinguit elemosyna, cui moys est fons' *Graec. X 207;* cf. *Egb. L.*
I, 898, Sulpit. 'ubi est spes tua, pro qua elemosynas faciebas?' *Vulg.*
Tob. II 16 'peccata tua elemosynis redime' *Vulg. Dan. IV* 'ab elemo-
nia, quod est misericordia, et syna, quod est mandatum, componitur haec
elemosina, i. e. mandatum misericordiae, et secundum hoc scribitur per
e in secunda syllaba; sed melius scribitur per y, et tunc dicitur elymo-
syna quasi mandatum Dei' etc. *Io. Ian.* cf. *Brev.* est *ἐλεημοσύνη* ab *ἔλεος*
2100 ex.: 'delphīnis, flumĭnis'   **2101** 'antipŏs' pro 'antipūs' *άντίπους*)
etiam *Io. Ian., Brev., Sulpit.* scribunt; cf. pōlipūs v. 1903

obstipum retrahas [constipo consociabis].

q subeunte dabis i longam, sicut iniquus;

cum siliquis reliquos et compositiva notabis.

i super r brevis est; tamen excipis inde butyrum.   2105

sic delirus erit, saphirum iunge papyro

appellans lapidem, sed pro vitro breviabis.

est super s brevis i; paradisum non breviabis,

Anchisen iunge, gavisus ei superadde.

praecedente para breviatur laesio longa.   2110

ante t fit brevis i: levitas erit hinc tibi testis.

VARIA LECTIO.

v. 2102 om. PMe [] *inclusa om. A2 A3 S, m. rec. add. A1, habet L*
2103 dabis] dabit *A2* damus *SMe* *post v. 2103* conpositiua tamen aliquis similesque notabis (notemus *P*) *add. SP* **2104** siliquis reliquos]
reliquis siliquos *A* et] sed *S* sed c. n.] istis sociare memento *P* **2105** brevis est] breuies *S* **2106** delirus] delibutus *(!) LA1A2* iunge] iungo
SA1A2P **2107** breviabis] breuiatur *SMe1* **2109** Anchises *S* eis *A3*
superaddes *P* **2110** lisio *Me* lesio *cett. codd.* **2111** est breuis i pre t
S est i pre t breuis *PMe1* erit hinc] flet *P*

TESTIMONIA ET EXPLANATIONES.

2104 'compositiva', ut 'alĭquid' **2105** 'i s. r br. e.', ut 'satĭra'. — bŭtȳ-
rum: 'infundens acido comam butyro' *Sidon. carm. Phalaec.* 12 'mollique
subacta butyro' *Egnatius sec. Despaut.* 'quod non est mirum, stillat pro
lacte butirum' *Petr. Riga. Vergilium (Despaut. rectius dicit Valgium)* in
quodam opusculo paenultimam quoque corripuisse affirmat *Io. Ian.* hunc versum allegans: 'lac niveum butirumque novum cum melle comedi'. corripuerunt certe mediam *Macer* hoc versu: 'cum butyro modicoque oleo decocta
tumorem' etc., et *Ys. II 394 VII 345.* et primam et secundam vocis
syllabam producendas esse etymologia — est enim βούτυρον a βοῦς —
satis docet **2106** sq. 'saphirus' (cf. vv. 1718 et 1743), 'saphĭrus': 'est
vitrum saphirum' ('pro vitro saphirum' *Io. Ian.*) 'pro gemma dico saphirum: corripias primi mediam producque secundi' *Graec. XII 121 sq., Io. Ian.*
'porticus est Romae, qua dum spaciando fero me, res quaerendo novas
inveni de saphiro vas' *Alex. Nequam (Neckam)* in *Gl. S.* de hac re legitur ap. *Io. Ian.:* 'Magister Benedictus dicit, quod saphirus producat paenultimam: "sed quidam accipiunt saphirum pro vitro media correpta, quod
nos non dicimus", et hunc sequor; unde praedictus versus (sc. 'pro vitro
saph.') non est authenticus secundum nos'. et *Despaut.* monet: 'ne cum
Stoa variandum credas, quia Sidonius corripuit' **2108** 'est s. s br. i',
ut 'Elȳsium camȳsia' **2110** i. e. ex 'para' et 'laesio' fit sec. Alexandrum
'paralĭsis' sive potius 'paralȳsis'; cf. *Io. Ian.*, qui quidem ex Magistri (sc.
Benedicti) sententia paenultimam vocis syllabam producendam esse censet

quae fiunt in ta proprio de nomine sumpta
sive loci propriaque simul producere debes,
ut margarita, Levita, simul heremita.
ut placet est pituita; Petrus dixit polymita.   2115
quae fiunt in tes aut in tis, longa notabis.
itus, si detur a nomine, longus habetur:
et sic ex censu censitus dicere debes.
servus curtat itus. adverbia sic breviabis.
a verbo quartae venientia longa notate.   2120
tertia praeteriens in ui dat itum breviando;
praeteriens aliter itum producere debet.
curtat itum pario vel disco poscoque, parco,
quae gio dat vel bo, quae prima dat atque secunda.
cumque supina dabunt i longam t subeunte,   2125
quae formantur ab his, ito longam reputabis.
agnitus esto brevis, societur cognitus illi.
itus producit, quod deponens generavit;

VARIA LECTIO.

2114 simul] sacer *S* simul ac *A₃*   ut margaritam leuitam sic here-
mitam *P, item, sed* aut *pro* sic, *Me₁*   **2115** polimita *codd.*   **2116** tes *etc.*
tis] tis *etc.* tes *PMe₁*   *vv.* 2117. 2118. 2119 *post. v.* 2123 *colloc. L*   **2119** ser-
uos *SP* breviabis] breuiamus *SPMe₁*   **2120** quarte uerbo *SMe₁* notato
SPMe₁   **2122** debes *LA₃PS*   **2123** poscoque perdo *A₂* parcoque posco
SPMe₁   **2126** longum *M* longam *cett. codd.* reputamus *S*   **2128** quod
deponens] deponens quod *P* que deponens *S* quam d. *Me₁* generavit]
generabit *S*

TESTIMONIA ET EXPLANATIONES.

2114 'hĕrĕmĭta': vide v. 2028 c. adn.   **2115** 'pituĭta': immo vocabulum
apud poetas saepe per synizesim trisyllabum fit, ut ap. *Horat. sat. II 2, 76*
epist. I 1, 108 Pers. II 57; cf. 'conubia' v. 1940. — 'polymĭta': 'quae
polimita fuit oscula dando pedi' *Petr. Riga in genes.* 'usus habet, quod
polimita ultimam (sic pro 'paenultimam') producit' *Io. Ian.* cf. *Graec. X*
251, Sulpit. est tamen πολύμιτος a μίτος (vide v. 1881), et 'polymĭtus'
est 'textus multorum colorum' *Isid. etym. XIX 22* 'polymita vestis multi
coloris' *Pap.* cf. *Io. Ian., Brev., Despaut. 625*   **2116** ex.: 'Tersītes Suna-
mītis'   **2117** ex.: 'marītus avītus'   **2119** ex.: 'servĭtus, penĭtus fundĭtus'
2120 ex.: 'audītus'   **2123** 'parĭtum', vide v. 797; 'discĭtum, poscĭtum',
v. 819; 'parcĭtum', cf. *Neue II 553, 561*   **2124** ex.: 'fugĭtum bibĭtum,
domĭtum exhibĭtum'   **2125** sq. ex.: 'dormīto, are'   **2128** ex.: 'oblītus'

sed tuor abbreviat ea, quae de se tibi format.

et producuntur lecythus et hermaphroditus;   2130

sic aconita locas, Cocytus ei sociatur.

nominis obliquos, quod fiet in is, dabo longos;

corripies alios, ut miles militis, ales.

i super u longa; Ninive tamen est brevianda.

Est orobus testis, quod o super b breviabis;   2135

demitur ambobus, October sive duobus.

ante c fit brevis o; tamen obliqui retrahantur.

ante d fit brevis o, velut exodus; hinc procul esto

Herodes, et ei custodes sint sociandi.

est o supra g brevis, velut ecloga; sed removebis,   2140

quae g vocali praeiungunt, ut synagoga.

o super l fiat brevis: hoc soboles manifestat.

o super m brevis est: Salomon sic esse probabit.

VARIA LECTIO.

2130 lechitus et hermofroditus *codd.*   **2131** achonita *S A₂ A₈* cochitus *L A₈ P* cocoitus *Me₁* chochitus *S* societur *A₈ e₁*   **2132** quod fiet in is] quod in is fiet *S P M*   **2133** ut miles militis ales *om. P Me₁* ut militis alitis *(!) S*   **2134** breuiata *Me₁*   **2137** fit brevis o] curta fit o *Me₁*   **2138** fit brevis o] corripis o *S*   **2139** sint] *L* sunt *cett. codd. et e post v.* 2139 o super f breuis est sit sarcofagus tibi testis *add. Me₁*   **2140** est o supra g brevis] o supra g breuis est *P* est o pre g breuis *A₈* egloga *codd. et e*   **2142** fiat] fiet *Me₁* manifestat] tibi signat *Se₁* tibi signet *M* o super l breuies istud soboles tibi signat *P* *post v.* 2142 excipias illud quod fertur farmacapole *m. rec. in mg. add. A₁*   **2143** o breuis m presit *S* o breuis est super m *Me₁*

TESTIMONIA ET EXPLANATIONES.

2129 'tuor tuĭtus', cf. v. 945 c. adn.   **2130** lēcўthus (λήκυϑος): 'lechitus vas est, sc. ampulla, ut dicunt, de auricalco' *Hug.* 'lechitus in regnorum (sic) libro ampulla olearia' *Pap.* cf. *Io. Ian., Brev.* 'et lechitus olei non est imminutus' *Vulg. reg. III 17, 12.* de quantitate paenultimae haec profert *Despaut. 625:* 'lecythus contra Alexandrum Sulpitiumque corripitur ab Homero VIII Odysseae teste Nestore'. *idem p. 627:* 'polymitus et lecythus tantum corripiuntur'. *idem p. 670:* 'Laur. Valla dicit a vulgo male paenultimam acui in his: Andréas, proselўtus, lechўtus' etc.   **2132** ex.: 'Quiris Quirītis'   **2134** ex.: 'salīva'   **2135** 'ŏrŏbus' (ὄροβος): 'orobum graecum verbum est; est autem genus leguminis' *Pap.* 'quaedam herba vel quidam populus' *Gl. n.* 'populus vel genus leguminis' *Gl. ap. Thurot. p. 432*   **2137** ex.: 'apŏca apŏcopa, velōcis atrōcis' quod servat neutrum genus, excipe, sicut amomum.

longa fit o super n; sed sindonis excipiatur,   2145

sardonis atque diaconus et Turonis, sociatur

Calcedonis, Redonis [et Vasconis associabis];

Lingonis et Britonis ac obliquos propriorum,

quae loca designant, praedictis addere debes;

cum proprium fit in on, tamen excipies: Calydonis.   2150

Simonis, harmonicus, mamonam breviare solemus.

VARIA LECTIO.

     2144 quod servat] que seruant $S A_1 P M e_1$ **2145** sindonis] sydonis S
2146 sardonis *pro* sardonyx *omn. codd. et e* sociantur S v. **2247** *om.* $M e_1$
[] *inclusa om.* $A P P a_3 P a_4$ vascones *add.* L et vasconis *add.* S **2148** Lingonis e_1 Ligonis *omn. codd.*   **2150** calidonis *codd.*   *post* v. **2150** et que
terna dabit ut syndonis *(!)* babilonis *in my. add.* S et que tercia dat ||
add. A_8 et babilonis || *add.* P **2151** breviare] sociare $M e_1$ vv **2251. 2152**
inverso ordine in A_8

TESTIMONIA ET EXPLANATIONES.

     2144 'amomum herba est suavissimi odoris, quae tantum in Assyria
nascitur' *Serv. in Verg. ecl. IV 25; cf. idem in ecl. III 89 Ovid. met. XV 394.*
unde fiebat unguentum maxime nares feriens, quo crines inungebantur (cf.
Pers. III 101 Iuvenal. IV 107 Ovid. ex Pont. I 9, 52 Martial. V 64, 3 VIII
77, 3 XII 17, 7) et mortuorum corpora condiebantur; inde postea vocabulo vulgo detruncato 'momia' sive 'mumia', Ital. 'mummia', Gall. 'momie',
Germ. 'Mumie' orta est.   **2145** 'longa f. o s. n', ut 'anŏna sermŏnis'. —
'sindŏn ŏnis' ($\sigma\iota\nu\delta\acute{\omega}\nu$): 'anaboladium amictorium lineum feminarum, quo
humeri operiuntur, quod Graeci et Latini sindonem vocant' *Isid. etym.*
XIX 25. cf. *Pap., Io. Ian.* vestis est bombycina subtilissima ap. *Martial.*
IV 19, 12, lineum pannum in *Vulg. Matth. XXVII,* vestimentum lin-
teum, quod nudo corpori induebatur, in hoc *Petri Rigae* versu: 'qua vesti-
tus erat sindone, nudus abit'   **2146** 'sardŏnis quaedam regio' *Gl. n.* sine
ulla dubitatione 'sardŏnyx' est, quod elucet ex interpretatione: 'lapis pretiosus' in *Gl. M.* — 'Turonis, civitas Franciae' *Pap.,* sc., quae hodie 'Tours'
appellatur   **2147** 'Redŏnis', gens Galliae Lugdunensis eiusque urbs, quam
vulgo 'Rennes' vocant. — 'Vasco', pl. 'Vascones', Hispaniae populus: 'Vasconis
hoc saltus et ninguida Pyrenaei' *Auson. sec. Despaut. 470*   **2148** 'Lin-
gŏnis', pl. 'Lingones', gens Galliae Celticae simulque metropolis eius, hodie
'Langres' nuncupata. — 'Brĭtŏnis', cf. vv. 104, 1880. 'Brĭtŏnes' *Iuvenal. XV*
124 'Brĭtŏnis' *Martial. XI 21, 9*   **2150** 'Calydon, ŏnis', prisca urbs
Aetoliae; cf. *Verg. Aen. VII 306 Ovid. met. VI 415 Martial. I 104, 6*
IX 48, 6 XI 69, 10   **2151** 'Simon, ŏnis': 'stagna petit parvaque sedens
in Simonis alno' *Sedul. IV sec. Despaut. 535* 'nomen apostoli corripit in
obliquis ad differentiam nominis cuiusdam rustici a Terentio introducti,

canonis esto brevis cum daemone, Sidonis, ut vis.

p subeunte brevis datur o: caropos tibi testis;

Asopum retrahis, Europam sive pyropum;

ut placet, est Canopus.   2155

o super r brevias: Sephoram testem tibi sumas.

derivata palam produc: patet ecce sonorus.

nominis obliquos, quod in or fit, iunge; sed arbor

et memor et rhetor, castor seu marmor et aequor

corripuere suos, sed longis adde Pelorum;   2160

et quaedam propria sunt obliquis brevianda.

mas facit os oris; quae dant ur et us breviabis.

o super s longa, sicut testatur alosa.

t subeunte dabis o longam, sicut Azotum;

VARIA LECTIO.

 2153 brevis datur o] breuem facit o *SP* **2154** Europam retrahis asopum *etc. P* retrahis] retrahas *A8* piropum *codd.* **2155** ac
ysopus *add. SA8* **2156** breuies *etc.* sumes *Me1* **2159** rethor *codd.*
2160 sed] et *A8* *v.* **2161** *om. L* **2162** quae] quos *S* ur et us] us et ur *Me1*
2163 sicut testatur] sic testificatur *SPMe1* **2164** dabis] damus *Me1*
longam] longum *P*

TESTIMONIA ET EXPLANATIONES.

qui dicitur Simo; propter eandem differentiam retinetur n in nomine
apostoli, sicut est ibi apud Graecos, sed a nomine rustici expellitur' etc.
Io. Ian. cf. *Ys. V 108.* — 'mamŏna', cf. v. 544 et *Graec. VIII 222*

 2152 'Sīdon, ŏnis': 'Sīdōna' *Verg. Aen. I 619;* 'Sidōne' *Ovid. met.*
IV 572 Lucret. VI 585; 'Sīdŏne' *Martial. II 16, 3 XI 1, 2 Sil. VIII 438*
2153 'carŏpos': 'color urinae' *Gl. M* 'via cartulosa vel color in urina' *Gl. n.* —
vocabulum alibi non inveni **2154** 'Asōpus', fluvius Boeotiae **2155** 'ut
placet est Canopus': 'civitas Aegyti' *Gl. M* 'idem quod Aegyptus' *Gl. n.* hoc
vocabulum paenultimam ancipitem habere illius aetatis homines ex eo, ut
opinor, collegerunt, quod, quam inde derivatam putabant (cf. *Io. Ian.*) et
sic scribebant (cf. *Pap., Io. Ian., Du Cange*), vox 'canopeum' (unde Gall.
'canapé') pro 'cōnōpēum', *κωνωπειον* (cf. *Iuvenal. VI 80*) sive etiam 'cō-
'nōpĭum' (cf. *Horat. epod. IX 16 Prop. III 9, 45*) antepaenultima correpta tunc temporis usurpabatur, certe quidem a *Petro Riga* in hoc *sup.*
Iudith versu: 'reticulum sericum *(!)* scriptura vocat canopeum' **2156** 'Sephora, uxor Moysis' *Gl. A8* 'producitur (prima) a Riga: "nato praeputium mox
aufert Sephora dicens"' *Despaut. 516, 645* **2160** 'Pelōrus' vel 'Pelōrum', Sici-
liae promontorium **2161** ex.: 'Hectŏris Antenŏris' **2162** ex.: 'lepos lepŏris
flos floris; ebur ebŏris pectus pectŏris' **2163** 'alŏsa' sive 'alausa', piscis quidam, Gallis 'alose', Germanis 'Alse'; cf. *Auson. Mosella 127* **2164** 'Azōtus',
urbs Palestinae (cf. *Vulg. Iosue XI 12, XV 14 etc.*), nunc 'Esdud' appellata

quae componuntur, discreta mente notentur.   2165
o super u raro; sed compositiva notato.
   Ante b fit brevis u; sed demitur inde saluber.
u c protrahimus, quotiens a vel um subit aut us;
cetera corripies; sed Pollucem tibi demes,
manduco iunges, fiducia [consociamus].   2170
ante d longa datur u; sed pecudis retrahatur.
ante g longa fit u, tamen hinc tibi coniuge dempta.
sugo producis; sed sanguisugam breviabis.
u super l brevia, Gaetulus, adulor adempta.
quae declinabit tibi tertia, longa notabis   2175
nomina; sed Zabulon breviabitur Hercule iuncto;
his sotular iungo, specular breviabit origo.

VARIA LECTIO.

2168 protrahimus] longa datur *S* subit aut] subeunt *S*   **2169** corri-
pies] corripias *M As e*₁   Pollucem] pollucet *P*   demes] demis *P* demas *Me*
2170 iunges] iungas *Me*₁   consociamus *om. L A*₂*Me*₁*, add ·S* consociato
*m. rec. add. A*₁ iungitur illis *add. P*   manduco iunges cum quo fiducia
iunges *As*   **2171** ante d longa fit u sed et hec pecudis retrahatur *P*
2172 ante] pre *PMSe*₁   **2173** produco *etc.* breuiabo *A*₂   **2174** brevia]
breuis est *M* breuies *Pe*₁ adempta *om. P*   **2175** notabis] locabis *P* manebunt *Me*₁   **2176** breviabitur] breuiatur *A*₂*Me*₁ breuiatur et *(!) P*   iuncto]
iuncta *(c. gl. interl.* hac dictione) *L A*   **2177** iungo] iungas *As* socia *S M*

TESTIMONIA ET EXPLANATIONES.

2165 ex.: 'antidŏtum, aliquŏtiens'   **2166** 'sed comp. n.', quia sequuntur simplicia, ut 'innŏvo, imprŏvidus'   **2167** 'ante b f. br. u', ut 'colŭ-
ber'   **2168** ex.: 'lactūca festūca cadūcus'   **2119** 'cet. corr.', ut 'volŭcer'
2171 'ante d l. d. u', ut 'testūdo hirūdo'   **2172** 'ante g l. f. u', ut 'lanūgo
erūgo'   **2173** 'sanguisŭga: de quantitate paenultimae recte adnotat haec
Io. Ian.: 'dicunt quidam: licet componatur a sanguis et sugo, quod primam producit, tamen sanguisuga paenultimam corripit. alii dicunt, cum
quibus ego, quod sanguisuga paenultimam producat, quia componitur
a sugo, nec invenitur in aliquo bono auctore, quod sit paenultima brevis'.
hanc vulgaris linguae vocem (cf. *Vulg. proc. 30, 15 Acron in Horat. art.
poet. 476 Isid. etym. XII 5)* in Romanas quas vocant linguas transisse
scias: Italis est enim aeque 'sanguisuga', Gallis 'sangsue'   **2174** 'u s.
l br.', ut 'sedŭlus'. — 'Gaetūlus', i. e. Libycus; cf. *Verg. Aen. IV 40 Hor.
carm. I 23, 18 III 20, 2 Martial. X 20, 7*   **2175** sq. ex.: 'tribūlis cu-
rūlis'. — 'Zabŭlon', filius Lyae: 'variatur Iuvenco' *Despaut. 642*   **2177** 'sotŭ-
lar': de significatione et genere vocis cf. adn. ad. v. 579

obliquos brevies, ut praesulis, exulis, omnes.

u dabimus longam super m tibi, sicut alumen;

incolumis, contumax demis et autumo iungis   2180

et columen.

u super n longa ponetur teste lacuna.

ante p fit brevis u; sed compositiva notabis.

u super r longa; sed purpura ponitur extra.

excipe verba, quibus meditatio convenit, et quae   2185

sunt formae similis, ut luxurio, sociabis.

Mercuriumque notes, lemures cum centurione.

obliquos brevies, tellurem demere debes.

u super s longa: tibi sit pro teste cerusa.

VARIA LECTIO

2178 obliquos brevies ut presulis *rell. om. A₃*   exulis omnes] et nebulonis *M* e₁   *post. v.* **2178** et nebulones *add. P*   **2179** u dabimus super m tibi longam *S*   u super m dabimus tibi longam *A₃*   u super m longam dabimus tibi *P*   u longam dabimus super m tibi *M*   **2180** iungis] iunge *S*   iungas *M* e₁   **2181** *om. S A₁ A₃ M* e₁, *add. L A₂*   **2182** ponatur *S*   **2183** ante p fit brevis u] u supra p breuias *S*   u supra p breuis est *M*   u super p breuis est e₁   *tv.* **2182. 2183** *om. P*   **2185** excipe] corripe *S P M* e₁   **2187** lemures cum centurione] et centurio lemuresque *P*   Mercurium signes et centurio lemuresque *M* e₁ *sic, om. tamen* que *S*   **2189** cerusa] creusa *m. rec. superscr. A₁*

TESTIMONIA ET EXPLANATIONES.

2179 'alūmen': 'dicitur a lumine, quod lumen praestat coloribus tingendis' *Pap.*, *Io. Ian.* (nobis est 'Alaun')   'vel infernus' *Gl. M*   'a lumine, et potest accipi pro inferno' *Gl. n.* cf. *Brev.*   **2181** 'colūmen': 'alacritas' *Osb. Pan.* 140 'alacritas vel fortitudo' *Io. Ian.*, *Brev.* 'etiam sanitas, salus explicari solet' *Loewe 355*   'eloquentia, sanitas, alacritas, vel quasi colli munimentum, vel fortitudo' *Brev. Benth.* cf. de his figuratis significationibus *Terent. Phorm. II 1, 57 Cic. Verr. V 76 pro Sest. 8 Horat. carm. II 17, 4*   **2183** ex.: 'vitŭpero', praerŭpium insŭper'   **2184** 'u s. r l.', ut 'periŭrus paliŭrus'   **2185** ex.: 'partŭrio esŭrio'   **2187** 'lemŭres', spectra et larvae nocturnae; cf. *Horat. epist. II 2, 209 Pers. V 185*   **2188** 'obl. br.', ut 'murmuris guttŭris'   **2189** 'cerūsa', sic pro 'cerussa' etiam *Pap.*, *Hug. Io. Ian.*, *Brev.* 'unguentum ad albitandum facies meretricum, blanchet' *Gl. L, Gl. Ar* 'quaedam materies apta ad pingendum, quae ex plumbo stannoque conficitur' *Pap.* 'a ceroma dicitur haec cerusa, quoddam genus coloris' *Hug.*; cf. *Io. Ian.*, *Brev.* 'cerussa' nunc quidem legitur ap. *Ovid. de medicam. fac. 73, Martial. X 22, 2*, 'cerussatus' ap. *Martial. I 72, 6 II 41, 12 VII 25, 2*

prae t longa fit u, tamen a r b u t u s est brevianda;   2190
compositiva notes.

    Vocis fine dabis a longam; sed breviabis
rectum cum quarto quintum casum sociando.
hinc tamen excipias, cum rectus in as tibi fiat:
inde vocativum, velut A n d r e a, dabo longum.   2195
in numeris -g i n t a sunt ad placitum tibi danda.
postea non brevia, nisi fiat dictio bina.
utputa corripies, ita vel q u i a iungere debes.
productum Graeci rectum quandoque notavi.

    E correpta datur; exceptio multa sequatur.   2200
Graecum nomen in e produc: testis tibi Phoebe.
declinansque per ae diphthongon nomina primae
et casus sextos in quinta dicito longos.
longum pone fame, quoniam f a m e i dedit ante;
et, quae componis de quinta, longa notabis: 2205
quare, c o t i d i e tibi sint testes h o d i e q u e.

VARIA LECTIO.

    2191 ut percutis alteruterque *add. Me*1   2193 casu quintum *PMe*1
2194 excipies *etc.* fiet *SA*3*PMe*1   2195 Andrea] Enea *S*   2196 numero *S*
2197 breuies *S*   2201 Phoebe] tysbe *P* tispe *Me*1 tispe *S* phebe *cett.*
codd. post. v. 2101 fiat et ysiphile *add. S.*   2202 declinansque] que *om.*
*A*1*A*3 declinasque *PA*2 declinaque *S* diptongon *vel* dyptongon *LA*2*A*3
diptongum *vel* dyptongum *SPA*1*M*   *v.* 2205 *om. P*   2106 cottidie *A*3
quotidie *M* cotidie *cett. codd.* sint testes] sunt testes *Me*1 testes sint *S*

TESTIMONIA ET EXPLANATIONES.

    2190 'prae t l. f. u', ut 'cornūtus cicūta'   2191 ex.: 'dispŭto,
imbūtus'   2192 ex.: 'citrā ultrā'   2193 ex.: 'musă Hectorā'
2196 'gintā': 'finalis indifferenter ponitur' *Mag. Caes. 106.* 'ubi videntur
corripi (haec numeralia), Nebrissensis credit mendam esse. haec dicta
Nebrissensis si vera sunt, oportebit multos poetas emendare' *Despaut. 647.*
apud *Martialem* quidem, quem accuratius examinavi, numeralia 'triginta'
et 'sexaginta' producta tantum finali inveniuntur; cf. *III 36, 7 VII 9, 1
VII 53, 9 VII 81, 1 X 104, 10 XI 24, 13 XII 34, 1 XII 86 1*   2197 'po-
steā anteā praetereā', sed 'post eā' etc.   2199 ex.: 'Maleā Nemeā Tegeā';
cf. *Prisc. I* 202₁₈—203₂ 287₁₂₋₁₄ 290₅₋₉ *Lachmann. in Lucr. comm.*
405 sqq.   2204 'fames famĕi dicebant veteres, unde adhuc fame producitur in ablativo' *Prisc. I* 243₁₂. cf. *Verg. Aen. VI 421 Iuvenal. XIV
184 XV 102 Tibull. I 5, 53 Lucret. III 732 Martial. I 99, 18*   2206 'co-
tidiĕ': de quantitate primae et secundae vide adn. ad v. 1930

longum pone doce, similis quoque tempora formae.
eque vocativum dat nomen in es tibi longum.
nomen longa dabit adverbia, si tamen apte
comparat, ut iuste; sed non bene nec male crede   2210
producenda fore, quia neutrum comparat apte.
saepe brevem ponis, quia non a nomine sumis.
summi cuncta gradus adverbia longa locamus.
qu[a]e nomen longum, que notans et erit breviandum.
me, te, se longis, simul e, de, pr[a]e sociabis,   2215
et ne, ni dabit an, produc, fermeque fereque.
aut ve dabit curtam, dabit interiectio longam.

   I dabitur longa; quaedam volo demere Graeca.
sed mihi sive tibi, sibi vel quasi vel nisi semper
ad placitum ponis, et ibi vel ubi sociabis   2220
et sua composita.

   Ut tua metra petunt, o ponis; deme dativos
ac ablativos, quoniam decet hos dare longos.
quae monosyllaba sunt, semper producta manebunt;
deque gerundivis tua consule metra locandis.   2225
   U producta datur, exceptio nulla paratur.

VARIA LECTIO.

   2210 nec bene nec male $A_1 A_8 Me$ nec male nec bene S non male
nec bene P **2212** quia] quod $P Me_1$ **2213** locamus] putamus P **2216** e
ne ni $L A_1 A_2$ ne nisi cum $S A_8 Me_1$ ne nisi quod P **2217** dabit cur-
tam] facit curtam P facit curtum Me_1 longam] longum Me_1 **2219** nisi
uel quasi P **2220** ubi uel ibi $S A_8 Me$ vv. **2220. 2221** *inverso ordine,*
omissis vel quasi vel nisi *exhibet* P **2221** sicubi uel iam cubi (!) monstrant *add. L* ut sicubi alicubi *m. rec. add. M* ueluti tibi sicubi mon-
strat *add. e* **2226** producta] tibi longa $S P Me$ paratur] sequatur P

TESTIMONIA ET EXPLANATIONES.

   2208 ex.: 'Achatĕ Ulixĕ'   **2218** 'quaedam — Graeca', ut 'Colchĭ
Thybrĭ Amaryllĭ'   **2219** 'nisī quasī': quia prisca forma erat 'niseī quaseī'.
apud *Plautum* haec vocabula producta occurrunt in *Poen. I 2, 32,* in
Cas. III 5, 56 (cf. *Lachmann. comm. in Lucr. 91*); ceteri vero poetae has
particulas corripiunt. cf. *Despaut. 651*   **2221** exempla vide in var. lect.
2225 'in metro in o terminatio more verborum etiam corripitur, ut Iuvenalis in I. (*Iuv. I 3 232*), Alphius Avitus *in* II. excellentium' (vide *Werns-*
dorf. poet. Lat. min. III p. XXXI sqq.) Prisc. II 233₁₆ sq. cf. *idem I* 409₁₄₋₂₀
426₂₁—227₉

Quae dant b d vel m vel t, debes breviare;
excipe diphthongum, concisas vel posituram:
audit, aut, dicunt ex hoc testes tibi fiunt.
c longam ponis, lac, nec donecque remotis.   2230
hic poni poterit ceu metri regula poscit.
l breviare dabo; sed nil producere quaero;
ol, ut sol, iungis et in el quae barbara ponis.
istorum multa tamen invenies breviata.
n producta datur; sed forsitan excipiatur,   2235
forsan et in, tamen atque dein, iungas an et exin.
rectus in a Graeci facit an quarto breviari.
si brevis est crescens genetivus in antesuprema,
ex hoc in recto decet n poni breviando.
quartus casus in on solet in Graeco variari,   2240
rectus produci nisi neutra, sed haec breviari.
r breviando locas; quae sunt monosyllaba demas:
testes sunt ver, par et ab hoc quae sumis, ut impar;
quae tamen in multis breviata locis reperimus.

VARIA LECTIO.

2227 b uel t d uel m *etc. M*   2228 conscisas dyptongum *S* concisas diptongon *P* concisa diptongum *Me*   2230 nec lac *SPMe*   2231 ceu| seu *A₂A₃* ut *P post v.* 2231 si sit pronomen si non longatur ubique *add. P* 2232 l breviare dabo| il breuiare decet *S* producere| tibi demere *A₃*   2236 iungas an] iungetur *M post v.* 2237 quartus in in breuiat greci quam rectus in is dat *add. P v.* 2241 *om. SPMe*   2243 uer et par *(!) P* par uer *S*

TESTIMONIA ET EXPLANATIONES.

2227 ex.: 'ab ad tum et'   2230 'c l. p.', ut 'sīc hāc hōc hūc hīc (adv.) illīc. 'lāc': 'in Sereno producitur lac: "lac asinae placidaeque bonis prodesse loquuntur". 'Victorinus asserit corripi. tu Serenum imitare, donec ex vetere poeta probetur corripi, et tum variabis' *Despaut. 655*   2231 'hīc', i. e. pronomen   2232 'l br. d.', ut 'animăl fĕl mĕl'   2233 'in el q. b. p.', ut 'Michaĕl Gabriĕl Daniĕl'; cf. *Pris. I 147₁₁ 214₁₃ 312₉*   2235 'n pr. d.', ut 'Titān Paeān quīn'   2236 'dĕīn': immo per synizesin monosyllabum fit, ut 'deinde' disyllabum; cf. *Serv. in Verg. Aen. I 195*   2237 ex.: 'Aeginān' ap. *Stat. Theb. VII 319*; cf. *Prisc. I 287₁₅—₁₇.* — v. 34 ab auctore hic repetitus est   2238 sq. ex.: 'nomĕn carmĕn' etc.   2240 cf. Μενέλαον et Μενέλεων   2241 ex.: 'Memnōn Sinōn, Peliōn'   2242 ex.: 'calcăr verbĕr Gaddĭr guttŭr'   2244 sc. apud poetas, qui Theodosii temporibus et post vixerunt

et brevis est per, fer et cor vir terque; sed aether 2245
et crater ac Iber usus producit et aer.
s lego vocali divisim cuilibet addi;
hinc levius scitur, quae syllaba quanta locetur.
as longam ponis, ut Musas; sed breviabis
nomen in as Graecum, quod ponit in os genetivum. 2250
in Graeco variat pluralem tertia quartum.
es producta datur; tamen hinc penes excipiatur.
es cum compositis, sicut potes, abbreviabis.
obliquus crescens, qui corripit antesupremam,
in recto facit es curtam: testis tibi miles. 2255
sed res atque Ceres et spes sunt longa fidesque.
rectus, qui tenet i super es, nescit breviari,
cum tamen hic e brevem gerat ante tis in genetivo,
ut paries, aries; sic usi ponere patres.
forte tamen ratio concederet in breviando. 2260
multi dant longam pes et sua compositiva.
pluralem Graeci variatum saepe notavi.
is brevias; casum sextum trahis atque dativum,
cumque suis addes monosyllaba compositivis.
in rectis brevio quis et is, bis eis sociando. 2265

VARIA LECTIO.

2245 per *etc.* terque] ter per et cor vir ferque M   **2246** et crater
ac Iber] S (*cf. v.* 56)   et crather yber (iber) L A2   et crather ymber (imber)
A1 A3 M   crater ac imber P   et crater et hymber (!) e2   *post v.* **2246** ar tra-
hitur quibus a longum retinent genitiui *add.* S   et sua composita *add.* P
2253 sicut potes] ut ades potes SP   abbreviabis] adbreuiandum S   **2255** curtam facit es PMe   **2256** tamen] tenet L A1 Me   tenet *supersc.* tamen P
gerat] L A   tenet SPMe   **2259** aries] abies SPMe   **2260** concediter P
2262 variari P   **2263** breuians sextum casum S   **2265** rectis] recto A3
sociando] sociabo A1

TESTIMONIA ET EXPLANATIONES.

2249 sq. 'sed — genetivum', ut 'Pallās Arcăs'   **2251** ex.: 'heroăs, βασιλέας'
2252 'es p. d.', ut 'pyritēs nubēs docēs sexiēs'   **2261** 'pes et s. comp.',
ut 'bipes sonipes compes'. haec *Prisc.* I 241₁₈ sq. producenda censet,
Probus 261₁₄ sq. et *Ars anon. cod. Bern.* K. *Suppl.* 68₁₅ inter correpta
ponunt   **2262** ex.: 'Troadĕs Amazonĕs'   **2263** 'is brevias', ut 'panĭs
legĭs'   **2264** ex.: 'īīs sīs vīs quivīs quamvīs'

accentu longa verbi persona secunda
plurali numero facit is longam praeeunte:
hinc tibi sit possis pro teste velisque vel audis.
protrahit is rectus, si protrahit i genetivus
crescens, ut Samnis; longumque dabo tibi quamvis.　　2270
os longam ponis; tamen excipiatur os ossis,
cumque potis dabit os, brevias, ut compos et impos.
nomen in as Graecum breviabit in os genetivum.
rectus in os Graeci, ceu Delos, habet breviari.
us curtam ponis; tamen hinc monosyllaba demis.　　2275
declinans quartae genetivum tresque sequentes
plurali similes casus producere debes.
u genetivus habens longam solet us dare recto
longam: pro teste tibi sit tellusque palusque;
tu tamen, Horati doctor, palus abbreviasti.　　2280
invenies aliqua Graecorum nomina longa.

(PARS IV)

[Capitulum XI]

Accentus varias decet hinc distinguere normas.
est gravis accentus, et sunt moderatus, acutus,
et circumflexum multi tenuere priorum.

VARIA LECTIO.

2268 sit] sint *S A M e*　hinc tibi sis possis fiat pro teste uel audis *P*
2269 si] cum *P*　**2270** dabo tibi] tibi dabo *P A s M*　**2271** longum *A P M e*
2274 ceu] ut *L*　breuiari] uariari *L S P*　**2279** sit] sint *P*　palusque] salus-
que *S P M e*　**2280** horaci *L A*₁　orati *S P A*₂

TESTIMONIA ET EXPLANATIONES.

2267 'praeeunte', i. e. in singulari numero　**2273** ex.: 'Pallas Palladŏs'
2275 ex.: 'clarŭs vulnŭs senatŭs; tŭs mŭs'　**2276** sq. 'tresque seq. plur.
sim. cas.', sc. nominat., accus., vocat.　**2280** 'palŭs': *Horat. art. poet. 65*
2281 ex.: 'Panthūs Melampūs'
2282—2329 de accentibus modernorum　**2283** accentus moderatus ab Alexandro inventus esse videtur; qui apud eum vicem gerit accentus
acuti. dicit de illo *Despaut. 666*: 'accentum moderatum, quem Alexander,
barbariei assertor, intulit, doctissimi execrantur; ideo hunc ad Gothos
relegamus'

hic gravis est, qui deprimitur nec tendit in altum. 2285
ut gravis incipiet, sed in altum tendit acutus,
atque gravis medius et acuti fit moderatus.
est circumflexus gravis in primo, sed in altum
tollitur inque gravem recidit; sed cessit ab usu.
in primis mediisque modo regimus moderato 2290
voces accentu; finis regitur sub acuto.
accentum, per quem regitur, vox ultima servat,
aut hunc iunctarum propius tenet una duarum,
datque gravem iure quaecunque carebit utroque.
hos solos usu debes servare moderno. 2295
accentum tibi vox monosyllaba reddit acutum.
sunt quaedam, quibus accentus gravis est quasi nullus,
ut coniunctivae voces et praepositivae.
dictio, cui tantum duplex est syllaba, servat
accentum supra primam, sit longa brevisve. 2300
ergo pro causa, circum, puta, pone, vel una
non declinata super extremas acuuntur;
sic alias acuis.
de pronominibus adverbia quae facis, addis.

VARIA LECTIO.

2286 incipiat *Me* **2291** vocis accentu regitur finis moderato *P* **2293** pro-
pius| proprius *(!) S* propriis *(!) Me* · *post v.* **2293** accentus nullus tenet
nisi terna suprema *(!) add. S* accentus nullam tenet hos nisi t. s. *(!) add. P*
2295 hos solos usus debet formare modernus *Me* **2296** reddit] seruat *P*
2297 accentus gravis est] est grauis accentus *SAsP Me* · *post v.* **2298** in cir-
cunflexis *(sic)* extremis aut in acutis usu non credo quicquam differe *(sic)* moderno nec primas mediasue modo pronunciat usus circumflectendas aliter
quam iure grauandas *add. Me* rr. **2299. 2300** *m. rec. imo mg. adscr. A1*
2303 facit hoc distancia uocis (uocum *e*) *add. SMe (cf. r.* 2347) **2304** addes
SPMe

TESTIMONIA ET EXPLANATIONES.

2290 'modo', i. e. nunc, apud modernos **2296—2298** cf. *Diom.*
*433*7—10 *455*21—24 *[Prisc.] de accent. 521*5—7 **2299** sq. cf. *[Prisc.] de acc.*
*521*8—16 **2301—2303** *[Prisc.] de acc. 520*28—32 *528*27 *sq.* cf. *Prisc. II 33*24—27
*Diom. 433*6—8 *Pomp. 131*1—14 *Serv. in Aen. III 3 IV 416 VI 670 Isid.*
etym. I 28 Despaut. 667 **2304** cf. *Prisc. I 130*2—5 *302*18 *587*2. — ex.:
'illíc istíc istínc istác'

huic acuendo sonat, si fiat dictio bina.   2305
hi profers et di; debet tamen i dupla scribi.
omnis barbara vox non declinata latine
accentum super extremam servabit acutum;
nostra dat accentum data declinatio nostrum.
attrahit enclitica vox accentum sibi vocis   2310
praemissae, quod eum finalis syllaba servat.
accentum vocis concisae litera servat,
quae servaret eum, si vox perfecta maneret;
quae tibi si desit, huic publica regula servit.
regula vocali cedet tamen ipsa sequenti.   2315
accentum servat polysyllaba vox super illam,
quae praeit extremam, si longa sit haec, aliter non.
si brevis est, sedet accentus super antelocatam,
sive sit illa brevis, seu longa, tamen tenet illum.
accentum servant in compositis facit et fit,   2320
dum vox composita vocalem servat eandem.

VARIA LECTIO.

2305 dictio] sillaba *SP*   **2206** hi] i *M*   *post v.* **2306** scribe dii lege di non scripto semper obedi *add. Me*   **2310** encletica *codd.*   **2311** eum] enim *M*   **2312** accentum seruat concise littera uocis *M e*   *v.* **2312** *post* **2315** *colloc. P*   **2319** seu breuis hec fiat seu longa *etc. A*8   tamen tenet illum *om. P*   **2320** servat *S Me*   **2321** seruet *A*8

TESTIMONIA ET EXPLANATIONES.

2305 *[Prisc.] de acc. 528*18   **2306** *Prisc. I 298*2—19   **2307** sq. 'de accentu barbarorum nominum incerti sumus, quia barbari aliter pronuntiant quam nos. tamen saepius barbarae dictiones apud Latinos in fine accentuantur, maxime, si sint indeclinabiles, ut Iacob Esau osanna amen' *Io. Ian. in praef. parte II*   **2310** sq. 'enclitica vox', sc. 'que ve ne': *Prisc. I 595*2—4 *II 104*22 *477*1—3 *488*19—21 *[Prisc.] de acc. 521*1—4   **2312—2314** *Prisc. I 129*18—*130*5 *[Prisc.] de acc. 528*16—20. — ex.: 'nostrás' pro 'nostrátis' 'cupít' pro 'cupívit', 'Vergíli' pro 'Vergilii' et 'Vergilie', sed 'déum' pro 'deorum'   **2315** versus paulo obscurior in *Gl. n.* sic exponitur: 'regula ipsa, quae dicta est superius' (sc. v. **2312** sq.) 'cedet, i. e. locum dabit regulae communi, cum vocalis sequitur vocalem dictionis syncopatae. hoc patet in dictione a u d i i t. primo enim dicebamus a u d í v i t, et cadebat accentus super illam syllabam di; et, licet i maneat in dictione syncopata, tamen super ipsam non cadit accentus'   **2316** sq. ex.: 'maiéstas'   **2318** sq. ex,: 'bónitas sánitas' **2320** sq. ex.: 'calefácio calefácis calefácit', 'calefío calefís calefít' *Prisc. I 402*10—16 *Quaest. gram. cod. Bern. K. Suppl. 177*9 *Mag. Caes. 128*

quando compositum festinat et inde, licet sint
longa, simul pones intus longeque, deinceps;
his orsum iungunt aliqui.

pleraque proferre cunctando vel utraque disce.　　　　2325
barbarus el acuit; obliquis regula servit.
haec excepta solent usum variare legendi;
hunc etiam mutat lector, si quaestio fiat.
Graeca per accentum debes proferre Latinum.

Accentus normas legitur posuisse vetustas;　　　　2330
non tamen has credo servandas tempore nostro.
si sit natura monosyllaba dictio longa,
circumflectatur, sed si brevis est, acuatur.
si teneat longam disyllaba dictio primam
sitque suprema brevis, veterum si iussa sequaris,　　　　2335

VARIA LECTIO.

2322 sint] sit *L A₁ A₂* fit *P*　　**2323** ponis *M*　　**2324** hiis orsum iunges //
S P　　his orsum iunges et dices forte seorsum *M e*　　　**2325** pleraque]
pluraque *(!) M e*　　**2329** proferre] formare *M*　　**2333** sed] et *S*　　**2334** longam *etc.* primam] *L S*　　primam *etc.* longam *cett. codd. et e*

TESTIMONIA ET EXPLANATIONES

2322 ex.: 'alíquando síquando néquando, déinde súbinde périnde éxinde próinde' *Prisc. II 67*₁₀₋₁₉ *35*₁₇₋₁₉ *72*₁₈₋₂₁ *Quaest. gram. l. c. 177*₁₁ *Mag.
Caes. 127 Hug., Despaut. 688*　　**2323** sq. ex.: 'déintus ábintus délonge déinceps
déorsum séorsum'. in his enim aliisque adverbiis cum praepositionibus
compositis antepaenultimam, aeque ac in 'deinde' etc., acuendam esse
medii aevi grammatici quidam ex auctoris de accentibus libri his verbis
collegerunt: 'omnia adverbia composita, quae cum praepositionibus componuntur, sub uno accentu pronuntianda sunt, ut déinde éxinde' *[Prisc.]
de acc. 528*₈₀₋₈₂.　　multum de hac re in utramque partem disputant *Io. Ian.
in praef. parte II* et *Despaut. 688*, qui grammaticorum communem sententiam improbandam non esse censet, 'quum Cicero, Gellius, Servius,
Priscianus pluresque huius rei sint auctores'. 'cum videamus Ciceroni
placuisse ínsanus tertiam a fine acuere, licet paenultima longa sit, quid
aegre ferimus accentum quantitati interim repugnare?'　　**2325** *Prisc. I
181*₁₈₋₂₄ *Mag. Caes. 128 Despaut. 668*　　**2326** ex.: 'Michaél Michaélis Israél
Israélis'; cf. adn. ad v. 2307　　**2328** 'si quaestio fiat', i. e. in interrogatione
2329 'nos dicimus Hélena, cum illi (sc. Graeci) dicant Ἑλένη; dicimus nos
Meneláus, cum illi dicant Μενέλαος; dicimus nos Achílles, cum illi dicant
Ἀχιλλεύς' *Consent. K. V 364*₂₄ sq.　　**2330—2347** de accentibus antiquorum　　**2332—2344** *[Prisc.] de acc. 521*₅₋₂₄ *Diomed. 431*₁₅—*432*₅
*Victorin. K VI 192*₁₅—*193*₁₄ *Isid. etym. I 28*

circumflectetur prior, in reliquis acuetur.
servabit legem polysyllaba dictio talem:
si sit correpta paenultima, quae praeit illi,
seu sit producta, seu non, tamen est acuenda.
si sit suprema brevis, et paenultima longa   2340
fiat natura, sit circumflexus in illa.
illic in fine circumflectes comitesque.
et si productam positura dat antesupremam,
haec acuendo sonat, brevis ultima longave fiat.
noster non penitus has normas approbat usus.   2345
barbara, concisa vox, usus et enclisis ista
cassant interdum; facit hoc distantia vocum.

     Pausat tripliciter lector; distinctio plena
namque fit et media, fit subdistinctio terna.
si suspensiva fiat constructio, quando   2350
pausabit, media poterit distinctio dici,
si sit perfecta constructio. si tamen addi
convenit, ut plena sententia possit haberi,
si lector pauset, ibi subdistinctio fiet.
completo sensu fiet distinctio plena;   2355

VARIA LECTIO.

2336 circumflectetur *etc.* acuetur] *L A₂* circumflectatur *etc.* acuatur
cett. codd. et e   **2339** seu] si *Me*   **2342** circumflectas *P post v.* **2342** ultima
producta tibi si sit in *(sic pro* et) antesuprema antesupremam acue sic
testificatur (testatur *(!)* e₂) Athene *add. Me*   **2343** et] sed *SMe*   **2345** has
normas approbat] normas has appetit *P*   **2346** enclesis *codd.*   **2347** cassant]
quassant *S*   hoc] hec *Me*   **2352** si] cum *SP*   si tamen] sed tamen *A₈*
2353 plena] plene *ASMe*   **2355** fiat *P*

TESTIMONIA ET EXPLANATIONES.

2342 *[Prisc.] de acc.* 528₂₉. — 'comitesque', ut 'illúc istúc illác istác illó'.
cf. v. **2304**   **2347** 'facit h. d. v.', i. e. hoc fit propter differentiam vocabulorum   **2348—2360** de accentu, prout est in oratione, sive de
modis pausandi.   cf. *Donat.* 372₁₅₋₂₃ *Sergius* 484₂₂ — 485₇ *Diom.*
437₁₀—439₉ *Victorin. K. VI* 192₈₋₁₃ *Cassiod. K. VII* 145₂₃ — 146₁₉
Isid. etym. I 30 *Audax K. VII* 324₈₋₁₁ *Dosith. K. VII* 380₇—₁₃
428₁₅ — 429₂₄ *Comm. Einsid. in Donat. K. Suppl.* 230₁₉—231₁₇. — trium
pausarum exempla sunt in hac periodo: 'si quid agis', (media distinctio
sive metrum, quod nos dicimus comma) 'prudenter agas'; (subdistinctio
vel punctus, nobis semicolon) 'et respice finem'. (plena distinctio sive
periodus, nobis punctum)

haec est periodus mutato nomine dicta.
est metrum media distinctio; finis habetur
versus periodus; est subdistinctio punctus.
pro puncto saepe metras, sed non retroverte,
sustentans pauses, si bis metrare recuses.   2360

[Capitulum XII]

Pluribus est membris distincta figura loquelae.
haec sunt schema, tropus, metaplasmus; rursus earum
quamlibet in proprias species distinguere debes.
sunt plures aliae scripto vel voce figurae.
hinc sunt exempla: pleonasmos, acyrologia   2365
et cacosyntheton et eclipsis, tautologia,
amphibologia, tapinosis, macrologia,
perissologia, cacenphaton, aleoteta.
sed nequit his soloë. vel barbaris. associari;
sunt etenim vitia nulla ratione redempta.   2370
barbaris. est vocis corruptio facta Latinae:
hoc vitium facimus dicendo domína, domínus.
si tamen eloquiis commisces verba Latinis
barbara, doctores hoc dicunt barbarolexim.

VARIA LECTIO.

2359 metras] metres *M* metra *e* non] ne *A*₁   **2362** scema *codd.*
2363 species proprias *S P*   **2365** hinc] h'(haec) *A₃ P* sunt] sint *P*   **2366** tantologia *codd. et e₂*   **2374** hoc dicunt] dicunt hanc *M* hanc dicunt *e* barba-
ralexim *codd. et e*

TESTIMONIA ET EXPLANATIONES.

2359 'pro pnncto s. m.', i. e. pro subdistinctione sive puncto (semicolo)
saepe media distinctio sive metrum (comma) ponitur   **2360** versus in *Gl. n.*
sic exponitur: 'si te piget facere plura metra, i. e medias distinctiones vel
legere puncta depressa, potes legere vocem tuam nec deprimendo nec ele-
vando, sed aequaliter sustinendo. totum istud patet in legendis epistolis et
evangeliis et aliis sermonibus'   **2361—2368** *Donat 394₂₆—₂₈ Diom. 449₆—₉
Pomp. 293₁—₃.* — 'soloë, barbaris.', i. e. 'soloecismus, barbarismus': 'male
imperitum vulgum cum Alexandro soloe trissylabum profert' *Despaut.*
2371—2376 *Donat. 392₆—394₂₄ Serv. in Donat. 443₂₂—447₁₈ Charis.
265₁—270₂₁ Diom. 451₂₂—456₂ Prisc. II 111₁₂—₁₉ Pomp. 283₁—292₈₉*

est soloëcismus incongrua copula vocum,   2375
ut, si dicatur vir bellica, sponsa pudicus.
barbaris. et soloë. tibi sint penitus fugiendae.
   Improprie posita vox format acyrologiam,
si dicas requiem timeo vel spero laborem.
dictio turpe sonans cacenphaton: arrigit aures   2380
detur in exemplum vel tu cum compare ludis.
atque supervacua debet dici pleonasmos
additio vocis, ut sic est ore locuta.
signat idem verbis diversis tautologia:
exultans redeo rursus gaudensque revertor.   2385
dicitur unius verbi defectus eclipsis,
quod poni decet, ut fiat constructio plena:
haec secum: precibusne bonum parere precantis?

VARIA LECTIO.

    vv. **2375—2377** *om. P*   **2377** sint] sunt *A8 Me*   **2379** dicas] dico *P*
vel] et *S* vel spero] speroque *A1*   **2384** tantologia *codd. et e*   **2387** decet
ut fiat] debet ut sit *A8e2* decet fiat ut *M*   **2388** precibusne] precibusue
A2 A8 S precantis] parentis *S A1 A8*

TESTIMONIA ET EXPLANATIONES.

*Iulian. K. V 323*89*—324*20 *Consent. K. V 386*1*—389*15 *Marius Plotius
K. VI 451*4*—*28 *Audax K. VII 361*14*—362*21 *Isid. etym. I 33*
    2378 sq. *Donat. 394*29*—*31 *Charis. 270*23*—*25 *Diom. 449*12*—*17 *Pomp.
293*2*—*18 *Mar. Plot. 453*12*—*15 *Serv. in Aen. I 198 II 628 III 226 all. ll.
Isid. l. c.* **2380** sq. *Donat. 394*32*—395*2 *Charis. 270*28*—*30 *Diom. 451*8*—*7 *Pomp.
293*14*—*31 *Mar. Plot. 453*16*—*18 *Serv. in Aen. I 193 II 27 III 203 Cassiod. G.
II 131*11 *268*2 *Mart. Capella H. 475*24*—*28 *Acron in Horat. art. poet. 355.* —
exemplum prius petitum est ex *Terent. Andr. V 4, 30:* ‘arrige aures,
Pamphile’ *ap. Donat., Diom., Pomp. ll. cc.* **2382** sq. *Donat. 395*8 *Charis.
271*1*—*8 *Diom. 449*18*—*21 *Pomp. 294*1*—*7 *Mar. Plot. 454*1 *Serv. in Verg.
Aen. I 208, 614 II 378 all. ll. Mart. Capella H 483*2*—*5 *Acron in Horat.
sat. I 2, 4.* — ‘sic ore locuta est’ *Verg. Aen. I 614 ap. Prisc. II 109*25 *Donat.,
Charis., Diom., M. Plot. ll. cc.* **2384** sq. *Donat. 395*10 *Charis. 271*16
*Diom. 450*16*—*18 *Pomp. 294*19*—*24 *M. Plot. 454*8*—*11 *M. Capella H. 482*13*—*15
*Serv. in Aen. II 627 III 524 Cassiod. G. II 64*1 *206*2 *Isid. etym. I 34.* —
scripturam codicum ‘tantologia’, licet etiam glossatores lexicographique
medii aevi vulgo exhibeant, retinere nolui   **2386—2388** *Donat. 395*11
*Charis. 271*4*—*7 *Diom. 450*19*—*24 *Pomp. 294*25 *M. Plot. 454*12*—*14 *Serv. in
Aen. I 65, 371 Cassiod. G. II 285*2 *Acron in Horat. epod. I 5 in sat.
II 4, 83 Isid. l. c.* — ‘haec secum’ *Verg. Aen. I 37 ap. Prisc. II 110*24
Donat., Pomp. ll. cc.

cum per verba rei magnae submissio fiet,
tunc tapinosis erit, si dicatur mare gurges.   2390
et male confusa cacosyntheton est vocitanda
congeries vocum.

discipulos caedit cum virgis terga magister.
perissologia dicenda superflua vocum
additio sine vi rerum, quae significentur: 2395
qua poterant, ibant, sed non, qua non potuerunt.
cum res comprendit varias sententia longa,
macrologia datur; prologis hoc saepe videmus.
amphibologia [est] constructio non manifestans
sensum perfecte: puto te socium superare.   2400
hoc fit multotiens, quia non determino plene
affectum mentis defectu praepediente,
sive duplex sensus ex verbis possit haberi.
confundit casus, numeros, genus alleoteta.

VARIA LECTIO.

2396 sed] et *P Me*   **2399** [est] *om. A₈ P, add. cett. codd.   nimirum
talis additio repugnat Alexandri ipsius praeceptis; vide v. 1603 sq. et vv.
2432—2434*   **2401** hoc] hec *Me*

TESTIMONIA ET EXPLANATIONES.

2389 sq. *Donat. 395₁₃—₁₇ Charis. 271₁₈—₂₁ Diom. 450₂₇—₃₁ Pomp.
294₂₇—295₂ M. Plot. 454₁₅ Serv. in Verg. ecl. VI 76 in Aen. I 118, 465
II 19, 44 all. ll. Cassiod. G. II 67₂ 121₁ 290₂ 321₁ Acron in Hor. carm.
II 1, 33 Porphyr. in Hor. epist. I 15, 28 I 17, 49 Isid. l. c.* — 'tăpĭnōsis' pro
'tăpĭnōsis' (ταπείνωσις). — 'mare gurges': 'apparent rari nantes in gurgite
vasto' *Verg. Aen. I 118* ap. *Mar. Plot. 448₂ Consent. 388₁₈ Isid. l. c.* cf.
Horat. carm. II 1, 33 Graec. II 11   **2391** sq. *Donat. 395₁₃ Charis.
271₂₂—₂₅ Diom. 451₁₇—₂₀ Pomp. 295₈—₁₃ M. Plot. 454₁₇ Serv. in Aen. IX
606*   **2393** cf. *Verg. Aen. IX 606*: 'versaque iuvencum terga fatigamus
hasta' ap. *Donat., Charis., Diom., M. Plot., Pomp., Isid. ll. cc.*   **2394—2396** *Donat.
395₅ Charis. 271₈—₁₁ Diom. 449₂₂—₂₅ Pomp. 294₇—₁₈ M. Plot. 454₈—₅ Serv.
in Aen. I 658 II 40 all. ll. Isid. l. c.* — exemplum ab auctore supra allatum
invenies ap. *Prisc. II 110₉ Charis., Diom., Pomp., M. Plot. ll. cc.*   **2397** sq.
*Donat. 395₇—₉ Charis. 271₁₂—₁₅ Diom. 449₂₈—₃₄ Pomp. 294₁₈—₁₉ M. Plot.
454₆ Isid. l. c.*   **2399—2403** *Donat. 395₂₀—₂₈ Charis. 271₂₈—₃₂ Diom.
450₁—₁₅ Pomp. 295₁₄—₂₉ M. Plot. 455₁ Mart. Capella H. 461₇ Cassiod.
G. II 65₁ Isid. l. c. Acron in Hor. art. poet. 449*   **2404** 'alleoteta': 'ab
alleon, quod est alienum, et thesis, positio, quasi unius pro alio positio'
Gl. M.   cuius figurae Donato ceterisque grammaticis supra laudatis ignotae

Addendo saepe fiet metaplasmus, et eius   2405
prothesis est species et epenthesis et paragoge.
subtrahis interdum; species tunc eius habendae
auferesis vel syncopa sunt vel apocopa finis.
auferesis tollit capiti; sed prothesis addit.
syncopa de medio tollit, quod epenthesis auget.   2410
hoc, fini tollit quod apocopa, dat paragoge.
si longam brevies, debet tibi systola dici.
ectasis esse solet, si producas breviandam.

VARIA LECTIO.

2405 fiet] fit *Me*   **2407** subtrahit *PMe*   **2408** auferesis *omn. codd.*
aepheresis *e*1   aphaeresis *e*2   vel apocopa] et ap. *PM*   **2409** sed] *L A*2 *A*3
quod *S P A*1 *M*   **2411** tollit quod apocopa] quod apocopa tollit *P*   quod
tollit apocopa *A*1 *A*2   aufert apocope finem quem dat paragoge *Me*
2412 breuias *P*   **2413** ectasis *A*1 *S*   extasis *rel* exthasis *cett. codd.*   pro-
ducas] producis *P A*3 *Me*

TESTIMONIA ET EXPLANATIONES.

nomen et definitionem auctor ex *Prisc. II 183*20 *sq.* sumpsit, ubi 'per
figuram, quam Graeci $\dot{\alpha}\lambda\lambda o\iota\acute{o}\tau\eta\tau\alpha$ vocant, i. e. variationem, diversa genera
et diversos numeros et casus confundi' docetur.   eadem figura occurrit in
Graec. II 19 in *Brev.*, ap. *Io. Ian.*, *Manc.*, *Despaut.* — v. **2404** repetivit *Manc.*

     2408 'auferesis' pro 'aphaeresis' ($\dot{\alpha}\varphi\alpha\acute{\iota}\varrho\varepsilon\sigma\iota\varsigma$): scripturam codicum com-
mutare nolui, ne metrum omnino disturbaretur; derivabant enim illius aetatis
homines vocem ab 'auferendo'. cf. *Io. Ian. s. v.*, *Graec. I 7*   **2409** *Donat.*
*396*1, 8 *Charis. 278*1—7, 15—17 *Prisc. I 353*2 *354*28 *all. ll. Diom. 440*82—441*4
*441*20—23 *M. Plot. 451*30—82 *452*5 *Serv. in Aen. I 59, 203, 430, 542 Acron
in Hor. carm. I 25, 1 Isid. I 35.* — ex.: 'temnere divos' (*Verg. Aen. VI*
620) pro 'contemnere'. 'gnatoque patrique' (*Verg. Aen. XI 178*) pro
'nato'   **2410** *Donat. 396*3—5, 10 *Charis. 278*18—20 *Diom. 441*5—10, 27—30
*M. Plot. 452*1, 7 *Serv. in Aen. I 26, 200, 248 III 364 all. ll. Isid. l. c.* —
ex.: 'extinxti' (*Verg. Aen. IV 682*) pro 'extinxisti', 'Mavors' (*Verg. Aen.*
VI 872) pro 'Mars.' — v. **2410** repetivit *Manut.*   **2411** *Donat. 396*12
*Prisc. I 373*4 *520*27 *592*14 *Charis. 278*18, 21 *Diom. 441*17—19, 81—84 *M. Plot.*
*452*3, 7 *Isid. l. c.* — ex.: 'dic' pro 'dice', 'mi' pro 'mihi', 'admittier' (*Verg.*
Aen. IX 231) pro 'admitti' — v. **2411** ea, quae est in *Me*, formula repetivit *Manut.*   **2412** *Donat. 396*16 *Charis. 279*1—3 *Diom. 442*5—10 *M. Plot.*
*452*15 *Serv. in Aen. I 73 VI 643 VII 231 all. ll. Acron in Hor. sat. I*
3, 66. — ex.: 'obstupui steteruntque comae' (*Verg. Aen. II 774*) pro 'ste-
tērunt'   **2413** *Donat. 396*14 *Charis. 278*25—28 *Diom. 442*1—4 *M. Plot.*
*452*17—27 *Pomp. 297*17—19 *Serv. in Aen. I 343 X 473 Isid. l. c.* — ex.:
'exercet Diana choros' (*Verg. Aen. I 499*) pro 'Dĩana'

bis binas species habet ectasis, hasque vocamus
caesuras: faciet penthemimerim tibi terni   2415
syllaba prima pedis; ibi producis breviandam.
semi- vel ante- praeit, produceturque secundi
prima pedis, ut in hoc poteris cognoscere versu.
quarti prima pedis hephthemimerim tibi format
producendo brevem: versus hoc denotat iste.   2420
posthephthemimerim dat quinti syllaba prima
curtam producens, sicut versus habet iste.
altera caesurae species, si subiciatur
m vel vocali vox, cuius litera prima
vocalis, nec in his ideo collisio fiet: 2425
o utinam populum hunc salvet gratia Christi.
syllaba dividitur, et dieresis vocitatur:
aulai in medio libabant pocula Bacchi.
si iungas plures, dic syneresim tibi factam.
haec eadem species dicatur episynalimphe: 2430

VARIA LECTIO.

4414 hasque] atque *S*　　**4415** pentimemerim *vel* penthimemerim
codd. et e　　**2416** produces *S M e*　　**2419** eptimemerim *codd. et e*　　**2421** post-
eptimemerim *codd.*　　**2424** est *in fine add. L A S, sane contra auctoris
ipsius praeceptum v.* 1608 *sq. datum; cf. v.* 2432 *sqq.*　　**2430** episinalimphe
vel epysinalimphe *omn. codd., ut v.* 2432 sinalimpha

TESTIMONIA ET EXPLANATIONES.

2414—2426 figurae, quae dicitur ectasis, hic adnumerantur diversae
species caesurae. caesura enim medii aevi grammaticis erat 'innaturalis
extensio, quae fit in principio pedis et in fine dictionis (sed nec in
primo nec in ultimo pede versus), quando syllaba brevis producitur'
Gl. n. cf. *Io. Ian., Brev.* auctor singulis versibus et rem definit et
exemplum ponit　　**2427** *[Prob.] de ult. syll. K. IV* 263₁₁₋₂₅ *Donat.*
396₁₈ Charis. 279₄ *Diom.* 442₁₁₋₁₄ *Pomp.* 297₂₈—298₄ *Consent.*
389₁₈₋₁₇ *M. Plot.* 449₁₋₈ *Porphyr. in Hor. epod. XVI* 59. — 'di̯eresis' pro
'diaeresis'; cf. 'hĕresis' vv. 268, 1810 et 'synĕresis' v. 2429　　**2428** exemplum
ex *Verg. Aen. III* 354 petitum exstat ap. *Prisc. I* 371₁₈ 284₂₄ *II* 112₂₁
Pomp. l. c. [Serg.] in Donat. 548₄, in quibus locis plurimi codices, sicut nostri
omnes 'aulai in medio' pro 'aulai medio' exhibent　　**2429** sq. *Prisc. I* 590₆—14
[Prob.] de ult. syll. 263₂₈ *Donat.* 396₂₀₋₂₂ *Charis.* 279₆ *Diom.* 442₂₀₋₂₄
Pomp. 298₅₋₈ *Consent.* 389₁₈—₂₉ 400₂₂—₂₇ *M. Plot.* 449₄—₆ 453₁—₄ *Beda K.*
VII 248₂₉—250₁₀. — 'episynalimphe' pro 'episynaliphe' (*ἐπισυναλοιφή*)

fixerat aeripedem cervam.

ecthlipis necat m, sed vocalem synalimpha.

tu populum, alme pater, salvasti a morte redemptor.

viles sunt istae prae cunctis et renuendae.

syncrisis istarum solet utraque saepe vocari.   2435

non solum voces, sed tempora saepe videmus

elidi metris, velut hic: vale, inquit, Iolla.

dicitur antithesis, si litera ponitur una,

ponere cum debes aliam: sic dicimus olli.

metathesim facies, si transponas elementum,   2440

si dicas Teucre, cum debes dicere Teucer.

a te vitari debent species metaplasmi;

sed penthemimeri sola modo nos decet uti.

syncopa cum fiet, patrum vestigia servet.

VARIA LECTIO.

2431 vir aeneus esto *add. Me*   **2432** elipsis *LAPM* eclipsis *Se*
sed vocalem synalipha] perimit sinalimpha vocalem *(!) SAP*   **2433** pater]
deus *As*   redemptor] redemptum *Me*   **2434** renuendae *(c. yl. interl.:* uel
remouende) *L* removende *cett. codd. et e   cv.* **2434. 2435** *inverso ordine in S*
2436 sinthesis *S* sincresis *cett. codd.*   **2440** transpones *S*   elementa *SM*
2441 dicas] dicis *Se1*   dices *Me2*   **2443** sola modo] solum modo *SPMe*
decet] licet *S*   **2444** cum fiet] si fiat *P*

TESTIMONIA ET EXPLANATIONES.

2431 idem exemplum, ex *Very. Aen. VI 803* depromptum, afferunt
Charis., Diom., Pomp. ll. cc., Prisc. II 113₃₁   **2432** *Donat.* 396₂₂, ₂₇ *Diom.*
442₁₅, ₂₃ *Charis.* 279₉, ₁₂ *Pomp.* 298₂—₈₀ *Consent.* 389₃₀—390₃₀ 400₂₃—404₈
Victorin. K. VI 665—₁₅ *Beda K. VII* 246₂₃—248₂₇ 253₂₉—₃₁ *Serv. in Aen.
II 16, 778 VII 740 [Prob.] de ult. syll.* 264₁₀ *Isid. l. c.* — v. 2432 e
lectione *codd. SAP* repetivit *Manut.*   **2433** exemplum unde petitum
sit, non constat   **2434** vide v. 1608 sq.   **2435** *Diom., Donat., Consent. ll.
cc., I. Toletan. K. Suppl. CCXXXV*₁₉   **2436** sq. *Pomp.* 119₄—₁₀ *Beda K.
VII* 254₂. — 'vale, inquit, Iolla' *Verg. ecl. III 79 ap. Charis.* 204₈ *Pomp.
l. c. M. Plot.* 507₆ *Bed. l. c. Serv. in Aen. IV 409.* — ultima syllaba verbi
vale, cum sit producta, duo tempora habet, sed in hoc exemplo, cum brevis
efficiatur, non habet nisi unum   **2438** sq. *Donat.* 397₁ *[Prob.] de ult.
syll.* 264₁₃ *Charis.* 279₁₆—₁₈ *Diom.* 442₂₈—₈₀ *Pomp.* 298₃₁—299₂ *Consent.*
390₁₆—₁₈ 404₄ *M. Plot.* 452₁₁ *I. Rufinian. H.* 51₉—₁₅ *Serv. in Aen. IV 529
Isid. l. c.*   **2440** sq. *Donat.* 397₂ *[Prob.]* 264₁₅ *Charis.* 279₂₀ *Diom.*
442₃₁—₈₄ *Pomp.* 299₁₁—₁₈ *Consent.* 390₁₈—₂₀ *M. Plot.* 452₁₃ *I. Rufinian. H.*
50₃₀—₈₂ *Isid. l. c.*   **2443** 'modo', i. e. nunc; cf. v. 2290

Dat species tibi schema prolempsim, zeugma, sylempsim; 2445
est et hypozeuxis, anadiplosis, epanalempsis;
est et epizeuxis et anaphora, paronomoeon;
est schesis onomaton, his additur homoteleuton,
et paronomasiam, polyptoton addis, hirinos;
·iungis homoptoton his, pariter polysyndeton addis; 2450
ultima dialyton vel asyndeton est vocitanda.
praesumit, quae sunt suprema locanda, prolempsis:

VARIA LECTIO

2445 scema prolempsim (prolensim *M)* zeuma silempsim (silensim *M)*
codd.   **2446** et *om. A*   ypozeusis *et* epinalempsis (epinalensis *vel* epy-
nalensis *MS) codd.*   **2447** est et] post fit *P*   epizeusis *codd.*   paranomion *S*
paranomia *Me*   **2448** cesionomaton *codd. et e*   his additur] *As*   paromeon *A₁* paromion *L*   peranomeon *SP*   peronomeon *M*   paranomeon *e.*
cum postea ista una figura, quae in priore versu dicitur panonomoeon,
tractetur (vide v. 2476 sq.), atque ex interpretatione ipsa intelligatur
paronomoeon *et* paromeon *sive potius* parhomoeon *unam et eandem esse*
figuram, codicum, quamvis potiorum, auctoritatem hoc loco negligendam pu-
tavi.   homoteleuton] omoetelenton *LA₁S*   omothelenton *A₂As*   omoleun-
ton *(!) M*   **2449** paranomasia *MAs e*   paranomasiam *cett. codd.*   polyptoton]
politeton *LA₁A₂*   polithoton *As*   polisintheton *vel* polisinteton *SPMe*
addis hirinos] *LA₁A₂Me*   addis erinos *S*   additur istis *P*   additur hyrmos *As*
2450 omoptoton *codd. et e*   polisintheton *vel* polisinteton *LA₁As*   pariterque
polipteton *SPM* pariterque polyptoton *e*   **2451** asyntheton *vel* asintheton *codd.*

TESTIMONIA ET EXPLANATIONES.

2445--2451 *Donat.* 397₅–₁₁ *Charis.* 279₂₂–₈₀ *Diom.* 443₆–₈₀ *Pomp.*
*300*₈₁–₈₅. — 'sylempsim' (v. 2445; cf. vv. 2456, 2458) una l litera cum codicibus propter metrum scripsi. — 'anadiplŏsis' (v. 2446; cf. v. 2465): 'corripit paenultimam' *Io. Ian. s. v.*   Graecis tamen est ἀναδίπλωσις. —
'paronomoeon' (v. 2447; cf. v. 2477): 'a para, quod est coniunctio vel ad, et
onomeon, quod est simile, quasi assimilatio' *Io. Ian. in praef. p. IV. s. v.*
'paronomoeon' sive 'paronomeon' vel 'parhonomion' pro 'parhomoeon' etiam
Donati et *Charisii* codices quidam locis modo citatis exhibent. — 'homoteleuton' (v. 2448; cf. v. 2484) pro 'homoeoteleuton' (ὁμοιοτέλευτον). —
'polyptŏton' (v. 2449; cf. v. 2486) pro polyptŏton (πολύπτωτον); vide v.
1982 et adn. ad v. 2600 — 'homoptŏton' (v. 2450; cf. v. 2481) pro 'homoeoptŏton' (ὁμοιόπτωτον). — 'hirinos' (v. 2449) vel 'yrinos' sive 'irinos'
pro 'hirmos' etiam ap. *Isid. etym. I 36 ed. a. 1472,* ap. *Io. Ian.* et *in Brev.*
invenitur; cf. tamen v. 2489   **2452** *Donat.* 397₁₂ *Charis.* 280₁ *Prisc. II*
*125*₁₅ *183*₂₁ *Diom.* 443₂₁, ₂₉ *Pomp.* 301₁–₉ *M. Plot.* 456₇ *Comm. Einsid.*
in Don. K. Suppl. 268₈₈—269₉ *Serv. in Aen. I 2 IV 42 VI 900 Beda H.*
*608*₆–₁₈ *l. Rufinian. H.* 48₁–₉ *Cassiod. G.* 621 681 *Isid. l. c.*

11*

cerno ducentos hinc natos hincque nepotes.
zeugma fit in verbo, si plurima clauseris uno:
hymnus, Christe, tibi, tibi laus, tibi gloria detur.   2455
clausas dissimiles ligat una voce sylempsis:
in te, Christe, salus, in te sunt praemia nostra.
cum collectivo iunctum plurale sylempsim
assignant aliqui: plebs ista parant equitare.
sed magis est propria constructio: plebs parat ire.   2460
estque sylempsis, ubi pro multis ponitur unus,
ut, cum dicis: adest rex multo milite cinctus.
reddit hypozeuxis personae plurima verba
uni: nos mundet, nos ornet gratia Christi.
fiet anadiplosis verbi geminatio, quando   2465
principium clausae fit idem cum fine prioris:
nummis istorum caret alter et alter abundat.
clausis principium dat anaphora pluribus unum:

VARIA LECTIO.

    2457 nostra] multa *M*   **2459** aliqui] plures *S*   **2461** unus]
unum *S A₃ P*   **2462** cum] si *S*   *vv.* **2463. 2464** *om. S*   *v.* **2465** *om. A₁*
2466 fit] sit *P*   clausae fit idem] fit idem clause *A₂*

TESTIMONIA ET EXPLANATIONES.

    2454 *Donat. 397₁₅ Charis. 280₉ Diom. 444₄—₁₀ Pomp. 301₁₁—₂₁
M. Plot. 456₁₄ Comm. Einsid. l. c. 269₁₀—₂₀ Beda H. 608₁₄—₂₀ Rufinian. H.
482₁—₂₄ Cassiod. G. II 47₂ Isid. l. c.*   **2456—2462** *Donat. 397₂₃—₂₇ Charis.
281₄—₉ Diom. 444₃₁—445₄ Pomp. 301₂₃—302₂₄ M. Plot. 457₁—₂₂ Comm.
Einsid. l. c. 269₂₇—270₈ Rufinian. H. 48₁₀—₂₀ Beda H. 608₂₀—609₂ Serv. in
Aen. I 583 II 231 V 108 Cassiod. G. II 30₂ Porphyr. in Hor. carm. saec. 25,
in sat. I 1, 23 I 3, 10 I 3, 70 Prisc. II 183₂₁ Isid. l. c.*   **2463** *sq. Donat.
397₁₉ Charis. 280₁₈ Diom. 444₂₁ Pomp. 301₁₂ M. Plot. 456₂₀—₂₂ Comm.
Einsid. l. c. 269₂₁—₂₆ Beda H. 608₂₁—₂₉ Rufinian. H. 49₁—₁₂ Cassiod. G.
II 50₂ Isid. l. c.*   **2465** *sq. Donat. 398₅ Charis. 281₁₁ Diom. 445₇, ₁₁ Pomp.
302₂₇—₂₉ M. Plot. 458₄ Beda H. 609₄—₉ Cassiod. G. II 76₁ Isid. I 36
Cod. Bern. ap. K. Suppl. XLVII₁₉,* quibus quidem auctoribus excepto
Cassiodoro anadiplosis est 'geminatio dictionis ex ultimo loco praece-
dentis versus et principio sequentis'   **2468** *Donat. 398₅ Charis.
281₁₅ Diom. 445₁₈, ₂₁—₂₄ Pomp. 302₃₂—₃₄ 303₁ M. Plot. 458₇ Beda H.
609₁₀—₁₈ Cassiod. G. II 82₂ 139₁ Cod. Bern. l. c. XLVII₂₈—XLVIII₂
Isid. l. c.,* a quibus omnibus anaphora vocatur 'repetitio sive relatio eiusdem verbi per principia versuum plurimorum'

Christus mundavit, Christus nos purificavit.

principio finem facit epanalempsis eodem: 2470

nobis grata prius non sunt, modo congrua nobis.

unius est epizeuxis geminatio verbi

significantis idem: me, me petit ultio digna.

voces, paene pares quae sunt, diversa notantes

dant paronomasiam: non curas vera, sed aera.   2475

principium simile voces iunctae retinentes

dant paronomoeon: vim vitat virgo virilem.

iunctura simili voces multae sociatae

dant schesis onomaton: umbone repellitur umbo,

pes pede comprimitur, ensisque retunditur ense.   2480

clausula totalis tibi format homoptoton uno

VARIA LECTIO.

2470 eodem *L A₂* eodem *superscr.* eundem *A₁* eundem *cett. codd. et e*
2472 verbi *L A₂ A₃ P* uerbo *superscr.* uocis *A₁* vocis *S M*   *vv.* 2474. 2475 *om.,*
m. recentiss. add. L   2479 cesionomaton *codd. (ut supra v.* 2448)   2480 reton-
ditur *A₁*   2481 omoptoton *codd. (ut supra v.* 2450)

TESTIMONIA ET EXPLANATIONES.

2469 exemplum repetitur a *Io. Ian. s. v.* 'anaphora'   2470 *Donat.* 398₉
Charis. 281₁₈ *Diom.* 445₂₅—446₈ *Pomp.* 303₂—₄ *M. Plot.* 458₁₁—₁₃ *Beda H.*
609₁₉—₂₂ *Cassiod. G. II* 268 *Isid. l. c.*   2471 exemplum reperies ap. *Io. Ian.*
in praef. part. IV. s. v. 'epanalensis'   2472 sq. *Donat.* 398₁₂ *Charis.* 281₂₁
Diom. 446₉ *Pomp.* 303₇—₁₁ *M. Plot.* 458₁₄ *Beda H.* 609₂₃—₂₆ *Cassiod. G.*
II 54₁ 109₂ *Isid. l. c. Cod. Bern. l. c. XLIX₄.* — 'me me p. u. d.' cf.
'me me (adsum qui feci), in me convertite ferrum' *Verg. Aen. IX* 427 ap.
Donat., Pomp., Charis., M. Plot. ll. cc.   2474 sq. *Donat.* 398₁₅ *Charis.* 282₁—₄
Diom. 446₁₃—₁₉ *Pomp.* 303₁₂ *M. Plot.* 458₁₈—₂₄ *I. Toletan. K. Suppl.*
CCXXXVI₂₆—CCXXXVII₈ Beda H. 609₂₉—610₂ *Isid. l. c.* — exemplum
supra positum repetitur a *Io. Ian. in praef. part. IV. s. v.* 'paranomasia'
2476 sq. *Donat.* 398₂₀ *Charis.* 282₇ *Diom.* 446₃₀ 447₈ *Pomp.* 303₂₈—₃₂
M. Plot. 458₂₉—459₁ *Beda H.* 610₃—₁₃ *Isid. l. c.* — de scriptura 'paronomoeon' vide adn. ad v. 2447. — exemplum auctoris repetit *Io. Ian. l. c. s. v.*
'paranomeon'   2478 sq. *Donat.* 398₁₇ *Charis.* 282₅ *Diom.* 446₂₄, ₂₇ *Pomp.*
303₁₆—₂₇ *M. Plot.* 458₂₅ *I. Toletan. K. Suppl. CCXXXVII₉—₁₉ Beda H.*
610₃—₇ *Cassiod. G. II* 341₂ *Isid. l. c.*, quorum quidem plerique hanc
figuram nonnihil aliter interpretantur   2481 sq. *Donat.* 398₂₂ *Charis.*
282₁₂ *Diom.* 447₁₂—₁₉ *Pomp.* 304₁—₇ *M. Plot.* 459₆—₁₆ *I. Toletan.*
CCXXXVII₂₀—₂₇ Beda H. 610₂₃—₂₅ *Cassiod. G. II* 311₁ *Isid. l. c.* —
'homoptŏton' pro 'homoeoptŏton'; cf. adn. ad v. 2450

casu contenta: flentes tristes lacrimantes.
cum plures voces sub fine tenentur eodem,
homoteleuton erit; hinc carmina consona subdis
huicque leonina simul et caudaria iungis.   2485
per varios casus distincta polyptoton implet
clausula: litoribus contraria litora, fluctus
fluctibus esse precor, populos populis inimicos.
longa tenens seriem constructio dicitur hirmos:
principio caelum, terras camposque liquentes   2490

VARIA LECTIO.

2484 omothelenton $L A_3$ omotolenton $A_1 A_2 S$ omotolentos S
hinc] sic *(in ras.)* A_2 si P huic $A_3 Me$ carmina consona $L S$ consona
carmina *cett. codd. et e*   **2485** huicque] huic L atque $S Me$ iungis]
iungo *m. rec. corr. in* iungis S iungas A_1 **2486** politheton $L A_2 A_3$
polipteton $A_1 P M$ polinteton S polyptoton *e*   **2487** littora littoribus contraria $L A_2$ **2488** populis populos $S P$ **2489** constructio] sententia S
dicitur hirmos] $L A P$ fiat yrinos S format hyrinos *e (cf. v. 2449)*   **2490** caelum terras] celum terram $S P Me$ celum et terras A_1 et *eras.* L li-
quentes] patentes *superscr.* uel liquentes A_3 patentes $S P Me$

TESTIMONIA ET EXPLANATIONES.

2482 'flentes t. l.' cf. 'maerentes flentes lacrimantes ac miserantes' *Enn.
ann. I. 107 (ed. Vahl.)* ap. *Donat., Charis., Diom., Pomp. ll. cc.* **2483** sq. *Donat.*
*398*₂₄ *Charis. 282*₉ *Diom. 447*₅ *Pomp. 304*₇₋₁₁ *M. Plot. 459*₃₋₅ *I. Toletan.*
*CCXXXVII*₂₈ sq. *Serv. in Aen. II 56 III 663 VIII 435 IX 606*
*Beda H. 610*₁₄₋₂₇ *Cassiod. G. II 273*₁ *Isid. l. c.* — de forma 'homoteleuton' cf. adn. ad. v. 2448   **2484** sq. 'carmina consona, leonina,
caudaria': de eiusmodi versibus a poesi antiquorum alienis, quibus
auctor Doctrinalis tam frequenter usus est, dicit *Beda K. VII*
*244*₁₀ *sq.:* 'optima autem versus dactylici ac pulcherrima compositio
est, cum primis paenultima ac mediis respondent extrema, qua Sedulius
frequenter uti consuevit, ut "pervia divisi patuerunt caerula ponti"
(versus leoninus) et "edidit humanas animal pecuale loquelas"' (versus
consonans)   **2486—2488** *Donat. 398*₂₇ *Charis. 282*₁₄ *Diom. 447*₂₁ *Pomp.*
*304*₁₂ *M. Plot. 455*₂₂ *I. Toletan. CCXXXVIII*₄ *Beda H. 610*₃₃*—611*₃
Isid. l. c. — exemplo supra posito auctor imitatus est *Verg. Aen. IV*
628 sq., quos versus *Donat., Charis., M. Plot., I. Tolet., Beda ll. cc.* aliique
repetiverunt. — vv. 2486—2488 paucis mutatis reperies ap. *Manc.* **2489** *Donat.*
*398*₃₀ *Charis. 282*₁₇ *Diom. 447*₂₈ *Pomp. 304*₁₆₋₁₈ *M. Plot. 455*₂₅ *Beda H.*
*611*₄₋₉ *Cassiod. G. II 170*₂ *372*₂ *Isid. l. c.* — v. 2489 repetit *Manc.*
2490—2492 exemplum vocabulis 'Titaniaque' ad evitandam elisionem (cf.
vv. 1608 sq., 2484) in 'solis iubar' mutatis depromptum est ex *Verg.*

lucentemque globum lunae, solis iubar, astra
spiritus intus alit.
diversas voces coniunctio plurima iungit,
sic polysyndeton est: materque paterque neposque.
cum sine iunctura variae voces iterantur, 2495
dialyton facient: rex, miles, plebs negat illud.

Multa tropi species: metaphora, metonomia,
antonomasia, catachresis vel metalempsis,
onomatopoeia vel epitheton, homozeuxis,
synodoche vel periphrasis, simul allegoria; 2500
addis hyperbaton his et hyperbole.
cum res est alii similis, pro nomine nomen
ponitur, ut fit, homo simplex cum dicitur agnus,
debet metaphora dici translatio talis.

VARIA LECTIO.

2492 intus] intus *superscr.* unus A_1 unus Me_1 intus unus *(!)* e_2
2493 iungit] reddit M **2494** polisintheton *codd.* **2495** iterantur] sociantur *m. rec. superscr.* A_1 sociantur PMe cum uoces varie sine iunctura
sociantur S **2497** methonomia *vel* metonomia *codd.* **2498** catha-
cresis *vel* catacresis, methalempsis *vel* metalempsis *sive* methalensis *codd.*
vv. **2498. 2499** *inverso ord. in* P **2499** onomothopeia *vel* onomotopeia
codd. homozeuxis] epizeusis P et omozeusis Me omozeusis *cett. codd.*
2500 synodoche *vel* sinodoce *codd.* synecdoche e_1 **2501** sit sociata *m. rec.*
add. A_1 connumerabis *add.* A_2 uult comes esse *add.* Me **2503** fit *(c.*
n. interl. ut fieri solet) L sit *cett. codd. et* e

TESTIMONIA ET EXPLANATIONES.

Aen. VI 724 sqq. ap. Donat., Charis., Diom., Pomp., Plot. ll. cc. Cledon.
K. V 34₄
2493 *sq. Donat. 399₄ Charis. 283₁ Diom. 447₂₂ Pomp. 304₂₂ Plot. 455₃₁*
Beda H. 611₁₀₋₁₃ Cassiod. G. II 131₁ 268₂ **2495** sq. *Donat. 399₈ Charis.*
283₉₋₁₄ Diom. 448₅₋₇ Pomp. 304₂₃ Plot. 456₃ Beda H. 611₁₄₋₁₇ Isid. l. c.
2497—2501 *Donat. 399₁₃₋₁₆ Charis. 272₂₋₇ Diom. 456₂₇₋457₃ Pomp. 305₂₋₆*
Beda H. 611₁₉₋₂₂. — 'metonomia' (v. 2497, cf. v. 2500): codicum scripturam
metri causa retinui pro 'metōnymia' (μετωνυμία). 'synodoche' pro 'synecdoche' (συνεκδοχή) eadem de causa cum libris scripsi: 'a sin, quod est
con, et odoche, quod est captatio vel exspectatio, quod per intellectum
partis capitur et exspectatur intellectus totius et e converso' *Io. Ian. s. v.*
2502—2504 *Donat. 399₁₇₋₂₀ Charis. 272₈₋₂₀ Diom. 457₄₋₂₂ Pomp. 305₇—306₁₃*
Plot. 466₂₇—467₃ Serv. in Aen. II 19, 629, Beda H. 611₂₄—612₁₁ Cassiod.
G. II 97₁ 468₂ Isid. etym. I 37 Acron in Hor. carm. I 5, 13 I 14, 1 I 14,
11 I 17, 16 I 22, 7 all. ll. vv. 2502. 2503 fere integros repetivit *Manc.*

fit catachresis, ubi sub nomine res alieno   2505
signatur: sic pisce carens piscina vocatur.
pro praeeunte sequens positum faciet metalempsim,
ut, cum significas annos tot per tot aristas.
plures esse modos reperimus metonomiae,
cum pro contento, quod continet, aut vice versa   2510
ponitur, aut factor pro facto vel vice versa.
antonomasia solet excellentia dici,
si proprium taceas ponens nomen generale:
sic David insinuas nomen dicendo prophetae.
si iungam proprium voci rem significanti,   2515
fiet epitheton, ut si dicas tristia bella.
si partem sumas pro toto vel vice versa,

VARIA LECTIO.

     2511 vice versa] retrouerte $SPMe$ **2513** ponens nomen] nomen
ponens A_2Me si nomen taceas proprium p. g. P **2514** dicendo] ponendo
A_2Me **2515** iungas $SPMe$ si proprium uoci iungās $(!)$ $etc.$ A_3 **2516** ut
si dicas] sic dicas LA_2A_3Me si dices A_1 ut dicas P

TESTIMONIA ET EXPLANATIONES.

     2505 sq. *Donat.* 400₁₋₃ *Charis.* 273₁₋₄ *Diom.* 458₁₋₆ *Pomp.*
306₁₄₋₂₅ *Plot.* 467₃₋₅ *Beda H.* 612₁₂₋₂₄ *Serv. in Aen. VII 164*
Cassiod. G. II 140₁ Isid. l. c. — 'piscina': 'dicimus piscinam, quae
pisces non habet' *Donat. l. c.* cf. *Pomp., Beda ll. cc., Despaut. 707*
2507 sq. *Donat.* 400₄₋₆ *Charis.* 273₅₋₉ *Diom.* 458₇₋₁₂ *Pomp.* 306₂₃₋307₁
Plot. 467₄₋₆ *Serv. in Aen. IX 233 in ecl. I 70 in georg. III 382*
Beda H. 612₂₅₋₂₈ *Isid. l. c.* — 'post aliquot mea regna videns mirabor
aristas' *Verg. ecl. I 69* ap. *Donat., Pomp., Bed. ll. cc.*   **2509—2511** *Donat.*
400₇₋₁₄ *Charis.* 273₁₀₋₂₁ *Diom.* 458₁₃₋₃₀ *Pomp.* 307₁₋₁₁ *Plot.* 467₇₋₁₇
Serv. in Aen. I 1, 177 III 138 X 365 Porphyr. in Hor. carm. I 20, 10
in epist. I 19, 13 II 1, 189 Beda H. 612₂₉—613₄ *Cassiod. G. II 141 38₁*
Isid. l. c.   **2512—2514** *Donat.* 400₁₅₋₁₉ *Charis.* 273₂₂ *Diom.* 458₃₁—459₈
Pomp. 307₁₂₋₁₇ *Plot.* 460₂₄—461₆ *Serv. in Aen. I 23 II 615 XI 7 all. ll.*
Porphyr. in Hor. carm. I 17, 21 Beda H. 615₅₋₁₇ *Cassiod. G. II 209₁*
Isid. l. c. — v. 2512 reperitur in *Graec. I 103*   **2515** sq. *Donat.* 400₂₀₋₂₄
Charis. 274₁₂₋₁₄ *Diom.* 459₈₋₂₁ *Pomp.* 307₂₂₋₃₈ *Plot.* 463₈₋₂₀ *Serv. in*
Aen. III 691 Porphyr. in Hor. carm. I 24, 7 I 34, 9 I 35, 21 Isid. l. c.
2517 sq. *Donat.* 400₂₅₋₂₉ *Charis.* 274₁₅₋₂₃ *Diom.* 459₂₇₋₃₁ *Pomp.* 307₃₄—308₉
Plot. 468₁₋₁₀ *Serv. in Aen. I 114, 399, 724 all. ll. Acron in Hor. carm.*
I 1, 21 II 17, 9 Porphyr. in epod. II 29 IX 20 in sat. I 1, 110 all. ll.
Cassiod. G. II 33₁ 66₁ 72₁ 199₁ 217₂ Isid. l. c.

synodochen facies.

onomatopoeiam facies, si nomina sumas

de sonitu tracta: sic sus scrofa dicitur esse.   2520

periphrasis circumloquium de iure vocatur,

cum verbis curas attollere rem tibi gratam,

aut in re turpi verbis non turpibus uti.

transcensus veri manifestus hyperbola fiet:

astra ferit sonus armorum clangorque tubarum.   2525

vocum turbatus formabit hyperbaton ordo.

syncrisis ac temesis ac hysterologia subsunt;

huic et anastropha vult pariterque parenthesis addi.

VARIA LECTIO.

2518 sinodochem facias *L* synodochen facias *A₂* synodochen facies *cett. codd. et e* dicens hec est caput alba *add. S, m. rec. add. A₃* sic dicens hic caput albet *add. M* sic dicens hic caput albus *add. e* **2519** onomatopeion *vel* onomatopeyon *A₂ A₃ M* onomotopeion *P* facies] facias *L A₂* dices *S P* sumas] sumis *A₁ A₃* **2520** tracta] facta *S. hoc versu finit A₁* **2522** attollere] extollere *P* tibi gratam] manifestam *A₃* **2524** yperbole *A₂ P* yperbola *cett. codd.* **2527** sincresis ac themesis *L A₂* sincresis hinc themesis *P* synthesis huic themesis *S* sync'sis themesis *A₃* sinthesis huic themesis *M e* **2528** huic] hiis *vel* his *S P M e*

TESTIMONIA ET EXPLANATIONES.

2519 sq. *Donat. 400₃₀ Prisc. I 450₂ Charis. 274₂₄–₂₆ Diom. 460₁–₆ Pomp. 308₁₀–₁₄ Plot. 467₁₈ Serv. in Verg. georg. III 148 Beda H. 613₂₉–₃₅ Acron in Hor. art. poet. 281 Porphyr. in epod. X 17 in art. poet. 113 Isid. l. c.* 'scrŏfa', immo 'scrōfa'; cf. *Iuvenal. VI 178 XII 73.* — vv. 2519 sq. paucis mutatis repetivit *Manc.* **2521—2523** *Donat. 400₃₃ Charis. 274₂₇–₂₉ Diom. 460₇–₁₁ Pomp. 308₁₅–₁₉ Plot. 467₂₀–₃₀ Comm. Einsid. K. Suppl. 270₁₀–₂₅ Serv. in Aen. I 65 VI 504 VII 120 Acron in Hor. epist. I 12, 20 Porphyr. in epod. IX 20, in sat. I 6, 12 Cassiod. G. II 228₂ 365₁ Beda H. 614₁–₈ Isid. l. c.* **2524** *Donat. 401₂₄ Charis. 275₂₈ Diom. 461₂₁–₂₃ Pomp. 310₁₅–₁₉ Plot. 465₂₇–₃₅ Comm. Einsid. l. c. 272₇–₁₄ Serv. in Aen. III 565, 567, 624, 673 all. ll. Porphyr. in Hor. carm. II 1, 31 III 9, 15 Cassiod. G. II 25₂ 399₂ Beda H. 615₂₇–₃₀ Isid. l. c.* **2525** cf. *Verg. Aen. II 313:* 'exoritur clamorque virum clangorque tubarum' cf. *idem Aen. XI 192:* 'it caelo clamorque virum clangorque tubarum' **2526—2528** *Donat. 401₄–₆ Diom. 460₂₃–₂₆ Plot. 466₄ Serv. in Aen. I 1 II 348 III 662 all. ll. Cassiod. G. II 115₁ 144₂.* — v. 2528 repetivit *Manc.* — 'syncrisis' (vv. 2527. 2532) dicitur figura, quae apud auctores modo laudatos vulgo 'synchysis' (σύγχυσις) nuncupatur, quamquam etiam illorum haud pauci libri manu scripti 'syncresin' sive 'syncrisin' habent; et derivabatur 'a sin, quod est cum, et cresis, fusio vel

hysteron et proteron solet hysterologia dici.

haec fit, cum rectam seriem sententia mutat: 2530

hi Cererem torrere parant et frangere saxo.

syncrisis ex omni confusa locutio parte:

nos virtute lavat qui labem criminis ornat.

dat temesim partes in binas dictio secta:

est boreae regio septem subiecta trioni.   2535

dictio si subsit, cum sit praecedere digna,

fiet anastropha: sic surgit mare littora contra.

in clausa clausam si commisces alienam,

inde parenthesis est: princeps (quia bella minantur

hostes) militibus urbes praemunit et armis.   2540

cum designatur aliud quam clausula signat,

allegoria datur; septem species dabis illi:

VARIA LECTIO.

2529 et *om. SP*   2532 sincresis *vel* syncresis *codd.*   ex] est *S M A₂*
2534 binas in partes *S P A₃ Me*   2541 signat] signet *S A₃ Me*   2542 species
septem *S P Me*

TESTIMONIA ET EXPLANATIONES.

fundere, quasi confusio constructionis' *Gl. M.* cf. *Io. Ian. in praef. p. IV.
s. v.* sane syncrisis figura alio sensu usurpata est v. 2435. — 'temesis' (vv.
2527. 2534) pro 'tmesis' tunc vulgo scribebatur; cf. *Io. Ian., Brev.*

2529 sq. *Donat. 401₈ Diom. 461₁₅ Pomp. 309₇₋₉ Plot. 466₁₀—₁₅ Serv.
in Aen. I 179, 264 II 162 all. ll. Beda H. 614₁₂—₁₅ Isid. l. c.*   2531 exem-
lump paucis mutatis depromptum est ex *Verg. Aen. I 179* ap. *Donat., Diom.,
Pomp. ll. cc., Charis. 283₇*   2532 *Donat. 401₈ Charis. 275₁₇ Diom. 461₇
Pomp. 310₆₋₉ Plot. 466₁₉ Beda H. 614₂₉—615₂₈ Serv. in Aen. II 348
Isid. l. c.*   2533 exemplum supra positum repetitum est a *Io. Ian. in
praef. part. IV. s. v.* 'sincresis'   2534 *Donat. 401₁₄ Charis. 275₁₀* (diacope)
Diom. 460₃₉ (item) *Pomp. 309₂₄—310₂ Plot. 466₂₅ Serv. in Aen. I 412
II 642 V 440 all. ll. Beda H. 614₂₃—₂₅ Acron in Hor. carm. I 16, 2 I 27, 14
in sat. I 9, 33 Isid. l. c.*   2535 'septem s. trioni' *Verg. georg. III 381*
ap. *Donat., Serv., Charis., Diom., Pomp., Plot. ll. cc.,* ap. *Prisc. II 113₉
M. Victorin. 39₁, 56₅ Consent. 390₂₆*   2536 sq. *Donat. 401₉ Charis. 275₈
Diom. 460₂₆—₂₈ Pomp. 309₁₆—₂₀ Plot. 462₂₉ Beda H. 614₁₆ Acron in Hor.
epist. I 16, 27 Cassiod. G. II 276₁ 426₂ Isid. l. c.* — exemplum repetiit
Io. Ian. in praef. part. IV. s. v. 'anastrophe'   2538 sq. *Donat. 401₁₀
Diom. 460₃₃ Pomp. 309₃₀ Plot. 466₈ Serv. in Aen. I 65 Beda H. 614₁₈—₂₂
Cassiod. G. II 50₂ Isid. l. c.* — exemplum ab auctore fictum esse videtur
2541—2545 *Donat. 401₂₆—₃₀ Charis. 276₄—₈ Diom. 461₃₁—462₃ Plot. 461₇—₁₂
Serv. in Verg. ecl. III 20 Cassiod. G. II 55₁ 94₁ Beda H. 615₃₁—₃₅ Porphyr.*

hae sunt antiphrasis, charientismos et enigma
atque paroemia, sarcasmos ac ironia,
astismos.   2545
antiphrasis sermo signans contraria dictis:
sic lucum dices, quia raro luce nitescit.
est charientismos, cum profers dura relatu
gratius: hinc Hammon nomen traxisse putamus.
obscurus sermo, quasi mirandus, fit enigma: 2550
patrem progenies occidit matris in alvo;
quam mater genuit, generavit filia matrem.

VARIA LECTIO.

2543 carientismos *codd.* **2544** paroemia] pantemiam *(!) L* pano-
miam *(!) A₂* ponomia *A₃M* peronomia *S* panomia *P* sarcasmos]
sarcosmos *L* ac] et *S* **2545** astismos] antismos *LM, om. voc. A₂A₃SP*
2546 dictis] dicto *PMe* **2547** dicis *SP* quia] quod *P* **2549** hamo *L*
hãmo *A₂* hamon *SA₃M* amon *P* Hammon *e* **2550** fit] sit *LA₃*

TESTIMONIA ET EXPLANATIONES.

in Hor. carm. I 13, 18 I 14, 14 I 25, 17 all. ll. — 'enigma' (vv. 2543.
2550) ideo, ut opinor, primam corripit, quod compositum putabatur ex
'en, quod est in, et nigma, quod est imago' *Io. Ian. in praef. part. IV. s. v.*
certe prima correpta est a *Prudentio* in hoc versu allato a *Despaut.* 'legis
in effigie scriptum per enigmata Christum'. — 'ĭrŏnia' (vv. 2544. 2557) pro
'ĭrōnia' (*εἰϱωνεία*): 'ab yron, quod est contrarium, et onoma nomen' *Io. Ian.
in praef. part. IV. s. v.* 'yronia'
       2546 sq. *Donat. 402₃₋₅ Charis. 276₁₃₋₁₆ Diom. 462₁₄₋₁₆ Pomp.
311₂₋₅ Plot. 462₁₁₋₁₄ Serv. in Aen. I 22 Beda H. 615₄₀—616₈ Cassiod.
G. II 399₁ Isid. etym. I 38.* — exemplum supra allatum apud omnes
grammaticos modo laudatos invenies   **2548** sq. *Donat. 402₉ Charis.
276₂₀ Diom. 462₂₅ Pomp. 311₁₂₋₂₀ Beda H. 616₁₁₋₁₄ Isid. l. c.* — exemplum sic explicandum esse arbitror: ex Graeco vocabulo ἄμμος vel
ἄμμος, quod sabulum sive arenam significat, Iuppiter appellatus est
'Hammon', sive quod in arena sedens inventus fuit, ut *Servius in Verg.
Aen. IV 198* tradidit, sive quia in desertis et arenosis Libyae locis cole-
batur. de accus. 'Hammon' pro 'Hammonem' cf. *Neue I 586*   **2550** sqq.
*Donat. 402₅₋₈ Charis. 276₁₆₋₁₉ Diom. 462₁₈₋₂₂ Pomp. 311₄₋₁₂ Plot.
462₁₉₋₂₄ Cassiod. G. II 309₁ Beda H. 616₄₋₁₀ Isid. l. c.* — prius exemplum
intelligendum est 'de beato Thoma Cantuariensi archimandrita, quem occidi
fecerat ante altare Henricus, rex Angliae' *Gl. L, Gl. A₁, A₂, A₃;* alterum,
quod apud *Donatum* ceterosque fere omnes, quos laudavi, auctores invenitur, significat et de aqua fieri glaciem et de ipsa glacie iterum aquam
procreari posse

si proponantur proverbia publica, dices
esse paroemiam: lupus est sermone sub isto.
sarcasmos solet hostilis derisio dici   2455
auxiliante modo dicendi significata.
per voces dictis contraria dant ironiam.
urbane ludens verbis, non concitus ira,
astismon facies: hircos mulgere labores.
est et homozeuxis, quando rem notificabis   2560
ex alia, cui rem possis conferre priorem,
quae sit nota minus, per eam, quae notior exstat.
tres species: icon, paradigma, parabola, subsunt.

VARIA LECTIO.

2553 p̄ponantur (praeponantur) $A_2 A_3 M$ publica] plurima (!) Me
2554 paroemion L paronomiam SMe panomeon $A_2 A_3 P$ **2555** sarcosmos L
2557 uocem $L A_3$ **2558** ludens] loquens (!) $L A_2 A_3$ **2559** antismon P
antismos *cett. codd.*   labores $L A_2$ laboras *cett. codd. et e   exempl. om.* P
2560 est et] et *om. S P*   extat Me omozeusis *codd.*   rem notificabis] rem
significabis SMe res notificatur P **2561** conferre] inferre Me **2562** minus]
magis (!) $L A_3 Me$ v. **2562** om. $S P$

TESTIMONIA ET EXPLANATIONES.

2553 sq. *Donat.* 402₁₁₋₁₃ *Charis. 276₂₂₋₂₅ Diom. 462₂₉₋₃₂ Pomp.
311₃₁—312₁ Plot. 462₂₅₋₂₈ Comm. Einsidl. in Don. K. Suppl. 273₁₀₋₁₅
Beda H. 616₁₅₋₂₂ Isid. l. c.* — exemplum petitum esse videtur a *Plaut.
Stich. v. 577:* 'ecoum tibi lupum in sermone'. cf. *Terentii* illud: 'lupus in
fabula' *(Adelph. v. 537)* ap. *Cic. ad Attic. XIII 33, 4 Donat., Pomp., Isid.
ll. cc.* quo proverbio uti solebant, si ille, de quo quis loquebatur, super-
venerat, et ita sermo loquentis deficiebat; lupi enim vocem adimere crede-
bantur ei, quem priores conspexerint   **2555** sq. *Donat.* 402₁₃ *Charis.
276₂₅ Diom. 462₃₂ Pomp. 312₁ Plot. 462₄₋₁₀ Serv. in Aen. II 547 X 557
all. ll. Cassiod. G. II 298₁ 437₁ Beda H. 616₂₃₋₂₅ Isid. l. c.* — egregium
sarcasmi exemplum invenies ap. *Verg. l. c.*   **2557** *Donat.* 401₁₀ *Charis.
276₉ Diom. 462₇ Pomp. 310₂₈—311₂ Plot. 461₁₃ Serv. in Aen. IV 93
VI 520 Cassiod. G. II 67₂ 85₁ Isid. l. c. Acron et Porhyr. in Hor. carm.
III 5, 25 Acron in carm. III 29, 62 in epist. I 16, 40*   **2558** sq. *Donat.
402₁₆₋₂₀ Charis. 276₂₉—277₅ Diom. 462₃₅—463₉ Pomp. 312₆₋₁₃ Plot.
461₁₉—462₃ Serv. in Aen. II 547 Cassiod. G. II 312₂ Beda H. 616₂₂—618₇
Isid. l. c.* — 'qui Bavium non odit, amet tua carmina, Maevi, atque idem
iungat volpes et mulgeat hircos' *Verg. ecl. III 91* ap. *Donat., Diomed.,
Pomp., Isid. ll. cc.*   **2560—2563** *Donat.* 402₂₁ sq. *Charis. 277₆₋₈ Diom.
463₁₀₋₁₃ Pomp. 312₁₄₋₁₆ Plot. 463₃₂—464₁ Iul. Rufinian. H. 44₁₃₋₁₅
Beda H. 618₈ Cassiod. G. II 413₂ Isid. l. c.,* qui quidem omnes hunc tro-
pum 'homoeosin' appellant

in simili genere qui comparat, efficit icon;
haec solet ex usu quandoque parabola dici.   2505
sed dici poterit de iure parabola, si quis
inter dissimiles res comparat, utputa: semen
est evangelium, quod nutrivit bona terra,
quod petra suscepit, quod spinae detinuerunt.
hic paradigma facit, qui primum comparat et post   2570
assignat simile: Domini sunt semina verbum,
spinae divitae, mens arida petra vocatur.

    Alterius vox una tenens vim praepositiva,
ut supra pro de, fit protheseos paralange.
cum plus significas, dicis minus, haec tibi fiat   2575
liptota; fit sub ea firmando negatio bina.
describendo locum topographiam faciemus.

VARIA LECTIO.

    2565 ex usu solet hec *etc.* *P*   **2566** poterit dici *Me*   **2567** utputa]
utpote *A₈*   **2568** terra] tellus *SMe*   **2574** protheseos peralange *LSMA₂A₈*
2575 significas dicis] *LA₂*   significans dices *A₈*   significas dicens *SPMe*
haec] hic *PA₈*   fiat] *LA₁* fiet *cett. codd.*   **2576** liptote *P* liptota *cett. codd.*
et e fit sub ea firmando] fit sub eo firmando *A₂* fit sub ea firmanda *A₈*
fit sub ea formando *S*   si subeat firmando *P*   negatio] negocia *(!) Me*

TESTIMONIA ET EXPLANATIONES.

    2564 sq. *Donat.* 402₂₂₋₂₄ *Charis.* 277₈₋₁₀ *Diom.* 463₁₈₋₂₂ *Plot.*
465₂₃₋₂₆ *I. Rufinian. H.* 44₂₅₋₂₉ *Beda H.* 618₁₀₋₁₃ *Cassiod. G. II* 51₁
Isid. l. c.   **2566** sq. *Donat.* 402₂₄ *Charis.* 277₁₁ *Diom.* 462₂₂ *Plot.*
464₁ *I. Rufinian. H.* 44₁₄, ₂₈ *Victorin. H.* 228₁₀ 239₈ *Beda H.* 618₁₄₋₁₆
Cassiod. G. II 11₁ 51₁ 207₂ *Isid. l. c.*   **2570** sq. *Donat.* 402₂₃ *Charis.*
277₁₆ *Diom.* 464₁₇₋₁₉ *Plot.* 465₁₉ *Beda H.* 618₁₇₋₂₃ *Cassiod. G. II* 11₂
105₁ *Porphyr. in Hor. carm. I* 16, 16 *Isid. l. c.* — parabolae et para-
digmatis exemplum auctor petivit a *Vulg. Matth. XIII Luc. VIII Marc. IV*
2573 sq. *Diom.* 443₁₋₄ *Plot.* 453₉ *Cassiod. G. II* 185₁. — 'protheseos paralange': 'a prothesis, quod est praepositio, et paralange, quod est trans-
mutatio' *Io. Ian. s. v.* — auctores modo citati scripserunt 'protheseon
parallage'. — ex.: 'multa super Priamo rogitans, super Hectore multa'
Verg. Aen. I 750   **2575** sq. *Serv. in Aen. I* 77, 387, 479 *VII* 9, 261
all. ll. Acron in Hor. carm. I 18, 9 *Porphyr. in carm. I* 1, 20 *I* 17, 8 *in
epod. X* 1. — ex: 'mihi iussa capessere fas est' *Verg. Aen. I* 77 'non medio-
criter conturbatur animus meus' *Gl. n.* — 'scriptura 'liptota' sive 'liptote'
pro 'litotes' (λιτότης) in *Acronis* quoque et *Porphyrionis codd.* (cf. ed.
F. Hauthal. I p. 71, 75), in *Graec. I* 58, ap. *Despaut.* 718 invenitur
2577 *Serv. in Aen. I* 159 *inc. auct. schem. dian. H.* 73₁₋₁₀

chronographia solet certum describere tempus.
si dicatur agens patiens res vel vice versa,
sive modo simili tibi sit conversio facta,   2580
fiet hypallagium: perflavit fistula buccas.
personamque novam formans das prosopopoeiam.
absenti sermo directus apostropha fiet;
sic loquor absenti, scriptam dum mitto salutem.
est adiectivum substantivo resolutum   2585
aut e converso; sic hendiadim tibi formo:
armatumque virum designo per arma virumque;
armatoque viro decet arma virumque notare.
extra materiam describens vana vagatur
auctor, et hanc ebasim plures dixere figuram.   2590
emphasis efficitur, si fixum proprietatem
significans ponis, ubi debet mobile poni.
sic loquor expresse dicens: Davus scelus ipsum.

VARIA LECTIO.

2578 certum describere] tibi circumscribere *P* cronogropheya *(sic)* solet descriptio temporis esse *S*   **2581** fiat *P* buccam *S*   **2584** scriptam] scriptis *A2* scripto *P* dum] tibi *P*   **2586** endiadim *vel* endyadim *codd.* et e   **2590** plures ebasim (ebasym) *SA3PMe* figuram] magistri *P* **2593** Davus scelus] dauus est scelus *PMe* dolus *(!)* est scelus *S*

TESTIMONIA ET EXPLANATIONES.

2579—2581 *Serv. in Aen. I 9, 392, 403 II 64, 99, 173, 231 III 61 all. ll. Cassiod. G. II 44₁ 169₁ Acron in Hor. carm. I 23, 5 I 27, 4 I 28, 20 all. ll. Prophyr. in carm. I 2, 48 I 7, 22 I 23, 5 Isid. etym. I 36,* qui quidem auctores hanc figuram, quae vulgo 'hypallage' (ὑπαλλαγή) dicitur, inter schemata numerant **2582** *Charis. 284₁₇ Prisc. I 376₉ 450₁₁ 587₂₄ II 437₈₂ Acron et Porphyr. in Hor. carm. I 28, 1 Cassiod. G. II 298₂ Isid. etym. II 13 II 22.* — Graecis est προσωποποιΐα   **2583** sq. *Prisc. I 450₁₂ II 143₂₃ 202₂₀ Serv. in Aen. II 56 V 123 XII 502 Acron in Hor. carm. I 12, 49 IV 2, 26 in art. poet. 24 sq. Cassiod. G. II 62₂ 147₁*   **2585—2588** *Serv. in Aen. I 61 II 627 III 148, 467 all. ll. Porphyr. in Hor. carm. II 15, 18 sq.,* qui hanc quoque figuram, quae Graece ἓν διὰ δυοῖν vocatur, in schematis ponunt   **2589** sq. *Serv. in Verg. georg. I 302 II 209 III 161, in Aen. XI 724.* — 'ebasis' pro 'ecbasis' ἔκβασις) etiam a *Io. Ian. in praef. parte IV. s. v.* scribitur.   **2591** sqq. *Diom. 456₂₉ Serv. in Aen. II 79, 394 Acron in Hor. carm. I 16, 9 sq. II 4, 7 III 3, 7 III 20, 14 III 24, 2 Cassiod. G. II 138₂ Isid. etym. II 20 (H. 517₁₀₋₁₄).* — 'Davus est scelus ipsum' *Hug.* cf. *Io. Ian. in praef. parte IV. s. v.* 'emphasis'

est efflexegesis exponens dicta priora.

dum retices, quod turpe sonat, dic euphoniam: 2595

circuit haec et relliquiae dant relligioque.

dicitur esse lepos sermo directus ad unum

utens plurali, velut hic: nostis, bone praesul.

pro numero numerum, pro casu ponere casum

te facit antitosis inter se dissona iungens.   2600

saepius audivi tempus pro tempore poni:

ludere‧ludebat ad ludendumque vocabat;

inque prophetiis mutantur tempora sacris.

verba per antitheton respondent ultima primis:

est Daniel Noë Job castus rectorque maritus.   2605

VARIA LECTIO.

2594 efflexegesis] *L A₂ A₃ Pₑ₂* effegesis *M* effexegesis *e₁*   **2595** dum] cum *S A₃ P*   dic] das *P*   **2596** haec] hanc *S P*   hic *A₃*   dant] dat *S vv.* **2595. 2596** *post v.* **2596** *colloc. P*   **2598** utens plurali] plurali numero *P* bone] bene *S*   **2600** antithosis *L A₂*   antithesis (e *in ras.*) *S*   antithesis *P A₃ M*   **2602** ludebant *Me*   vacabat *A₃*   ad ludendumque vocabat] ad ludum deueniebant *Me*   d'nd'o (?) uocare tacebat *P*   **2605** est] sunt *S P Me*   rectorque] rhetor (!) *M*   rhetorque *e*

TESTIMONIA ET EXPLANATIONES.

2594 *Serv. in Aen. I 12, 27, 250, 258 all. ll. Acron et Porphyr. in Hor. carm. I 3, 2 Porphyr. in carm. III 25, 4sq. IV 6, 33 all. ll. Cassiod. G. II 27₁ 64₂ 90₁ Quaest. gramm. cod. Bern. K. Suppl. 184₄₋₁₇.* — scripturam codicum pro 'epexĕgēsis' (ἐπεξήγησις) metri causa retinendam putavi, eo magis, quod vocem tum ab 'ex' et 'flectere' derivabant   **2595** *sq. Prisc. I 17₁₈ 30₁₈ 43₁₇ 47₂₉ 125₁₀ 133₁₅ II 11₅ 47₂₅ 56₂₁ all. ll. Consent. K. V 365₁₈₋₂₇ Augustin. K. V 517₁₋₁₄ Cassiod. K. VI 212₂₋₃ Donat. 378₃₀ Serv. in Aen. I 30, 177, 480 all. ll.*   **2597** *sq.* haec figura, antiquis ignota, postea honoris causa inventa est. dicit de hac re *Io. Ian. in praef. part. III. s. inscript.* 'quando sit dicendum uni vos': 'haec locutio prius introducta fuit a Caesare, qui solus omnes dignitates urbis accepit; sed hoc in abusionem maximam iam devenit, quod cuilibet populari dicimus vos'   **2599—2603** *Prisc. II 184₁ Serv. in Donat. K. IV 416₁₅ [Serg.] in Donat. K. IV 498₁₈ Serv. in Aen. I 120 Acron in Hor. epod. V 59 Cassiod. G. II 108₂ 589₁.* — etiam in hac figura codicum scripturam, quae eadem est in *Graec. I 40*, retinui pro vulgari forma 'antĭptōsis' (ἀντίπτωσις); paenultima vocabuli illo tempore vulgo corripiebatur, sicut omnia ex 'ptotos' composita. cf. *Io. Ian. s. v.* et v. **1932**.   **2599** *sq.* ex.: 'pars in frusta secant' *Verg. Aen. I 212* 'urbem quam statuo, vestra est' *Verg. Aen. I 573*   **2603** ex.: 'affuit hircus ab aquilone' pro 'aderit' *Vulg. Dan. sec. Gl. n.*   **2604** *sq. Acron et Porphyr. in Hor. carm. III 1, 28*

respondens ad ea, tibi quae sunt obicienda.

das anthypophoram, cum nil tamen obiciatur.

sensus oppositos notat anticlasis eodem

verbo: non obsto, sed toto posse resisto.

cum verbis vertit antimetabola sensum: 2610

non, ut edas, vivas; sed edas, ut vivere possis.

incipimus fari quicquam quandoque, sed illud

ultro desinimus intercipimusque, tacendo;

vult aposiopasis dici defectio talis.

est euphemismos pro verbo ponere verbum: 2615

exsultat domini vocem mea lingua superni.

VARIA LECTIO.

2607 anthipophoram S antipoforam *vel* antipophoram *cett. codd. et e* 2608 anticlassis *LPAa* anticlasis *A₂M, m. rec. mut. in* anticlassis *S* 2611 non uiuas ut edas *etc. P* 2612 fari quicquam] quicquam fari *SP* 2614 aposiopasis *LA₂A₈* aposiapesis *S* aposioposis *M* 2615 est euphemismos] *L A₂* est euphemismos *m. rec. mut. in* euphonismos *M* euphemismos est *P* est euphonismos *A₈* eufonismos erit *S* 2616 domini vocem] domini laudem *M* laudem domini *S*

TESTIMONIA ET EXPLANATIONES.

*III 5, 48 IV 1, 6 Porphyr. in carm. II 6, 14 Mart. Capella H. 480*11—16 *Isid. etym. I 36 II 22 (H. 518*5—20*)*, quibus quidem 'antitheton' est contrariorum oppositio, *Alexandro* autem subsequentium ad praecedentia reductio: sic in exemplo, quod supra posuit, 'castus' reducitur ad 'Daniel', 'rector' ad 'Noe', 'maritus' ad 'Job'

     2606 sq. *Iul. Rufinian. H. 60*81—61*5 auct. schem. dian. H. 73*81—742 *Fortunatian. H. 117*28—31 *Acron in Hor. sat. I 1, 41 sq. II 3, 87 Porphyr. in sat. I 1, 51 sq. I 2, 18 I 4, 74 sq. cf. Quintil. IX 2, 106.* — Graecis est ἀνϑυποφορά 2606 sq. *Isid. etym. II 21 (H 518*81—519*8)*, a quo ista figura antanaclasis (ἀντανάϰλασις) nuncupatur 2610 sq. *Charis. 287*15 *Isid. l. c. (H 519*8—7*).* — exemplum ab *Isid.* vel ab *Hug.* petitum repetit *Io. Ian. in praef. part. IV. s. v.* 2612—2614 *Plot. K. VI 468*12 *Aquil. Rom. H. 24*8—15 *auct. schem. dian. H. 74*80—82 *Serv. in Aen. I 135 II 100 sq. Isid. II 22 Quintil. IX 2, 54.* — scripturam 'aposiopäsis' pro 'aposiŏpēsis' (ἀποσιώπησις) etiam *Io. Ian. s. v.* exhibet expresse addens paenultimam brevem esse; putabant enim illius aetatis grammatici vocabulum esse compositum ex 'pasis, quod est passio'. vide *Io. Ian. in praef. part. IV.* et *Gl. in Graec. s. v.* — illustre aposiopesis exemplum est apud *Verg. Aen. I 135* 2615 sq. ista figura rhetorica, maxime hoc sensu, antiquis ignota erat. exemplum, a *Io. Ian. in praef. part. IV. s. v.* 'euphemismos' et in *Brev.* repetitum, auctor deprompsit e *Vulg. psalt. L:* 'exsultabit lingua mea iustitiam tuam'

contingens verbi mutat synepthesis: ecce
unica facta fuit mulier, quae sunt modo plures.
ista sed in nostrum mutatio non venit usum.
dicuntur binae species synepthesis esse,   2620
scilicet haec et ea, qua personam variamus:
nobis parce, deus; nobis lavet ille reatus.
vult oliopomenon ex dictis plura notare;
moto sermone sic plura licet memorare:
urit amor Paridem; nuptam rapit; armat Atriden   2625
ultio; pugnatur; fit machina; Troia crematur.
exponens homophesis est non nota per aeque
vel magis ignota: dic alchitrop esse cavillam,
quae tenet allidadam cum valdagora sociatam.
saepe prius dicta geminat tibi theologia   2630

VARIA LECTIO.

2618 plures] multe *SA₃PMe*   **2622** nobis lavet] nostros lauet *P*
nostros lauat *A₃* nostros lauit *(!) S* ille] iste *S*   **2623** oliopomenon
L A₂ A₃ P M olomopomenon *S* osiopomenon *e* dictis] paucis *S*   **2624** li-
cet] decet *S*   vv. **2625. 2626** *om. S*   **2627** homophesis est] omophesis
est *L A₂* erit omophesis *A₃ M* erit omophosis *S P*   **2628** architrop *L M*
achitrob *P* alphicop *S*   **2629** allidadan *S A₂* allidodam *P* ualdegora *M*
post. v. **2629** vv. **2634. 2635** *colloc. P*

TESTIMONIA ET EXPLANATIONES.

2617—2622 *Prisc. II 183₂₈ 347₁₀* istam figuram σνέμπτωσιν vocat;
Io. Ian. in praef. part. IV. 'sineptesin' e 'thesi' compositam esse censet
et exemplis e Doctrinali repetitis interpretatur   **2623—2626** 'oliopomenon est sub paucis verbis multorum comprehensio, ut hic: "urit
amor Paridem" etc. et dicitur ab olon, quod est totum vel multum, et pomenon, quod est coniunctio, quasi multorum brevibus verbis
adiectio' *Io. Ian: in praef. part. IV. s. v.* similem derivationem exhibet
Gl. M. utrum igitur 'holopoioumenon', an cum *Gl. n.* et *Brev.* 'oligopo-
menon' scribendum sit, diiudicare nolim   **2627—2629** *Io. Ian.* scribit
'omophosis', *Gl. n.* 'homophosis'. — exemplum in *Gl. n.* sic exponitur: 'in
astrolabio' (i. e. 'instrumento de circulo vel etiam quadrato facto cum fistula
recta' *Pap.*) 'sunt quaedam tabulae ad modum ligni vel lapidis dispositae,
quarum una dicitur allidada et alia valdagora, quae adinvicem coniunctae sunt mediante cavilla, quae dicitur alchitrop'   **2630—2632** *auct.
schem. dian. H 72₂₁—₂₄ Isid. II 21 (H. 521₈₀—₈₈) cf. Graec. I 34 Io. Ian.
in praef. part. IV. s. v.* 'epimone'

epimonenque vocat, haec si repetitio fiat,
ut, quod dicetur, sic certius esse probetur:
exspectando David exspectans sic geminavit.
si, quae sunt hominis, assignentur deitati,
anthropospathos est: sic saepe Dei legis iram.   2635
si sint res aliquae concordi foedere iunctae,
id, quod inest uni, reliquam dices operari:
sic linguam cordi concordem dic meditari,
ac homopathion talem dic esse figuram.

Nil reor assertum, quod non queat esse tenendum,   2640
pluraque signavi, quae non debes imitari.

Doctrinale Dei virtute iuvante peregi.
grates reddo tibi, genitor Deus, et tibi, Christe,
nate Dei Deus, atque tibi, Deus Halitus alme,
quos tres personas in idem credo deitatis.   2645

VARIA LECTIO.

2631 epimenenque *A₂* epymenonque *A₈* epimenon (*om.* que) *P* epi-
mononque *S* vocat] notat *S A₈ P* repetitio] geminatio *S*   *vv.* 2634. 2635 *om. S*
2636 sint] sunt *S* iunctae] nexe *S Me*   2637 idque quod est uni *P*   *v.* 2638 *om. P.*
hoc versu finit S   2639 omopation *L S* omopacion *A₂* omopasion *P* talem]
istam *A₂ P Me*   2644 Halitus] alitus *codd.*   2645 quos] *L M* quas *cett. codd.*

Explicit doctrinale maḡri alexādri de (de *om. Pa₂*) villa dei *A₂ Pa₂*
(*reliquam subscriptionis partem vide in bibliogr. no. 8. 16*) Explicit liber
qui diciͭ doctrinale cuius opositor fuit maḡr alexāder de uilla dei *Pa₄*
Explicit iſte liber *etc.* (*vide bibliogr. no. 1*) *L*   Explicit doctrinale henrici
dicti de Duſburg (*cf. bibliogr. no. 9*) *A₈*   Explicit doctrinale (*rubro colore
repet.*) *Pa₁.* *ceteri codices, partim quia mutili sunt, subscriptione carent.
editionum principum subscriptiones vide in bibliogr. no. 1. 2.*

TESTIMONIA ET EXPLANATIONES.

2633 'exspectans exspectavi Dominum, et intendit mihi' *Vulg. psalt.*
XXXIX 1   2634 sq. cf. *Graec. II 10, Io. Ian. l. c., Brev.*   2636—2639 cf.
Io. Ian., qui talem figuram 'omopasiam' nuncupat. — exemplo, quod v.
2638 protulit, auctor alludit ad verba psalmistae *Vulg. psalt. XXXIV*
(*s. f.*): 'et lingua mea meditabitur iustitiam tuam, toto die laudem tuam'
2640 sq. 'quia triplex est grammatica, sc. praeceptiva, permissiva et pro-
hibitiva (cf. *Despaut. 211*), ideo concludens se excusat (auctor) praecep-
tivam praecepisse, permissivam permisisse et prohibitivam prohibuisse' *Gl. n.*

INDEX GRAMMATICVS.

A.

A *littera* 1584

a producta verbi crescentis 1663

a *finita nomina, vide* nomina

a, ab 1224, 1335

abbas 615; abbātis 2013*

Abdenago 1985*

Abimelech 2027

ablativus *casus, vide* casus

Abrincae, *oppidum Galliae,* 1346*

Absalon 1989*

abscondo, abscondidi abscondi, absconditum, absconsum 840*

Abydus 2066

abyssus, *fem. gen.* 655

accentus 2282—2347: modernorum 2288—2329, antiquorum 2330—2347; gravis 2283, 2285, 2294, 2296; moderatus 2283* 2287, 2290; acutus 2283, 2286, 2291, 2308, 2326, 2333, 2336, 2339, 2344; circumflexus 2284, 2288 sq., 2332—2336 2341; accentus vocis monosyllabae 2296 sqq.; 2332 sq.; disyllabae 2299 sq., 2334 sqq.; polysyllabae 2316—2319, 2337 sqq.; concisae 2312—2315*; compositae 2320—2325*; encliticae 2310* sq.; nominum barbarorum 2307* 2328*; Graecorum 2329*; praepositionum, adverbiorum, pronominum quorundam, indeclinabilium 2301—2306* accentus in oratione, *vide* distinctiones

accidit, *dat. iunct.* 1232

accusativus *casus, vide* casus

acer, acris, acre 584; *quant.* 1712

acer, *nom. subst., quant.* 1709

acerbus 1709

acesco 1709

achates (Achates) 2012*

acies.*plur.num.habet* 406

acinum 2093

aconita 2131

acus, aceris 188

acus, acubus 808; *fem. gen.* 670

acyrologia, *figura* 2365, 2378 sq.

adamas, antis 145

adeps, *masc. et fem. gen.* 679

adiectiva *nomina, vide* nomina

adipiscor, adeptus 941

adiutrix, *quant.* 1701

adoleo, adultum, adultus 751 sq.

ador, *sing. tant. num.* 411; *neutr. gen.* 600

adsum, ades *vel* adsis 1004

advena, *comm. gen.* 539

adverbia loci 1351—1355; pronominalia 2304; itus *finita* 2119; e *producta finita* 2209, 2213; e *correpta finita* 2210 sq.; adverbiorum comparatio 471—473; constructio *sive ordinatio* 1394, 1420

adulor, *quant.* 2174

12*

adulter, eri 55

aedilis 632

aeger, *quant.* 1782

aegoceros, *quant.* 1783*

aegis, *quant.* 1783; ae-
gidis 167

Aegyptus, *quant.* 1782;
fem. gen. 658

aequalis, *quant.* 1808

aequor, aequoris, *quant.*
1807, 2159; aequora
897; *neutr. gen.* 600

aequus, *quant.* 1808

aer, *quant.* 2246

aeripes 2431

aerumna, *quant.* 1811

aes, aeris 193, 1813;
neutr. gen. 630; aera
395; *pl. triptoton* 437

aestuo 972*

aether 135, 2245

agaso 2008

Agnes, Agnetis 161, 2048

agnosco, agnitum 763;
supini quant. 1653, 2127

agnus, *voc.* agne *vel*
agnus 76*

ago, egi 855

aio 918, 988, 1044 sq.

al *finita nomina, vide*
nomina

alacer, alacris, alacre
583;

alacris *comm. gen.* 587

albeo 1237

alchitrop 2628*

alea 1731

Alemannia 2029

ales, alitis, *quant.* 1729,
2133; alituum · 292;
comm. gen. 622

aliás 2303

aliquando vide quando

alius, alīus 61, 1697

allec, ēcis 105

allegoria, *figura* 2500,
2541

alleoteta = ἀλλοιότης, *figura* 2368. 2404*

allidada 2629*

alnus, *fem. gen.* 655

alo, *quant.* 1725; alitum
sive altum 871

alosa 2163*

Alphabetum minus 26*;
maius 27*

Alphaeus 1389

Alpinas *comm. gen.* 613*

alter, ius 60; *genet. iunct.*
1173; alterīus 1697

alteruter *quomodo de-
clinetur* 317

altilis, *pl.* altilia 380*

alumen, *quant.* 2179*

alvus, *fem. gen.* 656

alx *finita nomina, vide*
nomina

am *finita nomina, vide*
nomina

amabilis, *dativo iunct.*
1214; *quant.* 1976

amandus, *dativo iunct.*
1214

ambesus 848

ambigo 961*

ambio 203; ambītum 931,
1648, 1874

ambitio, *quant.* 1874

ambitus, *quant.* 1874

ambo 81; *declin.* 452 sq.

amentum, *quant.* 1736*

amethystus, *quant.* 2047;
*derivatorum ex eo nom.
adiect. in* inus *quant.*
2095

amicio, amictum 760 sq.,
929

amicus, *quant.* 2054

amitto, *quant.* 1735

amnis, amnes 399

amo, *quant.* 1733

amomum, *quant.* 2144*

amphibologia, *fig.* 2367,
2399—2403

amplector, *verb. comm.*
981*

amplustra, *pl. n. gen.* 257*

amygdalum [amygda-
lus]. *pl.* amygdala *et*
amygdalae 368*

an *finita nomina, vide*
nomina

an, *particula interr.* 2236

ana, *praep. Graeca* 1739

anadiplōsis, *figura* 2446*,
2465* sqq.

anapestus, *pes versus*
1563, 1568, 1578

anaphora, *figura* 2447,
2468* sq.

anas 1738

anastropha, *figura* 2528,
2536 sq.

anceps, cipitis 219; an-
cipitium 288

Anchises 2109

Andreas, *voc.* Andreā
2195

angelus, *quant.* 2027

angelorum nomina, *vide*
nomina

ango, anctum 863

anima, animabus 43

animus: *ex eo compos.
nom. adiect. (exani-
mus) is rel us exire*
893*

anomala verba, *vide*
verba

ans *finita nomina, vide*
nomina

ante, anterior 473; anti-
cus 2058*

antesuprema, antelocata
syllaba, vide syllaba

anthropospathos = ἀν-
θρωποπαθώς (?) *fig.*
2634* sq.

anthypophora, *figura,*
2607*

anticlasis, *fig.* 2603* sq.

enclisis 2846; enclitica vox 2810

enervis, enervus, vide nervus

ĕnigma = *aenigma* 2543*, 2550* sqq.

enim, *quant.* 1796

enormis, enormus, vide norma

ens *finita nomina, vide* nomina

eo, iens, euntis 202; ĭtum 1646, 1653; ĭtur 1874

eo, *adverbium* 1352

Eous 1698

ĕpacta 1806*

epanalempsis, *fig.* 2446, 2470 sq.

epar, epatis 130*

epenthesis, *figura* 2406, 2410*

ephebus, *quant.* 2017

epicoenum *genus, vide* genus

epimone, *figura* 2630— 2633

episynalimphe, *quid sit* 2490*

epitheton 2499, 2515 sq.

epizeuxis 2447, 2472 sq.

epulum, *pl.* epulae 370*

eques, *comm. gen.* 620

equester, stris, stre 583

equiria 1471

er *finita nomina, vide* nomina

Erebus 2018

ergó 2301

Erigone, *quant.* 1814

Erinys 2088; *accus.* im 228

eruca, *quant.* 1812*

erudio, *accusativo et dativo iunctum* 1228

es *finita nomina, vide* nomina

essedum, *quant.* 2021*

esurio 1072; esurii 1050*

etiam, *quant.* 1822

evangelium 2568

evenit, *dativo iunct.* 1282

euphemismus, *fig. rhet.* 2615* sq.

euphonia, *fig.* 2595 sq.

Europa 2154

ex *finita nomina, vide* nomina

exanguis, ĭnis 166

exanimus vel exanimis, vide animus

excedo, *ablativo iunctum* 1296

[exequiae 421]

exilis, *quant.* 2061

exin, *quant.* 2236

éxinde, vide inde

exlex, *comm. gen.* 689

exodus 2138

exosus 949

expergiscor, experrectus 946

experior, *verb. comm.* 980*

exploit, expliciunt 1082*

exta 418

extra, exterior 473; extremus 482

exul, *comm. gen.* 567; [exŭlis 2178]

exulo, *passivae signific.* 978

exuo, *duplici accusativo iunctum* 1266

[exuviae 422]

F.

F *littera* 1587

faba, *plur. num. habet* 402

făbella 1708*

fabula, *quant.* 1705

facesso, facessi, facessum 893*

facies, *plur. habet* 406

facinus, oris 188

facio, fac 951; faxo, faxis faxit 1047*; *ex* facio *compos. accentum servare (calefacio calefácis calefácit)* 2320*; *composita a in i vertentia regularem imperativum formare* 952

facundus, *quant.* 1712

faex, faecis, *quant.* 1771

fagus, *faginus* 2094

'fagus', *i. e. adiectiva singulis litteris incipientia (facilis, agilis, gracilis, (h)umilis, similis) superlativo gradui limus dant* 480

falx, falcium 275

fames, famei, famē 2204*

far, farris 119; farre 241; farra 403; *in pl. triptoton* 437

fari *significantia verba dativo et accusativo iungi* 1226

fas, *indecl.* 412; *cf.* 616

fateor, fassum 936

fatidicus, *quant.* 1828

fatum, *quant.* 1759

faveo, fautum 760

fax, facis 214

faxo, *vide* facio

febris, *fem. gen.* 637

fecundus, *quant.* 1771

fel, fellis 106

felix, felicis, *quant.* 2060

femina, *quant.* 1790, 2096

femur, *quant.* 1795; femoris 143

fenestra, *quant.* 1796

fenus, oris 182

feralis, *quant.* 1811

fere, *quant.* 2216

feretrum, *quant.* 1817

ferio, *praeteritis carere* 988

ferme, *quant.* 2216

fero 988; fers, fert *etc.* 1009—1015; fĕr 2245

ferveo, fervi, ferbui 764

fervesco 1066

festino, *quant.* 2086

fetus terrae, *cuius gene-ris sint* 591, 688

fibula, *quant.* 1829

ficedula, *quant.* 1886

ficus, *quant.* 1835; *quartae vel secundae decl.* 389; ficubus 303

fides, *quant.* 1841, 2072, 2256

fidis, *quant.* 1842

fido, *verb. neutropass.* 976; *quant.* 1840, 2072

fiducia, *quant.* 2170

fidus, *quant.* 1841

figo, *quant.* 1847; fixi, fixum 860

figurae grammaticae *et rhetoricae* 23, 2361—2639

filius, *voc.* fili 76

filix, *quant.* 1853; filicis, *quant.* 2062

filum, *pl.* fili *et* fila 878*, 379

fimus, *quant.* 1857

fingo, fictum 860

finis, *masc. et fem. gen.* 641*

fio, *verb. neutropass.* 976; *passivae signif.* 978; *coniug.* 1028 sq.; *quant.* 1689 sq.; *ex eo composita accentum servare (calefís calefít)* 2320*

fixum = *nomen substantivum* 250, 289, 1434, 1531; *cf.* nomen

flăbellum 1704*

flăgellum, *quant.* 1722

flagito, *duplici accusat. iunctum* 1265

flamen 575

fleo, flesti 955*

fligo, *quant.* 1847

flo, flasti 955*

flumen, flumina 398

fluo 799; fluxi, fluxum 801

fluvius, *vocat.* 77*; fluvii, *pl.* 398

fons, fontes 398; *masc. gen.* 675

foras 1852

forceps, *masc. et fem. gen.* 679*

fore, forem, fores, foret, forent 1007

forfex, *fem. gen.* 686*

foris 1854 sq.

formae verborum, *vide* verborum formae

formica, *quant.* 2055

formido, *quant.* 2069

fornix, *masc. gen.* 690

forpex, *fem. gen.* 686*

fors, forte 413

forsan, forsitan, *quant.* 2285 sq.

fragilis, *quant.* 1728

fragor, *quant.* 1728

frango, fregi 855

fraus, fraudis 194; fraudum 265

Fredericus, *quant.* 2059

frenum, *pl.* freni *et* frena 878*; *ex eo composita nom. adiect. (effrenus) is vel us terminari* 394*

fretum, *quant.* 1822; freta 397

fretus, *partic. depon.* 941; *quant.* 1821

frico, fricui 701 sqq.

frigo, *quant.* 1849

frigus, frigora 1848

frons, frondis 200

frugi, *quant.* 1951

frumentum, frumenta, 402

fruor, fructus, fruitus 940; *ablativo iunctum* 1831

frutex, *masc. gen.* 688; *quant.* 1969

frux, frugum 268; fruges, *quant.* 1950

fugio, *participio praeteriti caret* 963

fulica, *quant.* 1954*

fungor, functus 942; *ablativo iunctum* 1831

fur, furis 142; *comm. gen.* 609

furfur, *masc. et fem. gen.* 607*

furo, *praeterito caret* 988; *quant.* 1966

fuscina, *quant.* 2098

futio, *quant.* 1972*

futilis, *quant.* 1972

G.

G *littera* 1587

Gaddir, *neutr. gen.* 596

Gades, *quant.* 1717

Gaetulus, *quant.* 2174

galerus, *quant.* 2037*

gallus, gallina 522

ganeo, *quant.* 1741*

Garganus, *quant.* 1999

Gargarus, *pl.* Gargara 886*

gaudeo, gavisum 789; *neutropass.* 976; *infinitivo iunctum* 1408; gavisus, *quant.* 1765, 2109

gelu, *pl. caret* 410; *quant.* 1785

genera nominum 499—693; *cf.* nomina